Les Guerres d'Indochine

PHILIPPE FRANCHINI

Les Guerres d'Indochine

Pygmalion
Gérard Watelet
Paris

Sur simple demande aux *Éditions Pygmalion/Gérard Watelet, 70, avenue de Breteuil, 75007 Paris,* vous recevrez gratuitement notre catalogue qui vous tiendra au courant de nos dernières publications.

ISBN 2-85704-266-3

A mes enfants
Anne Ling Yao,
Mathieu Bao Wen,
Lena Mei Yao.

Avant-propos

Aux lecteurs de cet ouvrage, je crois nécessaire d'adresser ces quelques lignes en forme d'acte de conscience, et en aucun cas de justification.

Enfant de la terre vietnamienne, mais né d'un père venu de Méditerranée, j'ai été un témoin privilégié et déchiré par les conflits et les drames qui ont marqué la longue période décrite dans les pages suivantes. Sans doute, l'appartenance aux deux races, aux deux cultures, aux deux civilisations principalement concernées, ne saurait pas davantage être en soi une garantie d'équité, puisqu'elle implique des options inévitables et une plongée chargée de risques divers au cœur des antagonismes. Mais cela peut être aussi une chance offerte de plus juste compréhension et une raison fondamentale de rechercher dans l'étude du passé les réponses aux multiples interrogations qu'une telle condition suscite.

C'est donc en historien que je crois avoir conçu et rédigé ce récit avec une vigilante impartialité. Il n'est pas question de débattre ici de l'objectivité de l'Histoire, une science trop liée aux courants et aux sentiments humains pour être totalement et véritablement soumise à cette qualité primordiale. Cependant, la quête entreprise ne saurait être valable que dans l'effort le plus intense et le plus continu d'honnêteté, une exigence sans laquelle elle serait sans objet et sans intérêt.

J'ai également considéré en m'y engageant le recul du temps qui la favorise, encore que l'on sente percer sous les vagues d'une pressante actualité l'écume de passions latentes. Je me suis efforcé de m'en tenir aux faits reconnus par les recherches historiques, laissant à chacun la liberté de l'interprétation et du commentaire, une tolérance que j'ai pu moi-même m'accorder. C'est pourquoi, j'ai évité d'alourdir un texte portant sur une matière très complexe, qui ne peut être parfois simplifiée sans être dénaturée, en évitant les références et les notes, qui auraient surchargé ces deux volumes de synthèse. Il est loisible à ceux qui désireraient approfondir l'analyse des problèmes de se reporter aux nombreux ouvrages spécialisés cités dans la bibliographie.

J'ajoute enfin que j'ai accompli ce travail avec cette phrase de Fernand Braudel à l'esprit : « L'histoire n'est pas autre chose qu'une constante interrogation des temps révolus au nom des problèmes et curiosités — et même des inquiétudes et des angoisses — du temps présent qui nous entoure et nous assiège. »

P.F.

Avertissement

En ce qui concerne les noms chinois, nous avons adopté le mode de transcription « pin yin » devenu courant aujourd'hui. Nous en avons excepté ceux dont l'orthographe ancienne a été imposée par l'usage et une meilleure perception phonétique. Ex. : Pékin, Canton, etc.

En ce qui concerne les noms de lieux vietnamiens, nous avons choisi de lier les deux éléments, à l'exemple de Saigon, de Hanoi ou de Haiphong, une unification permettant, croyons-nous, de faciliter la lecture « occidentale » d'une transcription qui ne peut être que conventionnelle. Ex. : Caobang (Cao Bang).

Abréviations

A.G.A.S.	Air Ground Aid Section
A.R.V.N.	Armée de la République du Vietnam (Sud)
B.C.R.A.	Bureau Central de Renseignements et d'Action (militaire)
B.E.P.	Bataillon Étranger Parachutiste
B.R.I.A.M.	British Advisory Mission
B.S.M.	Bureau des Statistiques Militaires
C.B.U.	Cluster Bomb Unit
C.E.F.E.O	Corps Expéditionnaire français d'Extrême-Orient
C.I.A.	Central Intelligence Agency
C.I.C.	Commission Internationale de Contrôle (Genève, 1954)
C.I.C.S.	Commission Internationale de Contrôle et de Supervision (Accords de Paris, 1973)
C.O.M.E.C.O.N.	Council of Mutual Economic Assistance
C.O.R.D.S.	Civil Operations and Revolutionary Development Support
C.O.S.V.N.	Central Office for South Vietnam
D.G.E.R.	Direction Générale des Études et Recherches
D.G.S.S.	Direction Générale des Services Spéciaux
D.I.C.	Division d'Infanterie Coloniale

D.M.H.	Dong Minh Hoi (abrév. de Vietnam Cach Menh Dong Minh Hoi)
D.V.	Dai Viet (abrév. de Dai Viet Quoc Dan Dang)
E.C.A.	Economic Cooperation Administration
F.L.N.	Front de Libération nationale (Sud-Vietnam)
F.U.L.R.O.	Front Unifié pour la libération des Races opprimées
F.U.N.K.	Front d'Union Nationale du Kampuchéa
G.A.M.O.	Groupes administratifs mobiles opérationnels
G.B.T.	Gordon-Bernard-Tan (groupe de renseignements)
G.C.M.A.	Groupement de commandos mixtes aéroportés
G.O.N.O.	Groupement opérationnel du Nord-Ouest
G.R.P.	Gouvernement révolutionnaire provisoire
G.R.U.N.K.	Gouvernement révolutionnaire d'Union Nationale du Kampuchéa
I.F.O.P.	Institut français d'opinion publique
M.A.A.G.	Military Assistance Advisory Group
M.A.C.V.	Military Assistance Command Vietnam
M.M.F.	Mission militaire française
M.5	Unité de renseignements français en Chine (Kunming)
O.S.S.	Office of Strategic Services
O.T.A.N.	Organisation du Traité de l'Atlantique nord
O.T.A.S.E.	Organisation du Traité de l'Asie du Sud-Est
P.C.I.	Parti Communiste Indochinois
P.R.P.	Parti Révolutionnaire du Peuple
R.C.4	Route Coloniale 4
R.D.V.N.	République démocratique du Vietnam
R.I.C.	Régiment d'Infanterie Coloniale
S.D.E.C.E.	Service de Documentation, d'espionnage et de contre-espionnage (France)
S.E.A.C.	South-East Asia Command
S.L.F.E.O.	Section de Liaison Française en Extrême-Orient
S.M.M.	Saigon Military Mission
T.D.K.Q.	Tien Doan Kinh Quan (unités mobiles sud-vietnamiennes)
T.E.R.M.	Temporary Equipment Recovery Mission
T.R.I.M.	Training Relations and Instruction Mission
U.M.D.C.	Unités Mobiles de Défense catholiques
U.N.R.R.A.	United Nations Relief and Rehabilitation Administration
U.S.I.S.	United States Information Services
V.C.	Vietcong
V.N.Q.D.D.	Vietnam Quoc Dan Dang

Chronologie

VIIe-IIIe siècles av. J.-C.	Royaumes du Van Lang (Dynastie des Huong Vuong) et d'Au Lac.
VIe siècle av. J.-C.	Sunzi.
563-483 av. J.-C.	Le Bouddha.
551-479 av. J.-C.	Kongzi (Confucius).
Ve siècle av. J.-C.	Laozi.
207-111 av. J.-C.	Royaume du Nam Viet
111 av. J.-C.	Conquête du Nam Viet par les Chinois Han.
40-43 apr. J.-C.	Révolte des Sœurs Trung.
Premier siècle apr. J.-C.	Fondation du Royaume du Funan.
Fin du IIe siècle	Création du Lam Ap (futur Champa).
IIIe siècle	Introduction du bouddhisme au pays viet.
Ve siècle	Invasion du Funan par les Khmers.
802	Début de l'empire d'Angkor.
972	Indépendance de l'Etat viet reconnue par la Chine.
1054	L'Etat viet devient le royaume de Dai Viet.
XIe et XIIe siècles	Triomphe du bouddhisme dans le Dai Viet.
XIIe et XIIIe siècles	Apogée de l'empire d'Angkor et guerres des Khmers contre les Chams. Construction d'Angkor.
XIIIe siècle	Invasion mongole. Victoire viet remportée par Tran Hung Dao.

1336	Le bouddhisme du Petit Véhicule culte officiel du royaume khmer.
1353	Fondation du royaume du Lan Xang, capitale Xieng Thong.
Fin du XIVᵉ siècle	Essor du confucianisme au Dai Viet.
1406	Invasion du Dai Viet par les Chinois Ming.
1407	Le Dai Viet devient la province chinoise de Giao Chi.
XIVᵉ et XVᵉ siècles	Guerres entre Khmers et Thaïs.
1418	Soulèvement de Lê Loi contre les Chinois.
1428	Retour de l'indépendance viet.
1434	Fin de l'empire d'Angkor, et établissement de la nouvelle capitale à Phnom Penh. Début du déclin khmer.
1470-1471	Campagne de Le Than Ton contre le Champa, qui perd sa partie septentrionale.
1540	Premier contact commercial des Portugais avec le Dai Viet appelé Cochinchine.
1563	La capitale du Lan Xang transférée de Xieng Thong à Vientiane. Xieng Thong devient Luang Prabang.
1627	Alexandre de Rhodes fonde une Mission catholique au Tonkin.
	Début de la lutte des Nguyen et des Trinh.
1647	Invention du « quoc ngu » par A. de Rhodes.
1664	Fondation de la Compagnie française des Indes et de la Société des Missions étrangères.
1680	Premier comptoir français à Pho Hien.
XVIIᵉ siècle	Annexions successives par les Nguyen du reste du Champa et de territoires khmers (Bienhoa, Giadinh).
1700	Scission du Lan Xang en royaumes de Vientiane et de Luang Prabang.
1755	Extension viet au nord du Bassac.
1771	Soulèvement des Tay Son.
1778	Prise de Vientiane par les Siamois.
1787	Traité de Versailles entre Louis XVI et le prince Nguyen Anh.

1788-1799	Intervention de l'évêque d'Adran et de ses compagnons dans la lutte entre Nguyen Anh et les Tay Son.
1802	Victoire de Nguyen Anh, qui devient l'empereur Gia Long. Nguyen Du écrit l'histoire de Kim et Kieu.
1804	Le royaume viet devient Viet Nam.
1825	Proscription du christianisme au Viet nam par l'empereur Minh Mang.
1827	Destruction de Vientiane par les Siamois.
1831	Suzeraineté vietnamienne sur Luang Prabang.
1847	Bombardement de Danang (Tourane) par deux navires français.
1856	Mission Montigny au Viet nam.
1857	Réunion de la Commission de la Cochinchine.
1858	Expédition commandée par l'amiral Rigault de Genouilly.
1858 : 1er septembre	Prise de Tourane (Danang) par les Français.
1859 : 18 février	Prise de Saigon
1862 : 5 juin	Traité de cession à la France des provinces de Bienhoa, Giadinh, Dinhtuong et de Poulo Condore.
1863 : 11 août	Traité de Phnom Penh (ratifié en avril 1864) établissant un protectorat français.
1863-1879	Gouvernement des Amiraux en Cochinchine.
Juin 1866-Juin 1868	Exploration du Mékong par la mission Doudart de Lagrée-Francis Garnier.
1867	Occupation des trois provinces occidentales de Basse-Cochinchine.
1867 : 15 juillet	Traité franco-siamois reconnaissant le protectorat français sur le Cambodge.
1872	Affaire Dupuis au Tonkin.
1873	Mission de Francis Garnier au Tonkin, et prise des villes du delta du Fleuve Rouge.

1874 :	15 mars	Traité établissant le principe du protectorat français sur l'Annam, et cession définitive des six provinces méridionales.
1879		Premier gouverneur civil en Cochinchine (Le Myre de Vilers).
1882 :	25 avril	Prise de la citadelle de Hanoi par Henri Rivière.
1883 :	25 août	Traité (Harmand) de protectorat sur Annam et Tonkin.
1884 :	6 juin	Nouveau traité (Patenôtre) confirmant le précédent.
	17 juin	Traité renforçant le protectorat français sur le Cambodge.
1885 :	9 juin	Traité de Tientsin. La Chine reconnaît le protectorat français sur le Vietnam.
	5 juillet	Coup de force de Huê et fuite de l'empereur Ham Nghi.
1885-1888		Révolte des Lettrés.
1885-1891		Pacification du Tonkin.
1886-1895		Mission Pavie au Laos.
1886		Paul Bert au Tonkin.
1887		Création de l'Union indochinoise.
1888		Convention franco-laotienne établissant le protectorat français.
1893 :	3 octobre	Traité franco-siamois confirmant le protectorat sur le Laos, complété par les accords de 1902 et 1904.
1893-1902		Paul Doumer, organisation de l'Indochine et grands travaux.
1898		Cession à bail par la Chine du territoire de Guangzhouwan et autorisation de construire le chemin de fer du Yunnan.
		Création de l'École française d'Extrême-Orient.
1907		Internement de l'empereur Thanh Thai et problèmes sociaux. Début de troubles (activités du De Tham, de Phan Boi Chau et de Phan Chau Trinh).
1911		Politique d'association d'Albert Sarraut.
1916		Rébellion de l'empereur Duy Tan, qui est déposé et exilé.

1920		Intervention de Nguyen Ai Quoc au Congrès socialiste de Tours.
1923		Mouvements de l'intelligentsia vietnamienne.
1925		Fondation à Canton par Nguyen Ai Quoc du « Thanh Nien » (Association de la Jeunesse Révolutionnaire du Vietnam).
		Politique d'ouverture du gouverneur général Varenne.
1926		Avènement du jeune souverain Bao Dai, agitation nationaliste et troubles.
1927		Fondation du V.N.Q.D.D.
1930		Unification par Nguyen Ai Quoc des fractions communistes et création du Parti communiste indochinois. Révolte de Yenbay. Soviets du Nghe Tinh. Répression. Crise économique.
1932		L'empereur Bao Dai assume ses fonctions. Tentative de rajeunissement du régime.
1934-1936		Réformes économiques et sociales.
1935		Politique de collaboration avec la bourgeoisie capitaliste décidée par le Komintern.
1937		Echec de l'ouverture politique du Front Populaire.
1939		Insurrection communiste en Cochinchine et répression.
1940 :	19 juin	Premier ultimatum japonais.
	25 juin	Le général Catroux est remplacé par l'amiral Decoux au gouvernement général.
	30 août	Traité franco-nippon de Tokyo accordant des facilités militaires au Japon en Indochine.
	22 septembre	Convention sur le stationnement et le transit des troupes japonaises en Indochine.

Novembre 1940 - Janvier 1941		Guerre franco-siamoise.
1941 :	17 janvier	Victoire navale française de Koh Chang.
	9 mai	Traité de paix franco-siamois. Perte de territoires laotiens et cambodgiens par l'Indochine.
	mai	Création à PacBo (Tonkin) de la Ligue Viet-Minh.
		Intronisation du roi du Cambodge Norodom Sihanouk.
	juillet	Accord Darlan-Kato sur le principe d'une défense commune franco-nippone en Indochine et le stationnement de troupes japonaises sans limitation d'effectifs ou de territoire.
	29 août	Réorganisation du protectorat laotien pour un « Grand Laos » homogène.
	9 novembre	Accord économique franco-japonais.
	8 décembre	Le Comité français d'Alger déclare la guerre au Japon.
1942		Défaites alliées dans le Pacifique.
1943		Début du reflux japonais. Agitation nationaliste en Indochine sous influence nippone.
		Division du théâtre d'opérations allié en deux zones, Sud-Est asiatique (direction britannique) et Chine (direction américaine).

18 septembre — De Gaulle et Giraud revendiquent la participation de la France à la libération de l'Indochine.

Fin 1943 — Début d'une organisation de résistance en Indochine au sein de la Force britannique 136.

1944 : 29 février et 23 août — Désignation par le Comité d'Alger du général Mordant comme chef de la Résistance en Indochine.
Mise au point de plans de combat.

1945 : 1er février — Décision du Conseil Suprême japonais pour la conduite de la guerre en vue de mettre fin à la souveraineté française en Indochine.

9 mars — Coup de force japonais, suivi de la proclamation par les souverains vietnamien, cambodgien et laotien de l'indépendance de leurs pays.

24 mars — Déclaration du général de Gaulle sur la libéralisation du régime indochinois et l'intégration de l'Indochine dans l'Union française.

juin — L'O.S.S. substitue les Vietnamiens du Viet-Minh aux Français dans les opérations antijaponaises.

2 août — A Potsdam, partage décidé par les Alliés de l'Indochine en deux zones de désarmement des forces japonaises (Chine et Grande-Bretagne) sans en avertir les Français.

13 août	Le Comité d'insurrection vietminh décide l'offensive générale sur tous les fronts. Election d'un Comité de Libération nationale (Congrès de Tantrao).
15 août	Nomination de l'amiral Thierry d'Argenlieu comme Haut-Commissaire de France en Indochine et du général Leclerc comme commandant en chef des troupes.
22 août	Arrivée à Hanoi de Sainteny, chef de M.5.
25 août	Abdication de Bao Dai (citoyen Vinh Thuy).
28 août	Formation d'un gouvernement provisoire de la république du Vietnam présidé par Ho Chi Minh.
2 septembre	Proclamation à Hanoi de l'indépendance du Vietnam et émeutes à Saigon.
12 septembre	Débarquement à Saigon des premières troupes britanniques avec quelques éléments français.
fin septembre	Affrontements sanglants à Saigon entre Français et Vietnamiens.
5 octobre	Arrivée du général Leclerc à Saigon.
25 octobre	Début de la reconquête de la Cochinchine.
30 octobre	Arrivée du Haut-Commissaire d'Argenlieu à Saigon.
8-10 novembre	Auto-dissolution du Parti communiste indochinois.
décembre	Acceptation par Norodom Sihanouk des principes de la Déclaration du 24 mars 1945.
1946 : janvier	Violences antifrançaises à Hanoi, élections au Bac Bô.
28 février	Accord franco-chinois sur la relève des forces chinoises par les Français.
6 mars	Accord Ho Chi Minh-Sainteny. Reconnaissance par la France du Vietnam démocratique au sein de l'Union française.
	Débarquement français à Haiphong.

	18 mars	Arrivée de Leclerc à Hanoi.
	17 avril-11 mai	Conférence de Dalat numéro 1.
	mai	Rentrée des troupes françaises à Luang Prabang.
	1er juin	Proclamation de la République autonome de Cochinchine.
		Rentrée de Leclerc en France.
	6 juillet-8 août	Conférence de Fontainebleau.
	1er-15 août	Conférence de Dalat numéro 2 (fédérale).
	14 septembre	Modus vivendi Ho Chi Minh-Moutet.
	27 octobre	Constitution de l'Union française.
	20-26 novembre	Incidents et combats de Haiphong.
	19 décembre	Coup de force vietminh à Hanoi. Généralisation du conflit.
1947 :	janvier-février	Dégagement des garnisons françaises assiégées.
	5 mars	Bollaert remplace d'Argenlieu.
	15 mai	Discours de Bollaert, appel à « tous les partis ».
	printemps-été	Guerre des postes, guérilla de Nguyen Binh, sectes contre Viet-Minh.
	juin	Décision française d'attaquer les repaires vietminh de Haute-Région (thèse Valluy).
	août	Vers la solution Bao Dai.
	octobre-décembre	Opérations en Haute-Région.
	6-7décembre	Entrevue Bollaert-Bao Dai en baie d'Along et signature d'un protocole.
	23 décembre	Adhésion du Cambodge et du Laos à l'Union française.
1948 :	23 avril	Rattachement de la Cochinchine au Viet-nam voté par l'assemblée territoriale cochinchinoise.
	20 mai	Formation du gouvernement vietnamien unifié du général Xuan.

	5 juin	Accords de la baie d'Along : le Vietnam indépendant, Etat associé.
	été	Stratégie vietminh de la guerre prolongée ; passage à la phase préparatoire de la contre-offensive. Pourrissement politique.
	octobre	Pignon remplace Bollaert.
1949 :	janvier-juillet	Offensive française en Cochinchine et blocus des zones vietminh.
	février	Offensive de Giap au Tonkin. Divergences stratégiques dans le commandement français.
	8 mars	Signature des accords franco-vietnamiens.
	mai-juin	Mission du général Revers en Indochine.
	19 juillet	Convention franco-laotienne de Paris (le Laos Etat associé).
	juillet-août	Scandale des fuites et affaire des généraux à Paris.
	16 octobre	Occupation des évêchés de Phat Diem et Bui Chu.
	octobre-novembre	Offensive de Giap (Le Loi).
	8 novembre	Accord franco-cambodgien.
	décembre	Arrivée des troupes communistes chinoises à la frontière du Tonkin.
1950 :	janvier	Reconnaissance par le gouvernement vietminh du nouveau régime chinois, et du gouvernement vietminh par celui de la République populaire de Chine et celui de l'U.R.S.S.
		Reconnaissance de l'Etat du Vietnam baoïste par la Grande-Bretagne et les Etats-Unis.
	20 janvier	Ratification par l'Assemblée française des accords avec les Etats associés.
	6 mai	Formation du gouvernement Tran Van Huu à Saigon.
	juin	Première livraison du matériel américain.
		Début de la guerre de Corée.

	29 juin - 17 novembre :	Conférence de Pau.
	été	Repli vietminh en Cochinchine.
	2 septembre	Décision française d'évacuer Caobang et Dongkhe.
	octobre	Désastre de la RC 4.
	novembre	Evacuation de Laichau et Laocay.
	décembre	Evacuation de Dinh Lap. Accord d'aide américaine.
	17 décembre	Arrivée à Saigon du général de Lattre de Tassigny.
1951 :	janvier	Stratégie de de Lattre (système du béton au Tonkin).
	14-17 janvier	Victoire de Vinhyen. Echec de Giap.
	février	Création du Parti des Travailleurs du Viet-nam (Lao Dong). Epuration, rectification, réorganisation.
	mai	Offensive de Giap contre le delta. Bataille du Day.
	juillet	Vietnamisation de la guerre.
	septembre	Voyage de De Lattre aux Etats-Unis pour demander un accroissement de l'aide.
	octobre	Offensive de Giap qui échoue en pays thai.
	novembre	Bataille de la Rivière Noire et de la RC6. Départ de De Lattre. Prise de Hoabinh.
1952 :	11 janvier	Mort du Haut-Commissaire De Lattre.
	février	Evacuation de Hoabinh par les Français.
	mars	Promesses d'accroissement de l'aide américaine.
	février-avril	Opérations françaises de « nettoyage » du delta.
	avril	Letourneau, ministre des Etats associés et haut-commissaire.
		Le général Salan confirmé au commandement en chef.

	juin	Norodom Sihanouk assume le pouvoir personnellement. Nguyen Van Tam chef du gouvernement à Saigon. Projets de réforme agraire et de développement de l'armée vietnamienne.
	octobre	Offensive vietminh en pays thai. Evacuation de Nghia Do.
	novembre	Installation du camp retranché de Na San. Transfert de responsabilités administratives aux Vietnamiens.
	décembre	Echec de Giap devant Na San.
1953 :	janvier	Opérations françaises sur les Hauts-Plateaux et à Quangngai-Quinhon. Préparatifs de défense du Laos.
	janvier	Elections aux conseils communaux vietnamiens.
	avril	Norodom Sihanouk exige une véritable indépendance. Bao Dai lui emboîte le pas. Réforme agraire vietminh. Scandale du trafic des piastres.
	avril-mai	Offensive vietminh au Laos. Evacuation par les Franco-Laotiens de Sam Neua, où s'installe le gouvernement pathet lao du prince Souphanouvong.
	mai	Le général Navarre commandant en chef.
	4 juin	Ordonnances du gouvernement Tam sur la réforme agraire.
	3 juillet	Paul Reynaud, vice-président du Conseil (gouvernement Laniel), offre l'ouverture de négociations pour parfaire l'indépendance des Etats associés.
	8-12 août	Evacuation de Na San.
	9 octobre	Opération de dégagement de Luang Prabang et de la Plaine des Jarres.

	octobre	Réunion d'un Congrès national vietnamien à Saigon qui demande un Vietnam totalement indépendant hors de l'Union française.
	17 octobre	Traité franco-cambodgien.
	22 octobre	Traité franco-laotien d'assistance mutuelle.
	20 novembre	Installation de la base de Dien Bien Phu.
	25 décembre	Offensive vietminh et pathet lao au Laos.
1954 :	janvier	Opération Atlante sur les Hauts-Plateaux et la côte centrale.
	18 février	Décision des Quatre Grands à Berlin d'ouvrir une conférence à Genève sur les problèmes coréen et indochinois.
	13 mars	Début de l'assaut contre Dien Bien Phu.
	avril	Refus américain d'intervenir.
	26 avril	Ouverture de la conférence de Genève.
	7 mai	Chute de Dien Bien Phu.
	16 juin	Ngo Dinh Diem chef du gouvernement vietnamien.
	juin	Mouvements d'évacuation du Nord par les Français.
	20-21 juillet	Accords de Genève.
	août	Cessez-le-feu et exode des catholiques du Nord.
	8 septembre	Traité de Manille (O.T.A.S.E.).
	27-29 septembre	Négociations franco-américaines consacrant le désengagement français.
	9 octobre	Départ des troupes françaises de Hanoi.
	23 octobre	Eisenhower promet au Vietnam une aide directe des Etats-Unis.
1955 :	11 février	Les conseillers américains reçoivent des Français la responsabilité de la formation de l'armée sud-vietnamienne.
	mars	Victoire de Diem sur les sectes.
	mai	Aide américaine au Cambodge.

	août	Refus de Diem de négocier avec la R.D.V.N. et soutien de Foster Dulles.
	23 octobre	Référendum en faveur de Diem et d'un régime républicain. Bao Dai évincé.
	26 octobre	La République du Vietnam proclamée. Diem président.
1956 :	février	Norodom Sihanouk se rapproche de Pékin et refuse la protection de l'O.T.A.S.E.
	mars	Souvanna Phouma premier ministre laotien.
	6 avril	Refus par Diem des accords de Genève.
	28 avril	Départ des dernières troupes françaises du Sud-Vietnam.
		Le relais est saisi par le M.A.A.G.
	août	Accord au Laos en vue d'un gouvernement de coalition neutraliste.
	septembre	Campagne de rectification des erreurs de la réforme agraire en R.D.V.N.
	décembre	Décision de la primauté de la lutte politique au Sud par le Lao Dong.
1957 :	mars	La marche vers le socialisme au Nord (plan de trois ans).
	mai	Visite du maréchal Vorochilov en Asie.
	août	Lancement d'une fusée soviétique.
	novembre	Formation au Laos d'un gouvernement de coalition neutraliste.

1958 :	juillet	Crise politique au Laos. Ajournement de la C.I.C. Echec du premier gouvernement de coalition. Débat au Lao Dong sur les moyens de la réunification et recrudescence des activités armées dans le Sud.
1959 :	janvier	Le Comité central du Lao Dong (XVe Plenum) décide l'orientation vers la lutte armée au Sud.
	6 mai	Tribunaux spéciaux institués par Diem contre la subversion.
	mai	Conseillers américains dans les unités sud-vietnamiennes d'infanterie. Préparatifs au Nord pour infiltrer hommes et matériels au Sud.
	juillet	Attaque de Bienhoa par des commandos révolutionnaires.
	août	Constitution du Groupe 559 pour les infiltrations.
	décembre	Prise de contrôle du Laos par les forces royalistes.
1960 :	1er janvier	Promulgation d'une nouvelle Constitution en R.D.V.N.
	janvier	Attaques de guérillas contre Bentre et Tayninh.
	mai	Augmentation des effectifs du M.A.A.G. au Sud-Vietnam. Visite du vice-président Johnson à Saigon.
	août-décembre	Crise au Laos tournant à la guerre civile.
	5-10 septembre	Le Duan élu secrétaire général du Lao Dong ; décision de mener de front la reconstruction du Nord et la lutte de réunification au Sud.
	8 novembre	Kennedy élu président des Etats-Unis.

11-12 novembre Coup d'Etat manqué contre Diem.
20 décembre Création du Front de Libération National du Sud (F.L.N.).

1961 : janvier L'armée royale laotienne refoulée de la Plaine des Jarres par Pathet Lao et Armée populaire.
Gouvernement Boun Oum pro-occidental à Vientiane.
11 mai Décision de Kennedy de lancer des opérations de sabotage et de renseignements au Nord-Vietnam. Expédition de 400 « Forces spéciales ».
13-16 mai Cessez-le-feu au Laos et ouverture de la 1re conférence de Genève sur le problème laotien.
18 septembre Une capitale provinciale sud-vietnamienne prise par le F.L.N.
octobre Formation d'un nouveau gouvernement Souvanna Phouma neutraliste
19-25 octobre Mission Rostow-Taylor au Sud-Vietnam.
novembre-décembre : Décision de Kennedy d'accroître l'aide américaine au Sud-Vietnam.

1962 : 1er janvier Création du Parti Révolutionnaire du Peuple, version sudiste du Lao Dong.
3 février Lancement du programme de hameaux stratégiques par Diem-Nhu.
8 février Création du M.A.C.V.-Sud-Vietnam, commandé par le général Paul Harkins.
16 février Premier congrès du F.L.N.
mai Progrès du Pathet Lao au Laos. Envoi par Kennedy de troupes en Thaïlande.
juillet Accord à Genève sur la neutralité laotienne.

	décembre	11 300 militaires américains au Sud-Vietnam.
1963 :	janvier	Défaite sud-vietnamienne à Ap Bac.
	avril	Lancement de la campagne de ralliement « Chieu Hoï ».
	8 mai	Début des troubles bouddhistes à Huê.
	11 juin	Immolation du bonze Quang Duc.
	21 août	Raid des Forces spéciales sud-vietnamiennes contre les bouddhistes.
	1er-2 novembre	Coup d'Etat et assassinat de Diem et de Nhu.
	22 novembre	Assassinat de Kennedy. Johnson président.
	décembre	IXe Plenum du Comité central du Lao Dong qui opte pour la radicalisation de la lutte.
1964 :	30 janvier	Le général Khanh prend le pouvoir à Saigon.
	25 avril	Le général Westmoreland remplace Harkins au M.A.C.V.
	mai	Echec de la coalition laotienne.
	2 juillet	Le général Maxwell Taylor ambassadeur au Vietnam.
	2-4 août	Incidents navals du golfe du Tonkin.
	7 août	Résolution du golfe du Tonkin votée par le Congrès américain.
	1er novembre	Bombardement de la base de Bienhoa par le F.L.N.
	4 décembre	Défaite de l'A.R.V.N. à Binhgia.
	8-20 décembre	Manifestations bouddhistes au Sud-Vietnam.
	14 décembre	Bombardement de la piste Ho Chi Minh par l'aviation US.
	25 décembre	Attentat F.L.N. contre l'hôtel Brinks à Saigon.

1965 :	hiver-printemps	Resserrement du contrôle du Lao Dong sur l'organisation insurrectionnelle sudiste. Stratégie du découragement appliquée aux Américains. La guerre limitée.
	6-7 février	Attaque du camp Holloway (Pleiku) par le F.L.N. et premières représailles aériennes américaines contre des objectifs au Nord.
	10 février	Attaque d'un cantonnement américain à Quinhon. Riposte US.
	13 février	Décision de Johnson de lancer l'opération Rolling Thunder.
	février	Mouvement diplomatique en faveur d'une négociation.
	8 mars	Débarquement à Danang des premières troupes terrestres américaines.
	mars	Rapport et plan Westmoreland. Bombardements continus sur le Nord.
	29 mars	Attentat à Saigon contre l'ambassade américaine.
	1er avril	Appel de dix-sept pays non alignés en faveur de négociations.
	2 avril	Johnson décide l'envoi de renforts. Stratégie des enclaves.
	7 avril	Discours de Johnson à l'université Johns Hopkins proposant négociations ct aide à l'Asie.
	8 avril	Réponse de Pham Van Dong proposant le programme du F.L.N. comme base de négociations.
	13 juin	Westmoreland demande des renforts et la liberté d'emploi de ses troupes. Débat à Washington sur le sens de l'engagement.
	14 juin	Le général Nguyen Cao Ky premier ministre sud-vietnamien, le général Nguyen Van Thieu chef du comité militaire.
	juillet	Johnson poursuit l'escalade en accordant à Westmoreland les renforts demandés.
	août	Opération Starlight. Stratégie de l'attrition. Tactique « search and destroy ».

	novembre	Combats de la vallée de Ia Drang.
1966 :	6-7-8 février	Rencontre Johnson, Ky et Thieu à Honolulu. Promesse vietnamienne d'élections et de Constitution. Décision de « gagner les esprits et les cœurs » (la pacification).
	mars-juin	Crise politique à Saigon, agitation bouddhiste à Huê.
	avril	Opération « Attleboro « de type search and destroy.
	juin-décembre	Contacts secrets US/Nord-Vietnam par un intermédiaire polonais.
	31 août	Discours du général de Gaulle à Phnom Penh prônant le retrait des forces américaines et un règlement pacifique.
	11 septembre	Election de l'Assemblée constituante sud-vietnamienne.
	décembre	Johnson autorise le bombardement de « sanctuaires » au Nord. Effectifs américains au Sud : 362 000 hommes, alliés (Sud-Coréens, Philippins, Australiens, Néo-Zélandais, Thais) : 50 000.
1967 :	janvier	Opération « Cedar Falls ».
	février	Opération « Junction City ».
	mars	Westmoreland demande 200 000 hommes de renfort, approuvé par le Comité d'états-majors. Opposition de Mac Namara.
	avril	Manifestations aux Etats-Unis contre la guerre.
	juin	Le général Nguyen Chi Thanh dresse son plan d'attaque des villes sudistes.
	juillet-août	Johnson limite les renforts à 55 000 hommes, mais autorise le bombardement d'objectifs proches de Hanoi.

	3 septembre	Election de Thieu, président, et de Ky, vice-président.
	29 septembre	Johnson propose la « formule de San Antonio » (arrêt des bombardements contre « conversations productives »).
	octobre	Nouvelles manifestations aux Etats-Unis contre la guerre. Refus des propositions Johnson par Hanoi. Mise en service de la ligne électronique Mac Namara contre les infiltrations.
	21 novembre	Le général Westmoreland déclare que la fin de la guerre est en vue.
	fin de l'année	Préparatifs engagés en vue de l'offensive révolutionnaire contre les villes du Sud.
1968 :	21 janvier-7 avril	Siège de Khesanh
	30-31 janvier	Début de l'offensive du Têt Mau Than.
	27 février	Rapport du général Wheeler sur la situation.
	février-mars	Débat à Washington sur les décisions à prendre.
	mars	Clark Clifford remplace Mac Namara et le général Abrams le général Westmoreland.
	25-26 mars	Réunion des « Sages » autour de Johnson. La plupart s'inquiètent de la division du pays.
	31 mars	Discours de Johnson annonçant la cessation des bombardements du Nord-Vietnam et son renoncement à la course présidentielle.
	3 mai	Accord de Washington et de Hanoi sur des pourparlers préliminaires.
	mai	Nouvelle offensive communiste au Sud. Echec.
	13 mai	Première rencontre à Paris des délégués américains et nord-vietnamiens
	18-20 juillet	Entrevue Johnson-Thieu à Honolulu.

31 octobre	Ordre d'arrêt des bombardements au Nord et intensification des opérations aériennes au Laos.
novembre	Election de Richard Nixon à la présidence.
décembre	536 000 Américains au Sud-Vietnam.
1969 : 25 janvier	Ouverture des négociations officielles à Paris en vue d'un cessez-le-feu.
18 mars	Début des bombardements de B-52 au Cambodge (opération Menu).
8 mai	Publication du plan de paix du F.L.N. en dix points.
14 mai	Nixon annonce le retrait progressif des troupes US et demande celui de toutes les forces non sud-vietnamiennes du Sud.
5 juin	Reprise des bombardements de représailles au Nord.
8 juin	Entrevue Nixon-Thieu à Midway. Vietnamisation de la guerre.
10 juin	Constitution du G.R.P.
4 août	Rencontre Kissinger-Xuan Thuy à Paris.
3 septembre	Mort de Ho Chi Minh.
8 octobre	Souvanna Phouma demande l'aide américaine contre le Pathet Lao.
octobre-novembre	Manifestations aux Etats-Unis contre la guerre (moratoire).
novembre	Appel de Nixon à la « majorité silencieuse », et révélation du massacre de My Lai.
décembre	475 000 Américains au Sud-Vietnam.
1970 : 21 février	Première entrevue secrète Kissinger-Le Duc Tho.
février	Poussée communiste victorieuse dans la Plaine des Jarres.

	18 mars	Déposition de Sihanouk. Lon Nol chef d'État. Formation du F.U.N.K. et du G.R.U.N.K.
	mars-avril	Opérations américano-sud-vietnamiennes contre les sanctuaires vietnamiens au Cambodge.
	mai	Protestations massives aux Etats-Unis contre les opérations au Cambodge.
	29 juin	Retrait des troupes américaines du Cambodge.
	30 juin	Adoption par le Sénat américain de l'amendement Cooper-Church interdisant la participation de personnels américains à des opérations terrestres au Cambodge.
	7 octobre	Nixon propose un cessez-le-feu en Indochine.
	décembre	Nouveau retrait de troupes américaines du Sud-Vietnam. Abrogation de la « Résolution du golfe du Tonkin » par le Sénat.
1971 :	8 février-24 mars	Opération Lam Son au Laos.
	18 avril-1er mai	Violentes manifestations pacifistes aux Etats-Unis.
	13 juin	Publication par le *New York Times* des « Dossiers du Pentagone ».
	3 octobre	Thieu réélu président
	décembre	156 000 Américains au Sud-Vietnam.
1972 :	21 février	Arrivée de Nixon à Pékin.
	30 mars	Déclenchement d'une vaste offensive communiste au Sud-Vietnam.
	6 avril	Reprise des bombardements au Nord-Vietnam.
	1er mai	Prise de Quangtri par l'Armée Populaire.
	2 mai	Kissinger déclare les Etats-Unis prêts à ne pas exiger le retrait du Sud des forces nord-vietnamiennes.

	8 mai	Nixon ordonne le minage des ports nord-vietnamiens et la destruction des voies de communications au Nord.
	juin	Contre-offensive de l'A.R.V.N. vers la reprise de Quangtri. 47 000 Américains au Sud-Vietnam.
	16 septembre	Reprise de Quangtri par l'A.R.V.N.
	8-28 octobre	Accord de principe sur les conditions d'un cessez-le-feu.
	novembre	Opposition de Thieu.
	13 décembre	Suspension des pourparlers.
	18-30 décembre	Violents bombardements au Nord.
	26 décembre	Hanoi disposé à reprendre le dialogue.
	décembre	24 000 Américains au Sud-Vietnam.
1973 :	16 janvier	Nixon fait pression sur Thieu pour lui faire accepter les conditions de paix.
	23-27 janvier	Accords de Paris.
	21 février	Cessez-le-feu au Laos.
	29 mars	Départ des dernières troupes américaines du Sud-Vietnam.
	avril-mai	Discussions sur les violations du cessez-le-feu.
	9 avril	Rejet par les révolutionnaires khmers de la trêve de Lon Nol.
	6-13 juin	Rencontre à Paris Kissinger-Tho pour le respect du cessez-le-feu.
	29 juin	Interdiction par le Congrès américain de bombardements au Cambodge à partir du 15 août.
	10 juillet	La « révolution » de Thieu pour renforcer son autorité.
	octobre	Décision du Bureau politique du Lao Dong de réaliser la réunification par les armes.
	7 novembre	« War power act » adopté par le Congrès américain.

	15 novembre	Le Congrès interdit toute utilisation de fonds pour des actions militaires en Indochine.
1974 :	15-18 janvier	Bombardement de Phnom Penh par les forces révolutionnaires.
	février	Offensive de reprise de territoire déclenchée par l'A.R.V.N.
	avril	Riposte communiste à l'A.R.V.N.
	12 avril	Retrait du Sud-Vietnam des pourparlers de « Concorde et de réconciliation ».
	13 mai	Retrait du G.R.P. des pourparlers de Paris avec le Sud-Vietnam.
	6 août	Le Congrès fixe le plafond de l'aide militaire au Sud-Vietnam à 1 milliard de dollars, puis la Chambre des Représentants la limite à 700 millions de dollars.
	9 août	Démission de Nixon. Gerald Ford président.
	11 août	Ford promet à Thieu une « aide adéquate ».
	septembre	Mouvements anti-Thieu à Saigon.
	18 décembre 1974-8 janvier 1975	Décision du Bureau politique du Lao Dong de déclencher l'offensive finale contre le Sud.
1975 :	1er janvier	Offensive des Khmers Rouges contre Phnom Penh.
	8 janvier	Prise de la province de Phuoclong par les forces communistes.
	9 mars	Offensive sur les Hauts-Plateaux.
	10 mars	Chute de Banmethuot.
	14 mars	Redéploiement de l'A.R.V.N. et abandon de Pleiku et de Kontum. Début de la débâcle.
	25 mars	Chute de Huê.
	29 mars	Chute de Danang.

1er avril	Lon Nol quitte Phnom Penh.
avril	Combats au Laos.
10 avril	Ford demande 722 millions de crédits d'urgence pour le Sud-Vietnam.
12 avril	Départ des Américains de Phnom Penh.
14 avril	Le Bureau politique du Lao Dong décide la campagne Ho Chi Minh pour s'emparer de Saigon.
17 avril	Les Khmers Rouges entrent à Phnom Penh.
20 avril	Chute de Xuanloc, dernier verrou avant Saigon.
21 avril	Démission de Thieu, remplacé par Tran Van Huong.
28 avril	Duong Van Minh remplace Huong à la présidence de l'Etat.
30 avril	Minh lance un appel à déposer les armes. Les forces populaires pénètrent à Saigon.
2 décembre	Le Pathet Lao maître du Laos.

DES ORIGINES DE LA PRÉSENCE FRANÇAISE À L'ENGRENAGE DU CONFLIT INTERNATIONAL

★

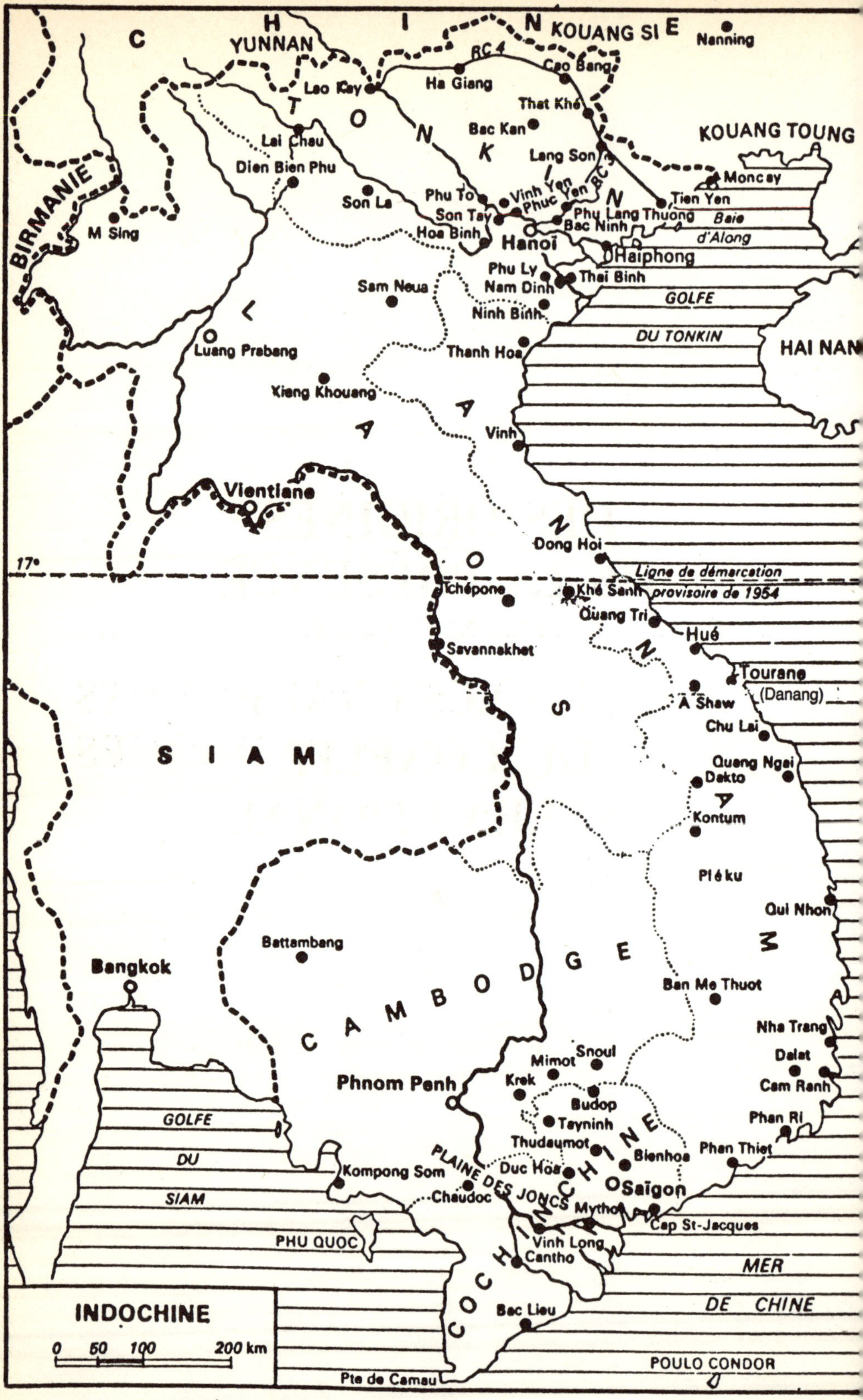

Carte générale de l'Indochine

Première Partie

LES FONDEMENTS HISTORIQUES

Chapitre premier

MYTHES ET HISTOIRE

LA TERRE ET L'EAU

Dans les temps légendaires, il était un Dragon nommé Lac. Seigneur des Eaux, il vivait dans un palais maritime. Franchissant un jour l'embouchure d'un grand fleuve, il pénétra à l'intérieur des terres. Un peuple y vivait, soumis à de tyranniques démons. Le Seigneur Dragon le délivra, lui enseigna le vêtement et la culture du riz. Puis, il s'en retourna chez lui. Quelque temps plus tard, un conquérant venu du nord envahit la plaine et s'en proclama le souverain. Le Seigneur Dragon accourut aussitôt au secours de ses protégés. Usant d'un stratagème qui joignait l'utile à l'agréable, il enleva l'épouse de l'intrus, la Reine Au Co, et l'emmena sur le Mont Tan Vien. Désespéré, le conquérant se retira dans son pays. Des amours du Dragon et de la Reine Au Co naquirent cent œufs d'où sortirent cent garçons. Les Chinois qui appelaient « Yue » (Viet) les peuplades vivant au sud du Yangzi * les dénommèrent les « Cent Yue » (Bach Viet).

Cependant Au Co était une Fée, une Immortelle issue du Feu, élément qui ne peut s'accorder avec l'Eau. Afin de ne pas s'entre-détruire, le Seigneur Dragon et la Reine Fée prirent la décision de se séparer. Mais ils promirent de se rejoindre en cas de nécessité et se partagèrent leurs enfants. Cinquante garçons suivirent donc leur père, les cinquante autres demeurèrent sur les terres de Phong Chau avec leur mère. L'aîné de ces

* Yang-tseu ou Fleuve Bleu.

derniers devint le premier souverain d'un royaume appelé Van Lang. Il prit le nom de Hung Vuong, le Roi Hung.

La légende se poursuit avec le combat sans cesse renouvelé de l'Esprit des Eaux et de l'Esprit des Monts pour l'amour d'une princesse Hung. Vainqueur d'une première épreuve imposée par le souverain, père de celle-ci, l'Esprit des Monts emmena la jeune fille sur le Mont Tan Vien, sanctuaire du « Clan » Hung. Son rival déclencha alors une violente tempête, lançant le vent et les flots furieux des rivières à l'assaut de la montagne. Mais l'Esprit des Monts, maître de la foudre, repoussa victorieusement l'attaque et rétablit le calme. Pourtant, l'Esprit des Eaux ne s'avouait pas vaincu, et chaque année, à la septième lune, il reprenait l'offensive destructrice éternellement recommencée.

Ces récits des origines mythiques du peuple viet, perpétués dans la mémoire collective par une tradition orale encore vivace, ont été transcrits à partir du XVe siècle, sans doute parce qu'au sortir de très dures épreuves, le besoin s'est alors fait sentir de sauvegarder ce qui apparaissait comme la source même de l'identité nationale. Le mythe n'est pas un simple conte populaire et fabuleux aux couleurs symboliques. Selon les termes de Georges Gusdorf, il est lié « à la première connaissance que l'homme acquiert de lui-même et de son environnement... et sa fonction intervient comme le principe de conservation de l'ordre communautaire ». En l'occurrence, les amours du Dragon et de l'Immortelle, la lutte perpétuelle de l'Esprit des Monts et de l'Esprit des Eaux expriment le dualisme évident et profond qui caractérise l'espace géographique et mental de ce peuple vietnamien dont il est en quelque sorte le diamant noir fatal et contradictoire, sa richesse et son malheur à la fois, son lien et son diviseur.

La géographie d'abord, faite de contrastes brutaux. Sur la carte, le Vietnam actuel dessine un grand S, long de quelque 1 800 km entre le Tropique du Cancer et le 8e parallèle. Il semble tourner le dos au continent asiatique et s'ouvre par 2 000 km de côtes sur le monde de l'océan Pacifique, devenu aujourd'hui une immense Méditerranée avec sur ses rives l'Amérique, le Japon, la Chine. La boucle supérieure, constituée par la plaine deltaïque du Fleuve Rouge, est en effet enserrée par une sorte de carcan montagneux abrupt et inhospitalier qui le sépare au nord de la Chine méridionale et à l'ouest du Laos. Cette muraille qui peut atteindre 3 000 mètres d'altitude est relayée en direction du sud par la Cordillère Annamitique, épine dorsale qui surplombe une étroite frange côtière de petites plaines et s'abaisse en plateaux jusqu'à l'autre boucle, celle que forme le delta du Mékong, vaste, ouvert à l'ouest et partagé avec les voisins khmers. Le climat y est tropical, humide et chaud, rythmé par le régime binaire des moussons, avec une alternance de saison sèche et de saison des pluies, qui donne à l'eau le pouvoir suprême, celui de féconder la terre, et celui de la rendre stérile par privation ou par noyade.

Car la forêt et la brousse sauvage couvrant les trois quarts du territoire, et des marécages malsains une partie des plaines, la population vietnamienne se concentre sur la surface cultivable de celles-ci, un monde semi-aquatique de rizières nourricières qui justifie l'expression de « Dat nuoc », Terre-eau, pour désigner le pays. Plus dense dans le delta du Fleuve Rouge, puisque la densité y est l'une des plus fortes du monde, elle était évaluée à la veille de la Deuxième Guerre mondiale à 19 millions d'habitants. Avec un taux d'accroissement annuel situé entre 10 et 15 pour 1 000 à la même époque, le problème de subsistance se posait avec une acuité qui ne se dément pas. Les hauteurs, montagnes et plateaux, sont laissées à des minorités ethniques, de race mongoloïde au nord (Thaï, Muong, Mèo, Man, Nung, Lolo), austronésienne au sud, toutes organisées en tribus. D'autres minorités subsistent en plaine, Chinois (environ 450 00 en 1940, dont 380 000 au sud), un reliquat de Chams dans le centre et des Khmers dans les régions frontalières du sud.

Originellement, le grand S, et plus globalement l'ensemble de la péninsule indochinoise, étaient habités par des peuplades australo-indonésiennes à peau sombre. Puis, d'autres peuples sont venus par les vallées des fleuves qui prennent leurs sources sur les plateaux tibétains, refoulant les aborigènes sur les reliefs pour occuper les plaines et les rivages maritimes. Ces migrations d'Indiens, de Thaï, de Mongols, ont abouti à la formation de royaumes tels que le Champa, le Cambodge, le Vietnam. Issu du brassage racial et culturel d'éléments mongoloïdes et australo-indonésiens, le peuple viet, d'abord sous le premier nom connu de Lac, puis sous celui de Giao Chi, « orteils croisés » (d'après le nom de la préfecture chinoise de Jiao Zhi), a su bâtir son homogénéité sur sa confrontation permanente avec la nature et les autres peuples.

Né à l'ère du bronze, vers le VIIe siècle avant J.-C., le royaume de Van Lang avait pour assise territoriale le Phong Chau que l'on situe dans le Vinh Phu actuel, en Moyenne-Région du Nord-Vietnam. Pays de collines, de terrasses et de mamelons gardé par trois monts, le monumental et solitaire Tam Dao au nord, le mystérieux et inquiétant Tan Vien au sud, et le Hung au centre. La culture de cette époque, dite dongsonienne à cause des vestiges trouvés à Dongson, ressemble à celle de la minorité Muong d'aujourd'hui : organisation communautaire, technique de la rizière irriguée, filiation maternelle, religion animiste, culte des ancêtres. Le tambour de bronze, instrument funéraire ou vestige d'un culte solaire, selon les interprétations, est surtout pour les Chinois un moyen de pouvoir, l'arme du Tonnerre dispensateur des eaux et de la fécondité.

Du berceau primitif, les Viet ont ensuite essaimé dans la basse plaine du delta. Ils y ont trouvé une terre fertile, mais exposée aux crues violentes et irrégulières d'un Fleuve Rouge qui, de juin à octobre, provoque des inondations fréquentes. Les caractères du Vietnam se sont alors sans doute précisés sous le poids des contraintes. La nécessité d'édifier des digues, la menace des Chinois venus du nord par les défilés et les vallées trouant la muraille de la Haute-Région, et aussi l'adoption de la technique de la rizière inondée qui permet une culture intensive en retenant les éléments riches du sol, ont renforcé la structure communautaire, dont le village était le pilier essentiel.

Tel un navire flottant sur la boue du delta et amarré au réseau de diguettes quadrillant celui-ci, le village du Fleuve Rouge a traversé les siècles, immuable et souverain. Entité administrative, avec ses notables, ses cultes locaux, ses rizières, il a été jusqu'à des temps récents un symbole d'indépendance, et il est resté celui de la stabilité et de l'obstination défensive du peuple viet. Quoi de plus significatif en effet que les moyens de protection dont il s'entourait dans les mondes naturels et surnaturels : une épaisse enceinte de bambous verts contre les fauves, les crocodiles, ou les étrangers. Un banian, arbre aux puissantes racines abritant les Génies tutélaires. On disait autrefois que le pouvoir du Roi s'arrêtait à cette haie-là, tant était forte la coutume villageoise. Il avait néanmoins celui de punir, et la pire des peines qu'il pouvait infliger était alors d'ordonner au village la coupe de ses bambous protecteurs. C'était à coup sûr une catastrophe pour des gens dont la méfiance à l'égard de tout ce qui était extérieur à leur communauté était telle qu'ils tenaient leur marché, lieu d'échanges « avec les autres », hors de l'enceinte. Exporté de son espace originel, le village viet a donné l'impression de relâcher sa vigilance, en particulier dans le delta du Mékong, terre de conquête où les conditions ont été moins menaçantes et où les rapports de force ont été inversés, du moins avant l'arrivée des Français. Mais si la haie a disparu, l'autonomie villageoise n'en a pas moins été jalousement préservée aussi bien par les divinités tutélaires que par les membres de la communauté.

La même volonté d'autodéfense se retrouve au niveau de la famille, autre cellule fondamentale et durable de la société viet, qu'est venu renforcer le confucianisme. Imposée par les contraintes géographiques et les menaces humaines, elle s'accompagne de l'affirmation d'une identité constamment menacée. Les Viet, qui revendiquent l'ascendance commune de Hung Vuong, l'ancêtre fondateur, fils du Dragon et de la Reine Fée, ne manquent jamais de se définir avec soin. Ils sont « Nguoi minh », nous-mêmes, par rapport aux étrangers, « Nguoi tau », les Chinois, ou « Nguoi tay », les Occidentaux. Ils sont les « Kinh », gens urbanisés, par rapport aux « Moï », les sauvages. Mais, comme l'a justement expliqué l'ethnologue Dinh Trong Hieu dans une étude sur la légende du Clan Hung, ils poussent ce processus d'identification au-delà du niveau national, en l'appliquant entre eux, et cela, jusqu'à l'absurde. Ainsi se distinguent-ils selon l'origine, le lieu de résidence, le clan à l'intérieur d'un village, la branche à l'intérieur du clan, et même dans une communauté d'expatriés, selon la date du départ en exil : « Tout se passe comme si l'histoire du Vietnam était marquée par un double paradoxe, celui de la répulsion-union de frères ennemis, et celui de la constance ethnique de se démarquer des autres, voire d'assimiler les autres lors des phases d'extension, lesquelles correspondent aux phases de dissensions internes. »

L'homme viet, forgé par les redoutables défis auxquels il a dû répondre pour survivre, est en effet paradoxal et contradictoire, à l'image du mythe de ses origines. Il est à la fois souple et obstiné, frêle et indestructible, pragmatique et utopiste. Le sanctuaire de sa race est dans la montagne, mais il vit dans la plaine. Son territoire est orienté vers la mer, mais il est plus terrestre que marin, paysan plutôt que navigateur. Conquis, culturellement assimilé par l'envahisseur chinois, il se fait conquérant à son tour et absorbe les peuples vaincus. Il mettra mille ans à se délivrer du joug de la Chine, sans vraiment en conjurer définitivement le retour, périodiquement menaçant, mais il accomplira une marche de plusieurs siècles vers le Sud, aux dépens des peuplades indigènes, refoulées vers les montagnes et les forêts, et des États indianisés — cham et khmer — de la péninsule, jouant ainsi le rôle d'une marche-frontière de la civilisation chinoise dominatrice. Cette expansion, explicable par son dynamisme ethnique et biologique, justifiable par la nécessité de trouver de nouvelles terres, reste aussi une manifestation impérieuse de son identité nationale.

LA DOMINATION CHINOISE
(Du IIe siècle av. J.-C. au Xe siècle apr. J.-C.)

La première intervention des Chinois se produit à la fin du IIIe siècle avant J.-C. lorsque le grand Empereur Jaune Qin Shi, unificateur de la Chine et fondateur de l'Empire, envoie ses armées au-delà du Yangzi à la recherche de ces richesses que sont alors les défenses d'éléphants, les cornes de rhinocéros et les perles. Un fonctionnaire ambitieux, Zhao Tuo (Trieu Da), s'empare du royaume d'Au Lac, successeur de celui du Van Lang dans le delta du Fleuve Rouge et fait sécession en créant le royaume de Nam Viet. La véritable conquête ne commence en fait qu'un siècle plus tard, sous les Han, nouveaux maîtres de la Chine qui intègrent cette région lointaine dans l'Empire. Trois préfectures y sont créées. L'autorité impériale ne s'y exerce néanmoins que de façon assez lâche, sous la forme d'un protectorat qui laisse en place l'aristocratie indigène des Lac.

Tout change dans les premières années de notre ère, lorsque les luttes intestines dans l'Empire provoquent un afflux d'immigrants chinois apportant avec eux culture et techniques nouvelles. Des rites de mariage à l'usage de l'araire de fer, la sinisation est lancée. Mais l'emprise croissante des nouveaux venus, la politique d'assimilation des préfets, accompagnée de la mise en place d'une administration destinée à exploiter économiquement le pays, menacent les seigneurs Lac qui s'agitent. L'épouse de l'un d'eux, Trung Trac, déclenche la révolte en l'an 40. Aidée de sa sœur Trung Nhi, elle triomphe, se proclame reine, et s'empresse d'abolir les taxes instituées par les Chinois. Magnifié par la légende nationale, ce sursaut des féodaux du Fleuve Rouge est devenu le premier symbole de la résistance du peuple viet à son voisin du nord, et les sœurs Trung, les parangons d'un patriotisme ardent.

L'épopée dure deux ans, le temps pour les Han de réagir en envoyant sur ces lointaines frontières méridionales un célèbre général, Ma Yuan, le dompteur des flots. A son approche, les partisans des sœurs Trung se montrent indisciplinés, font défection. Malgré le caractère hasardeux du combat, les héroïnes font face. Elles sont vaincues, capturées, selon les vainqueurs décapitées, selon la tradition vietnamienne suicidées. Leur défaite et la répression qui s'ensuit marquent la fin des seigneurs Lac, et le début d'une véritable sinisation des Viet.

Ma Yuan érige des forteresses, installe des colons-soldats, creuse des canaux, construit des routes, organise une administration semblable à celle du reste de la Chine. Des colonnes de bronze, élevées aux confins du sud, indiquent en effet que le pays viet, le Giaochi, est devenu une marche frontière de l'Empire des Han. L'ordre et la stabilité qui s'y instaurent sont troublés un siècle plus tard par la dégradation de l'autorité centrale. Mais les souverains Han, réalistes, préfèrent user de diplomatie que d'envoyer de coûteuses expéditions. Leurs représentants jouissent d'une certaine indépendance, et sont même soucieux des intérêts locaux, d'autant plus qu'ils s'appuient sur une nouvelle classe dirigeante, formée par la fusion des immigrants chinois et des grandes familles indigènes. Le meilleur exemple de cette aristocratie sino-viet est le clan des Shi, féodaux dont la puissance s'accroît dans le courant du IIe siècle apr. J.-C. et qui fournissent de hauts fonctionnaires tels que le remarquable Shi Xie (Si Nhiep). Ayant obtenu en 203 de réunir sous son autorité les trois préfectures du delta du Fleuve Rouge en une seule province, le Giaochau, ce gardien de l'Empire est également le garant des intérêts locaux. S'il fait acte d'allégeance au gouvernement central, il se comporte en véritable souverain. Avec lui, le confucianisme et le taoïsme, doctrines venues de Chine, pénètrent et progressent. Des missionnaires bouddhistes indiens, et des marchands d'Arabie et de Méditerranée font escale dans les ports du pays, sur leur route maritime vers la Chine.

Après la mort de Shi Xie en 226, s'ouvre une nouvelle ère de troubles, consécutive au retour d'une administration directe, avec des fonctionnaires impériaux souvent préoccupés de s'enrichir et de mettre la « colonie » en coupe réglée. La classe dirigeante du Giaochau s'agite et une insurrection éclate en 248.

Une fois de plus, elle est conduite par une femme, dont la légende, nourrie au fil des siècles par l'imaginaire du peuple, retrouve les accents des mythes originels, avec une coloration parfois triviale qui n'en est pas moins significative de sentiments profonds.

Dame Trieu est donc une géante, d'une beauté exceptionnelle. Sa voix est aussi puissante qu'un gong de temple et ses seins sont d'une longueur démesurée. A l'instar d'un autre héros légendaire, pourfendeur d'étrangers, Ong giong, étrange réincarnation du Dragon en un petit garçon de trois ans d'une taille gigantesque, elle est capable d'ingurgiter des montagnes de riz. Infatigable, elle accomplit des marches journalières de 500 li (près de 300 km). D'un caractère entier, elle a tué sa belle-mère au cours d'une violente querelle. C'est ce qui l'a incitée à s'enfuir en forêt, où elle s'est mise à la tête d'une bande de réprouvés et de bannis. Ainsi a-t-elle commencé d'attaquer les troupes chinoises. Son frère, choqué par ce comportement peu convenable chez une femme, tente de la raisonner. Elle lui répond qu'elle veut chevaucher le vent, marcher sur les nuages, tuer la grosse baleine de la Mer orientale, débarrasser le pays des étrangers, et sauver le peuple de l'inondation, bref qu'elle n'est pas femme à courber l'échine et à se résigner aux travaux ménagers. Convaincu par un discours aussi inspiré, le frère ne peut faire mieux que de rallier la rébellion.

D'abord méprisants, les Chinois s'étonnent après plusieurs affrontements de ne pouvoir maîtriser ni vaincre cette créature barbare. Ils en viennent à la croire dotée d'un pouvoir magique, que son regard exercerait. Il faut dire qu'elle est éblouissante, lorsqu'elle apparaît, revêtue de sa cuirasse d'or, les seins rejetés par-dessus les épaules, et chevauchant un éléphant. Dans la crainte de tomber sous le feu de ses prunelles, les soldats chinois commencent à se débander à son approche. C'est alors qu'encouragée par ce succès, elle commet l'erreur d'entreprendre le siège des garnisons chinoises. La tâche est trop lourde pour sa troupe, insuffisante en effectifs et en équipement. Dans l'incapacité de donner l'assaut, elle doit se contenter d'attendre les sorties problématiques des assiégés. Le temps travaille pour les Chinois. Un de leurs généraux, apprenant d'un traître que Dame Trieu a la phobie de ce qui est sale, puant, impur et obscène, lâche alors un jour ses hommes complètement nus et vociférant comme des bêtes fauves. Horrifiée, l'héroïne ordonne la retraite pour éviter un tel contact. Son armée, prise de panique, l'abandonne. Afin d'éviter la capture, Dame Trieu se suicide en se jetant dans une rivière. On dit qu'en fait, le général chinois rêvait d'elle, bien qu'il lui attribuât la responsabilité d'une épidémie de peste. Curieusement, pour y parer, il avait fait suspendre aux portes de ses garnisons des pénis de bois gravé...

Pratiquement ignorée des annalistes chinois, cette insurrection, dont le souvenir est perpétué par le culte rendu à Dame Trieu, est révélatrice du mécontentement de la classe dirigeante. Le Giaochau connaît alors une période de violences et de répression, avant de retrouver paix et stabilité, selon un rythme d'alternance devenu coutume au cours des temps de la domination chinoise. L'évolution générale va dans le sens d'une importance croissante prise par les grandes familles sino-viet qui ruent dans les brancards de l'autorité impériale et exigent leur part de pouvoir, voire l'autonomie. Les crises éclatent lorsque la pression centrale se fait trop pesante, ou qu'elle est rendue insupportable par les abus de fonctionnaires trop rapaces, ou ineptes, et à la faveur de circonstances telles qu'un affaiblissement dynastique, des troubles frontaliers ou intérieurs, ou encore sur l'initiative d'une personnalité locale ambitieuse et déterminée. La réponse impériale peut être brutale, mais elle apparaît plus souvent mesurée, car il n'est pas toujours possible de mettre sur pied une expédition, au demeurant coûteuse, et aléatoire en raison de la distance. Il faut en effet des mois pour qu'une troupe levée dans une province septentrionale atteigne les frontières du sud. Un émissaire habile est préférable, qui peut négocier ou acheter un apaisement, sinon même accorder une autonomie de fait, comme au ve siècle, où l'administration du Giaochau est confiée à de grands chefs régionaux. L'abandon, en tout cas, n'est pas envisagé, le pays viet offrant des avantages non négligeables : outre ses richesses naturelles, perles, nacre, ivoire, cornes de rhinocéros, écailles de tortue, tissus et cotonnades, sa position géographique sur la route maritime du commerce entre l'Ouest et l'Est est intéressante. Il est également pour les hauts fonctionnaires chinois un lieu d'affectation recherché pour la liberté que son éloignement autorise et les possibilités d'enrichissement qu'il procure.

Le régime ainsi établi ne fait pas disparaître le substrat viet. La langue des Lac survit, utilisée par la classe dirigeante. Le système de taxation chinois sur la propriété foncière privée ne parvient pas à entamer la propriété communale, trop profondément enracinée dans l'organisation socio-économique du Giaochau. Les grandes familles sino-viet restent très soucieuses de légitimité impériale, mais au VIe siècle, un Ly Bon, personnage ambitieux issu de l'une d'elles, ose se proclamer empereur dans les formes chinoises (544), et élever un temple à Dame Trieu, manifestant ainsi une identité indigène qui trouve une autre expression dans l'insurrection d'un Trieu Quang Phuc qui se proclame Roi du Marécage de la Nuit et fait appel à la mythologie Lac pour soulever le peuple du Fleuve Rouge. Le Giaochau demeure néanmoins une branche du grand tronc culturel chinois qui se définit dans son particularisme, et se pose en même temps comme le représentant de l'Empire face aux cultures et aux États étrangers, tels que le royaume de Champa, qu'il est amené à affronter.

Cette sorte de compromis, que brisent des rébellions épisodiques, dure jusqu'à la fin du VIIe siècle, lorsque les Tang imposent un régime plus strict de protectorat. Les marches excentriques de l'Empire sont réorganisées et groupées en ensembles portant, accolé à leur désignation géographique, le mot « An », Paix. Le delta du Fleuve Rouge, divisé en quatre provinces, reçoit le nom d'An-nam, Sud pacifié. C'est la proclamation orgueilleuse de la puissance Tang à son apogée, qui s'accompagne d'une pression fiscale de plus en plus lourde, et d'une pratique trop courante d'envoyer en ces lointaines contrées des fonctionnaires et des lettrés en disgrâce, dont les exactions suscitent mécontentements et révoltes. Le système ne commence cependant à craquer que vers le milieu du VIIIe siècle.

Les Tang subissent alors des revers militaires au nord, en Asie centrale, au Yunnan, dans les montagnes du Guangdong et du Guangxi. En 767, Phung Hung, de la région du Mont Tan Vien, se soulève, s'empare de la capitale de l'An-nam et règne plusieurs années. C'est un tournant significatif, car désormais, les Tang n'inspirent plus la même crainte. Les désordres se multiplient, ainsi que les incursions étrangères. Le protectorat doit être aboli et remplacé par un gouvernement militaire, dénommé « Armée de la Mer Pacifique ». Un système politique régional s'établit dans le cadre formel de l'Empire, mais en fait indépendant. Des chefs, issus de la classe dirigeante locale, prennent le pouvoir, sans que les Tang puissent faire autre chose que leur accorder l'investiture. L'Empire se désagrège, les Liang détrônent les Tang, les Han méridionaux s'installent au sud. Dans les tourbillons de ces luttes et de ces changements dynastiques, les ambitions se révèlent. Un officier nommé Ngo Quyen, pour venger son beau-père insurgé et assassiné, s'empare du pouvoir en An-nam, écrase l'armée chinoise envoyée à sa rencontre, et se proclame Roi en 939. Le Daï Viet, État souverain, est né.

L'indépendance est d'abord précaire, encore menacée par un retour de bâton des Chinois, et fragilisée par la turbulence des chefs locaux. D'un caractère familial et militaire, les trois premières dynasties ont une vie brève, un siècle au total. Avec les Ly (1010-1225) commence l'entreprise de consolidation et de centralisation, poursuivie par les Tran (1226-1400). Jusqu'au XVe siècle, le régime est caractérisé par la puissance d'une aristocratie proche du souverain absolu, l'influence du clergé bouddhique, dont la religion est alors prédominante, l'existence du servage et de l'esclavage, enfin l'importance de l'armée, que justifient d'une part le retour des Chinois, d'autre part la marche engagée vers le sud.

Le roi Ly Thuong Kiet est contraint de livrer une guerre de seize mois aux armées des Song, qu'il parvient à battre en 1075, avant de composer pour obtenir une paix durable, au prix de concessions territoriales. Puis ce sont les Yuan mongols qui s'intéressent aux côtes du Daï Viet et du Champa, situées sur la route des Occidentaux à la recherche des épices, et lancent une première attaque en 1257. Ne pouvant supporter le climat, leurs troupes se replient après avoir pris et saccagé la capitale viet. Ils reviennent à la charge en 1285, s'emparant de presque tout le pays. Apparaît alors l'une des plus grandes figures de ce patriotisme vietnamien toujours sur le qui-vive, Tran Quoc Toan, prince Hung Dao.

Auteur de deux ouvrages de stratégie, il est également un meneur d'hommes. Dans une proclamation épique, il écrit : « Le jour, j'oublie de manger. La nuit, j'oublie de dormir. Je pleure, mes entrailles sont comme coupées, je voudrais dévorer la chair et le foie de l'ennemi, boire son sang pour étancher ma haine ! » Mais s'il sait galvaniser le peuple et ses hommes, qui portent, tatoués sur les bras, les caractères « Mort aux Mongols ! », il use de tactiques qui en font le précurseur d'un Giap, et s'inscrivent également dans l'esprit du théoricien chinois Sunzi, auteur cinq siècles avant Jésus-Christ d'un célèbre *Art de la guerre*. Jugeant les Mongols épuisés par le climat et trop loin de leurs bases, il joue sur le temps et sa connaissance du terrain pour pratiquer une sorte de guérilla rurale, faite d'attaques rapides et de harcèlements continuels. Après une dure campagne de quatre ans, il remporte une victoire décisive sur les bords du fleuve Bachdang, lieux prédestinés de la résistance viet aux Chinois. Fidèle à la tradition de sagesse diplomatique de ses prédécesseurs, le roi Nhan Tong offre à l'empereur Qubilaï * une paix que celui-ci accepte moyennant hommage et tribut.

Le culte de Tran Hung Dao est demeuré vivace jusqu'à l'époque contemporaine, avec son rituel, ses prêtres, ses fidèles, et un pèlerinage à Kiepbac (Vietnam du nord) à la huitième lune (septembre) de chaque année. L'Esprit du libérateur de la patrie était même devenu dans la croyance populaire un protecteur des femmes qui l'invoquaient au cours de séances médiumniques non dépourvues de violence pour combattre

* Kubilay ou Koubilaï,

l'Esprit malfaisant de Pham Nhan. Ce traître vendu aux Mongols venait en effet les troubler jusque dans leur intimité physiologique, et nuire ainsi à leur fécondité, pour se venger de Tran Hung Dao qui lui aurait fait servir en guise de dernier repas, avant l'exécution, du linge féminin souillé de sang menstruel. Au-delà de ces pratiques de magie désuètes, se révèle la face ténébreuse d'un culte qui a de profondes racines populaires. L'Esprit de Pham Nhan était même vénéré par certains pour avoir permis une pêche miraculeuse à ceux qui auraient retrouvé sa tête et, par la réunion rendue possible du corps, lui auraient évité l'infamie éternelle. Cette troublante ambiguité marque l'importance et la permanence d'un thème qui n'a cessé de serpenter dans la conscience du peuple viet, si longtemps voué aux dominations étrangères, celui du traître. C'est avec force qu'il resurgira lors de la conquête, avec toutes ses équivoques, et surtout en 1945 lorsque le Viet-Minh en fera, avec la notion de « viet gian », traître à la patrie viet, le fer de lance de son action psychologique.

Mais, perpétuel recommencement, l'invasion chinoise reprend avec les Ming, dynastie chinoise qui succède aux Yuan mongols. Lancée en 1406, elle est suivie d'une réoccupation. Le Daï Viet redevient le Giaochi, intégré dans l'Empire et contraint à l'assimilation. Le maître lui impose le culte de ses divinités, le port de ses vêtements traditionnels, la pratique de ses coutumes, son système de contrôle familial par la responsabilité collective, le tout accompagné d'une exploitation économique vigoureuse. De nouveaux héros viet se dressent alors. Le Loï, adoptant les mêmes tactiques guerrières que Tran Hung Dao, engage une longue lutte de dix ans. S'appuyant sur une population que le poids de la domination chinoise excède, il se livre avec un lettré comme Nguyen Traï, et des généraux tels que Le Laï et Pham Ngu Lao, à une propagande aux résonances modernes qui s'adresse aux renégats et aux soldats chinois eux-mêmes, et adopte une stratégie de mouvement et de guérilla qui lui permet de décourager les occupants. Les Chinois se retirent en 1428. Le Loï « Roi Pacificateur » établit sa capitale à Dong Kinh (qui donnera Tonkin) sur le site de Hanoi. Nguyen Traï rédige à sa gloire et à celle du Daï Viet la *Grande Proclamation de la Pacification des Chinois* où l'orgueil viet ne s'exprime pas sans une référence chinoise : « Notre pays est le Daï Viet ! C'est une nation policée. Elle a ses fleuves et ses montagnes. Ses mœurs et ses coutumes sont différentes de celles du Nord. Les dynasties Dinh, Le, Ly, Tran l'ont bâtie comme Han, Tang, Song, Yuan ont régné dans le Nord... » Il aurait pu ajouter qu'elle est aussi conquérante.

Commencée dans le cadre des opérations de marche frontière de l'Empire chinois, l'expansion vers le sud s'était poursuivie avec l'implantation de colonies agricoles sur les terres en friche. Elle s'était heurtée ainsi au Champa, royaume né au IIᵉ siècle après J.-C. dans la région de l'actuelle Huê. De culture indianisée, les Chams étaient de bons navigateurs, d'excellents commerçants, mais très turbulents. Pris entre le Giaochau au nord et le Funan au sud, ils parvenaient à la prospérité et à une certaine puissance sur un territoire s'étendant sur les côtes du Vietnam central d'aujourd'hui. A partir du XIᵉ siècle, la pression des Viet s'accentuait et les conflits étaient nombreux. Au XIVe siècle, le Dai Viet mordait plus profondément et absorbait le Quangtri et le Thuathien actuels, avant de marquer le pas avec la période de déclin des Tran. Mais la marche allait reprendre avec les Lê, qui devait repousser la frontière jusqu'au cap Varella.

Sous cette dynastie durable — 1428 à 1788 — le royaume des Viet connaît son apogée. Si les constantes fondamentales se maintiennent, commune villageoise, primauté de la riziculture, défense contre le nord, expansion vers le sud, l'adoption du confucianisme comme doctrine d'État modifie les données, non seulement sur le plan culturel, mais sur celui de la politique et de la société.

A l'origine, le confucianisme n'était ni un système philosophique, ni une idéologie, mais une réaction de la raison à la violence et à l'anarchie qui régnaient dans la Chine des VIe et Ve siècles avant J.-C. La société primitive, composée de seigneurs et de paysans, était alors soumise à un ensemble de croyances et de superstitions exprimées dans des cultes agraires et seigneuriaux. La magie, pratiquée par des sorciers et des médiums, était le seul moyen de communiquer avec les puissances surnaturelles. Un panthéon humanisé était ouvert à une multitude de héros locaux, de génies tutélaires, de guérisseurs et autres protecteurs de la collectivité. Avec la diversification de la société et l'apparition d'une nouvelle classe de fonctionnaires et d'administrateurs, un besoin d'ordre et d'organisation se fit sentir. Des hommes qui en étaient issus, tels que Kongzi, Maître Kong, dénommé par les Jésuites latinistes Confucius, ont alors introduit la notion morale de vertu en politique, et tenté d'expliquer la religion par la raison. A la même époque, un autre courant de pensée inclinait, avec la notion nouvelle d'impersonnalité divine, vers la recherche d'une religion personnelle et le mysticisme. Il devait mener au taoïsme.

Ces deux doctrines entre lesquelles se partagèrent les lettrés chinois, et qui se précisèrent entre le Ve et le IIIe siècle avant J.-C., avaient en commun la même conception de l'origine de l'univers : l'Unité Primordiale, dite Tai Ji, Grand Faîte, a engendré, selon le rythme dynamique et binaire du Yang, phase active, et du Yin, phase de repos, les cinq Éléments, Bois, Feu, Terre, Métal, Eau, qui ont à leur tour créé le Ciel et le monde terrestre. Mais au-delà de cette idée, taoïsme et confucianisme divergeaient profondément.

Le premier prenait sa source dans la préoccupation du destin individuel pendant la vie et après la mort. Le Dao (prononcer Tao) était la Voie pour atteindre à la félicité suprême, la vie éternelle du corps. Il était aussi une méthode, et son accomplissement. L'interprétation de ce principe fondamental est allée dans deux directions, l'une vers la philosophie et la mystique, chemin étroit et difficile réservé aux esprits et aux âmes d'élite aptes à saisir la profondeur ambiguë du « Dao De Jing » de Laozi, l'autre vers la recherche des recettes d'immortalité, et inévitablement vers des pratiques de magie et de sorcellerie. Introduit au Giaochau à la fin du IIe siècle de notre ère, avec l'immigration de nombreux taoïstes chinois, ce dernier courant se répandait plus vite, car il s'intégrait bien aux cultes populaires viet des Esprits.

Le confucianisme était une autre affaire. L'enseignement de Maître Kong, moraliste et éducateur, était devenu en Chine une doctrine de gouvernement dès le Iᵉ siècle après J.-C., sous les Han. Il inspirait l'école des Ritualistes, qui donnaient aux hommes la primauté pour diriger l'État, face à l'école des Légistes qui tenaient pour la toute-puissance de la Loi. La querelle devait traverser toute l'histoire de la Chine jusqu'aux affrontements des radicaux maoïstes et des pragmatistes de la Révolution culturelle. Devenu la Doctrine des Lettrés, après de nombreuses variantes, commentaires et interprétations, le confucianisme se développait avec les derniers Tang (fin du IXᵉ siècle), pour atteindre son apogée aux XIᵉ et XIIᵉ siècles, sous les Song, avec le mouvement des Cinq Maîtres, dont le plus fameux, Zhu Xi, était l'auteur d'une théorie officialisée au XIIIᵉ siècle en une véritable constitution politico-religieuse du régime impérial chinois.

Selon cette doctrine, le Ciel est le maître du monde sensible et des affaires humaines. Il régit le destin de chaque individu qui se doit d'être un homme de bien, pourvu des cinq vertus : amour des autres, loyauté, discernement, courage, et piété filiale allant de pair avec le respect des aînés. Il donne mandat au Souverain de gouverner selon le « Ren », vertu suprême d'humanité, le Souverain qui est l'Éducateur, par l'exemple qu'il donne, le Juste, et le Gardien de l'Unité. Le mandat peut donc être retiré en cas d'indignité, celle-ci se mesurant à la capacité du Souverain de gouverner dans l'ordre et la justice, et même indirectement, aux fléaux naturels considérés comme sanctions d'un manque éventuel de vertu. Dans ce cas, la révolte du peuple est justifiée. A l'intérieur de cette construction où s'interpénètrent monde moral et monde physique, le rituel prend toute son importance comme instrument d'équilibre et de cohésion. C'est le triomphe de la raison, du juste milieu, du mérite, de la hiérarchie fondée sur le respect dû aux ancêtres, au souverain, au père, à l'aîné, au mari dans les cinq relations essentielles. Formidable moyen de pouvoir et d'organisation politique et sociale, la doctrine de Zhu Xi portait cependant en elle la contrepartie de tout système autoritaire fondé sur l'omnipotence de la raison et la soumission de l'individu, le germe de sclérose.

Avant d'être imposé sous cette forme au Daï Viet par les Ming, le confucianisme y avait coexisté avec les autres doctrines et le vieux fonds populaire des croyances locales. Outre le taoïsme, il y avait en effet le bouddhisme d'origine indienne, répandu aux trois premiers siècles de notre ère par les missionnaires venus de l'Inde, et devenu prédominant avec la dynastie des Ly aux Xᵉ et XIᵉ siècles. Il avait apporté sa conception du salut, de la connaissance par la contemplation, ainsi que les notions de don de soi, de pardon, et de transmigration de l'âme. Il a évidemment contribué avec ses Arhat, ses Boddhisatvas et ses Bouddhas, à l'enrichissement du panthéon déjà foisonnant des Héros et Génies tutélaires locaux et nationaux, des Esprits et divinités de toutes sortes, des Sages et des Ancêtres. Dans ce jardin syncrétiste des Viet, ouvert à tous les vents surnaturels, même à celui qui viendra de l'Occident chrétien, la

Doctrine des Lettrés a pris une place prépondérante. Si elle n'a pas noyé le terreau des croyances originelles, trop intégré dans les profondeurs de l'identité nationale, elle n'a pas manqué d'exercer un autoritarisme religieux, surtout au détriment du taoïsme et du bouddhisme, ce dernier d'ailleurs en pleine décadence et rongé par les influences individualistes et magiques du premier.

Avant de devenir un carcan trop rigide, elle a aidé à la reconstruction du pays par la dynastie des Lê, qui ont parachevé l'œuvre de centralisation administrative de leurs prédécesseurs. Après la période noire de la décadence des Tran et le retour des Chinois Ming, les changements ont été importants. D'abord, l'aristocratie, appauvrie par la désagrégation des grands domaines et la disparition progressive de l'esclavage, a cédé le pas à la nouvelle classe des mandarins fonctionnaires, recrutés par des concours littéraires devenus réguliers et qui forment une bureaucratie de Lettrés. Ces prêtres de la Doctrine ont un statut réglementé, hiérarchisé en dix-huit grades, civils et militaires. Ils sont rémunérés par des allocations de terres et bénéficient de privilèges qui les distinguent du commun des mortels en matière de langage, d'habillement et d'habitation. Néanmoins, leurs fonctions, pas plus que les terres allouées, ne sont héréditaires. Appuyés sur eux, les Rois Lê resserrent leur emprise sur le pays, réorganisé en treize provinces. Le recensement des habitants se régularise à des fins militaires. Des codes réunissent les lois et les règlements du royaume ; les institutions sont unifiées. Alors que le Roi Lê Thai Tô procède à une redistribution générale des biens fonciers, les terres communales sont périodiquement partagées. Les soldats sont reconvertis en agriculteurs, les vagabonds remis à la glèbe. Des défrichements sont entrepris en Moyenne-Région et sur les rivages maritimes.

Peu inquiétés par la Chine, les Lê affirment leur puissance à leurs voisins du Sud et de l'Ouest. Ils étendent à nouveau leur territoire aux dépens du Champa (Quangnam actuel) et se rapprochent du delta du Mékong. Ils exercent une forte poussée vers les régions montagneuses occidentales et au-delà, dans le bassin du moyen Mékong. La configuration géographique, la diversité ethnique et l'histoire n'y ont pas permis la formation d'une entité nationale. On trouve en effet dans ce qui sera le Laos un contraste marqué entre la montagne et la vallée du grand fleuve, un morcellement des reliefs en une multitude de vallées secondaires, une forêt couvrant les trois quarts de la région. La population est tout aussi contrastée : poussés par les Chinois qui essaimaient vers le sud de leur Empire, les Thailao venus du Yunnan parvenaient vers le XIe siècle au Mékong. Ils en chassaient les Kha, tribus animistes pratiquant la culture sur brûlis, qui se dispersaient vers les montagnes et les vallées avoisinantes. Ils constituaient une première principauté avec Xieng Thong pour capitale. En 1353, était fondé le Lan Xang, le royaume du Million d'Éléphants, qui imposait sa suzeraineté de façon plus ou moins lâche aux féodaux de la région, mais devait composer avec ses voisins, les Thaï, les Birmans, les Viet.

Les relations avec le Daï Viet furent plutôt bonnes, mais sous conditions. Ainsi, pour avoir pris le parti des Chinois, le Lan Xang dut subir en 1479 une sévère expédition punitive envoyée par le roi Le Thanh Tong. Il fut souvent le refuge des princes et des seigneurs viet, contraints par les luttes intestines de s'exiler. En raison de la menace birmane, la capitale était déplacée en 1563 de Xieng Thong à Vientiane, où fut installé le Bouddha d'Émeraude, palladium du royaume. Xieng Thong prenait alors le nom de Luang Prabang. Durant la dernière période d'une unité qui allait voler en éclats, les frontières avec le Daï Viet devaient être conventionnellement fixées à la limite des maisons sur pilotis et à véranda pour les Lao, et de celles sans pilotis ni véranda pour les Viet. En fait, les souverains Lê ont pratiquement installé une administration directe dans les hautes terres de la Chaîne Annamitique (le Bonman), et de là, exerçaient leur influence jusqu'au plateau de Tranninh. Dès la fin du XVIe siècle, la principauté de Xieng Khouang leur paie un tribut annuel.

Il est cependant difficile à l'État viet, dont la base économique repose alors essentiellement sur l'agriculture et les échanges entre villages, d'assumer une trop grande extension territoriale. Des craquements se produisent au cours du XVIe siècle, que le manque de souplesse du régime ne peut réparer. D'une part, un phénomène de féodalisation se produit dans la classe mandarinale, dont la puissance administrative et politique s'appuie sur la possession des grands domaines alloués. D'autre part, le nombre de paysans sans terre s'accroît, malgré le partage communal, car celui-ci n'est pas égalitaire, et il est à la discrétion des oligarchies villageoises. Les uns tombent donc dans la dépendance des mandarins et constituent une clientèle qui peut faire poids ; les autres cherchent les moyens de subsister dans le brigandage ou l'émigration vers l'extrême sud déjà conquis ou en cours de conquête. Le moindre affaiblissement du pouvoir royal, ou une crise agricole, peut provoquer une insurrection, soit seigneuriale, soit paysanne, de toute façon justifiée par l'incapacité du souverain à répondre du Mandat du Ciel.

En 1527, l'usurpation d'un gouverneur de province, Mac Dang Dung, prolongée par sa famille, ne peut être réduite qu'à la fin du siècle. A peine est-elle jugulée que de grands mandarins se disputent le territoire et le pouvoir réel, ne laissant plus aux Lê qu'une souveraineté nominale. Au nord, les seigneurs Trinh établissent dans le delta du Fleuve Rouge un gouvernement oligarchique, militairement fort, peu populaire, suscitant par leur lourde fiscalité de nombreuses révoltes paysannes. Au sud, les seigneurs Nguyen, dont la capitale est à Phuxuan, l'actuelle Huê, sont moins riches, mais disposent de deux avantages : une base populaire plus solide, et un vaste espace à exploiter. En lutte ouverte dès 1620, ils vont s'affronter jusqu'à la fin du XVIIIe siècle, lorsque les Nguyen sortiront vainqueurs de la bataille.

Ce sont ces derniers qui prennent en charge la marche viet vers le delta du Mékong, nouvel eldorado rizicole pour un peuple sans cesse en quête de terres à cultiver. Ils achèvent la ruine du Champa et en 1658, soumettent à leur suzeraineté un royaume khmer affaibli, et pressé par les Thaï du Siam.

Comme celle du Daï Viet, l'histoire du Cambodge est née dans la légende. Kaundinya, d'un coup de javelot magique confié par un brahmane, fonda un jour la capitale de son royaume et épousa la fille du roi des Nagas au corps de serpent, divinités des eaux. A ce royaume, les Chinois ont donné le nom de Fou-Nan. Il s'étendait vraisemblablement sur les côtes du Cambodge d'aujourd'hui. Pour l'agrandir, le divin beau-père but l'eau qui le recouvrait. Cela se passait au Ier siècle de notre ère. Le peuple Môn habitait alors les terres de la basse vallée du Mékong. Venu de l'Inde, accompagné de ses brahmanes, Kaundinya Jayavarman apporta avec lui le culte du Bouddha, le sanscrit, la culture de son pays, ainsi que la notion d'un Dieu-roi, en relation avec les puissances cosmiques et habitant le Méru, montagne sacrée où se réunissaient les divinités. La religion était animiste pour le peuple, bouddhiste pour l'élite. Ce royaume indo-môn du Fou-Nan sut gagner du territoire par la conquête et des travaux de drainage. Mais il fut conquis à son tour par un peuple de même source ethnique que les Môn, les Khmers. Il s'ensuivit un morcellement, d'où émergèrent deux États, le Tchen La de terre et le Tchen La de l'eau, réunifiés à la fin du VIe siècle par Bhavavarman, fondateur de l'Empire khmer, qui s'étendait sur tout le delta du Mékong et jusqu'à la moyenne vallée de ce fleuve. Après une ère de troubles et d'invasions malaises, Jayavarman libéra le pays et se proclama roi en 802. « Les lotus se redressèrent et l'éclat des autres astres fut dissipé... » Une époque nouvelle commençait, qui allait s'ouvrir sur l'empire d'Angkor. Une floraison de monuments fabuleux témoignèrent de sa splendeur, et de la suprématie du Bouddha, vainqueur de la trilogie brahmanique, sa rivale en religion. Les frontières atteignaient alors le Ménam à l'ouest, le Yunnan au nord.

Mais, dès le XIe siècle, surgissaient les maladies endémiques du Cambodge, rivalités de clans, luttes dynastiques, querelles religieuses, à quoi s'ajoutaient les menaces extérieures, des Môn de Birmanie, du Champa, avec lequel s'engageait une guerre de cent ans (1130-1227), des Thaï du royaume d'Ayuthia qui s'emparaient d'Angkor à deux reprises, en 1351 et en 1431. L'empire angkorien s'effondrait, avec la désagrégation de ce qui faisait sa force économique, le système très élaboré d'irrigation et de drainage de la plaine semi-aquatique du delta. A la fin du XVIe siècle, le royaume khmer tombait sous la suzeraineté d'Ayuthia. Mais dès le début du siècle suivant, les Viet manifestaient leurs ambitions.

Sous le prétexte d'appuyer le roi Chey Chetta contre les Siamois, le seigneur Nguyen régnant, qui lui a déjà accordé l'une de ses filles en mariage, implante des établissements sur les bords de la rivière Donnaï, dans les actuelles provinces de Giadinh, Baria, Bienhoa. C'est le début de la colonisation vietnamienne et du grignotement qui se poursuit avec l'imposition en 1660 d'un tribut et en 1689 de la suzeraineté. Afin de se débarrasser de généraux chinois fidèles aux Ming détrônés, et contraints de s'exiler pour échapper aux Qing, le seigneur Nguyen les expédie en 1679 dans le delta, où ils fondent à Bienhoa et à Mytho des villes commerciales bientôt prospères. Un autre Chinois, Mac Cuu, également en rupture de ban, s'établit à l'extrême sud de la péninsule, entre Camau,

Rachgia et Hatien. Il y organise une sorte de marche frontière, avec l'approbation du souverain de Huê, qui lui accorde même le droit de battre monnaie et celui de lever une armée. En 1701, un pas de plus est accompli par les Nguyen qui annexent définitivement les régions déjà colonisées, et y ajoutent en 1731 Mytho, Vinhlong, puis la quasi-totalité du bas delta (territoires au nord du Bassac et au sud de Giadinh), dans les années qui suivent. Colons viet, militaires et civils, anciens esclaves ou condamnés de droit commun, paysans sans terre ou vagabonds, vont ainsi constituer peu à peu une classe de propriétaires terriens, dévoués à la dynastie sudiste, qui pourra compter sur eux dans la lutte contre les Trinh. La lutte d'influence avec le Siam n'en continue pas moins et elle se traduit par une désastreuse guerre civile khmère. La suzeraineté est partagée entre les deux pays rivaux, une solution qu'aucun d'eux ne peut accepter. C'est le Vietnam réunifié qui l'emportera provisoirement en décidant, en 1841, l'annexion pure et simple. Mais la tentative d'assimiler la population, l'obligation de parler vietnamien, la déportation de ministres khmers et de princesses royales provoqueront un soulèvement et l'intervention siamoise. La paix sera rétablie en 1845, avec un nouveau partage de suzeraineté, et la possession du bas delta (appelé Basse-Cochinchine, puis Cochinchine par les Français) acquise au royaume viet.

En effet, les Nguyen l'ont finalement emporté sur les Trinh, non sans qu'une insurrection, issue d'un mouvement populaire, ait failli les renvoyer dos à dos. Les frères Tay Son, du nom de leur village d'origine, au nord du pays, avaient réussi à chasser les premiers de leur fief méridional et à battre les seconds, grâce aux victoires militaires de Nguyen Huê, le plus brillant des trois chefs insurgés. Ils avaient réalisé une réunification fragile au détriment de la dynastie nominale des Lê. Mais la tentative d'en instaurer une nouvelle avait échoué. Rongé par les discordes fraternelles, incapable de rétablir la justice et de réprimer les abus, objectifs premiers de la révolte, le régime des Tay Son a eu une vie brève, de 1788 à 1802. Sous le nom dynastique de Quang Trung, Nguyen Huê avait pourtant été reconnu par l'Empereur de Chine Qian Long. Tolérant envers les chrétiens, l'éphémère souverain s'était révélé un piètre administrateur. Mais, surtout, il devait affronter un adversaire de taille en la personne d'un prince du Sud, qui avait échappé au massacre de toute sa famille.

Après avoir fui à l'étranger, où il avait trouvé de l'aide auprès d'un missionnaire catholique français, Mgr Pigneau de Béhaine, Nguyen Anh était revenu au pays, déterminé à reconquérir son territoire. Il avait d'abord repris le delta méridional, avant de lancer en 1790 sa première expédition contre le Nord. Mort en 1792, Quang Trung évitait de subir le triomphe de son adversaire. Nguyen Anh parvenait enfin à reconstituer l'unité vietnamienne après deux siècles de division. Fondateur d'une nouvelle dynastie sous le nom impérial de Gia Long, il donnait le nom de Vietnam au pays et obtenait la reconnaissance de l'Empereur de Chine.

Dans le XIXe siècle naissant, le danger ne viendra pourtant pas de l'éternel envahisseur du nord, mais de l'Occident lointain, de cette Europe en pleine expansion économique, qu'attire irrésistiblement l'immense marché chinois. Le défi sera considérable, lancé par des Puissances d'une supériorité technologique écrasante face au système vieillissant et sclérosé que ne peut plus protéger cette cuirasse de papier désuète et étriquée qu'est le confucianisme.

Chapitre II

LA CROIX, LA SOIE ET LE DRAPEAU

LE COMMERCE ET L'ÉVANGÉLISATION (XVIIe-XVIIIe *siècles)*

C'est à partir du XVIIe siècle que les Français tournent leurs regards vers le pays viet, et commencent à y diriger leurs pas, portés par la vague qui pousse les Européens sur la route des épices et de la soie, ou vers les peuples païens à évangéliser.

Ils y ont été précédés par d'autres. Les Portugais d'abord, qui avaient, dès 1557, établi un comptoir à Macao, en Chine, après avoir jalonné leur itinéraire de points d'appui, en Inde à Goa, dans les détroits malais à Malacca. Ils avaient envoyé leurs vaisseaux sur la côte du Daï Viet méridional, qu'ils appelaient Cauchichina, nom composé d'après Giaochi. Les Hollandais de la Compagnie des Indes orientales d'Amsterdam avaient ensuite abordé à Faïfo, près de Tourane, et obtenu en 1637 des Seigneurs du Nord Trinh l'ouverture d'un comptoir à Phohien (actuel Hungyen).

Les Anglais enfin étaient venus et avaient bénéficié des mêmes avantages que les gens d'Amsterdam. Mais les échanges commerciaux étaient limités et difficiles. Ils concernaient surtout la vente d'armes et de munitions, de drap et de quelques produits de luxe réservés aux seigneurs et aux cours seigneuriales. Les achats portaient sur le poivre, la soie, le sucre, le bois. Les ressources du pays étaient insuffisantes pour permettre un développement intéressant du négoce. Il s'y ajoutait les intrigues entre Portugais et Hollandais, les premiers fournissant des armes aux Nguyen, les seconds aux Trinh, et aussi les obstacles de l'administration mandarinale, contrôles, prohibitions, difficultés de paiement ou autres manifestations de défiance et de crainte à l'égard de ces Barbares qui ne répugnaient pas à y répondre par des actes de violence. Si bien qu'à la fin du XVIIe siècle, il n'y avait plus de comptoir étranger au Daï Viet. La Chine, l'Inde, l'Indonésie n'offraient-elles pas alors d'immenses possibilités ?

Pourtant, les agents français de la Compagnie des Indes orientales, créée par Colbert en 1664, projettent à leur tour d'installer quelque établissement dans la baie de Tourane, ou sur l'île de Poulo Condor. Un premier navire aborde au Daï Viet septentrional en 1669, et le Seigneur Trinh autorise l'ouverture d'un comptoir, qui s'avère très vite peu fructueux. En 1749, un envoyé de la Compagnie, Pierre Poivre, obtient du Seigneur Nguyen le droit de commercer dans le royaume. Il accomplit un second voyage, mais le résultat est également décevant. La suppression de la Compagnie en 1769 ne peut que confirmer l'ajournement de tout projet. Poivre ne manque pas de conseiller, au cas d'une éventuelle reprise, la baie de Tourane comme site d'un établissement futur, et la conclusion préalable d'accords solidement soutenus par des moyens susceptibles de les faire respecter. Cela sonne déjà comme un prélude aux futures expéditions.

La tradition française en Indochine commence en fait avec l'entrée en jeu des missionnaires catholiques. Les premiers arrivent dès le début du XVIIe siècle. Ce sont des Jésuites. Chassés du Japon par les Tokugawa, ils débarquent des vaisseaux portugais de Macao, fondent une mission à Faïfo en 1615, une autre au Tonkin en 1627. L'accueil qu'ils reçoivent est ambigu, selon les niveaux et les points de vue, car ils posent problème en raison de leur origine, de leur doctrine, et de leur comportement.

Il semble que leur action connaisse d'abord quelque succès populaire. Ils sont unanimes à trouver aux gens de Cochinchine et du Tonkin de meilleures dispositions à leur égard que les Chinois. Les chiffres qu'ils donnent des communautés chrétiennes au milieu du XVIIe siècle sont considérables : entre 200 000 et 300 000 fidèles du nord au sud du Daï Viet. Bien que cela ne soit guère vérifiable, et quelle que soit la part d'exagération de prêtres emportés par l'enthousiasme, le peuple viet paraît être sensible à certaines notions chrétiennes parentes de celles enseignées par le bouddhisme ou le confucianisme, telles que l'immortalité de l'âme et la vertu justement récompensée. Il est également réceptif à l'aspect rituel, vers lequel son goût de la cérémonie le porte, et aux figures saintes, bienvenues dans l'accueillant panthéon des divinités protectrices, jamais trop nombreuses pour assurer une défense efficace contre les maléfices des mauvais Génies. Le souci permanent de lutter contre la maladie, multiple et perverse en pays tropical, et surtout de s'en guérir, donne à ceux qui détiennent un remède une influence certaine. Avec leurs techniques d'immortalité, les maîtres taoïstes s'assurent en ce domaine de beaux succès, que leur disputent les médiums et autres magiciens. Il est évident que les prêtres occidentaux, avec leurs médecines particulières et leur arsenal ésotérique générateur de « miracles », sont de nouveaux et dangereux concurrents. Ainsi, leur eau bénite connaît-elle un triomphe, après qu'on lui ait attribué de fabuleux pouvoirs de guérison. « Ils viennent chercher l'eau bénite de cinq à six journées de marche et l'emportent dans un petit vase attaché au bras par un beau bracelet », note le père Alexandre de Rhodes, qui dirige la mission du Tonkin. La croix, le cierge, le rameau béni, l'image de la Sainte Vierge, si proche de la Guanyin bouddhiste, sont aussi gratifiés de propriétés curatives et incitent fortement à la conversion. Il est donc naturel que les catéchistes indigènes, assistants des missionnaires, fassent office de guérisseurs, mêlant dans leurs prescriptions les prières aux remèdes proprement dits. D'ailleurs, la fonction médicale est d'une telle importance que l'on voit se convertir, pour mieux s'initier aux pratiques importées d'Occident, ceux que les missionnaires appellent les « prêtres des idoles », c'est-à-dire les médiums ou les ministres de cultes locaux.

Cette arme de conversion est à double tranchant. Si elle se révèle efficace en cas de succès, l'échec est aussitôt imputé à la religion et à ses prêtres, voire à ses fidèles, car il ravive la xénophobie latente et les jalousies des concurrents. Guérisseurs malheureux, concubines évincées par des convertis désormais monogames, malades déçus, Lettrés patriotes, peuvent alors former une union sacrée contre les adeptes du Christ, ce « Maître du Ciel » venu d'ailleurs. Il serait pourtant injuste de ravaler la foi des premiers chrétiens vietnamiens au niveau des superstitions utilitaires. Si c'est le cas du plus grand nombre, selon toute vraisemblance, et si aucune certitude ne peut être établie en la matière, la profondeur de cette foi sera souvent telle qu'elle conduira certains au martyre. Il est vrai que l'évangélisation pose à l'État vietnamien un problème mettant en cause ses fondements idéologiques.

La religion du Christ contredit en effet les principes mêmes du système sociopolitique inspiré de la doctrine confucéenne. Comme en Chine, le chrétien, contrairement au taoïste ou au bouddhiste, s'exclut de la communauté, car il nie le culte du Ciel et de son Mandataire, le Souverain, et rejette la croyance aux Génies tutélaires. Il ne peut donc participer aux rites collectifs de la commune, cellule de base de la société, ni à ceux de la nation. Son comportement choque les conventions confucéennes, en particulier à l'église, où les hommes et les femmes sont mêlés de façon considérée comme immorale. Il est en outre soumis à l'influence de ces prêtres occidentaux, dont l'activité est suspecte d'arrière-pensées politiques et de pratiques étranges, et qui font trop souvent figure de chefs de secte par leurs initiatives, un danger dans un pays où la guerre intestine et la rébellion sont devenues endémiques.

Inquiétant aussi apparaît ce « quoc ngu », système de transcription en latin de la phonétique vietnamienne. En le mettant au point, et en l'employant dans son *Dictionnaire annamite-portugais-latin,* publié en 1651, le père Alexandre de Rhodes a surtout songé à faciliter l'enseignement du catéchisme et la traduction des Écritures saintes. Mais la nouvelle écriture, pour l'heure réservée aux chrétiens, n'en est pas moins un instrument d'évolution culturelle important par la brèche qu'elle ouvre dans le système de pensée sino-viet. L'idéographie traditionnelle des caractères, qu'elle soit chinoise (« chu nho ») ou viet (« chu nom »), n'est pas une simple représentation de la parole par des signes. Elle est à la fois signe et idée. La forme et le fond y sont indissolublement liés. Par la difficulté de sa pratique, prolongée sur le plan artistique et émotionnel par la calligraphie, elle constitue à l'évidence un frein à l'expansion du savoir, et un moyen pour les Lettrés de se réserver celui-ci, et par conséquent le pouvoir. A long terme donc, le « quoc ngu » est une véritable révolution culturelle par la rupture qu'il implique avec les racines de la pensée et de la langue traditionnelles, et par la démocratisation que la facilité de son usage laisse prévoir. A court terme, il contribue fortement à faire des chrétiens un groupe bien distinct sur le plan de la culture nationale.

En bref, ainsi que l'a écrit le père de Launay, il existe entre le païen et le chrétien cette différence capitale : « Le premier est totalement soumis de corps et d'esprit à son souverain ; le second marque à cette soumission la limite que la loi divine impose. » Cela suffit à expliquer les raisons qui font adopter par les autorités vietnamiennes une politique de persécutions qui ira en se durcissant. D'abord intermittente, selon que le Seigneur du Sud ou celui du Nord désire ou non ménager les Européens pour en obtenir des armes, ou selon qu'il juge son autorité plus ou moins menacée, elle deviendra systématique lorsque la situation du royaume se dégradera et que, derrière la croix, se profilera l'ombre d'ambitions plus menaçantes.

Le père de Rhodes a ainsi pu remporter quelques succès dans le Nord, domaine des Trinh, puisqu'il a converti une sœur du Seigneur Trinh Trang, avant d'être expulsé. Replié au Sud, chez les Nguyen plus tolérants, il organise l'institution des catéchistes, noyau du futur clergé indigène, une audace pour l'époque, où les Portugais, en vertu d'une décision du pape Alexandre VI, en 1493, prétendent encore exercer un patronat sur cette région et s'opposent à toute intrusion « étrangère ». Pour mettre fin à cette sorte de discorde, Rome crée en 1622 la Congrégation de la Propagande et reprend directement le contrôle d'une activité missionnaire en plein renouveau. Cet organisme envoie donc en Asie des vicaires apostoliques ne dépendant que du Saint-Siège. Afin de ménager la susceptibilité portugaise, ils sont nommés « in partibus infidelium », c'est-à-dire avec un titre diocésain fictif. Leur tâche est entre autres d'organiser des clergés indigènes, moyen le plus efficace de développer l'évangélisation. Dans le même esprit, une Société des Missions étrangères est fondée à Paris en 1662. On peut y voir une pépinière des véritables pionniers d'une expansion française en Extrême-Orient encore à l'état d'ébauche sur le plan commercial. C'est à l'évidence la croix qui trace pour la France une « route de la soie » à peine esquissée. L'aventure de l'évêque d'Adran à la veille de la Révolution de 1789 le démontrerait si elle n'était restée en fait qu'un épisode sans lendemain.

LES VELLÉITÉS FRANÇAISES

Mgr Pigneau de Béhaine, évêque « in partibus » d'Adran, est à Hatien, en Basse-Cochinchine, lorsque les Tay Son y parviennent, écrasent et massacrent la famille des Seigneurs Nguyen. Un seul survivant vient chercher refuge chez lui, Nguyen Anh. Il décide de l'aider à reconquérir ses terres, son fief, voire le royaume, et se démène si bien qu'emmenant en France le jeune fils du prétendant, il parvient à obtenir du gouvernement de Louis XVI un accord aux termes duquel la France s'engage à aider « le Roi de Cochinchine » dans son entreprise. Contre le secours de 4 frégates, de 1 200 fantassins, de 200 artilleurs et de 250 Cafres, elle aurait pleine propriété de l'île de Hoi-nan, appelée « Touron » par les Européens, et de l'île de Poulo Condor. Les sujets français auraient le droit exclusif de séjourner, de commercer, de fonder tous établissements de navigation et de commerce, ainsi que de circuler librement, sous la protection garantie du souverain.

L'application de ce traité, signé le 28 novembre 1787 à Versailles par l'évêque, mandataire de Nguyen Anh, et le ministre des Affaires étrangères Montmorin, se heurte à d'insurmontables difficultés : le gouverneur des Établissements de l'Inde, Conway, qui en est chargé, s'y refuse pour de nombreuses raisons dont la principale est le manque de fonds. Et puis, le gouvernement français revient sur sa signature et donne l'ordre de ne rien entreprendre. Il est alors à quelques mois de la Révolution. Ulcéré et obstiné, l'évêque d'Adran décide de prendre l'affaire à son compte. Il obtient des subsides de négociants des Établissements de l'océan Indien, achète des canons, recrute des aventuriers, des officiers et des marins français en quête d'engagement, et avec cette troupe d'un peu moins d'une centaine d'hommes, vole au secours de Nguyen Anh, qui ne l'a pas attendu pour commencer la reconquête du pays.

Quand il débarque au cap Saint-Jacques en juillet 1789, son « protégé » a déjà repris le delta et se prépare à lancer des opérations vers le nord. Les Français y participent de diverses façons. Les plus remarquables sont Olivier de Puymanel et Jean-Marie Dayot. Le premier, sorte de Vauban et de Carnot à la fois, met sur pied un corps de manœuvre moderne et une artillerie de campagne qui surprendra les Tay Son. Il édifie des ouvrages fortifiés, tels que la citadelle de Saigon, qui surprendra, elle, les hommes de l'amiral Rigault de Genouilly, plus de soixante ans plus tard. Jean-Marie Dayot crée une flotte, exceptionnelle à l'époque dans cette région par son importance et sa technique, en particulier par ses vaisseaux dont la coque est cuirassée de cuivre. Il exécute également des travaux cartographiques de grand intérêt qui seront publiés en 1815. Les autres compagnons de l'évêque instruisent ou encadrent la troupe du prince, ou bien commandent des navires, mais la plupart se plaindront de la jalousie des mandarins et de l'avarice du prétendant devenu Roi, et quitteront plus ou moins rapidement le pays. Seuls, Philippe Vannier et Jean-Baptiste Chaigneau resteront longtemps au service de Gia Long qui leur décernera des titres mandarinaux. Quant à l'évêque d'Adran, il meurt en 1799, avant d'assister au triomphe du fondateur de la nouvelle dynastie des Nguyen.

L'intervention de Mgr Pigneau de Béhaine n'aura guère d'effet bénéfique sur les relations de la France et du Vietnam, sinon peut-être la tolérance religieuse et, dans une moindre mesure, commerciale de Gia

Long. Il est vrai que la Révolution et l'Empire font un hiatus dans la politique française en Extrême-Orient. Un timide réveil se produit sous la Restauration. Les armateurs et les négociants bordelais sont alors les plus dynamiques dans la recherche de nouveaux débouchés commerciaux. L'un des leurs, le baron Portal, est alors ministre de la Marine. De 1817 à 1829, les navires des armateurs Balguerie et Philippon font plusieurs voyages à Tourane, où le premier obtient l'autorisation d'ouvrir un comptoir. Mais la porte n'est qu'entrouverte. Gia Long lui-même est circonspect à l'égard des Européens dont il craint les ambitions. Il refuse de recevoir tout personnage qui lui paraît être un émissaire officiel. Avec son fils Minh Mang qui lui succède en 1820, la porte se referme.

Autoritaire, engoncé dans les principes de la Doctrine des Lettrés, le nouveau Roi a des raisons de s'inquiéter. Les navires anglais et américains agitent beaucoup les eaux des mers voisines. C'est en 1819 que les Britanniques s'installent à Singapour. Méfiant, Minh Mang refuse le traité de commerce que lui propose Jean-Baptiste Chaigneau et même de lui accorder la qualité de consul, craignant d'exciter les jalousies et les convoitises des autres nations. Il oppose le même refus à l'Américain Shilluber. Mais il y a un autre problème qui le préoccupe : le développement de l'activité missionnaire catholique sur son territoire, corollaire de la reprise générale de l'expansion des Églises chrétiennes. Au Vietnam, la France est en pointe avec la Société des Missions étrangères. Des œuvres laïques, telles que l'Œuvre de la Propagation de la Foi, créée à Lyon en 1822, soutiennent cet élan. En 1825, Minh Mang interdit l'entrée du pays aux « prêtres étrangers qui pervertissent et séduisent le cœur des hommes et altèrent les mœurs du peuple ». Mais les missionnaires passent outre et continuent de débarquer clandestinement, déguisés en marchands. Alors, en 1833, il promulgue un édit de persécution générale, suivi d'un autre en 1836. Il délivre une instruction appelée « Décalogue de Minh Mang » pour mieux préciser les fondements philosophiques et religieux du royaume.

D'autres raisons le poussent à durcir sa politique. La situation économique est désastreuse. Le prix du riz ne cesse de varier depuis le début du siècle, provoquant des perturbations dans une économie fondée sur la riziculture et sans échanges extérieurs. La population vit dans un équilibre précaire, sans cesse rompu par les éternels fléaux, les inondations et leur alternative, la sécheresse, les épidémies, les sauterelles, etc. Les tentatives pour y parer, édification et consolidation des digues, distributions de vivres, travaux publics, sont insuffisantes pour empêcher les famines et leurs conséquences, le vagabondage et le banditisme. Dans une telle situation, les rébellions sont fréquentes, et lorsque des chrétiens y sont impliqués, l'accusation de subversion tombe évidemment sur les prêtres étrangers qui peuvent difficilement se défendre d'y être mêlés. La répression est alors terrible. Ainsi, le père Marchand, accusé d'avoir participé à l'insurrection sudiste de Le Van Khoi, est mis en cage et exposé durant cinq semaines, torturé, puis condamné avec d'autres rebelles au supplice des cent plaies, un dépeçage particulièrement horrible, sorte de rite sacrificiel dans lequel la victime est chargée des souillures qui contaminent la société.

Ce n'est qu'à la fin du règne (1840) que la persécution des chrétiens et des missionnaires connaît un apaisement. Juste avant sa mort, inquiet sans doute des pressions croissantes exercées par les Anglais au nom du libre commerce, Minh Mang envoie une ambassade en Europe. En France, elle est d'abord bien reçue, mais les sociétés missionnaires sont vigilantes. Les directeurs du séminaire des Missions étrangères et le Pape lui-même écrivent à Louis-Philippe pour le supplier de « prendre en considération les traitements barbares auxquels les missionnaires sont exposés au Tonkin et en Cochinchine... et d'employer les moyens propres à les soustraire à ces injustes vexations ». Prudent, Louis-Philippe s'abstient de recevoir les envoyés vietnamiens mais également de promettre une intervention. Le protectorat religieux ne figure pas dans les projets de la Monarchie de Juillet.

Guizot, le ministre des Affaires étrangères, a un souci d'un autre ordre. Les Anglais viennent, avec la guerre de l'opium, de s'ouvrir la porte de la Chine à coups de canon. Le traité de Nankin (1842) leur donne Hongkong, et permet à leur commerce de se développer librement dans cinq ports. La France, dont la politique dans cette région a toujours été conditionnée par la rivalité avec l'Angleterre, ne saurait rester indifférente. Guizot veut « montrer dans tous les grands parages commerciaux un établissement français, le drapeau français, des vaisseaux français, chargés de parcourir incessamment ces mers et d'y protéger notre commerce ». Des navires de guerre sont donc envoyés dans l'océan Pacifique, à des fins d'observation, d'exploration, et d'encouragement aux négociants français, trop absents de cette partie du monde, à s'y rendre. Le projet d'établissement refait surface. En 1841, le commandant de l'un de ces bâtiments, de Rosamel, attire l'attention sur l'intérêt que les Anglais porteraient à Tourane, un site convenant à « un port de guerre, d'où ils pourraient commander à toute la Chine ». Deux ans plus tard, Guizot soumet au Conseil des ministres un rapport recommandant la prise de possession de cet endroit si convoité, en évoquant les droits que la France détiendrait du traité signé par l'évêque d'Adran. Il n'exclut pas l'emploi de la force, justifiée par la mise à mort de missionnaires français.

Le gouvernement de Louis-Philippe n'est pas assez aventureux pour accepter la proposition ainsi formulée. Il décide d'approcher les autorités de la « Cochinchine », mais l'émissaire français ne peut guère obtenir que la libération de cinq prêtres détenus en promettant sur l'honneur qu'ils ne reviendraient plus prêcher la religion interdite. Il n'est plus question d'installation à Tourane, dont la position apparaît maintenant dangereuse, en ce qu'elle obligerait à élargir l'occupation et pourrait entraîner à une guerre de conquête jugée inopportune au moment où la France cherche l'apaisement en Europe, après la crise internationale de 1844. On songe à une île des Philippines, Basilan, avant d'y renoncer, car l'Espagne y revendique des droits anciens. On se contente plus modestement de constituer dans les mers d'Extrême-Orient une station navale permanente composée de deux frégates et de quelques petites unités. L'initiative, aussi prudente qu'elle soit face aux entreprises anglaises, n'en contient pas moins le germe de futures interventions. Comment, en effet, les missionnaires français en difficulté ne feraient-ils pas appel à la Marine de leur pays croisant à proximité, et comment les officiers de la Royale n'y répondraient-ils pas ? A défaut du commerçant, c'est le prêtre que les armes françaises vont avoir à défendre, le prêtre dont la situation devient de plus en plus dramatique au Vietnam.

Thieu Tri, successeur de Minh Mang, ne relance pas immédiatement les persécutions violentes, mais il réaffirme son intransigeance à l'égard du prosélytisme religieux : « D'après la loi, faire le commerce, vendre, voilà ce qui est permis. Mais on ne peut venir de Macao pour se rendre dans toutes les provinces, se répandre parmi le peuple, le tromper, violer les lois... » Mais les missionnaires ne respectent pas les interdits. Ils poursuivent l'évangélisation et s'obstinent à retourner au Vietnam lorsqu'ils ont été contraints de le quitter. Ainsi qu'il fallait s'y attendre, ils n'hésitent pas à appeler la station navale à la rescousse quand ils sont poursuivis ou emprisonnés. Si le contre-amiral Cecille, qui la commande, se montre plutôt réservé, son successeur, le capitaine de vaisseau Lapierre, est d'un naturel entreprenant. En avril 1847, cet officier se rend à Tourane à bord du *Catinat* pour obtenir la libération d'un évêque emprisonné. Ignorant que celui-ci a été relâché et qu'il est déjà parti à Singapour, Lapierre s'énerve des lenteurs des mandarins à lui répondre, et provoque un incident grave, aux conséquences fâcheuses.

Il saisit en gage les voiles de deux corvettes vietnamiennes. L'atmosphère des contacts change aussitôt. Des mouvements de jonques armées donnent l'impression aux Français qu'un guet-apens se prépare. A tort ou à raison, Lapierre juge préférable de prendre les devants. Il fait donner le canon, coule cinq bâtiments vietnamiens avant de lever l'ancre et de mettre à la voile. La riposte est sanglante. Une violente persécution est déclenchée dans tout le royaume contre les chrétiens. Trois édits successifs, confirmant ceux de Minh Mang, ordonnent une étroite surveillance des adeptes du « Maître du Ciel » et la décollation des prêtres étrangers. La collusion apparaît désormais évidente entre la croix et le drapeau, une collusion qui n'est pas sans laisser présager la guerre.

Le gouvernement français est en fait au pied du mur. Les missionnaires eux-mêmes se chargent de lui faire savoir que les démonstrations armées isolées, telles que celle de Lapierre, sont plus nocives qu'utiles. Mieux vaut une abstention totale, ou bien une véritable intervention conduite avec la volonté et les moyens nécessaires. Plusieurs démarches sont entreprises pour que cette dernière solution soit adoptée. Mgr Forcade vient de sa Mission pour rencontrer Louis-Philippe et Guizot. Ce dernier lui paraît, bien que protestant, le plus catholique des deux. Mais ce sera peine perdue. Les suspicions anglaises ont été réveillées par l'incident de Tourane, et la Monarchie de Juillet ne veut pas troubler les eaux claires de l'Entente cordiale. Lapierre est réprimandé et rappelé, la station navale réduite à un seul navire. Jurien de la Gravière qui la commande évitera avec soin les rivages de la « Cochinchine ».

La concurrence anglo-américaine n'incite pourtant pas à l'abandon de toute ambition. Avant la Révolution de 1848, une Légation est installée à Macao, afin de coordonner la politique française en Extrême-Orient. Les diplomates qui s'y succèdent ne manquent pas d'attirer l'attention sur le Vietnam sans toutefois parvenir à susciter l'enthousiasme des milieux d'affaires français. Les perspectives commerciales y paraissent maigres, et le gouvernement français n'est pas prêt à accepter un abaissement des tarifs douaniers, seul moyen de susciter un développement des échanges. On est alors sous le régime du protectionnisme et du pacte colonial qui lie les vieilles colonies (Antilles, Guyane, Saint-Pierre-et-Miquelon, Établissements de l'Inde et du Sénégal) à la métropole dans une sorte d'esclavage commercial et empêche la concurrence redoutable des produits tropicaux d'Asie.

Seul, le problème religieux est de nature à exciter l'orgueil national en cette partie du monde, où la persécution se généralise. Pour la première fois depuis le projet de Guizot en 1843, l'éventualité d'une intervention armée resurgit en 1851 et 1852, à l'initiative du ministre de France à Macao, Bourboulon. Ce diplomate ardent concilie dans le patriotisme ses convictions socialistes et l'admiration qu'il professe pour l'œuvre civilisatrice des missionnaires. En même temps qu'il presse le gouvernement de la IIe République d'accomplir « un acte de vigueur » pour répliquer à l'exécution de deux prêtres français, il souligne l'intérêt d'un établissement dans les mers de Chine.

Mais c'est avec le Second Empire que les conditions d'une politique asiatique plus active seront réunies.

NAPOLÉON III — L'INTERVENTION (1857-1858)

Le premier élément est la volonté de l'Empereur de rendre à la France un prestige perdu, et de mettre en pratique de grandes idées de développement économique élaborées avant son accession au pouvoir. Le nouveau régime a d'autre part besoin du clergé pour obtenir le ralliement des catholiques et des légitimistes, et il va tourner ses regards vers les missions lointaines. Ce n'est pourtant qu'en 1855 qu'il prend sa première initiative en Extrême-Orient par l'envoi de la mission Montigny.

A l'origine simple démarche diplomatique pour renouer des relations trop longtemps interrompues, elle est le prélude à une expédition. Par la façon dont elle est conduite et les circonstances de son échec, elle illustre bien ce que Galos, auteur de l'époque, écrit en 1864 : « En Cochinchine, c'est toujours la force des choses qui décide de notre conduite... » L'observation pourrait servir de refrain à l'ensemble de la politique coloniale française en Indochine.

Charles de Montigny, consul de France à Shanghai, est donc envoyé au Siam pour y négocier un traité, puisque les Anglais et les Américains en ont déjà obtenu un. Mais dans le royaume du Vietnam voisin, la question religieuse ne cesse de s'envenimer. Tu Duc, successeur de Thieu Tri, promulgue en novembre 1855 un nouvel édit de persécution. Le gouvernement impérial, pressé par les Missions et la presse catholique, donne alors instruction à son diplomate de faire connaître au souverain « cochinchinois » la désapprobation de Napoléon III, et, par la même occasion, de tenter une négociation commerciale. Craignant d'être mal reçu, le consul juge préférable d'envoyer une corvette notifier sa démarche. A Tourane, où le bâtiment français arrive en septembre 1856, les mandarins, rendus méfiants par le souvenir de Lapierre, se dérobent et s'empressent de prendre quelques mesures d'ordre militaire. Le même processus qu'en 1847 se répète : le commandant de la corvette, Lelieur de la Ville-sur-Arce, remarquant les mouvements de troupes, passe outre à ses instructions qui prescrivent la retraite en cas d'attitude hostile, fait débarquer une compagnie pour neutraliser les batteries vietnamiennes, et canonne les forts. Les mandarins se déclarent aussitôt prêts à négocier. Mais Lelieur n'est pas habilité à le faire et doit attendre Montigny qui n'arrive qu'en janvier 1857, soit quatre mois plus tard, pour engager un vrai dialogue de sourds.

Il en est pratiquement toujours ainsi lorsque négocient à l'époque les Occidentaux et les Extrême-Orientaux, tant est flagrante l'antinomie entre les systèmes de valeurs et les comportements qui en découlent. Les Occidentaux ont l'assurance de leur puissance militaire, fondée sur leur avance technologique et scientifique, et aussi la conviction de la supériorité de leur civilisation chrétienne, dont ils se posent en missionnaires. Au surplus, ils ne peuvent avoir la même notion de l'espace et du temps que leurs interlocuteurs. Ils sont loin de leurs bases, chargés d'une tâche ponctuelle et aléatoire. Leur impatience s'aggrave de l'emprise du climat des Tropiques, lourd, débilitant, et qui met leurs nerfs à rude épreuve. A cela s'ajoute la barrière du langage qui ralentit, à coup sûr, la communication. Alors, voyant en face d'eux des masques qu'ils jugent fuyants, faux, ou impénétrables, ils s'agacent des lenteurs, des tergiversations, du cérémonial compliqué, excessif.

Certes, s'il y a chez les Asiatiques, Chinois ou Vietnamiens, de la méfiance et de la ruse, voire du mépris à l'égard de ces « Barbares » aux manières brutes, leur attitude s'explique aussi par une conception du monde et des rapports humains qui n'est pas accessible à ces étrangers encore inexpérimentés. Ainsi, l'étiquette n'est-elle pas une simple collection de règles protocolaires, une « chinoiserie » hypocrite ou superficielle. Elle résulte d'une sorte de discipline rituelle par laquelle se réalise l'ordre universel ; elle est un moyen de maîtriser les rythmes de la société des hommes. Le temps n'est pas non plus une succession de moments indifférenciés que l'on doit chercher à dominer, comme en Occident, mais un ensemble de périodes cycliques, où alternent de lentes évolutions et des crises brutales. Il est semblable au cours d'un fleuve, dont on doit, à la façon d'un batelier habile, chercher à tirer parti au mieux. Les fluctuations de la diplomatie vietnamienne ne s'expliquent pas autrement, et il ne faut voir dans sa passivité ou ses atermoiements que l'attente du moment favorable à la décision, ou à l'action. Il y a surtout ce mélange particulièrement aigu dans la personnalité viet d'orgueil féroce, de volonté défensive, et de pragmatisme souple, qui peut déconcerter l'étranger, par l'impression d'imprévisible qu'il suscite. Reste la teneur même de la négociation, qui est en l'occurrence vouée à l'échec.

« Si vous voulez arranger les affaires et faire la paix, répète le mandarin diplomate, nous y sommes disposés. Mais si vous voulez la guerre, nous nous battrons ! » Impatient et sûr de sa force, Montigny répond : « Vous ne pouvez pas lutter contre la puissance de mon grand souverain. Soyez donc raisonnable et acceptez le traité que sa bienveillante bonté vous offre aujourd'hui et qu'il imposera demain si votre mauvaise conduite l'y contraint. » Le ton de cette menace, que soutiennent pour l'heure un seul navire de guerre et quelques poignées d'hommes, ne peut que fouetter l'orgueil des Vietnamiens qui refusent l'ouverture d'autres ports que Tourane et le séjour prolongé des négociants étrangers. Même s'ils peuvent craindre une expédition ultérieure, comme ont fait les Anglais en Chine, ils ne veulent pas céder aux exigences d'ordre religieux, propres à saper les fondements mêmes de la société et de l'État. Le projet français comporte en effet quatre articles rédhibitoires : abrogation des édits de persécution, liberté de culte, liberté de circulation, de prédication et d'enseignement pour les prêtres européens, et reconnaissance du christianisme comme religion d'État. Il n'échappe pas non plus aux Vietnamiens que les interprètes de Montigny sont des missionnaires, les évêques Miche et Pellerin, un défi en quelque sorte, qui ajoute à l'arrogance du consul. Ils répondent par une fin de non-recevoir. Outragé, Montigny se retire au bout d'une quinzaine de jours, en laissant une note comminatoire, avec la menace de mesures énergiques si les persécutions se poursuivent.

La réplique de Tu Duc est la même que celle de Thieu Tri : un édit de persécution est promulgué dans l'année, et les violences reprennent contre les chrétiens. C'est l'engrenage. Montigny soumet au ministre des Affaires étrangères Walewski un projet ambitieux avec prise de possession de la « Basse-Cochinchine », c'est-à-dire le Vietnam méridional, avec le delta du Mékong. Il ne s'agirait pas d'une conquête, puisque « le peuple nous recevrait les bras ouverts ». De là, la France pourrait dominer le reste du royaume et maîtriser les grands fleuves navigables qui remontent jusqu'en Chine et au Tibet. Elle étendrait son influence au Cambodge, auquel elle rendrait les territoires enlevés par les Vietnamiens, et établirait son protectorat sur le Siam, puisque le souverain de ce pays semble le désirer. Ainsi pourrait-elle enfin damer le pion à l'Angleterre en s'intercalant entre les possessions méridionales de celle-ci et la Chine, et s'ouvrirait-elle d'immenses débouchés pour ses produits manufacturés.

D'autres voix s'élèvent dans le même sens, venant des agents diplomatiques ou de marins d'une part, des milieux catholiques de l'autre. Le capitaine Simonin de Maisonneuve envoie au Département de la Marine un mémoire où il affirme que « l'idée politique doit se conformer dans l'Extrême-Asie avec l'idée catholique dont les conséquences commerciales seront le corollaire obligé ». Mais c'est surtout le père Huc qui est le plus actif des propagandistes. Ce lazariste a rapporté d'un voyage au Tibet et en Asie centrale une célèbre « Relation » imprégnée d'un vigoureux esprit de prosélytisme. Auteur d'autres ouvrages, il critique le mercantilisme anglais qui tend à abrutir les Asiatiques par le trafic immoral de l'opium, et exalte en revanche le devoir qu'a l'Europe d'étendre une influence morale et civilisatrice en Asie. Soutenu par un réseau de relations dans les milieux politiques de la capitale, il remet au gouvernement impérial une note où il souligne l'intérêt de la France à jouer un grand rôle sur ce continent, théâtre prochain d'événements importants. Il rappelle que le traité de l'évêque d'Adran est générateur de droits à faire valoir sur le « royaume de Cochinchine ». Répétant l'affirmation de Montigny, il assure que les Français seraient bien accueillis par les « Cochinchinois » qui gémissent sous une abominable tyrannie.

Dans une première étude, le ministère des Affaires étrangères conclut négativement. Il argue des impératifs de la politique européenne qui empêchent toute expédition lointaine ou toute création de colonie. Napoléon III, qui se soucie de plus en plus de l'Italie, n'en charge pas moins une commission d'étudier le problème. Composée de cinq membres, elle se réunit le 22 avril 1857 et tiendra plusieurs séances en mai, avant de conclure positivement en recommandant l'établissement d'un protectorat sur la « Cochinchine » (le Vietnam), pays que les missionnaires auraient pour ainsi dire déjà conquis à la France.

Les arguments de prestige et de rivalités internationales sont prépondérants dans le débat. L'Empire, après avoir fait regagner à la France une place éminente en Europe, ne saurait être à la traîne des Puissances lancées à la conquête des grands courants commerciaux, en particulier dans le Pacifique. Outre l'Angleterre, très dynamique et avide de nouvelles possessions, il y a les États-Unis dont les vaisseaux sillonnent cet océan, et la Russie dont la poussée vers l'est menace la Mandchourie et la Corée.

« L'Europe, c'est-à-dire la civilisation, s'écrie, lyrique, le baron Brenier, président de la commission, est en marche contre l'Asie qui représente la barbarie. Elle frappe de tous côtés sur ces vieilles nations ensevelies sous le despotisme le plus avilissant. » La France se doit de participer à l'entreprise, afin d'être digne de son rayonnement. Or, il lui manque une base navale, un territoire, qui lui permettra de jouer son rôle. Le contre-amiral Guérin, au retour d'une croisière en mer du Japon, a même proposé en 1855 de devancer le Tsar en s'emparant de la Corée, « une petite nation désunie toute prête à se laisser dévorer »... C'est cependant la Cochinchine qui apparaît à tous comme une meilleure proie.

Le prétexte est dans les griefs : les massacres de prêtres français, le refus injurieux de négocier avec un plénipotentiaire impérial, et plutôt spécieux, le mépris des services rendus par l'évêque d'Adran. L'intérêt économique, quoique non négligeable, ne paraît cependant pas d'une évidence éclatante. Si l'on estime pouvoir y trouver à bas prix des matières tels que riz, sucre, bois, soie ou coton, l'échange est problématique. L'un des commissaires, Fourichon, imagine qu'on pourrait vendre aux Annamites, dont il ignore à coup sûr le niveau de vie, des soieries, des vins, des articles de Paris. Il y a toujours le problème des tarifs douaniers protecteurs, pierre d'achoppement du négoce asiatique sous la Restauration et la Monarchie de Juillet. Mais ils ne sont évoqués en commission que pour le sucre, les idées libre-échangistes de Napoléon s'imposant progressivement, malgré l'opposition des agriculteurs et des industriels français. L'Empereur n'hésite pas à recourir aux décrets pour la surmonter. Un seul commissaire, Cintrat, s'inquiète du danger de ce commerce pour la production nationale et celle des colonies. Les bénéfices éventuels ne lui paraissent pas en rapport avec les sacrifices que coûterait la conquête d'un tel établissement ni avec les éventualités inquiétantes qui en rendraient la conservation douteuse. Ces hésitations sont balayées par la conviction des missionnaires, qui sont alors la seule source d'information. Plusieurs d'entre eux sont en effet consultés. Mgr Pellerin, de la Société des Missions étrangères, fait valoir le nombre de richesses exploitables offertes par la Cochinchine, la houille, le fer, le cuivre, l'or, le café, et compte sur l'habitude que prendraient les Vietnamiens à la consommation des produits industriels qu'ils ignorent encore.

En ce qui concerne l'exécution de l'entreprise, on s'en remet aussi aux prêtres pour évaluer les moyens nécessaires. Selon leurs dires, la résistance serait pratiquement nulle, le climat salubre, le ravitaillement facile, et l'aide des 600 000 chrétiens assurée, sans parler de la bienveillance de l'ensemble de la population. Moyennant quoi, 2 600 hommes sont jugés suffisants, avec une artillerie d'une quinzaine de canons, et 6 canonnières pour la pénétration fluviale. Examinant le statut politique à choisir, la commission recommande le protectorat, une solution qui évite les inconvénients de la possession directe tout en assurant la libre exploitation du pays, et qui ménage la susceptibilité nationale en maintenant l'institution royale. Un résident, nanti des pleins pouvoirs, et assisté de commissaires impériaux en province, centraliserait et dirigerait les grandes affaires politiques et militaires. Mgr Pellerin souligne l'intérêt d'utiliser les catéchistes indigènes qui, formés par les missionnaires et connaissant les usages, les mœurs et un peu la langue des Français, pourraient constituer la pépinière d'un corps de nouveaux mandarins. Le fait que la communauté chrétienne ne forme qu'une petite minorité au sein d'une population difficile à chiffrer, mais qu'il estime lui-même avec exagération à quelque 40 millions d'âmes, ne semble pas le préoccuper, ni inquiéter la commission qui voit surtout l'occasion pour la France de reconstituer un empire colonial en partie perdu au début du siècle et de répondre à nouveau aux défis des autres grandes Puissances outre-mer.

Pourtant, le Conseil des ministres, réuni en juillet 1857 pour en débattre, n'est guère enthousiaste au projet d'expédition. Certains, tels que Rouher, Billault, Hamelin, doutent de l'intérêt d'un tel effort, dont le ministre des Finances, Fould, représentant de la haute banque, redoute le coût. Abbatucci, Corse, ancien libéral d'extrême gauche et farouchement anticlérical, voit dans l'affaire la main des prêtres et des ultramontains. Passant outre à toutes ces objections, Napoléon III prendra une décision positive. L'offensive catholique, menée par le père Huc et Mgr Pellerin, soutenue par des journaux comme *L'Univers* et des publicistes ultramontains tels que les frères Veuillot, s'est donc montrée efficace. Sortant d'une entrevue avec l'Empereur, Mgr Pellerin écrira avec enthousiasme : « Il faut prier Dieu de conserver sur le trône l'homme de la Providence. »

On peut néanmoins s'interroger sur la réelle détermination du souverain à conquérir cette lointaine « Cochinchine » dont Fould disait qu'il en ignorait l'emplacement. L'homme n'a pas pour habitude de divulguer ses vraies pensées. De ses années de conspiration, il a gardé le goût du secret, de l'insaisissable. On ne peut dire non plus qu'entre les élans qui le poussent aux projets grandioses, et les réalités politiques, il choisisse facilement ses décisions. La formule « l'Empire, c'est la paix ! » est sans cesse, depuis le début du règne, contredite par des initiatives guerrières où la générosité et l'ambition s'entremêlent. Ainsi, que de tergiversations avant de s'engager dans l'affaire italienne ! Que doit représenter alors la « Cochinchine » pour lui ? Sans doute moins un intérêt précis que la protection du christianisme, le désir de rivaliser avec l'Angleterre tout en gardant son amitié, l'idée aussi de la mission civilisatrice et de l'expansion commerciale. La France, sous son impulsion, ne connaît-elle pas un développement sans précédent de son industrie et de ses banques ?

En communiquant à ses collègues la décision impériale, le ministre des Affaires étrangères Walewski précise qu'il ne s'agit pas à proprement parler de conquête. L'expédition prévue doit être relativement minime. Son chef aurait des instructions souples lui permettant d'agir selon les circonstances. Il se bornerait d'abord à occuper Tourane, afin d'obtenir le redressement des torts et de prendre des engagements pour l'avenir. En bref, la politique est celle d'une main de velours dans un gant de fer, une politique quelque peu traditionnelle dans l'histoire de la colonisation française. On peut déjà en trouver un exemple dans la conquête de l'Algérie, déclenchée avec des objectifs restreints et à partir d'une leçon à retardement donnée en riposte à un coup d'éventail injurieux.

D'ailleurs, l'expédition est dès le départ subordonnée au règlement d'une affaire chinoise en cours. A la suite de l'exécution d'un missionnaire, la France s'est en effet engagée au côté de l'Angleterre pour imposer la loi de l'Occident à l'Empire du Milieu. Ce n'est qu'après la signature du traité de Tientsin en 1858, que l'amiral Rigault de Genouilly, désigné depuis le mois de novembre 1857 pour diriger l'intervention, se rend à Tourane. Il y arrive en août 1858, avec 1 200 hommes seulement, prélevés sur le corps expéditionnaire de Chine. L'effectif sera pratiquement doublé en raison de la participation de troupes espagnoles, décidée au niveau gouvernemental, à la suite de l'exécution d'un missionnaire de cette nationalité au Vietnam du nord, Mgr Diaz.

C'est dans ces conditions que s'engage le processus d'une conquête, sans plan véritable, avec des objectifs non précisés, adaptables aux circonstances et aux décisions des chefs militaires.

Chapitre III

LES CONQUÊTES (1858-1885)

LE VIETNAM DES NGUYEN

Le pays qu'aborde en cet été de 1858 l'amiral Rigault de Genouilly est dans une situation critique qui le rend particulièrement vulnérable.

Les deux premiers souverains Nguyen avaient pourtant su réorganiser un État déchiré par deux siècles de luttes intestines. Gia Long, le réunificateur, s'était donné les moyens d'une politique autoritaire en centralisant les institutions des Lê et en renforçant la structure mandarinale, une tâche poursuivie par Minh Mang. Au sommet, règne l'Empereur, titre nouveau, celui de Roi ne subsistant que vis-à-vis de l'Empereur de Chine, toujours suzerain nominal auquel est payé un tribut, une façon de respecter d'anciennes convenances en s'assurant la paix. Son pouvoir n'a de limites que celles assignées par le Mandat du Ciel selon le critère de la vertu confucéenne, et aussi celles de la commune, entité autonome qui jouit de tous les droits civils, possède sa propre règle coutumière et ne peut être sanctionnée qu'en cas de rébellion. Le gouvernement a été resserré autour du Cabinet impérial, surtout avec la création en 1832 d'un Conseil secret, le « Co mât viên », composé du maréchal du centre et de quatre grands chanceliers, les « quatre colonnes de l'Empire », habilité à gérer la politique intérieure et extérieure, et gardien du sceau impérial. L'administration a été reprise en main et unifiée. A la tête de chaque province gouverne un haut fonctionnaire ayant rang de ministre, le « tong doc » (ou « tuan phu », si la circonscription est plus petite), avec des « tri phu » et des « tri huyen » qui administrent. Ils disposent de tous les pouvoirs civils et militaires et la hiérarchie a été renforcée. Tout-puissant donc, le mandarinat est placé sous le contrôle d'un censorat, et il ne forme pas une aristocratie de naissance, puisque les concours d'accession restent ouverts à tous. D'autre part, en décrétant que les mandarins ne recevraient plus de terres domaniales en guise de traitement, mais de l'argent et du riz, Minh Mang leur a enlevé dès 1839 la possibilité de se constituer de grandes propriétés foncières et de s'ériger en féodalités. Selon la formule de l'historien Le Thanh Khoi, « l'insécurité individuelle des fonctionnaires contraste de manière frappante avec la stabilité de l'institution ».

Pour donner à cette réorganisation une formulation juridique, Gia Long avait promulgué en 1815 un Code, inspiré de celui des Qing, et marqué par un esprit confucéen et absolutiste. Son règne s'était signalé par le développement de la colonisation, et un certain nombre de grands travaux, ports, digues, canaux, voies de communication, telle que la Route mandarine reliant Saigon à la frontière chinoise, symbole de la réunification du pays. De nombreuses citadelles avaient été construites selon la technique enseignée par Olivier de Puymanel, ou apprise dans des ouvrages communiqués et traduits par l'évêque d'Adran. Minh Mang, ainsi qu'on l'a vu, avait poursuivi l'expansion viet en annexant le Cambodge, occupation maladroite qui s'était soldée par un échec, et le royaume de Xiengkhouang au Laos.

Tous ces efforts n'ont pourtant pu donner au régime de l'Empereur et de ses Lettrés la capacité de résoudre les problèmes économiques qui s'aggravent progressivement dans le deuxième quart du XIXe siècle, au moment où il faut relever le défi de l'Occident.

Le problème fondamental est celui du déséquilibre croissant entre la démographie et la production agricole. La riziculture, activité et source d'alimentation essentielles, n'a guère progressé au cours des siècles sur le plan technique, et par conséquent sur celui de la productivité. Le seul moyen connu d'obtenir davantage de riz reste l'extension des surfaces cultivées. Gia Long et Minh Mang se sont efforcés d'y procéder en faisant défricher par des colons, des militaires, des paysans sans terre, des repris de justice, les moyennes régions du Sud et du Centre, une partie de la côte septentrionale, la zone occidentale du delta du Mékong. Bien que poursuivi, l'effort sera insuffisant. On estime en effet la croissance démographique au cours du deuxième quart du siècle, avec les effets favorables du retour à la paix civile, de l'ordre des deux tiers, alors que dans la même période, celle des surfaces cultivées n'est qu'environ d'un tiers. En second lieu, le prix du riz, par ses fluctuations orientées vers la hausse depuis le début du siècle, aggrave la situation du paysan, pivot et moteur de l'économie. Le malheureux supporte le plus gros, sinon la quasi-totalité de la charge fiscale, sans parler des corvées dont les autres catégories sociales sont exemptées. Ainsi accablé, il est en outre victime, au sein de la commune qui devrait le protéger, de l'arbitraire des notables, qui se sont peu à peu groupés en une oligarchie coupable d'abus de toutes sortes dans la distribution des terres, de spoliations, voire de crimes.

Hormis l'agriculture, les ressources du pays sont maigres. Il y a bien une exploitation minière d'or, d'argent, de cuivre, de fer, d'étain, de zinc, de plomb, de charbon, de soufre, mais cette liste ne saurait faire illusion. La production en est faible, et mal organisée. Si c'est l'État qui en a la charge directe, les bénéfices sont presque nuls. Si c'est une concession accordée à une entreprise privée, en général chinoise, ils sont plus évidents, mais sont aussitôt exportés au lieu d'être investis localement. L'économie vietnamienne est trop peu diversifiée et trop repliée sur elle-même derrière la muraille protectionniste érigée par une politique méfiante et sclérosée pour subvenir aux besoins d'une population qui s'enfonce dans la misère. Jetées sur les routes, des cohortes de gueux faméliques forment une masse où puisent les nombreuses rébellions.

Dès le règne de Gia Long, les révoltes sont fréquentes. Elles vont s'amplifier lorsque son système autoritaire ne fonctionnera plus. Après Minh Mang, les Empereurs Thieu Tri et Tu Duc sont de santé faible, de caractère timoré. Le premier reste peu de temps sur le trône ; le second est dépassé par les problèmes qui l'assaillent. Durant les soixante ans qui séparent l'avènement des Nguyen et l'arrivée des Français, on compte plus de quatre cents rébellions. Aux causes profondes — désagrégation de l'économie, affaiblissement du pouvoir central — s'en ajoutent de locales et de circonstancielles. Dans le Sud, terre de colonisation plus récente où les tendances sécessionnistes sont latentes, une insurrection d'envergure éclate en 1833, provoquée par la centralisation et les abus des fonctionnaires envoyés par le gouvernement de Huê. Elle est menée par Le Van Khoi, un officier, fils adoptif du vainqueur des Tay Son, Le Van Duyet. Minh Mang doit envoyer son meilleur général, Truong Minh Giang, pour la réduire, après qu'elle se soit étendue en deux ans à six provinces méridionales.

Il y a encore d'autres soulèvements de mandarins ambitieux, d'officiers mécontents, de paysans désespérés, de tribus montagnardes ou frontalières, telles que Nung et Thaï, de groupes minoritaires, tels que les Khmers ou les Chams. A cela s'ajoutent les bandits de tout acabit et les pirates, chinois ou malais, qui maintiennent un état d'insécurité permanent, auquel une très lourde répression ne parvient pas à mettre fin. Enfin, les calamités naturelles, et des épidémies, choléra, peste, variole, complètent un tableau dramatique dont témoignent d'une voix unanime les missionnaires, les auteurs vietnamiens et les chansons populaires.

« La mort était partout, écrit Mgr Retord, vicaire apostolique du Tonkin occidental en 1850, et à la capitale plus qu'ailleurs... les autorités s'étaient enfuies... le chef de l'État se tenait muré au fond de son palais, inaccessible aux souffrances du dehors. Au milieu de cette panique, le royaume allait à la dérive et le peuple consterné restait sans secours... » Les remèdes sont d'autant plus inefficaces que les fonctionnaires chargés de les administrer sont rongés par la corruption. En effet, le mandarin omnipotent, homme à tout faire de la monarchie, a en charge le fonctionnement des rouages du pays. Sa tâche est essentiellement politique et il cumule tous les pouvoirs, mais avec le déclin de l'autorité du souverain, le contrôle de cette puissance ne s'exerce plus aussi bien, laissant libre cours aux abus. Ainsi, dans les greniers publics institués en cas de famine, les distributions gratuites se pratiquent dans le désordre et sous la responsabilité de fonctionnaires peu scrupuleux qui en tirent profit. Selon Mgr Retord, « la concussion achève l'œuvre du gaspillage ». Les digues ne sont plus entretenues et les mandarins chargés d'en assurer l'efficacité cherchent plutôt à faire chanter les paysans et les propriétaires qui en demandent l'entretien. D'autres fonctionnaires interdisent le passage du riz d'une province à l'autre en pleine disette, à seule fin d'en monnayer l'autorisation. Pourquoi d'ailleurs se gêneraient-ils lorsque l'Empereur lui-même décide d'exporter le précieux riz en Chine, alors que la famine sévit ? Une chanson populaire du Nghean, région vouée à la misère et à la révolte, et où naîtra Ho Chi Minh, résume la situation :

« ... Depuis que je suis devenu grand,
Le Roi Tu Duc a tout gâté.
Les gens ont faim,
Mais leurs plaintes n'arrivent pas à ses oreilles...
Le Roi ordonne des corvées,
Mais ne donne rien à manger...
Même ceux qui ont des terres
Sont réduits à devenir des porteurs de pipes... »

A la veille de l'intervention française, le Vietnam traverse une série de catastrophes. A des inondations dans le Nord, succèdent typhons, sécheresse, et leurs corollaires, famine et brigandage. Les villages sont entourés de pièges et de tranchées hérissées de bambous pointus pour se défendre, non pas contre une invasion étrangère, mais contre les bandes qui infestent les campagnes. Comment un pays aussi affaibli serait-il prêt à la résistance ?

Sur le plan militaire, l'Empire dispose d'une garde impériale et de troupes provinciales. Seule, la première est de quelque qualité par la loyauté de ses membres, recrutés dans le fief originel des Nguyen, le Quangbinh et le Binhthuan. Les autres sont composées de paysans peu portés à guerroyer et armés de façon désuète. Une garde nationale a été constituée dans le but d'employer les désœuvrés et les empêcher de joindre les rangs des rebelles, mais dans la pratique, cela n'a fait qu'ajouter des soudards aux bandes de pillards. Spectaculaire, mais sans réelle efficacité face à un armement moderne, existe un corps de quelque 500 éléphants porteurs d'engins lanceurs de pierres. Restent enfin une artillerie qui n'a pas été renouvelée depuis Gia Long et une marine quasi inexistante.

Le pire sans doute est l'état d'esprit général du peuple et de ses dirigeants, qui va du désespoir des plus humbles au désenchantement des classes supérieures, exprimé par des auteurs tels que Nguyen Du, dont *l'Histoire de Thuy Kieu,* poème d'amour et miroir de l'âme vietnamienne, traduit l'angoisse de l'époque. Mais si les maux de la société sont dénoncés, il ne semble pas qu'une ouverture soit proposée sur les événements qui agitent alors le monde. La dictature des Lettrés est une forteresse close qui impose un splendide isolement dans un immobilisme à la fois méprisant et formaliste. Comment le mandarin, dont la capacité à gouverner se mesure à l'aune de ses connaissances littéraires, serait-il capable de répondre au défi technique de l'Europe ?

LES PREMIERS PAS DE LA CONQUÊTE (1858-1860)

Rigault de Genouilly arrive devant Tourane (Danang) le 31 août 1858. Il dispose de 2 300 hommes, Français et Espagnols, et de treize navires, vaisseaux de combat et transports. Dès le 1er septembre, il somme les Vietnamiens de rendre, sous les deux heures, les deux forts qui gardent l'entrée de la rade. Sans réponse, dès le délai expiré, il commence le bombardement, puis après une brève riposte vietnamienne, fait débarquer ses troupes qui s'emparent des forts. « La route de mille li commence par un pas », dit le proverbe chinois. Ce premier pas dure cinq mois, mais c'est un piétinement dans Tourane, un gros village entouré de rizières.

Au début, les Vietnamiens ne lancent aucune contre-attaque. Ils font le vide autour des intrus, fuient le combat autant que possible. Ils ne cherchent même pas à engager des pourparlers ; ils comptent sur le temps, sur la lassitude, le climat, la maladie qui frappe déjà. Il y a d'abord l'insolation, sauvage, malgré le casque en moelle d'aloès recouvert de treillis. Puis la fièvre, la dysenterie, les maladies cutanées, comme cette « plaie annamite », sorte d'eczéma qui démange, suinte et suppure. Accablés de chaleur dans leurs uniformes de laine constamment trempés de sueur et d'humidité, les soldats doivent édifier des ouvrages de défense dans la boue. Moustiques, sangsues, fourmis rouges les attaquent. De surcroît, ils sont mal nourris. C'est alors que les Vietnamiens commencent à modifier leur tactique, et se mettent à les harceler, et à les cerner de batteries, qu'il faut démanteler, mais qui sont constamment et aussitôt remontées. Bientôt, ils cherchent à les démoraliser, par des rumeurs d'attaques massives imminentes répandues par des commerçants fournisseurs de vivres, ou en coupant la tête et les mains de tout malheureux qui s'égare hors de ses lignes. Il en résulte que les affrontements sont impitoyables, féroces. Évidemment, la puissance de feu française finit dans ces cas-là par provoquer de véritables hécatombes qui ne semblent pas décourager les Vietnamiens.

Du côté du commandement français, c'est la désillusion. On reproche aux missionnaires leurs promesses et leurs affirmations trop optimistes. Où sont en effet ces milliers de chrétiens indigènes qui devaient accourir à l'aide de leurs libérateurs ? Où est cette population impatiente de secouer le joug de ses tyrans ? Seuls, quelques individus viennent faire du négoce, ou demander protection pour des raisons obscures. Certains sont des Chinois, d'autres des espions. Pourtant, Mgr Pellerin, encore lui, vient demander à Rigault de Genouilly d'intervenir au Nord où la persécution connaît un renouveau. L'amiral refuse et, pour sortir de ce bourbier, décide de « marcher sur la queue du serpent », autrement dit d'aller frapper en Basse-Cochinchine. Deux considérations l'y incitent : le delta du Mékong est d'abord l'un des deux greniers à riz du Vietnam. Il est ensuite excentré, et relié au reste du pays par une bande de territoire assez étroite, ce qui peut faciliter une coupure éventuelle des communications terrestres entre le Centre et le Sud.

Laissant trois compagnies à Tourane, il s'embarque à destination de Saigon, où il arrive le 1er février 1859, après avoir forcé l'entrée du cap Saint-Jacques (Vungtau). En un seul jour de combat, il se rend maître de la ville, avec les 2 000 hommes dont il dispose, et démantèle la citadelle en raison de l'insuffisance de ses effectifs. Le moral de sa troupe remonte aussitôt avec la rapidité du succès, les vivres frais, et un casernement digne de ce nom. Mais l'affaire de Chihoa, le 21 avril, montre les difficultés d'une pénétration plus poussée. Une colonne de 800 hommes, tentant sous les ordres du commandant Jauréguiberry une sortie, se heurte à une résistance très vive et doit se replier, harassée, sous un soleil de plomb.

Pendant ce temps, à Tourane, des travaux d'approche révèlent aux Français qu'ils sont encerclés. Un combat de dégagement doit être livré, non sans pertes. Puis, en juin 1859, le choléra se déclare. Une première fournée de 200 hommes y succombe. Rigault demande des renforts à Paris, car le corps expéditionnaire est décimé, davantage par les maladies que par les opérations militaires. Il essuie un refus. Un officier, Henri de Ponchalon, écrit avec amertume : « La guerre d'Italie doit-elle faire oublier ceux qui, en dépit des maladies et des privations de toutes sortes, luttent pour l'honneur du drapeau et la domination de la France en Indochine ? »

Pourtant, les Vietnamiens choisissent d'engager des pourparlers. Intransigeants sur la question des missions religieuses auxquelles ils refusent toute protection étrangère, ils donnent l'impression de chercher à gagner du temps. Un jour, les mandarins diplomates poussent même la désinvolture jusqu'à venir pieds nus rencontrer les officiers français. De fait, dans l'inactivité, les soldats de Rigault de Genouilly donnent des signes de découragement. Ils manquent de vivres, de médicaments, d'équipement. L'amiral lui-même est excédé par les tergiversations vietnamiennes. Il somme les mandarins de répondre à ses demandes au plus tard le 6 septembre 1859. Craignant une nouvelle guerre contre les Chinois, il décide de « châtier la mauvaise foi des Annamites » et déclare : « Nous aurons notre petit Solférino ! » Le 15 septembre, il déclenche l'assaut contre l'armée vietnamienne qui fait d'abord front, avec ses étendards déployés et ses éléphants marchant au rythme des gongs et des tam-tams, puis se débande. Malgré ce succès, une évidence s'impose à Rigault de Genouilly : s'il est possible de gagner des batailles par la supériorité dans la technique, la détermination, l'audace, le problème est tout autre de s'installer et d'entreprendre une conquête avec des effectifs aussi réduits, de surcroît épuisés, et sans moyens de transport. « N'aurais-je que quatre hommes et un caporal, le drapeau français flotterait encore à Tourane ! » s'écrie-t-il avant de renoncer et de demander son remplacement.

La conquête est alors compromise. Le contre-amiral Page, qui prend le commandement du corps expéditionnaire le 1er novembre 1859, consolide la défense de Tourane mais engage des négociations avec les mandarins à Saigon. Ces derniers cherchent encore à gagner du temps, en jouant la carte du retrait français, qu'ils espèrent à cause de l'expédition franco-chinoise en cours. Les instructions gouvernementales envoyées à Page vont effectivement dans le sens d'un recul : seule doit être demandée la garantie de la liberté religieuse, à l'exclusion de toute exigence financière ou territoriale, et Tourane doit être évacuée. C'est le reflux sans gloire. Le 22 mars 1860, dans un flamboiement d'apocalypse, les Français abandonnent leur première prise, non sans faire sauter les ouvrages édifiés au prix du sang et de nombreuses souffrances, et mettre le feu aux paillotes et aux jonques des malheureux indigènes. Ils lâchent aussi les Vietnamiens chrétiens qui s'étaient mis sous leur protection durant les mois d'occupation, et qui devront affronter la vindicte des autorités mandarinales.

Le retrait n'est cependant pas total. En Basse-Cochinchine, à Saigon, la garnison franco-espagnole s'accroche. Forte de 800 hommes à peine, elle résiste aux assauts répétés de l'armée vietnamienne commandée par l'un des meilleurs généraux de Tu Duc, Nguyen Tri Phuong, jusqu'à l'arrivée, en octobre 1860, de l'amiral Charner, avec des troupes libérées de l'expédition de Chine enfin achevée victorieusement.

LA COCHINCHINE DES AMIRAUX GOUVERNEURS

La conquête est dès lors relancée avec ce nouveau chef, et avec un nouveau ministre de la Marine et des Colonies, qui en est un partisan convaincu, Prosper de Chasseloup-Laubat.

L'amiral Charner a pour directive de débloquer Saigon, et de saisir un gage territorial plus étendu, avant de proposer la paix. En cas de refus, il devrait pousser jusqu'à Mytho et Bienhoa. Dès la fin de février 1861, les lignes vietnamiennes de Chihoa sont enfoncées. Les Vietnamiens s'y font tuer sur place. Charner poursuit sa progression et s'empare en avril de Mytho, en négligeant Baria, point stratégique important. Maître des deux provinces de Giadinh et de Mytho, il estime tenir un gage capital car il est en mesure de contrôler le commerce du riz du delta et d'en empêcher l'expédition au Tonkin où sévit la famine. Il accepte donc d'engager la négociation avec les émissaires de la Cour de Huê.

La campagne a été en fait très dure. Le corps expéditionnaire, renforcé par un millier d'hommes venus de Chine, a eu à combattre davantage la maladie, le climat, la nature, que l'ennemi. Dans des récits poignants, l'aide de camp de Charner, Pallu de la Barrière, raconte ce calvaire dans la boue des rizières, sous la pluie de mousson, avec le choléra, la dysenterie, la fièvre, qui pourtant ne parvenaient pas à abattre la volonté opiniâtre d'un chef déterminé à vaincre et de ses hommes, atteints par un sentiment d'incertitude : « Il y a dans les colonies naissantes des heures de découragement et d'affaissement. Le but s'obscurcit, on se demande à quoi bon tant de vies sacrifiées. Tout manquait autour de nous, le ciel et la terre, et ces tombes ouvertes et prêtes, celles qui s'étaient refermées sur nos amis, semblaient autant d'appels au Monstre qui nous dévorait... » Pourtant, cette désespérance ne va pas sans une trouble fascination qui transparaît dans ces mots : « Là, rien n'attache l'âme à la terre. Le fond de la vie fait défaut. La terre cède, c'est de la boue ; seule la pensée peut glisser sur cet infini verdoyant... C'est bien là qu'aurait dû être évoqué, pour terme d'une suprême félicité, l'anéantissement parfait, la fin de toute tristesse, de tout souvenir... »

L'ennemi qu'il faut affronter est non moins déroutant. Il fait masse, comme partout ailleurs en Asie où quelques centaines d'Européens doivent faire face à des légions d'Asiatiques, au comportement insaisissable. Que ces hommes à l'armement archaïque aient l'air de soldats d'opérette avec hurlements et rodomontades suivis de fuite éperdue, ou qu'ils combattent avec cruauté et ruse, ou encore qu'ils se fassent tuer sur place comme à Chihoa, leurs motivations demeurent mystérieuses. Pour Pallu de la Barrière, les Annamites partagent avec les autres races de l'Orient « une moindre volonté ». Il explique la résistance inopinée des soldats de Nguyen Tri Phuong en ces termes : « Là fut accepté ce face à face qui les trouble nerveusement et si fort, qu'ils songent alors à mourir et non plus à se défendre. » Il juge par ailleurs le caractère annamite comme un « mélange heurté et souvent disparate », fait de dissimulation et de cruauté sur un fond pacifique. Nombreux sont alors les Français qui décèlent la même complexité, tel que ce capitaine de Grammont aux formules saisissantes : « Superstitieux sans fanatisme, esclaves de la tradition sans foi politique, ils mettent le respect aux vieux usages avant l'attachement au sol et le culte de la famille avant celui de la religion... empressés à vous plaire pour se dispenser de vous servir... indifférents à l'aspect de la mort, ils tremblent à la pensée du rotin... et allient l'amour de la pompe à une grande simplicité de mœurs... »

Ces jugements émis après les premiers contacts ne varieront guère par la suite, sinon en se figeant sur certains traits de caractère plutôt au désavantage du Vietnamien qu'à son bénéfice. Déterminés à l'aune des rapports de force, ils seront marqués par un affermissement des malentendus, et par l'oubli trop fréquent d'une qualité essentielle, mais dissimulée sous l'apparence d'une soumission jugée provisoire : un indestructible et formidable orgueil.

S'il est difficile de se livrer à une étude psychologique précise du Vietnamien de l'époque, on peut cependant noter quelques facteurs susceptibles d'aider à la compréhension de son comportement face à l'envahisseur : les difficultés de vie consécutives à la situation générale du pays, la désaffection à l'égard d'un Empereur qui faillit à son Mandat céleste, la crainte ou la haine d'un mandarinat souvent corrompu et tyrannique. A cela, on peut ajouter un sentiment d'impuissance devant les armes à feu redoutables des Français, peut-être aussi la conviction profonde et confuse à la fois que ces derniers, venus peu nombreux, ne s'installeront pas dans ce pays si lointain du leur. Les Blancs, ces diables étranges à l'odeur âcre, aux cheveux rouges et aux yeux bleus, qui semblent des fragments d'un autre monde, font peur, à coup sûr. Mais ne sont-ils pas aussi vulnérables que les autres hommes et, comme tous les envahisseurs, des migrateurs qui repartiront vite ? Les Génies tutélaires sont là pour y veiller.

En attendant, la Cour de Huê doit faire face à une révolte grave, celle de Ta Van Phung, un chrétien qui se prétend descendant des Lê, et qui sème le désordre dans les régions septentrionales. La cour ne cède pourtant pas aux Français, et malgré les pourparlers, suscite contre eux des opérations de harcèlement. Charner rompt le dialogue et proclame l'état de siège dans les deux provinces soumises où fonctionne déjà une administration militaire. Mais, très éprouvé par les deux campagnes qu'il vient de mener, il rentre en France. Il peut s'estimer satisfait, car le gouvernement de Napoléon III a reconnu sa conquête.

Chasseloup-Laubat est conscient des possibilités offertes par cet établissement, né de l'improvisation et de l'entêtement des proconsuls. Il songe à y établir une sorte de suzeraineté permettant d'instaurer la liberté commerciale pour tous et de rayonner au Cambodge et au Siam. L'amiral Bonard, nommé commandant en chef et premier gouverneur de la Basse-Cochinchine, est chargé d'élargir la base territoriale afin d'en assurer la sécurité. Il s'empare de Bienhoa, puis de Baria, d'où essaiment les bandes qui entretiennent un climat de troubles dans tout le delta. En mars 1862, il va plus loin et prend la citadelle de Vinhlong, puis l'île de Poulo Condor. En mai, il envoie un émissaire, le commandant Simon, sur la corvette *Forbin,* à l'embouchure de la rivière de Huê. Cette fois, l'Empereur Tu Duc semble prêt à négocier.

Le souverain est un homme chétif, prématurément usé par la maladie, submergé par les difficultés. Mais ses conseillers sont partagés sur la politique à suivre. La situation du royaume plaide pour la souplesse : outre Ta Van Phung, d'autres prétendants Lê surgissent, plus ou moins associés à des bandes chinoises. Des révoltes populaires éclatent en diverses régions. A la frontière chinoise, des tribus Man et Nung s'agitent, nécessitant une intervention armée. Alors, Tu Duc se résout à envoyer des ambassadeurs à Saigon pour engager des pourparlers, sans toutefois capituler. Or, Bonard ne dispose guère de moyens, puisque les unités de l'expédition de Chine ont dû être rapatriées, et il n'a aucune instruction précise de Paris, où la conquête cochinchinoise ne manque pas de détracteurs et subit la concurrence de l'affaire mexicaine dans les préoccupations gouvernementales. Il réduit donc ses exigences et se contente, non sans avoir menacé d'aider Ta Van Phung, d'obtenir les trois provinces orientales (Giadinh, Bienhoa, Mytho) et Poulo Condor. Vinhlong sera occupée à titre de gage jusqu'à la pacification complète ; trois ports, dont Tourane seront ouverts au commerce français et espagnol, et une indemnité de 4 millions de dollars devra être versée en dix annuités à la France et à l'Espagne. Le libre exercice du culte chrétien est garanti. Enfin, le Vietnam ne pourra céder aucune partie de son territoire à une puissance étrangère sans l'accord de la France. Le traité, signé le 5 juin 1862, est aussitôt ratifié par les deux gouvernements.

« La cession des provinces que le souverain de l'Annam a faite à Sa

Majesté Impériale est comme un mariage où la jeune fille accordée à son fiancé, tout en devant obéissance à celui-ci, ne renie pas pour cela son père. L'épouse bien traitée par celui qui la protège et veille à ses besoins, perd bientôt toute appréhension et, sans oublier ses parents, finit par aimer son mari. » C'est par ces mots que l'amiral gouverneur Bonard inaugure son administration. Mais il convient de dire qu'en fait, ces « noces » n'ont pas été acceptées de bon gré par la famille d'une « épousée », plutôt victime de viol. La dot est ruineuse pour un budget déjà lourdement grevé. Les conditions sont humiliantes, et pour l'Empereur très graves, car elles indiquent qu'il a failli à son Mandat. Il va donc essayer de rattraper la faute.

La restitution, en mai 1863, du gage de Vinhlong est à peine une consolation. Des troupes et des armes sont envoyées à Quan Dinh, un mandarin de Gocong qui se soulève contre les Français. En juillet, une ambassade est envoyée à Paris pour tenter de racheter les provinces perdues. C'est un des négociateurs du traité de 1862, Phan Than Gian, qui la dirige. Elle est reçue par Napoléon III en novembre, après avoir assisté à la séance d'ouverture de la session législative, où un discours de l'Empereur leur a laissé espérer l'éventualité d'un rachat : tout en faisant valoir l'intérêt commercial d'un établissement en Cochinchine, le chef de l'État français a paru prêt à accepter les 100 millions de francs courants offerts par l'Empereur Tu Duc pour faire accepter par le corps législatif les 972 millions de déficit budgétaire et les 210 millions dépensés dans l'expédition mexicaine. Ils doivent cependant rentrer sans avoir obtenu de réponse précise. Un débat très vif est en effet engagé en France entre partisans et adversaires d'un établissement colonial.

A la tête des premiers figure le ministre concerné, Chasseloup-Laubat, dont l'esprit est animé d'un grand projet : « Je voudrais créer pour mon pays un véritable empire dans l'Extrême-Orient, écrit-il à l'un de ses collaborateurs ; je voudrais que notre civilisation chrétienne pût avoir dans notre nouvelle conquête un établissement formidable d'où elle rayonnerait sur toutes ces contrées où tant de mœurs cruelles existent encore... » Avec lui font campagne deux hommes qui reviennent de Cochinchine, l'amiral Bonard, qui a dû abandonner ses fonctions pour raisons de santé, et un officier de son état-major, le lieutenant de vaisseau Rieunier, auteur d'un mémoire sur la question. On peut y ajouter certaines personnalités aux idées desquelles l'Empereur prête attention. Ce sont les saint-simoniens et les socialistes utopiques, dont les projets universalistes sur la colonisation des terres en friche pour le mieux-être de l'humanité rejoignent ses projets de développement international. L'Algérie a déjà servi de champ d'exploration et même d'application pour ces pensées, à travers des philosophes comme le père Enfantin, ou des officiers comme le général Lamoricière, saint-simonien lui aussi.

Les adversaires sont cependant nombreux. Ils forment une coalition hétéroclite d'ennemis systématiques ou réalistes des expéditions lointaines. On y trouve des opposants au régime, légitimistes, orléanistes tels que Thiers, des ministres, tels que celui des Affaires étrangères, Drouin de Lhuys, et celui des Finances, déjà rencontré, Fould. Leurs arguments sont sensiblement les mêmes que ceux déjà avancés à la commission de la Cochinchine et au Conseil des ministres de juillet 1857. Le syndrome de l'affaire mexicaine les renforce, au point qu'aucun crédit n'est prévu pour la Cochinchine au budget de 1864. On voit également apparaître un autre type de personnage qui inaugure une tendance du courant anticolonial, et qu'on retrouvera au fil de l'histoire : l'expert idéaliste. Il s'incarne dans le capitaine de frégate Aubaret. Fervent catholique, de tempérament passionné, cet officier s'est épris de la civilisation chinoise, et plus particulièrement de la culture vietnamienne qu'il a étudiée avec enthousiasme. Interprète désigné des ambassadeurs de Tu Duc à Paris, il a été d'autre part séduit par la personnalité attachante et digne de Phan Than Gian, qui a su le convertir à sa cause. Dès lors, Aubaret se fait l'ardent promoteur de la révision du traité de juin 1862 et du retrait du corps expéditionnaire. C'est lui qui est chargé de négocier un nouvel accord, lorsque le gouvernement impérial penche, au début de 1864, pour la restitution partielle de la conquête contre une sorte de protectorat présumé moins coûteux.

L'argument financier est alors prédominant, conforté par le triomphe du libre-échange qu'une loi du 31 juillet 1861 a consacré en supprimant aux colonies le privilège commercial de la métropole. Il apparaît à beaucoup que les charges d'une occupation avec ses aléas sont désormais inutiles. Envoyé par Drouin de Lhuys, Aubaret engage la négociation à Huê le 16 juin 1864, et signe le 15 juillet un nouveau traité, sans informer de sa teneur le gouverneur de la Cochinchine, comme le lui prescrivaient ses instructions.

Or, Napoléon III, entre-temps, a changé d'avis. La campagne de Chasseloup-Laubat et de Rieunier a porté ses fruits. Des journaux comme *Le Temps, Le Monde, La Gazette de France, Le Constitutionnel, L'Union,* l'ont soutenue. Thiers lui-même a baissé le ton. Et puis le rappel de la mission civilisatrice de la France, la gloire de la conquête, le sang déjà versé, les perspectives commerciales ont achevé de convaincre l'Empereur de passer outre aux objections des opposants. Mais la dépêche donnant l'ordre de suspendre la négociation, expédiée le 8 juin, ne parvient à Saigon que le 18 juillet, alors qu'Aubaret a déjà quitté Huê. Pour refuser la ratification du traité signé, il faudra recourir à un argument spécieux : une clause a été laissée en blanc par l'officier, qui ne pouvait accepter sans accord de son gouvernement les modalités de l'indemnité de rachat.

Cette volte-face française soulève aussitôt dans la capitale vietnamienne une vague de fureur. Cinq cents lettrés se réunissent et décident de se révolter, en réclamant la mort pour les chrétiens, accusés de tous les maux, et en reprochant à Phan Than Gian son échec. Pendant ce temps, Ta Van Phung livre de sanglantes batailles aux troupes de Nguyen Tri Phuong qui parvient à disloquer ses forces avec difficulté. Aux soulèvements divers, et aux incursions répétées des pirates, s'ajoutent les conspirations dans l'entourage même de Tu Duc. La reprise de la lutte contre les Français est donc à la fois irréaliste et irréalisable, d'autant plus qu'ils s'implantent chaque jour plus solidement dans leur conquête.

Le nouveau lieutenant gouverneur de la Cochinchine, l'amiral de La Grandière, est un administrateur à l'esprit méthodique. Il organise la colonie en s'appuyant sur quelques principes directeurs qui constitueront la base de la politique suivie par ses successeurs.

Il achève d'abord la pacification. Des bandes venues des provinces limitrophes font en effet des incursions, se livrent à des pillages, enlèvent des chrétiens qui collaborent avec les Français, provoquent des désordres. Pour répondre aux protestations du gouverneur, la Cour de Huê nomme Phan Than Gian gouverneur de ces provinces, mais les effets se faisant peu sentir, La Grandière en décide l'annexion, réalisée pratiquement sans combat. Avec Vinhlong, Chaudoc, Hatien, c'est la colonie de Cochinchine qui se complète. Un drame révèle cependant l'humiliation subie par le Vietnam ainsi amputé : Phan Than Gian, l'homme de la négociation, se suicide le 5 juillet 1867, geste de honte et de désespoir auquel les gouvernements français et vietnamien réagissent différemment. Le premier lui rend les honneurs de funérailles officielles, tandis que Tu Duc promulgue un édit dans lequel il voue le mandarin à la honte nationale.

Sur les plans administratif et financier, Bonard avait, de 1861 à 1863, paré en quelque sorte au plus pressé. Il avait relevé les citadelles détruites, engagé des travaux d'installation, recruté des indigènes, pour la plupart chrétiens, afin de remplacer les fonctionnaires partis sur l'ordre du gouvernement de Huê. Il ne manquait certes pas d'optimisme, ni de projets, car il avait confié au colonel du génie Coffyn le soin de dresser des plans pour faire de Saigon, alors modeste agglomération de paillotes avec quelques maisons de mandarins, la rivale de Singapour : il était question d'une superficie de 2 500 hectares et d'une population de 500 000 habitants. En matière de finances, les dépenses relatives à la Cochinchine, quoique relevant pour une bonne part des frais de l'expédition de Chine, avaient été jugées excessives en métropole où le maintien de l'établissement était mis en cause.

La Grandière s'attache à mettre de l'ordre dans cette improvisation. Il s'emploie à réduire progressivement la charge métropolitaine en imputant les dépenses locales, y compris celles de l'administration, de la justice, des cultes, et des travaux publics, au budget de la colonie. Puis, les progrès de la pacification aidant, la perception des impôts, surtout de la capitation vietnamienne, conservée ainsi que le système des corvées, peut être améliorée. Des travaux d'infrastructure sont entrepris, creusement de canaux, installation d'un réseau télégraphique, édification de fortifications, d'hôpitaux, d'églises, d'écoles — un collège de lettrés, un collège d'interprètes, un séminaire —, assainissement de zones insalubres, à Saigon notamment, bâtie partiellement sur un marécage.

En ce qui concerne l'administration, le système vietnamien est maintenu, avec l'inébranlable commune, et la hiérarchie mandarinale, dont le personnel est évidemment renouvelé. Il est fait appel pour le recrutement de celui-ci aux chrétiens, les seuls aptes à comprendre le français, enseigné par les missionnaires, et les plus disposés à collaborer. Sans attachement à une dynastie qui n'a cessé de les opprimer, ils redoutent le départ des troupes françaises pour des raisons évidentes de sécurité et ils forment le noyau d'une classe d'intermédiaires qui va gagner peu à peu en influence et en puissance matérielle par l'acquisition et souvent l'accaparement de biens fonciers abandonnés par l'exode des propriétaires ou des occupants devant l'invasion. Leur rôle est important, mais non sans équivoque. Indispensables au conquérant trop ignorant encore des réalités locales, ils peuvent en être des initiateurs honnêtes ou des interprètes trompeurs, « Chrétiens coquins », selon le mot d'Aubaret dont l'oreille est, il est vrai, à l'écoute des mandarins fidèles à l'Empereur. Ces nouveaux fonctionnaires tirent en tout cas de l'autorité conférée par le maître étranger un pouvoir certain, mais sans le prestige des Lettrés. Car ils apparaissent davantage que ces derniers comme des exécutants, la véritable responsabilité incombant en ce régime d'administration directe aux inspecteurs des affaires indigènes, des officiers qui ont en charge impôts, justice, police, travaux publics. En haut de la hiérarchie, une Direction de l'Intérieur est le principal instrument du pouvoir du gouverneur avec ses trois bureaux : secrétariat général, administration et contentieux, et agriculture, commerce et industrie.

La population, d'abord désemparée par le départ des mandarins rappelés par l'Empereur Tu Duc et hostile à l'invasion, change peu à peu d'attitude. L'agitation devient sporadique, et une sorte de résignation lui succède. La Grandière attribue cette amélioration au respect de son administration pour les usages, les rites et les biens, manifesté en particulier par le maintien des privilèges de la commune, et dans la garantie accordée aux propriétés privées par l'autorité française. Il juge également bienfaisante la disparition de l'influence terrorisante des mandarins de Huê, encore que ce soit moins évident dans un Sud généralement fidèle à la dynastie des Nguyen. Il reste que le besoin de paix et la nécessité d'un retour aux travaux nourriciers entrent pour une large part dans l'attitude de la masse paysanne. On note même des initiatives pour dénoncer les bandes qui viennent provoquer des désordres. Ainsi, Quan Dinh, un mandarin loyal aux Nguyen et instigateur de plusieurs soulèvements dans la région de Gocong, peut-il être traqué et tué au cours d'un engagement grâce à des indications de villageois.

D'autre part, cette population ne semble pas avoir perdu au change sur le plan matériel et sur celui de la justice. Malgré leur inexpérience, les inspecteurs des affaires indigènes sont des militaires honnêtes, des hommes dévoués à leurs tâches. Officiers de marine pour la plupart, ils reçoivent une formation au Collège des stagiaires et apprennent la langue vietnamienne. Se considérant comme les missionnaires de la civilisation occidentale, ils sont convaincus d'avoir libéré un peuple écrasé par une aristocratie corrompue et décadente, et par un souverain despotique et inepte. Ils s'intéressent au pays, au peuple et à sa culture, et cherchent à gagner les esprits et les cœurs, même s'ils mettent dans leur enthousiasme un sentiment de supériorité souvent écrasant. Certains, tels que Paulin Vial, premier directeur de l'Intérieur, ou Jean-Baptiste Luro, créateur du Collège des stagiaires, sont les pionniers de la première administration coloniale indochinoise. D'autres, tels que Francis Garnier, se feront explorateurs et promoteurs hardis d'un impérialisme glorieux. D'autres enfin, comme Aubaret ou Philastre, sont à ce point séduits par le pays conquis qu'ils pourront être soupçonnés d'en avoir perdu le sens des intérêts nationaux.

L'œuvre de l'amiral de La Grandière, c'est aussi Saigon, la capitale cochinchinoise. Lorsque Rigault de Genouilly y aborde, quelques paillotes sont groupées autour d'une pagode et d'un marché, et quelques maisons moins pauvres de mandarins sont plongées dans un océan végétal d'une belle luxuriance. Le site a été choisi par les Cambodgiens, premiers occupants, et consolidé par les Vietnamiens pour ses avantages : au centre des courants d'échange entre la Chine et le Sud-Est asiatique, il est à l'abri des typhons qui ravagent les côtes. Mais à l'intérieur des terres, il ne saurait concurrencer le site de Singapour sur le passage même de la grande route maritime des épices de l'océan Indien vers le Pacifique. Les amiraux gouverneurs en perçoivent bien l'intérêt régional, concrétisé à 6 km de là par une autre ville, chinoise celle-là, centre actif du commerce du riz du delta, Cholon, qui signifie Grand Marché.

Pourtant, malgré le projet Bonard-Coffyn, l'urbanisation de Saigon commence lentement, avec hésitation, à cause de l'incertitude gouvernementale et aussi de l'insalubrité de la partie basse, que borde à l'ouest un cours d'eau fangeux, l'arroyo chinois. Entre celui-ci et un autre arroyo, dit « de l'Avalanche », situé à l'est, s'étend la rive de la rivière de Saigon où ont lieu les débarquements, et qui sera le quai de la Marine. De là, une voie est tracée, pénétrant droit vers l'intérieur, bientôt baptisée « Catinat » du nom de la corvette des interventions de la décade précédente. Elle monte vers une plate-forme surélevée et plus saine, « le Plateau », où s'installent les amiraux gouverneurs et où sont édifiés les premiers bâtiments administratifs et l'hôpital. C'est en 1865 que l'amiral de La Grandière donne une véritable impulsion, lorsque la décision est prise de rester. Alors, on assainit, on bâtit, on perce des rues qui se croisent à angle droit, on construit des quais. Le plan est orienté nord-est/sud-ouest, comme en tout pays de soleil. Les maisons de colons sont d'abord en bois, et elles sont encore rares en ces commencements. Puis, les premières femmes européennes arrivent, très peu nombreuses, mais leur apparition modifie l'aspect de la cité naissante. En attendant le palais mis en construction en 1868, les premiers quadrilles peuvent se former au bal du gouverneur, et dans le rapide crépuscule tropical, on peut entendre, insolite contrepoint au tintement des gongs et aux coups sourds du tam-tam, le son délicat du piano occidental. En 1869, le gaz remplace l'huile de coco pour l'éclairage urbain, tandis qu'alentour, des villages vietnamiens s'édifient, signe des temps.

L'édification d'une capitale et l'organisation du territoire ne vont pas sans un dynamisme qui pousse à regarder au-delà des limites de la conquête. Non seulement la notion européenne des frontières naturelles s'exporte, mais le souci de rayonnement formulé par Chasseloup-Laubat amène l'amiral de La Grandière à s'intéresser au Cambodge voisin. Une situation conflictuelle s'y développe, car le Siam, encouragé par les Anglais, a profité de l'affaiblissement vietnamien pour resserrer sa tutelle. Le roi Norodom est contraint de subir la présence à son côté d'un commissaire siamois, et les insignes de la royauté khmère sont à Bangkok. Mais deux hommes agissent avec initiative et autorité pour conjurer le danger, un missionnaire, Mgr Miche, et un officier de marine envoyé par l'amiral gouverneur, Doudart de Lagrée. En août 1863, un traité est ainsi obtenu de Norodom, qui place le Cambodge sous protectorat de la France, et donne aux sujets de celle-ci le droit de libre circulation, de posséder des biens dans le royaume, et d'être justiciables d'un tribunal mixte. La franchise douanière est instituée réciproquement pour les produits des deux contrées voisines, et un résident français doit être désigné pour contrôler l'application de ces clauses. Craignant des réactions britanniques par le truchement du Siam, le gouvernement impérial tarde à ratifier le traité, ce qui provoque le départ de Norodom, pressé de se faire couronner, pour Bangkok. Doudart de Lagrée doit occuper Oudong pour le faire revenir et Napoléon III ayant donné son accord, les ratifications peuvent intervenir en avril 1864. La France ayant obtenu la restitution des insignes royaux, Norodom peut être couronné rituellement deux mois plus tard dans sa nouvelle capitale, Phnom Penh, un choix significatif par le site, sur le Mékong, à portée fluviale aisée de Saigon. Par un traité signé en juillet 1867, le Siam reconnaît le protectorat français sur le Cambodge, et obtient en échange la confirmation de ses droits sur les provinces de Battambang et d'Angkor, ainsi que l'engagement de la France de ne pas annexer le Cambodge.

Ce n'est là qu'une étape dans l'extension progressive de la conquête jusqu'à la constitution de l'Indochine française. La prochaine, la plus importante, va conduire à la mainmise sur la totalité du Vietnam.

LA CONQUÊTE DU TONKIN (1873-1883)

La grande figure de cette vague conquérante qui se dirige maintenant vers le nord est assurément Francis Garnier.

Jeune inspecteur des affaires indigènes, cet officier de marine est nommé en 1863 pour administrer Cholon, la ville chinoise proche de Saigon. Il a vingt-quatre ans, l'âge de toutes les ambitions, de toutes les audaces, de tous les rêves. Sa tâche est multiple, diverse : fisc, police, justice, défense, bref tout ce qui concerne la vie matérielle d'une population presque exclusivement chinoise. A travers l'activité de fourmilière, l'organisation, les mœurs de celle-ci, il peut entrevoir l'univers qui suscite tant de convoitises, cette Chine immense et insondable, eldorado commercial où peuvent mener tant de routes encore inexplorées, et pour commencer ce Mékong dont la France détient les bouches et dont on ignore encore où sont les sources.

Dans un premier texte qu'il signe d'un pseudonyme et destine à soutenir la campagne pour la sauvegarde de la conquête, Garnier évoque la recherche des voies fluviales conduisant à la Chine. Pour lui, ce n'est pas une vision de nuit tropicale dans l'errance de l'imaginaire, ni la rêverie évanescente d'un exilé solitaire sous les molles oscillations du panka, mais un vrai projet qu'il précise avec l'aide de ses collègues Luro, Bizimont et Philastre. Chasseloup-Laubat en prend connaissance et autorise une expédition en vue d'explorer le cours du Mékong jusqu'à ses sources. Le commandement en est confié à Doudart de Lagrée, officier d'un grade supérieur à Garnier qu'on juge un peu jeune. Celui-ci ne peut s'en plaindre, car l'homme du protectorat khmer est un chef expérimenté, habile, et d'une grande curiosité scientifique.

Le 5 juin 1866, l'expédition quitte Saigon à bord de deux canonnières et remonte le grand fleuve jusqu'à Oudong. En attendant les documents nécessaires à la traversée de territoires sous la souveraineté siamoise, la mission visite Angkor, préparant les travaux qu'entreprendra plus tard l'un de ses membres, Louis Delaporte. Garnier est frappé d'admiration devant le grandiose ensemble que l'explorateur Mouhot, huit ans auparavant, et Doudart de Lagrée lui-même en 1863, ont déjà exploré. Le voyage se poursuit, mais sans l'une et bientôt sans l'autre canonnière, à cause de leur trop grand tirant d'eau. La petite troupe composée de 8 Européens et de 19 Asiatiques n'est qu'au début de ses peines. Elle embarque sur 8 pirogues qu'il faut haler ou manœuvrer avec des bambous à croc entre les rochers. Or, à la limite du Cambodge et du Laos, le cours du fleuve commence à être entrecoupé de rapides qui en rendent la navigabilité précaire.

« Il était de la plus haute importance de ne pas être entraîné par les eaux dans la forêt où nous nous serions brisés en mille pièces », écrira Garnier, qui évoque avec lyrisme « ces masses d'eau tordues dans tous les sens, courant avec une vitesse que je ne puis estimer à moins de 10 ou 11 milles à l'heure et entraînant au milieu des roches et des arbres notre légère barque perdue et tournoyant dans leur écume... ». Les transbordements continuels pour contourner les rapides, les marches dans la jungle en terrain accidenté, la crainte des fauves, les chicaneries des autorités locales, les défections de coolies ralentissent la progression, quand la maladie ne frappe pas des corps épuisés et à bout de nerfs, la fièvre des bois en particulier qui attaque plusieurs membres de l'expédition à la mi-août 1866. Infatigable, Garnier est le plus acharné de tous. Après la déception éprouvée devant l'impossibilité d'envisager une navigation commerciale, il s'efforce d'explorer au maximum le bassin et ses alentours, afin d'établir une carte aussi complète et détaillée que possible, et de poser les jalons d'une conquête ultérieure : « Il faut favoriser les travaux de nature à faciliter le passage, et enfin agrandir autant que possible le cercle de notre influence civilisatrice, qui seule peut faire atteindre à ces riches contrées le développement dont elles sont susceptibles... » Après un retour à Phnom Penh pour assurer la liaison, et une visite à la région des Grands Lacs, Garnier retrouve ses compagnons pour continuer la remontée de la vallée à travers la grande forêt tropicale, « désespérément belle et pleine d'harmonie étrange ».

Le 2 avril 1867, l'expédition est à Vientiane. Elle franchit une zone de rapides et de chutes et atteint dix jours plus tard Xiengcang, non loin de la Birmanie. Les ambitions anglaises y pointent, mais elles ne prennent pour l'heure que le visage d'un ancien employé de commerce de Saigon, l'aventureux M. Duyshart. A Luang Prabang, où la petite troupe arrive le 30 avril, après onze mois de voyage, Garnier est plus qu'aucun autre sensible à la rivalité entre la Chine, l'Angleterre, le Siam et maintenant la France, autour de cette région du Haut-Mékong, charnière centrale du Laos morcelé, dont le contrôle est déterminant pour s'assurer la maîtrise des pays de l'extrême sud-est asiatique : « C'est à Luang Prabang que doivent s'arrêter les progrès de l'influence anglaise, affirme-t-il, si nous voulons tenir la balance égale et occuper dans la péninsule le rang que les intérêts de notre politique et de notre commerce nous invitent à y prendre. » Le passage de l'expédition qui y séjourne un mois, prépare ainsi le travail qu'Auguste Pavie accomplira quelques années plus tard.

Puis c'est le confluent de la Namhou, par lequel s'ouvre une voie vers le Tonkin, et au-delà, la région des Xieng, point de rencontre de frontières disputées, où Garnier rêve de l'empire qu'il pourrait donner à la France par la possession des « Cinq doigts de la main indochinoise », les cinq fleuves qui irriguent l'Asie entre Chine et Inde, et qui ont pour noms Mékong, Fleuve Rouge, Ménam, Saluen, Irraouaddy. Sans doute est-il déçu lorsqu'il faut abandonner le parcours fluvial devenu totalement impraticable. Mais l'expédition s'oriente alors vers la découverte d'une route menant au bassin du Yangzi jiang, le Fleuve Bleu aux sables d'or. Elle pénètre en Chine et s'arrête le 7 octobre 1867 à Simao, la ville des Districts du Thé. A partir de là, Doudart de Lagrée décide de prendre la direction du Nord. A la ligne de partage des eaux chinoises et des eaux du Sud, Garnier reconnaît la Rivière Noire, affluent du Fleuve Rouge, et pressent que le Hedi jiang est en réalité le cours supérieur de ce dernier. C'est en somme la découverte de la route du Fleuve Rouge menant du Yunnan au delta tonkinois. La mission arrive à Yunnanfu le 28 décembre 1867, mais Doudart de Lagrée, malade, envoie Garnier tenter une dernière fois de trouver les sources du Mékong.

Accompagné d'une équipe réduite, le jeune explorateur se dirige vers le lac Dali, à l'ouest. Il n'est plus très loin de son but lorsqu'il y parvient, et le succès serait considérable s'il l'atteignait, car un Anglais, le major Sladen, venu de l'autre côté, n'a pu y réussir. Mais un dernier obstacle surgit. Une insurrection musulmane tient la région sous son emprise. Le sultan Suleyman, qui règne à Dali, refuse aux Français de séjourner sur son territoire et même de le traverser. Garnier se résigne à rebrousser chemin. Il retrouve la mission à Dongzhou, pour apprendre que Doudart de Lagrée a succombé à son mal quelques jours plus tôt, le 26 mars 1868. Garnier prend le commandement de l'expédition qui n'a plus de raison d'être poursuivie et ordonne le retour par le Yangzi. A Hankou *, où elle arrive le 2 juin, il rencontre un négociant français, qui rêve, lui, de trouver une voie plus directe que celle du Yangzi, reliant le Yunnan à la mer. Cet homme s'appelle Jean Dupuis.

Dupuis est en Chine depuis une dizaine d'années. Originaire de Roanne, il était allé en 1858 à Alexandrie, en Égypte, où commençaient les travaux de percement de l'isthme de Suez. Négociant, il pressentait

* Hankeou.

un immense développement des possibilités commerciales offertes par l'œuvre de Ferdinand de Lesseps. Mais l'interruption de l'ouvrage pour des raisons politiques l'amena à tourner ses regards vers la Chine. Il est ainsi parti vers Shanghai, et s'est installé à Hankou, avec des idées à foison. Devenu fournisseur d'armes des mandarins yunnanais aux prises avec la rébellion musulmane, il s'intéresse à cette région intérieure riche de produits exportables, tels que le minerai de cuivre. Or, la voie du Fleuve Bleu aux sables d'or est longue, difficile, avec un parcours fluvial aussi tourmenté que le parcours terrestre. Les informations de Garnier tombent donc à point pour faire entrevoir à Dupuis la possibilité d'un trajet plus direct par le Fleuve Rouge et le Vietnam du nord. Le négociant se lance dans une première exploration en février 1871. Soutenu par le vice-roi du Yunnan, il descend le cours du fleuve jusqu'à la frontière vietnamienne et revient, convaincu de sa navigabilité jusqu'à la mer. Il entreprend d'organiser une expédition commerciale en partant, cette fois, de l'embouchure pour remonter le cours d'eau jusqu'au Yunnan.

Assuré de l'appui chinois, il se rend à Paris pour solliciter de l'aide. La République y a remplacé l'Empire. Le nouveau gouvernement est encore sous le coup de la guerre, de la défaite, de la Commune. La France est repliée sur elle-même, préoccupée de sa santé interne et de retrouver son rang européen. Mais c'est justement un temps favorable aux entreprises personnelles, aux audaces individuelles, le temps d'un Savorgnan de Brazza, d'un Garnier, d'un Dupuis. Le Second Empire a d'ailleurs ouvert la porte sur les grands horizons. Depuis 1869, le canal de Suez permet d'abréger considérablement le voyage en Extrême-Orient, où la France a maintenant davantage qu'une tête de pont. Dupuis parvient à obtenir d'un ministre de la Marine une recommandation auprès du gouverneur de la Cochinchine. Il peut ainsi partir de Hongkong au mois d'octobre 1873, avec une petite flottille battant pavillon national et composée de deux canonnières, d'une chaloupe à vapeur, et d'une jonque chargée d'armes lourdes.

A Haiphong, porte du Tonkin, le gouverneur des trois provinces maritimes tente de le dissuader d'effectuer la remontée du Fleuve Rouge, car les contrées à traverser sont infestées de bandits et de rebelles. Dupuis insiste, en faisant miroiter les perspectives financières d'un commerce à travers le Tonkin. Le Vietnamien change alors de ton et lui interdit l'entrée du fleuve sauf autorisation de Huê. Celle-ci se faisant attendre, Dupuis s'impatiente et lance un ultimatum qui reste sans réponse. Il force donc le passage, sans riposte vietnamienne, sinon quelques gestes d'intimidation. Quelques jours plus tard, il débarque à Hanoi, provoquant la panique dans la population, persuadée que c'est l'avant-garde des forces françaises de Saigon en vue d'une conquête du Nord. Les mandarins, quant à eux, pratiquent une défense passive, refusent vivres, bateaux et personnel que Dupuis demande, et font appel aux autorités chinoises du Guangxi et du Guangdong voisins, car ils se méfient de la collusion entre Dupuis et des émissaires du Yunnan.

Une fois de plus, le négociant français passe outre. Il s'embarque avec une dizaine d'Européens et une trentaine de Chinois à sa solde sur une chaloupe et trois jonques armées, remonte le fleuve sans encombre, traverse la région troublée que tiennent les Pavillons Noirs, résidus de la grande rébellion chinoise des Taipings, et parvient au Yunnan. Il livre sa marchandise et revient à Hanoi, nanti de lettres de recommandation des autorités yunnanaises et d'une commande importante de sel. Les mandarins vietnamiens n'en ont cure. Ils lui interdisent l'achat de sel et arrêtent tous les indigènes qui entrent en rapport avec lui. Furieux, Dupuis riposte en s'emparant du chef de la police qu'il parvient à échanger contre les gens emprisonnés. La situation s'envenime avec l'arrivée du maréchal Nguyen Tri Phuong qui fait afficher une proclamation solennelle interdisant tout rapport de la population locale avec les étrangers, tout convoi vers le Yunnan, et enjoignant aux intrus de quitter le pays sous peine d'extermination. Dupuis s'obstine et se livre même à des provocations, tandis qu'il envoie son adjoint Millot alerter l'amiral Dupré, gouverneur de Cochinchine. Il ridiculise Nguyen Tri Phuong par une parodie de cortège mandarinal à travers la ville s'achevant par l'incinération en public de la proclamation. Fortifiant son habitation, il se comporte en occupant. Des échauffourées se produisent avec des soldats vietnamiens. Cependant, le gouvernement de Huê ne déclenche aucune attaque générale contre le petit groupe franco-chinois.

En fait, l'Empereur Tu Duc est peu sûr de la loyauté à son égard de la population du Nord, restée en majeure partie fidèle aux Lê. Il craint surtout de donner le prétexte à une intervention armée des forces françaises de Cochinchine, car ce Dupuis n'est-il pas venu à bord d'une canonnière battant pavillon français ? Il juge préférable de faire directement appel à l'amiral Dupré en alléguant que la présence à Hanoi et les agissements de Dupuis violent les clauses du traité de 1862 qui n'autorisent pas le commerce étranger hors des trois ports énoncés. Sensible à l'argument, le gouverneur de Cochinchine ordonne à Dupuis de se retirer, en lui précisant même qu'en cas de refus, il ne s'opposerait pas aux mesures de rétorsion vietnamiennes. Indigné, le négociant décline l'injonction avec un entêtement qui atteint à une sorte de mystique, où se mêlent étroitement ambition, patriotisme et orgueil de race, encouragé par le comportement des Vietnamiens, à la fois élusif, craintif et paradoxalement arrogant. Cette obstination trouve bientôt sa récompense, car l'amiral Dupré, après avoir entendu Millot lui expliquer « la duplicité des mandarins », et appris certains contacts vietnamiens avec les Anglais, change d'avis. Malgré les instructions gouvernementales de s'abstenir de toute action au Tonkin, il décide l'envoi à Hanoi d'une mission chargée d'enquêter sur l'affaire Dupuis et de régler les problèmes qu'elle soulève, en particulier celui de la libre navigation sur le Fleuve Rouge. La personnalité de celui qu'il désigne pour la diriger est d'importance pour la suite des événements : il s'agit de Francis Garnier.

Les intentions du gouverneur ne sont pas innocentes. Il saisit l'occasion offerte pour essayer de forcer la porte du Nord du Tonkin. Certes, le détachement que commande Garnier n'a que 180 hommes, une force logiquement incapable d'entreprendre une conquête, mais suffisante pour se saisir d'un gage et intimider un gouvernement pratiquement démuni de forces. Nguyen Tri Phuong ne s'y trompe pas, qui interdit à Garnier l'entrée de Hanoi, un geste plutôt formel, puisqu'il ne s'y oppose pas vraiment et choisit de s'enfermer dans la citadelle avec quelque 7 000 hommes, en se bornant à entretenir une atmosphère d'hostilité à l'encontre des Français.

On connaît les ambitions de Garnier. Elles transparaissent dans la lettre qu'il écrit à Nguyen Tri Phuong où il rappelle la mission civilisatrice de la France, et, lui faisant grief d'y faire obstruction, promet une protection éclairée et la prospérité, avant de brandir la menace. Il lance en même temps une proclamation où il annonce ses décisions : ouverture du Fleuve Rouge au commerce étranger, protection de la France aux commerçants étrangers, suppression des douanes vietnamiennes et fixation de nouveaux tarifs. Il somme ensuite le maréchal de désarmer la citadelle, de laisser Dupuis se rendre au Yunnan, et de lever l'interdiction de relations avec les Français. Nguyen Tri Phuong, ne pouvant accepter un tel ultimatum sans perdre sa dignité, ne répond pas.

Le 20 novembre 1873, Garnier lance ses 180 hommes à l'assaut de la citadelle qu'il emporte après une petite heure de combat. Le maréchal est mortellement blessé, son armée en déroute. Chez les Français, on ne compte qu'un seul tué, un partisan chinois de Dupuis. Garnier se présente en libérateur. Il proclame : « Nous sommes venus pour vous tirer de l'état d'isolement où vous végétiez. Nous n'avons pas l'intention de changer vos usages ou de nous emparer de vos biens ; nous vous considérons comme des frères et nous nous appliquerons de toutes nos forces à votre bonheur... » L'élan est généreux et sincère. Comme ses compatriotes, Garnier est choqué par l'état catastrophique du pays et les pratiques des mandarins, particulièrement en matière de justice où la torture et l'arbitraire sont courants. Il est donc convaincu que le peuple, resté fidèle dans son ensemble à la dynastie des Lê, souhaite qu'on le débarrasse des mandarins corrompus envoyés par la Cour de Huê : « Nous n'avons aucunement l'intention de nous emparer du Tonkin et de chasser les mandarins, ajoute-t-il, mais nous choisirons des hommes du pays pour vous diriger... Que les lettrés (ceux de Huê) ne s'avisent pas de se révolter. Et si quelque bande ose encore inquiéter et piller le peuple, nous en tirerons un châtiment exemplaire ! »

La conquête du delta commence donc, à un rythme et dans des conditions qui révèlent autant l'audace de Garnier et de ses compagnons que le désarroi du peuple vietnamien, accablé de misère et d'injustices et sans attachement à la dynastie des Nguyen. A Hungyen, le gouverneur se rend à cinq Français. A Phuly, la forteresse est enlevée par une escouade de 30 marins. Haiduong, défendue par 2 000 hommes, tombe devant semblable troupe qui découvre 80 canons inutilisés. Ninhbinh, avec 1 700 hommes, est prise par un enseigne de vaisseau et sept marins. Garnier lui-même s'empare de Namdinh de la même façon. Jamais conquête ne s'est réalisée aussi facilement.

Pourtant, le gouverneur de Sontay, le prince Hoang Ke Vien, fait exception. Il s'allie avec Liu Yongfu, le chef des Pavillons Noirs chinois, et leurs troupes conjointes viennent harceler les abords de Hanoi qu'elles ntent d'encercler. Garnier revient à la hâte et se prépare à une manœuvre contre-offensive, lorsque des plénipotentiaires de Huê se présentent. Il engage le dialogue avec eux lorsqu'on l'informe d'une attaque sino-vietnamienne contre la citadelle ; 600 Pavillons Noirs et 2 000 Vietnamiens y seraient engagés avec éléphants et artillerie. Les Français parviennent à la contenir par leur puissance de feu, mais Garnier, emporté par sa fougue et l'excès de confiance que ses succès foudroyants lui ont donné, s'élance dans une folle poursuite. Il se trouve bientôt isolé à proximité d'un ponceau dénommé « Pont de papier ». Il trébuche dans un fossé boueux. Aussitôt cerné, il est tué à coups de pique par des Pavillons Noirs qui le décapitent et lui ouvrent la poitrine pour en arracher le cœur, une façon d'insulter l'ennemi vaincu et d'exorciser sa force.

Le coup est très dur pour les compagnons de Garnier, qui en reçoivent aussitôt un autre : l'amiral Dupré leur fait signifier l'ordre de se retirer des villes conquises. Cette retraite est d'autant plus humiliante qu'ils doivent licencier les volontaires vietnamiens recrutés déjà par centaines, et abandonner tous ceux qui se sont joints à eux aux mains des anciens mandarins impériaux qu'ils avaient chassés. Ils ont le sentiment très vif d'une trahison du gouvernement et des autorités de Saigon, dont le représentant, Philastre, l'un de ceux qui avaient participé au projet d'exploration du Mékong, ne se gêne pas pour traiter Garnier de forban et justifier la position vietnamienne. Cet officier de marine respectueux des règles diplomatiques et féru de culture et de civilisation vietnamiennes entre ainsi dans la contre-légende des anti-héros de l'épopée coloniale, où Aubaret l'a déjà précédé. A la vérité, le gouvernement républicain ne veut aucune initiative intempestive dans cette région aussi éloignée de lui par la distance que par la pensée.

Pourtant, c'est le même Philastre qui négocie le traité du 15 mars 1874 porteur de son nom, et par lequel s'établit une sorte de protectorat qui ne s'avoue pas. La France restitue les villes prises par Garnier, reconnaît la souveraineté de Tu Duc sur le Tonkin, et s'engage à y aider au maintien de l'ordre et à lutter contre la piraterie. Dans cette perspective, elle fait don au Vietnam de cinq navires à vapeur, d'une centaine de canons, d'un millier de fusils, et elle promet une assistance de techniciens et d'instructeurs pour la réorganisation des services administratifs vietnamiens. En revanche, Tu Duc confirme la souveraineté française sur la Basse-Cochinchine et garantit la liberté religieuse. Il ouvre au commerce français Haiphong, Hanoi et Quinhon ainsi que le Fleuve Rouge. Il s'engage à conformer sa politique extérieure à celle de la France, sans modifier les relations diplomatiques existantes, ni ouvrir de nouvelles négociations avec un pays tiers avant d'en avoir informé au préalable le gouvernement français. Enfin, des consuls de France seront installés dans les ports ouverts et un résident ayant rang de ministre sera désigné auprès de la Cour de Huê. Les victimes de l'affaire sont évidemment les Vietnamiens qui ont collaboré avec Dupuis, Garnier et leurs troupes, c'est-à-dire les éphémères mandarins nommés par ce dernier, et les chrétiens. Pour eux, c'est le retour sanglant du bâton : à peine les Français partis, la chasse est déclenchée, suivie d'arrestations et de massacres.

Pas davantage que la perte des provinces de Basse-Cochinchine, les concessions du traité Philastre ne sont considérées comme définitives par Tu Duc et ses ministres. Le rapport de forces et la situation au Nord les ont contraints de les accepter pour limiter la poussée française et éviter une nouvelle conquête. Mais ils ne désespèrent pas d'un renversement de situation par l'autorité du Ciel, ou l'intervention de facteurs extérieurs, et ils résistent à leur manière, par de la mauvaise volonté dans la coopération, des actes directement ou indirectement hostiles, comme le harcèlement des petites garnisons françaises. Ils cherchent surtout un appui du côté chinois, soit en élevant à une haute dignité mandarinale le chef des Pavillons Noirs Liu Yongfu qui règne sur son fief de Laokay, en Haute-Région tonkinoise, soit en appelant à la rescousse le vice-roi de Canton pour réduire une nouvelle insurrection du prétendant Lê. Le gouvernement de Pékin, alerté, ne se fait pas faute d'entendre l'appel du vassal en difficulté et autorise l'envoi de troupes qui pénètrent en territoire vietnamien.

C'est précisément ce que le gouvernement de Paris ne peut accepter, en vertu du traité de 1874, que celui de Chine se refuse à reconnaître. L'amiral Jauréguiberry, ministre de la Marine, propose en 1879 l'envoi de 12 canonnières et de 6 000 hommes, mais la crainte est vive de se laisser entraîner dans un engrenage de conquête, et il faut attendre 1881 pour qu'une réaction française se manifeste. La situation au Tonkin s'est encore aggravée, échappant totalement au moindre contrôle de Huê. Le nouveau président du Conseil Jules Ferry fait voter des crédits en juillet, et le gouverneur de la Cochinchine Le Myre de Vilers, le premier civil à ce poste, avertit Paris « qu'en présence de l'impuissance, pour ne pas dire la mauvaise volonté, du gouvernement de Huê, et devant l'attitude des Pavillons Noirs, il lui paraît indispensable de doubler la garnison de Hanoi ». Il se veut rassurant en précisant qu'il n'envisage pas d'opération militaire et qu'il n'a besoin d'aucun crédit. Il recommande d'ailleurs au capitaine de vaisseau Rivière, chef des deux compagnies (500 hommes) envoyées en renfort, de n'avoir recours à la force qu'en cas d'absolue nécessité. C'est en fait l'engrenage, un engrenage à vrai dire assez lent à se mettre en route.

Arrivé à Hanoi en avril 1882, Rivière entretient d'abord des rapports courtois avec les mandarins. Mais il a peu à peu le sentiment d'un encerclement. Au vu de certains préparatifs, il est amené à craindre un coup de force vietnamien. Il exige l'évacuation de la citadelle, et ne recevant aucune réponse, décide de donner l'assaut le 25 de ce même mois. Il se borne à démanteler l'ouvrage avant de le rendre. Au printemps 1883, le gouvernement français envisage de pratiquer une occupation partielle du Tonkin en tenant fortement Hanoi et un poste à l'intérieur pour contrôler la navigation sur le Fleuve Rouge. Des négociations sont alors engagées avec les gouvernements chinois et vietnamien. Tandis qu'elles se déroulent avec les lenteurs d'usage, Rivière apprend que les mines de Hongay seraient concédées à une société étrangère et que des travaux sont engagés à Namdinh en vue de couper les communications entre Hanoi et Haiphong. Il occupe aussitôt Hongay le 12 mars, et Namdinh le 27 mars

1883. La riposte sino-vietnamienne s'effectue sur Hanoi, attaquée et harcelée, contraignant Rivière à y revenir. C'est au cours d'une reconnaissance qu'à l'instar de Garnier, il tombe le 19 mai 1883 sous les coups des Pavillons Noirs ; 29 de ses compagnons sont tués en même temps que lui et décapités. Contrairement à celle de Garnier, la mort de Rivière soulève en France une émotion considérable. La réaction du gouvernement de Paris sera également différente, car les conditions politiques se sont modifiées entre-temps et un homme est au pouvoir qui fera de la conquête du Tonkin son affaire : Jules Ferry.

L'AFFAIRE DU TONKIN (1883-1885)

Il est en effet des Français qui ont pensé, au lendemain de la défaite de 1871, que leur regard ne devait pas être obligatoirement fixé sur « la ligne bleue des Vosges » et leur esprit obnubilé par la revanche en Europe. Dès 1872, Gambetta déclarait : « Pour reprendre le rang qui lui appartient dans le monde, la France se doit de ne pas accepter le repliement sur elle-même. » Dans un ouvrage intitulé *De la colonisation chez les peuples modernes* (1874), l'économiste Paul Leroy-Beaulieu développe l'idée que la fondation de colonies est la meilleure affaire dans laquelle on puisse engager les capitaux d'un riche et vieux pays, et plus encore, que « la colonisation est la force expansive d'un peuple, sa puissance de reproduction, sa dilatation et sa multiplication à travers les espaces... ». Ces thèmes sont repris par divers auteurs, voyageurs, géographes, publicistes, dans des ouvrages ou des publications de tendances variées, telles que *Le Monde*, légitimiste et catholique, *Le Journal des Débats* et *La Revue des Deux Mondes*, modérés, ou *La République française*, républicaine gambettiste. Mais c'est Jules Ferry qui représente avec le plus d'éclat cette doctrine nouvelle de l'expansion nécessaire et profitable, car, homme de pouvoir, il va la mettre en application, en l'intégrant dans une politique d'ensemble.

Plus que jamais, en effet, la France doit manifester son dynamisme, redresser la tête après la défaite, et se battre sur le terrain économique où le ralentissement des affaires sur des marchés plus restreints et plus difficiles à conquérir rend la concurrence acharnée et la recherche de nouveaux débouchés vitale. Pour Jules Ferry, « la France se doit, à la faveur d'un empire colonial, d'être partout présente là où se jouent les grands intérêts du monde... La politique coloniale est fille de la politique industrielle, la soupape de sûreté d'une immense machine dont le rythme de production peut devenir redoutable... ». Il croit également, rejoignant en cela les idéaux de Napoléon III, de Chasseloup-Laubat, de Garnier, que les nations avancées ont le devoir d'apporter aux peuples plongés dans les ténèbres de l'ignorance et de la tyrannie les bienfaits de la Civilisation, de la Science et de la Liberté.

A ces idées, des actes vont répondre. Signe d'intérêt important, son ami Gambetta a, dès 1881, créé un sous-secrétariat d'État aux Colonies, premier pas vers un ministère. Lui-même, président du Conseil de septembre 1880 à novembre 1881, puis de février 1883 à mars 1885, imprime à la politique coloniale un tour actif, en Tunisie, au Congo, à Madagascar, enfin et surtout au Tonkin. Il n'a d'abord guère de mal à faire voter des crédits pour des renforts immédiats au lendemain de la mort de Rivière. Comme le clame la presse de tous les partis, unanime, l'honneur du drapeau est en jeu. Des décisions suivent : un ancien compagnon de Garnier, Harmand, est nommé commissaire général civil pour le Tonkin, le général Bouet à la tête du corps expéditionnaire, et le contre-amiral Courbet à celle d'une nouvelle division navale créée pour ce secteur.

Il apparaît très vite, après les premières opérations menées dans le delta par le général Bouet, et surtout après un échec à Phuhoai au mois d'août 1883, que c'est une véritable guerre qu'imposent des Pavillons Noirs aguerris et agressifs. Le seul moyen d'y mettre fin est, croit-on, de tenter une action directe contre la capitale du Vietnam. Courbet arrive donc le 18 août à l'embouchure de la rivière de Huê, avec une escadre de 7 navires, dont 2 cuirassés. La résistance des forts qui en défendent l'entrée est vive. Les troupes de débarquement s'en emparent néanmoins le 20 août. A la Cour de Huê, le désarroi est considérable, car l'Empereur Tu Duc est mort depuis un mois et les querelles de mandarins ambitieux ont fait rage sous le couvert d'une succession âprement disputée. Les Régents au pouvoir sont contraints de négocier. Un traité est signé le 25 août 1883, après ultimatum. Le Vietnam promet de rappeler ses troupes du Tonkin et d'y soumettre son administration au contrôle de la France. Il accepte le rattachement à la Cochinchine de la province de Binhthuan, charnière entre le Centre et le delta du Mékong, ainsi que celui des provinces du Thanhhoa, du Nghean et de Hatinh au Tonkin. Il reconnaît le protectorat de la France contre la garantie de son intégrité, véritable peau de chagrin. Une fois de plus, se soumettre de la sorte à un diktat ne signifie pas pour les dirigeants vietnamiens qu'ils en acceptent les clauses. En conséquence, la guerre se poursuit au nord contre l'irréductible Hoang Ke Vien, l'increvable Liu Yongfu, et les forces régulières chinoises.

Cette prolongation des hostilités réveille en France l'opposition qui brandit des accusations personnelles aux arguments politiques et financiers. De l'extrême gauche radicale, avec Clemenceau, à la droite obnubilée par la revanche, les accusations pleuvent : les républicains se livrent à des tripotages financiers et guignent les concessions minières du Tonkin. Et puis s'occuper d'expéditions lointaines, c'est ruiner la France, lui enlever ses enfants, favoriser la fortune de quelques-uns au détriment de l'intérêt général, gaspiller les sous des épargnants, détourner la nation de ce qui importe le plus : la reprise de l'Alsace et de la Lorraine. « J'ai perdu deux sœurs, vous me donnez dix domestiques », s'écrie Déroulède. Jules Ferry, qui a déjà dû démissionner une première fois en novembre 1881 à cause de la Tunisie, répond qu'« un pays ne grandit pas quand il hésite devant les moindres difficultés, quand il a l'oreille attentive au moindre cri d'alarme, quand il est dupe de toutes les comédies de presse... ».

Les attaques parlementaires contraignent le gouvernement à la prudence dans ses efforts, alors que la situation sur le terrain entraîne à une escalade dans les besoins en troupes et en moyens. Le temps de Garnier et de ses 180 marins est révolu. Les 600 hommes de Rivière lui permettaient seulement de garder Hanoi. En septembre 1883, 6 000 hommes ne suffisent plus au général Bouet pour briser l'encerclement de ses garnisons dans quelques villes du delta, et en novembre, 10 000 ne peuvent permettre à l'amiral Courbet, son successeur à la tête du corps expéditionnaire, de lancer une offensive décisive contre le gros de l'armée adverse, soit 30 000 hommes, Vietnamiens, Pavillons Noirs et Chinois, qui disposent en outre d'une réserve de 14 000 soldats. D'autre part, les renforts demandés l'ont toujours été par « petits paquets », une pratique à retardement qui ne peut permettre l'application d'une véritable stratégie.

Conscient de ces difficultés, le commissaire Harmand s'évertue à négocier en brandissant le traité de 1874, qui n'est désormais qu'un chiffon de papier dont plus personne ne veut tenir compte. Du côté chinois, la guerre ne fait pas non plus l'unanimité. Face aux partisans de l'intransigeance anti-occidentale menés par l'Impératrice douairière Cixi, une personnalité comme Li Hongzhang, alors chef de la diplomatie de Pékin, défend une politique plus souple afin de préserver le mouvement de réformes et de modernisation, le « yangwu », lancé depuis 1860 et dont il est l'un des grands animateurs. Il a engagé le dialogue à deux reprises, en 1882 et en 1883, avec les diplomates français Bourée et Tricou, mais sans pouvoir aboutir. Au contraire, le parti de la guerre l'emportant, et les Français paraissant hésitants, le chef des Pavillons Noirs, Liu Yongfu, se permet de lancer une provocation : « Français, si vous êtes aussi braves que vous le dites, venez avec votre armée, je vous attends avec la mienne. Le chemin que vous ferez m'épargnera la peine de le faire moi-même pour aller cueillir la tête de l'amiral, du commissaire général et de vos capitaines ! »

Courbet ne peut se cantonner dans un immobilisme suicidaire. Ses troupes se composent en novembre 1883 d'unités diverses : marins, fusiliers marins, infanterie de marine, Légion étrangère, « turcos », c'est-à-dire tirailleurs algériens, totalisant près de 10 000 hommes, auxquels s'ajoutent 1 200 tirailleurs annamites de Cochinchine et 4 000 recrues tonkinoises levées sur place. Il ne peut cependant mettre en ligne que 7 000 hommes et ne dispose ni de cavalerie, ni de moyens de transports, ni d'artillerie de siège. Il entreprend donc une campagne d'autant plus risquée que de Paris lui parviennent ordres et contrordres relatifs à des négociations toujours en cours et jamais abouties. Il doit ainsi renoncer à prendre Bacninh, une reculade qui l'oblige à un succès. C'est ce qu'il obtient en s'emparant le 16 décembre 1883, après trois jours de durs combats, de Sontay, place forte des Pavillons Noirs, stratégiquement essentielle. La nouvelle en tombe à point nommé à Paris pour conforter la position de Ferry qui vient d'obtenir 29 millions de crédits d'une Chambre qu'il a placée devant le dilemme : renforts sérieux ou évacuation honteuse. L'escalade s'accélère.

Cette fois, près de 7 000 hommes sont envoyés au Tonkin, où le général Millot, secondé par les généraux Négrier et Brière de l'Isle, prend le commandement terrestre, avec le retour volontaire de l'amiral Courbet à son commandement maritime. L'offensive est inaugurée en mars 1884 par la prise de Bacninh, et poursuivie par celle de plusieurs localités qui permet le dégagement de Hanoi et du delta jusqu'à la Moyenne-Région. Des divers pourparlers, une conclusion semble alors se dégager.

Du côté de Pékin, une convention est signée par Li Hongzhang et le capitaine de frégate Fournier en mai 1884, à Tientsin. Elle prévoit le retrait des forces chinoises du Tonkin, moyennant quelques concessions françaises de pure forme concernant les rapports des deux pays avec le Vietnam. Du côté de Huê, un traité remplaçant celui d'août 1883 est conclu le 6 juin 1884 par le diplomate français Patenôtre et les Régents Ton That Thuyet et Nguyen Van Tuong, qui gouvernent au nom d'un éphémère souverain de quinze ans. La France renonce à l'annexion du Binhthuan à la Cochinchine et à l'incorporation de trois provinces centrales au Tonkin. Mais le protectorat français est confirmé, avec la fusion solennelle du sceau impérial chinois, signe de la vassalité vietnamienne.

C'est alors que survient, le 23 juin 1884, un incident grave. Une colonne française, se dirigeant vers Langson pour l'occuper en vertu de la convention Li-Fournier, tombe dans une embuscade chinoise. Après deux jours de combat, elle est contrainte de se replier. Les bellicistes de Pékin l'emportent et rendent caduque la convention Li-Fournier en refusant de reconnaître le principe de l'indemnité de guerre qui y était admis. L'amiral Courbet, recevant l'ordre de prendre des gages, attaque alors le port de Fuzhou le 24 août 1884. Il en détruit l'arsenal, œuvre récente d'ingénieurs français, et anéantit une partie de la flotte chinoise, sans faire céder le gouvernement impérial. Il déclare le blocus de Formose, ainsi que tout transport de riz, un acte de contrebande. Les hostilités s'étendent sur terre, où le général Brière de l'Isle, nouveau commandant en chef, doit faire face à une invasion chinoise d'envergure. La campagne du Haut-Tonkin est encore plus dure et implacable que celle du delta, complétant l'image sinistre d'une guerre qui marquera l'opinion française par son caractère féroce et meurtrier.

Ce n'est plus la Basse-Cochinchine, ni la première campagne de Garnier. Les Chinois, hormis des réserves qui font masse, sont mieux armés que les Vietnamiens, et disposent d'une bonne artillerie ainsi que de fusils modernes Winchester et Remington à répétition. Des unités d'élite mandchoues sont envoyées du nord, mais les combattants les plus redoutables restent les Pavillons Noirs, dont la ruse n'a d'égale que la cruauté. Ils se livrent sur les prisonniers à des supplices particulièrement atroces, en particulier sur les tirailleurs et miliciens vietnamiens. Bardés d'amulettes protectrices, et gros fumeurs d'opium, ils sont maintenant entraînés et encadrés par des officiers et des aventuriers européens, anglais, allemands, et même américains. Ils exercent sur la population locale une terreur qui rend la pacification difficile, et montrent dans les combats une grande pugnacité.

Pour affronter cet adversaire de qualité inégale, mais nombreux et mieux adapté au terrain et au climat, le commandement français demande une nouvelle augmentation d'effectifs. Ferry parvient à obtenir des crédits et 6 000 hommes sont envoyés en novembre 1884. Deux options stratégiques s'offrent alors, se cantonner dans le delta, « le Tonkin où l'on mange », ou risquer de se perdre dans l'inhospitalière Haute-Région, « le Tonkin où l'on ne mange pas », un problème qui se posera à nouveau, comme tant d'autres, soixante-cinq ans plus tard. Or, dès la fin du mois de novembre 1884, par le siège de Tuyenquang qui durera jusqu'en février 1885, Liu Yongfu fait sentir la menace qui pèse toujours sur un delta difficile à pacifier. Mais le gouvernement veut faire pression sur la Chine et donne l'ordre de marcher sur Langson qui commande le passage vers le Guangxi.

Le 13 février 1885, après un parcours jalonné de combats, la colonne du général Négrier s'empare de la place. Le succès est important, mais les forces chinoises ne sont pas détruites et il faut s'attendre à une contre-attaque des 40 000 hommes qu'elles peuvent lancer contre les 2 000 Français. Or, ceux-ci sont à court de munitions et de vivres, les coolies qui en assuraient le transport ayant déserté en masse. Ils sont épuisés par cette campagne qui dure depuis cinq mois, ne se nourrissent plus que de « rations substituées », c'est-à-dire de riz et d'eau-de-vie. Les Africains supportent très mal le climat, et le choléra ne cesse d'éclaircir leurs rangs, quand la dysenterie ou la fièvre ne les minent pas. Négrier demande des instructions. Ferry lui envoie un télégramme l'informant de nouvelles négociations et lui indique la nécessité de « frapper un grand coup pour décider la Chine ».

Le général « mau lên » (en vietnamien : va vite) est condamné à vaincre. Il mène sa colonne vers la Porte de Chine, en livrant des combats acharnés. Le manque de munitions le contraint de se replier sur Chilua. Il est alors blessé, et évacué sur Langson. La nouvelle perturbe le moral de la troupe. Découragé, le lieutenant-colonel Herbinger, qui en prend le commandement, décide d'évacuer Langson. C'est dans l'affolement qu'il fait procéder à la destruction des magasins et des bagages, à l'enclouage des canons de montagne, et à l'invraisemblable immersion dans une rivière de 120 000 piastres (600 000 francs de l'époque), faute de coolies pour les transporter. La situation militaire ne semble pourtant pas justifier cette panique, si les conditions morales et physiques l'expliquent. Mais le ton alarmant des dépêches aggravant la blessure de Négrier et transformant un demi-échec en désastre modifie les données politiques à Paris, où l'on parle d'hécatombe et des centaines de millions dépensés pour aboutir à cette retraite tragique.

L'opposition, de droite et de gauche, se dresse contre l'homme auquel est attribuée la responsabilité de « la plus folle et la plus criminelle des entreprises ». Voué à l'impopularité, celui qui a été pendant la Commune « Ferry famine » pour n'avoir pu donner que du pain noir à Paris affamé, puis le diable de l'école laïque pour toute la France chrétienne, est affublé maintenant d'un autre surnom, « Ferry Tonkin ». Il est celui qui a engagé l'or et le sang de la France dans « une véritable hallucination, un leurre, un rêve décevant et périlleux ». Clemenceau va jusqu'à accuser Ferry et ses ministres de haute trahison. La rue manifeste aux cris de « Vendus ! ». Le gouvernement, mis en minorité par 308 voix contre 161, est contraint de démissionner, victime sans doute du grand débat ouvert entre la vocation hexagonale et européenne de la France et sa force d'expansion outre-mer, deux facettes d'un même orgueil national. Mais il paie également une politique sinueuse, balançant entre guerre et négociation, et traduite sur le terrain par une distribution de moyens hésitante, parcimonieuse ou tardive qu'aggravaient les délais imposés par la distance.

L'honneur national et la sécurité du corps expéditionnaire étant en jeu au Tonkin, la chute du ministère Ferry n'empêche pas l'expédition de renforts. Avec ses 15 000 hommes, le général Brière de l'Isle n'attend pas en effet sans inquiétude le déferlement de quelque 100 000 Chinois. Abandonnant la Haute-Région, il juge préférable de resserrer la défense du delta. De son côté, l'amiral Courbet s'empare des îles Pescadores. Mais la détermination du gouvernement chinois est quelque peu entamée par la menace d'un conflit avec le Japon à propos de la Corée et par une insurrection qui vient d'éclater au Turkestan chinois. Une médiation anglaise permet la conclusion d'un armistice en avril 1885. Le mois suivant, les forces chinoises évacuent le Tonkin. Enfin, le 9 juin 1885, un traité est signé à Tientsin. La Chine s'engage à ne plus intervenir dans les affaires franco-vietnamiennes et à reconnaître les accords passés entre les deux pays. C'est un soulagement à Paris.

Selon le mot d'un diplomate britannique, « la France possède maintenant le Tonkin, elle n'a plus qu'à le conquérir ». Il est de fait que, libéré des réguliers chinois, le pays, hormis le delta, est livré à un mal contre lequel les autorités françaises devront engager une véritable guerre : la piraterie. Pavillons Noirs, déserteurs chinois ou vietnamiens, bandits professionnels ou occasionnels, membres de sociétés secrètes, entretiennent une atmosphère d'insécurité et de troubles, avec la complicité de mandarins et le soutien vraisemblable du gouvernement de Huê qui, désormais seul face à la France, n'abdique pas toute volonté de résistance.

Trois souverains se sont succédé sur le trône depuis la mort de Tu Duc. Mais derrière leur autorité nominale, ce sont deux Régents qui tiennent la réalité du pouvoir, Nguyen Van Tuong et Ton That Thuyet. Ils n'ont pas accepté les humiliations successives, surtout ce dernier qui est profondément hostile aux Français. Or, en juin 1885, débarque un nouveau commandant en chef, le général de Courcy. Chargé d'organiser le Tonkin, il est également investi de la fonction de résident général en Annam. C'est un homme énergique, aux idées radicales, décidé à pacifier le Tonkin d'une main de fer, mais aussi à mettre à la raison la Cour de Huê. Avec le départ du résident français Lemaire, un diplomate respectueux et conciliant, c'est l'épreuve de force qui s'engage, une épreuve souhaitée par les tenants d'une politique énergique, comme le correspondant du *Temps* qui écrit : « Profondément égoïste et lâche, cette race vicieuse et déchue ne s'habituera à notre domination qu'autant que nous la tiendrons en laisse... Appliquer les lois françaises à un peuple qui a toujours marché sous le rotin, lui adresser des proclamations alors qu'il n'a jamais reçu que des ordres, c'est ridiculiser notre système et anéantir notre influence... »

Courcy arrive donc le 2 juillet 1885 à Huê, avec une escorte imposante destinée à impressionner les Vietnamiens : un millier d'hommes qui viennent s'ajouter à la garnison française de la ville (375 hommes). L'impression est à l'évidence celle d'une menace de coup de force. Alors que le conflit couve à travers des questions d'étiquette entre l'arrogance de Courcy et la susceptibilité vietnamienne, les Régents activent les préparatifs militaires. Disposant de 30 000 hommes, ils décident de prendre les devants et déclenchent dans la nuit du 5 juillet une attaque générale contre les Français. Le 7 juillet, Courcy annonce : « Nous sommes les maîtres absolus... » Le régent Ton That Thuyet s'enfuit, emmenant avec lui le jeune souverain Ham Nghi, tandis que le régent Tuong se soumet et constitue un gouvernement provisoire sous étroit contrôle.

En l'absence de l'Empereur légitime, la légalité de ce pouvoir est douteuse. Une insurrection soulève plusieurs provinces, dont les victimes sont encore les chrétiens. Des massacres sont perpétrés surtout dans la province de Quangngai et la région de Quinhon. Le spectre d'une nouvelle conquête à la tonkinoise fait adopter par le gouvernement de Paris une politique de prudence. Avec les moyens dont il dispose, Courcy fait occuper Donghoi, point stratégique commandant la route de Huê à Hanoi, mais ne peut capturer Ham Nghi, réfugié dans les montagnes du Quangbinh, à Camlo. Il fait arrêter Tuong, accusé de soutenir la rébellion et place sur le trône en septembre 1885 un frère du souverain en fuite. Le nouvel Empereur prend le nom de Dong Khanh. Le diktat étranger ne saurait conférer la légitimité au nom de laquelle le corps des mandarins loyaux se rebelle, soit en se retirant, ce qui décapite l'administration, soit en prenant la tête d'un mouvement insurrectionnel appelé révolte des Lettrés.

Tandis qu'au Tonkin se développe une lutte difficile contre une piraterie qui se drape souvent d'étendards patriotiques, une autre rébellion se poursuit au Cambodge, retenant des troupes au moment où se pose à nouveau un problème d'effectifs, à cause des pertes dues aux campagnes et aux maladies. Elle y a éclaté à la suite de la politique brutale menée par le gouverneur de la Cochinchine Thomson, qui a imposé au roi Norodom, en juin 1884, la mainmise directe de la France sur l'administration, les finances et la sécurité du royaume. Norodom ne pouvait accepter cette annexion à peine déguisée. Faible, il s'enferma dans son palais, tandis qu'une insurrection dirigée par son frère se déclarait. Les garnisons françaises, à effectifs réduits, étaient attaquées, la navigation sur le Mékong menacée, et Phnom Penh envahie, en mai 1885, par des rebelles qui étaient repoussés. Mais les troupes lancées à la poursuite de ceux-ci ne parvenaient pas à les maîtriser. Le calme ne reviendra qu'en 1887, lorsque les autorités françaises assoupliront leurs méthodes en rétablissant l'autorité nominale du Roi, auquel sera reconnu le droit d'approuver les décisions des résidents en les marquant de son sceau.

En attendant cet achèvement de la conquête qu'on appelle pacification, le gouvernement se préoccupe de l'organisation civile des protectorats vietnamiens. Une décision détache en 1886 l'Annam et le Tonkin, ainsi que le Cambodge, du ministère de la Marine et des Colonies pour les placer dans la dépendance de celui des Affaires étrangères. Un parlementaire, Paul Bert, est nommé la même année Résident général en Annam et au Tonkin, avec mission d'y organiser l'administration. Il ne manquera plus que le Laos pour donner à l'ensemble des territoires conquis le profil définitif de l'Indochine française.

Chapitre IV

LA COLONISATION RÉPUBLICAINE

L'UNION INDOCHINOISE (1886-1897)

« Nos peuples ne sont pas faits pour se combattre. mais pour travailler ensemble... les Français qui viennent aujourd'hui chez vous amélioreront votre situation agricole, industrielle, et économique, et élèveront encore votre niveau intellectuel par l'instruction. » En prononçant ces mots que n'auraient pas reniés les amiraux gouverneurs de Cochinchine, Paul Bert donne le ton des intentions d'une République devenue presque à son corps défendant maîtresse de nouveaux et vastes territoires. La désignation de cet homme de prestige, biologiste, élève et successeur de Claude Bernard au Collège de France, républicain, ami des Gambetta, Faure et Ferry, est en quelque sorte une revanche pour celui-ci, tombé un an auparavant sous l'opprobre de l'échec.

Le nouveau Résident général en Annam et au Tonkin arrive avec pour mots d'ordre : paix, prospérité, progrès, sous la tutelle éclairée de la France. Ils sont les reflets de la doctrine coloniale qui trouve de plus en plus de défenseurs dans les milieux politiques français, sans toutefois s'imposer encore de façon décisive. Les premières mesures de Paul Bert sont surtout destinées à « panser les plaies de la conquête » : remise des arriérés fiscaux, autorisation du paiement en nature de l'impôt, atténuation du système des corvées, secours et indemnités divers, création d'un hôpital pour les indigènes. Puis il amorce une politique de développement économique et culturel, avec le souci de respecter les usages et les traditions locales, et de prêter une oreille bienveillante aux vœux et aux doléances des populations. Ainsi crée-t-il un Conseil consultatif de quarante notables, un Comité permanent agricole, commercial et industriel, des chambres de commerce. Apôtre en France de l'enseignement populaire, il prépare un système d'enseignement alliant les cultures vietnamienne et occidentale, et fonde une Académie de Lettrés. D'un autre côté, les colons sont invités à exploiter « le champ d'action ouvert au commerce et à l'industrie français », et leur implantation est favorisée par la gratuité des concessions domaniales et la régularisation des titres fonciers. Il en découlera, surtout en Cochinchine, l'extension des grandes propriétés en liaison avec l'accroissement des exportations de riz.

L'élan donné, Paul Bert ne pourra le poursuivre. Il meurt d'une mauvaise fièvre le 11 novembre 1886.

Son action aura cependant contribué à aggraver le tronçonnement du territoire national vietnamien. Certes, il a voulu rehausser le prestige du souverain en lui faisant parcourir le pays à la tête d'une colonne de troupes franco-vietnamiennes, en levant la confiscation du Trésor impérial, en renonçant à faire siéger un représentant français au Conseil de gouvernement (Co mat vien). Mais il a obtenu que Dong Khanh délègue ses pouvoirs au Tonkin à un vice-roi (Kinh Luoc), une façon de s'assurer une plus grande liberté pour mener à bien la pacification. Il détachait ainsi plus nettement encore du Vietnam, déjà amputé de la Cochinchine, une partie septentrionale d'autant plus importante qu'au cœur de celle-ci se situe la source même de l'histoire des Viet.

Une organisation fédérale est alors en gestation, qui reçoit un début d'existence par la création en octobre 1887 de l'Union indochinoise, réunissant la Cochinchine et les trois pays protégés sous l'autorité d'un gouverneur général. Ce n'est encore qu'une esquisse, car le pouvoir de celui-ci est surtout effectif au Tonkin et reste nominal ailleurs. En outre, si la logique de la domination coloniale tend à pousser les régimes de protectorat vers la pratique de l'administration directe, des différences importantes subsistent, dont les conséquences financières exigeront une sérieuse remise en ordre de l'ensemble.

En Cochinchine, les amiraux gouverneurs qui ont succédé à La Grandière ont développé la même politique économique en favorisant notamment la production et l'exportation du riz, et en s'appuyant sur la nouvelle classe de fonctionnaires et de grands propriétaires terriens formée sous leur égide. Leur autorité, de caractère proconsulaire, s'exerçait à coups de décrets et d'arrêtés, de plus en plus mal supportés par les fonctionnaires et les colons européens. La République décide donc en 1879 d'envoyer un premier gouverneur civil, Le Myre de Vilers, afin de « substituer au régime d'exception, nécessaire à l'origine d'un établissement, le régime de droit et de liberté à la base de la Constitution républicaine et qui peut assurer la prospérité d'un pays civilisé ». Cette mesure est suivie de la création d'une assemblée représentative, le Conseil colonial, formé de six Français élus au suffrage universel, de six Vietnamiens élus au suffrage restreint, de deux représentants de la Chambre de Commerce et de deux délégués du Conseil privé du gouverneur. Maîtresse du budget qu'elle vote, cette assemblée a vite affirmé sa puissance au détriment du pouvoir du gouverneur et manifesté une tendance à l'autonomie, qu'a renforcée la décision prise en juillet 1881 de donner à sa colonie une représentation à la Chambre des députés (un siège).

Une situation paradoxale s'est en effet développée dans ce système où le corps électoral français (1 142 électeurs en 1880), composé pour les trois quarts de fonctionnaires, se retrouve dispensateur, par ses élus, des impôts et des dépenses de la colonie, et peut damer le pion au gouverneur, qui est le supérieur hiérarchique de ces mêmes fonctionnaires. Il est inévitable que l'esprit de clan et l'autofavoritisme sévissent, donnant lieu à toutes sortes de trafics d'influence. C'est à des fins électorales qu'on recrute dans la Fonction publique, par exemple, les Indiens des Comptoirs de l'Inde, citoyens français, de préférence à des Vietnamiens, ou qu'on embauche dans les Douanes et Régies des figurants de tournées théâtrales laissés pour compte. Il est difficile au gouverneur, dans de telles conditions, d'imposer son autorité, surtout quand on fait jouer contre elle l'influence du député.

A l'égard des indigènes, la République entend pratiquer une politique d'association des notables. Le Myre de Vilers a créé en 1882 des conseils d'arrondissement de composition vietnamienne chargés de discuter, mais non de voter les budgets provinciaux dont décident les administrateurs, successeurs des inspecteurs des affaires indigènes. Il a d'autre part supprimé la grande corvée pour la remplacer par une prestation de cinq jours à effectuer à proximité des villages d'origine, une mesure considérée à l'époque comme une sorte d'affranchissement du coolie de la campagne. La République veut rester fidèle à ses grands principes d'humanité et de liberté, mais elle n'en conçoit l'application que dans le cadre de son droit souverain : « Que les Annamites sachent bien que leur premier devoir est de s'incliner devant la loi du pays », a précisé clairement le gouverneur Le Myre de Vilers à l'intention de tous ceux qui auraient eu des pensées rebelles, comme il y en a tant encore au Tonkin, en Annam, au Cambodge.

Devenu synonyme d'annexion au Cambodge, le protectorat est pratiquement une fiction dans les deux pays vietnamiens, à quelques nuances près. En Annam, le Résident supérieur respecte, dans un premier temps et à l'instar de Paul Bert, les décisions de politique intérieure du Cabinet impérial sans s'en mêler, mais la faiblesse du souverain dont la légitimité est contestée, et les impératifs du rétablissement de l'ordre vont imposer les conséquences évidentes du rapport réel des forces. Au Tonkin, cette réserve n'existe pas. La fonction du vice-roi se limite en fait à justifier le nom de protectorat donné au régime par les traités. L'organisation administrative est d'ailleurs calquée sur celle de la Cochinchine. Si les communes, les cantons et les circonscriptions (délégations en Cochinchine) sont gérés par les indigènes, ce sont les Résidents provinciaux (administrateurs en Cochinchine) qui dirigent l'ensemble, assistés de conseils de notables locaux. Les impératifs de la pacification placent les zones frontalières de la Haute-Région, réparties en quatre territoires, sous l'autorité militaire. En outre, les villes de Hanoi et de Haiphong sont colonies pour avoir été cédées par l'Empereur à la France en 1885.

La révolte des Lettrés, dont les ramifications s'étendent jusqu'à une jonction avec la piraterie tonkinoise, oblige en effet les autorités françaises à mener une nouvelle campagne, plus diffuse, plus étendue géographiquement que celles du Tonkin, mais non moins dure, ni moins moralement harassante pour la troupe. Les conditions diffèrent quelque peu quant aux moyens et quant à l'adversaire. D'une part, le réseau télégraphique et l'amélioration des voies de communication facilitent et rendent plus rapides les déplacements. Les effectifs sont également plus importants, avec des unités plus nombreuses de tirailleurs et de miliciens indigènes. Mais, d'autre part, l'adversaire est plus élusif, insaisissable. Il pratique une sorte de guérilla dont la tradition remonte aux Tran Hung Dao, aux Le Loi et autres Nguyen Trai. Mieux équipé, parfois avec des fusils Gras, arme moderne pour l'époque, il tend des embuscades et décroche dès qu'il se sent en infériorité, attaque des petits postes français pour s'emparer des armes et des munitions, opère par petites bandes en s'appuyant sur les villages où il trouve refuge derrière la fameuse enceinte de bambou aussi difficile à détruire qu'une forteresse : il faut des centaines de coolies et plusieurs jours pour démanteler ces ouvrages édifiés avec un soin méticuleux. Surtout, il bénéficie de la complicité de la population, par solidarité naturelle, mais aussi par peur, car la différence entre insurgé et pirate est souvent floue, le premier étant contraint de se comporter en pirate par nécessité, et le second prenant figure d'insurgé par son combat contre le diable étranger.

Le temps de la misère, du désarroi, de la violence n'est pas encore révolu dans ce pays voué depuis si longtemps à toutes les calamités. Avec l'envahisseur venu des mers lointaines, refleurit l'antique mythologie de la patrie viet dont se parent les nouveaux héros, ces chefs rebelles auréolés d'une réputation de force, d'audace, de cruauté, qu'un certain mystère ne manque pas d'amplifier. Si Phan Dinh Phung est un vrai lettré, les Doi Van, Doc Ngu, Doi Co ou surtout le De Tham, tiennent la brousse sans se priver de ravager et de terroriser, mais leurs coups d'éclat militaires, ou le massacre de quelque résident français, sous l'étendard de la monarchie asservie, les investissent d'une gloire nationale qui rejoint celle des héros légendaires.

Pourtant, le courage, la puissance, et le prestige que celle-ci confère, ne sont pas l'apanage exclusif des patriotes pirates. Il est des Vietnamiens, de plus en plus nombreux, qui choisissent le parti du régime nouveau, celui des conquérants. Ainsi, Tran Ba Loc, tong doc (mandarin chef de province) de Thuankhanh, qui a joué un rôle important dans la pacification de la Cochinchine, et qui, en 1886, écrase l'insurrection dans les régions centrales. Sa famille, originaire du Nord-Annam, émigrée dans le delta du Mékong, et convertie au catholicisme, avait subi la persécution. Son père avait été condamné à l'exil, puis emprisonné. Engagé dès 1861 dans la milice indigène nouvellement créée par les Français, Tran Ba Loc a guerroyé dans la plaine des Joncs, avant de venir en Annam où il se distingue de telle sorte que l'autorité française le nomme tong doc. Prototype du traître et du collaborateur dans la mythologie nationaliste, il est en fait un ambitieux dont le choix politique a été déterminé par sa foi chrétienne, une foi qui ressemble davantage à l'engagement dans un parti qu'à une véritable mystique. L'homme est un féodal, un chef de guerre rappelant les condottieres italiens du Moyen Age, qui ne conçoit pas son attitude comme un asservissement à l'étranger, mais plutôt comme une alliance lui permettant de détenir un pouvoir, ce qui n'est pas une anomalie à l'époque, compte tenu des structures sociales et mentales de l'Asie au XIXe siècle. Son surnom de « Tigre de Cai Be » est significatif de la réputation particulière dont il jouit, le fauve étant un animal royal aussi respecté que craint que la voix populaire désigne en l'appelant Seigneur.

A l'exemple d'un Tran Ba Loc, mais pour des motifs souvent plus pragmatiques, les miliciens et les tirailleurs vietnamiens engagés dans la répression combattent généralement avec loyauté pour le compte de leur employeur colonial, même si parfois la peur des représailles ou des supplices infligés en cas de capture les fait déserter ou trahir. Hommes de plaine, les Vietnamiens n'aiment guère poursuivre les rebelles en cette Haute-Région qu'ils abandonnent aux tribus minoritaires. Ils craignent les maléfices des Génies tutélaires de la montagne contre ceux qui violent la terre ancestrale et contre les enfants du pays qui y contribuent. Il arrive que, la conscience patriotique soudain réveillée, la tentation soit grande de chercher la réhabilitation dans le meurtre expiatoire d'un officier français.

Isolés dans leurs petits postes, les militaires français font en effet l'expérience d'une terrible solitude, aggravée par un environnement hostile. Climat, fièvres, temps, rongent le moral alors que le combat à mener est semblable à une chasse primitive à la fois contre les hommes et contre les fauves, implacable et sauvage. Le seul remède susceptible de désarmer l'angoisse latente n'est pas même la femme indigène, pourtant douce mais si étrangère et secrète qu'elle ne semble pas tout à fait loyale ; c'est l'opium qui, dans sa bienfaisante ambiguïté, est un refuge plus qu'une jouissance. Sans contredire la sinistre réputation acquise par le Tonkin en métropole, ce Vietnam ténébreux, plein de traîtrises et de perversités, n'en est pas moins pour les militaires et les colons exilés générateur d'un irrésistible sortilège.

Car, pour le Blanc, souvent maître solitaire, la sensation d'être pris au piège s'accompagne d'une volupté trouble qu'instillent la drogue, la femme exotique, ou simplement la formidable pression d'une nature envahissante qui exalte l'imaginaire. Sans doute l'un des éléments les plus forts de ce charme auquel il succombe est-il dans le sentiment que tout est possible. L'exemple de Mayréna est particulièrement frappant. Cet ancien spahi de la conquête de la Cochinchine, blessé sur le front de France lors de la guerre de 1870, avait eu une expérience financière malheureuse à Paris avant de revenir en Indochine, des projets pleins la tête. Mégalomane et obstiné, aventurier et visionnaire, il s'est voulu défenseur et souverain des tribus austronésiennes vivant sur les Hauts-Plateaux de l'Annam, ces « Moï » menacés d'anéantissement par l'expansion vietnamienne. Son éphémère royaume des Sedang (1887), flottant entre la tentative idéaliste et la supercherie douteuse, ne sera qu'une aventure vouée à l'étouffement par le système colonial qui se met en place avec l'achèvement de la pacification et la délimitation définitive de son espace géographique.

En effet, Ham Nghi est capturé en 1888, et déporté en Algérie. C'est la fin de la révolte des Lettrés. Seul, le De Tham poursuit la lutte au nom de la dynastie, jusqu'à sa mort, en 1913, des mains d'agents infiltrés dans sa troupe. Les 1er et 2e Territoires militaires (Haute-Région orientale, Langson, Caobang) sont pacifiés et organisés par des chefs de valeur tels que le colonel Gallieni et le commandant Lyautey. Les bandes rebelles, versées dans la piraterie pure et simple, sont traquées et refoulées dans la zone montagneuse centrale qui leur est abandonnée, « la part du feu », selon le mot de Lyautey. A l'ouest, le 4e Territoire est également pacifié ; mais sans routes, ni débouchés, il n'est guère utilisable et se perd dans les régions sauvages du Haut-Laos, au-delà duquel la France étend son protectorat.

S'étant imposée au Vietnam, elle ne saurait négliger de reprendre à son compte les prétentions des souverains de Huê sur les principautés lao, dont les incessantes querelles avaient fait le jeu de leurs voisins. Dans la première moitié du XIXe siècle, le Siam avait imposé avec brutalité sa loi à Luang Prabang, Vientiane, Bassac, tandis qu'en 1832, le Vietnam occupait le Xieng Khouang. La confusion était à son comble avec l'arrivée dans les montagnes de tribus Méo venues des confins chinois et de bandes Ho, venues du Yunnan. Avec l'expansion française au Tonkin, le Siam, inquiet, envoie des troupes dans le haut pays de Luang Prabang et les pousse jusqu'à Laichau, menaçant ainsi de couper le Vietnam en deux. La France réagit aussitôt en installant un représentant à Luang Prabang. Arrivé en février 1886, Auguste Pavie, qu'assistent le colonel Pernot et le commandant Pennequin, parvient à réaliser une conquête pacifique de la région en quelques années. Des féodaux turbulents se rallient et le Roi de Luang Prabang, Oun Kham, demande la protection française. Il faudra cependant l'occupation militaire de la rive gauche du Mékong en 1893 et une démonstration navale devant Bangkok pour que le Siam reconnaisse ce protectorat par le traité du 3 octobre 1893, complété par les deux accords de 1902 et de 1904 qui laisseront au Laos, outre la rive gauche du grand fleuve, le Bassac et le Paklay, situés sur la rive droite. L'ensemble indochinois sera complet lorsqu'en 1898 viendra s'ajouter au grand S vietnamien, et à ses prolongements cambodgien et laotien, le territoire chinois de Guangzhouwan, par cession à bail de quatre-vingt-dix-neuf ans consécutive à la curée générale de l'Empire chinois à laquelle toutes les grandes Puissances européennes participent.

Cette fois, l'heure de l'organisation est vraiment venue. Elle n'est pas seulement opportune, mais indispensable pour coordonner cet immense territoire qui couvre, ainsi que l'enseignaient les livres de géographie aux écoliers français, une fois et demie la superficie de la France. Ce sera l'œuvre de Paul Doumer.

OCHINE FRANÇAISE DE PAUL DOUMER
1910)

s populations soumises à peu près partout à notre autorité ne sont pas toujours pénétrées du caractère définitif de la domination française et saisiraient volontiers une occasion propice ou un instant de faiblesse de notre part pour secouer un joug qui leur pèse, malgré la sécurité et le bien-être relatifs qu'il leur donne et que rarement elles ont connus... » Ces mots du nouveau gouverneur général, qui arrive en 1897, expriment parfaitement l'esprit de son action. Paul Doumer va faire de l'Union une véritable colonie, dirigée par un pouvoir fort et centralisateur. Son œuvre commence donc par le resserrement des régimes de protectorat qui les assimile délibérément à l'administration directe.

Au Tonkin, le Kinh Luoc, ce fantôme de vice-roi qui ne siège plus désormais qu'au tribunal de révision des jugements, cède officiellement sa fonction de mandataire impérial au Résident supérieur. En Annam, le Cabinet impérial (Co Mat Vien) est présidé par le Résident supérieur, et les ministres ont auprès d'eux des fonctionnaires français délégués. Le Conseil de Régence est supprimé. Une ordonnance impériale remet aux autorités françaises la gérance des finances du pays, sauf à verser au Trésor impérial une somme destinée à l'entretien du souverain, de sa Cour et de son administration. Au Cambodge, il en est de même : le roi Norodom octroie en juillet 1897 une Constitution en vertu de laquelle le Résident supérieur préside le conseil des ministres et contresigne toutes les décisions royales, les nominations et les révocations de fonctionnaires.

Au Laos, le protectorat a consolidé la royauté de Luang Prabang et placé l'administration sous contrôle d'un Commissaire du gouvernement français. Le pays est divisé en deux territoires : le Haut-Laos centré sur Luang Prabang et orienté pour ses communications et son ravitaillement vers le Tonkin ; le Bas-Laos, groupant les anciennes principautés de Bassac et de Vientiane autour de Khong et orienté vers la Cochinchine. Vientiane deviendra la capitale de l'ensemble. Les Kha continuent cependant à manifester une indépendance difficile à réduire et à l'égard de laquelle le protectorat pratique une politique plus souple qu'autoritaire. En fait, l'isolement et la pauvreté en ressources, hormis des mines d'étain, n'incitent guère le gouvernement colonial à prodiguer au Laos de gros efforts. La colonisation y restera toujours quelque peu indolente.

Les pays protégés ne sont pas les seuls à être mis au pas. Décidé à donner à sa fonction une autorité véritable et centralisatrice, Paul Doumer coupe court aux tendances centrifuges du Conseil colonial cochinchinois, qui avait presque obtenu du ministre des Colonies André Lebon le détachement de la Cochinchine. Il lui enlève une grande part de sa puissance par une mesure d'importance : la création d'un budget général de l'Indochine qui soustrait des budgets locaux les impôts indirects, notamment sur le sel, l'alcool, l'opium, dont les recettes sont désormais affectées aux services et aux travaux d'intérêt général, ce qu'on appelle « les œuvres d'empire ».

La construction de l'économie indochinoise, alors à peine ébauchée, passe en effet par la remise en ordre des finances, dont la situation n'était guère brillante, surtout au Tonkin, où la pacification a traîné en longueur, et aussi par la consolidation des structures gouvernementales. Le gouverneur général doit, selon le mot de Doumer, « gouverner partout et n'administrer nulle part ». Il siège à Hanoi, assisté par un Secrétariat général et un Conseil supérieur de l'Indochine élargi et renforcé. Des Directions font office de ministères, et de grands services généraux sont créés, tels que celui des Travaux publics et celui des Douanes et Régies, d'une importance considérable pour assumer la tâche à accomplir.

De grands travaux sont en effet engagés : routes, canaux d'irrigation et de drainage, ponts (pont Doumer à Hanoi, pont de Binh Loi à Saigon, pont de Huê), aménagement des ports de Saigon et de Tourane, programme ferroviaire ambitieux (1 700 km prévus). La colonisation également est relancée, avec la reconnaissance du droit de propriété accordée aux Français dans les protectorats, et la prérogative du souverain vietnamien d'octroyer les terres vacantes de son domaine cédée au gouverneur général. De 1896 à 1901, le nombre des exploitations agricoles de colons passe de 323 à 727 et leur superficie de 80 861 à 357 481 hectares. Enfin, une initiative d'un autre ordre est à mettre au crédit de Doumer : la création de l'École française d'Extrême-Orient, dont les recherches culturelles et archéologiques permettront une prise de conscience du passé national des États indochinois. Le Cambodge bénéficiera en outre, par le traité franco-siamois de 1907, non seulement de la restitution de la province de Battambang, mais aussi de l'ensemble d'Angkor, vestige monumental et prestigieux du passé khmer.

« La situation financière de l'Indochine, si heureusement changée en ces dernières années, est due autant au développement économique du pays qu'à l'application d'un régime fiscal qui lui est approprié... » Certes, Paul Doumer peut faire valoir des excédents budgétaires conséquents, mais ce régime fiscal qui les a permis repose trop lourdement sur le petit peuple indigène. Car non seulement la capitation et les impôts fonciers sont augmentés chaque année, mais des taxes nouvelles pleuvent comme pluie de mousson sur le sel, l'alcool, les marchés, les forêts, touchant surtout la population villageoise, restée très pauvre, sauf en quelques rares régions de Cochinchine. C'est elle aussi qui pâtit le plus du système de monopole réservé à l'administration sur le sel, dont le prix décuple en sept ans, et sur l'alcool, dont les distilleries indigènes sont contraintes de disparaître.

Méthodes de répartition et pratiques administratives s'ajoutent à l'impopularité des mesures pour donner naissance à une vague de mécontentements qui débouchera sur une crise. Les Douanes et Régies gagnent une célébrité avec leur ardeur à traquer les bouilleurs de cru, allant au cours de leurs perquisitions jusqu'à marquer de leur cachet les seins et le ventre des femmes. Telles fermetures de salines en Annam central empêchent les pêcheurs de fabriquer l'indispensable saumure de poisson (nuoc mam). L'obligation instaurée en 1898 de payer taxes et impôts en piastres indochinoises s'aggrave des hausses du taux de change de celles-ci en période de perception, ce qui alourdit d'autant la charge fiscale. Sans cadastre, ni recensement, l'administration s'en remet aux autorités indigènes locales pour déterminer la quotité de l'impôt foncier, ce qu'elles font trop souvent avec fantaisie ou arbitraire. Il en est de même du paiement des prestations, substitut des anciennes corvées qui ne dispense d'ailleurs pas le paysan de la réquisition pour un chantier public ou un service général. La corruption, ce mal endémique dont le petit peuple vietnamien a trop souffert avant la conquête, ne lui paraît plus susceptible d'être guérie par un pouvoir colonial qui avait pourtant sévi au début de son exercice. Doumer lui-même constate : « Les mandarins, nos auxiliaires, en grand nombre sincèrement ralliés à la cause française à laquelle leurs intérêts les attachent, n'en font pas moins un effort pour se soustraire à notre action et à notre contrôle, et nous desservent auprès des indigènes en imputant à nos exigences les lourdes charges qu'ils font peser sur eux. »

C'est sur ce terreau d'insatisfaction, où subsiste un fond de patriotisme humilié, que se développe au début du XXe siècle un courant nouveau de nationalisme. Issu des transformations sociales créées par le fait colonial, il se nourrit des premières tempêtes qui marquent le réveil de l'Asie, face à la domination d'un Occident qui entre en crise.

Alors que le Cambodge et le Laos sont engagés sur la voie d'une colonisation tranquille, le Vietnam commence à ressentir quelques humeurs. Certes, la révolte des Lettrés a été écrasée, mais le flambeau de ce patriotisme qui puise ses sources dans le loyalisme dynastique et le fonds mythique de la race viet est toujours tenu par l'insaisissable De Tham et par des sociétés secrètes, particulièrement actives en Cochinchine. « Société de Justice et de Concorde », « Société des Amis », « Groupe de Vertu et d'Équité », ou « Société du Ciel et de la Terre », ces fraternités se recrutent dans le petit peuple, mais sont financées par des riches. Comme en Chine, elles sont une sorte de contre-organisation sociale engendrée par le mécontentement et la révolte. Elles ne sont cependant pas révolutionnaires, en ce qu'au contraire, elles prétendent restaurer les véritables valeurs établies et revendiquent la fidélité envers les sources spirituelles de la patrie. Liées aux rébellions paysannes et aux insurrections contre les souverains défaillants, elles ne peuvent évidemment que former une opposition au conquérant barbare. Avec leurs pratiques magiques et leurs cérémonies initiatiques, elles relèvent du passé, mais, conservant une certaine vigueur, elles restent avec leur mysticisme populaire une forme d'expression xénophobe assez attirante pour constituer une force, sans doute peu décisive, mais impossible à annihiler totalement, et toujours prête à la résurgence.

Par contre, il est un courant nouveau qui apparaît, chargé de plus vastes virtualités, parce qu'il est tendu vers la modernité et vers l'avenir. Son inspiration, il la cherche plutôt du côté de la Chine où le mouvement réformiste prend de l'ampleur et va tourner à la révolution, et surtout du côté du Japon, qui remporte en 1905 la retentissante victoire navale de Tsushima sur la Russie. Pour la première fois, une Puissance asiatique, des Jaunes, inflige une défaite à une Puissance européenne, à des Blancs.

L'exemple est donné et retenu : si le Vietnam veut secouer son joug, c'est la modernisation qui lui permettra d'acquérir les moyens de le faire.

Modernisation devient le mot d'ordre de la nouvelle classe de fonctionnaires, d'employés, d'interprètes, de propriétaires terriens, bourgeoisie issue du fait colonial, et qui voudrait montrer sa capacité à égaler le maître sur son terrain. Ses revendications portent sur le droit de se vêtir et de se couper les cheveux à l'européenne, deux prohibitions significatives et symboliques, et sur le développement de l'enseignement en quoc ngu, indispensable pour faciliter l'étude des techniques modernes. Quant à l'attitude à adopter vis-à-vis du pouvoir colonial, deux tendances se font jour, l'une réformiste, l'autre radicale.

Phan Chau Trinh est la personnalité la plus influente de la première. Originaire d'Annam central, ce fonctionnaire démissionnaire du ministère des Rites voudrait remplacer la monarchie défaillante par un régime appuyé sur le peuple et la commune ancestrale. Il prône l'enseignement en français et en quoc ngu, et pousse les Vietnamiens à la pratique du commerce et de l'agriculture. Il ouvre un Institut d'enseignement supérieur qui dispense une éducation populaire, nationale et moderne. Méfiant à l'égard de la Chine et du Japon, il préfère accepter le protectorat comme un moindre mal en incitant les autorités françaises à faire des réformes. Il voit un espoir dans certaines mesures, telles que la création par le gouverneur général Beau, en 1906, d'une Direction de l'Instruction publique et du regroupement d'écoles supérieures en une ébauche d'université, ainsi que l'institution de Chambres représentatives au Tonkin et en Annam. Les idées de Phan Chau Trinh sont surtout répandues en Annam et en Cochinchine.

Phan Boi Chau n'est pas aussi conciliant avec le protectorat qu'il veut combattre. Originaire du Nghean, terre vouée à la misère et à la révolte, il a lutté avec Phan Dinh Phung. Après avoir échappé à la répression, il est parti au Japon, pays qu'il admire. Avec lui, a également émigré un descendant direct de Gia Long prétendant au trône, le prince Cuong De. Il fonde une « Association pour la réforme du Vietnam » et en 1906 diffuse une « Lettre écrite outre-mer avec du sang », violent pamphlet contre la France. Par le mouvement « Exode vers l'est », il attire à Tokyo de jeunes Vietnamiens qui viennent s'initier aux techniques occidentales dans les écoles et les académies militaires. Des associations d'éducation populaire organisent au Vietnam ces voyages. L'objectif de Phan Boi Chau est en fait l'insurrection et la reconquête.

Ce n'est pas un projet vague. Un organisme achète à Hongkong des armes pour les envoyer au De Tham. Une propagande active incite la population vietnamienne au soulèvement et les sociétés secrètes forment des groupes de partisans. Libelles et articles prolifèrent, parfois même publiés dans des journaux en vietnamien, mais avec des titres anodins pour tromper les fonctionnaires français qui ne le comprennent pas. A Mytho, l'arrestation de Gilbert Chieu pour activités subversives soulève une certaine émotion dans la colonie, car l'homme est un ancien fonctionnaire auquel a été accordée la faveur, alors insigne, d'être naturalisé français. Il bénéficiera d'ailleurs d'un non-lieu de ce fait, puisque la loi pénale en vigueur en Cochinchine ne permet pas de poursuivre un citoyen français pour simple tentative de complot.

Le gouvernement colonial est de toute façon sûr de lui. En 1907, il fait interner le souverain de Huê, Thanh Thai, successeur de Dong Khanh et présumé dément, pour le remplacer par son fils Duy Tan, âgé de huit ans. L'acte a un profond retentissement, surtout en Annam. Déjà dévaluée, la monarchie est cette fois avilie, d'autant plus que la croyance populaire considère la folie comme une manifestation surnaturelle : toucher à un fou porte malheur. Et puis mettre un fils à la place de son père viole la règle de piété filiale, fondement de l'éthique confucéenne. Se conjuguant avec les mécontentements dus aux charges et aux iniquités fiscales, la vague de révolte provoque une crise en 1908.

Des manifestations, parfois spontanées contre l'administration, parfois soutenues ou suscitées par des réformistes, se déclenchent en Annam pour demander l'allègement de la capitation, la suppression des corvées et des monopoles du sel et de l'alcool. Les forêts s'illuminent la nuit de rassemblements aux flambeaux. Il y a quelques violences, des collecteurs de taxes sont assassinés, mais la réaction de l'autorité coloniale est brutale : la troupe tire sur la foule, charge à la baïonnette. Le sentiment des Européens est alors l'étonnement devant ce défi populaire. Au Tonkin, une tentative d'empoisonnement de la garnison de Hanoi au datura, bien que déjouée de justesse, provoque affolement et répression. La police procède à d'innombrables arrestations. Au procès qui s'ouvre ensuite, les verdicts sont sévères : mort par décapitation, réclusion, déportation. Des lettrés respectés et connus tels que Ngo Duc Ke, Tran Quang Chieu, Phan Chau Trinh, sont condamnés. A la demande du gouvernement français, le Japon ferme les écoles où travaillent les Vietnamiens et expulse Cuong De et Phan Boi Chau qui se replient sur Hongkong.

Ces événements provoquent quelques remous dans les milieux politiques de la métropole où la conscience impériale s'est affirmée, il est vrai sur un fond d'indifférence générale de l'opinion. Au Parlement, le mouvement « coloniste » s'est concrétisé par des groupes coloniaux, comptant jusqu'à 200 membres à la Chambre des députés au début du siècle. L'éventail politique en est large, allant de la droite royaliste aux radicaux, en passant par les républicains centristes et le noyau héritier de Jules Ferry et de Gambetta. Jean Jaurès ne manque pas en 1904 de remarquer que le radical-socialiste Doumergue est ministre des Colonies, et que « ce sont deux radicaux, MM. de Lanessan et Doumer, qui ont le plus longtemps gouverné l'Indochine... ». Depuis 1893 existe un syndicat des intérêts coloniaux, l'Union coloniale française, qui dispose d'un périodique, *La Quinzaine coloniale*, et d'un organisme de propagande, la Ligue coloniale de la Jeunesse. Il ne faut pas oublier la fondation de l'École coloniale en 1889 et l'élévation en 1894 du sous-secrétariat aux Colonies en ministère, non plus que la prolifération des ouvrages traitant directement ou indirectement de l'œuvre des bâtisseurs d'empire au nom du Drapeau, du Progrès et de la Civilisation.

C'est dans cet esprit que la morale républicaine s'inquiète des troubles d'Indochine, révélateurs de la misère des indigènes et des abus de l'administration. Un député de la Seine, Messimy, rapporteur du budget des colonies, écrit après enquête : « Notre domination n'a pas su gagner la confiance des indigènes... il est nécessaire de faire, en toute franchise, l'inventaire des fautes que nous avons pu commettre, et de nous demander si nous, des Français et des républicains, nous avons toujours rempli exactement les devoirs qu'assume toute nation européenne chaque fois qu'au nom du progrès et de la civilisation elle vient établir son autorité sur des races moins civilisées. » Si l'essor de l'économie et le développement de l'infrastructure sont mis au crédit de Doumer, l'inventaire des erreurs comporte un excès de centralisation, la négligence de secteurs aussi importants que l'hydraulique, notamment les digues, le gaspillage généralisé, et surtout le comportement d'un personnel administratif européen méprisant, absentéiste, indiscipliné, revendicatif, abusant de ses privilèges et de l'intrigue politique, au demeurant pléthorique et coûteux. « On dirait, remarque Messimy, que par un lent travail d'infiltration, je dirais presque d'endosmose, la mollesse et l'indolence annamites ont peu à peu pénétré dans notre administration. »

Il est vrai que l'influence du climat est pesante sur les coloniaux venus de l'Europe tempérée. Sieste et panka ne sont pas un luxe et la maladie, fièvre ou dysenterie, frappe toujours, malgré l'acclimatement et les progrès de l'hygiène et de la médecine. Certain fonctionnaire de Saigon, habile dans l'art de l'oraison funèbre, est débordé par la multiplicité des enterrements. Souvent, pour ceux qui ont échappé au « coup de bambou » de l'insolation, et qui n'ont pu trouver dans l'exil les souffles de l'aventure ou les couleurs de la fortune, l'ennui est un mal qui ronge, mais qui a ses antidotes. Ainsi, Saigon au début du XXe siècle est une sorte de sous-préfecture presque libérée des tabous provinciaux, avec ses intrigues amoureuses, ses tournées théâtrales, ses duels d'honneur, et surtout ses élections, animées par la faune politicienne des laissés-pour-compte de la Troisième République, venus chercher une revanche outremer. Il y a aussi et encore l'opium, vendu au comptoir de la Régie et consommé par une bonne majorité, avec ou sans l'excuse médicale du remède antidysentérique. Mollement condamné par la moralité, il est de toute façon une mine fructueuse pour l'administration, à laquelle il apporte le quart des recettes du budget général.

La colonisation au début du XXe siècle, ce n'est pas seulement l'ennui, la sieste, la piastre, l'opium, le coup de bambou ou la trique, c'est également la volonté et la recherche d'un Yersin, médecin militaire et inventeur du vaccin contre la peste. Installé à Nhatrang, sur la côte de l'Annam du sud, il se livre à des expériences de microbiologie et d'arboriculture. Dans un parc aménagé pour élever le bétail fournisseur des éléments nécessaires à la fabrication du vaccin, il plante de nombreuses espèces, notamment l'hévéa. Les premières graines de cet arbre, originaire du Brésil et introduit à Ceylan par les Anglais, ont été importées dans la colonie dès 1877 par le botaniste Pierre, mais c'est vingt ans plus tard que 2 000 plants ont été mis en place dans des jardins d'essais à Ongyen (Cochinchine) et par le docteur Yersin à Suoigiao. Puis un petit fonctionnaire, Belland, a créé en 1898 une petite plantation de 15 000 hévéas aux portes de Saigon, sans prêter l'oreille aux sceptiques, qui ne donnaient pas cher, à l'époque, de l'avenir de cette culture, bientôt l'une des richesses de l'Indochine méridionale.

Les conséquences tirées de la crise de 1908 sont diverses. Dès 1909, les monopoles de vente du sel et de l'alcool sont supprimés. Des mesures de décentralisation sont prises : « On peut gouverner de loin, dit le gouverneur général Klobukowski, on n'administre bien que de près. » Partisan d'une politique d'égards vis-à-vis des mandarins et des fonctionnaires indigènes, ce même chef de la colonie supprime néanmoins la Chambre consultative de l'Annam-Tonkin, créée en 1907 par son prédécesseur Beau. C'était une assemblée de notables avec un certain nombre de représentants élus, une ouverture modeste mais très appréciée des élites vietnamiennes. Klobukowski la remplace par une Commission où prédominent les membres nommés par l'administration française. Il entend d'autre part promouvoir l'enseignement, mais limiter l'effort au niveau du primaire, « afin de ne pas détourner les paysans de leur vocation agricole par l'appât d'emplois administratifs », et de ne pas fabriquer des « demi-savants » dont la frustration pourrait tourner à la revendication nationale. C'est aux enfants d'Européens que sont attribuées en quasi-totalité les bourses d'études en France, et la Sûreté, organisme policier dont l'efficacité commence à faire sentir son poids, exerce une surveillance attentive sur tout matériel imprimé, en particulier importé de l'étranger par les soins des émigrés.

Le gouvernement français prend cependant conscience de l'insuffisance de cette politique à l'heure où toute l'Asie bouge. Il envoie donc Albert Sarraut en 1911 pour mettre en œuvre une nouvelle ligne.

LA POLITIQUE D'ASSOCIATION (1911-1919)

L'atmosphère internationale, particulièrement sur le continent asiatique, a beaucoup évolué dans la première décade du XXe siècle. Il y a eu Tsushima en 1905. En Inde, s'est aussitôt déclenché un mouvement vers l'indépendance, très marqué dans les classes supérieures de la société. Au Bengale, sévit un terrorisme actif contre la domination anglaise. Mais surtout, un jeune avocat indien est en train de se forger un idéal, un système, et une célébrité en combattant contre l'inégalité en Afrique du Sud. Son nom est Gandhi. En Turquie, Mustapha Kemal et les « Jeunes Turcs » font naître en 1908 « le soleil d'un nouveau jour de justice et de liberté ». Enfin, en Chine, la révolution vient à bout en 1911 de l'antique monarchie de l'Empereur Jaune.

Or, les activités des réformistes, le complot des émigrés, ont montré qu'il fallait agir pour détourner les élites vietnamiennes nouvelles de cette Chine en transformation et de ce Japon qui s'impose en grande Puissance. Les flatter, leur manifester de la considération, c'est bien, mais cela ne saurait suffire, d'autant plus que le sentiment se renforce dans l'opinion active de la métropole que l'empire colonial est à la fois la fierté de la France et une part importante de sa puissance. La droite elle-même, derrière Barrès, se laisse convaincre par le colonel Mangin, auteur d'un ouvrage prônant la création d'une armée africaine, que la mobilisation des immenses ressources démographiques de ses colonies met la France en mesure de défier toute agression. Une nouvelle politique s'avère donc nécessaire en Indochine au moment où le monde est en crise. Elle devra être fondée sur l'association.

Le mot a déjà été prononcé en 1905 par le ministre des Colonies Clémentel. Mais c'est Albert Sarraut qui est chargé de son application concrète.

Quand il prend en 1911 les fonctions de gouverneur général, ce radical rallié avec Clemenceau au « colonisme » dispose d'une plus grande liberté de manœuvre à l'égard de Paris que ses prédécesseurs. Il s'emploie aussitôt à détendre l'atmosphère par des mesures de clémence. Phan Chau Trinh est sorti du bagne de Poulo Condor et placé en résidence surveillée à Mytho, avant d'être envoyé à Paris. Dans le cadre d'une réforme pénale, les anciens châtiments, tels que le rotin, la cangue, la strangulation, la mort lente, sont abolis. La représentation indigène est accrue, avec la Chambre consultative tonkinoise transformée en Chambre des Représentants, élus au suffrage restreint pour les trois-quarts, ainsi qu'avec des conseils provinciaux de notables et dans les assemblées locales. Cinq Vietnamiens entrent au Conseil supérieur, devenu Conseil de gouvernement. Enfin, une relance importante est donnée à l'enseignement et à la santé publique.

Ces mesures sont évidemment bien accueillies, sans pourtant empêcher les irréductibles opposants, De Tham et surtout sociétés secrètes, de poursuivre le combat. Ces dernières adoptent l'action terroriste. Des attentats sont commis en Cochinchine et au Tonkin, en particulier contre Sarraut lui-même en 1912. Quant à Cuong De et Phan Boi Chau, ils sont à Canton, sous le parrainage du Guomindang de Sun Yatsen, et y fondent en mai 1912 l'Association pour la Restauration du Vietnam (Vietnam Quang-Phuc Hoï). La réaction française est vive, même si ces manifestations ne sont que des étincelles. En 1913, le De Tham est tué, Cuong De et Phan Boi Chau condamnés à mort par contumace. Sarraut obtient même de Yuan Shikai, maître de la Chine, que le premier soit expulsé de Canton et le second arrêté.

La profanation du tombeau de l'Empereur Tu Duc par un résident indélicat soulève l'indignation en Annam et des Lettrés se prononcent pour la reprise de la lutte, mais en définitive, lorsque Sarraut quitte ses fonctions en janvier 1914, la colonie est dans l'ensemble paisible, au point qu'un maximum de troupes pourra être envoyé en métropole lorsque en Europe la guerre éclatera. Il ne restera plus guère que 2 500 militaires d'origine européenne pour la garder avec des unités indigènes. Cela suffira à contenir les derniers soubresauts des Lettrés, des sociétés secrètes et de la monarchie asservie dans un combat d'arrière-garde. L'Empereur Duy Tan tente en effet un soulèvement en 1916. Il est arrêté, déposé, exilé à La Réunion. Khai Dinh, fils de Dong Khanh, lui succède. Une ère est close, celle de la résistance traditionnelle. Avec la guerre, s'ouvre celle de revendications nouvelles.

Une relance de la politique d'association s'opère avec le retour d'Albert Sarraut aux commandes en 1916. Une convergence de facteurs la favorise. La colonisation est plus que jamais sûre de sa force. Le développement économique, pratiquement constant depuis le début du siècle, s'affirme avec le conflit européen qui provoque un appel à la production asiatique. Les classes issues du régime colonial, propriétaires terriens de Cochinchine et leurs fils éduqués à l'occidentale, les fonctionnaires et les commerçants vietnamiens, profitent de l'enrichissement du pays et de l'élévation générale du niveau de vie, bien que les grands circuits commerciaux, tels que celui du riz et celui de l'import-export, et le secteur industriel, entre les mains des Français et des Chinois, leur échappent. Ils estiment d'autant plus normal et juste d'être admis à participer à la gestion des affaires politiques, qu'ils font preuve de loyauté à l'égard d'une France profondément engagée dans le conflit. Ne répondent-ils pas aux appels à la solidarité lancés par le gouvernement général, par exemple pour acheter des bons de guerre ? Et puis, même si elles ne sont pas directement concernées, les couches plus humbles de la population sont également mises à contribution, non seulement par l'envoi de troupes indigènes, mais par celui de travailleurs volontaires. Il y aura quelque 50 000 O.N.S., ouvriers non spécialisés, dans les usines et les camps de travail métropolitains.

Le gouvernement semble comprendre ces aspirations. Les Américains ne viennent-ils pas de montrer la voie aux Philippines en associant davantage les Philippins à la direction du pays ? Albert Sarraut, chargé de mettre en œuvre l'évolution après le soulèvement de Duy Tan, veut d'abord faire « la conquête des esprits ». Ses décisions semblent inspirées des idées réformistes de Phan Chau Trinh sur la modernisation de l'enseignement. Il rouvre d'abord les écoles supérieures constituant l'université de Hanoi, fermées en 1908. Puis il met en place un enseignement à plusieurs degrés, en favorisant le quoc ngu, tandis que les concours triennaux désuets sont supprimés. En Annam, une Chambre représentative analogue à celle du Tonkin est créée. Liberté est accordée aux indigènes de porter vêtements et coupe de cheveux à l'européenne. La presse est encouragée avec plus de libéralisme. Enfin, une amnistie générale est décrétée en 1918.

Les élites vietnamiennes, qui voient dans ces dispositions un prélude à une véritable association, sont saisies d'un grand espoir. Sarraut ne va-t-il pas jusqu'à promettre d'accorder « aux citoyens indigènes une extension sensible de leurs droits politiques dans la cité indigène » ? Des bourgeois de Cochinchine, comme Bui Quang Chieu et Nguyen Phan Long, s'expriment dans un journal, *La Tribune indigène*, fondée en 1917. Au Tonkin, Pham Quynh prône la participation des Vietnamiens aux affaires politiques dans son mensuel en langue vietnamienne, *Vent du Sud* (Nam Phong).

Les limites de l'ouverture sont cependant perceptibles, bien marquées par le chef de la sûreté Marty, attentif à « la colonisation par les livres », et par la vigilance de la colonie blanche à ne pas céder la moindre parcelle de ses prérogatives. En fait, l'argument de la prospérité qui profite aux élites permet de leur indiquer la voie d'une sujétion douce et dorée plutôt que celle d'une véritable association. Quand Sarraut s'en va en 1920, les réformes qu'elles attendaient ne sont toujours pas mises en œuvre, et avec la paix, resurgissent avec plus de vigueur que jamais les contradictions endémiques de la politique coloniale française : fluctuations de doctrine, incertitude administrative, discontinuité de direction, neutralisation des initiatives par les querelles politiciennes, conflit entre les tendances libérales et la volonté impériale.

Pourtant, la question indochinoise n'est pas tout à fait noyée dans les tourbillons de la paix. Les partis de gauche, communiste et socialiste S.F.I.O., créent des comités pour en discuter. D'un autre côté, on parle d'investissements américains dans la colonie, projet soutenu par Albert Sarraut, alors ministre des Colonies, et qui lui vaut de violentes critiques. Surtout, pour les intellectuels vietnamiens, l'important est dans l'adhésion de la France aux quatorze Points du président Wilson, par conséquent au principe du droit des peuples à disposer d'eux-mêmes. Le monde est engagé dans un mouvement qui ébranle les vieilles structures et modifie les rapports de force. La Russie bolchevique, avec la IIIe Internationale, s'érige en porte-drapeau du prolétariat mondial. En Inde, l'action de Gandhi prend de l'ampleur après le massacre d'Amritsar. La Chine en ébullition, trompée par l'Europe qui a donné au Japon les parcelles de son territoire que l'Allemagne lui avait arrachées, se dresse contre l'Occident. Ces nouvelles données internationales, et les facteurs économiques d'une après-guerre agitée font naître dans les années vingt des forces neuves et provoquent dans les consciences vietnamiennes un changement annonciateur de conflits.

On peut dire que c'est au cours de cette décade que surgissent les premières vagues qui s'enfleront peu à peu pour devenir irrémédiable tempête.

Chapitre V

EMPIRE ET LIBERTÉS (1919-1939)

L'APRÈS-GUERRE

Le départ d'Albert Sarraut d'Indochine n'a pas enlevé tout espoir d'évolution aux élites vietnamiennes qui, dans le courant de prospérité dont elles profitent, ne songent aucunement à bousculer l'ordre établi. Elles comptent beaucoup sur la France, cette Mecque prestigieuse auréolée de sa victoire récente, et idéalisée par l'Histoire enseignée à l'école, pour écouter la voix de ses lointains filleuls, ne serait-ce qu'en remerciement de la loyauté manifestée pendant la guerre et par respect envers la devise républicaine de liberté, d'égalité, de fraternité. Porteur des espérances de ses compatriotes, l'Empereur Khai Dinh tente de se faire écouter à l'occasion du voyage qu'il y accomplit en 1922 pour assister à l'Exposition coloniale de Marseille. Il ne semble pas qu'il soit entendu des dirigeants français qu'il rencontre à Paris. On lui témoigne des égards, mais on ne lui parle pas d'association.

Au contraire, le gouverneur général Merlin qui entre en fonction en 1923 n'est pas un homme d'ouverture. Il affiche même en matière d'enseignement, pierre de touche de l'évolution, les idées de Klobukowski : l'instruction est destinée à former de bons employés, et non pas des intellectuels frustrés. Si un effort de scolarisation est engagé dans ce pays où cinq pour cent environ des habitants savent lire, il est peu d'élèves qui peuvent atteindre les degrés supérieurs, soit par manque de ressources, soit en raison de la difficulté des examens, soit à cause de l'éloignement des écoles. A ceux qui s'en plaignent, le gouverneur de la Cochinchine

Cognacq dira : « Si vous voulez être intellectuel, allez à Moscou ! » Révélateur de la crainte du bolchevisme, le défi est plutôt maladroit à l'heure où de nouvelles forces sociales surgissent, et où l'intelligentsia, se cherchant une doctrine, sinon une ligne de conduite, a les yeux tournés vers les mouvements révolutionnaires étrangers.

La transformation économique de la colonie, avec l'essor productif et matériel qu'elle suscite, particulièrement dans les années d'après-guerre, renforce en effet les déséquilibres.

La population est en progression constante. En 1913, elle est chiffrée à 17 millions pour la totalité de l'Indochine. En 1930, elle approche de 21 500 000, avec 17 700 000 pour les trois pays vietnamiens. Dans ces derniers, persiste le même déséquilibre dans la répartition des habitants, concentrés sur les plaines, avec un maximum de densité au Tonkin et au Nord-Annam, certaines régions deltaïques comptant jusqu'à 500 habitants au km^2.

Si l'évolution de l'économie apporte changements et diversifications sociales, le fossé entre les privilégiés et la masse est considérable. On peut distinguer chez les premiers quatre groupes dans les pays vietnamiens. Il y a d'abord les Européens, Français ou assimilés, dont le nombre passe de 23 000 en 1913 à 38 500 en 1930. Les militaires y forment un groupe important, un cinquième environ, ainsi que ce qu'on appelle « les petits Blancs », ceux qui occupent bas et moyens emplois techniques et bureaucratiques. L'ensemble de la communauté tire évidemment avantage de la domination et de son caractère d'encadrement. Néanmoins, le dernier groupe des petits employés et fonctionnaires, jugé déjà pléthorique par Paul Doumer, présente les traits d'une colonie de peuplement avec ce que cela implique de promiscuité raciale et de friction concurrentielle avec les indigènes.

Deuxième catégorie privilégiée, les Chinois (environ 300 000 en 1930) sont d'immigration ancienne et surtout concentrés en Cochinchine. Organisés en « congrégations » provinciales selon leurs origines, avec un système de responsabilité collective, ils sont présents dans de nombreuses branches d'activités, sauf l'hévéaculture qui leur est interdite. Ils pèsent surtout dans le négoce, plus particulièrement celui du riz. « Compradores », c'est-à-dire intermédiaires agréés, leur efficacité s'appuie sur leur fiabilité et le puissant réseau commercial des Chinois d'outre-mer en Asie. Ils sont tout à la fois traditionnellement acceptés et enviés par les indigènes.

La riche bourgeoisie vietnamienne est la troisième catégorie privilégiée. Elle est essentiellement constituée par les gros propriétaires terriens, pour la plupart cochinchinois (les quatre cinquièmes sur 9 à 10 000 familles concernées), et le néo-mandarinat, les deux groupes se confondant souvent dans cette classe née avec le régime colonial dont elle soutient la structure. Sa force financière n'est cependant pas expansive et reste circonscrite dans le circuit foncier, malgré quelques sorties dans les transports, les industries annexes de la riziculture et un premier établissement vietnamien de crédit fondé en 1927, la Banque annamite de crédit. Sorte de nouvelle féodalité qui a tendance à s'urbaniser, elle est orientée vers le modèle culturel français où elle dirige ses fils et recherche politiquement l'intégration, à commencer par la naturalisation. Les catholiques y forment, comme dans les autres classes, un groupe au dynamisme particulier.

En l'absence d'une catégorie intermédiaire, on trouve ensuite la petite bourgeoisie vietnamienne, aux revenus bien inférieurs, mais bénéficiaire de l'évolution provoquée par la colonisation. Elle se compose de moyens propriétaires, fonctionnaires, employés, instituteurs, petits et moyens commerçants (10 pour cent de la population environ). Urbanisée, mais conservant des liens avec les villages d'origine par la parenté, elle est également tournée vers l'Occident et moderniste, mais elle est consciente des limites qui lui sont imparties par le système. Elle souffre de frustration et d'un sentiment d'infériorité que souligne le tutoiement, une pratique d'autant plus difficilement supportable quand elle est infligée par un « petit Blanc », et pis encore, par un « faux Blanc », c'est-à-dire le colonisateur venu des Antilles ou de la Réunion. Privilégiés, les petits bourgeois le sont surtout matériellement et relativement à la masse de ceux qui ne le sont pas.

Car le reste de la population, essentiellement rurale, est pauvre. Elle a la réputation d'une docilité conditionnée par l'assurance du bol de riz quotidien, de la paix, et du maintien de ses valeurs traditionnelles, familiales et villageoises. Mais s'il est vrai que les petits propriétaires terriens, groupés en majeure partie en Annam et au Tonkin, sont un élément stable comprenant environ 50 000 familles, les fermiers, qui constituent le tiers de la population des campagnes, sont plus sensibles aux déséquilibres.

Soumis aux aléas naturels de l'agriculture, ils le sont plus encore aux propriétaires, inévitables bailleurs de fonds, créanciers usuraires, et aussi seigneurs et maîtres. Facilement endettés, par la moindre des mauvaises récoltes, ou par le jeu, une passion rédhibitoire, ils forment un réservoir inépuisable de recrues pour le prolétariat rural, masse de main-d'œuvre offerte aux grandes exploitations telles que les mines et les plantations d'hévéas cochinchinoises, et aux bas emplois des grosses agglomérations que sont Saigon-Cholon en Cochinchine, Hanoi, Haiphong et Namdinh au Tonkin.

Ce peuple de coolies, continuellement en semi-chômage, forme un ensemble que le dénuement soumet à toutes les servitudes et à toutes les violences, imputables aussi bien aux maîtres et aux contremaîtres indigènes qu'aux Blancs adeptes de la manière forte. Mais avec les mutations dues à l'essor économique de l'après-guerre, et au développement des entreprises de grande envergure, ce nouveau prolétariat est amené à supporter de moins en moins le rotin traditionnel du mandarin ou la « cadouille » du surveillant européen. Mais malgré les ferments de révolte qu'il peut receler sous le masque de la soumission, la prise de conscience de sa condition et de ses capacités de revendication ne se fera qu'à l'initiative de l'intelligentsia.

L'ancienne élite confucianiste retirée ou disparue, c'est en effet à l'intelligentsia moderne issue des écoles françaises que revient la possibilité d'agir. Fils de riches bourgeois, petits bourgeois, ou néo-citadins, les jeunes intellectuels vietnamiens des années vingt sont avides d'occidentalisation, tout en demeurant attachés aux traditions nationales par leur éducation familiale. N'ayant pas encore trouvé le moyen de résoudre cette antinomie, aiguisée d'ailleurs par le problème de la domination coloniale, ils recherchent les voies possibles, la plupart rejetant moins la France que les méthodes et l'autoritarisme de l'administration coloniale. Certains ont pourtant déjà le regard tourné vers des solutions radicales. Mais tous, qu'ils soient émigrés ou sur place, sentent bien, surtout dans l'atmosphère de déception qui suit le voyage de l'Empereur Khai Dinh, la nécessité d'une action, légale ou clandestine.

A Paris, lieu de rencontre des nationalistes asiatiques attirés par l'effervescence diplomatique autour de la Conférence de la paix, et pour les Vietnamiens, centre de décision politique, il y a Phan Chau Trinh en exil. Avec lui, un petit groupe de patriotes a diffusé dès 1919 un recueil des « Revendications du peuple annamite ». On note parmi eux un certain Nguyen Ai Quoc, qui s'est présenté au Congrès de Tours en 1920 comme le délégué de l'Indochine pour dénoncer l'oppression coloniale. Auteur d'un opuscule intitulé *Procès de la colonisation française*, il collabore à partir de 1922 au *Paria*, organe de l'Union intercoloniale, qui regroupe des émigrés des colonies. On le retrouvera plus tard, en 1925, à Canton, où il est à l'origine d'une Association de la Jeunesse révolutionnaire du Vietnam, en abrégé « Thanh Nien », noyau du futur Parti communiste vietnamien.

A Canton également, des partisans de Phan Boi Chau, le leader toujours sous le coup d'une condamnation à mort par contumace, et de nouveaux émigrés fondent en 1923 le groupe « Tam Tam Xa », dont l'un des membres, Pham Hong Thai, tentera en 1924 d'assassiner le gouverneur général Merlin, de passage dans la ville chinoise.

En Cochinchine, Bui Quang Chieu et Nguyen Phan Long créent en 1923 le Parti Constitutionnaliste, avec le soutien de la riche bourgeoisie sudiste. Ils croient à la possibilité d'une évolution avec la France, compte tenu du rapport des forces et des capacités, et du mouvement mondial de libéralisation. Deux journaux, *L'Écho annamite* et *La Tribune indochinoise*, défendent cette position réformiste. Un courant plus critique s'exprime dans *La Cloche fêlée*, publication née en 1923 et dirigée par un « retour de France », Nguyen An Ninh. En Annam, un groupe révolutionnaire, de tendance ultranationaliste, fait son apparition en 1924, Restauration du Vietnam (Phuc Viet).

Au cours de ces années, l'intelligentsia vietnamienne manifeste une formidable soif de s'exprimer. Malgré les entraves, censure, contrôle des imprimeries, surveillance des titres en quoc ngu, pressions de toutes sortes pour empêcher la diffusion des idées subversives, les publications fleurissent, critiquant les erreurs et les abus de l'administration, et réclamant plus de libertés, notamment celle de la presse, celle de circulation d'un pays de l'Union à l'autre, et celle de sortir du territoire. Cette dernière est d'autant plus importante pour les intellectuels que le voyage en France est à la fois un pèlerinage politique envié, mais aussi le seul moyen d'obtenir des diplômes valables, ceux des écoles supérieures de Hanoi ne bénéficiant pas de l'équivalence métropolitaine.

Les autorités coloniales, dont l'autorisation est nécessaire pour se rendre en métropole, sont réticentes à l'accorder. Au moment où le Komintern ouvre un bureau pour l'Extrême-Orient, et où la Russie soviétique vient en aide au Guomindang chinois, le gouvernement général n'est guère disposé à ouvrir les portes. En France même, l'émigration vietnamienne est surveillée par divers services de police et de sécurité. En 1919, un organisme spécial est même créé par le ministère des Colonies et mis sur pied par Louis Arnoux, futur patron de la police dans l'administration Decoux : le Service de contrôle et d'assistance aux indigènes.

De fait, la fièvre s'empare de la colonie au cours de l'année 1925. Elle est alimentée par divers événements et diverses mesures. Au lendemain de la mort de l'Empereur Khai Dinh, qui a pour successeur son fils Vinh Thuy, âgé de douze ans, le Résident supérieur impose une Convention qui retire au souverain ses dernières attributions judiciaires et politiques. D'autre part, si Phan Chau Trinh revient enfin d'exil, Phan Boi Chau, arrêté à Shanghai et transféré à Hanoi, se voit confirmer sa peine de mort. L'émoi est grand chez les intellectuels vietnamiens dont la déception se confirme. Une fraction libérale de la communauté française s'agite au nom de la colonisation bien comprise, et bénéficie du soutien d'André Malraux, revenu après un premier séjour marqué par son aventure khmère et son procès pour vol d'objets de fouilles. Il a un compte à régler avec l'administration et les clans coloniaux. Avec deux personnalités de Saigon, Dejean de la Batie et Paul Monin, il fonde un journal, *L'Indochine*, et mène campagne pour dénoncer les abus et réclamer en faveur des Vietnamiens les libertés démocratiques.

Or, le gouvernement français issu des élections de mai 1925, gagnées par le Cartel des Gauches, est favorable à une ouverture. Il demande à la population vietnamienne d'établir un cahier de vœux, et nomme un socialiste, Alexandre Varenne, au poste de gouverneur général.

Des réformes sont donc attendues, la S.F.I.O. ayant adopté sur la question coloniale une position réaliste et libérale, favorable à une émancipation progressive, mais en se refusant à assimiler la lutte nationaliste à celle du prolétariat mondial. Le Parti Constitutionnaliste de Cochinchine apporte immédiatement son soutien à Varenne, par ailleurs franc-maçon comme Bui Quang Chieu. La première mesure est une amnistie générale, qui permet la libération de Phan Boi Chau. Puis la loi française de 1881 sur la presse est déclarée applicable en Indochine, un progrès notable si les publications en quoc ngu n'en étaient exclues, donnant ainsi la mesure des intentions gouvernementales. D'autres décisions répondent cependant aux vœux de la population, présentés par le Constitutionnaliste Nguyen Phan Long : des Chambres de représentants élus à la place des assemblées consultatives en pays de protectorat, les voyages en France plus largement accordés aux étudiants vietnamiens, une Caisse de crédit agricole afin de faire échec à l'usure.

L'intelligentsia s'attendait à davantage. En mars 1926, la mort de Phan Chau Trinh et ses obsèques donnent lieu à des manifestations de ferveur et à de vastes rassemblements significatifs. Des incidents éclatent, des écoliers sont emprisonnés, ce qui déclenche une grève des écoles ; des journaux sont censurés ; Nguyen An Ninh, directeur de *La Cloche fêlée*, est arrêté. En Annam, l'autorisation de fonder un parti est refusée à Pham Quynh. Le Résident supérieur dénie même à la nouvelle Chambre des représentants le droit de discuter de problèmes politiques, entraînant la démission de quelques élus. L'expérience Varenne, trop hésitante et en butte à la réaction de défense de la colonie, échoue donc.

En France, le Cartel des Gauches cède d'ailleurs le pouvoir en juillet 1926 à un « gouvernement des centres » dirigé par Poincaré. Le ministre radical des Colonies, Léon Perrier, estime que le Parti Constitutionnaliste « en apparence d'allure modérée, (est) aussi funeste que le Parti extrémiste le plus nettement tranché. Le but est le même, les échéances varieraient seules et peut-être les moyens... ». Mais c'est surtout la colonie elle-même qui veille au grain. Enrichie par la prospérité, numériquement renforcée par de nouveaux venus d'Europe, encadrée par de puissantes sociétés capitalistes, elle a pris depuis la fin de la guerre une conscience plus forte de ses intérêts et de ses privilèges et elle est résolue à les protéger.

LA COLONIE DES ANNÉES VINGT

Les incertitudes de la paix, la crise économique latente, les difficultés de réadaptation après le long conflit, ont provoqué dès le début des années vingt un flux d'émigration vers de plus larges espaces, à la recherche de la fortune ou au moins d'un mieux-être. L'empire colonial s'offre à ces désirs, l'Indochine en particulier, avec le miroitement de son exotisme oriental et d'une nouvelle richesse prometteuse comme un Eldorado : le caoutchouc.

Ainsi que le souligne Malleret, on ne naît pas colonial, on le devient, et ce colonial n'est pas forcément, tel qu'on le représente trop souvent, une brute ni un héros. La mutation psychologique de celui qui part débute sur le bateau, seul moyen de transport alors possible : « C'est au-delà du 50e degré de longitude que l'on commence à prendre conscience de sa qualité d'Européen », écrit encore Malleret. Européen, c'est-à-dire ressortissant d'une contrée qui a imposé au monde son intelligence, son organisation, sa civilisation, et qui en est fière. La frontière mentale est le canal de Suez, dont le franchissement constitue une sorte de passage rituel, marqué par le blanchissement du costume et le port du casque et intérieurement par la libération des angoisses refoulées ou des doutes précédant le départ. Au-delà, s'ouvre un univers différent, peuplé de masses miséreuses jugées, au cours des escales, inférieures, prêtes à se laisser dominer ou acheter, quand elles ne sont pas déjà soumises. Ce sentiment de supériorité que sa force donnait au conquérant est d'autant plus fort chez celui qui débarque, la conquête faite, que le peuple d'Indochine a un comportement doux et docile. Roland Dorgelès, après avoir dénoncé les injustices dans son livre *Sur la route mandarine*, écrit avec condescendance : « C'est ici la grande force de ce peuple malingre. Il ne résiste pas, il s'adapte. Doué d'une faculté d'assimilation exceptionnelle, il épouse à l'instant les pratiques du vainqueur... » Et, s'interrogeant sur l'avenir, il ajoute : « Ce peuple trouvera-t-il un jour la force de constituer une nation ? Que va-t-il devenir, pétri par nous ? »

La conviction de cette supériorité s'appuie maintenant sur un système de société que l'arrivée en nombre des femmes d'Europe contribue à figer dans une hiérarchie et un cloisonnement racial et social assez stricts. Le temps des conquérants généreux et fous, des pionniers solitaires et des colons aux pieds nus, est révolu. Les hauts fonctionnaires et les directeurs de sociétés affichent leur mépris pour le « broussailleux » ou le petit Blanc « encongaïé », celui qui vit en concubinage avec une indigène (« con gaï » en vietnamien). A niveau égal de diplôme ou de capacité, le métis perçoit généralement un salaire supérieur à celui du Vietnamien, mais inférieur à celui du Blanc venu de métropole.

Le sortilège reste cependant vivace, passant souvent par la fumée brune de l'opium, ou le charme ambigu de la métisse, réputée ensorceleuse. Sans doute peut-il adoucir les mœurs et les clivages et inciter aux accommodements, mais si un désir sincère de compréhension existe chez nombre de coloniaux, les relations entre ces derniers et les colonisés relèvent trop souvent du rapport de forces. Violences à l'égard du coolie ou du domestique, morgue et tutoiement à l'égard du petit bourgeois, paternalisme à l'égard du bourgeois, sont générateurs de rancœurs profondes, et plus généralement répandus chez les petits Blancs, qui forment un important pourcentage de la communauté européenne et occupent des moyens et des bas emplois, où ils craignent la concurrence indigène montante.

La colonie, c'est aussi la piastre, dont le cours est élevé par rapport au franc, la piastre qui est une monnaie lourde aux mains des sociétés capitalistes, et capricieuse entre celles d'un petit colonat attiré par la spéculation sur le caoutchouc. Son importance est liée au prodigieux développement économique dont l'hévéaculture est l'exemple le plus spectaculaire : de 410 000 hectares plantés en 1910, les superficies s'étendent à 1 745 000 en 1920, puis 2 110 000 en 1925, pour atteindre 3 105 400 en 1930. L'industrie est également en pleine expansion, surtout en Cochinchine (rizerie, distillerie, sucrerie, mécanique, etc.) et au Tonkin (principalement mines et textiles), et dans une moindre mesure en Annam et au Cambodge. Le petit colonat agricole participe également de la prospérité, mais souvent séduit par les opérations spéculatives sur l'hévéa, il s'expose à l'endettement et à céder la place aux grandes entreprises.

Précisément, les sociétés capitalistes qui ont sièges ou antennes à Paris, et des porteurs de parts anonymes en métropole, sont des interlocuteurs de poids pour le gouverneur général, dont l'autorité a été solidement installée par Paul Doumer. L'omnipotent Comité de l'Industrie et du Commerce qui les représente en Indochine peut être considéré d'une certaine manière comme le maître de la colonie, car son investiture occulte et sa confiance sont indispensables au chef de l'administration coloniale pour bien gouverner. Avec leurs réseaux d'influence et leurs moyens de pression politique, les grandes compagnies sont capables d'influer sur le gouvernement en matière de nominations et de décisions. D'ailleurs, cette métropole qui ne semble s'intéresser à sa dépendance lointaine qu'en cas de crise ou de difficultés, ne s'en rapproche-t-elle pas quelque peu depuis l'installation, en 1924, d'un câble transocéanique entre Paris et Saigon ? Reste à savoir si les effets en sont aussi bénéfiques politiquement que techniquement. L'accusation de Malraux contre Varenne, quoique polémique, est tout de même significative : « Socialiste hier, aujourd'hui conservateur d'élite parmi les conservateurs de marque, encore une conversion sous le signe de la piastre ! »

La solidarité de la colonie est en tout cas quasi totale quand il s'agit de défendre le bastion de ses intérêts collectifs. Petits Blancs ou colons, fonctionnaires ou commerçants, rejoignent les grandes compagnies capitalistes pour s'opposer aux moindres infiltrations qui ont nom de réforme, et aux coups de pioche qui ont nom de critique. Malraux doit en faire la dure expérience après sa campagne pour dénoncer la corruption et l'injustice, et il doit abandonner le terrain, non sans lancer un appel au peuple français : « Il faut que la grande voix populaire s'élève et vienne demander à ses maîtres compte de toute cette lourde peine, de cette angoisse désolée, qui pèsent sur les plaines de l'Indochine... »

Cette lourde peine est particulièrement ressentie chez les coolies, ces travailleurs bien nommés, puisque ce mot vient du chinois « ku li », qui signifie force de peine, une main-d'œuvre très demandée en ces années de développement économique. Aux besoins des travaux publics, de l'armée, des diverses activités productrices, s'ajoute l'extension des plantations d'hévéas avec le nouveau boom du caoutchouc en 1925.

Liée à la progression continue de l'automobile et des pneumatiques, celle de l'hévéaculture productrice de latex est néanmoins soumise à une alternance de stagnation et de poussées de fièvre, en rapport avec les fluctuations du cours du caoutchouc. Les causes de celles-ci sont diverses, disparités géographiques et techniques, système financier et boursier, caractère de l'hévéa, un arbre qui exige en moyenne sept ans de soins avant de produire. De cette longue durée résulte un décrochement entre l'offre et la demande, dont les courbes ne coïncident qu'en de brèves périodes d'équilibre, offrant ainsi de larges possibilités de spéculation. Après une sévère dépression en 1922, l'appel du marché et la reprise des cours ont relancé la fièvre verte qui s'est emparée non seulement des coloniaux, mais de l'épargne métropolitaine tout entière. Les dividendes moyens de 3 à 4 pour cent en 1924 passent à 100 pour cent en 1925. C'est la ruée vers les titres et la frénésie dans les plantations, en Cochinchine et au Cambodge comme ailleurs, en Malaisie ou aux Indes néerlandaises.

En 1927, les terres nouvellement concédées à l'hévéaculture couvrent 200 000 hectares, les demandes de concessions dépassent 90 000 hectares, les besoins en coolies se chiffrent à 25 000. La main-d'œuvre étant insuffisante au sud, où la paysannerie est plus stable, les planteurs envoient leurs agents la recruter au nord, dans ce delta tonkinois surpeuplé et pauvre, où les paysans victimes des mauvaises récoltes et des calamités naturelles forment des légions de travailleurs peu exigeants et préoccupés de survie, très convoités également par des compagnies qui les envoient par milliers et dans des conditions inhumaines en Nouvelle-Calédonie, aux Nouvelles-Hébrides, à Tahiti.

Le marquis de Montpezat, grand patron et personnalité influente de la colonie, dénonce ces « jauniers qui enlèvent des bras précieux à l'Indochine dans des conditions odieuses... ». La campagne déclenchée et la polémique qui s'ensuit font apparaître un autre scandale, celui du sort réservé aux recrues dans les plantations sudistes : moyens d'embauche allant de contrats fallacieux aux pratiques magiques, violences, insuffisance de nourriture et d'hygiène, retenues abusives sur les salaires, usure et chantage des contremaîtres indigènes, etc. « La feuille d'hévéa est d'un vert magnifique, dit une chanson populaire, chaque arbre s'engraisse des cadavres des travailleurs. » Car la maladie, surtout le paludisme, et la dureté du travail frappent des organismes déjà fatigués. Il arrive aussi qu'un surveillant ait la main trop lourde, sans qu'il soit puni (quelques piastres de dommages-intérêts à la famille suffisent). En octobre 1927, Varenne délivre plusieurs arrêtés donnant des garanties aux coolies en matière de contrat et de logement, leur assurant une ration de riz minimum (70 g par jour), des soins médicaux gratuits, et un pécule de retour.

La mise en pratique de ces dispositions se révèle aléatoire, entravée par le mauvais fonctionnement et la concussion, également dénoncés par Montpezat. Le recrutement en arrive à se réduire, les candidats sachant désormais ce qui les attend au sud. Pourtant, le gouverneur général Pasquier, un ancien de la colonie qui passe pour être l'homme du Comité de l'Industrie et du Commerce, déclare : « Si une crise de recrutement existe, elle a pour principal motif un mieux-être évident des populations... » Il traduit de la sorte le sentiment général d'assurance de la colonie, et une obstination à ne pas voir le danger que recèlent pour elle les mutations de la société vietnamienne. On peut se demander si, hormis une minorité plus consciente ou plus réaliste, la collectivité blanche n'est pas victime d'une sorte de syndrome de Samson, redoutant qu'une compréhension trop active et une collaboration avec l'indigène ne lui fassent perdre sa force dominatrice.

Or le feu couve, avec des tensions annonciatrices de troubles et de violences, tandis que certains déséquilibres économiques provoqueront une crise.

RÉVOLTES ET CRISE (1928-1932)

Les déceptions accumulées et l'échec de l'expérience Varenne ont pour effet de radicaliser une bonne partie de l'intelligentsia. Hormis les Constitutionnalistes, nombre d'intellectuels, n'attendant plus rien des autorités françaises, s'orientent vers des voies plus extrêmes. Le mécontentement qui fermente au sein des nouvelles masses prolétariennes leur apporte un argument et une force qui l'orientera vers une action violente.

C'est dans cet esprit que se constitue en 1927, à Hanoi, le Parti national du Vietnam (Vietnam Quoc Dan Dang, ou V.N.Q.D.D.). Avec pour objectifs la libération nationale et la révolution sociale, son idéologie se réfère à un patriotisme confucianiste, aux idées de Phan Boi Chau, et aux trois principes de Sun Yatsen (Nationalisme, Démocratie, Socialisme ou Bien-être du Peuple). En Cochinchine, Nguyen An Ninh fonde une association aux tendances socialisantes et aux relents de société secrète. En Annam, le groupe Restauration (Phuc Viet) devient en 1927 Nouveau Vietnam (Than Viet), proto-communiste.

Parmi les options qui s'offrent alors à la radicalisation, celle du communisme a l'avantage, outre l'espoir qu'il représente pour les intellectuels de libération politique et pour les paysans de partage des terres et d'accession à la dignité de vie, d'apporter les structures et les méthodes de combat du Komintern, avec la promesse d'un soutien international, facteur considérable pour contrebalancer l'isolement et un certain sentiment d'infériorité à l'égard du pouvoir colonial. En effet, la IIIe Internationale adopte en 1928, lors de son VIe Congrès, une importante résolution liant la lutte des nationalismes coloniaux à celle du prolétariat mondial.

Le Thanh Nien vietnamien est pourtant en difficulté. A Canton, il doit rentrer dans sa coquille depuis la rupture en 1927 des camarades chinois avec le Guomindang de Tchiang Kaishek*, maître de la place. En Indochine, le mouvement se fractionne. Les divergences de vue sur la stratégie et la priorité à accorder aux objectifs — libération nationale ou révolution sociale — ont leurs sources dans l'opposition des générations, les rivalités de personnes, la diversité des origines et des caractères régionaux. Il en résulte qu'en 1929, il y a trois groupes, le Parti communiste indochinois du Tonkinois Ngo Gia Tu, dissident du Thanh Nien, la Ligue communiste indochinoise des Annamites, issue du Than Viet, et le Parti communiste du Vietnam établi en Cochinchine par le comité directeur du Thanh Nien. Chacun revendique l'exclusivité en sollicitant l'investiture du Komintern, et traite les autres d'opportunistes ou de faux révolutionnaires.

Sur le terrain, l'organisation en cellules et comités opère dans des zones réceptives, plantations cochinchinoises, grandes entreprises, régions très pauvres du Tonkin et de l'Annam. La propagande se fonde sur les revendications sociales (impôts trop lourds, conditions de travail, exactions et violences des surveillants, contremaîtres ou fonctionnaires) et les sentiments patriotiques, ne manquant jamais de faire appel à la mémoire collective des mythes anciens et des héros légendaires, devenus Génies tutélaires des communes. L'infiltration se pratique sous le couvert de sociétés de secours mutuel, de troupes théâtrales, ou d'associations sportives, spécialement de football.

L'agitation commence pratiquement en 1928, le V.N.Q.D.D. penchant davantage pour les actes de violence et les communistes pour les grèves. Mais elle est loin d'être généralisée. En février 1929, le recruteur général de la main-d'œuvre Bazin est assassiné à Hanoi : « Vampire qui suçait le sang des Annamites, nous avons eu le tien à notre tour ! » est-il écrit sur

---

* Tchang Kaï-Chek ou Chang Kaï-Chek.

une lettre laissée par les meurtriers. L'arrestation d'un de ceux-ci, un étudiant de dix-sept ans, fils de naturalisés, et des manifestations au Tonkin et en Annam déclenchent une vive réaction de la Sûreté qui procède à des rafles, dont le V.N.Q.D.D. fait les frais. Les tribunaux infligent des peines exemplaires à des centaines d'inculpés. Le parti nationaliste se lance alors dans une véritable fuite en avant.

A l'aube du 9 février 1930, dans la garnison de Yenbay, au Tonkin, des tirailleurs tonkinois se mutinent et tuent plusieurs officiers français. Certes, ils sont une cinquantaine sur un effectif de 600 à participer à la rébellion, et la Garde indigène reste loyale. Mais d'autres attaques ont lieu ailleurs, suivies de quelques troubles, révélant une action peut-être désordonnée, en tout cas concertée. C'est la stupeur dans la colonie, « un coup de tonnerre dans le firmament des rêves bleus », écrira un militaire français. Des tirailleurs ont osé se révolter ! La riposte est immédiate, à la mesure de l'émotion. Le soulèvement est vite écrasé. Cette fois, le V.N.Q.D.D. est pratiquement anéanti, son chef Nguyen Thai Hoc exécuté. Quelques rescapés parviennent à s'enfuir en Chine. On accuse les diables rouges, les bolcheviques, d'être les vrais meneurs.

En fait, les communistes sont encore en retrait. Ils fomentent quelques grèves, la plus notable à Phurieng, sur une plantation Michelin, le jour du Nouvel An lunaire, le Têt. Un millier de coolies, réclamant l'interdiction des brutalités, la suppression des retenues de salaires, l'exemption d'impôts, la journée de huit heures, une rétribution aux ouvrières en congé de maternité, etc., se rendent maîtres des lieux près d'une semaine. Mais l'événement important dans le mouvement communiste est en ce même mois de février, à Hongkong, l'unification des diverses fractions en un Parti communiste du Vietnam. Le maître d'œuvre en est Nguyen Ai Quoc, le protestataire du congrès de Tours, le collaborateur du *Paria*, le père du Thanh Nien.

Étrange personnage que celui-là, dont l'itinéraire est voilé de mystère. Hors du mythe constitué et entretenu, ce qu'on sait de sa vie est en effet plein d'incertitudes. Fils d'un mandarin révoqué par les autorités coloniales, il serait né entre 1890 et 1894, en Annam du nord, dans ce Nghetinh (contraction de Nghean et de Hatinh) voué à la misère et à la révolte. L'homme auquel on prêtera de 19 à 76 noms ou surnoms selon les biographes, s'est d'abord appelé Nguyen Sinh Cung, puis Nguyen Tat Thanh. En choisissant un jour Nguyen Ai Quoc, il a été saisi d'une inspiration aiguë. Ai Quoc signifie « qui aime son pays », patriote en somme. Le terme est du langage politique nouveau des deux premières décades du siècle, puisque autrefois l'amour du pays s'exprimait plutôt par la loyauté envers le souverain. Il a été popularisé par le mouvement de 1908, patronné par l'Empereur détrôné Duy Tan, et contient la notion d'attachement à la terre des ancêtres. La force de Nguyen le patriote a toujours été de revendiquer la filiation nationale, et après lui, celle du mouvement communiste de se référer au culte collectif des héros mythiques, du Seigneur Dragon Lac à Tran Hung Dao, en passant par les sœurs Trung.

Le patriote a cependant émigré. Aide-cuisinier sur un bateau français sous le nom de Ba, il est parti en 1911 vers l'Europe, s'initiant à l'Occident en Angleterre et en France. A Paris, il a retrouvé d'autres Vietnamiens, regroupés dans des associations clandestines, « Travailleurs d'outre-mer » ou « Patriotes vietnamiens ». Il racontera plus tard comment la lecture des « Thèses de Lénine » lui a fait crier, seul dans sa chambre : « Chers compatriotes opprimés et misérables, voici ce qu'il nous faut, voici le chemin de notre libération ! » C'est l'illumination. Après les activités que l'on sait dans la capitale française, il est allé en 1923 à Moscou s'abreuver aux sources de la foi et de la doctrine. Son autre visage s'est alors composé de colporteur de la Révolution prolétarienne en Asie.

Frêle, le regard fiévreux, il paraissait à tous ceux qu'il rencontrait à la fois modeste et fougueux, sans brio mais attachant. Remarqué par Arnoux, policier perspicace, il avait déjà ce côté évanescent et insaisissable qui lui a permis d'échapper à toutes les poursuites, de donner une impression d'ubiquité et même parfois de faire douter de son existence. En 1925, il était Vuong, fondant à Canton le Thanh Nien avec Ho Tung Mau, Le Hong Phong, et le fils d'un mandarin de Huê, Pham Van Dong, qui sera arrêté l'année suivante en Indochine et purgera six ans de bagne à Poulo Condor. En 1927, nouvelle disparition de Nguyen le patriote pour fuir la police de Tchiang Kaishek, et réapparition en 1930 à Hongkong, en unificateur.

En effet, il parvient à imposer aux diverses factions réunies en conférence clandestine les directives du Komintern en vue de renverser l'impérialisme, la féodalité et la bourgeoisie réactionnaire du Vietnam : formation d'un unique Parti communiste vietnamien (Vietnam Cong San Dang). Primauté doit être accordée à la Révolution, d'où la nécessité de prolétariser les partis. La conquête de l'indépendance figure au programme, mais sa relégation au second plan perturbe les sentiments patriotiques vietnamiens. La ligne internationaliste n'en sera pas moins confirmée en octobre 1931 dans une nouvelle conférence tenue également à Hongkong à des fins d'autocritique et de rectification, et le Parti devra abandonner, sur instructions du Komintern, l'étiquette nationale vietnamienne pour devenir Parti communiste indochinois, englobant donc Cambodge et Laos.

Dans le même temps, et depuis le 1er mai, une insurrection rouge se développe en Annam du nord, dans la province natale de Nguyen Ai Quoc. A l'initiative, semble-t-il, de comités locaux, c'est d'abord un mouvement de protestation social et national qui débute dans le Nghean. La région, déjà déshéritée avant l'arrivée des Français, est toujours accablée de misère, typhons, inondations ou sécheresses, surpopulation, disette chronique, qu'aggravent les problèmes sociaux de la paysannerie pauvre (impôts, endettement, usure, oligarchie des notables). Elle est en outre un bastion de résistance patriotique, une condition de plus pour en faire le creuset de rébellions, comme lors de la révolte des Lettrés. Bénéficiant d'abord de la complicité de la population, les insurgés installent dans les villages, d'où ils ont chassé l'administration légale, un pouvoir populaire. A l'automne, le mouvement gagne le Hatinh voisin. Mais il inquiète déjà.

Tant qu'il s'agissait d'abolir des taxes, de réduire les loyers, ou de distribuer du riz pris aux riches, c'était encore admissible, mais les excès viennent vite, avec les milices d'autodéfense qui se livrent à des règlements de comptes et à des liquidations, avec les confiscations et les redistributions de terres, ou les saccages de biens appartenant même à des paysans moyens. Les « soviets » effraient non seulement les autorités françaises, déterminées à écraser le serpent bolchevique, mais aussi une population qui n'est pas préparée à un tel bouleversement ni aux désordres.

Le rétablissement de l'ordre est brutal, avec intervention de la Légion étrangère et bombardement aérien des villages rouges. Il y a de nombreuses victimes. Les notables donnent la main à la répression et des paysans livrent même des cadres communistes. La révolte s'éteint en septembre 1931. Pour la population, l'épreuve s'aggrave d'une famine qui s'abat sur la région. Pour le Parti communiste, le bilan est très lourd. De nombreux leaders sont arrêtés, dans le Nghetinh et sur tout le territoire. Parmi eux figure le secrétaire général du Parti Tran Phu. Le Comité central est arrêté, les comités régionaux décimés, ceux du Nord et du Centre contraints de se dissoudre. Toute l'organisation est disloquée, sa reconstitution compromise pour des années. Les tribunaux ne montreront aucune clémence. « En tant que force agissante contre l'ordre public, pourra dire le gouverneur général Pasquier, le communisme a disparu. »

Si ce dernier a pu représenter pour nombre d'intellectuels de la petite bourgeoisie et même de la bourgeoisie un espoir, il fait maintenant peur à beaucoup d'entre eux par la haine de classe qu'il a manifestée. D'autre part, l'échec des révoltes démontre leur caractère prématuré, compte tenu du rapport des forces et du degré insuffisant de conscience politique de la masse. Les schémas marxistes ne sont pas forcément adaptés à la situation vietnamienne où la classe capitaliste est pratiquement inexistante et la classe ouvrière à peine en formation. Le temps est donc venu de reconsidérer les moyens et les méthodes de lutte, ainsi que de rechercher les responsabilités. Dans le cas du Nghetinh, celles-ci sont obscures, et l'on peut se demander si cet « aventurisme » n'a pas été dû à l'orgueil et à la précipitation aveugle de certains dirigeants qui auraient voulu installer des bases rouges à la façon des communistes chinois au Jiangxi. L'expérience sera condamnée en tout cas par le Komintern, qui englobera Nguyen Ai Quoc dans le blâme.

Coïncidence ou relation de cause à effet, l'unificateur entre pour sa part dans une période d'éclipse. D'ailleurs, recherché par la Sûreté française, il a été arrêté en juin 1931 à Hongkong par la police britannique, dans un vaste coup de filet lancé également à Singapour et à Shanghai pour démanteler l'organisation du Komintern en Asie orientale. On perd ensuite sa trace une nouvelle fois. On le croit même mort. Il n'en est rien et un nouveau mystère s'attachera à sa libération, car il reparaîtra sur la scène en 1940, lorsque l'entrée des Japonais en Indochine et la guerre mondiale modifieront les données du problème.

Pour l'heure, sa disparition correspond au reflux de la Révolution. Le Parti, exsangue, cherche son viatique sous l'aile de Moscou. Il y trouve la solidarité internationale, et l'appui du Parti communiste français en particulier. Le resserrement des liens avec le Komintern, apparent dans le congrès plus ou moins fantôme de 1935 à Macao, s'accompagne d'une mise en veilleuse des tendances patriotiques. Un élément positif est néanmoins paradoxalement délivré par la répression : une réflexion et une maturation importantes se produiront à l'ombre des prisons chez les quelque 10 000 militants et chefs condamnés. Poulo Condor et les autres lieux de détention, en rapprochant les révoltés dans la souffrance commune et en cultivant les germes de la haine et de la revanche, seront les véritables creusets de l'intransigeance révolutionnaire.

Pendant les troubles et, semble-t-il, sans interférence réciproque directe, sinon par un alourdissement du climat général, se développe une crise économique.

Bien avant le fameux « jeudi noir » de Wall Street, une baisse des cours du caoutchouc s'est amorcée en 1928, commençant de faire entrer l'hévéaculture dans cette sorte de dépression cyclique qui lui est particulière. En décembre 1929, le commerce du riz est frappé par une crise due à des spéculations hasardeuses des Chinois et à l'abus du crédit, bientôt suivie par un effondrement, au cours de l'été 1930, du prix de cette denrée, aliment principal et production clé du pays, par ailleurs composante essentielle des fermages et partielle des salaires. C'est l'enchaînement inéluctable, avec l'endettement déjà lourd des riziculteurs aggravé, puis la stagnation et la régression de la production. Le marasme s'étend à toute l'économie, culmine en 1932, jusqu'au retour à une situation normale en 1935.

Les conséquences sont importantes, car on peut y voir les racines de difficultés futures, en ce qu'elles vont constituer le fondement économique et social de la revendication nationaliste.

D'abord, la bourgeoisie vietnamienne elle-même est touchée pour la première fois dans ses intérêts. La concentration des terres et des plantations s'accentue au profit des grandes sociétés et des établissements de crédit, comme le Crédit foncier d'Indochine qui se distingue par son implacabilité, même à l'égard du petit colonat européen. C'est en effet le triomphe des prêteurs et des usuriers, tels que les Chettys indiens aux taux d'intérêt records. Les coolies de plantation, maintenant en surplus, les fermiers et les paysans sans terre, sont les plus directement atteints, tandis que les campagnes voient refluer peu à peu des villes les employés licenciés des grandes entreprises et des maisons de commerce. Il en résulte un surpeuplement rural accru, et à plus longue échéance une fermentation des esprits dans un sens politique, due à la conjonction de ces éléments de la petite bourgeoisie et du prolétariat paysan.

Le gouvernement de Paris, les autorités coloniales et plus généralement la colonie dans son ensemble, ne resteront pas sans réagir à cette phase critique qui a mis en lumière les défauts du système estompés les années précédentes par l'éclat de la prospérité. Des mesures seront prises pour y remédier ; mais selon une tradition décidément bien établie, elles ne procéderont pas d'un plan d'ensemble ni d'une véritable idée politique, et par conséquent ne régleront pas les problèmes fondamentaux.

Les échos des troubles, surtout ceux de Yenbay, ont projeté un nuage sombre sur l'Exposition coloniale de 1931, dont l'éclat a consacré le triomphe de l'Empire : « Il faut que chacun de nous se sente le citoyen de la plus grande France, celle des cinq parties du monde ! », avait déclaré le ministre des Colonies, Paul Reynaud, en l'inaugurant à Vincennes.

De fait, la conscience impériale s'était développée en métropole depuis la Grande Guerre, à laquelle les peuples coloniaux avaient participé en y laissant 71 000 « morts pour la France ». Bien que sa pénétration dans les couches profondes de la nation soit difficile à mesurer, elle s'était renforcée au doublement des échanges commerciaux de l'Empire durant les vingt dernières années. Des groupes nombreux et actifs, le prestige de personnalités telles que Lyautey, les ouvrages de voyageurs, avaient accru intérêt et curiosité pour les colonies. Bref, la France d'outre-mer, expression nouvelle, est désormais partie intégrante de l'Hexagone, élargi aux dimensions mondiales. Elle est débouché économique en même temps qu'expression de sa puissance. Aussi, les rébellions ont été perçues par le regard métropolitain comme une agression bolchevique plutôt que comme une manifestation de nationalisme. Au retour de son voyage d'enquête, Louis Roubaud n'a pas manqué, en manifestant sa sympathie pour les Vietnamiens, de glorifier « l'œuvre gigantesque de la France », et de souligner les deux traits essentiels de l'affaire selon lui : « l'incompatibilité d'humeur qui va s'accentuant d'année en année entre les hommes blancs et les hommes jaunes de ce pays, et l'habile exploitation de ce dissentiment par les communistes de la IIIe Internationale ».

Pour leur part, les partis de gauche, communistes et socialistes, font le procès de la « politique indigène » des autorités, soutenus par des intellectuels éminents comme André Malraux et André Gide. Plus largement, l'opposition critique s'insère dans un mouvement de pensée qui s'interroge sur la réalité de la supériorité occidentale et la finalité de la domination européenne.

Au niveau gouvernemental, rien ne semble changé dans le fond. Ainsi que le rappelle l'économiste Paul Bernard dans son ouvrage sur le problème économique indochinois, le ministère des Colonies, « enfant naturel né d'un accident, non reconnu, parent pauvre... ne possède ni service technique, ni service de statistique, ni de comptabilité, ni de contentieux, ni de propagande... ». Cela marque bien les limites des interventions ministérielles, généralement soumises aux impératifs de la politique intérieure ou à ceux d'une diplomatie très européenne.

Du voyage de Paul Reynaud dans la lointaine colonie, entrepris à titre d'information à la fin de 1931, il ne sortira guère qu'un projet de rajeunissement du Protectorat annamite, avec pour symbole et acteur le jeune prince Vinh Thuy, fils de l'Empereur Khai Dinh.

Âgé de dix-neuf ans, le jeune homme est vu par les Français comme un exemple d'harmonie culturelle entre l'Orient et l'Occident. Il a passé une dizaine d'années en France pour y recevoir une instruction occidentale sous la direction de l'ancien Résident supérieur Charles. De retour dans son pays en 1932 avec ce mentor, il assume aussitôt ses fonctions impériales sous le nom dynastique de Bao Dai. Il a le projet de ressaisir les rênes de l'administration intérieure, et de réformer un mandarinat quelque peu rongé par la décrépitude de la concussion. Avec ses manières et ses vêtements occidentaux, il fait sensation dans le pays qu'il visite et à la désuète Cour de Huê. Il fait appel à des hommes nouveaux : Pham Quynh, le journaliste tonkinois du *Vent du Sud,* partisan d'une Constitution dans un Protectorat éclairé, jugé nécessaire pour engager le Vietnam dans la voie du modernisme, Nguyen De, autre Tonkinois, et catholique, Ngo Dinh Diem, également catholique, mandarin de trente ans d'une vertueuse intégrité et nationaliste conservateur, qui est nommé ministre de l'Intérieur et secrétaire d'une Commission mixte de réformes.

Mais les garde-fous du Protectorat sont difficiles à franchir et le vieux mandarinat coriace. D'autre part, la jeunesse de Bao Dai et son occidentalisation ne sont pas forcément des atouts dans un pays où le grand âge est resté une vertu selon Confucius, et l'éducation à l'étranger suspecte à beaucoup, même si elle est enviée par certains. Les projets de réformes tournent donc court. Ngo Dinh Diem, dont la souplesse de caractère n'est pas le trait dominant, donne sa démission au bout de quatre mois d'expérience, suivi par Nguyen De qui choisit l'entreprise privée. Seul, Pham Quynh demeure au côté de Bao Dai, qui se résigne à un rôle d'apparat et de conservateur des rites. La Commission des réformes est ajournée *sine die.* La seule innovation notable sera le mariage de l'Empereur avec une jeune fille catholique, issue de la bourgeoisie terrienne de Cochinchine, et qui prendra le nom de Nam Phuong.

Les temps, en vérité, ne sont pas à l'ouverture politique. Yenbay et le Nghetinh sont trop proches pour que le pouvoir colonial songe à relâcher une autorité d'autant plus nécessaire qu'il doit faire face à une crise économique. Les procès des révoltés qui se poursuivront jusqu'en 1933 montrent au contraire que la tendance est à la répression exemplaire. Quant au gouvernement de Paris, il est plongé dans les remous d'une instabilité paralysante : de décembre 1932 à février 1934, cinq ministères se succèdent dans une atmosphère de disputes et de scandales (l'affaire Stavisky) qui débouchera sur une mise en question du système parlementaire.

La colonie tire cependant les leçons de l'épreuve. Yenbay a agité des consciences. Dans une élite européenne consciente de ses responsabilités, on perçoit la nécessité d'améliorer les rapports humains et une évolution commence à se produire dans ce sens. Mais on dissocie l'agitation révolutionnaire, qualifiée par le Résident Charles, mentor de Bao Dai, de crise de jeunesse : « Le pays a moins besoin d'avocats que de médecins et de techniciens... » Le progrès est en tout cas évident sur le plan matériel et social.

Les travaux publics se poursuivent. Le Transindochinois sera achevé en 1937. Mais surtout, un effort est entrepris en faveur des conditions de vie et de travail des coolies, particulièrement ceux des plantations. Les zones insalubres sont assainies avec l'aide de l'Institut Pasteur, faisant reculer paludisme et mortalité. On se préoccupe de la santé, de l'alimentation, du logement de la main-d'œuvre. On construit des habitations décentes, et dans les grandes entreprises, des villages pourvus d'hôpitaux, de crèches, d'écoles, souvent confiés au dévouement de religieux catholiques. Les salaires sont néanmoins problématiques avec la crise. Diminués en 1932, ils ne seront à nouveau augmentés qu'en 1937.

Il faut également parer à d'autres effets de la dépression. L'impôt personnel, très difficilement supporté par la masse de la population indigène qui tente de s'y dérober, est réduit en 1934 et 1935. En outre, la dette foncière des propriétaires riziculteurs, que frappe l'effondrement du prix de leurs produits, est aggravée par les conséquences d'une mesure financière : la stabilisation de la piastre à 10 francs. Celle-ci était en effet rattachée à l'argent comme la plupart des monnaies d'Asie orientale. La dépréciation de cet étalon et les fluctuations du taux de change ont conduit en 1931 le gouvernement français, soucieux de resserrer les liens impériaux, à cette décision et à rattacher la piastre à l'or. Celle-ci est donc réévaluée par rapport aux autres monnaies d'Extrême-Orient, ce qui place la production indochinoise, devenue trop chère, en position de faiblesse concurrentielle sur le marché asiatique. Or, ce dernier en absorbe la plus grande part : en 1931, 544 000 tonnes de riz, contre 309 000 pour la France. Certes, à terme, le débouché métropolitain compensera la perte de la clientèle d'Asie, mais dans l'immédiat, ce sont les riziculteurs de Cochinchine qui font les frais de la mutation.

Pour la première fois, la bourgeoisie sudiste, soutien privilégié du régime, est touchée. La solidarité avec les colons aidant, le serpent de mer de l'autonomisme cochinchinois resurgit, toujours nourri par une évidence : la vieille colonie, du fait de sa plus grande richesse, il est vrai entamée par la crise, a toujours été et reste la vache à lait des autres pays de l'Union selon Paul Doumer. Grâce à elle, le budget général peut secourir ceux, déficitaires, des protectorats. Le contribuable cochinchinois a donc le sentiment de payer l'équipement de ces derniers, plus particulièrement celui du Tonkin où les travaux d'infrastructure et la fonction publique sont des postes lourds. Les protestations des riziculteurs en sont d'autant plus vives. On voit en 1934 les riches bourgeois descendre dans la rue pour manifester. Une délégation est envoyée à Paris, et la campagne de presse incite au boycott de l'impôt. Des prêts fonciers calmeront les protestataires, avant que la dévaluation de la piastre et l'ouverture du marché français ne rétablissent leur situation.

La Cochinchine, en ces années de crise, voit aussi reparaître les pousses d'une nouvelle et prudente floraison révolutionnaire. Il n'est plus question, en effet, de prétendre s'emparer à visage découvert ou par la violence d'une scène que la répression a vigoureusement dégagée. Aux rescapés de celle-ci viennent se joindre de nouveaux éléments, ce qu'on appelle les « retours de France », où ils se sont initiés à la politique occidentale, en réfléchissant aux problèmes de leur pays. Adhérents du Parti annamite de l'Indépendance fondé à Paris par Nguyen The Truyen, ils sont marxistes et se sont impliqués dans la dispute Trotski-Staline qui a désintégré ce groupe. Ils en apportent avec eux les irréductibles germes de dissension, bien que dans un premier temps, ils se regroupent autour d'un journal, *La Lutte*, dans l'intention d'user des moyens légaux pour le combat révolutionnaire. A côté d'un Nguyen An Ninh, on trouve des trotskistes comme Ta Thu Thau, des stalinistes comme Duong Bach Maï et Nguyen Van Tao, des gauchistes comme Tran Van Trach. Manœuvrant sous le couvert de syndicats professionnels, d'associations diverses ou de mutuelles, le groupe parvient à enlever deux sièges sur les six accordés aux Vietnamiens à l'élection municipale de Saigon en 1933, puis quatre à celle de 1935.

Le fait est d'importance, car il montre l'efficacité de la voie légale, au moment où des changements d'ordre politique se préparent. Au cours de l'été 1935, le Komintern, auquel adhère officiellement le Parti communiste indochinois, décide un changement complet de tactique en prônant une tactique révolutionnaire plus souple afin de lutter contre le fascisme. La collaboration avec la bourgeoisie progressiste est désormais possible au sein de fronts démocratiques. En mai 1936, les élections françaises portent au pouvoir un Front populaire, provoquant chez les nationalistes et révolutionnaires vietnamiens un formidable espoir. Léon Blum qui a vitupéré la répression est président du Conseil. Marius Moutet, militant de la Ligue des droits de l'homme et garant légal de Phan Chau Trinh en France, est ministre des Colonies. A Poulo Condor, la nouvelle est accueillie au chant de *L'Internationale* et aux cris de : « Vive le Front populaire ! Vive l'amnistie du peuple français libérateur ! »

Précisément, une amnistie est accordée aux détenus politiques. Une commission d'enquête parlementaire pour les colonies est créée avec un sous-comité indochinois. Un code du travail est promulgué le 30 décembre 1936, interdisant notamment l'embauche des enfants de moins de douze ans et le travail nocturne des femmes et des enfants, et réduisant la durée du travail journalier. Jules Brévié remplace au gouvernement général Robin, devenu le symbole de la répression.

Aussitôt, le groupe de *La Lutte* lance un vaste mouvement en Cochinchine en faveur d'un Congrès indochinois destiné à établir un nouveau cahier de vœux. Journaux, pamphlets, réunions se multiplient. Quelque 600 comités d'action sont mis sur pied. Dans l'enthousiasme d'un premier temps, même des Constitutionnalistes se joignent au courant. D'ailleurs, le Parti communiste indochinois, respectant les directives du Komintern, est favorable à l'alliance sélective avec la bourgeoisie démocrate et même avec les « colonialistes antifascistes », à distinguer des « ultras ». Par une lettre ouverte, il propose aux autres formations politiques la constitution d'un front démocratique sans recevoir de réponse. Il organise néanmoins des grèves, en concurrence avec les trotskistes, actifs dans la région saigonnaise, en particulier à l'Arsenal de Saigon. Plus libre de ses mouvements en Annam et au Tonkin, le P.C.I. s'y manifeste à nouveau, renforcé par le retour des prisonniers amnistiés. Là aussi, il joue la carte de l'alliance démocratique.

Mais l'ampleur du mouvement du Congrès et l'agitation qui accueille l'arrivée en janvier 1937 de la commission d'enquête parlementaire dirigée par Justin Godart inquiètent la colonie, les autorités, et même le gouvernement de Front populaire, qui craignent la déviation du mouvement social vers la revendication nationaliste. Les modérés vietnamiens se sont d'ailleurs retirés d'un mouvement où la surenchère entre trotskistes et stalinistes laisse craindre des débordements. Le Congrès est interdit, les comités d'action dissous, des personnalités comme Ta Thu Thau, Nguyen An Ninh, Nguyen Van Tao, arrêtées. C'est la fin des illusions dans le camp révolutionnaire et nationaliste. Moutet s'est affirmé comme un socialiste de pouvoir, et le gouvernement de Front populaire comme un pouvoir d'Empire. L'un et l'autre se retirent de toute façon en juin 1937. L'expérience est close.

La déception n'a cependant pas les mêmes effets que celle ressentie dans les années vingt. L'échec du Front, dans lequel les communistes ont été impliqués, jette le désarroi dans les rangs de ceux-ci. Le groupe de *La Lutte* se désagrège, et le conflit latent entre trotskistes, déterminés à la poursuite du combat sans compromission, et stalinistes fidèles à la ligne d'alliance antifasciste, s'exaspère jusqu'à la rupture qui survient dès 1937, sans pour autant éteindre un antagonisme peu compréhensible à la masse et préjudiciable à ses intérêts. En vertu de la nouvelle ligne, le P.C.I. dissout ses organisations clandestines, associations paysannes, syndicats rouges ou Corps de jeunesse, et se camoufle derrière le masque plus anodin et légal des mutuelles de secours et des sociétés sportives ou culturelles. Contrairement aux trotskistes, adeptes de l'agitation et ennemis de toute compromission, il a pour avantage, en cette période de repli, sa souplesse d'adaptation, sa capacité d'organisation, et son intérêt pour la paysannerie. Il a surtout l'autre versant de son double caractère, ce nationalisme aux profondes racines patriotiques encore voilé par le masque internationaliste révolutionnaire de l'heure, mais que Nguyen le Patriote, absent des années trente, saura mettre en lumière l'occasion venue.

Car le sentiment national ne s'est pas étiolé. Le temps n'est sans doute pas à la revendication violente sous un pouvoir colonial bien affermi et plus soucieux qu'auparavant des problèmes sociaux. Mais si la répression a écrasé les groupes les plus déterminés après leurs tentatives de 1930-1931, et si une Sûreté efficace veille au grain, la conscience nationaliste s'est élargie de façon diffuse dans la population, par le triple effet des actions de l'intelligentsia, de la dureté répressive, et de l'expansion culturelle.

En effet, si l'analphabétisme est encore la dominante, le développement de la scolarisation et du quoc ngu ont permis à un nombre croissant de Vietnamiens, surtout dans les agglomérations, de manifester une grande soif d'apprendre, l'homme instruit, pour ne pas dire le lettré, restant au sommet de la hiérarchie des valeurs. L'intelligentsia, qu'elle soit engagée ou non, traditionaliste ou révolutionnaire, revendique toujours une plus grande ouverture des études secondaires et supérieures, demeurées le privilège d'une minorité bien que les autorités aient cherché dans les années trente à retenir les étudiants en Indochine pour ne pas les exposer aux tentations de la métropole. Elle a pris généralement conscience d'un devoir d'instruction et d'éducation à l'égard du peuple, soit par volonté moralisatrice, soit par prosélytisme politique.

Le dessein est mis en pratique par différents moyens et à plusieurs niveaux.

Sur le plan scolaire, les initiatives se développent hors du circuit public. Elles sont individuelles, par la pratique répandue des instituteurs vietnamiens de prolonger leur enseignement au-delà de leurs cours, ou collectives par la création d'écoles et d'institutions privées, surtout en Annam et au Tonkin, où elles sont l'un des moyens légaux utilisés par les communistes pour propager leurs idées. Un exemple est celui, célèbre, de Vo Nguyen Giap, qui participe à l'école Thang Long dirigée par Hoang Minh Giam, et à l'association pour l'expansion de l'étude du quoc ngu fondée sous le Front populaire.

D'un autre côté, les traditionalistes réaniment le confucianisme, perçu sous l'angle de la conduite morale et du respect dû aux valeurs de hiérarchie et d'autorité. C'est dans ce sens que sont orientés les écrits de Pham Quynh, qui croit au progrès dans l'ordre et à la nécessité du rite. Mais son langage, quelque peu passéiste, s'adresse à une élite et n'a pas un impact très large. D'autres auteurs, tels que Tan Da, participent de la même tendance. Les autorités coloniales les encouragent, car elles voient dans ce rappel aux règles traditionnelles un contrepoids aux influences subversives. Ce néo-confucianisme, qui n'est pas sans rapport avec le catholicisme par ce caractère d'encadrement moral, n'en a cependant pas la cohésion assurée par un clergé vigilant. Il s'accompagne néanmoins de références au passé patriotique, commun à tous les Vietnamiens.

Directement, ou indirectement, c'est au renforcement de la conscience nationale que concourt la floraison d'écrits de toutes sortes jaillie depuis le début des années vingt, journaux et manuels scolaires, romans et pamphlets politiques, livres d'histoire et biographies des héros légendaires vietnamiens ou de personnalités étrangères, telles que Sun Yatsen, J.-J. Rousseau, Lincoln. Avec la tolérance du Front populaire apparaissent même dans ces ouvrages des figures de la résistance aux Français, le De Tham, l'Empereur révolté Ham Nghi, le Lettré Phan Dinh Phung. Une controverse oppose modernistes et traditionalistes au sujet du *Kim van Kieu*, le roman de Nguyen Du écrit au début du XIXe siècle et devenu tout à la fois symbole et miroir de l'âme et de la culture vietnamiennes.

Adaptation du chinois ou création, réalisme historique ou interprétation poétique, sublimation psychologique ou critique sociale, le débat ouvert au XIXe siècle se poursuit donc et se poursuivra encore autour de ce conte amoureux qui possède, outre sa qualité littéraire, ce caractère évident : les Vietnamiens s'y reconnaissent tous d'une façon ou d'une autre, la plus profonde étant, au-delà des exégèses philosophiques ou sociologiques, la sentimentale. L'histoire de la belle et vertueuse Kieu est au fond la transcription romanesque et poétique de celle de chaque Vietnamien, avec ses bonheurs mélancoliques et ses malheurs tonifiants, sa capacité de survie et sa soumission au destin, sa liberté profonde et sa souplesse pragmatique, ses voluptés pudiques et ses faiblesses sentimentales, bref toutes les contradictions qui font la cohérence de sa personnalité.

Plus généralement, au fil de nombre des textes publiés dans l'entre-deux-guerres, la nouvelle terminologie lancée par les premiers mouvements revendicatifs modernes s'affirme et se complète. Des mots significatifs, familiers de l'intelligentsia, commencent à se répandre, tels que To Quoc (patrie), dong bao (compatriotes) ou doan ket (coalition), pour ne citer que ceux-là.

Un autre aspect de ce fourmillement est le succès remporté par le caodaïsme. Saint-Esprit, Satan, Spires de la Métempsycose, Ange de la Conscience, l'océan du Karma, ce vocabulaire exprime bien le syncrétisme — Graham Greene dira « le joyeux galimatias » — de cette religion fondée en 1919-1920 par un fonctionnaire cochinchinois adepte du spiritisme, Ngo Van Chieu. Puisant dans toutes les croyances qui se sont implantées dans ce Sud particulièrement réceptif, culte des Esprits et des héros nationaux, bouddhisme des deux Véhicules, taoïsme, confucianisme, la nouvelle secte vénère aussi bien Jésus-Christ que Guangdi, Victor Hugo que le poète chinois Li Taibo. Sous « l'Œil dans un losange », symbole de Cao Daï, la « Haute Terrasse », d'où la communication est possible avec les Souffles divins, un clergé et des fidèles pratiquent un culte hétéroclite, avec des rites cérémonieux, et des moyens de communication qui vont de l'eau bénite à la corbeille à bec, en passant par l'imposition des mains, le spiritisme et l'appel aux médiums.

Érigé en église, avec temple et « saint-siège » à Tayninh, le caodaïsme a d'abord été accueilli avec une indulgence amusée, avant d'inquiéter les autorités par son développement et surtout par l'évolution de son recrutement. Pris en main par un conseiller colonial habile en affaires, Le Van Trung, il a eu ses premiers succès dans la petite bourgeoisie des fonctionnaires et dans la classe des riches propriétaires terriens dont certains ont amené avec eux leur clientèle paysanne. Puis les adhésions sont venues de couches plus populaires, employés et travailleurs urbains, et même de la pègre de Saigon-Cholon. Suspecte de tendances nationalistes et de menées subversives pendant les troubles de 1930-1931, la secte a été l'objet de contrôles et de perquisitions. Des fidèles ont été arrêtés. Le Van Trung, pour sa part accusé d'escroquerie, s'est plaint de persécutions auprès du ministre des Colonies en protestant de son loyalisme. Il a fait alors état d'un million d'adeptes. Le chiffre est vraisemblablement excessif, mais Pham Cong Tac, qui prend en 1934 la succession de Trung, a encore fait progresser le mouvement.

Politiquement, c'est une force potentielle régionale qui bénéficie de la neutralité bienveillante du pouvoir au nom de la liberté des cultes. Georges Mandel, ministre des Colonies depuis avril 1938, lui accorde même une reconnaissance officielle. Pourtant, dès 1936, Pham Cong Tac a été mis en relation avec le prince Cuong De, par l'intermédiaire de l'importateur japonais Matsushita, un personnage que l'on retrouvera plus tard. C'était le vrai début de l'engagement du caodaïsme dans la collaboration nippone.

Aux approches de la guerre, la remuante Cochinchine plonge plus que jamais dans les profondeurs troubles des antiques croyances. Médiums, devins et prophètes sillonnent ses chemins boueux avec leur habileté à puiser dans les incertitudes et les angoisses du temps le pouvoir de s'ériger en maîtres des esprits et des corps. Ainsi en est-il d'un autre illuminé, Huynh Phu So, natif de la province de Chaudoc, qui aurait reçu la révélation du « Bouddha vivant » de la Montagne interdite, un devin exilé par l'Empereur en 1830 pour ses inquiétantes prophéties. Celui qu'on appellera « le Bonze fou », personnage au charme ambigu et à l'esprit instable, fonde la secte Hoa Hao, du nom de son village natal. Sur le plan de la croyance, il s'agit d'un nouveau mélange de foi bouddhique, de pratiques magiques et d'un patriotisme monarchiste personnifié par le prince Cuong De, promoteur de l'amitié japonaise.

Face à ces remous, et après les secousses survenues au cours de la décade, la bourgeoisie cochinchinoise est consciente des dangers auxquels elle est exposée. Car il n'y a pas eu que la grande peur de 1930-1931. Les initiatives gouvernementales ont également menacé ses intérêts, la réévaluation de la piastre en 1932 ou l'impôt « Front populaire » sur le revenu, qu'elle a dû combattre avec vigueur. Elle est politiquement représentée par le Parti Constitutionnaliste, qui a vu Bui Quang Chieu devenir grâce à Paul Reynaud membre du Conseil supérieur des Colonies. Malgré les brillantes foucades de Nguyen Phan Long, cette formation est jugée par l'intelligentsia vietnamienne trop inféodée au pouvoir pour prétendre à un développement. Un groupe de bourgeois, où les professions libérales figurent en nombre, décide en 1937 de fonder un Parti démocrate, sous la direction du Dr Nguyen Van Thinh, et avec un programme de revendications modérées sur les libertés fondamentales, la représentativité vietnamienne et le progrès social.

La colonie, quant à elle, ne semble pas s'inquiéter de ces courants, ni de leurs prolongements à long terme possibles. Il est vrai que les nuages annonciateurs du deuxième conflit mondial en dissimulent la discrète écume.

Les regards sont généralement tournés vers la métropole menacée, distante, et préoccupée du drame qui approche. De toute façon, l'indifférence à l'égard de l'Empire semble y avoir regagné du terrain. Dès 1935, Gabriel Hanotaux avait remarqué que « l'opinion s'était en quelque sorte endormie sur le succès de l'Exposition coloniale ». Et puis, le déficit du commerce avec les colonies s'étant accru au détriment de la métropole, la France d'outre-mer est apparue dans la deuxième moitié de la décade comme un fardeau économique et financier. Certains esprits songent même à l'utiliser comme monnaie d'échange dans un marchandage pacifique avec les régimes fascistes. L'idée est partagée par le président américain Franklin Roosevelt, ardent anticolonialiste. J.-B. Duroselle cite les chiffres d'un sondage opéré en février 1939 par l'I.F.O.P. nouvellement créé : 44 pour cent répondent non à la question : « Êtes-vous décidés à vous battre plutôt que de céder la moindre partie de nos possessions coloniales ? » ; 40 pour cent répondent oui et 16 pour cent sont sans opinion.

Pour le gouvernement, l'Empire reste un élément de puissance et un réservoir de forces. Prête à jouer ce rôle, l'Indochine n'en est pas moins soumise à des caractères déterminants : géographiquement, elle est partie de l'Asie du Pacifique. Économiquement, elle en dépend pour une bonne part. Sa population est en quasi-totalité de race jaune. Enfin, ce n'est pas l'Allemagne qui la menace, mais le Japon. De ces évidences et des contradictions qui en résultent, viendra la première fracture grave, celle qui entraînera les autres.

Deuxième Partie

LES FRACTURES
(1939-1945)

Chapitre premier

L'INDOCHINE ET LE JAPON

La Première Guerre mondiale n'avait provoqué aucune fracture ni dans la situation intérieure de l'Indochine, ni dans les rapports entre les peuples colonisés et le colonisateur. Au contraire, un espoir était né d'une meilleure harmonie, et si déceptions et crises ont pu ensuite mettre à jour les défauts et les déséquilibres du système, celui-ci pouvait apparaître, du moins à une élite coloniale consciente, susceptible d'évoluer vers une organisation plus juste.

« Nous goûtons la douceur d'être différents et ensemble », écrivait un administrateur éclairé comme Robert Delavignette après un long dialogue avec un Africain. Le professeur Girardet souligne avec justesse l'intérêt de ce mouvement de pensée vers un « humanisme colonial » débouchant sur l'idée d'une communauté fraternelle, non sans rappeler l'immobilisme des gouvernements qui en réduit la portée. D'une générosité prometteuse, l'effort se trouve confronté avec un bouleversement sans précédent qui engendrera la décolonisation et plongera plus particulièrement l'Indochine dans une tempête de trente ans.

Contrairement à celle de 14-18, la Seconde Guerre mondiale touche directement la colonie asiatique. Dans un Extrême-Orient transformé en champ de bataille, celle-ci est très vite isolée, livrée à elle-même et aux prises avec une série de contradictions graves : son appartenance à un autre monde économique et à un autre théâtre d'opérations que la métropole, la défaite de celle-ci en Europe, la scission de l'autorité gouvernementale, les divergences entre les Alliés sur les plans politique et stratégique, l'affrontement racial. Comment imaginer qu'elle puisse, dans ces conditions, échapper à d'inévitables fractures ?

LE GOUVERNEMENT DU GÉNÉRAL CATROUX (1939-1940)

Pendant que les légions hitlériennes piétinent une partie de l'Europe et menacent l'autre, l'armée japonaise fait retentir des clameurs aussi inquiétantes aux portes du Tonkin. Après avoir établi une tête de pont en Mandchourie et en Chine septentrionale, le gouvernement de Tokyo a entrepris depuis 1937 la conquête du vaste territoire chinois. Des succès foudroyants ont amené ses troupes jusque dans le sud, à Canton et à la capitale Nankin, obligeant Tchiang Kaishek et son gouvernement à se replier dans le Sichuan, à Chongqing. En 1939, elles sont à Nanning, dans le Guangxi, province limitrophe du Tonkin, et elles occupent l'île de Hainan.

Devant le double danger, Français et Anglais se concertent. Au cours des conversations qui se déroulent de mars à mai 1939, ils décident, en ce qui concerne l'Extrême-Orient, d'adopter une attitude défensive en attendant la possibilité ultérieure d'une offensive partant de l'Indochine. Le ministre des Colonies français Georges Mandel appelle alors le général Catroux à remplacer au poste de gouverneur général Jules Brévié, jugé trop formaliste et trop mou.

Catroux ne connaît pas le pays, mais c'est un chef énergique et intelligent, capable de promouvoir la remise en état rapide de la défense et la mobilisation des ressources, car le temps presse et les besoins sont considérables.

« La guerre est à nos portes et nous ne sommes pas prêts », lui dit Mandel avant qu'il ne prenne l'avion, le 22 août 1939, sans avoir pu rencontrer le président du Conseil, Daladier, trop préoccupé par la situation en Europe pour le recevoir.

Un plan de restructuration de la défense indochinoise a pourtant été élaboré à l'automne de 1938, et un emprunt lancé dans la colonie afin de le financer. A l'initiative de Mandel, la construction d'une usine d'avions Bréguet avait été entreprise à Tong, au Tonkin, mais on ne savait pas si les moteurs pourraient y être fabriqués, et au demeurant on comptait sur un délai de cinq ans pour mettre en route la première chaîne. Dès son arrivée, Catroux mesure l'ampleur de sa tâche, et se heurte aussitôt à une première contradiction.

A peine vient-il d'entrer dans le palais Puginier, siège du gouvernement général à Hanoi, qu'il reçoit l'ordre de mobilisation générale. Un jour plus tard, la guerre est déclarée en Europe. Or, l'appel sous les drapeaux des Français revient à priver la colonie de son encadrement, aussi bien dans le secteur public que privé. Mandel se fait tirer l'oreille pour en assouplir l'application et n'y consentira qu'après un échange de correspondance assez vif et l'enquête d'un de ses émissaires. Le principe subsiste en effet que le sort de l'Empire se joue sur les champs de bataille européens.

L'Indochine, comme les autres dépendances, et malgré les menaces particulières qui pèsent sur elle et son éloignement de quelque 15 000 kilomètres, demeure soumise aux impératifs prioritaires de la défense métropolitaine. Un plan Mandel est d'ailleurs consacré à fixer les modalités des services qu'elle devra fournir en hommes et et en produits. Il prévoit l'envoi de deux grandes unités militaires et de contingents importants d'O.N.S., et l'expédition de denrées diverses : riz, maïs, café, thé, caoutchouc.

Mais faute de transporteurs, des stocks pourrissent sur les quais, car l'administration centrale refuse, de Paris, les tarifs de fret des navires scandinaves, les seuls que leur pavillon neutre autorise à effectuer le voyage sans danger. Les liens vont d'ailleurs se distendre peu à peu entre la métropole et sa colonie, contraignant Catroux à amorcer une réorientation de l'économie indochinoise vers l'autonomie, dans le cadre de son appartenance régionale. Il lui faut ainsi se tourner vers Singapour pour écouler le caoutchouc, vers l'Inde pour les fournitures de fer et d'acier, vers les États-Unis pour celles de carburant et de camions.

Cependant, durant les dix mois qui s'écoulent du début de la guerre européenne à l'armistice de juin 1940, la situation politique est stable. La personnalité du gouverneur général s'impose à la communauté française qui a le sentiment d'une direction ferme. La bourgeoisie indigène affiche de son côté son loyalisme et contribue à la campagne de recrutement de la main-d'œuvre destinée à la France et qui connaît quelques difficultés. Sur l'effectif de 80 000 hommes demandés, 20 000 seulement partiront, outre 8 000 tirailleurs. La population reste dans l'ensemble paisible, les seuls remous ne pouvant venir que des communistes frappés par une nouvelle vague répressive.

En effet, après le gouvernement de Paris qui dissout le P.C.F. en septembre 1939, celui de la colonie interdit le P.C.I. et tous ses organismes annexes, journaux, mutuelles, associations, etc. De nombreuses arrestations sont opérées chez les trotskistes et les communistes. Celle de Ta Thu Thau parmi les premiers entraîne la destruction de son groupe. De nombreux leaders des seconds sont envoyés au bagne : le représentant du Komintern, Le Hong Phong, Le Duan, Duong Bach Maï, Nguyen Van Tao, Tran Van Giau, Tran Huy Lieu. Par contre, Vo Nguyen Giap et Pham Van Dong échappent à la Sûreté et disparaissent. Ils iront rejoindre Nguyen Ai Quoc en Chine.

En novembre 1939, le Comité central réuni à Hocmon, en Cochinchine, décide de créer un Front national uni contre l'impérialisme. La primauté passe à la lutte nationale contre les Français. C'est dans ce sens qu'une campagne est lancée contre l'enrôlement de travailleurs pour la France, par tracts et rumeurs où les ragots ont leur part, tels que le naufrage d'un transport de recrues à la suite d'une attaque de « ma qui», démons populaires qui se seraient déguisés en Allemands. Pour le gouvernement général, ce ne sont que piqûres d'épingle sans conséquences.

Mais l'annonce de l'armistice et de la défaite plonge soudain la colonie dans la stupeur et la consternation.

Le prestige de la métropole était jusqu'alors intact, préservé par l'optimisme délibéré des informations qui en provenaient. Le choc en est d'autant plus rude. Colons et colonisés ont de la peine à imaginer que la puissante métropole ait pu être battue, et battue si vite. Aucun Français, dans un premier temps, ne doute alors que le combat doive se poursuivre d'une façon ou d'une autre au côté des Anglais. Le 18 juin, jour du fameux appel du général de Gaulle, Catroux proclame qu'en aucun cas il n'amènera son pavillon.

Mais l'Allemagne est loin. Ce n'est pas elle que l'on redoute en Asie. Dès le lendemain, 19 juin 1940, le Japon cherche à profiter des circonstances et somme le gouverneur général de fermer la frontière sino-tonkinoise aux transports de tous les matériels américains débarqués à Haiphong et acheminés en Chine à travers le territoire de la colonie. Il veut même imposer un contrôle frontalier par ses agents. Sans réponse favorable dans les vingt-quatre heures, il déclencherait une action militaire contre l'Indochine.

LA POUSSÉE JAPONAISE

Ce n'est pas une surprise. Le feu couvait plus ou moins depuis 1937. Devant le péril nippon, le gouvernement français s'était rapproché de la Chine de Tchiang Kaishek. Avec tous ses ports bloqués, et la perte d'une grande partie de son territoire national, celle-ci était menacée d'asphyxie par la privation des fournitures en matériels et en carburant qu'elle recevait de l'extérieur. Afin de lui prêter main-forte, Georges Mandel avait autorisé le transit de ces marchandises par le chemin de fer du Yunnan, permettant ainsi au régime de Tchiang Kaishek de survivre. L'état de guerre n'existant pas officiellement entre la Chine et le Japon, ce trafic lui paraissait licite. Il se bornait à en exclure les armements, sans que cette limitation apaisât les protestations nippones. Paris ne croyait pas au fond que celles-ci pussent aller au-delà de la démarche diplomatique, car il jugeait les Japonais incapables d'élargir leurs entreprises au-delà de la Chine qu'ils auraient du mal à avaler, surtout au moment où ils risquaient des difficultés avec l'U.R.S.S. en Mandchourie.

Mais dans les derniers mois de 1939, à la suite de l'échec de leur offensive au Guangxi, les Japonais ont accru leur pression en déclenchant de violentes campagnes antifrançaises à la radio et dans leur presse. Ils ont envoyé un émissaire pour demander le contrôle des transports ferroviaires. Propos comminatoires et avertissements se sont succédés. En avril 1940, le danger se précise avec la concentration de navires de guerre à Amoy et la proximité de trois divisions de l'armée nippone, dite de Canton. Catroux a donc jugé bon de faire une concession. Le 16 juin, il ferme la frontière au passage du carburant, pensant ainsi gagner du temps pour organiser sa défense et chercher un appui extérieur.

L'Indochine n'est vraiment pas de taille à soutenir seule un conflit armé. Face aux forces japonaises aguerries et appuyées par une aviation et une marine qui se sont assuré la maîtrise de la mer de Chine, celles de Catroux sont insuffisantes et mal équipées. Dans les airs, on compte 17 avions de chasse Morane à l'origine destinés à la Chine et sans leurs canons de 20 mm livrés à celle-ci séparément, deux escadrilles de bombardement d'une dizaine d'appareils en tout et des Potez de reconnaissance. Sur l'eau, neuf bâtiments de combat comprenant un croiseur, deux avisos et quelques canonnières. Sur terre, pratiquement pas de blindés, si peu de camions qu'il a fallu au cours de manœuvres récentes au Cambodge réquisitionner des charrettes à bœufs pour assurer les services du train.

L'armement date généralement de la Première Guerre mondiale. L'effectif, après mobilisation, est de 90 000 hommes, parmi lesquels 14 500 Européens seulement. L'encadrement est insuffisant, la moitié de celui exigé par les règlements. L'organisation territoriale est fondée sur les vieux principes de la pacification. Il y a trois groupements : la division du Tonkin, la brigade d'Annam-Laos, la division de Cochinchine-Cambodge, et cinq territoires militaires qui couvrent la frontière septentrionale. Trois régiments « blancs », dits troupes de souveraineté, stationnés dans les capitales, deux mixtes et cinq de tirailleurs indigènes, composent l'infanterie, à laquelle s'ajoutent deux régiments d'artillerie et trois compagnies du génie. L'ensemble n'est en fait qu'une force de maintien de l'ordre intérieur, impropre à une guerre moderne imposée de l'extérieur.

Catroux se tourne donc vers les États-Unis qu'il suppose intéressés au statu quo dans la région. La réponse est nette : les États-Unis ne croient pas opportun d'entrer en conflit avec le Japon qu'ils laisseraient faire s'il agressait l'Indochine. Le secrétaire d'État Cordell Hull conseille même officieusement aux Français de céder aux demandes de Tokyo. Tout au plus l'ambassadeur américain fait-il une démarche verbale auprès du gouvernement nippon pour tenter de le calmer. Washington s'en tient à sa politique de non-engagement. Catroux envoie alors aux États-Unis une mission chargée d'acheter du matériel, notamment des avions et des canons de D.C.A. En attendant, il essaye d'obtenir du gouvernement français, nouvellement installé à Bordeaux, des expéditions d'armement et l'appoint des escadrilles du Levant. En vain.

Il se tourne donc vers les Britanniques, qui sont également sollicités par le Japon de fermer les frontières de Hongkong et de la Birmanie aux fournitures destinées à la Chine. Conjointement à cette demande, des troupes nippones viennent faire pression aux limites des Nouveaux Territoires, face au grand port de la côte chinoise. Churchill, tout entier à la guerre contre l'Allemagne et sans autre soutien américain que des conseils de fermeté, juge préférable de céder le 18 juillet 1940 aux exigences japonaises. Catroux ne saurait mieux faire que d'adopter la même solution.

Afin d'éviter un affrontement qui tournerait au désastre, il accepte non seulement de fermer la frontière aux matériels et aux carburants en transit, mais également un contrôle frontalier exercé par des commissions japonaises. Aussitôt, le gouvernement du maréchal Pétain le désavoue pour avoir accepté une intervention étrangère sur le territoire français sans consultation de l'autorité supérieure. Le ministre des Colonies, Rivière, qui ne paraît pas posséder une connaissance exacte des réalités, ajoute même qu'il serait avantageux de faire exercer le contrôle japonais en territoire chinois ! Le 25 juin, il décide enfin de remplacer Catroux par l'amiral Decoux, chef des Forces navales d'Extrême-Orient.

Mais Catroux ne s'en va pas. Il estime de son devoir de poursuivre sa tâche. Sûr d'avoir agi selon les intérêts de la France, il a télégraphié à Rivière : « Cet événement vous permettra de mieux saisir la déchéance dont la capitulation récente a frappé la France en Asie et de comprendre que l'heure n'est plus pour nous de parler ferme aux Japonais. Quand on est battu, qu'on a peu d'avions et de D.C.A., pas de sous-marins, on s'efforce de garder son bien sans avoir à se battre. On négocie. C'est ce que j'ai fait. » Et c'est ce qu'il continue de faire en s'engageant dans des pourparlers avec le général Nishihara, chef de la mission de contrôle.

Celui-ci lui propose une alliance défensive, qui permettrait le passage sur le territoire indochinois des soldats blessés évacués du Guangxi et des troupes montant à l'assaut de la province du Yunnan, autre objectif des forces nippones. Le ravitaillement de celles-ci et l'utilisation d'aéroports et autres installations militaires sont également envisagés, en échange de quoi le Japon reconnaîtrait la souveraineté de la France sur l'Indochine et les îles Paracels et Spratlys. Catroux est à nouveau désavoué. Le 20 juin 1940, il remet ses pouvoirs à son successeur qui lui reprochera d'être allé au-delà des exigences du Japon et d'en avoir ainsi aiguisé l'appétit.

En fait, le général a jugé la puissance et la détermination nippones impossibles à contenir autrement que par la conciliation. S'il n'a pas entraîné l'Indochine dans la dissidence où il s'engagera personnellement, c'est parce qu'il a estimé sérieuse la menace d'invasion formulée par le gouvernement de Tokyo. L'audace des militaires japonais qui, sans autorisation ni avis, font atterrir leurs avions sur les aérodromes tonkinois ou mouiller leurs navires de guerre dans le port de Haiphong montre qu'il ne s'agit pas d'un bluff.

Une réalité s'impose d'ailleurs avec évidence. Outre sa faiblesse militaire, l'Indochine est désormais complètement isolée d'une métropole elle-même réduite à l'impuissance et en rupture avec les seuls alliés possibles en Extrême-Orient, les Britanniques. De plus, sa population est composée de 25 millions d'indigènes de race jaune, sur lesquels 30 000 Blancs seulement exercent leur domination.

Pourtant, en accédant aux fonctions de gouverneur général, qu'il n'a acceptées qu'à l'insistance de Darlan, l'amiral Decoux se fait fort de résister aux exigences du Japon. Il le dit au général Nishihara. La réponse lui est retournée dans les termes d'un ultimatum par un officier arrogant et brutal, le colonel Sato : le projet d'alliance défensive, dont l'initiative est imputée à Catroux, implique une collaboration militaire avec droit de passage, utilisation d'aérodromes et autres facilités de transports, dont la pratique est demandée de toute urgence.

L'amiral Decoux en réfère à son gouvernement, selon une tactique d'atermoiement d'efficacité limitée, car les négociations sur le fond auront lieu au niveau gouvernemental, et il ne sera habilité à traiter que des conventions d'application. Il a beau assurer que l'Indochine peut et doit être défendue, et insister pour qu'elle ne soit pas transformée en un satellite du type Mandchoukouo, qui pourrait attirer des représailles chinoises, un accord est signé à Tokyo le 30 août 1940 : afin de permettre au Japon de régler ce qu'il est convenu d'appeler « l'incident de Chine », des facilités militaires lui sont accordées au Tonkin. En contrepartie, il reconnaît la souveraineté française et s'engage à respecter l'intégrité territoriale de l'Indochine. Il revient à l'amiral Decoux d'en déterminer la mise en pratique par une convention à établir avec le commandement japonais.

Un marchandage serré s'engage alors à Hanoi, avec pressions, menaces, démonstrations de force d'un côté, et manœuvres dilatoires ou refus de l'autre. Un nouvel ultimatum japonais y met fin le 19 septembre 1940 et la convention est signée le 22. Les Japonais obtiennent l'utilisation de trois aérodromes tonkinois, le stationnement de 6 000 hommes au nord du fleuve Rouge, le transit de leurs troupes, à condition que l'effectif total sur le territoire n'excède pas 25 000. En outre, sous réserve d'un arrangement particulier, une division de l'armée de Canton serait autorisée à traverser le delta afin d'être relevée. C'est cette unité qui va provoquer un incident grave et significatif.

En violation plus ou moins délibérée de l'accord, elle déclenche dans la nuit du 22 au 23 septembre une attaque contre Langson, dont elle s'empare après de violents combats qui font quelque 800 morts dans les rangs franco-indochinois. Le calme ne revient que quatre jours plus tard, alors qu'un autre incident survient à Doson, un des postes qui commandent l'entrée de la rivière de Haiphong. Des éléments japonais y débarquent et l'affrontement n'est évité que de justesse.

L'affaire de Langson révèle non seulement la détermination brutale de l'armée nippone, mais aussi la faiblesse de l'armée d'Indochine. Sinistre répétition de celle de 1885 qui fit tomber Jules Ferry, elle en évoque certains traits dramatiques : une unité française est prise sous son propre feu et dans un mouvement de panique, une batterie est mise hors service par ses servants qui jettent les culasses dans la rivière même où autrefois le colonel Herbinger avait fait précipiter le matériel et l'argent de la colonne Négrier. En faisant repêcher les unes, on retrouvera les autres. Mais il y a plus grave. Avec la désertion massive d'éléments recrutés en Haute-Région tonkinoise, le loyalisme des troupes indigènes se révèle très fragile.

A l'instar de son prédécesseur, l'amiral Decoux prend conscience d'une autre évidence, l'abstentionnisme américain. A peine Washington consent-il à une démarche d'ambassadeur qui accuse bien plus l'absence de volonté que le silence total. Le statu quo dont les États-Unis prétendent désirer le maintien reçoit pourtant un sérieux coup de patte de l'ogre qui est maintenant dans la place et qui entend bien pousser son avantage.

L'agression thaïlandaise contre l'Indochine à l'automne de 1940 va lui donner l'occasion de peser de tout son poids sur une colonie plus esseulée que jamais.

Dès septembre 1940, profitant des difficultés françaises, la Thaïlande a fait valoir des revendications sur les territoires laotiens de la rive droite du Mékong. Puis, avec la complicité du Japon qui lui fournit des armes et dont les agents sont très actifs à Bangkok, elle se livre à une série de provocations le long de la frontière, avant de passer à des attaques terrestres et aériennes. Les Français ripostent et déclenchent en janvier 1941 une offensive qui échoue. Les mêmes faiblesses qu'à Langson s'y révèlent. Outre des problèmes de concentration de troupes, des unités indigènes se débandent et désertent. La Marine sauve heureusement la face en infligeant à Kohchang une sévère défaite aux Thaïlandais qui y perdent leurs meilleurs bâtiments.

Une fois de plus, les tentatives de l'amiral Decoux en vue d'obtenir aide et armement de Vichy et de Washington sont infructueuses. La mission d'achat envoyée par Catroux en Amérique revient bredouille. A l'appui de leur refus, les États-Unis invoquent la crainte que leur matériel ne tombe entre les mains japonaises. Quant aux Anglais, ils refusent au gouvernement français le passage de quatre bataillons stationnés à Djibouti.

En l'absence de toute intervention extérieure, le Japon peut à loisir imposer sa médiation. Étrange médiation qui impose à la France un traité, signé à Tokyo le 9 mai 1941 et favorable aux Thaï : le Cambodge y perd la province de Battambang et un territoire le long du massif des Dangkrek ; le Laos, deux territoires sur la rive droite du Mékong. Poursuivant sa progression à coups d'ultimatum, le Japon obtient encore de Vichy de nouveaux avantages : par l'accord Darlan-Kato de juillet 1941, ses forces ont accès à toute l'Indochine, et sans limitation d'effectifs. Le principe d'une défense commune est également posé. Ces concessions françaises sont d'autant plus lourdes qu'elles sont faites à quelques mois de Pearl Harbor et de l'embrasement généralisé du Pacifique. Elles sont considérées par le gouvernement américain comme une transformation dangereuse de la colonie en marchepied de l'expansion japonaise vers la Malaisie, les Indes néerlandaises, voire les Philippines. Cela lui paraît si grave qu'il propose la neutralisation de l'Indochine au Japon. Celui-ci refuse. La péninsule est pour lui une pièce trop importante sur l'échiquier du Pacifique occidental.

Mais pour la France, la perle de l'Empire s'éloigne de son horizon. Le blocus va l'isoler, et le général de Gaulle pourra écrire plus tard : « A moi-même, menant une bien petite barque sur l'océan de la guerre, l'Indochine apparaissait alors comme un grand navire désemparé que je ne pourrais secourir avant d'avoir longuement réuni les moyens du sauvetage. »

Désemparé ? Le « grand navire » est certes abandonné à son sort. Mais il ne sombre pas, malgré la tempête qui fait rage. L'amiral navigue en effet dans des eaux qu'il estime abritées et neutres. Le pari est difficile à tenir, car cette neutralité consiste à résister aux pressions nippones et en même temps à rester fidèle à un gouvernement collaborationniste. D'autre part, s'il tient la barre, il partage l'habitacle avec des gens qui ne sont pas de simples comparses.

Son régime si controversé ressemble à une sorte de ménage à trois dans lequel chacun semble trouver son compte : le colonisateur, encore maître en titre et pourvu de ses privilèges, l'intrus qui détient en fait la clé du jeu, et le colonisé dont la masse attend, prête à tirer parti de la rivalité des deux autres pour gagner ses faveurs. Ce modus vivendi n'exclut pas évidemment bon nombre d'arrière-pensées que l'occasion fera éclore, mais pour l'heure, le pilote continue, à n'en pas douter, de maintenir son prestige et de jouir du respect général.

L'amiral est à vrai dire peu avenant, mais d'une dignité et d'une réserve qui en imposent. Sûr de ses options, obstiné, il a un sens indestructible du devoir. C'est un marin, avec ce que cela implique de tradition et d'orgueil, surtout en cet Extrême-Orient qui a été si longtemps l'apanage de la glorieuse « Royale ». Héritier des amiraux de la conquête, il en fait revivre les manières, en particulier dans ce palais des Gouverneurs, bâti à Saigon par l'amiral de La Grandière. Il y flotte un air de vaisseau de commandement, avec cette architecture aérée comme ouverte au vent du large, et ce matelot en grande tenue, veillant la hallebarde au poing, sur le cabinet du gouverneur, entre les bustes de Charner et de Rigault de Genouilly.

Imbu de la grandeur de l'Empire, il est d'un patriotisme absolu. La division des Français, l'attitude des Britanniques, ces éternels rivaux des mers lointaines, la tragédie de Mers el-Kébir, ont pesé lourdement sur son choix politique. Son engagement dans la Révolution nationale du maréchal Pétain est sans faille, et durant les premiers temps quelque peu excessif et ostentatoire. Il crée une Légion des combattants et des volontaires de la Révolution nationale à laquelle il tient à voir s'inscrire tous les fonctionnaires. Il épure l'administration des juifs et des francs-maçons. De même qu'à bord d'un navire, la mutinerie est gravement réprimée, il sévit avec dureté contre toute dissidence et vitupère violemment les gaullistes, jetant sans ménagements en prison ceux qui veulent partir rejoindre la France libre, comme l'aviateur Labussière, ancien pilote des Tigres volants du général Chennault, ou bien ceux qui tentent de pénétrer dans la colonie comme Pierre Boulle, le futur auteur du *Pont de la Rivière Kwaï*.

Nommé haut-commissaire pour le Pacifique, il envisage une expédition militaire avec couverture navale japonaise contre la Nouvelle-Calédonie qui vient de rallier de Gaulle. C'est Vichy qui l'en dissuade. A l'inverse, il tolère avec indulgence les excès d'une certaine presse, en particulier ceux du journal *L'Impartial* de Maurice Bernard en faveur de l'Allemagne.

Mais celle-ci est bien lointaine, et ce que la communauté française retient de la propagande officielle serait plutôt le resserrement national derrière son chef pour accomplir une traversée périlleuse dont on ne sait quand et comment elle finira.

Face au Japonais, ce Jaune arrogant qu'on déteste — mais qu'on est bien obligé de supporter —, la voix du Maréchal répercutée par l'amiral peut être réconfortante, surtout quand elle prononce des mots tels que ceux-ci : « La patience est aujourd'hui la forme la plus méritoire du courage. » Par conviction, nécessité, ou résignation, la grande majorité des Français, après le coup de massue de la défaite en Europe, se rallie au gouverneur général. Dans la torpeur des soirées de désœuvrement, on aime à imaginer que Pétain et de Gaulle jouent ensemble une comédie destinée à tromper l'Allemand et que plus tard, tout s'arrangera dans la meilleure des « France », unie à nouveau.

En fait, c'est la force des réalités qui s'impose. Elles ne sont d'ailleurs pas toutes à déplorer. On jouit de la paix, on mange à sa faim. Si certaines denrées viennent à manquer, comme le vin, le beurre, la farine, on s'en prive ou bien l'on se contente d'ersatz fabriqués par des imaginatifs, un paddy-soda au lieu de whisky, une mixture de mangoustan au lieu de vin, par exemple. De la seule noix de coco, on va tirer une quarantaine de produits. Les moteurs automobiles sont convertis à l'alcool. Des planteurs parviennent même à fabriquer du fromage, qu'on mange avec du pain de riz. Pour le reste, le gouvernement de l'amiral parvient à maintenir une activité économique continue.

Bref, hormis quelques excités lancés à la chasse aux gaullistes et aux francs-maçons, les Européens mènent une vie paisible, un peu morne, teintée d'une nostalgie qui se mêlera peu à peu, au fil des années d'isolement, lorsque le climat aura usé l'organisme, d'une certaine claustrophobie. En tout état de cause, ils peuvent s'estimer heureux de garder la totalité de leurs privilèges et de leur pouvoir sur la population indigène, malgré la défaite de la métropole et l'intrusion des Japonais.

Car la colonie reste la colonie. Des troubles ont bien agité à l'automne 1940 la zone frontière du Nord, et le delta cochinchinois. Ils ont été durement réprimés. En effet, alors que les Japonais forçaient Langson, des groupes armés leur avaient emboîté le pas. Partisans du prince Cuong De, communistes de la minorité ethnique tho, ou bandes de hors-la-loi réfugiés dans les montagnes, ils assaillaient les petits postes français, massacraient notables et soldats égarés, harcelaient les unités de l'armée coloniale en déroute. Dès le mois suivant, ils étaient dispersés par celle-ci, revenue en force après le règlement de l'incident de Langson.

L'insurrection du Sud a été plus sérieuse. Les communistes cochinchinois avaient été les plus sévèrement touchés par la répression de l'année précédente ; 800 d'entre eux avaient été arrêtés. Leur comité régional, décidé à l'action, attendait l'opportunité de provoquer un soulèvement. Il a cru la voir dans l'affaire de Langson et le conflit thaïlandais. La décision n'a pas été unanime selon ce que l'on en sait. Mais aussi grand qu'était le risque, il l'a pris avec une précipitation où se mêlaient une rage vengeresse et une mauvaise appréciation de la réalité. Déclenchée le 22 novembre 1940, l'insurrection a été vite étouffée à Saigon-Cholon. La Sûreté, prévenue, avait mis en place son dispositif. Par contre, dans les provinces rizicoles de l'Ouest, en particulier celle de Mytho, une activité de guérilla s'est développée durant plusieurs semaines. Les « pirates » auraient été une quinzaine de mille. Sommairement armés, ils s'attaquaient aux centres administratifs, aux fonctionnaires et aux notables vietnamiens dont une trentaine ont été assassinés. Dans certains villages, on a vu des tentatives d'instauration de pouvoir populaire, avec drapeau rouge et confiscations de biens.

La réplique de l'administration a été tranchante. Après l'échec de Langson, l'armée avait besoin de reprendre confiance en elle-même et le pouvoir de réaffirmer sa force. L'aviation et la Légion étrangère ont été engagées dans les opérations. Il y a eu un nombre de tués variable selon les sources, une centaine d'après les chiffres officiels, plus de 5 000 si l'on en croit les historiens communistes. Les arrestations ont oscillé entre 6 et 8 000. Les cours martiales ont prononcé plus de 100 condamnations à mort, dont celle de Nguyen Thi Minh Khai, première femme membre du Comité central, et la première également à subir cette peine pour motifs politiques. Aux incitations à la clémence du ministère des Colonies, Decoux a opposé un refus catégorique, la défense de l'Indochine exigeant des châtiments exemplaires. En province, des exécutions ont eu lieu en public. Le Parti communiste, seul opposant dangereux, disparaissait de la scène pour un temps.

La flamme révolutionnaire n'est cependant pas morte. Tandis que les camarades du Sud paient chèrement leur initiative hasardeuse, Nguyen Ai Quoc est en Chine. Sans doute tire-t-il les enseignements de l'erreur d'appréciation sudiste quant au « thoi co », l'occasion favorable qui, selon l'adage, ne se produit qu'une fois tous les dix mille ans et qu'il faut savoir saisir. Il en est en Cochinchine comme au Nghetinh dix ans plus tôt. La faute réduit à néant tant d'efforts qu'il est nécessaire de réviser la stratégie. La survie du mouvement en dépend.

Au printemps de 1941, Nguyen Ai Quoc franchit la frontière du Tonkin. Il ne va pas plus loin que Pacbo, en Haute-Région, près de Caobang, là où doit se tenir le 8e Plénum du P.C.I. Les membres du Comité central présents viennent du Centre et du Nord. Ils sont jeunes, la trentaine au plus. Parmi eux, un homme semble se distinguer par sa personnalité et son radicalisme : il s'appelle Dang Xuan Khu, mais le nom qu'il adoptera quelques années plus tard révélera ses tendances : Truong Chinh, qui signifie « Longue Marche ». Il est secrétaire général du Parti et il croit au rôle avant tout révolutionnaire et socialiste de celui-ci. Mais ce « maoïste » avant la lettre n'ose toutefois se dresser contre celui que tous respectent, Nguyen le Patriote, ce bambou dur qui sait fléchir sous l'ouragan sans se briser, ce fondateur du Parti habile à faire prendre les virages les plus aigus au véhicule rigide de la doctrine fondamentale.

Nguyen Ai Quoc est le plus âgé de tous. Il vient de dépasser la cinquantaine, un motif de respect même pour des révolutionnaires qui prétendent avoir épousseté leur esprit des antiques vertus confucéennes, trop profondément ancrées dans leur âme pour disparaître aussi facilement. Il est le Janus de la Révolution. Homme du Komintern, il reste vietnamien avant tout. De sa voix douce et persuasive, il fait comprendre aux tenants de l'idéologie radicale que l'heure n'est pas aux grandes envolées prolétariennes qui s'écrasent si vite sur les baïonnettes de la répression. Priorité doit être donnée au combat contre l'ennemi de la patrie, l'oppresseur colonialiste. Sans oublier pour autant l'exploiteur de classe, féodal et grand propriétaire, il convient de n'affronter qu'un adversaire à la fois, donc d'ajourner la révolution agraire à un temps plus opportun, et de concentrer ses efforts sur la lutte nationale. Il faut donc rassembler tous les patriotes, quelle que soit leur catégorie sociale, en un front commun :

« Them ban, bot thu. »

« Ayons davantage d'amis et moins d'ennemis. »

Les radicaux du Comité central du Parti, le futur Truong Chinh, Hoang Quoc Viet, Hoang Van Thu et Phung Chi Kien, s'inclinent. Pour concrétiser la grande alliance patriotique, le Plénum décide la création d'un nouvel organisme en remplacement du vieux Front démocratique indochinois devenu inadéquat. Il s'intitulera « Ligue pour l'indépendance du Vietnam », en vietnamien « Vietnam Doc Lap Dong Minh », ce qui donnera en abrégé Viet-Minh.

Comme ce nom l'indique, le Viet-Minh est proprement une affaire vietnamienne, à l'exclusion des autres Indochinois, Cambodgiens ou Laotiens. Il n'est désormais plus honteux de manifester quelque chauvinisme. Mais il n'est pas question de noyer le parti dans ce qui doit être une organisation frontale, dont il tient les fils et derrière laquelle il regroupe au contraire ses nombreuses ramifications : associations pour le Salut national, associations de jeunesse, des femmes, des ouvriers ou des militaires.

A la base, le noyau est toujours la cellule. Limitée dans son effectif, elle est plus que jamais tenue à des règles très strictes de sécurité et de secret. Les communications directes entre cellules sont par exemple bannies, une condition essentielle pour mener à bien les activités clandestines de propagande et d'infiltration face à une double police, celle des Français et celle des Japonais. Sur le plan géographique, l'organisation en circonscriptions, villages ou quartiers de cité, communes, secteurs, et provinces, se précise par un regroupement en trois pays : le Nord ou Bad Bô (Tonkin), le Centre ou Trung Bô (Annam), le Sud ou Nam Bô (Cochinchine).

Le Viet-Minh est un instrument qui se doit d'être souple afin de pouvoir s'adapter aux circonstances. Son rôle primordial est le contrôle et la mobilisation des masses en vue du combat contre l'agresseur impérialiste, qu'il soit français ou japonais. Son objectif est l'édification d'une république démocratique vietnamienne. Son arme sera une armée nationale révolutionnaire, du type de l'armée populaire de libération chinoise, fondée sur les principes de la guérilla et de la primauté du politique sur le militaire.

Un modeste embryon existe dans le repaire de la Haute-Région où s'élabore le grand projet. Mais c'est sans doute pour le développer que Giap et Pham Van Dong, deux des fidèles de Nguyen Ai Quoc, sont désignés pour se rendre à Yanan, la capitale maoïste. Ils ne pourront y parvenir, mais des conseillers chinois viendront à Caobang, ainsi que le futur maréchal Ye Jianying. Un groupe d'entraînement spécial sera constitué dans le Guangxi, près de Liuzhou. Nguyen le Patriote lui-même se rendra en Chine pour y chercher des appuis.

Cela posé, il reste à préparer l'insurrection, en guettant le moment favorable. Il semble que la mise sur pied et le développement de la nouvelle ligue incombent surtout au groupe de Nguyen Ai Quoc et de ses proches compagnons, tandis que l'organisation clandestine dans le delta du fleuve Rouge est l'apanage des spécialistes du Comité central du P.C.I., le futur Truong Chinh et ses camarades. L'ouvrage est de part et d'autre considérable. Il n'est que d'observer ce qui se passe alors dans la colonie, parfaitement dominée par ses maîtres, pour se rendre compte que la poignée de révolutionnaires groupés autour du plus inspiré et du plus obstiné d'entre eux a besoin de se souvenir des vers de Nguyen Trai, le ministre du Roi, héros du XVe siècle, Lê Loï, en lutte contre l'envahisseur chinois :

« ...C'était le temps où l'ennemi était en pleine puissance.
Les hommes de talent étaient dispersés comme les feuilles en automne,
Les héros rares comme les étoiles du matin...
Le Ciel voulut ces épreuves pour me transmettre ses responsabilités,
Aussi redoublai-je d'énergie pour surmonter les dangers.
Autour de mon étendard je rassemblai les hommes de tous les horizons.
Partageant mon vin, des liens de père et de fils nous unissaient... »

DECOUX, LES INDOCHINOIS ET LE JAPON

Le peuple est alors pratiquement une abstraction pour ce Viet-Minh isolé dans le fin fond de sa montagne. Il vit humblement, comme toujours, mais dans la paix, indifférent aux événements extérieurs, préoccupé de son existence quotidienne, dont les conditions n'ont pas empiré depuis la guerre et depuis le blocus anglo-saxon.

L'interruption des échanges traditionnels, en particulier du commerce avec la France, a contraint le gouvernement général à prendre le contrôle de l'ensemble de l'économie, notamment des productions essentielles et des adaptations rendues nécessaires par la pénurie de certains produits. Les prix restent donc stables, celui du riz surtout dont les quantités importantes doivent être exportées au Japon. Mais l'extension des terres cultivables, et le développement de certaines productions, tels que les cultures textiles, les oléagineux, la quincaillerie, la poudre noire pour les mines, le chlorate de potasse pour les allumettes, et même la fonte et les pneumatiques, offrent de nouveaux débouchés à la main-d'œuvre, ainsi que les grands travaux publics entrepris par l'administration sur une échelle sans précédent dans la colonie.

Routes et ports sont étendus et améliorés, mais c'est surtout l'hydraulique agricole qui réalise des progrès considérables : canaux, barrages et réserves d'eau permettent l'aménagement de dizaines de milliers d'hectares. Ainsi les « casiers » tonkinois de Hadong Phuly, de Namdinh et de Thaïbinh, les barrages de Xuandong et de Liet Son en Annam, le quadrilatère Rachgia-Hatien-Chaudoc-Longxuyen et le barrage de Bentre en Cochinchine, les régions de Kampot et de Siemréap au Cambodge. Un premier barrage hydro-électrique est érigé à Angkroet, près de Dalat. Enfin, d'importants travaux sont effectués dans les villes, selon un plan d'urbanisme qui s'inspire des principes d'esthétique et d'hygiène de la Révolution nationale.

Jamais non plus le pouvoir colonial ne s'est tant préoccupé de ses sujets indochinois. Il bannit des frontons officiels le mot « indigène ». L'intention va dans le sens de l'évolution amorcée à la veille de la guerre par les coloniaux conscients de la nécessité d'une ouverture. Elle s'insère aussi dans une politique de réponse à la propagande panasiatique des Japonais : « Prenez un œuf, conseille le propagandiste nippon, ouvrez-le. Il y a le jaune et le blanc. Mélangez-les. Le jaune absorbe le blanc. Il en est ainsi des races. »

C'est élémentaire, mais efficace, surtout sur une population qui comprend encore 80 pour cent d'analphabètes. Conscient du danger et des déficiences du régime qui l'a précédé, Decoux favorise l'instruction populaire. Plus de 4 000 écoles primaires sont créées en secteur rural, et en quatre ans les effectifs scolaires augmentent de plus de 150 000 élèves pour dépasser les 800 000. L'Université de Hanoi prend de l'importance. Les écoles de Droit et de Médecine deviennent Facultés. Celle de Médecine développe les instituts scientifiques. Une École supérieure des Sciences est fondée et une Cité universitaire construite pour recevoir 300 étudiants. A l'intention des Indochinois, dans les lycées qui leur sont réservés, on met au point un enseignement classique extrême-oriental. Mais surtout, on ouvre plus largement à l'élite et aux diplômés les portes de la fonction publique. On crée des cadres indochinois et l'égalité de traitement avec les fonctionnaires européens leur est assurée à égalité de titres. Le remplacement des retraités par des métropolitains étant impossible, le chiffre des Indochinois va doubler dans les emplois supérieurs et moyens.

La politique de charme et d'égards se poursuit sur le plan des relations ordinaires. Il n'est plus convenable de tutoyer à tort et à travers et les brutalités sont réprimées. Au niveau national, le goût de l'apparat et du symbole de l'amiral Decoux s'accorde parfaitement avec celui des Asiatiques. Le prestige des souverains protégés est rehaussé par l'éclat de festivités traditionnelles et de visites protocolaires aussi somptueuses que spectaculaires. Les sentiments patriotiques sont également flattés de diverses manières : en Annam, le culte des sœurs Trung est associé à celui de Jeanne d'Arc ; le souvenir des héros antiques tels que Tran Hung Dao ou Lê Loï est ouvertement glorifié dans des pièces de théâtre ou des chants.

Mieux, pour la première fois dans un discours public du gouverneur général, on entend prononcer le nom de « Vietnam » devant une assemblée de jeunes mandarins nouvellement promus. Decoux ne s'en tient pas qu'aux apparences et aux mots. Au Cambodge et au Laos, il soutient des mouvements en faveur du retour des provinces saisies par la Thaïlande. En mai 1941, il intronise le jeune Norodom Sihanouk, célébré comme le représentant du renouveau khmer qui s'exprime dans l'organisation de jeunesse « Yuvan ». Par le traité d'août 1941, le royaume de Luang Prabang devient le noyau d'un grand Laos, reconstitué envers et contre les voisins thaïs.

Cette exaltation des patriotismes ne peut évidemment se comprendre que dans le cadre d'une communauté indochinoise, consacrée par une Fédération des États sous la tutelle de la France. L'amiral multiplie les efforts dans ce sens : unification des législations tendant à l'établissement d'un droit fédéral et d'une citoyenneté indochinoise, création d'un Conseil fédéral d'abord composé de notables indochinois, auxquels viennent se joindre plus tard des Français. Un grand projet d'urbanisme est mis en chantier pour faire de Dalat, la station climatique, la capitale de la Fédération. Au cours d'une cérémonie qui fait revivre les fastes de la Cour de Huê, le gouverneur général est investi du titre de Grand Protecteur du Royaume d'Annam.

C'est cependant sur une autorité accrue et une adhésion totale aux principes vichyssois que le régime s'appuie pour promouvoir sa politique. L'amiral n'est jamais équivoque sur ce point : « Je rappelai à tous les représentants de l'autorité française que si celle-ci avait le devoir impérieux de rendre la main aux élites autochtones en vue de leur assurer une participation de plus en plus poussée dans toutes les fonctions de gestion et d'exécution, voire même d'autorité, nous nous trouvions en revanche dans l'obligation de renforcer et d'améliorer parallèlement les organes de contrôle, de commandement et de sûreté qui devaient plus que jamais être tenus fermement dans les mains françaises. »

Si les institutions communales sont réformées et les cadres mandarinaux révisés en vue de renforcer l'autorité et le prestige des notables indochinois, tous les corps élus sont mis en sommeil sur ordre de Vichy. Jugés nocifs, démagogues, et déconsidérés par la pratique du chantage politique, ils sont remplacés par des commissions provisoires de fonction purement consultative et composées de membres désignés. Les conseillers fédéraux sont également choisis et nommés par le gouverneur général, seul maître à bord après Dieu et le Maréchal.

Car dans le foisonnement d'emblèmes que connaît l'ère Decoux, la figure du vénérable vieillard, ô combien confucéen avec ses vertueux principes de respect des anciens, des traditions et de la hiérarchie, constitue le symbole suprême. C'est son portrait que les petits écoliers indochinois dessinent avec application avant de répéter en chœur à la leçon d'histoire : « Nos ancêtres les Gaulois avaient les cheveux blonds... » C'est devant son effigie géante que les jeunes, qui sont l'objet de l'attention particulière du régime, défilent en chantant « Maréchal, nous voilà ! » en prêtant serment d'être unis et forts pour servir.

L'amiral crée un Commissariat à la Jeunesse, à l'Éducation physique et au Sport qu'il confie à un marin, le capitaine de vaisseau Ducoroy. Celui-ci se révèle très doué pour l'organisation de spectacles et de manifestations de masse. Avec lui, les corps souvent chétifs des jeunes Indochinois, ou trop blancs des fils de colons, prennent du muscle et du hâle. Ils apprennent à marcher au pas, ce qui n'est pas si facile quand le climat incite plutôt aux gestes nonchalants. Les jeunes filles, non sans réticences, s'initient, elles aussi, au sport qui dévoile si impudiquement les formes. Mais n'est-ce pas un monde nouveau que l'on prépare ainsi ? Et puis certains membres des familles royales donnent l'exemple et l'école des monitrices de Dalat est confiée aux Filles de la Charité, une garantie de moralité s'il en est. Rassemblements, défilés, fêtes, compétitions, challenges se succèdent dans un enthousiasme tempéré par la chaleur souvent torride qui alourdit si vite les membres. Les plus ardents participent aux grands événements-spectacles que sont le Tour de l'Indochine cycliste, et le port du Flambeau, des ruines de la prestigieuse Angkor à Hanoi, un parcours à pied de 2 400 km qui symbolise avec éclat le lien fédéral et donne l'occasion de festivités populaires particulièrement appréciées.

On ne compte plus les réalisations du commandant Ducoroy dans le domaine social en faveur de la jeunesse : centres d'accueil et colonies de vacances, bibliothèques et restaurants, douches populaires et salons de coiffure pour enseigner l'hygiène, centres de jeunes aveugles ou de ramassage des jeunes vagabonds, équipes de secours et de défense passive, Ferme-École et École des Arts ménagers. L'objectif est d'importance. Selon le commandant lui-même, il s'agit de « résister aux Nippons en détournant de la propagande japonaise l'attention des jeunes d'Indochine et de faire appel à l'enthousiasme juvénile pour intéresser nos jeunes protégés à de nouvelles activités qui occuperaient leurs corps, leurs esprits, et les mettraient en contacts amicaux avec des camarades français ».

Tout cela se déroule évidemment sous l'œil attentif du Japonais qui observe cette activité avec le regard du chat peu empressé à donner son coup de griffe. Après avoir forcé la porte sans dommage, cet intrus bénéficie d'une hospitalité avantageuse. Avant même la signature des accords Darlan-Kato qui la lui accordaient, 50 000 hommes se sont déjà embarqués à destination de la Cochinchine et du Cambodge, dont les aérodromes offrent maintenant à l'aviation nippone leurs pistes d'envol pour des missions de bombardement en Malaisie.

Le Japonais n'est pourtant pas un occupant, comme l'Allemand en France. Il ne cherchera d'ailleurs pas à l'être avant mars 1945. Les charges et les difficultés qu'il rencontre dans les territoires conquis suffisent à le convaincre d'avoir à éviter une occupation coûteuse. Par les accords économiques de mai 1941, il obtient même les denrées alimentaires et les matières premières qui lui manquent. L'Indochine lui livre annuellement un million de tonnes de riz, du maïs, du caoutchouc, des produits miniers. Individuellement, il bénéficie du traitement le plus favorable pour s'y établir et exercer commerce ou industrie.

Il pousse son avantage par une pression à laquelle Decoux, arc-bouté sur la défense de la souveraineté française, tente de résister, mais qui fait généralement céder le gouvernement de Vichy. Ainsi, en vertu des accords de 1941, le paiement des échanges commerciaux doit-il s'effectuer par compensation, le solde favorable à l'Indochine étant réglé en or ou en devise étrangère convertible en or. A partir de décembre 1942, une nouvelle convention signée par Pierre Laval impose un yen spécial comme seule monnaie admise pour tout règlement, même celui des allocations de piastres consenties aux troupes en stationnement. Autre succès obtenu, la mainmise par contrats de location-vente sur une douzaine de bâtiments marchands de haute mer, bloqués dans les ports indochinois par la cessation des relations avec la métropole, et depuis Pearl Harbor, par l'interdiction de quitter les eaux territoriales.

Globalement cependant, le gouvernement nippon est décidé à respecter un certain équilibre en laissant fonctionner l'administration française, sous condition de loyauté. Il peut en tout cas éprouver celle-ci au mois de février 1943, lorsqu'il entreprend l'occupation du territoire français de Guangzhouwan en Chine, afin de devancer une initiative de Tchiang Kaishek. Decoux lui en reconnaît l'acte sans en appeler pour une fois à Vichy.

Le réalisme des dirigeants japonais n'est cependant pas au goût des activistes du panasiatisme qui voient dans le maintien du drapeau français en Indochine un accroc intolérable à la politique de libération des peuples asiatiques. De jeunes officiers ruent dans les brancards et provoquent des incidents tels qu'il s'avère nécessaire de créer un Commissariat aux relations franco-japonaises pour les régler.

Il est vrai que l'arrogance de l'armée conquérante, au comportement brutal, est aussi difficile à supporter par les frères asiatiques, qui sont quelque peu méprisés. La manipulation ostentatoire du sabre et les rugissements de fauve qui l'accompagnent les effrayent plus qu'ils ne les rassurent. Quoi qu'il en soit, au-delà de cette violence toujours prête à s'exprimer, se développe une activité politique de grande envergure dont les objectifs sont précis. Malgré les apaisements officiels prodigués par les diplomates tels que le rassurant ambassadeur Yoshizawa, vénérable chef de la mission nippone, ou bien par de hauts responsables tels que le maréchal Terauchi, la propagande antifrançaise et la subversion vont devenir assez virulentes pour qu'une crise grave éclate en 1943.

L'expansion de l'Armée impériale s'appuie en effet partout sur un remarquable réseau d'agents formés à la « Nakano Gakko », l'école militaire de Renseignement. Sous les masques de diplomate, de journaliste ou d'homme d'affaires, sous le couvert de groupes d'études, de sociétés diverses, ou d'instituts de recherche, ces hommes ont une activité qui couvre l'information, les rapports avec les éléments nationalistes, le recrutement d'auxiliaires locaux, en liaison avec la Kempeitaï, la tristement célèbre gendarmerie militaire. Ils sont souvent liés à des organisations patriotiques nippones, qui glorifient le plus Grand Japon, libérateur de la Grande Asie orientale, un Japon surpuissant qui, selon la formule antique, « veut mettre les huit recoins de l'univers sous un même toit ».

Or, dès la fin de 1942, la mise en œuvre de l'ordre nouveau a été accélérée. Des envoyés extraordinaires, des princes ou des dignitaires, rendent alors visite aux leaders des nations « libérées », ou bien ce sont ces derniers qui viennent à Tokyo. Pour le Mandchoukouo, il y a l'empereur fantoche Pu Yi, pour la Chine Wang Jingwei, pour la Birmanie U Ba Maw, pour l'Inde Chandra Bose, pour les Philippines Laurel. Quant au Vietnam, décidément toujours l'exception, il y aurait l'ami fidèle, le prince Cuong De, qui réside d'ailleurs au Japon. Mais là, l'affaire est plus délicate. Le pouvoir colonial est toujours en place avec l'agrément nippon et le prince ne peut évidemment y retourner. Alors, pour apaiser la conscience panasiate, et aussi pour préparer éventuellement l'avenir, on soutient, on encourage, on arme même ses partisans.

En 1940, un groupe de ces derniers était entré au Tonkin sur les pas de l'armée de Canton qui avait attaqué Langson. Sous la dénomination d'Armée vietnamienne de Restauration nationale, il avait guerroyé avant d'être abandonné à son sort lors du règlement franco-japonais. L'un de ses chefs, Tran Trung Lap, avait été capturé et fusillé par les Français sans que ses protecteurs interviennent.

L'activité des services japonais s'exerce de toute façon dans les milieux intellectuels et religieux des grandes villes, à Saigon, à Hanoi, où les groupuscules nationalistes non marxistes sont réunis. Elle opère également auprès des sectes caodaïstes et hoa hao, et de certaines personnalités catholiques telles que Ngo Dinh Diem à Huê.

Quelques hommes sont particulièrement actifs à établir et à renforcer ces liens. Ils tentent d'unifier les efforts et regrouper les individus et les équipes. A Hanoi, il y a Yamane, qui connaît l'Indochine depuis 1937, Komatsu et Yokoyama, ce dernier de mère française, qui travaillent à la propagande et au renseignement derrière la façade de la Maison de la Culture nippone. A Saigon, il y a Matsushita, directeur de la Daïnan Koosi, une firme commerciale fondée en 1922. C'est un petit homme râblé, au visage de grenouille immuablement souriant et aux petits yeux fouineurs sous de lourdes paupières. Il connaît le pays depuis 1911 et ne manque pas d'amitiés aussi bien dans les milieux français que vietnamiens.

Toute cette activité n'échappe en aucune façon à la Sûreté française, qui n'a rien à envier aux services japonais sur le plan de l'efficacité.

Depuis juin 1942, un nouveau chef la dirige avec le titre d'intendant des Services de police d'Indochine, un homme qui connaît bien son affaire et qu'on a déjà rencontré : Louis Arnoux. Assez curieusement, il ressemblerait physiquement à Matsushita, avec plus de rondeur mais la même ironie dans le sourire et autant d'acuité dans le regard. Toujours élégamment vêtu, guêtres aux chevilles et canne à la main, il est arrivé dans la colonie en 1907. Son visage poupin contredit sa conception tranchante et sans nuance de l'ennemi à combattre, cette minorité de mécontents à la tête farcie de doctrines étrangères, fanatique, violente, avide de jouir et de paraître, xénophobe par esprit de révolte contre l'autorité constituée. Sans doute est-ce la rencontre de Nguyen Ai Quoc à Paris en 1920 — il était alors chargé du contrôle des Annamites en métropole —

qui le fait penser ainsi. Jamais, il n'a pu se saisir de ce révolté au regard ardent qui avait évoqué devant lui les injustices commises à l'égard de son père, crimes impardonnables de la France. Mais aujourd'hui, c'est sur un autre gibier qu'il va fondre.

En 1943, le reflux s'amorce largement dans le Pacifique. La grande offensive américaine y est engagée et la tactique des sauts de puce pour atteindre les Philippines se prépare. L'Armée impériale resserre donc son emprise sur les pays soumis à son ordre. Le poids en est lourd et de moins en moins supportable. C'est le moment choisi par le gouvernement de Tokyo pour gonfler le ballon de la Grande Asie orientale en accordant l'indépendance aux Philippines et en organisant une conférence des nations asiatiques associées. Partout, ses agents s'excitent et excitent les nationalistes amis. En Indochine, débarquent les pigeons voyageurs du panasiatisme, le ministre de la Grande Asie, Aoki, des bonzes nippons qui viennent prêcher l'unification des sectes dans une optique anti-européenne, et un certain général Matsui, président de l'Association pour la Grande Asie, à ce titre l'un des soutiens de Cuong De à Tokyo. On dit que cet officier à la retraite est membre de la société secrète ultranationaliste du Dragon noir. Invité à déjeuner par Decoux, il ne se gêne pas pour déclarer devant la presse saigonnaise que le Japon fera tout afin de donner le bonheur au peuple annamite envers et contre la volonté de la France. Decoux proteste, mais c'est Yoshizawa qui se plaint à lui des obstacles que les autorités françaises ne cessent d'élever entre les peuples indochinois et japonais. Des rixes de plus en plus fréquentes éclatent entre la police et ces auxiliaires indigènes qu'on appelle des « Japonais locaux », pour la plupart des repris de justice ou des voyous préoccupés de violences et de rapines.

C'est cependant la recrudescence d'activité des nationalistes, soutenue par les agents nippons, qui s'avère la plus inquiétante. Au Cambodge, s'amorce un mouvement politico-religieux de protestation contre la domination française. En Cochinchine, Matsushita parvient à rallier divers groupuscules et surtout les caodaïstes de Tayninh, la plus importante fraction de cette secte dirigée par Tran Quang Vinh, qui a déjà été frappée en 1941 par la répression, en raison des rapports qu'elle entretenait avec le prince Cuong De. Le « pape » Pham Cong Tac et quelques dignitaires ont été alors exilés à Madagascar, et le « Saint-Siège » occupé par l'armée. Elle apporte cette fois à la Ligue pronippone le gros de ses troupes et se place sous la protection de la Kempeitaï, qui y trouve son compte de propagandistes et d'indicateurs.

La Kempeitaï va également en protéger d'autres, quand la Sûreté de l'intendant Arnoux, qui n'a pas cessé de traquer les petits groupes nationalistes, lance en août 1943 un vaste coup de filet. Des personnalités comme Tran Trong Kim, futur Premier ministre, Duong Ba Trac à Hanoi, Tran Van An et Nguyen Van Sam à Saigon, ne peuvent éviter la capture et sont exilés, mais Trang Quang Vinh et Ngo Dinh Diem, parmi d'autres, trouvent refuge auprès des gendarmes nippons, qui enlèvent même le « Bonze fou », Huynh Phu So, le prophète et fondateur de la secte Hoa Hao, alors que la Sûreté s'apprête à le déporter au Laos.

De tous ces hommes, Ngo Dinh Diem apparaît à l'état-major japonais de Saigon le candidat le plus apte à diriger un éventuel gouvernement indépendant sous égide nippone. Il le devient nommément dans les projets mis au point à Tokyo quand l'évolution de la guerre amène le gouvernement japonais à changer son fusil d'épaule et à préparer le coup de force qui mettra fin aux équivoques.

Chapitre II

UN TRONÇON D'ÉPÉE (1944-1945)

Après la fièvre de l'année 1943, une accalmie s'instaure dans les relations nippo-indochinoises. L'amiral Decoux s'estime ainsi en mesure de poursuivre sa navigation dans les eaux, pourtant de plus en plus troubles, de la neutralité.

Les Japonais baissent en effet le ton. Matsui est désavoué par Tokyo. La Mission s'incline lorsque Decoux s'oppose avec fermeté à ce qu'elle achète deux journaux cochinchinois. Elle ne réagit pas davantage à la condamnation par des tribunaux français de ressortissants japonais.

Cette attitude se modifie cependant vers le milieu de l'année 1944. La perte de Saïpan, l'une des îles Mariannes, au début de juillet, procure en effet aux Américains une base pour lancer sur le Japon des attaques aériennes plus importantes que le raid isolé de Doolittle en juillet 1942. C'est si grave que la nouvelle n'est annoncée au peuple nippon que dix jours plus tard. « L'enfer est sur nous », s'écrie alors l'un des conseillers de l'Empereur Hiro-Hito.

Une crise nationale éclate. Le Premier ministre Tojo, l'un des principaux responsables de l'entrée en guerre de son pays, est contraint de démissionner. Les seuls succès militaires sont remportés en Chine de mai à juillet, enlevant aux Américains leurs bases aériennes et permettant la jonction ferroviaire de Canton à Hankou. Mais sur le théâtre d'opérations du Pacifique sud, la progression américaine et la guerre sous-marine coupent la retraite aux armées qui y sont dispersées.

En Indochine, une certaine nervosité s'empare des autorités japonaises.

Depuis l'installation à Paris en juin 1944 d'un gouvernement provisoire de la République, elles s'inquiètent des intentions du gouvernement général auprès duquel elles font une démarche.

L'amiral Decoux leur affirme qu'il est décidé à maintenir la même ligne politique. Le 20 août 1944, ne recevant plus de messages de la métropole, il s'estime investi des pouvoirs exceptionnels prévus par une loi de février 1943 au cas de rupture des communications. Il déclare qu'il se considère comme le gardien des intérêts permanents de la France en Indochine et qu'il maintiendra celle-ci dans l'allégeance de la mère patrie.

Il éprouve cependant de plus en plus de difficultés à préserver cette neutralité à laquelle il s'accroche. En fait, la Fédération est déjà dans la sphère économique du Japon, et le principe de la défense commune établi par les accords Darlan-Kato risque de l'engager dangereusement sur le plan militaire. Certes, le problème de son application ne s'est posé jusque-là que pour le cas des bombardements aériens des Alliés. Il a fallu seulement que la D.C.A. française tire sur les avions en s'arrangeant pour ne pas les atteindre. La solution n'en demeure pas moins scabreuse. Qu'en sera-t-il en cas d'attaque terrestre de l'extérieur, une éventualité rendue possible par le cours des opérations dans le Pacifique ?

De concert avec l'ambassadeur Henri Cosme et le chargé d'affaires en Chine Roland de Margerie, l'amiral Decoux envoie, le 31 août 1944, un message clandestin au général de Gaulle, chef du gouvernement provisoire. Les trois signataires rappellent la situation particulière de l'Indochine qui n'est pas à reconquérir, puisque la souveraineté française y est encore maintenue. Ils déconseillent donc tout geste d'hostilité ou de provocation à l'égard des Japonais, afin de ne pas susciter une réaction brutale qui compromettrait un équilibre fragile. L'appel, cependant, ne reçoit pas de réponse. Ce n'est pas la première fois que Decoux informe le chef de la France libre et qu'il n'est pas entendu.

En octobre 1943, notamment, à l'instigation de son conseiller diplomatique Claude de Boisanger, il avait déjà envoyé à Alger un émissaire, Alfred François.

On a dit que le message évoquait l'éventualité d'un ralliement. Le général de Gaulle y fait allusion dans ses *Mémoires :* « Certaines autorités d'Indochine se tournent peu à peu vers le gouvernement d'Alger. M. François, directeur de banque, vient de Saigon pour le dire. » Mais l'amiral Decoux affirmera de son côté que son envoyé n'a pas été reçu par de Gaulle, ayant commis l'erreur de frapper d'abord à la porte de Giraud...

A la vérité, que le chef de la France libre ait personnellement rencontré Alfred François ou non, peu importe. Il n'a pas répondu à l'appel de l'amiral Decoux, pour la bonne raison qu'il l'avait déjà exclu du projet indochinois, en raison de sa fidélité au Gouvernement général de Vichy et de sa politique d'accommodement avec le Japon. Au moment du message à trois, de Gaulle a déjà choisi un autre homme pour diriger le combat à venir, le général Mordant.

« La France veut que son Empire ne soit ni divisé, ni neutralisé, proclame de Gaulle. L'Empire est un élément essentiel à l'avenir et nécessaire à la grandeur de la nation... » Il n'y a aucune équivoque sur ce point dans l'esprit du chef de la France libre qui juge indispensable de faire rentrer cet Empire dans la bataille pour le rétablir dans son intégralité. La neutralité à la Decoux lui paraît donc tout à fait dérisoire. On ne peut être neutre en cohabitant avec l'ennemi. Aux yeux des Alliés d'ailleurs, le « navire désemparé » ressemble plutôt à un transport de troupes ou à un porte-avions ennemi dont il faudra bien un jour s'emparer.

A cette inévitable reconquête, la France doit être associée, sous peine de voir ses droits réduits en cendres. C'est dans cet esprit que de Gaulle a voulu lui assurer un rôle, aussi modeste fût-il, dans le conflit du Pacifique, affaire principalement nippo-américaine.

Dès 1941, dans cette perspective, il avait devancé Vichy et Decoux en envoyant un haut-commissaire, l'amiral Thierry d'Argenlieu, en Nouvelle-Calédonie et, au lendemain de Pearl Harbor, il s'était empressé de déclarer la guerre au Japon. Ainsi avait-il enfin pu conclure avec les États-Unis des accords de défense commune concernant la Nouvelle-Calédonie et les territoires français du Pacifique.

Le cas de l'Indochine était plus complexe. De nombreux facteurs limitaient les perspectives, surtout avant le renversement du cours de la guerre en 1943 : le contexte international peu favorable à la France, trop absente de l'Asie, l'éloignement et l'isolement de la colonie, le régime Decoux lui-même.

Dans les premières années du conflit, la seule approche de l'Indochine n'était possible que par la Chine, dont les deux provinces du Yunnan et du Guangxi ont une frontière commune avec le Tonkin. Or, le généralissime Tchiang Kaishek entretenait de bonnes relations avec Vichy qui continuait de contrôler les concessions et les intérêts français en territoire chinois. Il était d'autant moins disposé à modifier son attitude qu'il penchait du côté allemand pour ne pas voir une trop puissante Russie faire pression sur ses confins septentrionaux, et apporter de l'aide aux communistes de Mao.

Une délégation de la France libre, installée à Chongqing, y était à peine tolérée. C'est pourquoi, au cours de l'été 1941, de Gaulle avait décidé d'y envoyer un représentant personnel, le professeur Escarra. Mais celui-ci ne put guère que nouer des relations amicales avec des personnalités chinoises et obtenir une maigre reconnaissance de la France en tant que « mouvement politique ».

Avec l'installation à Chongqing, en janvier 1942, de la Mission militaire française dirigée par le colonel Tutenges, l'objectif était devenu plus précis. Cette branche du Service de Renseignement en Extrême-Orient (S.R.E.O.) devait prendre contact avec l'armée d'Indochine et recueillir des informations sur le dispositif japonais. Mais elle ne parvenait pas à pénétrer dans la colonie. Le lieutenant Pierre Boulle, par exemple, avait tenté de descendre la rivière Noire, mais avait été arrêté et emprisonné par l'administration Decoux. Une liaison s'était néanmoins établie avec le Bureau des Statistiques militaires de Hanoi (B.S.M.), service de renseignement du gouvernement général dont certains officiers, tels que le capitaine Levain et le lieutenant Milon, communiquaient clandestinement depuis 1941 avec les Alliés. En juin 1943, Milon s'était rendu en Afrique du Nord pour informer le Comité d'Alger.

La Mission militaire trouvait difficilement sa respiration dans l'écheveau des réseaux de renseignement chinois et alliés en Chine. Sa marge de manœuvre était au surplus étroite. Les instructions du général de Gaulle précisaient que les informations recueillies ne devaient bénéficier aux Alliés que dans la mesure et la forme compatibles avec les seuls intérêts de la France en Extrême-Orient. Il s'agissait essentiellement de démontrer que rien ne pouvait être fait sans elle et que les Alliés avaient absolument besoin de son concours. Les moyens n'étaient malheureusement pas à la hauteur des intentions et les réalités plutôt contraires. Dans une bataille de requins, comme le dit l'adage chinois, que pouvaient faire les écrevisses pour éviter l'écrasement ?

Le plus gros de ces requins était Dai Li, le patron des services secrets et de la police politique de Tchiang Kaishek. Frère juré de celui-ci dans la société secrète « Qing Bang », il avait mis sur pied les services spéciaux des Chemises bleues, organisation fasciste à la dévotion du leader chinois durant les années trente. Pieuvre dont les multiples tentacules s'étendaient de la manipulation politique aux trafics d'opium et de l'espionnage aux assassinats d'adversaires gênants, il n'aimait pas que des étrangers viennent mettre leur « long nez » dans ses affaires. Toute collaboration ne pouvait qu'être orientée à son avantage. Celle de ses services avec la Mission militaire allait rester très limitée. S'il consentait à partager quelques filières frontalières, il se gardait d'ouvrir plus largement la main, tirant plutôt profit des informations collectées par les Français qu'il ne livrait les siennes. D'ailleurs, pourquoi l'aurait-il fait puisque, de toute façon, existaient trop d'arrière-pensées de part et d'autre concernant l'Indochine et son futur, pour qu'une franche coopération puisse s'instaurer.

Tchiang Kaishek n'avait peut-être pas des projets de conquête militaire, mais il avait certainement celui d'établir une influence chinoise dans la péninsule. Avec prudence et réalisme, il avait donc refusé l'offre que Roosevelt lui avait faite en novembre 1943, au Caire, de se charger d'une tutelle éventuelle de l'Indochine, estimant difficile, sinon impossible l'assimilation des Vietnamiens aux Chinois. Mais à deux reprises, il avait proposé aux Français des opérations conjointes contre les forces japonaises d'Indochine, la première fois en 1942 au gouvernement de Vichy qui s'était montré pour le moins réticent, la seconde fois en octobre 1943 au Comité d'Alger.

Il avait surtout laissé apparaître ses objectifs à long terme, en accueillant et en soutenant les nationalistes vietnamiens en fuite. A Jingxi, une ville du Guangxi proche de la frontière tonkinoise, une Ligue révolutionnaire s'était ainsi fondée en octobre 1942. Désagrégée par des rivalités endémiques, l'entreprise allait renaître à l'instigation des Chinois. Plus inamical encore avait été le geste du gouvernement de Tchiang Kaishek de s'emparer d'entreprises françaises situées sur son territoire, après sa rupture avec Vichy en août 1943.

Enfin, pour ajouter aux difficultés de la Mission militaire, avaient surgi des interférences inattendues. Les services de renseignement américains de l'O.S.S. (Office of Strategic Services) s'étaient avisés de recruter un officier de marine français du clan Giraud, le commandant Meynier, provoquant quelques difficultés du côté des gaullistes de la Mission, ce qui n'avait pas été pour améliorer l'efficacité de celle-ci. La France libre n'était pas vraiment préparée à s'insérer dans le jeu extrême-oriental, et la portion congrue à laquelle elle était réduite n'était en fait que le reflet exact de sa faiblesse sur l'échiquier international d'alors.

Cependant, avec le coup d'arrêt donné à l'expansion japonaise à la fin de 1942 et le tournant que la bataille de Guadalcanal avait fait prendre à la guerre du Pacifique à partir de janvier 1943, le général de Gaulle avait songé à renforcer ses positions.

Les obstacles n'étaient pas moindres. Sans revenir sur ceux qui ont été évoqués, de nouveaux se dressaient avec les divergences d'ordre stratégique opposant Anglais et Américains, et l'attitude hostile du président Roosevelt.

Le désaccord des Anglo-Saxons sur la conduite de la guerre en Asie avait ses fondements dans l'opposition des objectifs politiques. Pour les Britanniques, la reconquête de leur empire colonial était une priorité. Ils pensaient donc qu'il fallait porter le maximum des efforts militaires sur la Birmanie, d'où pourrait être déclenchée l'offensive générale. Par contre, les Américains considéraient la Chine comme le pion essentiel de leur politique asiatique d'après-guerre, et dans l'immédiat comme la meilleure plate-forme pour attaquer le Japon. Le soutien aux armées nationalistes du Guomindang leur paraissait donc primordial.

En fonction de la controverse se posait le problème du haut commandement. Après de multiples discussions, Churchill et Roosevelt avaient convenu en août 1943, à la conférence de Québec, de créer deux théâtres d'opérations. L'un, couvrant l'Inde et l'Asie du sud-est, relevait du South East Asia Command (S.E.A.C.) confié à l'amiral britannique Lord Mountbatten, avec quartier général à Ceylan. L'autre, couvrant la Chine et le Pacifique sud et centre, était nominalement donné à Tchiang Kaishek, avec comme chef d'état-major et chef militaire effectif un Américain. Le premier titulaire de ce poste avait été le général Stilwell, auquel devait succéder le général Wedemeyer.

Or, la délimitation des deux zones passait par la Thaïlande et l'Indochine. Au cours d'une entrevue qui se déroula en octobre 1943 à Chongqing, Mountbatten et Tchiang Kaishek étaient parvenus à une sorte de gentleman's agreement sur la question. Les deux pays étaient placés dans le théâtre Chine, mais avec la possibilité accordée à chacun des deux commandants en chef d'y intervenir sans l'accord de l'autre. Cet étrange compromis établi sur le dos de la Thaïlande et de l'Indochine française devait être une source inépuisable de litiges au niveau opérationnel, surtout lorsque les Français commenceraient d'entreprendre des activités de guerre dirigées vers leur colonie.

En effet, le 18 septembre 1943, le général de Gaulle, conjointement avec le général Giraud, avait adressé un mémorandum à Churchill, Roosevelt et Staline pour revendiquer la participation des forces françaises à la libération de l'Indochine. Le projet d'un corps expéditionnaire de deux divisions dont la mise sur pied était confiée au général Blaizot, requérait l'aval des Alliés, dont dépendaient équipement et transport. Les Britanniques y avaient été favorables sous condition de l'accord américain. Mais ceux-ci avaient refusé toute demande d'armes et de navires en invoquant leurs énormes besoins sur tous les secteurs.

Mountbatten jugeant alors qu'un développement des activités de renseignement et de guérilla en Thaïlande et en Indochine était utile à la reconquête de la Birmanie, avait envisagé en conséquence une collaboration française. L'occasion s'offrant pour la France libre de rentrer dans le combat par l'action clandestine, de Gaulle créait aussitôt une French Indo-China Section au sein des services secrets anglais du Ministry of economic warfare à Calcutta. A sa tête était placé François de Langlade, planteur de Malaisie et gaulliste de la première heure. Le général Blaizot était nommé chef d'une Mission militaire en Extrême-Orient siégeant à Kandy (Ceylan). Des officiers étaient envoyés avec le lieutenant-colonel de Crèvecœur dans des camps d'entraînement en Inde (Meerut). Le 8 décembre 1943 enfin, le Comité d'Alger proclamait son intention de restaurer les droits de la France en Indochine, à laquelle était promis un nouveau statut d'esprit libéral.

Le projet était clair, la réalisation difficile. De Gaulle, en effet, ne pouvait se départir d'une incoercible méfiance à l'égard des Anglais. « Que de fois, écrira-t-il, j'avais rencontré cette ambition passionnée prête à briser les barrières... » Il n'entretenait pas davantage d'illusions vis-à-vis des Américains, seuls pourvoyeurs possibles en armement et en moyens de transport. Traditionnellement hostiles au système colonial, entrave à la sacro-sainte liberté du commerce et insulte au droit des peuples à se gouverner, les États-Unis n'appréciaient pas la présence d'une France impérialiste dans une région sur laquelle ils voulaient étendre leur emprise économique et leur influence politique. Et pour ne rien arranger, il fallait qu'un contentieux d'incidents divers et une foncière antipathie opposassent de Gaulle à Roosevelt.

Il y avait eu d'abord la superbe ignorance dans laquelle Washington affectait de tenir la France libre, en considérant le gouvernement de Vichy comme détenteur de la légitimité. Le Comité gaulliste avait bien une délégation dans la capitale américaine, mais elle n'avait pas rang diplomatique. Plusieurs incidents étaient de plus venus augmenter les tensions. A Saint-Pierre-et-Miquelon, repris en décembre 1941 des mains de Vichy par l'amiral Muselier, de Gaulle avait refusé aux Américains le droit d'y débarquer, même pour motifs stratégiques. En 1942 ensuite, son autorité s'étant renforcée grâce aux activités de résistance en France, la France libre avait été admise à bénéficier du programme Prêt-Bail sans passer par les Anglais. C'était un premier pas vers la reconnaissance, mais maladroitement, de Gaulle n'avait été ni informé du projet de débarquement en Afrique du Nord, ni de l'opération elle-même. Furieux, il avait déclaré en l'apprenant : « Eh bien ! J'espère que ces gens de Vichy vont les jeter à la mer ! On ne pénètre pas en France par effraction ! » La même colère s'était manifestée devant le soutien des Américains à Darlan, puis à Giraud, comme s'ils voulaient l'empêcher à toute force de prendre de l'importance.

Aussi, lorsque le président des États-Unis et le chef de la France libre s'étaient rencontrés pour la première fois à Anfa, à l'occasion de la conférence de Casablanca, le contact avait été plutôt glacial. Roosevelt avait eu beau se montrer charmeur, son célèbre sourire n'avait pu masquer son antipathie envers l'homme d'Empire et le dictateur en puissance qu'il ne pouvait s'empêcher de suspecter. Le ton paternaliste de son propos avait d'autre part profondément déplu à ce dernier :

— Je suis sûr que nous pourrons aider votre grand pays à rétablir son destin, avait dit Roosevelt, et je puis assurer que ce sera un honneur pour mon pays de participer à cette œuvre.

Raide sur son fauteuil, de Gaulle avait répondu imperturbable :

— C'est bien aimable à vous.

Le général savait, en effet, que le destin auquel pensait l'Américain n'était pas du tout celui qu'il envisageait, lui, pour la France. L'homme qui s'obstinait à ne pas reconnaître officiellement son mouvement était un démocrate idéologue aux sentiments anticolonialistes avérés. Méprisant généralement la politique européenne, Franklin Delano Roosevelt portait un jugement sévère sur le comportement des Français dans leurs colonies, en particulier en Indochine, sans que cette idée fût fondée sur une réelle connaissance du sujet.

Le soir même de cette entrevue, Elliott, fils du président, avait cependant cru bon de faire remarquer qu'en attendant un règlement, ces colonies appartenaient à la France.

— Qu'est-ce à dire ? avait explosé Franklin Delano, extrêmement sensibilisé sur le problème. En vertu de quoi le Maroc, peuplé de Marocains, appartiendrait-il à la France ? Et l'Indochine ? Cette colonie est maintenant au pouvoir du Japon. Or, pourquoi le Japon était-il si sûr de conquérir ce pays ? Parce que les indigènes étaient si opprimés qu'ils se disaient : « Tout vaut mieux que de vivre sous le régime colonial français ! » Un pays peut-il appartenir à la France ? En vertu de quelle logique, de quelle coutume, et de quelle loi historique ?

Et il avait ajouté, pour clore la conversation :

— ...quand nous aurons gagné la guerre, je travaillerai de toutes mes forces pour que les États-Unis ne soient amenés à n'accepter aucun plan susceptible de favoriser les ambitions impériales de la France ou d'encourager les ambitions de l'Empire anglais.

Pourtant, en avril 1942, le secrétaire d'État, Sumner Welles, avait affirmé au gouvernement de Vichy que les États-Unis reconnaissaient la souveraineté de la France sur ses possessions d'outre-mer ; et en novembre de la même année, Robert Murphy, représentant personnel de Roosevelt, l'avait confirmé à Giraud. Mais le président n'avait pas du tout la même idée en tête.

Selon Cordell Hull, successeur de Welles, il songeait en effet déjà à soustraire l'Indochine aux mains d'une France qu'il considérait comme une planche pourrie, un pays trop vite effondré devant l'Allemagne et trop empressé à céder au Japon. Oubliant complètement son refus de répondre aux appels pressants de Catroux et de Decoux en 1940 et 1941, il estimait que les accords Darlan-Kato de 1942 étaient un acte d'hostilité qui avait fait de l'Indochine méridionale une plate-forme d'attaque dirigée contre la Malaisie et les Indes néerlandaises.

Désavouant les propos de Murphy, il avait déclaré ensuite à ses chefs d'état-major que certaines colonies telles que l'Indochine devaient être placées sous tutelle internationale, afin de les préparer à l'indépendance, idée certes généreuse, mais bien suspecte lorsqu'il offrit entre autres la tutelle de l'Indochine, en novembre 1943, à Tchiang Kaishek, lors de la conférence du Caire. Prudent, le Chinois s'était d'ailleurs refusé à accepter un tel cadeau empoisonné.

A la conférence de Téhéran, Roosevelt avait parlé du projet à Staline qui avait approuvé, et répondu plaisamment à Churchill qui faisait des objections :

— Allons, Winston ! vous êtes battu par deux voix contre une !

A la conférence de Québec enfin, lorsque Churchill avait posé la question des opérations entreprises en Indochine avec des éléments français, Roosevelt s'était une nouvelle fois emporté et avait refusé catégoriquement que les Américains soient mêlés de quelque façon à des actions militaires visant à la libération de la colonie.

— C'est une question qui concerne l'après-guerre ! avait-il tranché.

Pour un homme considéré comme pragmatique et opportuniste, c'était là faire preuve d'une singulière obstination sur les principes. Olivier Wendell Holmes qualifie à ce propos son attitude en ces termes : « Une intelligence de deuxième classe, mais une personnalité de première ! »

La politique française en Indochine allait en tout cas subir gravement les conséquences de cette si irréductible opposition.

LA RÉSISTANCE DE L'INDOCHINE

Dans l'inventaire de ses faibles moyens pour introduire la France dans le concert des vainqueurs en Asie, de Gaulle plaçait alors la colonie elle-même. Il y existait bien une armée, et une population qu'il croyait susceptible d'être gagnée à sa cause. Le navire égaré devait de toute évidence réintégrer l'escadre. Le général jugeait « indigne et dérisoire d'observer jusqu'au bout, à l'égard des Japonais, une complaisante passivité ». D'ailleurs, en cette fin 1943, la progression alliée sur tous les fronts laissait apparaître l'éventualité double d'un débarquement allié et d'un coup de force nippon en Indochine. La stratégie du saute-mouton d'une île à l'autre du Pacifique permettait aux Américains, en contournant les positions fortes des Japonais, d'accélérer leur marche vers les Philippines. Au mois de février 1944, de Gaulle pensait donc que le moment était venu pour les autorités indochinoises de se subordonner au Comité de libération.

Mais pour préparer cette entrée dans la bataille, il ne voulait pas de l'amiral Decoux, trop compromis avec Vichy. C'est pourquoi il porta son choix, pour diriger la résistance, sur le général Mordant, commandant en chef des troupes d'Indochine.

Au reçu d'une lettre datée du 29 février 1944 et qu'il reçoit au mois d'avril, Mordant ne manifeste aucun enthousiasme. Il ne l'est pas davantage lorsque de Gaulle lui envoie de Langlade qui est parachuté au Tonkin le 5 juillet, en compagnie du capitaine Milon, émissaire du général Blaizot. C'est la première fois qu'une telle opération est entreprise avec succès, rétablissant ainsi le lien ombilical rompu depuis si longtemps.

D'abord réticent, Mordant refuse les instructions de Blaizot qu'il récuse comme son supérieur. Il dit à Milon que tout ce qui est demandé est irréalisable :

— L'armée d'Indochine est fatiguée... ils ne sont pas rentrés en France depuis six ou sept ans... que voulez-vous qu'ils fassent ?

Lorsque de Langlade manifeste le désir de rencontrer Decoux, selon les instructions précises du général de Gaulle, Mordant s'y oppose formellement. Il ne peut cependant faire autrement que d'accepter les instructions du chef de gouvernement, contenues d'ailleurs dans la lettre du 29 février. Le 23 août 1944, une décision du Comité de la libération en fait officiellement son délégué général et le désigne comme chef de la résistance en Indochine.

Pourquoi ce choix finalement ? Les raisons en paraissent vagues. Parce qu'il commande l'armée d'Indochine et que le contact avec Decoux a été impossible, sera-t-il répondu plus tard. Ou peut-être, sa mésentente avec le gouverneur général l'a-t-elle prédisposé à devenir le chef de la résistance ?

Les deux hommes en tout cas ne s'apprécient guère. Decoux lui ayant retiré le commandement des forces aériennes et les fonctions d'inspecteur de la Garde indochinoise, Mordant lui voue une rancune tenace, même si elle ne se manifeste pas avant 1944. Le général, qui partage avec de nombreux officiers de l'armée de terre une certaine rancœur sur la place donnée aux gens de la marine, est d'autre part d'un naturel pessimiste et acrimonieux, l'usure engendrée par le climat n'étant pas sans altérer encore son caractère. Selon l'expression du général Sabattier, commandant la division du Tonkin, il se trouve lancé dans une conspiration sans avoir aucune des qualités d'un conspirateur.

C'est en effet une sorte de complot qui s'est tissé à l'insu du gouverneur général. Mordant, ayant atteint la limite d'âge, a été remplacé au commandement supérieur des troupes par le général Aymé. C'est celui-ci qui met Decoux au courant quelques mois plus tard, le 28 octobre 1944, précisant que, désormais, il considère Mordant comme son chef.

Ulcéré, le gouverneur général réplique :

— Il y a donc deux chefs ! C'est un de trop.

Il demande aussitôt à Paris confirmation de ses pouvoirs. En cas de refus, il démissionnera. La réponse lui arrive par l'intermédiaire de Langlade, à nouveau parachuté, mais qui parvient cette fois à le rencontrer.

Elle est rude : son acte de subordination au gouvernement provisoire est enregistré. Il lui est prescrit, dans le seul souci de garder l'Indochine à la France, de maintenir provisoirement et par tactique une façade afin de protéger et de conserver tous les moyens français. Il importe de donner le change à l'ennemi. L'amiral sera le paravent de Mordant et de la résistance, une situation ambiguë pour laquelle Claude de Boisanger, son conseiller diplomatique, suggère une formule qui est approuvée par le gouvernement provisoire : un Conseil de l'Indochine réunira les deux têtes, l'officielle et la clandestine, la première en assurant la présidence, la seconde la vice-présidence avec, en sus, le képi d'inspecteur général des forces de terre, de mer et de l'air. Elles ne vont cesser jusqu'au 9 mars 1945 de se cogner l'une contre l'autre. Selon le dicton chinois, c'est en effet « atteler un dragon et un tigre à un char de fumée pour aller chercher une aiguille au fond de la mer ».

« C'est surtout de l'efficacité de la Résistance intérieure de l'Indochine que dépendront non seulement pour une grande partie la libération militaire du territoire, mais son retour incontesté à l'Empire français... » Tel est l'objectif que de Gaulle a assigné dans sa lettre du 29 février à Mordant. Ce dernier ne manque pas d'ambition, et pour y répondre, le chef de la Résistance met au point un plan d'opérations, dont une première version, exposée en juillet dans une Instruction personnelle et secrète, envisage deux hypothèses, la première étant une agression japonaise, l'autre un débarquement allié combiné à une action venue de Chine, cette dernière n'étant plus envisagée dans la seconde version du 10 septembre 1944, intitulée plan A.

Selon celui-ci, primauté est accordée à l'action militaire, complétée et appuyée par celle d'organisations paramilitaires et civiles. En cas d'attaque nippone, la division du Tonkin devra la repousser de façon à conserver les aérodromes de Tong, Tuyenquang et Langson et à s'emparer de ceux de Traihut et de Phutho afin de permettre l'arrivée de renforts extérieurs. En cas d'échec, il lui faudra se replier en région accidentée et à l'abri d'une ligne fortifiée qui a été construite depuis 1942 dans la crainte d'un déferlement massif des... Chinois. La brigade Annam-Laos et la division Cochinchine-Cambodge, plus faibles numériquement, auraient, elles, pour mission d'aider les troupes du Tonkin en empêchant la montée vers le nord de renforts ennemis. Pour soutenir cet effort principal, sont également envisagées une intervention de l'aviation alliée et des opérations de guérilla menées par des éléments du Service Action, avec l'assistance de la Force 136 britannique.

L'ambition de ce plan est à la mesure de l'objectif. Elle ne s'accorde malheureusement pas aux réalités. Sa réussite passe par des conditions trop nombreuses et insurmontables : un appui aérien d'envergure, l'arrivée rapide de renforts conséquents, une armée mobile, libre de ses mouvements, bien équipée et bien entraînée, enfin une population favorable.

Or, il apparaît très vite en ce deuxième semestre 1944 qu'aucun secours important n'est à attendre des Alliés. Les Anglais sont prêts à soutenir avec leur Force 136 des activités pré-opérationnelles et ils le font, mais les Américains, maîtres du théâtre d'opérations chinois dans lequel l'Indochine est incluse, refusent d'être impliqués dans une quelconque tentative française de reprendre pied dans la colonie.

L'assistance britannique n'est d'ailleurs pas sans soulever quelques problèmes entre alliés jaloux de leurs territoires. Ainsi, le parachutage en juillet du commandant de Langlade, effectué avec l'accord américain mais sans mention de la nationalité de l'émissaire gaulliste, a-t-il provoqué une vive discussion entre Wedemeyer et Mountbatten concernant la nature politique de la mission. Roosevelt est, en effet, toujours opposé à tout ce qui pourrait préjuger du futur statut de l'Indochine. A l'insistance de Mountbatten sur le travail utile que les Français pourraient y faire en vue d'une libération ultérieure, il répond qu'il ne veut être mêlé en aucune façon à une initiative militaire s'y rapportant.

Le général Blaizot, qui examine à Kandy le plan A, juge utile de faire comprendre à Mordant et à Aymé qu'il importe d'en limiter les prétentions. Son envoyé, le lieutenant-colonel Huard, souligne que l'essentiel est désormais de durer en évitant l'écrasement, en gardant notamment le Haut-Laos comme réduit défensif et en se bornant à des activités de guérilla et de subversion en plaine.

Le plan avec variantes, modifications, propositions nouvelles, est alors envoyé à Paris, et ce n'est que le 26 janvier 1945 que l'état-major général de la Défense nationale le réexpédie sous sa forme définitive, signée du général de Gaulle. Le point de vue du lieutenant-colonel Huard est adopté dans son ensemble : dégagement des unités vers les zones refuges, Haute-Région tonkinoise, et pour les éléments sudistes, hinterland annamite, presqu'île de Camau et chaîne des Éléphants. Le repli au Yunnan ne peut être envisagé qu'à la dernière extrémité et sur ordre du gouvernement.

Il est ainsi beaucoup demandé à cette armée d'Indochine qui ne devra plus compter que sur elle-même. Quelles que puissent être ses qualités de courage et de vertu patriotique, elle n'en reste pas moins affligée des mêmes faiblesses qu'en 1939, aggravées par une sédentarisation prolongée. Elle n'est en tout cas nullement prête à mener une guerre de mouvement, même limitée, à supposer qu'elle parvienne à s'extirper du piège où l'initiative nippone la jetterait sûrement. En fait, c'est une troupe de garnison, alourdie par des charges familiales. Son dispositif est imbriqué dans celui des Japonais qui ont su se placer en des points déterminants. La moindre de ses manœuvres pour se réserver des possibilités de dégagement serait visible ou repérable. Certes, elle constitue sur le papier une masse de 62 000 hommes, mais à peine le tiers peut être considéré comme opérationnel au combat, et 12 000 hommes seulement sont de race blanche. Le même problème qu'au temps de Langson et du conflit thaïlandais se pose quant à la loyauté et à la capacité combative des unités indigènes, au demeurant insuffisamment encadrées. Le général Sabattier en est conscient, qui prescrit dans sa directive du 13 octobre 1944 : « En aucun cas, nos tirailleurs ne doivent avoir l'impression d'être abandonnés à eux-mêmes. Ils doivent au contraire avoir constamment la sensation de la présence de leurs chefs européens... » En cas de choc, le général ne se fait guère d'illusions. Il estime important de prendre immédiatement sur l'ennemi un ascendant définitif, car « en regard des Indochinois civils et militaires, tout revers marquant subi au commencement des hostilités pourrait avoir des conséquences désastreuses ».

Quant aux militaires européens, si l'on excepte une minorité qui a su ou pu surmonter l'usure lente et sournoise du climat, c'est Mordant lui-même qui en a bien défini la condition physique et morale, en évoquant devant le capitaine Milon la longueur excessive d'un séjour éprouvant.

A cette armée, destinée à soutenir l'essentiel de l'effort, l'organisation prévue de réseaux de guérilla est censée apporter un complément indispensable. La préparation et la mise en place d'une infrastructure commence dans les derniers mois de 1944 et se poursuit au début de 1945. Équipement et agents sont acheminés des Indes et parachutés par la Force 136, ce qui soulève quelques problèmes entre Britanniques et Américains.

Roosevelt, prévenu de ces opérations qui tendent à influer selon lui de la situation politique future de l'Indochine, est furieux. Il donne l'ordre de ne prêter aucune sorte d'assistance aux groupes de résistance ou à quelque activité que ce soit ayant trait à l'Indochine.

Néanmoins, les groupes « Gaurs » du Service Action implantent les bases de trois réseaux : « Rivière » au Tonkin, « Médéric » au Nord-Annam, « Pavie » au Centre-Annam. L'armée assure la réception ainsi que la répartition du matériel.

Les difficultés sont multiples, en raison de l'insuffisance des moyens de transport et des risques de découverte par les Japonais et leurs espions. Certes, le Service de Renseignement, intégrant les postes déjà existants, fonctionnera avec efficacité. Ses informations, centralisées à Kunming par l'antenne de la D.G.E.R. (Section de Liaison française en Extrême-Orient), permettront à l'aviation alliée d'opérer de nombreux bombardements et destructions d'objectifs ennemis. Le 6 janvier 1945, une quarantaine de navires seront ainsi détruits et coulés dans les méandres de la rivière de Saigon et devant le cap Saint-Jacques.

Mais ces activités ne peuvent déboucher sur un véritable travail de sape et de subversion. Il faudrait plus de temps et de moyens pour transformer le Haut-Laos et la Haute-Région tonkinoise en un nouveau Vercors. Il y faudrait surtout la participation de la population indigène et au moins celle de la colonie française. Le général de Gaulle l'a bien écrit à Mordant : « Je ne conçois pas la résistance comme étant uniquement militaire ; je la conçois comme faisant entrer dans le combat et dans la lutte aussi bien les autorités civiles que la population française et indochinoise. » En ce qui concerne cette dernière, ces paroles sonnent comme une pieuse prière, reprise en écho dans un discours adressé à l'occasion du Nouvel An lunaire au « noble, intelligent et fidèle peuple annamite », pour lui dire que « la France porte dès à présent les projets de son esprit et les élans de son cœur ».

Également tardif et dérisoire est l'envoi en ce même mois de février 1945 d'un spécialiste de la culture vietnamienne, le professeur Paul Mus. Le seul résultat apparent des contacts du général Mordant avec diverses personnalités de l'élite indochinoise est une agitation soudaine à l'université de Hanoi. Des incidents opposent étudiants français et vietnamiens et les autorités songent à suspendre les cours. Elles se borneront à dissoudre l'Association générale des étudiants le jour du coup de force nippon, le 9 mars 1945.

La masse du peuple, elle, commence à souffrir de l'augmentation du prix du riz et de l'inflation qui s'aggravent en cette fin d'année 1944. Au Tonkin sévit la disette car la récolte du dixième mois est particulièrement pauvre. Les paysans sont mécontents des prélèvements forcés de riz effectués sur les campagnes pour nourrir les villes. Les ponctions nippones, les bombardements de la voie ferrée du Transindochinois, les torpillages dans la mer de Chine empêchent l'envoi massif du riz de Cochinchine. Encore que cette population ne soit pas prête à se soulever contre le Japonais, tenter de l'y pousser, c'est risquer de provoquer un effet « boomerang ».

En fait, les seuls Indochinois capables d'une quelconque action sont les guérilleros du Viet-Minh, qui se signalent à l'attention des autorités au cours de l'hiver 1944. Ils ne constituent pas une force considérable, et au demeurant, ce ne sont pas les Japonais qu'ils attaquent, mais les petits postes français des régions montagneuses de Dinhca et de Nguyenbinh. A partir de quelques poignées d'hommes, un embryon d'armée s'est constituée avec des éléments transfuges de la Garde indigène et des hommes des minorités montagnardes telles que les Tho. Vo Nguyen Giap s'occupe précisément de lui donner une organisation. Le commandement français, qui ignore la création du Viet-Minh, envoie deux bataillons afin de réduire ces « abcès », qui le préoccupent moins que la mise en place de son nouveau dispositif en vue d'un affrontement avec les Japonais.

Quant à la communauté civile française, elle est comme les militaires, physiquement éprouvée par le climat, et moralement lasse d'un trop long isolement. Elle se sent prise entre les bombardements alliés, de plus en plus fréquents et violents, et la présence de Japonais qui ne manquent pas une occasion de saper le prestige des Blancs, par exemple en exhibant les prisonniers de guerre anglo-saxons et hollandais à un public indigène très intéressé. Aussi, accueille-t-elle les nouvelles de la métropole libérée, devenue gaulliste, et celles de la progression alliée dans le Pacifique avec des sentiments contradictoires. Car aux divisions et aux rivalités qui se sont exaspérées en son sein au fil des ans, s'ajoutent maintenant l'attente d'événements incertains et la proposition d'une Résistance dont les objectifs peuvent paraître confus : combattre l'administration Decoux ou seulement le Japonais ?

Car si l'amiral n'a pas que des partisans, les gaullistes n'apprécient pas tous le général Mordant, ce chef qui leur est imposé. D'autre part, dans ces pétaudières que sont Hanoi et Saigon, le moins qu'on puisse dire est que la discrétion nécessaire à des opérations de résistance est loin d'être assurée. « Il suffisait de se promener rue Paul-Bert (à Hanoi), écrira le général Sabattier, d'aller dans les cafés, à l'hôtel Métropole, pour surprendre, en prêtant l'oreille, les propos les plus imprudents, depuis les allusions qui se croyaient voilées, jusqu'aux rodomontades les plus extravagantes. » Les noms du chef de la Résistance et de ses délégués civils, Longeaux, Nicoleau, Girot, sont très vite répandus et des opérations de liaison, de convoiement d'agents parachutés, ou d'écoutes radiophoniques exécutées par des recrues civiles enthousiastes, n'échappent pas aux indicateurs des Japonais.

Cependant, la participation des civils à la Résistance, notamment celle des planteurs, en liaison avec les Alliés depuis longtemps, ne peut se révéler efficace qu'en appoint de l'organisation militaire, et surtout dans le domaine du renseignement. Car, en définitive, seuls les Japonais, ou les Alliés, tiennent les fils du dénouement.

« Si nous perdons les Philippines, notre politique à l'égard de l'Indochine devra être révisée. » En s'exprimant ainsi devant Claude de Boisanger au mois de novembre 1944, l'ambassadeur Yoshizawa lance un avertissement à sa manière. Il s'apprête alors à quitter l'Indochine. Son départ peut également être interprété comme le signe d'un changement de politique des dirigeants japonais. Le vieux diplomate subtil de l'ère de la cohabitation est en effet remplacé par Matsumoto, un homme plus cassant, d'esprit plutôt étroit et que l'on dit proche des militaires.

Toujours est-il que la libération de la France et l'avènement du gouvernement provisoire au cours de l'été 1944 laissent présager dans l'esprit des Nippons un changement d'attitude des Français d'Indochine. Ils envisagent la possibilité d'un coup de force ou d'imposer une administration militaire comme dans les pays occupés. Leurs prévisions, d'ailleurs, ne se démentent pas. Par leurs innombrables indicateurs, boys ou chauffeurs d'Européens, « Japs locaux » ou espions infiltrés dans les services français, opiomanes ou « boys-pipes » attentifs aux bavardages dans la pénombre des fumeries, ils savent que des agents et du matériel sont parachutés sur le territoire, que Mordant est chargé d'organiser une résistance, que des renseignements sont communiqués aux Alliés. Leur confiance en Decoux s'amenuise. Ils le croient complice de Mordant. Ne va-t-il pas dans son adresse traditionnelle du Nouvel An jusqu'à se féliciter de la libération de la France ?

Mais ce sont d'autres considérations qui sont déterminantes. Après la bataille perdue de Leyte à la fin du mois d'octobre 1944, les Japonais s'attendent à l'invasion des Philippines. Or, la chute de celles-ci rendrait possible un débarquement américain en Indochine dont la situation, jusque-là excentrée, prendrait une importance nouvelle. Le haut commandement nippon veut être sûr de ses arrières. Un officier de l'état-major de Saigon, le lieutenant-colonel Hayashi, est chargé d'étudier un projet de coup de force. Il envisage comme corollaire politique d'accorder l'indépendance aux États indochinois et de constituer au Vietnam un gouvernement pour la direction duquel il propose le nom de Ngo Dinh Diem.

A partir du mois de janvier 1945, les événements et les décisions vont s'enchaîner pour aboutir au terme décidé.

Le 5 janvier, Manille tombe aux mains des Américains. Le lendemain, une quarantaine de navires japonais sont coulés dans la rivière de Saigon au cours d'une attaque aérienne violente et précise. Quelques jours plus tard, le 12, un bombardement massif est déclenché en de nombreux points du territoire. Le commandement nippon y voit le prélude habituel à un débarquement. Or, ses effectifs qui atteignaient à peine 6 200 hommes à la fin de 1944, se gonflent brusquement par l'arrivée de deux divisions de Chine, soit 24 000 hommes et d'une troisième de Birmanie, soit 13 000 hommes. Toutes ces unités composent la 38e Armée sous le commandement du général Tsuchihashi, qui établit son Q.G. à Saigon, ainsi que le général Terauchi, chef du groupe d'armées du Sud-Est. D'autre part, trois divisions réparties le long de la frontière chinoise, à Bangkok et sur les rives du Mékong, sont prêtes à intervenir. Une unité annamite, la « Yasu Butaï », est mise sur pied le même mois. D'un recrutement douteux dans les milieux troubles des faubourgs de Saigon-Cholon, elle est placée sous les ordres du lieutenant-colonel Ishida et dans la mouvance de l'état-major de la 38e Armée. Elle a pour tâche le renseignement, la propagande, la subversion, et dans l'optique d'une initiative militaire, elle devra étendre ses activités à des opérations de maintien de l'ordre et de guérilla au profit du nouveau gouvernement national mis en place.

Au cours des mois de janvier et de février 1945, le déséquilibre des forces au détriment des Français est donc flagrant. L'Indochine n'est plus une base arrière, mais une véritable zone de combat pour les forces nippones.

C'est alors que le 1er février, le Conseil suprême pour la conduite de la guerre prend à Tokyo la décision de s'emparer de l'Indochine et de mettre fin à la souveraineté française. De vives discussions s'engagent entre le ministère des Affaires étrangères et les chefs de l'armée sur le régime politique à imposer ensuite. Les diplomates parviennent à faire accepter le principe de l'indépendance des États indochinois, de préférence à l'administration militaire préconisée par le haut commandement. Ce choix s'inscrit dans la ligne panasiatique, mais il se justifie aussi par la crainte d'une réaction défavorable de l'U.R.S.S. Jusque-là d'une bienveillante neutralité, Staline a en effet, le 10 décembre 1944, signé un traité d'alliance avec le gouvernement du général de Gaulle.

Il ne reste plus qu'à fixer une date. Ce sera le 9 mars 1945.

LE COUP DE FORCE JAPONAIS

Les premières rumeurs d'une attaque prochaine courent du côté des Annamites et des Chinois, dans les milieux troubles où la police française et les services japonais puisent également leurs indicateurs, là où chacun trouve son compte dans le chassé-croisé touffu des informations et des racontars les plus divers. La bière ou l'alcool de riz, choum local ou saké nippon, montent facilement à la tête dans la moiteur étouffante des soirées tropicales. Ils délient facilement les langues réputées les plus discrètes, surtout lorsqu'ils sont servis par les doigts caressants de jolis taxi-girls.

— Demain, nous serons les vrais maîtres, entend-on dans les dancings ou les bordels de Cholon. Tous les Français seront en prison...

De leur côté, des Japs locaux se vantent dans les tripots de pouvoir bientôt faire payer aux Français une oppression longue de quatre-vingts ans. Des tireurs de pousse assurent à leurs clients que les civils japonais ont reçu des armes et qu'ils participent à des exercices nocturnes en compagnie des militaires.

Les rumeurs sont diversement reçues par les Français. Certains y croient, évoquant Port-Arthur et Pearl Harbor pour estimer qu'une attaque surprise est possible. D'autres sont sceptiques. Il y a déjà eu trop de fausses alertes pour qu'ils accordent crédit à des ragots sans cesse renouvelés. Beaucoup, enfin, estiment que les Japonais ont trop de difficultés pour s'engager dans une nouvelle bataille.

Ce dernier point de vue est souvent partagé en haut lieu. L'amiral Decoux, par exemple, a toujours pensé que la menace d'une mainmise brutale du Japon planait sur la colonie, mais en 1945, il n'y croit plus. Selon lui, seules les maladresses de la Résistance, ajoutées aux provocations de la radio, pourraient la déclencher. Il tient obstinément à son idée de neutralité pour maintenir la souveraineté française jusqu'à la paix. Depuis la prise de Manille par les Américains, il croit plutôt que ceux-ci vont débarquer. Dans cette éventualité, il prescrit à ses chefs d'administration de prêter aide et assistance aux forces d'invasion. Curieusement, Mordant partage la même opinion. C'est sans doute la seule qu'ils aient en commun. Aussi, leur perplexité est-elle égale lorsque le gouvernement provisoire leur délivre un ordre en contradiction avec les précédentes directives : au cas où les Américains envahiraient l'Indochine, le gouverneur général devrait proclamer la neutralité de la colonie, et le délégué général de la Résistance ne devrait pas déclencher d'opération sans un ordre gouvernemental, et sauf violation nippone de cette neutralité. Cet ordre, reflet des difficultés franco-américaines relatives à l'avenir des colonies, n'est pas fait pour réduire l'incohérence des positions qui règne dans le camp français.

Alors que Mordant et les siens prennent un soin jaloux à exclure Decoux et ses fonctionnaires du secret des préparatifs, la résistance militaire n'a ni les moyens ni le temps de mettre en place ses stocks et ses équipements sur les lignes de repli prévues. Quoique tardivement, la nécessité d'une coordination avec l'administration civile apparaît cependant et l'amiral Decoux juge bon d'envoyer le 19 février une nouvelle instruction : en cas d'agression nippone, le gouverneur de la Cochinchine et les Résidents supérieurs devront se soumettre au commandement militaire. Mais, en annonçant un prochain plan d'alerte, il ajoute curieusement : « N'inférez pas de ces directives que le péril soit imminent. Tenez-les pour des conjectures auxquelles il faut réfléchir en secret, en vue de n'être pas pris au dépourvu quoi qu'il advienne. »

Pendant ce temps, les Japonais fourbissent leurs armes et méthodiquement établissent de nouvelles garnisons bien placées pour coiffer le dispositif français.

Le 5 mars 1945, deux Chinois d'une ferme de jeux de Caobang fréquentée par les agents de la Kempeitaï informent le commandant Reul, du 2e Territoire militaire, que les Japonais s'apprêtent à lancer une attaque générale et à désarmer les troupes françaises. L'officier avertit aussitôt ses chefs, mais sans doute le renseignement est-il jugé trop imprécis pour susciter des dispositions particulières. Trois jours plus tard, le 8, la Sûreté de Hanoi annonce un coup de force pour la nuit suivante ou celle du lendemain. Toutes les lampes électriques et les piles des magasins de la ville ont été raflées par les Japonais. Les familles japonaises qui habitent aux alentours de la citadelle ont été évacuées sur Hadong.

Le général Sabattier prend l'information au sérieux. Il prescrit immédiatement un exercice d'alerte à ses troupes, met en état de défense la citadelle, et décide de quitter son Q.G. à la tombée de la nuit pour rejoindre avec son état-major le P.C. de campagne secret établi à Phudoan. Les grands chefs, Aymé et Mordant, ne l'entendent pas de cette oreille. Puisque le service de renseignement de l'armée ne sait rien de ce que les civils de la Sûreté avancent, ils pensent que ce sont encore les habituels ragots collectés par la Sûreté dans les quartiers indigènes, de vulgaires bobards répandus par les Japonais pour énerver les Français. Et puis il y a eu tant de fausses nouvelles, depuis 1940... Ils se montrent au contraire contrariés par les décisions hâtives du général Sabattier qui risquent d'éveiller la suspicion des Nippons. Ils l'invitent, en conséquence, à limiter la consigne de la citadelle au cinquième de l'effectif et à annuler l'exercice d'alerte. De son P.C. de Phudoan, Sabattier s'y refuse. Pourtant, le lendemain, ces mesures de sécurité seront effectivement levées. En Cochinchine, le général Delsuc, lui, a estimé inutile d'en prendre.

Au cours de la journée du 9 mars, les chefs militaires français diagnostiquent une tombée de la fièvre. Le général Aymé songe seulement à effectuer une démarche auprès du commandement japonais pour lui demander des explications sur les préparatifs suspects. En fait, la Sûreté de Saigon a des informations qui confirment l'imminence d'une attaque. Signe particulièrement inquiétant, les Chinois de Cholon plient bagage et fuient vers la province. A Hanoi, des tailleurs reçoivent commande de brassards destinés à la « Yasu Butaï », et les milieux nationalistes pronippons s'agitent.

Cependant, dans son palais de Saigon, l'amiral Decoux a, lui, d'autres soucis. Depuis quelque temps, il subit une pression accrue des Japonais dont les besoins en argent et en vivres ont fortement augmenté avec l'arrivée des nouvelles troupes. La signature d'un accord sur les livraisons de riz pour 1945 est prévue justement ce 9 mars à 18 heures. Elle doit être suivie d'un entretien particulier entre l'ambassadeur Matsumoto et le gouverneur général sur la question financière. Après avoir signé l'arrangement, les deux hommes se retrouvent donc en tête-à-tête. Matsumoto évoque les déclarations du général de Gaulle revendiquant le retour de l'Indochine dans le giron français, mais donne l'impression à Decoux de vouloir gagner du temps pour attendre 19 heures. Effectivement, c'est à ce moment-là qu'il abat ses cartes : son gouvernement juge indispensable le renforcement des accords de défense commune, en raison de la menace d'un débarquement américain.

Selon sa tactique coutumière, Decoux tergiverse. Matsumoto sort alors de sa poche un « aide-mémoire » en forme d'ultimatum, procédé devenu courant : il est demandé au gouverneur général de placer forces armées, police et administration françaises sous le commandement de l'armée japonaise. Une réponse favorable est attendue avant 21 heures.

L'amiral tente une ultime manœuvre dilatoire, sans doute dans le souci d'alerter les chefs militaires, car il ne semble pas qu'il puisse désormais préserver une possibilité quelconque de négociation. D'ailleurs, avant même que sa réponse ne soit rejetée par Matsumoto, avant même 21 heures, terme du délai accordé, le palais gouvernemental est cerné et le bruit d'engagements armés retentit dans Saigon. Dès 18 h 15, un premier incident a déjà éclaté au Tonkin près de Quangyen. Le général Aymé en a appelé au Commissariat aux relations franco-japonaises, une démarche dérisoire, puisqu'avec une rapidité qui révèle la qualité de la mise au point, l'opération « Mei » décapite l'armée française et submerge les garnisons prises au piège sur toute l'étendue du territoire.

La surprise est générale, une surprise qui en dit long sur l'état d'esprit de la colonie et la capacité magique du climat indochinois à susciter et à entretenir les illusions. On avait fini par ne plus croire à l'agression contre laquelle on se préparait, de la même façon qu'on s'obstinait à croire à un débarquement américain de plus en plus improbable. Les mots de code convenus pour désigner l'attaque sont pourtant évocateurs : « Port-Arthur », « Saint-Barthélemy ». Mais ce soir-là, les troupes ne sont pas consignées. Beaucoup d'officiers se promènent au bras de leurs femmes rue Catinat à Saigon, ou rue Paul-Bert à Hanoi. La quasi-totalité des responsables militaires et civils sont pris, souvent à leurs domiciles. Le général Mordant, après un tour à la citadelle, tente vainement de s'enfuir sur un sampan, avant d'être capturé chez des amis. A Langson, le sort du colonel Robert, chef d'un des premiers réseaux de résistance et du résident Auphelle est pire. Ils ont accepté une invitation à dîner des officiers japonais. Mais ce n'est qu'un traquenard. Arrêtés au dessert, ils auront bientôt la tête tranchée dans les grottes de Kylua, en même temps que le général Lemonnier, commandant de la 3e brigade. De nombreux cadres ne peuvent rejoindre leurs unités. Les armes parachutées sont saisies dans leurs magasins. Privé de son haut commandement, et de moyens de communication, le dispositif tout entier vole en éclats. Dans l'ensemble, il n'aura pas fallu plus de vingt-quatre heures pour que l'opération « Mei » réussisse. Elle a duré la moitié du temps envisagé par ses auteurs. A Saigon, Matsumoto peut déclarer avec satisfaction :

— Tout s'est passé comme si rien ne s'était passé.

Il y a eu pourtant des résistances acharnées, des combats héroïques un peu partout, mais dans des conditions désastreuses, pratiquement à l'aveuglette, avec des munitions insuffisantes, le dos au mur. Contrairement à ce qu'on aurait pu craindre, très peu de désertions ont été enregistrées dans les unités indigènes.

En Cochinchine, le bataillon de Thudaumôt a été pris dans un étau et son chef tué au combat. Le régiment de tirailleurs annamites de Tayninh tiendra plusieurs semaines dans la brousse, et une centaine d'hommes parviendront à s'extirper de l'étau nippon. Dans le centre, à Vinh, la garnison résiste jusqu'à la fin mars. Au Tonkin, la garnison franco-indochinoise de Dongdang est massacrée à coups de sabre après trois jours de bataille. Un seul rescapé miraculeux, le soldat Cron, racontera la tragédie. Les fortifications édifiées autrefois dans la perspective d'un déferlement chinois se révèlent de véritables trappes où les troupes sont bloquées.

Certaines unités parviennent à se dégager, mais elles doivent livrer des combats meurtriers. La colonne Capponi succombe le 27 mars. Les groupements Prugnat et Seguin gagnent la frontière chinoise qu'ils franchissent début avril. Celui du fleuve Rouge, sous les ordres du général Alessandri, résiste deux mois avant de se replier en Chine. Dans le 2e Territoire militaire, le commandant Reul avec un effectif presque exclusivement indochinois est pratiquement encerclé par des guérilleros vietminh. Menacé par les désertions, il doit abandonner le terrain, de même que des éléments du 1er Territoire qui se regroupent dans la région cantonaise des Cent mille Monts et au Yunnan. Plus de 5 000 hommes trouvent refuge en Chine. C'est tout ce qui reste de l'armée d'Indochine.

Au Laos, de petits groupes du S.A. réussissent à échapper à la traque nippone et à s'accrocher. Ils sont un peu moins d'un millier. Le général Sabattier, le seul des chefs militaires qui ait su échapper au piège et donner l'alerte, rencontre à Dien Bien Phu le colonel Dewavrin, chef de la D.G.E.R. et le commandant de Langlade. Il est nommé délégué général en remplacement de Mordant, et il installe son P.C. à Phong Saly, au Laos, en espérant maintenir la souveraineté française sur le 5e Territoire militaire. Il y tiendra trois semaines avant de passer en Chine.

Pour le général de Gaulle, ce combat désespéré, sans aucune aide extérieure, avec « un tronçon d'épée », ouvre l'avenir. Il l'entend évidemment dans le sens de la participation qu'il a voulue de l'Indochine française à la lutte contre l'ennemi. Mais aux yeux des Alliés, et surtout des Américains, l'héroïsme des soldats de la colonie ne comptera pas à l'heure des bilans. La France sera tenue à l'écart des décisions qui vont intervenir concernant la région. Sur le terrain, elle a subi un véritable désastre.

Le gouverneur général Decoux, les généraux Mordant, Aymé, Delsuc, l'amiral Béranger, les hauts fonctionnaires ont été internés. L'armée vaincue est captive. Elle est soumise à un dur traitement dans des camps, tels que celui de Hoabinh, qu'on appellera le camp de la mort lente. Pour ces soldats, c'est le temps de l'humiliation, avant d'être celui de la honte. L'un d'eux, l'intendant général Bernardini, exprimera l'amertume de ses compagnons oubliés en écrivant : « Ces morts " honteux " parce qu'ils appartenaient à l'ère coloniale ont connu la longue souffrance des camps et sont tombés sans gloire. Ils commirent la faute impardonnable de n'avoir pas su se trouver dans le vent de l'histoire... Ils sont morts, ou trop tôt ou trop tard... les internés de Hoabinh n'ont jamais pu obtenir le titre officiel de déporté et d'interné. Il paraît qu'il n'existe aucun lien entre la résistance à l'ennemi et leur internement dans les camps de la mort. »

Pour les civils européens, c'est aussi l'humiliation, d'autant plus douloureusement ressentie qu'ils croyaient avoir définitivement échappé aux misères de l'occupation, telle que l'ont subie Britanniques et Hollandais dans leurs colonies respectives. Ils n'avaient bénéficié que d'un sursis. Ils sont regroupés dans des périmètres surveillés ; nombre d'entre eux sont emprisonnés. Certains tombent entre les mains de la Kempeitaï. Ceux que le sabre épargne sont jetés en cage, bâtonnés à mort, suppliciés. La volonté de les avilir s'aiguise chez les vainqueurs à des sentiments de haine et de revanche raciale que nourrissait la propagande du Nouvel Ordre asiatique. L'exhibition des Blancs vaincus devant le public indigène participe de cette vindicte qu'aggravent les nouvelles inquiétantes parvenues des autres fronts. Ainsi, le 9 mars 1945, nuit de victoire en Indochine, a été pour Tokyo un passage en enfer : 300 superforteresses y ont déversé 700 000 bombes. On a parlé de 120 000 morts. Dans ces conditions, pourquoi hésiter à semer les graines du ressentiment sur un terrain qu'il faudra peut-être abandonner de nouveau aux Blancs ?

Sans doute, la masse du peuple indochinois n'a pas réagi brutalement contre les maîtres déchus. Il n'y a pas eu de curée. Au contraire, des Français ont pu trouver refuge chez les indigènes, psychologiquement trop heureux d'inverser les rapports et de montrer comment le « protégé » peut sauver le « protecteur » tombé à sa discrétion. De nombreuses unités de tirailleurs sont restées loyales. Certes, il s'est trouvé des « Japs locaux », ou des gens qui avaient à exprimer leur rancœur, pour lancer des pierres et cracher au visage des Français capturés par les Japonais, mais ils n'ont été qu'une minorité sur le coup, avant que les esprits ne se modifient peu à peu sous l'effet d'une propagande nationaliste de plus en plus xénophobe.

La principale conséquence psychologique du 9 mars 1945 est cependant la disparition plus ou moins totale du sentiment de crainte et d'inexorable infériorité que le colonisé éprouvait jusqu'alors envers le colonisateur. La parabole d'un vieux sage de Mytho l'illustre bien :

« Il y avait autrefois devant nous une porte si lourde et surtout si impressionnante, que personne n'osait même tenter de la pousser. Personne ou presque personne, car des audacieux s'y étaient brûlé les doigts. Un jour, un étranger est venu et l'a brutalement ouverte. Depuis lors, personne ne craint plus de l'ouvrir, ni de la franchir. »

Chapitre III

L'IRRÉSISTIBLE ASCENSION DE MONSIEUR HO

L'INDÉPENDANCE SELON TOKYO

« ...Le gouvernement du Japon déclare qu'il ne cessera jamais, conformément au contenu de la Déclaration commune de la Grande Asie orientale, d'appuyer entièrement les aspirations à l'indépendance des peuples indochinois si longtemps opprimés jusqu'aujourd'hui... » Cet appui promis par la proclamation publiée au lendemain du 9 mars 1945, pour en expliquer les raisons, prend aussitôt des airs d'incitation pressante. Le capitaine Kanedo, de la Yasu Butaï, est dépêché à Huê auprès de l'Empereur Bao Dai pour lui dire que l'action de l'armée japonaise est partie du combat de l'Annam pour la liberté. Après lui, c'est le ministre Yokoyama, l'ancien directeur du Centre culturel nippon de Hanoi, promu conseiller suprême du royaume d'Annam, qui vient recommander à l'Empereur d'abolir le traité de protectorat. Bao Dai le fait sans attendre, imité peu après par les souverains du Cambodge et du Laos.

En fait, les États indochinois viennent de changer de maîtres. L'armée japonaise détient le pouvoir effectif. Le général Tsuchihashi, commandant de la 38e Armée, prend au gouvernement général la place de Decoux. Des diplomates, conseillers des royaumes, prennent celles des résidents supérieurs. Les souverains et le personnel indigène de l'ancienne administration coloniale sont maintenus.

Pour le Vietnam, on ne parle plus du vieux prince Cuong De, pourtant un protégé et un ami de longue date, et qui attend vainement son heure à Tokyo. On dit même que Bao Dai, ayant accepté son retour au pays, il aurait patienté des heures à l'aéroport sans qu'aucun avion ait pu être mis à sa disposition. Il semble que les chefs militaires aient jugé préférable de ne pas bousculer l'état des choses afin d'éviter des ennuis difficiles à maîtriser. Ainsi choisit-on pour diriger les jeunes gouvernements des hommes peu portés sur la politique et, de préférence, sans trop de personnalité.

Ngo Dinh Diem, candidat sérieux de certains éléments de l'armée tels que le lieutenant-colonel Hayashi, n'est pas retenu, ou plutôt se récuse-t-il par son silence. C'est un personnage tranquille et respectable, le professeur Tran Trong Kim, qui est chargé de former le gouvernement vietnamien. Ses ministres ne manquent pas de valeur, mais ils n'ont ni l'expérience suffisante, ni les moyens nécessaires pour assumer leurs tâches. L'un d'eux, par exemple, ne dispose que de deux collaborateurs pour faire fonctionner son département. Sans finances, sans force armée, comment ce cabinet nommé par le nouveau maître pourrait-il mettre en œuvre une politique efficace ?

Selon un édit de Bao Dai promulgué le 17 mars 1945, le principe de celle-ci devrait être le respect du peuple. C'est dans ce sens qu'il est question de préparer une Constitution et qu'une réforme fiscale est mise en œuvre, exemptant de l'impôt personnel les ouvriers, les fonctionnaires et les non-possédants. C'est à la fois inopportun et insuffisant.

Le gouvernement Kim se préoccupe également de la réunification du pays. En mai, le Tonkin est rattaché à l'Annam, et un « Kham Saï », délégué impérial, y est nommé. Les Japonais acceptent de replacer sous autorité vietnamienne les villes de Hanoi, de Haiphong et de Tourane qui dépendaient directement de la France. En ce qui concerne la colonie de Cochinchine, ils se font quelque peu prier, en soutenant les revendications territoriales des Cambodgiens. Ils ne consentiront au rattachement que juste à la fin de la guerre.

Mais que sont ces problèmes en face de la situation économique et sociale, qui échappe totalement au contrôle du ministère Tran Trong Kim ? Depuis 1944, l'inflation, la hausse des prix et le marché noir se sont développés. Au nord, la famine déclenchée par la mauvaise récolte du dixième mois s'est aggravée. Des digues qui ont cessé d'être entretenues, ont cédé, provoquant des inondations dans le delta. En outre, le riz du sud ne peut plus arriver, à cause des bombardements aériens de plus en plus intenses et du blocus maritime qui se resserre. L'expansion imposée par le régime Decoux à la culture du coton et des oléagineux au détriment des cultures alimentaires se fait durement payer. Les rues de Hanoi et des villes s'emplissent de mendiants ; le typhus frappe certaines régions. Le banditisme renaît. On se croirait revenu à la veille de l'arrivée des Français. Ne parle-t-on pas de centaines de milliers de victimes, mortes de faim ou d'épidémie, voire d'un million et plus ? Une chanson court à Hanoi :

« Les Chinois jubilent, les Français pleurent,
Les Japonais s'inquiètent,

Les Vietnamiens sont " indépendants ",
Mais leurs cadavres jonchent les routes... »

L'indépendance ! Le mot ne sonne pas encore de façon familière aux oreilles de la population. Après les décades d'une inébranlable domination française, il est difficile de croire que celle-ci ait pu s'achever si brutalement et si vite, en une seule nuit ! Le peuple vietnamien qui aime tant croire au miracle et le cherche avec obstination par toutes sortes de procédés occultes, mais que des siècles de malheurs ont rendu circonspect, est perplexe. Beaucoup se méfient de cette liberté protégée et surveillée par des sabres étrangers ; ils sont bien trop préoccupés par leur survie pour croire à des mots. Pourtant, celui-là est doté d'une incomparable magie : Indépendance ! Il est grisant comme une gorgée de choum et peut aussi ouvrir les vannes aux sentiments profondément refoulés. Après tout, les anciens maîtres sont en prison, ou presque. Ils y pleurent, comme le dit la chanson. C'en est fini du carcan qu'ils imposaient, de leurs lois, de leurs impôts, de leur contrôle incessant. C'est d'abord cela, la liberté, et la liberté, ça se crie, ça se manifeste, ça s'éprouve.

Les premiers à danser cette gigue enivrante sont tous ceux qui croient que l'oppression est blanche et l'indépendance jaune. Souvenez-vous de l'œuf... Les groupuscules nationalistes pro-nippons resurgissent de l'ombre, ainsi que les sectes cochinchinoises, les Hoa Hao de Huynh Phu So, les caodaïstes de Tran Quang Vinh. Ces derniers disposent de formations paramilitaires équipées par leurs protecteurs japonais. Armés aussi sont les disciples du « Bonze fou » qui s'en prennent aux riches et aux collaborateurs des Français. Ils en font tant que les nouveaux maîtres, soucieux de préserver les travaux agricoles et la récolte, sont contraints de les calmer. La jeunesse surtout s'excite. Elle est enthousiaste et, depuis le commandant Ducoroy, elle sait marcher au pas. Le ministre Phan Anh s'en occupe, avec l'aide de son adjoint Ta Quang Buu qui organise en Annam les « Jeunesses de Première Ligne ». En Cochinchine, c'est le docteur Pham Ngoc Thach qui crée les « Jeunesses d'Avant-Garde ». Dans tout le pays, meetings et défilés feraient presque oublier, du moins dans un premier temps, difficultés et malheurs. On communie dans une haine revancharde tout entière tournée contre les Français. Cet immense défoulement est orchestré par la propagande japonaise, et une presse qu'elle oriente avec fermeté. Les journaux dociles et conformistes de l'époque coloniale changent subitement de couleur et de ton. Emportés par la vague, ou nageant prudemment dans le sens du courant, les convertis sont nombreux. Tel mandarin provincial oblige ses subordonnés à faire amende honorable et à confesser publiquement les fautes et les crimes de la corporation dont il fait partie. Ses administrés observent qu'il n'en garde pas moins ses vieilles pratiques concussionnaires. Des jeunes gens s'engagent dans les « Giyutaï », corps de volontaires indépendants de la Yasu Butaï créés en mai par les Japonais. Ces unités d'un effectif de mille hommes pour chacun des pays de l'ancienne Fédération sont destinées au maintien de l'ordre, mais tardivement constituées en Annam, au Tonkin et en Cochinchine, elles seront encore incomplètes au

Cambodge et au Laos lorsque surviendra la fin de la guerre.

Toute cette agitation, pour terrasser en gestes et en mots injurieux un tigre déjà à terre, tourne cependant à l'anarchie. Les Japonais eux-mêmes éprouvent de plus en plus de difficultés à la canaliser. Et puis, les réalités s'imposent. Hurlements et parades ne font pas pousser le riz, ni ne chassent la faim. Le gouvernement est impuissant, c'est une évidence. Il y a des voix qui le traitent de fantoche et de traître, un vocabulaire particulier proféré avec de plus en plus de force au fil des semaines. Ceux qui l'utilisent se font entendre un peu partout. Sans doute ne sont-ils pas nombreux, mais ils savent trouver leur place et toucher juste là où le cœur et l'esprit sont vulnérables.

Ainsi, des représentations théâtrales sont soudain interrompues, et des jeunes envahissent la scène pour haranguer le public et déployer un drapeau rouge frappé d'une étoile jaune. Le nom du Viet-Minh est encore peu connu, mais les communistes s'efforcent de le répandre et de noyauter les organisations existantes. Ils ont des agents auprès du « Bonze fou ». Les « Jeunesses d'Avant-Garde » du docteur Pham Ngoc Thach qui rassemblent un million d'adhérents ne sont qu'un camouflage. Le docteur lui-même est en fait un membre du comité local du Parti communiste de Tran Van Giau. « L'Appel à la Jeunesse », chant de marche de l'organisation, deviendra l'hymne de la future République du Sud-Vietnam.

En juillet 1945, alors que la défaite du Japon se précise, la Kempeitaï réagit et procède à des arrestations de suspects. Mais le Viet-Minh n'en a cure et s'enhardit. Tandis que son état-major se prépare à la « marche vers le Sud », les comités intensifient leur propagande contre les impérialistes étrangers et leurs collaborateurs, traîtres à la patrie. Le temps de la révolution est proche.

LES SENTIERS ÉPINEUX DU PATRIOTE

Après la création du Viet-Minh en 1941, Nguyen Ai Quoc s'était rendu en Chine, où il pensait pouvoir recruter des volontaires parmi les émigrés et gagner des appuis extérieurs. Il avait en effet besoin de tout, d'hommes, d'argent, d'alliés. Peut-être pensait-il se rendre à Yanan, la capitale des combattants rouges de Mao Zedong* qui était alors une sorte de Mecque pour les communistes d'Asie. Mais elle était lointaine. Le Guangxi voisin offrait des possibilités plus tangibles.

Le général Zhang Fagui, puissant seigneur cantonais qui commandait la IVe Zone de guerre, en était le maître. Rallié à Tchiang Kaishek après d'obscurs marchandages, il en était resté quelque peu indépendant et menait une politique régionale conforme à ses propres intérêts. L'un de ses conseillers, Xiao Wen, s'intéressait précisément à la voisine Indochine, où l'émigration cantonaise avait toujours été importante. Soucieux du rôle que la Chine et son patron pourraient y jouer le jour où cesserait

* Mao Tsétoung.

la domination française, cet officier pensait détenir une bonne carte en protégeant et en aidant les nationalistes vietnamiens exilés à la suite des vagues de répression.

Un camp d'entraînement avait été organisé à leur intention près de Liuzhou, la capitale provinciale. Parmi les professeurs qui y enseignaient, on disait qu'il y avait Zhou Enlai et un prélat catholique. Afin de regrouper les personnalités et les groupuscules antagonistes, Xiao Wen avait provoqué une réunion qui avait abouti à la création, le 10 octobre 1942, de la Ligue Révolutionnaire du Vietnam (Dong Minh Hoï). Le noyau directeur en était le V.N.Q.D.D. et le président Nguyen Hai Than, un compagnon de Phan Boi Chau depuis si longtemps émigré qu'il avait la réputation de ne plus même savoir parler correctement sa langue nationale. Des éléments de groupes ultra-nationalistes, tels que le « Phuc Viet » et le « Dai Viet » dirigé par Nguyen Tuong Tam, en faisaient également partie. L'objectif de la coalition était la libération du pays dans l'amitié avec la Chine et le Guomindang. C'était le moins qu'elle pût faire, le parrain Zhang Fagui étant le pourvoyeur de fonds. Les communistes et leur version nationaliste vietminh étaient mis à l'écart. Au mois d'août 1942, Nguyen Ai Quoc était d'ailleurs jeté en prison.

Durant quelque temps, sans nouvelles de lui, les camarades restés au pays avaient cru une fois de plus à sa mort. Mais comme à Hongkong, en 1931, il était bien vivant. Réduit au silence, transféré d'une geôle à une autre, il écrivait des poèmes en chinois : « Je versifie en attendant de voir la liberté... » En fait, il ne se contentait pas de versifier : il cherchait à sortir de l'ombre dans les deux sens du mot.

Il était alors pratiquement inconnu des agents et des diplomates occidentaux de Chine. Certains avaient vaguement entendu parler d'un Ho Chihchi, d'un Wang, « leader indochinois », sans savoir qui se cachait derrière ces noms. Il était incarcéré depuis plus d'un an déjà lorsqu'il sortit de l'oubli de diverses manières.

Les services américains de Chongqing cherchaient en 1943 à mettre sur pied une organisation clandestine dirigée en particulier vers la mer de Chine et l'Indochine. L'affaire n'était pas simple, en raison des multiples intrigues, parallèles et entrecroisées, qui agitaient le monde du renseignement en Asie du sud-est.

Dans ce panier de crabes, il y avait d'abord les rivalités nationales. Chinois et Français se méfiaient les uns des autres, les premiers complotant avec les nationalistes vietnamiens, les seconds cherchant l'appui des Britanniques dans la solidarité impériale. Mais ni les uns, ni les autres ne tenaient à voir les Américains, déjà aux prises avec les Anglais, s'immiscer dans leurs affaires.

Au sein de chaque groupe national, les antagonismes n'étaient pas moins vifs. Chez les Chinois, se côtoyaient agents communistes et nationalistes. C'était l'époque de l'alliance nationale, mais on n'oubliait pas les oppositions idéologiques. Les nationalistes étaient eux-mêmes divisés : il y avait le Guomindang, Dai Li et son clan, les seigneurs de la guerre provinciaux et les leurs. Les Français gaullistes tentaient de tirer les fils que détenaient les diplomates de Vichy, en attendant que des interférences giraudistes ajoutent à la confusion.

Les Américains eux-mêmes avaient plusieurs réseaux tirant à hue et à dia. Leur O.S.S. travaillait avec des groupes pratiquement indépendants les uns des autres et férocement jaloux de leurs territoires respectifs. Il y avait le groupe Gordon, du nom de son chef, un Canadien sujet britannique qui avait été directeur d'une filiale de la compagnie pétrolière Texaco à Haiphong. Le plus efficace sur le terrain indochinois, Gordon travaillait en liaison avec l'O.S.S. et aussi l'A.G.A.S., service spécialisé dans la recherche et le sauvetage des aviateurs américains abattus par les Japonais. Il y avait encore un réseau de la « Navy », dirigé par le capitaine Miles et associé à Dai Li, qui le neutralisait davantage qu'il ne l'aidait.

C'étaient précisément deux officiers O.S.S. de cette dernière organisation qu'un Chinois était venu trouver au cours de l'été 1943 pour leur suggérer la collaboration d'un Indochinois emprisonné par Zhang Fagui. Curieusement, l'informateur n'était autre que le représentant de Mao à Chongqing. Mais tout était concevable dans ce milieu particulier. A peu près dans le même temps, deux lettres parvenaient à l'ambassade des États-Unis et au généralissime Tchiang Kaishek. Elles émanaient d'un certain « Comité central de la Section indochinoise » d'une « Association internationale anti-invasion ». La première, rédigée en français, demandait le soutien du diplomate en vue d'obtenir la relaxe du « délégué Ho Chi Minh ». La seconde, écrite en chinois, sollicitait de Tchiang la liberté du même homme, en faisant valoir qu'il pourrait conduire les membres de l'association au combat contre le Japon.

Les services américains commencèrent alors à se poser des questions sur cet Ho Chi Minh inconnu, et pour cause. Il n'était autre que Nguyen Ai Quoc qui s'était choisi un nouveau nom, un nom susceptible d'interprétations diverses : Ho à la volonté lumineuse, Ho qui a l'ambition de la vérité, Ho qui va au bout de son idéal, entre autres. Le mystérieux prisonnier était précisément extrait tout à coup de sa geôle par celui-là même qui l'y avait mis, Zhang Fagui.

C'était l'automne de 1943. Xiao Wen éprouvait quelques difficultés avec sa Ligue Dong Minh Hoï. L'indiscipline, les rivalités, les querelles la minaient. Les coups volaient bas entre les coalisés. Des accusations de détournement de fonds atteignaient les leaders et une mésentente chronique avait fini par provoquer une tentative de reprise en main par le protecteur. Xiao Wen réunissait en mars 1944 un congrès à Liuzhou en vue de renforcer l'union et d'élargir la base politique. Afin de ne pas affoler les ultras et les alliés du Guomindang par l'introduction de communistes, il faisait appel au Viet-Minh, ligue s'avouant nationaliste avant tout. Ainsi entraient au comité directeur de la Ligue D.M.H. trois de ses représentants. Parmi eux, Pham Van Dong et l'inconnu Ho Chi Minh.

L'alliance était de circonstance. Elle permettait à Xiao Wen et à Zhang Fagui de donner à la Ligue une allure de véritable coalition nationale. Et sans courir de risques, puisque les loups rouges qui y étaient introduits n'avaient pour l'heure que des dents d'agneau et qu'en l'état du rapport de forces, le protecteur était du bon côté de la laisse.

Pour Ho Chi Minh, ce n'était pas seulement le retour à la liberté. C'était un premier pas accompli par son organisation sur la voie de la reconnaissance. Par son affiliation à la Ligue de Zhang Fagui, le Viet-Minh prenait couleur officielle de sainteté. Désormais, il saurait jouer du voile blanc et pur du nationalisme pour faire oublier le rouge qu'il recouvrait et qui pourrait effrayer les Occidentaux, notamment les Américains vers lesquels il allait pousser maintenant une offensive de charme.

Peu lui importait en effet le sort du Dong Minh Hoi, qui se dissolvait peu à peu dans le marécage de l'éternelle mésentente. Il y avait longtemps qu'il avait pris la mesure de ces nationalistes rongés par leurs démons. La bataille qu'il devait mener pour faire entendre sa voix dans le concert des forces qui l'entouraient s'annonçait ardue. Il n'était que très menu fretin dans ce petit monde de Chongqing, ou de Kunming, au Yunnan, où les intrigues et les manœuvres des agences de renseignement et des missions diplomatiques préfiguraient déjà les luttes de l'après-guerre. Il était isolé. Ses amis idéologiques, Chinois de Mao et Russes de Staline, étaient très loin, engagés eux-mêmes dans leurs propres problèmes, complètement indifférents à sa petite existence. Il n'avait pas non plus de justification légale, ni d'assise populaire ou territoriale, sinon un petit bout de montagne et une troupe insignifiante à faire valoir.

Il détenait tout de même quelques atouts, les avantages que donnait justement sa faiblesse. Il ne faisait pas peur et au demeurant n'avait rien à perdre. Il percevait d'autre part à merveille, une qualité éprouvée, le sens du vent et les maillons fragiles des chaînes tendues sur son chemin. N'ayant rien à attendre des Français, ni des Anglais, et jugeant le prix de l'aide chinoise trop cher à payer, il s'était naturellement tourné vers les puissants de l'heure, ces Américains qui semblaient d'ailleurs disposés à l'entendre.

Il n'ignorait pas leur anticolonialisme et leur idéalisme démocratique. Déjà, en 1919, il s'était inspiré des Quatorze Points du président Wilson pour rédiger son programme d'émancipation coloniale adressé à la Conférence de la paix. La Charte de l'Atlantique, signée le 14 août 1941 par Roosevelt et Churchill, n'était à ses yeux que le prolongement des idées de Wilson, surtout par l'affirmation répétée du droit des peuples à disposer d'eux-mêmes. En 1942, le Républicain Wendell Wilkie, ancien adversaire de Roosevelt aux élections présidentielles, était venu en Chine et s'était répandu en déclarations anti-impérialistes. Les journaux chinois n'avaient pas été avares de commentaires sur la controverse entre Churchill et Roosevelt à propos des modalités d'application des principes de la Charte, laissant apparaître le réalisme du premier et la foi idéaliste du second. Certes, les Américains étaient des capitalistes, mais à l'heure où la lutte de libération nationale primait celle des classes, c'était une considération à écarter. Le mot d'ordre n'était-il pas : « Davantage d'amis, moins d'ennemis ? »

Vers le milieu de 1944, n'ayant plus rien à faire avec le Dong Minh Hoi, Ho Chi Minh lançait son offensive. Langdon, consul général américain à Kunming, était saisi d'une demande de visa d'entrée aux États-Unis en faveur d'un certain « Ho Ting Ching », que le Service d'information de guerre (Office of War information) voulait engager comme traducteur de vietnamien pour ses émissions de San Francisco. Pendant que la demande qui embarrassait le prudent consul était transmise à Washington où elle devait être repoussée, l'O.S.S. avait proposé à Ho Chi Minh de travailler dans un réseau de renseignement. La réponse avait été négative, ou du moins assortie de conditions. Ce n'était pas l'objectif.

Aider les Alliés dans la guerre contre les Japonais, oui, mais non sans que fussent reconnues les aspirations du peuple vietnamien à l'indépendance, conformément aux nombreuses assurances formulées par les plus hautes personnalités américaines en faveur des peuples opprimés. C'était ce qu'exprimait une lettre du Viet-Minh adressée à l'ambassadeur des États-Unis et que répétait Pham Viet Tu, délégué de cette ligue au consul Langdon.

— En Indochine, il n'y a pas de démocratie, avait dit le Vietnamien. Les Français ne connaissent que la répression.

— Cela ne nous concerne pas, avait répliqué Langdon. Traitez directement avec la France. Il serait absurde qu'après avoir tant dépensé en vies et en argent à libérer la France de l'Allemagne, les États-Unis se mettent à saper son empire. Et puis, ne soyez pas si pessimistes... Le général de Gaulle a promis de guider les peuples coloniaux vers l'indépendance.

La tentative du Viet-Minh était prématurée. Les États-Unis ne désiraient pas, à cette époque, être impliqués dans une quelconque action en Indochine, ni en faveur d'une organisation vietnamienne, ni en faveur des Français. C'était, en effet, à peu près au même moment qu'une vive controverse les opposait aux Britanniques à propos des parachutages de personnels et de matériels par la Force 136 au profit du Service Action français. L'exaspération de Roosevelt, décidément d'une sensibilité extrême en ce qui concernait l'Indochine, s'était traduite par un ordre d'abstention totale sur le terrain.

Ce n'était pas suffisant pour décourager Ho Chi Minh qui considérait comme un premier résultat le fait même qu'une délégation du Viet-Minh eût été reçue par un consul, officiel américain de bon rang. Ayant entrouvert la porte, il avait su se prévaloir de ce mince avantage et de l'aval de Zhang Fagui pour répandre l'image d'un Viet-Minh nationaliste, seule organisation politique vietnamienne disposant d'une force militaire capable de participer au combat contre les Japonais.

Ce dernier point dut préoccuper Ho Chi Minh, alors qu'avec les succès américains, la péninsule indochinoise prenait une nouvelle importance militaire. Il redoubla d'activité. En décembre 1944, il mit sur pied la Brigade de la Propagande armée, placée sous le commandement de Vo Nguyen Giap, professeur converti en chef guérillero. C'était le noyau de la future armée populaire de libération. Mais avec des groupes de guérilla tho, dirigés par Chu Van Tan, et des combattants du Salut national, sommairement armés, la Brigade ne semblait pas encore capable d'opérations importantes.

Ho Chi Minh toutefois n'était pas à court d'arguments pour se faire remarquer. Il communiquait des informations sur le dispositif nippon aux services chinois et américains. On l'avait vu à Guilin et à Liuzhou, dans le Guangxi, à Kunming, dans le Yunnan. Attentif à la moindre occasion d'attirer l'attention, il avait saisi celle offerte par le sauvetage d'un aviateur américain par ses guérilleros. Après l'avoir entretenu de l'amitié du Viet-Minh pour l'Amérique, il l'avait fait accompagner en Chine et remettre en mains propres aux autorités américaines. En février 1945, arguant de mouvements de troupes suspects, il alla jusqu'à annoncer l'éventualité d'une attaque conjointe des forces nippones et de l'armée de Decoux contre Kunming. Ce n'était encore qu'une tentative d'intoxication. Le coup de force du 9 mars 1945 allait lui en donner une bien meilleure pour progresser sur la voie de la reconnaissance.

LES AMIS DE L'O.S.S.

L'élimination des Français ne signifiait pas seulement, du moins à court terme, un ennemi de moins. Pour paraphraser le général de Gaulle, elle ouvrait le destin aussi et surtout au Viet-Minh.

En effet, la position abstentionniste des Américains, exprimée par Roosevelt en 1943, allait se modifier dans un sens défavorable à la France. Dès Yalta, en février 1945, alors que la tension en Indochine laissait présager une crise, le président des États-Unis s'était déclaré favorable à une action militaire, et en particulier au projet du général Wedemeyer d'y monter des opérations de renseignement et de subversion. Il avait toutefois précisé qu'il ne pouvait être question de s'aligner sur les Français et d'accorder à leurs intérêts une quelconque reconnaissance officielle.

Ainsi, au lendemain du coup de force japonais, le général Chennault, qui exerçait l'intérim de Wedemeyer, ayant envoyé des secours aux troupes françaises en difficulté, recevait peu de temps après l'ordre de les suspendre. De son côté, l'O.S.S. recevait pour instruction de chercher à établir des réseaux de renseignement dans la péninsule, afin de remplacer ceux qui avaient été désorganisés par les Japonais, comme le groupe Gordon. Sous condition de respecter une attitude d'impartialité à l'égard de toute affiliation politique ou gouvernementale, l'O.S.S. était donc autorisé à aider tous les groupes de résistance susceptibles d'aider à la lutte contre les Japonais.

En fait, plusieurs agents de l'Office éprouvaient à l'égard des Français une prévention qui se doublait chez certains, tels que les majors Austin Glass et Archimedes Patti, d'une forte sympathie pour les Vietnamiens. A l'instar de leur président, ils reprochaient à la France sa défaite rapide contre l'Allemagne, et au régime Decoux d'avoir fait de la colonie une plate-forme d'attaque contre la Malaisie et les Philippines, à la disposition du Japon. Giap écrira d'ailleurs à ce propos : « Au moment où la France cherchait activement à revenir en Indochine, le major Patti, on ne savait pour quelles raisons, manifestait sa sympathie pour la lutte anti-japonaise du Viet-Minh. »

A son arrivée en Asie, le major Patti avait déjà sur le Vietnam et les Vietnamiens des idées que son ami et collègue Glass lui avait inspirées. Celui-ci avait vécu de nombreuses années à Haiphong, où il dirigeait un bureau de la Standard Oil Company. Il y avait épousé une Vietnamienne et appris la langue du pays, des raisons suffisantes en Occident pour être qualifié d'expert de la psychologie et des questions asiatiques. Mais le cas de Patti ne relevait bientôt plus de cette sorte de connaissance.

« La sincérité de Ho, écrira-t-il, son pragmatisme, son éloquence firent sur moi une impression indélébile... » et à propos des négociations menées avec le Vietnamien, il ajoutera : « Ho n'a même pas mentionné la question des fonds, alors que partout, en Europe et en Afrique, les maquisards réclamaient argent et armes en quantités énormes... D'un point de vue pratique, Ho et le Viet-Minh m'apparurent comme la réponse à mon problème immédiat d'engager des opérations en Indochine... »

Ce point de vue n'était cependant pas pour autant encore partagé par tous ses collègues, car Ho Chi Minh demandait avec insistance, en échange de sa collaboration, la reconnaissance de son mouvement comme seule organisation légale représentant le peuple du Vietnam. Les implications politiques étaient évidentes, et la coloration communiste du Viet-Minh et de son chef quelque peu gênante. Les supérieurs de Patti, les colonels Helliwell et Heppner, craignaient donc que les armes délivrées aux Vietnamiens ne fussent retournées contre les Français, et que Tchiang Kaishek n'élevât des objections au moment où les négociations avec Mao Zedong se heurtaient à des difficultés.

Ho Chi Minh n'en tissait pas moins sa toile d'araignée avec obstination et souplesse. Il savait se montrer modeste et habile à contourner l'obstacle. Ainsi avait-il sollicité et obtenu une entrevue avec le général Chennault, prestigieux chef de la XIVe Air Force, histoire de lui rappeler le sauvetage d'un aviateur de cette unité par les guérilleros vietminh. Avec humilité, il avait manifesté son admiration pour le pourfendeur de Japs et demandé la faveur d'une photo dédicacée. Celle-ci devait être mieux qu'un souvenir. Bien exhibée, elle prouverait au camarades et aux autres l'amitié des Américains pour le chef du Viet-Minh.

Poussant ses pions, Ho Chi Minh offrait la participation de ses hommes aux opérations de l'A.G.A.S., et pendant que les Américains discutaient d'un éventuel engagement d'éléments français en Indochine, il exhibait des documents censés prouver la collusion franco-nippone et envoyait une lettre ouverte aux Nations Unies demandant l'indépendance du Vietnam.

Impressionné, Patti était convaincu que le Viet-Minh était une force représentative, dynamique, organisée, ayant des objectifs dignes et précis, cette conviction allant grandissante en raison de son antipathie croissante pour les Français en général et pour Sainteny, chef de Mission 5, en particulier. De ses rencontres avec les officiers de l'armée d'Indochine, il avait d'ailleurs retiré globalement une impression défavorable, le colonialisme français étant pour lui l'un des pires exemples de « cupidité et de mépris des droits de l'homme... Pendant plus de trois quarts de siècle, les Vietnamiens ont été cruellement exploités, brutalement maltraités, et généralement utilisés comme des biens mobiliers ». Dans ces conditions, il ne fallait pas être grand devin pour imaginer de quel côté de la balance il allait faire peser son action.

Pour faire bonne mesure, les tentatives de collaboration franco-américaines tournaient court. Le général Wedemeyer jugeant en effet utile de faire participer les hommes du général Alessandri à des opérations de guérilla, en préparation au plan « Carbonado », grande offensive prévue en Chine pour l'automne, s'était entendu sur le principe avec le général Sabattier. Mais la réalisation se heurtait à un faisceau de difficultés et de désaccords : dissensions entre M.5. et Sabattier, volonté d'indépendance des Français soumis au commandement américain, répercussions des problèmes gouvernementaux, instructions contradictoires, amateurisme des services de renseignement, malentendus répétés. Si une opération « Comore » dirigée par le capitaine « Lou » Conein réussissait quelques sabotages au Tonkin, celle de « Pakhoï » sur la côte tonkinoise était interrompue après un bon départ, si bien que le projet d'un corps franco-indochinois sous la direction du commandant Courtalhac était abandonné.

En juin 1945, l'O.S.S. décidait en conséquence de substituer les Vietnamiens de Ho Chi Minh aux Français dans les opérations envisagées : « Bien que marxistes, estimait Patti, le promoteur de l'affaire, ces guérillas du Viet-Minh ont vraiment comme but de combattre les Japs, et c'est bien là le premier objectif de notre plan. »

Les Français devaient donc être écartés des groupes « Cat » et « Deer » prévus pour les intégrer. Il ne fallait d'ailleurs pas déplaire aux nouveaux partenaires, et puis un incident survenu lors du parachutage à Caobang d'une équipe « Deer » comprenant trois Franco-Indochinois avait montré l'impossibilité de l'amalgame. En reconnaissant le lieutenant français Montfort, le sergent métis Logoz, et un Vietnamien nommé Phac, appartenant au V.N.Q.D.D., Ho Chi Minh qui était présent avec ses maquisards avait exigé que les trois hommes fussent envoyés en Chine. Le major Thomas avec son groupe « Deer » allait rester sur les lieux sept semaines pour instruire et équiper la troupe vietminh avant de l'accompagner à Hanoi au mois de septembre 1945, faisant ainsi figure de caution américaine à la révolution en cours.

L'OCCASION FAVORABLE

La révolution, Ho Chi Minh et le Viet-Minh s'y préparent activement. Le chemin à parcourir est toutefois ardu, car les réalités ne sont pas exactement telles qu'elles ont été décrites à Patti.

Au lendemain du 9 mars 1945, le Comité central avait décidé de préparer l'insurrection générale, un travail de titan et de fourmi tout à la fois. En avril, les diverses unités de combat, Brigade de Propagande armée de Giap, guérillas du Tho Chu Van Tan, groupes du Salut national, fusionnaient pour constituer l'Armée populaire de Libération. L'évaluation des effectifs est difficile. Sur le plan opérationnel, la « résistance aux fascistes nippons » était plutôt symbolique, limitée à quelques coups de main et sabotages. Le fameux assaut du Tam Dao, entré dans la légende, n'a été qu'une attaque réduite magnifiée par la propagande.

Par contre, l'incitation au soulèvement populaire contre les réquisitions de paddy (riz non décortiqué) effectuées par les Japonais a été plus efficace. Plus diffus, mais important à longue échéance, était le mouvement en taches d'huile des comités qui s'implantaient dans plusieurs provinces du delta tonkinois, où la famine et la carence administrative offraient un terrain propice. Dans le Sud, en Cochinchine, la situation était plus confuse. Les communistes y étaient partagés entre l'organisation de Tran Van Giau, l'intransigeant moscoutaire, et sa rivale des Jeunesses pour le Salut national. Un émissaire y fut envoyé pour tenter un regroupement, mais la rupture des communications entre le nord et le sud rendait les initiatives difficiles.

Au mois de mai 1945, Ho Chi Minh et ses compagnons jugeaient bon de sortir de leur repaire de Pacbo pour descendre vers le delta. Ils s'installèrent au seuil de celui-ci, à Tantrao, dans la province de Tuyen Quang. Ce fut le premier pas de « Nam Tien », la marche vers le sud. Les six provinces du nord furent alors constituées en « zone libérée », première assise territoriale du Viet-Minh. Dans le même temps, un programme en dix points fut élaboré : chasser le Japonais. Confisquer et distribuer aux pauvres les biens des envahisseurs et des traîtres. Proclamer les libertés démocratiques et le suffrage universel. Aimer le peuple, l'inciter à soutenir la guérilla et à s'engager dans l'Armée de Libération. Organiser la répartition de la terre et encourager la production. Apporter secours aux victimes et mettre en pratique l'assurance sociale. Redistribuer les terres communales, réduire l'intérêt des dettes et le taux des baux ruraux, ordonner un moratoire sur les dettes. Abolir taxes et corvées. Combattre l'analphabétisme et entraîner le peuple militairement et politiquement. Assurer l'égalité entre les ethnies et entre les hommes et les femmes.

En juillet 1945, la guerre semble s'acheminer vers son terme. Les Américains sont au seuil du sanctuaire nippon. Faisant le compte de ses atouts, Ho Chi Minh sait bien que si la paix survenait, les chances de succès d'une insurrection seraient limitées. Il s'inquiète du retour des Français. Certes, il ignore, n'étant pas dans le secret des Grands, que la France est tenue à l'écart des décisions importantes, en particulier de celles qui seront prises à la conférence de Potsdam qui s'ouvre le 17 juillet. Mais il sait que l'appui de Churchill renforce la position du général de Gaulle et il se fie surtout à ce qu'il voit : malgré les assurances de Thomas et de Patti, il n'est pas sûr que l'O.S.S. ait cessé de faire appel aux Français dans leurs opérations. Le cas de Montfort n'est peut-être pas isolé. Et puis, le soutien d'agents américains, c'est bien, mais leur gouvernement ira-t-il plus loin en faveur d'un Viet-Minh à dominante communiste ? Roosevelt est mort. Sa politique paraît se poursuivre, mais on ignore ce que son successeur Harry Truman, qui n'a ni la tête ni la réputation d'un idéologue, fera lorsque le sort des colonies se discutera.

En tout état de cause, Ho Chi Minh ne se juge pas encore assez fort pour heurter les Français de front. Après tout, c'est un nouveau régime qui est installé à Paris, un régime dont le chef est un grand résistant qui a combattu pour la liberté. Certes, de Gaulle l'a déçu par sa proclamation du 24 mars 1945, prononcée au lendemain du coup de force japonais. Il a parlé de cette liberté, mais en l'entourant de restrictions et de termes vagues, comme s'il voulait la noyer : Fédération, Gouverneur général, Union française, autant de cadres pour circonscrire une indépendance. Le suffrage, la composition des assemblées élues ne sont pas définis. Et surtout, le Vietnam resterait morcelé en trois tronçons. Cette porte précautionneusement entrouverte pourrait cependant s'ouvrir plus largement dans l'élan de la paix. Pourquoi le Viet-Minh ne ferait-il pas connaître son point de vue, et en même temps se faire reconnaître du gouvernement français ?

Au début du mois de juillet 1945, le commandant Revol, du réseau « Picardie », est entré en contact avec le chef vietminh de la région de Socgiang, un Tho. Outre une action commune contre les Japonais, il a évoqué, au cours de la conversation, la possibilité d'une entrevue « entre le chef du Viet-Minh et celui de la Mission militaire française ». L'idée a paru intéressante en soi, mais ce n'est pas de cette manière que Ho Chi Minh souhaite engager le dialogue. D'une part, il ne tient pas à le limiter aux questions militaires. Il veut le situer au niveau politique. D'autre part, il aimerait être introduit par un autre intermédiaire qu'un chef Tho. L'arrivée du major Thomas lui offre une opportunité qu'il s'empresse de saisir.

Le lendemain même du jour où il accueille la petite équipe « Deer », il demande à l'officier américain de le mettre en rapport avec un représentant français d'un rang élevé, afin d'avoir quelques éclaircissements sur la proclamation du 24 mars. Thomas transmet par le canal de l'A.G.A.S. qui communique la proposition au M.5. Sainteny qui dirige le bureau de la D.G.E.R. est alors en France. C'est vraisemblablement pour cette raison que la réponse ne vient pas et que Ho Chi Minh renouvelle sa démarche le 25 juillet, en y ajoutant un programme de réformes en cinq points :

1) Institution du suffrage universel pour élire un Parlement. Un gouverneur général de l'Indochine, français, serait président en attendant que l'indépendance soit accordée. Il désignerait un Cabinet ou un groupe de conseillers acceptables par le Parlement. Les pouvoirs seraient à discuter ultérieurement.

2) L'indépendance devrait être proclamée dans un minimum de cinq ans et un maximum de six ans.

3) Les ressources naturelles du pays devraient revenir au peuple indochinois après un juste dédommagement aux propriétaires actuels. La France pourrait bénéficier de concessions économiques.

4) Toutes les libertés définies par les Nations Unies devraient être reconnues aux Indochinois.

5) Interdiction de la vente de l'opium.

L'A.G.A.S., à nouveau, communique le message. Les représentants français qui sont à Kunming en étudient les termes. Il y a là le commandant Sainteny de M.5, le général Alessandri, de Raymond, chef de la délégation de la France d'outre-mer qui a son siège à Calcutta, et son adjoint Léon Pignon. Leur réponse, rédigée en anglais comme le texte du Viet-Minh, se retranche prudemment derrière l'autorité du gouvernement de Paris. Elle est transmise aux Américains. Curieusement, dans son ouvrage *Why Vietnam ?*, Patti affirme que les Français n'ont pas répondu. Mais dans le même temps, Gordon propose à Sainteny d'aménager une entrevue avec Ho Chi Minh, soit à Kunming, soit en territoire indochinois, à condition qu'une personnalité neutre y assiste. Selon le chef de M.5, les événements et les pluies diluviennes empêchent la réalisation du projet.

Le 7 août de cette même année 1945, en effet, tombe à Kunming la nouvelle du bombardement de Hiroshima. Le 14, l'Empereur du Japon annonce la capitulation de son pays.

En Indochine, le souffle de Hiroshima ouvre devant Ho Chi Minh un espace dans lequel il s'engouffre sans perdre de temps. Il ne doute pas que c'est l'occasion favorable depuis si longtemps guettée.

Le Viet-Minh s'y est préparé, mais il n'est sans doute pas encore prêt. Il l'est néanmoins davantage que quiconque, davantage surtout que tous ceux qui ont des intérêts concurrents aux siens, les autres partis nationalistes et les Français. Parmi les premiers, seuls les pro-Nippons ont une organisation et une implantation territoriales. Avec la défaite de leurs protecteurs, ils n'ont guère le vent en poupe. Le gouvernement de Tran Trong Kim démissionne d'ailleurs dès le 8 août. Partout dans le pays, c'est le désarroi. Les autres, soutenus ou non par les Chinois, ne sont ni assez cohérents, ni assez déterminés ou dynamiques pour agir avec promptitude. Or, l'avantage reviendra à celui qui saura prendre l'initiative.

Les Français, par contre, sont plus dangereux. En ce début du mois d'août 1945, Ho Chi Minh ignore encore qu'à Potsdam, où la conférence vient de s'achever le 2 du même mois, les Alliés ont partagé l'Indochine en deux zones de désarmement des forces japonaises, celle du nord confiée aux Chinois, celle du sud aux Anglais. Le retour de la France en force semble toutefois exclu à court terme. Hormis quelques poignées d'hommes engagés dans des opérations restreintes de guérilla, ou à l'entraînement en Chine, l'armée française est encore prisonnière des Japonais. La distance écarte la possibilité d'une arrivée rapide de troupes métropolitaines. Mais bientôt, sans aucun doute, des décisions seront prises par les Alliés qui, négligeant pour l'heure l'Indochine, ne vont pas tarder à y expédier des forces militaires. Ho juge opportun de prendre tout le monde de vitesse et de saisir un pouvoir pratiquement vacant qui tombe des mains des Japonais vaincus.

Dès le 13 août 1945, un Comité national d'insurrection est créé qui délivre aussitôt l'Ordre militaire n° 1 : offensive générale sur tous les fronts. Le 16 août, un Congrès national du peuple se réunit à Tantrao. De la centaine de délégués hâtivement convoqués, une soixantaine seulement parviennent à destination. Ils élisent un Comité de Libération nationale, véritable gouvernement provisoire autour duquel les Vietnamiens sont appelés à s'unir. Ho Chi Minh en est élu président à l'unanimité. Un programme en dix points, un hymne et un drapeau national sont adoptés. Le coup d'envoi de la révolution d'août est donné.

Cependant, les Japonais sont toujours maîtres de la situation, aussi confuse soit-elle. Leurs forces en Indochine sont intactes et invaincues. Leur attitude sera déterminante pour le Viet-Minh qui serait vite étouffé, s'il s'avisait de les combattre. Le réseau de leurs agents est encore en place, et même infiltré dans les comités révolutionnaires clandestins. Or, si l'on excepte quelques accrochages en Annam, partout ailleurs, leur comportement sera celui d'une neutralité bienveillante. Contraints d'abandonner les lieux, les Japonais préfèrent les laisser aux mains des habitants asiatiques, quels qu'ils soient, que de les restituer aux anciens maîtres blancs.

A Hanoi, capitale du Bac Bô, vers laquelle se dirigent les hommes de Giap, les autorités nippones ont confié les services administratifs au vice-roi Phan Ke Toaï. Le 16 août, l'Assemblée consultative du Tonkin tient une ultime session au cours de laquelle elle vote une motion de ralliement à l'empereur Bao Dai, avant de s'ajourner sine die. Dans un effort pour retenir les éléments du régime Tran Trong Kim qui s'effrite, le comité central de l'association des fonctionnaires appelle ces derniers à manifester en masse le 17 août. C'est l'occasion qui s'offre au comité régional du Viet-Minh, conscient de sa faiblesse et nanti de l'ordre d'insurrection générale, de jouer un coup de bluff audacieux et payant. Il lance au milieu de la foule réunie devant le Théâtre municipal ses agents qui se répartissent habilement. Tandis qu'un orateur vient d'achever un discours et que quelques applaudissements le saluent mollement, un homme bondit sur l'estrade et hurle « Viet-Minh ! ». Aussitôt surgissent d'un peu partout les drapeaux rouges et s'élèvent des clameurs reprises par la foule, d'abord éberluée, puis entraînée : « Viet-Minh ! Viet-Minh ! » D'autres révolutionnaires vont rejoindre le premier et l'un d'eux prononce une harangue enflammée. C'est Nguyen Khang, le chef du Comité régional qui proclame le Vietnam libre et engage ses compatriotes à rallier la Ligue. Une houle enthousiaste soulève la foule, un moment auparavant plutôt amorphe et bon enfant.

Devant ce succès, et pariant sur la neutralité nippone, le Comité régional décide le soir même de poursuivre sur sa lancée et de préparer une manifestation pour le surlendemain, qui est un dimanche.

Les unités de la Brigade de propagande vont rameuter les gens des quartiers populaires, des faubourgs et des villages environnants qui déferlent dès le matin du 19 août dans les rues de Hanoi. C'est une cohue bruyante et colorée d'hommes, de femmes et d'enfants du petit peuple, enthousiasmé par la liberté qui lui est soudain accordée d'envahir la capitale sans avoir à en référer à une quelconque autorité étrangère. Aux hurlements en faveur de l'indépendance, se mêlent des cris de haine contre les Français. Des banderoles sont déployées, portées par des bras ruisselants de sueur. On y lit en quoc ngu, en français, en anglais : « A mort l'impérialisme français ! » ou « Vietnam to Vietnamese ! » ou « Français, rentrez chez vous ! » et surtout « Doc Lap » cent fois répété. Un cortège de nationalistes projaponais rebrousse précipitamment chemin devant les escouades de Viet-Minh, pourtant armées de façon hétéroclite et inquiètes des réactions possibles de l'armée japonaise. Mais aujourd'hui non plus, celle-ci ne bronche pas. Défilés et manifestations vont se succéder sans interruption.

Les bourgeois vietnamiens sont généralement moins enthousiastes. Les uns sont sceptiques par expérience et craignent un retour de bâton. Les autres se méfient de ces débordements populaires provoqués par des agitateurs venus d'on ne sait où et dont ils ne savent pratiquement rien. Les Européens, eux, ne peuvent plus sortir sans se faire injurier, et parfois molester. Les métis surtout sont les cibles privilégiées de la haine qui monte. Ils se barricadent dans leurs maisons, craignant la violence que l'excitation de la rue promet, avec la complicité des Japonais.

Le 22 août, l'arrivée d'un avion américain avec le commandant Sainteny à bord leur fait croire à une libération prochaine. Leur joie est de très brève durée. Les Japonais font tout pour isoler le chef de M.5 et dans le même temps pactisent manifestement avec les révolutionnaires, en acceptant l'intégration de leurs auxiliaires locaux dans l'armée du Viet-Minh. On ne distingue d'ailleurs plus dans la populace qui envahit la rue les agitateurs, des voyous du faubourg du Banc de Sable, les révoltés de la dernière heure des agents nippons. Seuls, les Viet-Minh savent ce qu'ils font.

Un cortège se dirige vers le palais du Vice-Roi, ancienne Résidence générale du Tonkin. La brigade vietminh qui le mène y pénètre sans coup férir, les gardes s'écartant pour la laisser passer. Elle ne trouve ni vice-roi, ni un quelconque officiel. Les révolutionnaires du mois d'août tiennent là le symbole qu'ils cherchaient pour frapper l'imagination du peuple et l'entraîner à leur suite. Ils sont maîtres de ce sanctuaire du pouvoir colonial, que les mandarins impériaux ont déserté. Ils hissent leur pavillon, et peu importe que celui-ci, mal fixé, tombe, provoquant les commentaires narquois ou soucieux des superstitieux ; le Viet-Minh vient de remporter une victoire d'importance et sans verser une goutte de sang.

Du même élan et de la même manière, un autre cortège prend possession de divers immeubles publics, dont celui de la Garde indochinoise, où il trouve un dépôt d'armes. Pendant un moment, les Japonais veulent s'interposer, mais après une brève discussion, ils n'insistent pas, décidément résolus à se laver les mains d'une révolution qui ne les concerne plus. Les escouades du Viet-Minh évitent d'ailleurs avec soin de les provoquer là où ils semblent déterminés à rester, au Gouvernement général par exemple, et surtout à la Banque de l'Indochine qu'ils tiennent comme une véritable forteresse. Mais en fin de journée, on peut dire que le reste de la ville de Hanoi appartient à la Ligue de Ho Chi Minh.

Portée par une exaltation nationaliste croissante, la renommée victorieuse du Viet-Minh se fortifie, non sans quelques violences, et se répand dans tout le pays, en direction du centre et du sud. Des personnalités annamites comme Pham Quynh, et Ngo Dinh Khoi, frère de Ngo Dinh Diem, sont assassinées. A Huê, l'Empereur est désemparé. Il cherche, avant tout, à faire reconnaître l'indépendance de son pays par les Grandes Puissances et envoie dans ce sens des messages au président Truman, au roi d'Angleterre, au généralissime Tchiang Kaishek, au général de Gaulle :

« ... Vous avez trop souffert pendant quatre mortelles années, écrit-il à celui-ci, pour ne pas comprendre que le peuple vietnamien, qui a vingt siècles d'histoire et un passé souvent glorieux, ne veut plus, ne peut plus supporter aucune domination, ni aucune administration étrangère... Vous comprendriez encore mieux si vous pouviez voir ce qui se passe ici, si vous pouviez sentir cette volonté d'indépendance qui couvait au fond de tous les cœurs, et qu'aucune force humaine ne peut plus comprimer. Même si vous arriviez à rétablir une administration française, elle ne serait plus obéie : chaque village serait un nid de résistance, chaque ancien collaborateur un ennemi, et vos fonctionnaires et vos colons eux-mêmes demanderaient à sortir de cette atmosphère irrespirable... Nous pourrions si facilement nous entendre et devenir des amis, si vous vouliez cesser de prétendre à redevenir nos maîtres... »

Le général de Gaulle ne répond pas.

La démarche paraît dépassée sur le terrain, car la rumeur, amplifiée par un enthousiasme croissant et l'absence de toute opposition, s'est répandue qu'au nord, le Viet-Minh a déjà instauré cette indépendance, avec la garantie des Alliés.

A Huê, que survolent des avions américains, les propagandistes montrent du doigt les étoiles qui en marquent les ailes et les flancs pour faire croire qu'il s'agit de l'aviation de la Ligue.

Si la foule est prête à tout accepter qui puisse exalter son imaginaire, l'Empereur Bao Dai, lui, songe à charger le Viet-Minh de former un nouveau gouvernement pour succéder à celui de Tran Trong Kim. L'intention est dérisoire, car de Hanoi lui parvient une motion qui le presse d'abdiquer. Son entourage lui-même y est favorable, son chef de cabinet Pham Khac Hoe en tête. Il finit par y consentir, pour « préserver le bonheur et l'union du peuple vietnamien ». Mais il veut y mettre les formes, et le 25 août 1945, il remet solennellement le sceau et l'épée d'or, symboles de la souveraineté impériale, à une délégation du Comité de Libération nationale, dirigée par Tran Huy Lieu. Il devient le citoyen Vinh Thuy. C'est une véritable intronisation que le Viet-Minh vient d'obtenir par simple pression psychologique.

En Cochinchine, en revanche, la situation est plus complexe. Les mouvements nationalistes soutenus par les Japonais comptent bien sauvegarder l'indépendance, mais à leur profit. Plus puissants, ils devancent le Viet-Minh qui est d'abord très discret. Et pour cause. Les camarades communistes sont divisés. Ils ne semblent pas avoir bien compris le sens de la démarche des Nordistes. Ils préfèrent avoir la faucille et le marteau au lieu de l'étoile jaune sur leur drapeau. Tout cela est trop récent pour bien être assimilé par des gens qui ont l'habitude de l'autonomie. Et il y a encore ces damnés trotskistes avec leur obsession de la réforme agraire.

D'autre part, si les Jeunesses d'Avant-Garde peuvent jeter leurs masques de gentils scouts, la force est plutôt du côté des caodaïstes et des hoa hao qui disposent de contingents armés. Il reste que les Japonais préféreraient passer les rênes à leurs protégés qu'à des révolutionnaires rouges. Tout le monde va donc se grouper en un Front National Unifié, qui se fonde le 14 août, aussi bien les Jeunesses d'Avant-Garde que les caodaïstes, les hoa hao que les trotskistes, le Phuc Quoc que le Parti vietnamien de l'Indépendance et diverses personnalités nationalistes. Un Comité exécutif est constitué le 16 août, qui prend en charge les services administratifs des mains des Japonais.

Mais aussitôt, les plus excités s'agitent et provoquent des désordres. Les Jeunesses d'Avant-Garde se distinguent en ville, ainsi que des éléments troubles, voyous libérés de prison et bandits de la secte des binh-xuyen. Dans les campagnes, violences, exactions, assassinats se multiplient. Partout, les vengeances personnelles se mêlent aux règlements de comptes politiques, les exécutions sommaires de collaborateurs aux éliminations de créanciers, le tout entre Vietnamiens, et sous l'œil bienveillant de l'armée nippone, plus empressée à ouvrir ses dépôts d'armes qu'à maintenir l'ordre. Ainsi arme-t-elle les milices nationalistes, à la demande du délégué impérial Nguyen Van Sam, arrivé à Saigon le 19 août. Deux jours plus tard, le 21, le Front National organise une manifestation boulevard Norodom. Les drapeaux impériaux jaunes et les bannières trotskistes de la IVe Internationale y rivalisent de couleurs et de taille.

Le Viet-Minh commence à se sentir quelque peu débordé. Il lui faut à tout prix montrer aux Alliés qu'il tient le pays sous sa férule. Fort de son succès à Hanoi et d'un prestige croissant que la rumeur et sa propagande amplifient, il entreprend une habile campagne de persuasion et d'intoxication, en s'appuyant sur ses comités et les Jeunesses d'Avant-Garde dont le dynamisme est de plus en plus agressif. Il joue la carte des Alliés vainqueurs et invite les autres groupes à se dégager de l'amitié des Nippons vaincus pour former avec lui une union sacrée : ne vaut-il pas mieux courir derrière le tigre que chevaucher la proie ? Sa démarche est soutenue opportunément par la nouvelle que Bao Dai a chargé le Viet-Minh de former un Cabinet ministériel. Le Front se laisse convaincre et le 25 août, un grand rassemblement va montrer que c'est la Ligue de Ho Chi Minh qui est encore la plus forte.

Sur le même boulevard Norodom qui porte les marques d'un bombardement américain dévastateur, se déroule un défilé qui rappelle ceux du commandant Ducoroy par son ordre et sa tenue. Le jour même, un Comité exécutif provisoire du Nam Bo se constitue et s'installe au palais du gouverneur de Cochinchine. Sept sur neuf de ses membres sont communistes, à commencer par son président, Tran Van Giau, qui est également chargé des questions militaires. Duong Bach Maï est commissaire aux Affaires politiques. Nguyen Van Tao, le syndicaliste libéré de Poulo Condor, est à l'Intérieur, le docteur Pham Ngoc Thach, commissaire aux Affaires étrangères.

La préoccupation immédiate du Viet-Minh, au Sud, est de maintenir sa prédominance, de plus en plus contestée par les autres mouvements nationalistes qui ont le sentiment d'avoir cédé trop facilement à ses arguments. Mais partout, il peut être satisfait de l'attitude des Japonais, qui se sont bien gardés, entre autres aménités, de libérer les militaires français, alors qu'ils ont relâché leurs prisonniers alliés. Quelles que soient les difficultés qui se préparent pour lui, le Viet-Minh apparaît en cette fin du mois d'août comme le premier dans la course au pouvoir, pour avoir su partir à temps. Il lui reste à consolider sa position par un gouvernement unifié et à la consacrer par une cérémonie grandiose vouée à l'Indépendance.

L'INDÉPENDANCE

C'est le 21 ou le 23 août 1945 qu'arrive à Hanoi, sans tambour ni trompette, un petit homme maigre, vêtu d'un short chiffonné, coiffé d'un casque colonial peint en brun, et tenant une canne à la main. Il a l'air bizarre d'un vieil instituteur qui se serait égaré dans la brousse pour y rechercher des plantes médicinales. Ce qui étonne le plus les premiers camarades rencontrés qui le prennent pour un vieux cadre sorti de sa rizière, ou un lettré obscur saisi par la révolution, c'est le paquet de cigarettes américaines qui gonfle sa poche. Le signe ne trompe pas. L'inconnu n'est pas n'importe qui pour posséder une denrée aussi rare. Car personne à Hanoi ne connaît le mystérieux Ho Chi Minh dont on dit qu'il est le chef de la révolution. On ne fait même pas le rapprochement avec Nguyen Ai Quoc.

Jusque-là, Giap a dirigé le mouvement dans la capitale, un mouvement qu'il est nécessaire d'accélérer sans tarder. En effet, les décisions de Potsdam vont s'appliquer incessamment. Déjà, les premières troupes chinoises s'apprêtent à franchir la frontière. Elles envoient leurs éclaireurs préparer leur arrivée. Or, non seulement leur présence peut contrecarrer l'installation du Viet-Minh, mais elles vont sûrement amener dans leurs fourgons les nationalistes exilés en Chine et cet éternel parti rival qu'est le Vietnam Quoc Dan Dang et la Ligue Dong Minh Hoi. L'heure est donc venue pour Ho Chi Minh de venir dans la capitale.

Au Viet-Minh, il faut une force militaire et un vrai gouvernement. Il ne dispose à Hanoi que des unités d'autodéfense et de quelques gardes civils ralliés, puisque la révolution s'est accomplie sur un coup de bluff. Il fait venir deux brigades de l'Armée de Libération, qui ne pénètrent en ville qu'après de difficiles tractations avec les Japonais. « Révolution, si vous voulez, dit Tsuchihashi, mais champ de bataille, non. » Giap affirme que l'ordre sera maintenu et obtient gain de cause. Une parade montrera au peuple que le Viet-Minh, aussi, a son armée, modeste mais déterminée.

Le 28 août, un Gouvernement provisoire est formé qui remplace le Comité de Libération nationale. Ho Chi Minh le préside. Bien que sa composition veuille exprimer, selon l'expression de Giap, « le désir de large union manifesté par le front du Viet-Minh dans l'édification du pays », elle révèle plutôt une écrasante domination des Nordistes, et une direction communiste évidente : Giap est à l'Intérieur, Pham Van Dong aux Finances, Chu Van Tan à la Défense nationale, Tran Huy Lieu à la Propagande. Le Sudiste Pham Ngoc Thach est à l'Hygiène et le catholique Nguyen Man Ha, gendre du député communiste français Marrane, à l'Économie. Enfin, au ci-devant empereur Bao Dai, citoyen Vinh Thuy, est décerné le titre de Conseiller politique suprême. Le Gouvernement sera présenté le 2 septembre 1945, jour choisi pour la proclamation solennelle de l'Indépendance.

« Cet événement historique relevait hier encore du domaine du rêve », écrira Giap. Il faut dire que la révolution d'août a laissé tout le monde pantois. Personne ne réalise encore vraiment ce qui s'est passé. Il faut cet immense rassemblement, cette communion dans la conscience collective d'une Indépendance, que tout un peuple désire, pour se persuader que c'est vrai. Car même l'apparition de ce petit homme simple à la mine d'instituteur, vêtu d'un costume de toile ordinaire, a quelque chose d'onirique. Qui est-il donc ? Est-ce possible que ce soit lui Ho Chi Minh, le chef révolutionnaire qu'on aurait imaginé plus farouche et plus martial ? Il est si rassurant et si doux. On aime bien au Vietnam ce genre d'homme modeste et respectable qu'on devine paré des vertus confucéennes. Tran Trong Kim aussi a la même apparence, mais l'a-t-on vu se présenter ainsi devant le peuple ? Il est resté engoncé dans sa dignité de mandarin, tandis que celui-ci a une façon familière de demander : « Est-ce que vous m'entendez bien ? » qui est celle d'un parent s'adressant à sa famille avec respect et affection. Il est bien normal que la famille lui réponde par une ovation. Dès sa première apparition en public, Ho Chi Minh est devenu ainsi l'Oncle Ho.

La famille, c'est cette foule assemblée sur la place Ba Dinh, où se côtoient fonctionnaires et ouvriers en chemise blanche, séminaristes en soutane noire et bonzes en robe jaune, montagnards en costume régional et jeunes femmes en tunique de couleur, paysannes en turban jaune et miliciens armés de coupe-coupe, de sabres ou de hallebardes saisis dans les temples. Un petit contingent de femmes combattantes, affublées d'énormes cartouchières de l'armée coloniale, voisine avec les unités de Giap en uniforme et casque kaki.

La curiosité de tous est attirée par un groupe d'Américains, immenses et dégingandés au milieu de cette fourmilière, et qui observent attentivement ou photographient le spectacle. Ne sont-ils pas désignés comme les amis du moment ? Ho Chi Minh a commencé son discours par des mots surprenants :

« Tous les hommes sont nés égaux. Le Créateur nous a donné certains droits inviolables : Le droit à la vie, le droit d'être libre, et le droit au bonheur ! »

Il a expliqué que c'était une citation de la Déclaration d'Indépendance des États-Unis. La veille d'ailleurs, il avait consulté à ce sujet le major Patti qui en avait été touché, se sentant devenir le confident écouté de ce merveilleux révolutionnaire qui ne dira pas un mot de l'Union soviétique dans tout son discours. Par contre, les termes sont violents lorsque le président du Gouvernement provisoire parle de la France, violents et menaçants :

« ... Pendant plus de quatre-vingts années, les colonialistes français, abusant du drapeau de la liberté, de l'égalité, de la fraternité, ont violé notre terre et opprimé nos compatriotes... ils nous ont imposé des lois inhumaines. Ils ont constitué trois régimes politiques différents dans le Nord, le Centre et le Sud du Vietnam pour détruire notre unité nationale... ils ont construit plus de prisons que d'écoles... ils nous ont exploités jusqu'à la moelle... le 9 mars, les colonialistes français se sont enfuis ou se sont rendus... la vérité est que notre peuple a repris son indépendance des mains des Japonais, et non de celles des Français. Les Français s'enfuient, les Japonais se rendent, le roi Bao Dai abdique. Notre peuple a brisé toutes les chaînes... Tout le peuple du Vietnam, animé d'une même volonté, est déterminé à lutter jusqu'au bout contre toute tentative d'agression de la part des colonialistes français... »

Et pour finir, Ho Chi Minh fait prêter plusieurs serments à la foule. L'un d'eux est révélateur :

« Si la France entreprend une guerre de reconquête, nous jurons : de ne pas nous engager dans son armée, de ne pas collaborer avec elle, de ne pas vendre de vivres pour ses troupes, de ne pas leur servir de guides. »

Cette mobilisation des consciences contre le retour de la France trahit une peur latente qui se nourrit de l'incertitude des dirigeants vietminh quant aux réactions des Alliés, et surtout de celle des États-Unis, dont ils ont proclamé haut et fort qu'ils étaient le meilleur soutien du Vietnam dans son combat pour l'indépendance. La présence du major Thomas et du groupe « Deer » parmi les unités de l'Armée de Libération a fait sensation dans ce sens, mais il reste que le major Patti, arrivé le 22 août à Hanoi, n'a rien pu promettre à Ho Chi Minh ni même lui donner l'espoir d'une reconnaissance officielle de son gouvernement.

Le modeste chef de la Ligue a pourtant déployé tout son charme pour persuader l'Américain que, s'il était socialiste, il était surtout un « national-socialiste progressiste », uniquement préoccupé de délivrer sa pauvre patrie de la domination étrangère. Il s'est plaint de la collusion franco-britannique, du chantage chinois, du refus de Sainteny de le rencontrer, avant de s'enquérir brusquement des intentions américaines. Le charme s'est alors brisé. Patti, après avoir fièrement démontré son habileté à manier les baguettes pour goûter à la succulente cuisine vietnamienne, s'est très vite retranché derrière l'autorité de Washington. N'était-il pas, somme toute, que le chef d'une mission strictement humanitaire ?

Ho est d'autant plus inquiet que le même Patti a amené avec lui à Hanoi cinq Français, dont Sainteny. Il est persuadé que ce groupe est un élément précurseur, une conviction renforcée par le parachutage au nord et au sud du territoire indochinois de plusieurs équipes françaises. Encore ignore-t-il que, parmi elles, il y a deux commissaires de la République, Messmer désigné pour le Tonkin et l'Annam, Cédile désigné pour la Cochinchine. Ses guérilleros les ont évidemment tous capturés et retenus en brousse. Cédile a été remis aux Japonais qui l'ont humilié et pratiquement réduit à l'impuissance, ces Japonais décidément bien utiles qui ont mis Sainteny en quarantaine, et gardé tous les soldats français dans leurs geôles.

Mais les nouvelles de l'étranger ne sont pas plus rassurantes : en attendant le retour des Français, qui préparent un corps expéditionnaire à Ceylan, ce sont les redoutables voisins chinois et les impérialistes anglais qui doivent venir désarmer les Japonais. En outre, le général de Gaulle a rencontré Truman le 24 août à Washington et réaffirmé, à cette occasion, la volonté de la France de recouvrer tous ses droits en Indochine. L'ère Roosevelt semble close. Et du même coup, la présence de Sainteny au gouvernement général prend un air très fâcheux. Ho Chi Minh a jugé bon de lui envoyer une délégation à la fois pour confirmer l'existence de son gouvernement et pour sonder les intentions françaises. Il a exigé que Patti soit témoin de l'entrevue. Or, Sainteny a répondu à Vo Nguyen Giap, qui menait les délégués :

— J'attends de voir à l'œuvre votre équipe gouvernementale pour juger si elle est digne de figurer aux postes de commande de l'Indochine future.

Pour le licencié en droit et docteur d'Économie politique de l'université de Hanoi, c'est une gifle qu'il n'oubliera pas, comme d'ailleurs pour tous ses camarades qui constatent que les Français, qu'ils soient anciens ou nouveaux, parlent le même langage, celui des maîtres. A Saigon, Tran Van Giau, président du Comité du Nam Bo, s'en est allé, lui aussi, rencontrer le représentant de la France, Cédile, qui lui a répété les termes de la déclaration du 24 mars. L'ancien élève de l'école Staline, dont l'intransigeance est absolue, a été plus que déçu. Comment les Français qui se sont battus contre l'occupant nazi, pouvaient-ils être aussi peu réalistes et aussi peu ouverts au progrès ? Comment de Gaulle pouvait-il offrir si peu, alors que le Viet-Minh s'était déjà donné l'indépendance et que la situation de la France en Indochine était aussi peu sûre ?

Il devenait donc évident, au sud comme au nord, qu'il fallait se préparer à défendre une victoire encore fragile et, par des actes décisifs et spectaculaires, l'imposer à la fois au peuple vietnamien et aux Puissances étrangères. La célébration du 2 septembre est en ce sens une réussite éclatante. Mais si elle s'achève sans heurt à Hanoi, elle tourne au drame à Saigon, montrant que le Viet-Minh y est moins fort, et que la violence demeure pour beaucoup la réponse la plus immédiate et la plus satisfaisante à la menace d'une reconquête française.

LE 2 SEPTEMBRE DE SAIGON

Depuis quelques jours, la population européenne de la capitale cochinchinoise a pressenti le danger des manifestations de rue. La tension est montée au rythme des attroupements et des défilés qui se sont succédés à grand renfort de haut-parleurs et de pas cadencés. On ne croyait pas encore à une Saint-Barthélemy, mais les habitants des villas isolées se regroupaient. Une certaine nervosité se manifestait surtout dans les quartiers où familles de « petits Blancs » et de métis côtoyaient les Vietnamiens. Plus inquiétante était l'apparition, dans les rues du centre ville, de personnages agressifs, les prisonniers libérés. Certains étaient des politiques, d'autres des « droits communs », mais presque tous, dans cette atmosphère de liberté nouvelle, semblaient décidés à faire payer leurs années de détention à ceux qui les leur avaient infligées : les Français. Les uns adhéraient au Viet-Minh ; les autres se joignaient aux Japs locaux dans la préparation de la grande manifestation.

Le défilé a pourtant commencé le matin du 2 septembre dans un bon ordre, répétition presque exacte de la fête de Jeanne d'Arc qui avait eu lieu un an plus tôt, presque jour pour jour, sous la direction du commandant Ducoroy. Les chants patriotiques ont évidemment remplacé *Maréchal, nous voilà !* mais c'est le même *« Môt haï, Môt haï »,* Une-deux, Une-deux, que scandent les chefs de groupe pour imposer la cadence. Et cette fois, les participants sont armés, les uns de fusils, ou de revolvers, les autres de bâtons ou de bambous taillés en pointe. Certains chevauchent des montures, récupérées dans les écuries de l'armée française, ou des motos qu'ils font pétarader dans les rues autrefois tranquilles du « Plateau », où sont groupées les villas européennes. Du boulevard Norodom, où il est passé devant l'estrade du Comité exécutif du Nam Bô, le cortège s'oriente vers la rue Catinat qu'il descend en direction du port. C'est en quelque sorte le trajet à rebours des conquérants de l'amiral Rigault de Genouilly. Devant la cathédrale et le socle de la statue de l'évêque d'Adran déboulonnée après le 9 mars, les vociférations redoublent pour conspuer ces symboles de la colonisation. Mais il n'y a encore aucun incident.

C'est au cours de l'après-midi que les choses tournent mal. L'excitation collective dans la chaleur accablante, l'alcool de riz qui monte à la tête et ouvre si bien les vannes à toutes les rancœurs accumulées, l'intervention d'éléments troubles, qu'ils soient Japs locaux, repris de justice, Binh Xuyen, trotskistes, activistes communistes ou nationalistes, le moindre détonateur peut mettre le feu aux poudres. Soudain, place de la Cathédrale, des coups de feu éclatent. La foule est un instant déconcertée. Des mains se tendent vers le clocher et des cris fusent accusant des Français qui y seraient cachés d'avoir tiré. Aussitôt, des forcenés qui n'attendaient que cela, se ruent sur l'église et sur la procure où ils trouvent un prêtre français, le père Tricoire, aumônier des prisons, saint homme réputé pour son humanité. Ils le tuent. Après tous les symboles recherchés par le Viet-Minh, ou Sainteny, ce meurtre en est malheureusement un autre, celui de la tragique suite de malentendus, de contradictions et d'incompréhension qui va conduire à la guerre. Partout dans la ville se déchaîne alors la violence. Tout Blanc ou métis rencontré dans la rue est molesté, piétiné ou arrêté. Les groupes de manifestants en amèneront plus d'un millier dans les locaux de la police. Il y a cinq Français tués et des dizaines de blessés. De nombreuses maisons sont envahies, pillées, leurs habitants, hommes, femmes ou enfants, frappés. Les Japonais assistent au spectacle avant d'intervenir tardivement.

Si la nuit apporte une accalmie, l'engrenage de la haine sera désormais difficile à arrêter, surtout lorsque, de part et d'autre, et quelles que puissent être les intentions d'apaisement, les positions des chefs se précisent publiquement avec fermeté. En faisant jurer à la foule de la place Ba Dinh « de conjuguer ses efforts avec ceux du Gouvernement pour sauvegarder la complète indépendance de notre Patrie contre toute menée d'agression, même au prix de notre vie », Ho Chi Minh semble répondre au général de Gaulle qui a déclaré le 24 août à Washington, au cours d'une conférence de presse : « La position de la France est très simple. La France prétend recouvrer sa souveraineté sur l'Indochine. »

Chapitre IV

LE RETOUR

Aux réactions de la métropole à la nouvelle du coup de force nippon, il est manifeste que les événements indochinois ne s'y apprécient qu'à travers les préoccupations et les sentiments d'une France à peine libérée et foncièrement indifférente. Des discours officiels enflammés et des affiches exaltant la résistance des héroïques forces françaises d'Indochine masquent mal la méconnaissance de la réalité.

« Bientôt, notre drapeau flottera sur Hanoi, Huê et Saigon, libre comme à Strasbourg et à Metz ! » s'écrie dans une envolée lyrique le ministre des Colonies Giacobbi, qui ne craint pas les assimilations hardies. « Ce qui est sûr, affirme *L'Humanité* communiste, c'est que la grande majorité des Annamites, Tonkinois, Cochinchinois, Laotiens, Cambodgiens, haïssent les impérialistes nippons et luttent pour la libération de l'Indochine avec les troupes restées fidèles. » Le même journal ne voit d'ailleurs dans la proclamation de l'indépendance par Bao Dai qu'un ralliement honteux de l'Empereur d'Annam aux fascistes nippons.

Le général de Gaulle lui-même déclare : « Quelles que soient les conditions dans lesquelles se trouve placée la Résistance indochinoise, il est essentiel qu'elle se dresse et qu'elle combatte... il y va de l'avenir de la France. »

Vu de Paris, le problème indochinois est donc encore traité sous l'angle du triple concept métropolitain « résistance — collaboration — libération », et en fonction de la lutte démocratique contre la dictature et le fascisme. Cette vision ne s'accorde pas avec les réalités de l'Asie du sud-est. D'une part, la résistance française a été anéantie par le coup de force.

D'autre part, l'indépendance à la japonaise peut n'être que « de pacotille », selon l'expression des communistes ; elle marque de toute façon une rupture irrémédiable avec le système colonial. Il ne saurait désormais y avoir de retour en arrière.

LA VOLONTÉ DU GÉNÉRAL DE GAULLE

Le général de Gaulle le sait bien qui a déclaré l'année précédente à Brazzaville qu'aucun progrès ne pourrait être considéré comme tel si les hommes vivant sur leur terre natale et sous le drapeau français n'en profitaient pas moralement et matériellement, et s'ils ne s'élevaient pas au niveau où ils seraient capables de se gouverner eux-mêmes. C'est dans cet esprit que le 8 décembre 1944, il a promis aux peuples indochinois un statut politique plus libéral au sein d'une communauté dénommée Union française.

L'intention est à préciser, et une formule est à l'étude, mais l'accord est difficile à réaliser, semble-t-il, entre des tendances contradictoires. Si la nécessité d'une évolution importante du régime colonial apparaît comme inéluctable, l'administration française ne semble pas prête à lâcher les rênes de l'Empire. Le coup de force japonais presse le général de Gaulle de faire un geste en direction des peuples indochinois. Un texte est finalement mis au point, résultat de longues discussions et de plusieurs remaniements, et rédigé par le gouverneur Laurentie, directeur des Affaires politiques au ministère des Colonies. Il est publié sous forme de Déclaration, le 24 mars 1945.

On ne peut nier qu'il marque un pas en avant incontestable : juridiquement, il n'est plus question de colonie, ni d'Empire, mais d'un État fédéral, au sein de l'Union française. Les libertés démocratiques fondamentales y sont garanties, ainsi que l'autonomie douanière et économique, l'égalité de tous les « citoyens indochinois » devant l'emploi, et l'enseignement primaire obligatoire.

Il subsiste pourtant quelques imprécisions et des survivances qui donnent le sentiment aux intellectuels vietnamiens de France d'une réticence à ouvrir franchement une main généreuse. Un Parlement élu est bien prévu, qui vote le budget, mais il n'a pas l'initiative législative et le mode de scrutin de son élection n'est pas plus précisé que n'est mentionné le suffrage universel. Le maintien d'un gouvernement général nommé par Paris et sans responsabilité devant le Parlement ne laisse pas d'inquiéter par les relents proconsulaires de son pouvoir. Et surtout, pour les Vietnamiens, la persistance du fractionnement de leur pays en trois tronçons exprime la volonté d'ignorer une revendication nationaliste essentielle.

Toutes ces critiques sont reprises dans l'ouvrage d'un professeur à la Faculté de droit de Paris, Nguyen Quoc Dinh, et répercutées en écho dans la communauté vietnamienne de France. Les communistes français, qui participent au gouvernement, jugent en tout cas le texte positif. Marius Magnien écrit dans *L'Humanité* qu'il est « un acte attendu dans le but d'attacher encore plus à la France et stimuler les peuples d'Indochine ». Quant à l'opinion métropolitaine dans son ensemble, tournée vers les préoccupations immédiates de la fin de la guerre européenne, elle est indifférente à cette sorte de problème.

Les élans et les retenues de la déclaration du 24 mars, par les contradictions et les hésitations qu'elle révèle chez ceux qui ont participé à sa laborieuse mise au point, contiennent en germe les prochaines incertitudes de la politique coloniale française. De graves événements surviennent à Damas et à Sétif qui montrent à la fois la vivacité des aspirations nationalistes et la fermeté du pouvoir impérial.

En Algérie surtout, émeutes et répression du mois de mai 1945 sont d'une extrême violence et font plus d'une centaine de morts européens, plusieurs milliers chez les Algériens. Messali Hadj et son mouvement ont sans doute voulu profiter de l'affaiblissement de la France dont les forces militaires sont engagées en Europe, mais on a vu aussi des Américains distribuer aux Musulmans le texte de la Charte des Nations Unies. Au regard du grand vent de liberté et d'indépendance qui souffle sur le monde à l'heure de la paix prochaine, la réaction française fait craindre au libéral gouverneur Laurentie des répercussions fâcheuses sur les peuples colonisés.

En ce qui concerne l'Indochine, cette crainte est pour l'heure injustifiée. Aussi intéressantes et révélatrices que puissent être les critiques des Vietnamiens de France, elles n'ont alors aucune importance politique. Les massacres de Sétif et les bombardements de Damas, pas plus d'ailleurs que la déclaration du 24 mars elle-même, n'ont le moindre retentissement dans cet Extrême-Orient lointain que les difficultés de communication éloignent encore davantage.

Au milieu du tumulte des derniers mois de la lutte menée contre le Japon, les échos d'une France plus absente que jamais ne peuvent que mourir dans l'isolement où se trouvent ses représentants aux confins de la Chine méridionale. La discordance est manifeste entre l'idée métropolitaine et la réalité indochinoise. Comment ne le serait-elle pas ? Déjà fragmentaire avant le 9 mars, l'information sur la colonie est devenue pratiquement nulle. Au moment où le général de Gaulle se préoccupe de ce retour qu'il tient pour essentiel, on ne peut dire qu'il soit bien armé pour le préparer.

Il prend en effet lui-même l'affaire en main. Dès février 1945, il a personnellement remplacé le ministre des Colonies à la présidence du Comité interministériel d'Action Indochine, et retenu auprès de lui Langlade, ainsi que Maurice Vallat, un administrateur qui a pu quitter la colonie clandestinement quelques mois auparavant. Le 8 avril, il enjoint au général Sabattier, nouveau délégué en remplacement de Mordant, de conserver coûte que coûte une portion, aussi faible soit-elle, de territoire indochinois, afin d'y asseoir l'autorité du gouvernement de Paris et d'y constituer une base d'action militaire et politique.

Sabattier ne pourra pas répondre à la volonté de De Gaulle. Quand il reçoit ces instructions, il est au Laos, à Phong Saly, chef-lieu du 5e Territoire Militaire. Avec les débris de son armée, il espère alors y maintenir la souveraineté française, ainsi que sur une partie du 4e Territoire, en attendant que la saison des pluies empêche toute opération nippone d'envergure. Malheureusement, les Japonais, après avoir marqué une pause, reprennent leur offensive, s'emparent de Laï Chau et contraignent Sabattier à se replier en Chine avec ses troupes. « Je recevais des directives, des instructions, écrira-t-il, mais pratiquement aucune aide... Quelques centaines d'hommes, des Français, frais, bien dotés d'armes automatiques, transportés par vingt Dakotas, auraient joliment fait mon affaire... on ne monte pas des opérations de guérilla avec des fantômes... »

En insistant sur la nécessité absolue de prolonger la résistance sur le sol d'Indochine, de Gaulle mettait en garde Sabattier contre les conseils que pourraient donner à cet égard « nos alliés, quels qu'ils soient ». Sans doute pensait-il aux Américains. Sa formule est cependant un euphémisme. L'attitude de ces derniers ne se limitera pas à donner de mauvais conseils. De l'abstentionnisme ordonné par Roosevelt, elle évoluera vers une hostilité larvée, et non moins évidente. L'affaire Chennault en constitue le premier témoignage probant.

L'OPPOSITION AMÉRICAINE

Lorsque les garnisons françaises subirent l'assaut du 9 mars 1945 et des jours suivants, elles lancèrent des appels de plus en plus désespérés aux Alliés. Les Britanniques y répondirent de leur mieux, mais leurs bases étaient à 2 500 kilomètres et ils pouvaient difficilement apporter des secours immédiats. Seuls, les Américains, avec leur aviation du Yunnan stationnée à moins de 300 kilomètres, étaient capables de le faire. Le général Wedemeyer étant absent, c'était le général Chennault qui assurait son intérim à la tête des forces du théâtre Chine.

Claire Lee Chennault, descendant d'une vieille famille de huguenots français émigrés en Louisiane, était un personnage original, cabochard, orgueilleux, réputé pour son anticonformisme. Il s'était fait d'abord remarquer en défendant l'aviation de chasse à l'encontre de la doctrine officielle de l'armée de l'air américaine qui accordait la primauté aux bombardiers. A l'appui de ses convictions, il avait formé avec deux autres pilotes le « trio du trapèze volant » pour en démontrer le bien-fondé à coups de démonstrations acrobatiques. Arrivé en Chine avant la guerre mondiale, à la demande de Tchiang Kaishek, il avait réorganisé l'aviation chinoise et recruté des mercenaires pour former le « Groupe des volontaires américains », surnommés bientôt les Tigres Volants, à cause de l'effigie peinte sur le fuselage de leurs avions. Sur des appareils dont les trous étaient parfois bouchés avec du chewing-gum faute de pièces de rechange, les hommes de Chennault accomplissaient des prouesses passées dans la légende. Ils n'avaient parfois pour bombes que des bouteilles de whisky remplies d'essence. A terre, ils se faisaient remarquer par leurs excentricités. On raconte qu'un soir de 1942, à Rangoon, quelques-uns d'entre eux s'étaient embarqués sur un avion de transport C-47 pour aller bombarder Hanoi de nuit. Ivres, ils avaient largué un vieux lot d'explosifs sur la capitale du Tonkin...

Mais Chennault n'était pas qu'un guerrier flamboyant. Il était droit et chevaleresque. Aux appels des Français en difficulté, il n'avait pas hésité à répondre en procédant aussitôt à des parachutages d'armes, de munitions, de vivres et de médicaments. Ce faisant, il ne respectait pas les consignes de Roosevelt, mais il estimait y être autorisé par humanité, en interprétant une directive du Département d'État qui prévoyait une assistance aux Français évadés d'Indochine, à condition d'en aviser Tchiang Kaishek, commandant en chef en titre. Chennault ne pouvait avoir beaucoup de peine à obtenir l'aval de ce vieil ami. Le généralissime avait donné son accord à l'accueil en Chine des fugitifs et au soutien des Français qui résisteraient aux Japonais. Le Département de la Guerre en jugeait autrement et ordonnait le 20 mars 1945 de cesser immédiatement tout appui aux militaires français et de limiter les attaques aériennes à des bombardements tactiques de l'ennemi.

Pour les malheureux qui tentaient d'échapper à l'anéantissement, cet abandon était tragique. Seuls, les Anglais, malgré l'éloignement, continuaient de parachuter des matériels aux groupes survivants.

Wedemeyer racontera plus tard que cette décision résultait de la volonté expresse de Roosevelt. « Blême, les traits tirés et la mâchoire tombante », le président, qui devait mourir quelques semaines plus tard, était sorti de son hébétude pour la lui exprimer avec insistance. Ce n'était qu'une confirmation de ce qu'il avait prescrit pendant la conférence de Yalta au général Marshall, chef de l'État-Major combiné :

— Entreprenez ce que vous voulez contre les Japs, à condition que rien ne ressemble à une quelconque reconnaissance des droits des Français en Indochine.

Quant à Chennault, dont on a dit que son départ, un peu plus tard, avait été une sorte de limogeage consécutif à son initiative, il écrira dans son livre *Way of a fighter* : « Le gouvernement américain était intéressé à voir les Français éjectés d'Indochine par la force, car le problème de la séparation de leur colonie aurait été rendu ainsi plus facile après la guerre... J'ai exécuté les ordres donnés à la lettre, mais je n'ai pas apprécié l'idée de laisser des Français se faire massacrer dans la jungle pendant que j'étais contraint d'ignorer officiellement leur condition. »

Les sentiments du d'Artagnan de la Louisiane ne semblent pas avoir été partagés par les agents de l'O.S.S. engagés dans l'affaire indochinoise, qui auraient plutôt subi la contagion de la francophobie obsessionnelle de leur président. Pour nombre d'entre eux, les Français étaient des *« unreliable loosers »*, des perdants auxquels il était impossible de se fier, et que l'on accusait d'avoir fui devant les Japonais, en leur abandonnant tout le matériel parachuté, et même de se livrer à de sombres manœuvres contre les alliés chinois, ainsi qu'en témoigne le récit par le major Patti d'un incident survenu le 20 mars à la frontière tonkinoise.

Ce jour-là, deux avions britanniques auraient largué un lot d'armes et de munitions au-dessus de Moncay, petite ville du Tonkin, à l'intention d'unités françaises en repli. Des soldats chinois, stationnés de l'autre côté de la frontière, à Dongxing, auraient aperçu le parachutage et ne voyant personne récupérer la cargaison s'en seraient saisis. De Chine, où ils se seraient réfugiés, les Français auraient demandé, par l'intermédiaire du réseau Gordon, le bombardement de Moncay et de Dongxing, dont les Japonais se seraient emparés, selon eux. Le lieutenant-colonel Helliwell, chef du bureau O.S.S. à Kunming, y voyait aussitôt une obscure machination tendant à faire massacrer des Chinois par des Américains ! Il ne semble se poser aucune question sur l'état de soldats français en complet désarroi, ni sur les motifs de cet improbable machiavélisme, ni sur la fiabilité de l'information.

Intoxication rooseveltienne ou paranoïa de services secrets aggravée par le climat des tropiques, cette interprétation est révélatrice de l'incompréhension et des malentendus qui vont envenimer les relations entre agents américains et français en Chine, au moment critique où la France est réduite au silence dans sa Colonie et où ses seules forces en Asie sont réfugiées en territoire chinois et dans la dépendance des États-Unis pour leur survie. Or, comment Roosevelt qui a refusé à de Gaulle l'équipement de huit divisions supplémentaires pour combattre l'Allemagne au printemps 1945, en arguant des propres besoins de l'Amérique et de l'insuffisance des moyens de transports, pourrait-il se montrer plus compréhensif pour l'Indochine ?

Au mois de mai 1945, la France a en Chine 5 700 hommes appartenant à l'armée régulière. Arrivés en ordre dispersé, ils ont reçu de la population et des autorités locales un accueil plus que réservé, les Chinois craignant qu'ils n'attirent les bombardements nippons ou qu'ils soient à l'origine de troubles. Certaines unités ont ainsi été désarmées à leur arrivée. Il faut noter que les trois cinquièmes de l'effectif sont indochinois et qu'ils ne désertent pas. Beaucoup sont malades ou blessés. Nombreux sont ceux qui sont parvenus épuisés à la frontière. Les uns et les autres se retrouvent dans des centres de regroupement.

Outre ces réguliers, il y a les groupes du Service Action, qui ont subi des fortunes diverses depuis le 9 mars 1945. Certains ont été anéantis, après de durs combats, comme celui du capitaine Dampierre. D'autres ont été contraints de passer en Chine, comme ceux du lieutenant Seguin et du lieutenant-colonel Vicaire. Au Laos, subsistent quelques équipes qui cesseront de combattre à la mi-avril 1945, et se réfugieront dans des repaires de brousse en attendant une reprise ultérieure d'activité.

La mousson limite d'ailleurs les parachutages britanniques qui leur sont destinés. Quelques groupes encore sont répartis dans les zones frontalières, mais sont réduits à l'impuissance sinon dénoncés aux Japonais. Ainsi, pas plus d'une quinzaine de postes radio continueront de fonctionner dans des conditions aléatoires, sujets aux suspicions chinoises, à la chasse du contre-espionnage nippon et à la surveillance des nationalistes vietnamiens.

Il reste enfin, sur mer, l'unité « Martinique », du capitaine de vaisseau Commentry, qui a pu échapper aux Japonais. Trois bâtiments de guerre, et quelques jonques patrouillent ainsi sur la côte tonkinoise et aux alentours de la baie d'Along, utilisés en priorité à l'évacuation des Français isolés, et à l'arraisonnement de bateaux de contrebande chargés de ravitailler les Nippons.

La lutte doit cependant continuer. Pour de Gaulle, « il s'agit que la France prenne part activement à la guerre en Extrême-Orient, participe à la défaite du Japon, affirme ainsi son droit à reprendre pied en Indochine ». Dans ce but, le général prend quelques décisions, inspirées par un souci d'indépendance et de réanimation politique, mais soumises aux tiraillements contradictoires des Alliés anglo-américains. Sur le terrain, il en résultera une ambivalence, source de conflits d'autorité, auxquels s'ajouteront des antagonismes de groupes ou de personnes.

Le 20 avril 1945, ce qui reste de l'armée d'Indochine regroupée sur le sol chinois est rattaché au théâtre Chine. Le général Sabattier qui la commande est nommé chef de la Mission militaire française de Chongqing. Cette décision règlerait l'indéracinable problème de l'appartenance à l'une ou à l'autre des deux zones, si les groupes Action n'en étaient exceptées. Seules, en effet, les troupes régulières sont placées sous l'autorité de Tchiang Kaishek et de son chef d'État-major Wedemeyer. Le S.A. poursuit donc sa collaboration avec le S.E.A.C. de Mountbatten. Son activité en ce printemps 1945 étant réduite à un minimum de survie, cela n'aurait pas d'importance réelle s'il ne venait s'y greffer une seconde ambiguïté.

Toutes les activités clandestines, renseignement, guérilla, subversion, dépendent de la Direction Générale des Études et Recherches, la D.G.E.R. (ancienne D.G.S.S.) représentée à Calcutta par la S.L.F.E.O. dont l'antenne est Mission 5 à Kunming. On note alors dans celles-ci un changement de personnel. De Langlade est appelé par de Gaulle à Paris. Léonard, puis Roos prennent la direction de Calcutta, tandis qu'à Kunming, le commandant Milon, vétéran du renseignement en Extrême-Orient, est remplacé par Sainteny. La délimitation imprécise entre opérations clandestines et opérations militaires pose alors problème, étant donné que la D.G.E.R. relève directement du général de Gaulle et qu'elle se veut indépendante à la fois de Sabattier et du commandement du théâtre Chine.

En outre, subsiste à Kandy le général Blaizot, chargé de mettre sur pied les Forces Expéditionnaires dont il est le chef désigné. Celles-ci sont réduites pour l'heure à un Corps léger d'intervention. Or à la Mission française de Calcutta est arrivée une Délégation du ministère des Colonies dirigée par l'inspecteur de Raymond. Dans un tel imbroglio de services se côtoient ou s'affrontent gaullistes inconditionnels, officiers d'Indochine, militaires de la France libre, résistants mués en agents de renseignement, administrateurs coloniaux d'Afrique. Comme la plupart prétendent détenir la clé de la vérité, les interférences et les courts-circuits sont inéluctables.

Mais il s'agit avant tout de s'imposer aux Alliés, puisque le manque de moyens condamne à s'accrocher à leurs basques. Cette carence va se résoudre sans friction du côté du S.E.A.C., Mountbatten étant en effet toujours bien disposé, à condition que cela ne nuise pas à sa campagne de Birmanie, d'ailleurs en bonne voie, puisque Rangoon a été prise le

3 mai 1945 et qu'il a même proposé en juin au général Blaizot l'appoint de deux divisions pour libérer l'Indochine, dès que Singapour serait reconquise. Mais l'offre est rejetée par le général de Gaulle, sensibilisé par l'affaire syrienne où le comportement britannique a été, le moins que l'on puisse dire, inamical.

Sur le théâtre Chine le problème se pose avec plus d'acuité. La proximité de l'Indochine rend évidemment les questions plus épineuses, et l'atmosphère politique plus lourde. Pourtant, aussi contrariantes qu'y soient les circonstances, les Français, dont l'orgueil, le prestige et l'indépendance sont en cause, ne mettent guère du leur pour les dédramatiser.

Il est vrai que l'homme qui dirige effectivement la zone est le général Wedemeyer, qui ne ressemble guère à l'aviateur louisianais Claire Lee Chennault. D'origine germanique, il est d'une stature impressionnante, avec un profil d'oiseau de proie. C'est un militaire strict et précis, qui n'a cependant pas le mauvais caractère de son prédécesseur Stilwell, surnommé « Joe Vinaigre ». Très courtois, il a su nouer des relations cordiales avec Tchiang Kaishek. On le dit anglophobe et on le dira francophobe.

S'il ne paraît pas avoir beaucoup d'affinités avec Mountbatten, et s'il n'ouvre pas grands les bras aux Français, il est en tout cas soucieux avant tout d'efficacité. L'objectif principal étant d'abattre le Japon, il ne repousserait pas, quelles que soient les conséquences à long terme, la collaboration de l'armée rouge de Mao. La politique américaine s'obstine d'ailleurs toujours, malgré les déceptions, à essayer de réunir Tchiang Kaishek et Mao Zedong dans une illusoire alliance. En ce qui concerne l'Indochine, Wedemeyer doit, selon ses instructions, observer avec circonspection toute initiative française. Mais avec la présence des troupes de Sabattier en Chine, il estime d'abord nécessaire de leur octroyer sans lésiner tous les secours sanitaires, puis utile de les employer, au moment où il envisage une offensive de grande envergure contre le Japonais en Chine méridionale.

Ce projet, du nom de code « Carbonado », consiste à briser la barrière nippone qui s'étend du Tonkin à Nanning et à se diriger vers l'est pour s'assurer la maîtrise de la zone Hongkong-Canton, en vue d'ouvrir des portes susceptibles de recevoir les troupes venues d'Europe ou des Philippines pour l'assaut final contre le Japon. La préparation du plan « Carbonado », dont l'exécution est prévue pour l'automne suivant, exige des opérations préliminaires de renseignement et de guérilla, où l'emploi d'éléments franco-indochinois est susceptible de trouver place.

C'est ainsi que l'O.S.S. met sur pied trois projets : « Pakhoï », « Cat » et « Deer ».

Le premier engage le groupe naval « Martinique », qui dépend de M.5 et collabore déjà avec l'A.G.A.S. pour le sauvetage des aviateurs américains abattus et fonctionne dès le mois de mai 1945 de façon satisfaisante en fournissant des renseignements sur les mouvements maritimes et aériens de l'ennemi.

En ce qui concerne les deux autres, les difficultés toutefois surgissent très vite. Un accord de collaboration est en effet établi à Chongqing par Sabattier et l'état-major américain, pour l'engagement d'une centaine d'hommes, Français et Indochinois, sous les ordres du commandant Courtalhac. La troupe est donc rassemblée à Qing Xi, afin d'y recevoir un entraînement spécial, lorsqu'un litige, survenu à propos d'une question d'intendance, en interrompt le cours. En fait, c'est Sainteny qui en a donné l'ordre. Arguant de son autorité directement reçue de Paris sur toute activité clandestine, il exige des informations sur les opérations envisagées, affirmant en particulier indispensable que la prépondérance française soit respectée si elles sont dirigées sur l'Indochine, et il dénie à Sabattier le droit de les entreprendre, sans même l'en aviser.

Wedemeyer a beau jeu de s'étonner et de rappeler qu'au cours d'une réunion tenue le 4 juin 1945, avec la Mission militaire, il a été établi que le général Sabattier commandait les troupes françaises et que, l'Indochine relevant du théâtre de Chine, toutes les opérations de guerre et de renseignement qui la couvriraient relevaient du haut commandement sino-américain. « Si chacun, Français, Anglais ou Américain, tire de son côté en même temps, dit-il au chef de la Mission militaire française, comment voulez-vous faire du bon travail ? » Quoi qu'il en soit, en attendant une clarification, tous les projets franco-américains sont suspendus.

Compte tenu de la politique américaine à l'égard de la France, il est justifié de se demander si le prétexte n'est pas singulièrement bienvenu. Après la mort de Roosevelt, le 12 avril 1945, la ligne imposée par le président défunt ne s'est en effet pas beaucoup modifiée. Un certain flottement est cependant perceptible dans la nouvelle administration. A une question de l'ambassadeur en Chine Hurley sur le régime de la tutelle, le Département d'État confirme que Truman s'en tient au même désir de voir imposer dans les colonies des mesures propres à les faire évoluer progressivement vers l'indépendance.

La tutelle est donc bien l'une de ces mesures, mais en ce qui concerne l'Indochine, son application devra être soumise à l'approbation de la France. Il sera néanmoins demandé à celle-ci de donner des précisions sur la politique qu'elle entend mener en vue d'octroyer les libertés civiles aux Indochinois pour les préparer à se gouverner eux-mêmes. Quant à l'emploi des forces françaises, il est acceptable à condition que ce soit dans le but de combattre le Japon et dans les limites des campagnes en cours. De toute façon, aucune opération d'envergure n'est prévue pour libérer l'Indochine, et en aucun cas il ne saurait être question pour les forces américaines d'être engagées dans ce pays, sauf contre les seuls Japonais.

Un léger assouplissement est donc perceptible. Il n'est plus question d'imposer un diktat à la France, dont l'importance du rôle en Europe, défendue par Winston Churchill, semble être reconnue. Truman ne tient pas non plus à soulever trop de problèmes du côté de ses alliés. Il convient de laisser les Français se débattre seuls dans leurs difficultés coloniales, ce qui est en somme une certaine façon de rendre celles-ci insurmontables, puisqu'ils manquent totalement de moyens. Non seulement leurs troupes régulières dépendent des alliés sino-américains pour survivre, mais la D.G.E.R., si jalouse de son indépendance, n'a en Extrême-Orient ni avions, ni terrains, ni armes, ni équipement qui lui soient propres. M.5 à Kunming s'est vu d'ailleurs refuser par les autorités chinoises le droit d'antenne, c'est-à-dire la possibilité de disposer officiellement d'un réseau particulier de liaisons radiophoniques. Elle pourra en fait s'y soustraire non sans incidents, par des subterfuges, et à la faveur d'une relative tolérance dans la pratique.

Toujours est-il que, la guerre contre le Japon se poursuivant, Wedemeyer ne renonce pas à l'emploi des Français pour la préparation de « Carbonado ». Un accord est finalement trouvé avec la D.G.E.R., reconnue comme seul organisme habilité à opérer clandestinement en Indochine, à l'intérieur du théâtre Chine, et relevant directement du Gouvernement provisoire. En échange de cette autonomie, elle est tenue de faire un rapport hebdomadaire de ses activités dans cette zone au général Wedemeyer. C'est un succès. A Paris, elle en remporte un autre. Sabattier, rappelé pour consultation, est reçu par le général de Gaulle qui l'écoute longuement avant de lui dire :

— Il fallait faire là-bas, pour la France, ce que vous avez fait. Je vous en remercie.

Belle formule de congé. Sabattier en effet ne retournera pas en Chine.

Malgré l'arrangement, la coopération entre la D.G.E.R./M.5 et l'O.S.S. ne portera guère de fruits. Il y aura bien un projet « Comore », mettant en œuvre un effectif d'une centaine d'hommes, Français et Indochinois, auxquels s'adjoindront quelques spécialistes américains de la guérilla, tel que Lucien, dit « Lou » Conein, qui se rendra célèbre plus tard par ses interventions plus ou moins occultes et d'une efficacité douteuse dans la politique vietnamienne. Mais l'activité de ce groupe restera limitée dans le temps et dans ses résultats : quelques coups de main pour détruire des bâtiments et des stocks d'essence ou de munitions japonais, effectués pendant une dizaine de jours au début du mois d'août 1945. Pour le reste, les malentendus subsisteront, notamment à propos d'un projet français intitulé « Maroc », appelé à engager un effectif nombreux, sous commandement français exclusif, mais évidemment avec des moyens américains. Patti le qualifiera de « tour de passe-passe ».

En fait, l'O.S.S. a déjà donné sa préférence au Viet-Minh dans l'organisation de ses activités subversives. C'est « la seule alternative », précise Patti en ajoutant : « Naturellement, les Chinois de l'état-major et les officiers de la Mission militaire française en contact avec l'ambassade américaine n'appréciaient guère la collaboration vietnamienne, mais nous, à l'O.S.S., étions d'accord pour continuer notre coopération non officielle. »

Ce choix permettra au Viet-Minh de prendre de l'avance sur les Français à l'heure où la fin de la guerre qu'on sent se rapprocher ouvrira la course au retour.

On le voit, la mise en place des moyens de ce retour, outre ceux de Chine empêtrés dans leurs difficultés, est du côté français lente et fragmentaire. Le général de Gaulle décide d'ailleurs, le 4 juin, d'affecter le corps expéditionnaire prévu pour la libération de la colonie aux opérations du Pacifique dirigées contre le Japon. De toute manière, il n'en fixe la composition que le 15 juin 1945. C'est pourquoi, au mois de juillet, sur les deux divisions concernées, seul le 5e R.I.C., formé à partir d'éléments du Corps léger d'intervention de Blaizot, va se trouver en Asie, ainsi que le cuirassé *Richelieu* et le croiseur *Triomphant* sur mer.

Politiquement, l'impréparation est tout aussi évidente. On discute, semble-t-il, davantage qu'on n'établit de plan. La nomination d'un gouverneur général civil est débattue, sans qu'une décision soit prise. Afin de répondre aux intentions exprimées par la déclaration du 24 mars 1945, on cherche des contacts chez les Vietnamiens. L'inspecteur général de Raymond recrute en métropole pour les emmener à la Mission de Calcutta deux jeunes Annamites choisis avec soin. Le commandant Lang est membre du Vietnam Quoc Dan Dang, un geste d'ouverture. Le capitaine Lê Van Duc est cousin de l'Impératrice Nam Phuong, une garantie de loyalisme. Sans responsabilités, ils ont un rôle de façade.

A Kunming, M.5 a entre autres tâches, celle de suivre l'évolution des mouvements nationalistes. Sainteny rencontre ainsi Nguyen Tuong Tam, un leader du même Vietnam Quoc Dan Dang. Le dialogue débouche sur une impasse. Tam fait part à la fois de la volonté farouche de ses compatriotes de rejeter la tutelle française et de l'espoir que beaucoup d'entre eux mettent dans les « Français nouveaux ». Sainteny répond en réaffirmant la volonté de la France de ne rien abandonner de ses droits légitimes en Indochine, sans toutefois rejeter la possibilité de quelques amendements libéraux.

C'est également en ce mois de juillet que le chef de M.5 se voit proposer à plusieurs reprises une entrevue avec Ho Chi Minh, l'inconnu que l'on dit chef d'une Ligue tout aussi obscure. Il reçoit de celle-ci un texte en anglais où sont proposées les cinq conditions qui rendraient le futur statut de l'Indochine acceptable. On sait qu'il ne sortira rien de ces approches, comme on ignore le sort réservé à la réponse française jetée dans une corbeille à papiers. Quoi qu'il en soit, les problèmes qui assaillent alors Sainteny dépassent quelque peu son autorité et la compétence de son service. Il juge nécessaire de se rendre à Paris pour demander des instructions précises et alerter le gouvernement sur l'urgence de certaines mesures à prendre à la veille de l'assaut final contre le Japon. Il y trouve une totale indifférence sur ce qui se passe en Asie, et un contraste frappant d'atmosphère. « A Kunming, c'est la fièvre, l'extraordinaire tension qui accompagne la préparation de l'assaut... A Paris, la détente, une volonté d'espoir qui succède à l'enfer... » Bref, il repart sans avoir pu obtenir une entrevue du général de Gaulle, trop occupé pour le recevoir.

C'est au cours de ces journées que les trois Grands, à la table desquels le Chef du Gouvernement provisoire n'est pas encore convié, prennent, à Potsdam où ils sont réunis, une décision qui engage sérieusement l'avenir : afin de régler une fois pour toutes la question du partage des zones opérationnelles, ils coupent l'Indochine en deux, à hauteur du 16e parallèle, une idée depuis un certain temps évoquée dans les états-majors alliés. La partie nord relève du théâtre Chine, la méridionale du S.E.A.C. Bien que ces décisions soient présentées sous un angle purement stratégique, les prolongements politiques en paraissent évidents, lorsque la capitulation du Japon survient plus tôt que prévu, après Hiroshima : pour recevoir la reddition des troupes nippones, Tchiang Kaishek semble tout désigné en Indochine du nord, et Mountbatten au sud.

La fin brusquée de la guerre prend tout le monde de court. Elle déclenche une ruée générale de tous les pays sur les gages qui leur permettront de renforcer leurs positions au moment des marchandages d'après-guerre. les Russes, entrés tardivement dans la bataille, après même l'explosion atomique, s'empressent de s'assurer le contrôle de la Mandchourie, où leurs blindés pénètrent le 8 août. L'Armée Rouge de Mao, elle, fonce en direction du Nord-Est de la Chine. Les Britanniques obtiennent de rentrer à Hongkong et d'y recevoir la reddition nippone, malgré une tentative d'opposition de Tchiang Kaishek qui ne cède que sur la pression de Truman. Quant aux Français, les moins préparés de tous, et les plus faibles, ils sont en fait les dindons de la farce.

Les décisions de Potsdam ne leur sont officiellement communiquées que le 9 ou le 10 août 1945. Ils les accueillent avec stupeur. Ce qu'ils redoutaient depuis si longtemps, l'entrée des Chinois au Tonkin, leur semble tout à coup une éventualité probable, imposée par un acte unilatéral des Grandes Puissances, sans qu'ils aient été consultés.

Pourtant, dès 1943, le Comité de Libération nationale, par son représentant à Washington Henri Hoppenot, avait fait connaître aux Américains la gravité du danger que représenterait une intervention chinoise contre les Japonais en Indochine, en raison de l'hostilité de la population. Dans sa lettre à Mordant de février 1944, de Gaulle avait affirmé ensuite : « Nous luttons pour mettre les Alliés en garde contre toute action isolée ou prématurée, telle que l'irruption d'éléments chinois au Tonkin. »

En apprenant la nouvelle, le chef du Gouvernement provisoire réagit aussitôt. Il juge capital que des forces françaises entrent au Tonkin les premières. Il y va de la souveraineté de la France dans sa colonie, de son avenir et de son prestige en Asie. Il y va aussi de la sécurité des quarante mille Français prisonniers des Japonais et exposés à tous les coups des Vietnamiens.

De Gaulle tente d'obtenir des Américains le transport aérien des troupes de Chine que commande le général Alessandri depuis le départ de Sabattier. Ce sont les seules qui puissent être rapidement à pied d'œuvre. Les hostilités ne sont pas encore terminées, et Wedemeyer ne dit pas non. Il invoque cependant le manque d'avions et de carburant pour n'autoriser qu'un seul appareil à acheminer un élément de commandement de la zone Kunming-Mengzi à Hanoi. Puis, il se rétracte, en se retranchant derrière l'autorité de Tchiang Kaishek qui en a décidé autre-

Francis Garnier
ou l'esprit de conquête et d'entreprise

L'amiral Courbet,
commandant en chef au Tonkin
(1883-1885)

Embarquement des troupes à Toulon.

Le commandant Rivière combattant les Pavillons Noirs (1882).

Une canonnière sur le Fleuve Rouge.

Prise de la citadelle de Hanoi (25 avril 1883).

Le général de Négrier fait sauter la porte de Chine (27 février 1885).

La conquête des cœurs.

Patrouille au Cambodge.

L'isolement des postes.

L'amiral Jean Decoux.

Le roi Norodom Sihanouk, en tenue de Yuvan, entre
l'amiral Decoux, à gauche, et le Résident supérieur Gautier (1944).

Saigon : le Continental Palace, siège de « Radio-Bambou ».

L'amiral Thierry d'Argenlieu, à droite, haut commissaire de France en Indochine, et le général Leclerc commandant supérieur des troupes en Extrême-Orient.

Le général Vo Nguyen Giap.

Le président Ho Chi Minh.

Jean Letourneau, ministre des Etats associés, et l'empereur Bao Dai

Le général Valluy.

L'armée caodaïste (Tayninh).

Le général Salan.

Déminage de pièges vietminh.

Milices villageoises d'auto-défense.

La guerre des routes ▸

Opération en Haute-Région.

La R.C.4, la « route du sang ».

Une guerre sans front.

ment. Si les troupes françaises veulent retourner au Tonkin, elles ne pourront procéder que par voie terrestre, en une première étape de Mengzi à Laokay, soit 110 km environ, avant de franchir la frontière distante de quelque 150 km de Hanoi. Le généralissime n'est pas pressé de voir les Français devancer les deux divisions du Guangxi qu'il tient prêtes à envoyer aussitôt que la décision sera prise par les Alliés.

Devant l'insistance de la diplomatie française, le secrétaire d'État Byrnes fait répondre à son homologue Georges Bidault qu'il ne faut pas s'en inquiéter, que c'est une affaire purement opérationnelle sans aucune implication politique. « Et les 10 000 prisonniers de guerre français aux mains des Japonais ? » demande le chargé d'affaires en Chine Daridan à l'ambassade des États-Unis à Chongqing. Pas d'inquiétude non plus à avoir en ce qui les concerne, puisque selon les termes de la reddition, ce sont les Japonais eux-mêmes qui sont responsables de leur sécurité et de leur transport aux points de rassemblement désignés par les Alliés.

A Kunming, Sainteny se sent désarmé. Il est sans nouvelle de l'Indochine. Toutes les liaisons sont coupées. A ses télégrammes affolés sur l'obstruction sino-américaine et la menace des divisions chinoises qu'il chiffre à une vingtaine, Calcutta lui répond : « Gouvernement provisoire pris de court par la capitulation japonaise, compte sur nous pour parer au plus pressé. »

Le plus pressé n'est-il pas de se rendre à Hanoi coûte que coûte ? Pour cela, il n'y a aucun autre moyen que de s'adresser à l'O.S.S. qui reconvertit justement ses activités subversives en missions humanitaires. Elle prépare des « Mercy Teams », équipes légères chargées de se rendre sans tarder partout où il y a des prisonniers de guerre alliés, afin de leur assurer sécurité et premiers soins sanitaires en attendant leur évacuation. L'homme chargé de diriger celle de l'Indochine Nord n'est autre que le major Patti. Il accepte de prendre Sainteny et quatre autres Français avec lui.

C'est alors que commence une course d'obstacles composés de quiproquos, de départs manqués ou ajournés, d'ordres et de contrordres, de vrais ou faux prétextes, le tout dans une atmosphère d'intense surexcitation que ne contribuent pas à calmer des pluies diluviennes qui transforment la région en marécage.

Un premier rendez-vous, à l'aube du 16 août 1945, est manqué. Il n'y a sur le terrain ni Patti, ni « Liberator ». Wedemeyer n'a pas jugé utile que des Français encombrent le « Mercy Team » de Hanoi. Sainteny veut alors s'embarquer sur un Dakota civil français qui vient d'assurer la première liaison France-Chine depuis la guerre. Mais Wedemeyer interdit à tout appareil, de quelque nationalité qu'il soit, de décoller à destination du Tonkin. Il faut dire qu'il doit être partagé entre trois préoccupations, celle d'une aide humanitaire aux prisonniers français, celle de ne pas impliquer les États-Unis dans le problème politique indochinois, et celle de préserver les intérêts de l'allié chinois.

Et puis, il n'y a pas que la pluie qui tombe à verse sur les délégations américaines en Chine, mais aussi les sollicitations de toutes sortes des Asiatiques, exilés, révolutionnaires ou nationalistes en mal de retour et de pouvoir dans leurs pays respectifs. Parmi eux, les Vietnamiens, et parmi les Vietnamiens les porte-parole du Viet-Minh ne sont pas ceux qui crient le moins fort, pressant les États-Unis d'empêcher le retour des oppresseurs colonialistes français et l'occupation de l'Indochine par les pillards chinois. Ils leur demandent d'aider les peuples de la péninsule à s'assurer leur indépendance et à développer leur économie. Ils suggèrent enfin que leur soit octroyé un statut semblable à celui des Philippines, en somme une sorte de protectorat à l'américaine.

Énervé par ce qu'il considère comme des manœuvres dilatoires et hostiles de l'O.S.S. avec la complicité des Chinois, Sainteny, dans son impatience, persuade Fulachier, le pilote du Dakota civil, de prendre l'air malgré l'interdiction d'envol. Le subterfuge est plutôt transparent : la destination donnée ne serait pas Hanoi, mais les Indes ! Les autorités chinoises prennent aussitôt les devants et font cerner l'appareil par la troupe. Sainteny ne se décourage pas pour autant.

Depuis le 16 août, son équipe navale, sous les ordres du lieutenant de vaisseau Blanchard, est à Haiphong pour y montrer les couleurs françaises. Les deux patrouilleurs *Frézouls* et *Crayssac* sont à quai. Peut-être l'argument est-il assez convaincant pour l'O.S.S. qui accepte finalement, le 18 août, de l'inclure dans le « Mercy Team » de Patti. Quatre autres Français, parmi lesquels le lieutenant François Missoffe, pourront l'accompagner. Il est bien entendu qu'ils seront tous sous l'uniforme et le commandement américains. Les instructions du major Patti rappellent qu'en aucune circonstance, celui-ci ne devra les aider à une « reprise par la force de l'Indochine », ni même donner l'impression d'adhérer à leurs plans. La première recommandation est grotesque. Comment imaginer en effet un pays reconquis par une équipe de cinq hommes totalement désarmés ? Quant à la seconde, Patti c'est évident, ne manquera pas de l'appliquer à la lettre.

Le départ n'a lieu finalement que le 22 août. Ordres et contrordres pour des motifs divers, pluies torrentielles et inondations, nécessité de prévenir les Japonais dont la D.C.A. continue de tirer sur les avions alliés, l'ont retardé. Ce jour-là, « à 11 h 30, comme l'écrira Sainteny, le miracle s'accomplit ». Les épreuves, en fait, ne font que commencer pour lui.

LA RENTRÉE DE SAINTENY

Le strapontin qu'on lui a accordé est vraiment très étroit. Il n'a aucun titre officiel dont il pourrait se prévaloir auprès des autorités nippones. Il ignore aussi qu'à Hanoi le Viet-Minh est déjà lancé dans la course au pouvoir et qu'il y est largement en tête depuis le déclenchement de la révolution d'août. Il ne se doute pas davantage de l'atmosphère enflammée qui y règne et de la prise de possession effective de la ville par les brigades de Giap, sous l'œil bienveillant des Japonais. A son côté, Patti, lui, est mieux renseigné.

Il n'a pas manqué, avant de partir, de rendre visite à ses amis viet-minh de Kunming qui l'ont mis au courant de l'insurrection tonkinoise. L'Américain toutefois se garde bien de lui en faire part. Sans couverture, ni instruction de son gouvernement, Sainteny croit envers et contre tous en sa mission.

Jean Roger, de son vrai nom, il s'était engagé dans la Résistance métropolitaine. Arrêté, puis évadé, il s'était porté volontaire dès 1944 pour l'Indochine, un pays où il avait vécu quelques années avant la guerre, et où il a des attaches. Son beau-père, Albert Sarraut, en a été l'un des gouverneurs généraux les plus marquants. Ce sont donc des retrouvailles avec la colonie où il voudrait assurer le retour et la réinstallation de la France dans la plénitude de sa souveraineté impériale. Il souffre certainement de devoir se contenter de cette arrivée par la petite porte, revêtu d'un uniforme étranger, mais il est convaincu que l'essentiel est d'être là, afin de manifester la présence de la France nouvelle sur une terre qui lui appartient toujours.. Aussi, éprouve-t-il certainement en y débarquant un premier choc, de la voir fouler par des soldats japonais armés jusqu'aux dents, étranges vaincus qui s'y comportent comme s'ils étaient les maîtres. La traversée de Hanoi est une épreuve plus rude encore. Il n'y aperçoit aucun Européen, pas même dans les quartiers résidentiels, et dans la foule indigène, dense, contenue par la troupe nippone, il ne décèle guère de regards d'amitié. Le cœur serré, il lit sur les banderoles tendues dans toutes les rues et sur les murs tachés d'humidité des inscriptions haineuses et injurieuses envers la France et les Français. Comment va-t-il pouvoir dans ces conditions imposer les couleurs tricolores dans une ville submergée par une marée de drapeaux rouges ?

— Les Français ne vont pas avoir la partie facile, constate Patti.

C'est le moins qu'on puisse dire. A l'hôtel Métropole, où les Japonais conduisent sous forte escorte ces hôtes inattendus, l'émotion est intense lorsque Sainteny rencontre ses compatriotes, accourus aussitôt que s'est répandue la nouvelle que des Français se trouvent avec les Américains. Il découvre la situation dramatique de la communauté européenne, la menace qui pèse sur elle depuis quelques semaines, les sentiments d'isolement et d'espoir qu'elle éprouve, son incompréhension devant l'attitude des Alliés et du gouvernement français. Il constate aussi l'hostilité affirmée de la population indigène, qui s'est massée devant l'établissement, grondante de haine.

— Nous n'avons aucune instruction concernant votre mission, disent les Japonais à Patti. Vous ne pouvez pour le moment rendre visite aux prisonniers de guerre. En attendant des directives de Tokyo, les Américains peuvent néanmoins circuler librement, pas les Français, leur présence étant jugée génératrice de troubles. Mieux vaudrait pour eux qu'ils retournent d'où ils viennent.

— Bienvenue aux Alliés, vient déclarer un représentant du Comité révolutionnaire de Hanoi. Mais que font ces Français ici ?

— Ils sont là sous ma responsabilité et pour des raisons humanitaires, répond Patti, qui ne manque pas de préciser que les États-Unis sont, eux, contre le colonialisme.

— Dans ces conditions, nous les acceptons, déclare le Vietnamien, pourvu qu'ils ne soient pas l'avant-garde d'une armée d'invasion et qu'ils ne tentent pas d'interférer dans les décisions du Gouvernement provisoire.

— Si les Français sont sous votre responsabilité, interviennent à nouveau les Japonais, ils ne peuvent demeurer à l'hôtel Métropole pour des raisons de sécurité.

— Je désire alors habiter le palais du gouverneur général, réplique Sainteny qui y voit un symbole important.

Les Japonais acceptent. Mais sans mandat officiel, dépendants du « Mercy Team » de Patti, Sainteny et ses compagnons vont être pratiquement prisonniers dans ce qu'ils appelleront une cage dorée. Cage, à coup sûr, car ils seront soumis à une étroite surveillance nippone, sans contact avec la colonie française, si ce n'est avec la seule personnalité autorisée à les voir, le général Chamagne, président du Comité d'entraide aux Français, une association créée au lendemain du 9 mars.

Sainteny peut néanmoins envoyer des messages radio à Kunming. L'un d'eux est explicite : « Situation politique à Hanoi pire que tout ce que nous avions pu prévoir. »

Quelques jours plus tôt, un autre message, du général de Gaulle celui-là, a permis de mesurer l'abîme qui sépare la métropole de sa colonie : « En cette heure décisive, la Mère Patrie adresse à ses enfants de l'Union indochinoise le témoignage de sa joie, de sa sollicitude et de sa reconnaissance... Les fils de l'Indochine ont montré qu'ils étaient dignes d'une existence nationale plus large et plus libre. » La réponse de ces « enfants » figure en quelque sorte dans un journal de Hanoi qui proclame : « Le Viet-Minh combattant avec les troupes américaines au Tonkin sera bientôt ici pour chasser les oppresseurs français qui ont fait mourir de faim l'année dernière deux millions de personnes. » Elle s'inscrit aussi dans l'accueil réservé aux envoyés de la Mère patrie, parachutés en plusieurs points du territoire. Pierre Messmer, commissaire de la République pour le Tonkin et l'Annam, est capturé par des guérilleros du Viet-Minh. Il échappe à l'empoisonnement au datura auquel succombe l'un de ses compagnons et parvient à s'évader. Il ne rejoindra Hanoi que plusieurs semaines plus tard, après avoir longtemps erré dans la brousse et rencontré une unité de l'armée chinoise. L'équipe de son adjoint, Jean-Pierre Rosselli, restera, elle, prisonnière jusqu'en mars 1946. Dans le sud, Jean Cédile, commissaire pour la Cochinchine, est pris lui aussi, et remis aux Japonais après avoir été dépouillé de ses vêtements. C'est ainsi qu'il sera ramené à Saigon, entrée peu glorieuse pour le représentant de cette Mère patrie si attentionnée.

A Haiphong, Blanchard, après avoir fait accoster ses deux patrouilleurs, s'est heurté à l'opposition du Viet-Minh qui a ouvert le feu lorsqu'il a tenté de remonter le fleuve Rouge sur le *Crayssac*. Pour rejoindre Sainteny à Hanoi, il a dû quitter le bâtiment et poursuivre son voyage dans une voiture japonaise, avant de l'achever à pied, en raison des inondations.

Pourtant, quasiment prisonnier dans son palais avec son équipe et celle de Blanchard, onze hommes en tout, Sainteny préoccupe assez le Viet-Minh pour que le Gouvernement provisoire, constitué le 28 août sous la présidence de Ho Chi Minh, lui envoie aussitôt une délégation dirigée par un certain Vo Nguyen Giap. L'entretien a lieu en présence du major Patti, à la demande de Ho lui-même. Giap fait part des aspirations du peuple vietnamien, en espérant la compréhension de la France, avec cette sorte de politesse un peu humble que les Européens prennent trop souvent pour de la soumission. Mais lorsqu'il sollicite « conseils et directives », il ne manque pas de rappeler dans le même temps que ses troupes ne vont pas tarder à arriver en ville et qu'il ne s'adresse au représentant du nouveau gouvernement français que pour un amical échange de vues, à un niveau d'égalité.

Sainteny, qui trouve les demandes vietnamiennes raisonnables, affirme que les anciennes pratiques coloniales sont désormais révolues avec la France libérale, mais il ne peut s'empêcher de donner une leçon de conduite à ces Annamites, qu'il veut juger à l'épreuve des faits avant de savoir s'ils sont capables de tenir les rênes de l'Indochine future. Qu'ils commencent donc par s'occuper de faire cesser le désordre qu'ils ont déclenché, car s'ils ne veulent plus des Français, ce sont les Chinois qu'ils auront. En les raccompagnant, Sainteny remarque d'ailleurs leur « platitude » obséquieuse devant la garde nippone, courbettes traditionnelles qui lui en disent long sur leur subordination à l'égard de leurs maîtres japonais. Plus que jamais, il veut donc croire à un retour encore possible de la France, mais il faut pour cela que le gouvernement agisse. Le temps presse. La tension monte à Hanoi. Bao Dai a abdiqué, faisant du Viet-Minh le successeur du Mandataire du Ciel et le détenteur d'un pouvoir que les Américains soutiennent sur place publiquement.

Patti, de son côté, ne fait rien pour sortir les Français de leur confinement. Bien au contraire, il les accuse de provocations et estime qu'ils doivent se contenter de courber l'échine pour éviter le pire. De plus, le major Thomas et son équipe « Deer » arrivent en ville avec les unités de Giap, confirmant ainsi à la population que les États-Unis sont bien les alliés du Viet-Minh.

Sainteny qui en tire les conséquences télégraphie : « Nous sommes devant une manœuvre conjuguée alliée en vue d'évincer les Français d'Indochine... Il faut que l'on comprenne que l'Indochine nord à cette heure n'est plus française... L'attitude alliée est plus nuisible que celle du Viet-Minh... Sommes-nous, oui ou non, signataires ? Seuls Leclerc ou de Gaulle peuvent et doivent agir. »

De Gaulle a effectivement pris des décisions. Le 16 août, il a nommé l'amiral Thierry d'Argenlieu haut-commissaire, et le général Leclerc commandant en chef des armées. Le 24, il a rencontré Truman à Washington et déclaré publiquement que la France entend recouvrer tout simplement sa souveraineté pleine et entière sur l'Indochine. A Ceylan, où il vient d'arriver, Leclerc annonce la couleur : « Les armes parleront, s'il le faut ! »

Le 2 septembre, dans sa première déclaration publique, Ho Chi Minh répond : « Tout le peuple du Vietnam est décidé à mobiliser toutes ses forces morales et matérielles, à sacrifier sa vie et ses biens pour garder son droit à la liberté et à l'indépendance. » Ce ne sont pas de vaines paroles. Si l'engagement de la totalité du peuple vietnamien relève de l'emphase oratoire et d'une espérance profonde, la menace de l'affrontement armé est indubitable. Mais c'est au sud, en Cochinchine, qu'elle va s'affirmer nettement, au sud où les Britanniques vont ouvrir la porte aux Français.

Troisième Partie

LA GUERRE EN POINTILLÉS
(septembre 1945-décembre 1946)

Chapitre premier

LA RECONQUÊTE COCHINCHINOISE OU LA GUERRE DU NAM BÔ

Le jour même où Ho Chi Minh fait triompher le mot « Doc Lap » à Hanoi et à Saigon et où les couleurs françaises semblent submergées par le raz de marée de l'Indépendance, le général Leclerc se trouve parmi les vainqueurs qui signent à Tokyo l'acte de capitulation du Japon. Évoquant avec lui la situation indochinoise, le général MacArthur, qui ne partage pas les options du major Patti, lui conseille :

— Amenez des troupes, encore plus de troupes, autant que vous le pouvez !

Compte tenu de la faiblesse du Viet-Minh, et malgré l'enthousiasme de la population vietnamienne, cet avis est justifié par la réalité locale du moment. Il est d'ailleurs partagé par de Gaulle qui estime primordial de revenir en force et de rétablir l'ordre avant tout. C'est dans ce sens qu'il charge l'amiral Thierry d'Argenlieu, nommé haut-commissaire, de rétablir la souveraineté française en Indochine, et le général Leclerc, commandant supérieur des troupes en Extrême-Orient, de prendre toutes les mesures militaires appropriées pour y parvenir. Voulant éviter les conflits d'attribution, de Gaulle centralise l'autorité entre les mains du premier qui exerce les pouvoirs de gouverneur général et de commandant en chef de toutes les forces basées en Indochine ou devant s'y rendre. Leclerc renâcle, mais selon Thierry d'Argenlieu, « l'amitié Free French et le service de la France » aplanissent la difficulté.

Leclerc, arrivé à Kandy et après un premier examen de la situation, fixe ses objectifs dès le 24 août 1945 : reprise en main de la situation au sud, grâce au débarquement anglais prévu, parachutage au nord de tout l'effectif possible et reconquête progressive du Tonkin et de l'Annam dès que l'arrivée des troupes de France le permettra, même s'il faut se battre contre les « pillards » chinois. Négociations ensuite selon les circonstances. Les moyens prévus sont le Corps expéditionnaire en cours de constitution, le Corps léger d'intervention de Blaizot, les troupes de Chine sous les ordres d'Alessandri, des forces navales et aériennes. Mais les unités sont disséminées, en métropole, à Madagascar, à Tianjin, à Shanghai, à Kandy. Celle d'Alessandri est toujours empêtrée dans le guêpier du Yunnan. Les amiraux Graziani et Auboyneau, désignés à la tête de la Marine, ne sont pas encore disponibles. Si les possibilités en effectifs sont élargies, elles sont par ailleurs toujours limitées dans le domaine de l'équipement et dans celui des transports. Le général Leclerc doit donc se démener auprès des Britanniques pour en obtenir le plus rapidement possible. Il a pris conscience des difficultés rencontrées sur place : « Tout... est conditionné par l'arrivée la plus rapide possible du corps expéditionnaire français disposant de moyens français, télégraphie-t-il. Aucun allié ne nous aidera réellement à réoccuper l'Indochine... »

L'amiral Thierry d'Argenlieu, lui, s'envole le 5 septembre pour l'Inde. Après deux escales, à Kandy où il rencontre Mountbatten et à Calcutta où il prend connaissance des premiers dossiers, il s'arrête à Chandernagor, terre française, pour y préparer son entrée et son installation à Saigon. Il a cinquante-six ans. Petit et souriant, sa courtoisie cache une grande fermeté. De Gaulle l'a choisi pour cette qualité de chef et son intégrité morale. Après la guerre de 14-18 qu'il a terminée avec le grade de lieutenant de vaisseau, il est entré au Carmel et devenu père Louis de la Trinité. Supérieur provincial dans les années trente, il a été mobilisé en 1939, fait prisonnier en 1940, avant de s'évader pour rejoindre les rangs de la France libre. Nommé haut-commissaire de France pour le Pacifique en 1941, il a été ensuite commandant des Forces navales libres. Il ne connaît pas l'Indochine.

Il est donc parti avec pour instructions de rétablir la souveraineté française, mais aussi « de faire du neuf ». Pour cela, il est investi de la confiance absolue du général de Gaulle et s'inspire de l'exemple de Lyautey dont il a emporté un exemplaire des *Lettres du Tonkin et de Madagascar*. Il tient compte aussi de la Déclaration du 24 mars, qualifiée par le professeur Nguyen Quoc Dinh, rencontré avant son départ, de timide et d'hésitante.

Mais l'amiral la juge au contraire sage, le présent devant préparer l'avenir et n'étant pas l'avenir. Ce qui importe, c'est avant tout, dit-il, de prévenir violence et effusion de sang entre aborigènes et Français. Personne n'en doute, et l'amiral a pour cela la foi, une foi lyrique qu'il exprime au général de Gaulle, en écrivant avant de partir : « Loin de s'arrêter à l'écume, mon regard se portera vers la mer ; pour un marin, c'est chose normale, et le mot de Mistral me revient à la mémoire : La mer, vaste plaine azurée, est le chemin du Paradis. » Plus prosaïque le chef du Gouvernement répond : « Il nous reste un gros morceau à avaler... »

Un très gros morceau en effet, à commencer par la Cochinchine, où les conditions devraient être plus favorables, grâce aux Anglais. Le général de Gaulle fait cependant la moue. N'oubliant rien, surtout pas l'affaire de Syrie où il s'est heurté à la volonté de puissance du gouvernement britannique, il met en garde d'Argenlieu contre les procédés de la perfide Albion : « Je n'ai aucune confiance en eux... Ils prennent et gardent une attitude hypocrite... Ils sont enchantés de se présenter en Indochine comme les forts et les dirigeants, avec des Français dans leurs bagages. Ne vous laissez à aucun moment illusionner par Mountbatten. Je suis convaincu qu'ils ne nous prêteront pas de bateaux pour nos transports. Nous devrons très probablement amener nos troupes par nos propres moyens, ce qui durera très longtemps... » Car le temps presse effectivement, et la France est encore dans la dépendance des autres pour faire valoir son autorité.

Il est vrai que les premiers éléments britanniques qui commencent à débarquer à Saigon le 12 septembre 1945 à Tan Son Nhut, aéroport de Saigon, ne viennent pas pour dérouler un tapis d'apparat sous les pieds des Français. Leur unique mission est de désarmer les 60 000 Japonais stationnés au sud du 16e parallèle. Ils ne sont d'ailleurs pas assez nombreux pour assumer d'autres tâches, et ne doivent pas même s'occuper du maintien de l'ordre, dévolu aux Japonais. En outre, cette troupe est composée de Gurkhas népalais de la XXe Division indienne du major général Gracey, des soldats d'élite, mais de race asiatique que ni le gouvernement travailliste de Londres, ni Lord Wavell, vice-roi des Indes, ne tiennent à laisser se fourvoyer dans des incidents susceptibles de répercussions politiques dans leurs propres colonies.

En fait, il y a loin des intentions gouvernementales de Londres ou de New Delhi aux brûlantes réalités de Saigon.

Une très grande tension règne dans la capitale cochinchinoise, où le Comité du Nam Bô a rebaptisé la rue Catinat rue de la Commune de Paris, à la fois sacrilège colonial et hommage au visage révolutionnaire de la France. Les dirigeants du Viet-Minh ont bien tenté de faire tomber la fièvre après les violences du 2 septembre 1945 et de reprendre une situation qui leur échappait, les directives de Hanoi prescrivant de donner aux Alliés dont il importe de gagner confiance et soutien une impression de responsabilité et de sang-froid. Duong Bach Mai, l'homme du Comité du Nam Bô chargé de la sécurité, a tenté de calmer les plus nerveux, et fait relâcher les Français arrêtés. Mais il y a trop d'ultra-nationalistes avides de démonstrations, de prisonniers politiques revanchards, de trotskistes frustrés, de Japs locaux et de voyous prêts à toutes les brutalités et au pillage, pour que cette tentative d'apaisement ne paraisse suspecte. Les rivaux du Viet-Minh bondissent sur le prétexte et accusent ses leaders, en particulier Giau qui n'a rien d'une brebis et le docteur Thach, de trahison et de complicité avec les Français : ne sont-ils pas en relation avec Cédile qu'ils ont rencontré pour un illusoire arrangement ?

Devant la tension croissante, et mis en demeure par les Alliés de maintenir l'ordre jusqu'à l'arrivée des forces britanniques, l'état-major du général Terauchi fait ordonner par Tran Van Giau le désarmement des groupes vietnamiens. Les caodaïstes, les Hoa Hao et les trotskistes refusent de livrer leurs armes. Ces derniers sont les plus virulents encore pour dénier au Viet-Minh le droit d'assumer seul le pouvoir. Pour les faire taire, Duong Bach Maï organise une opération de police et réduit à merci leur comité central.

Dans le même temps, le Comité du Nam Bô s'élargit et passe de neuf à treize membres. Tran Van Giau démissionne de ses fonctions de président et les communistes perdent la majorité. D'autres nationalistes y entrent, parmi lesquels le chef des Hoa Hao, Huynh Phu So, le « Bonze fou ». Le conflit n'en est pas résolu pour autant. Il s'envenime au contraire. En province, les troupes du Viet-Minh affrontent celles des caodaïstes et des Hoa Hao. Les trotskistes sont traqués par les communistes. Leur leader Ta Thu Thau, en route pour Hanoi, est assassiné, ainsi que plusieurs de ses camarades. A Saigon, la fièvre est remontée à son plus haut niveau. La presse de tous les partis nationalistes pratique une surenchère d'invectives partisanes et de déclarations de guerre xénophobes.

A l'écoute des rumeurs grondantes de la rue, les Français, traumatisés par les incidents du 2 septembre 1945, tremblent à nouveau. Ils se barricadent chez eux, prêts à tout, et nourrissent un seul espoir : l'arrivée de soldats alliés pour les délivrer de la menace permanente du massacre.

Aussi sont-ils, le 12 septembre 1945, pratiquement les seuls à accueillir les premiers éléments britanniques que d'autres suivront jour après jour. Les rues, pavoisées de rouge et aux couleurs alliées, couvertes de banderoles à slogans, sont désertées par les Vietnamiens qui observent de loin, non sans inquiétude. Les Français pleurent d'émotion en voyant ceux qu'ils considèrent comme leurs libérateurs. Ils sont toutefois surpris qu'ils ne soient pas des Blancs. Seuls, les officiers le sont, et leurs soldats, des Gurkhas du Népal, ont un faciès de Mongol, lisse et farouche, un chapeau à large bord étrangement posé de guingois sur leur crâne rasé. Leur allure martiale, leur discipline rigoureuse, leur réputation vite répandue de troupe d'élite rassurent pourtant bientôt. Derrière eux apparaissent d'ailleurs enfin des Blancs. La joie, intense, tourne au délire quand on reconnaît des Français. Un voile de déception obscurcit cependant les visages de la foule anxieuse. La troupe est en effet peu nombreuse, et revêtue de l'uniforme anglais. Elle ne se distingue que par l'écusson « France », minuscule en haut de la manche, comme pour les soldats des Dominions. Évidemment cela ne rehausse guère un prestige déjà entamé par l'arrivée, trois semaines plus tôt, du commissaire de la République, en petite tenue, dans un camion japonais...

Dans ces conditions, comment les Annamites ne penseraient-ils pas que les Français sont désormais à la remorque des Alliés et bien incapables de ressaisir tout seuls le pouvoir ? Ils ont donc bientôt le sentiment d'une collusion franco-britannique en faveur d'un retour au passé. Certains actes le confirment. D'abord, le drapeau français est de nouveau hissé au palais du gouvernement général, il est vrai pour quelques heures seulement, car le Commandement britannique le fait bientôt ramener, afin d'éviter toute provocation. Les soldats de l'armée d'Indochine, en revanche, sont libérés, et les Français reprennent certains services publics que les Japonais leur abandonnent, tels que l'Arsenal ou la Pyrotechnie.

La réplique nationaliste est violente, dirigée plus particulièrement contre les Annamites de nationalité française, ou jugés collaborateurs. Ils sont affublés du qualificatif infâmant de *« Viet gian »*, traître à la patrie des Viet, véritable venin instillé dans la conscience de chaque Vietnamien. Sont également visés les métis, ces symboles d'une union raciale soudain vomie, et d'autant plus haïs en ces heures de délire, qu'ils sont vivants et donc provocateurs. Bourgeois et notables connus pour leurs liens avec le régime colonial, indicateurs et agents de la Sûreté française, sont par suite pourchassés, enlevés, assassinés. Des expéditions punitives sont lancées contre les Européens réputés pour leur brutalité. La pratique courante devient alors la bastonnade et la plante des pieds brûlée. Dans la rue, éclatent parfois des rixes, à la suite de provocations réciproques, mais ce sont les Français qui sont arrêtés. On en voit passer, parfois, suspendus par poignets et chevilles à des perches de bambou et transportés, tels des cochons, aux postes de police où règne une voyoucratie envahissante. Les Antillais sont particulièrement victimes de ces règlements de comptes, la couleur de leur peau ayant rendu, en d'autres temps, leur arrogance plus insupportable aux Jaunes qui leur étaient soumis.

Dans cette atmosphère de haine, d'insécurité grandissante, les Européens qui habitent hors de la ville et dans les quartiers excentriques commencent à refluer vers le centre. Un degré de plus est franchi le 17 septembre 1945, lorsque le Viet-Minh appelle à la grève générale, une façon de reprendre une initiative perdue. La consigne n'est pourtant pas totalement suivie. Des domestiques restent encore au service des familles françaises, mais les rapports entre les communautés s'enveniment, pourris par la méfiance et la peur. D'un côté, on ne supporte plus le maître blanc ou bien l'on craint de passer pour un traître à le fréquenter. De l'autre, on redoute d'être empoisonné, comme autrefois, au datura, ou poignardé dans son sommeil. La nuit tropicale, si propice à l'angoisse, confond réalités et cauchemars, et dans la moiteur de la mousson finissante, les vieux spectres des temps héroïques resurgissent avec la hantise renaissante de cette cruauté asiatique que la langueur des années tranquilles d'avant le 9 mars avait fait oublier.

Saigon la douce offre alors, en cette mi-septembre, un visage singulier, trouble et indécis. Dans la rue Catinat débaptisée, où de rares boutiques restent ouvertes, se côtoient désormais miliciens vietminh en chemises et shorts bleus, affichant une arrogance de nouveau propriétaire, soldats japonais vaincus mais impavides, Gurkhas sombres et impeccables, prisonniers de guerre hollandais aux visages émaciés, officiers britanniques hautains et raides, Américains de l'O.S.S. ou autres missions spéciales, désinvoltes et sûrs d'eux dans leurs jeeps qui étonnent, parachutistes français enfin, déconcertés et déconcertants. Hormis les Hollandais, tous sont armés, mais ils ne s'affrontent pas. Tous prétendent être là pour assurer l'ordre et la paix.

Drôle de paix, pensent non sans raison les 25 000 Français qui restent, eux, désarmés et exposés à toutes les violences. Certes il y a bien les Japonais, responsables du maintien de l'ordre, et capables d'y veiller, mais ils observent une sorte de passivité pour ne pas dire de complicité avec les révolutionnaires. Il y a aussi les Gurkhas, mais tenus dans les limites de leur mission de désarmement, ils sont sur la réserve, et peu nombreux, attendent des renforts. Quant à l'équipe de l'O.S.S., elle est dirigée par le lieutenant-colonel Dewey, un idéaliste rooseveltien qui joue la carte de la Grande Démocratie américaine, protectrice et amie des peuples opprimés. Elle est en fait dépassée par les événements : après avoir offert ses bons offices pour un illusoire arrangement entre Cédile et Pham Van Bach, successeur de Giau à la présidence du Comité du Nam Bô, Dewey sera assassiné près de l'aéroport de Tan Son Nhut comme un vulgaire colonialiste, dont il a la même couleur de peau.

Il y a enfin les parachutistes français, mais leur effectif est trop restreint pour qu'ils soient vraiment opérationnels. Au demeurant, ils ne se montrent guère chaleureux avec leurs compatriotes de la colonie. « Français nouveaux », ils sont arrivés pour la plupart imbus d'une conception manichéenne et très métropolitaine du partage de la population coloniale en résistants-gaullistes d'une part, et collaborateurs-vichystes d'autre part. Pour eux, les Français restés en Indochine sous le régime Decoux appartiennent forcément et en bloc à cette dernière catégorie. Les soldats de l'armée coloniale en particulier sont aux yeux de ces vainqueurs de l'Allemagne nazie des capitulards qui se sont rendus aux Japonais sans combat. Aussi les coloniaux, déçus par cette incompréhension, ne voient-ils plus guère dans ces compatriotes qu'ils estiment dénaturés les libérateurs qu'ils espéraient. Le malentendu est navrant à l'heure où la solidarité serait de mise dans un affrontement aux relents de haine raciale.

C'est pourquoi, née de l'angoisse collective qui étreint la communauté française, assiégée et repliée sur elle-même, monte peu à peu la colère. Un courant de réprobation se concentre sur Cédile, le « Français nouveau » qui personnifie l'immense déception du retour qu'on imaginait triomphal de la France victorieuse. On l'accuse d'indécision, de mollesse, de n'avoir pas su faire oublier son arrivée ridicule. Comment pourrait-il donc comprendre l'Asie et les Asiatiques ? dit-on de plus en plus. Il ne connaît que l'Afrique. Pourquoi s'obstine-t-il à discuter avec le Comité du Nam Bô, un ramassis de bandits, d'anciens bagnards à la solde des Japs, de voyous assoiffés de sang ?

Il est vrai que les contacts que Cédile entretient avec le Comité ne peuvent déboucher sur rien. En face d'interlocuteurs qui veulent coûte que coûte faire reconnaître l'indépendance et l'unité du Vietnam, le commissaire de la République n'a guère à proposer que ce qu'il a déjà offert, la Déclaration du 24 mars. Or ses instructions lui prescrivent de rétablir la souveraineté française et de préparer l'établissement du futur statut de l'Indochine sur cette base. Autant essayer d'attraper un oiseau avec les yeux bandés. Pendant qu'il affronte ce dilemme, Saigon s'attend au pire.

Des personnalités influentes de la Colonie décident alors de le presser d'agir, de le mettre en face de la réalité la plus immédiate, le danger que court toute la communauté européenne. Elles le persuadent tant bien que mal d'intervenir auprès du général Gracey, afin que les militaires du 11ᵉ R.I.C. soient réarmés, mesure de défense élémentaire et logique.

Une très petite minorité, qui craint le pire et l'irrémédiable, préférerait, elle, que le commissaire de la République continue de négocier et qu'il accorde quelques concessions aux Vietnamiens. Autant vouloir étouffer un incendie avec du papier. Que pourrait-il concéder d'acceptable en effet à des gens emportés par le flot de la surenchère nationaliste, sinon l'indépendance, du moins la promesse de la reconnaître ? Et cela, Cédile n'en a ni l'instruction, ni l'autorité, et, sans doute, pas même l'intention. Il n'est qu'un fonctionnaire obéissant aux ordres. Le dialogue ne va d'ailleurs pas tarder à se rompre. De nouvelles violences surviennent. Les groupes armés agressent des militaires français, en particulier des parachutistes nouvellement arrivés. Il y a des blessés graves, des arrestations. Dans certains quartiers européens, c'est la panique.

Devant cette aggravation de la situation, Dewey qui ne cesse de proposer ses bons offices, rencontre secrètement dans la nuit du 18 septembre 1945 le président du Comité Pham Van Bach, les leaders du Viet-Minh, Tran Van Giau, Duong Bach Maï, le docteur Thach et le syndicaliste Nguyen Van Tao. Tous lui affirment qu'il est trop tard pour négocier, pour endiguer le mouvement populaire. Selon eux, aucune coopération n'est plus envisageable avec les Français, et la présence à Saigon de militaires français une véritable provocation. Ce qu'ils ne disent pas à Dewey, c'est qu'ils sont même décidés à provoquer un soulèvement général, plus général encore que le précédent, puisque le gouvernement de Paris ne semble pas avoir compris que le 2 septembre déjà, une page a été définitivement tournée. Le serment que la foule a prêté alors ne l'a pas été pour rien. Le Viet-Minh ne cherche plus l'apaisement, mais à engager plus avant le peuple vers l'indépendance, de façon que celle-ci ne puisse plus être remise en question.

Cédile, mis au courant par Dewey de l'intransigeance du Comité, tire aussitôt sa conclusion en déclarant publiquement dès le lendemain que le Viet-Minh ne représente pas l'opinion du peuple et qu'au demeurant il s'avère incapable de maintenir l'ordre. Tout pourparler est donc suspendu jusqu'au rétablissement de celui-ci. Pour l'assurer, le commissaire de la Réublique fait appel à Gracey en lui demandant de prendre les mesures nécessaires à la sécurité de la communauté française.

Le général Gracey est un officier de l'armée des Indes. C'est un homme d'ordre, qui a le sens de la solidarité raciale et impériale. Ce qu'il voit le choque. Il ne peut laisser massacrer des Blancs en se bornant à contempler le spectacle. Ses instructions sont limitatives, mais il sait d'expérience que dans les colonies lointaines, un chef doit savoir les adapter aux circonstances. Peu importe que ses initiatives puissent être ensuite contestées ou blâmées, si elles répondent à une hiérarchie de valeurs qui place la sauvegarde des vies humaines menacées, surtout lorsqu'il s'agit de Blancs, au-dessus des contingences politiques. Il intervient donc...

Il s'adresse d'abord au commandement japonais et lui enjoint de restaurer l'ordre public, selon les conventions d'armistice. Puis, devant l'inertie nippone, il lance le 20 septembre sa Proclamation numéro 1, dans laquelle il s'attribue la responsabilité du maintien de l'ordre au sud du 16e parallèle. Il décide en conséquence d'interdire la presse vietnamienne et place la police sous son commandement. Le lendemain, il institue la loi martiale avec couvre-feu, interdiction de rassemblements et de manifestations, limitation de circulation dans certains secteurs, défense de port d'arme, et peine de mort pour actes de sabotage et pillage.

Enfin, répondant à une demande de Cédile, et pour soutenir son faible effectif de 1 800 hommes, il fait réarmer les soldats du 11e R.I.C., 1 400 hommes de la caserne Martin des Pallières. Il reprend enfin aux Japonais le contrôle de la prison centrale et fait libérer les parachutistes français emprisonnés.

Mais dans l'atmosphère électrisée par la haine, le retour à l'ordre va comporter un retour de bâton. D'abord, l'occasion s'offre aux soldats de l'armée d'Indochine de prendre une revanche. Le poids des derniers mois pèse trop lourd dans leur cœur pour qu'ils ne cherchent pas à s'en libérer. Battus et humiliés par le coup du 9 mars 1945 et ses suites, frustrés par l'impuissance et les déceptions des semaines qui viennent de s'écouler, outragés par le mépris injustifié qu'affichent les nouveaux venus de France, ils « descendent » en ville pour la reprendre des mains des « Niacs ».

Inévitablement s'ensuivent des incidents et des affrontements. Cédile décide alors d'opérer un coup de force. Dans la nuit du 22 au 23 septembre, il fait réoccuper les édifices administratifs, commissariats de police, Sûreté, Trésor, Hôtel de Ville, d'où s'enfuit précipitamment le Comité du Nam Bô qui y siégeait. Pour la première fois depuis le 9 mars, les couleurs françaises flottent au-dessus de la capitale cochinchinoise.

Malheureusement ce premier geste de reconquête d'une souveraineté perdue tourne obligatoirement à l'aigre. Des groupes de civils européens, se libérant de leur angoisse et voulant faire payer les coups et les insultes reçus, se joignent aux militaires pour participer à un règlement de comptes aveugle. C'est la réponse irraisonnée au délire racial des Jaunes. Quelques factions seulement de la population européenne y sont impliquées, mais le regard des témoins étrangers prompts à généraliser, journalistes anglo-saxons à peine débarqués ou Américains de l'O.S.S., est sévère pour le Blanc revanchard.

Dewey, qui jusque-là fermait pudiquement les yeux sur les pogroms dont les Vietnamiens dits « collaborateurs », métis et Français, étaient victimes, proteste avec véhémence contre ces actes « choquants et outrageants ». L'Histoire aussi, et la morale condamnent cette chasse à l'indigène, au nom des droits de l'homme et de la dignité supérieure du colonisateur blanc qui se prétend modèle et protecteur. De même, Paul Mus, qui admet cependant, pour excuser les excès des repris de justice enrôlés dans le Viet-Minh, qu'une « résistance ne peut choisir qui vient à elle ». De même, Philippe Devillers, qui fustige « les médiocres, le petit citadin et sa moitié », coupables d'une si indigne vengeance.

Sensibles à l'argument, et craignant qu'un nouveau désordre ne remplace l'autre, Cédile et Gracey font marche arrière. Dewey est prié par ce dernier de quitter la ville. Cédile et le commandant Buis, un « Français nouveau » qui prend la Sûreté en charge, tentent de calmer les excités, font relâcher les Vietnamiens arrêtés. Gracey, pour sa part, réalise alors qu'il a outrepassé ses instructions devant l'ampleur donnée aux événements par les articles des correspondants anglais, et les répercussions possibles de la propagande nationaliste vietnamienne sur les soldats indiens. Il ordonne donc aux Français de rendre leurs armes et de regagner leurs cantonnements, et presse à nouveau les Japonais de maintenir l'ordre.

Ce recul est révélateur de la psychologie d'un Occident soumis aux pressions morales et politiques qui troublent ses décisions et les rendent contradictoires. Le ver de la culpabilité ronge sa volonté de puissance, à laquelle toutefois il ne souhaite pas renoncer. Le résultat ne peut qu'être tragique, l'adversaire, lui, ne s'embarrassant guère de ces revirements de conscience, se contentant d'assumer ses responsabilités, que les effets de son action soient condamnables ou non.

Quoi qu'il en soit, pour Ho Chi Minh et les siens, la reprise de Saigon, qui a été baptisée par la propagande du Viet-Minh « Ho Chi Minh ville », constitue un acte de guerre. Giap l'écrira plus tard : « Notre grande résistance nationale contre l'agresseur français débuta alors sur le champ de bataille du Nam Bô... Nos compatriotes du Sud furent les premiers citoyens du pays libéré à verser leur sang, fidèles aux serments prononcés le jour de l'Indépendance... »

LA CONTRE-ATTAQUE DU VIET-MINH

Le Viet-Minh ne tarde pas à déclencher sa contre-offensive. Il s'y est d'ailleurs préparé mais l'initiative française a bien précédé la sienne.

Dès le 24 septembre 1945, il décrète la grève générale, assortie d'un boycott. D'un seul coup, les personnels vietnamiens qui n'ont pas tous suivi le premier mot d'ordre de la semaine précédente s'éclipsent des maisons et des entreprises françaises. L'usine électrique cesse de fonctionner et le courant est coupé. L'eau ne coule plus des robinets. Les transports sont immobilisés. Il n'y a même plus un pousse-pousse dans les rues qui se vident. Le marché central est incendié ; des entrepôts du port et des usines sont pillés. L'aéroport de Tan Son Nhut est attaqué, ainsi qu'un navire français à quai. Un groupe armé donne même l'assaut à la prison centrale et libère les centaines de prisonniers de droit commun qui y sont encore. Enlèvements et agressions reprennent de plus belle. Tran Van Giau déclare que Saigon restera paralysée jusqu'à ce qu'elle soit réduite en cendres.

La population française, qui croyait la veille avoir retrouvé la sécurité, est reprise par la peur, que les rumeurs amplifiées par l'affolement transforment bientôt en panique. Le boycott et la fermeture des marchés rendent le ravitaillement précaire. Seuls, les Chinois et les prisonniers de guerre alliés, Australiens et Hollandais, qui sont hébergés par les familles européennes peuvent lui procurer quelques victuailles. Alors, elle fuit les quartiers où l'on ne voit guère passer de patrouilles britanniques, les seules sur lesquelles elle puisse compter, depuis le désarmement des soldats français. Elle reflue vers le centre, où elle pense trouver de quoi manger et un abri plus sûr. L'hôtel Continental, un établissement de la rue Catinat qui s'identifie à l'histoire de la colonie, devient refuge et immense dortoir. Il y règne une atmosphère d'état de siège, mais la présence de journalistes occidentaux et d'officiers alliés, anglais et américains, rassure. Ne sont-ils pas blancs et armés ? C'est d'ailleurs le drapeau des États-Unis, hissé à la hampe de l'hôtel par un membre de l'O.S.S., qui fait hésiter et éloigne un groupe de Vietnamiens menaçants, venus pour perquisitionner.

Tous les Français n'ont pas pu gagner le centre. Pour ceux qui sont restés dans les zones où les Japonais sont censés assurer la sécurité, le danger est latent. Ainsi à Tandinh, quartier situé en bordure orientale de la ville, où se trouve la Cité Hérault. C'est un bloc de ce qu'on appelle des « compartiments », maisons de briques, basses et tout en longueur, caractéristiques de l'urbanisation coloniale populaire. Les habitants sont pour la plupart des métis, et des Blancs mariés à des Annamites. Fonctionnaires ou employés modestes, ils constituent la frange où s'interpénètrent par le sang et le mode de vie les sociétés française et indigène. La sensibilité raciale y est beaucoup plus aiguë que dans les autres secteurs de la population. Paradoxalement, le mélange se traduit par la volonté de marquer plus nettement les différences, ce qui s'exprime souvent par un mépris et une arrogance d'autant plus lourdement ressentis par ceux qui ont à les subir qu'ils sont le fait de gens considérés davantage comme des égaux que comme des maîtres. Pour une vengeance qui a ses fondements dans les humiliations subies, et dans la conscience de race, la population de la Cité Hérault est la cible idéale.

Dans la nuit du 24 au 25 septembre, des bandes forcenées font irruption dans les compartiments et se livrent à un carnage. Des trois cents personnes, hommes, femmes et enfants, surprises dans leur sommeil, la moitié est massacrée. Les autres sont atrocement suppliciées. Des Français sont émasculés et leurs parties sexuelles cousues dans la bouche de leurs femmes vietnamiennes. D'autres femmes, enceintes, sont éventrées et leur fœtus arraché. Ce délire sauvage aux relents de sacrifice rituel est sans doute une façon d'exorciser la honte et le dégoût d'une trop longue soumission, une volonté délibérée de s'acharner sur les exemples les plus évidents d'une union jugée infâme, le métis et ceux qui le procréent.

La tragédie secoue profondément la communauté européenne. Bien qu'elle soit le fait d'une minorité, elle approfondit gravement une cassure qu'il sera difficile de réduire. Responsabilité en sera attribuée aux Binh Xuyen, considérés comme d'ignobles voyous sans foi ni loi. Mais sans que ces excès aient été délibérément ordonnés, il apparaîtra nettement que Tran Van Giau et le Viet-Minh avaient bien le projet de provoquer un coup de force. Les éléments de la Sûreté que le commandant Buis s'efforce de reconstituer trouveront en effet, outre des caches d'armes, des documents qui le prouvent. Cédile, en agissant n'a donc fait que les devancer.

La grande vague de haine déferle même sur les Américains de l'O.S.S., ceux-là mêmes qui se croyaient à l'abri derrière le *« Stars and stripes »* peint sur la carrosserie de leurs jeeps. Le capitaine Coolidge est le premier à tomber dans une embuscade. Il est blessé par des éléments indéterminés. Le lendemain 26 septembre, Dewey, lui, est assassiné. Il a vainement hurlé : « Je suis Américain ! » Peu après, le Q.G. de l'O.S.S. est attaqué à l'arme automatique. Les Gurkhas, accourus pour le dégager, font fuir les assaillants qui emportent le corps du lieutenant-colonel. La veille, celui-ci a écrit dans son dernier rapport : « La Cochinchine est en feu. Les Français et les Britanniques sont finis ici. Et nous, Américains, devons nous retirer du Sud-est asiatique. »

Gracey réagit immédiatement en faisant arrêter le maréchal Terauchi, qu'il rend responsable de l'anarchie. Il menace les officiers japonais de les faire juger comme criminels de guerre, s'ils persistent dans leur attitude et ne font pas immédiatement cesser les menées subversives de leurs agents. Il lui est rétorqué que la cause profonde des troubles est à chercher dans la révolte de la race asiatique contre la domination blanche, mais l'effet de la semonce s'avère positif.

Les patrouilles nippones reprennent quelque activité et une accalmie relative s'instaure. Les forces anglo-indiennes sont renforcées, leur effectif porté de 1 800 à 2 500 hommes. Avec le réarmement des Français du 11e R.I.C., la remise en route des services administratifs avec l'aide de volontaires, et la mise sur pied d'une force de police française, la confiance revient dans la communauté européenne. Les réfugiés du Continental peuvent pour l'instant rentrer chez eux.

L'assassinat de Dewey, neveu du gouverneur de l'État de New York, et la disparition de son corps, émeuvent cependant davantage la presse et les milieux diplomatiques anglo-saxons que le massacre de la Cité Hérault. On se perd en conjectures sur l'identité des meurtriers. Sont-ils vietminh ou binhxuyen ? N'est-ce pas une machination ourdie pour dresser les Américains contre les Vietnamiens ? Le major Patti se refuse à croire que ces derniers aient tué leur meilleur allié. L'enquête menée par l'O.S.S. conclut d'ailleurs à une regrettable méprise, la jeep du défunt n'arborant pas le fanion des États-Unis !

Toujours est-il que Cédile et surtout Gracey sont mis sur la sellette. Ils sont accusés d'avoir mis le feu aux poudres par leurs initiatives. On sait pourtant bien qu'elles ont eu simplement le tort politique de précéder celles du Viet-Minh.

Mountbatten est très embarrassé : le gouvernement travailliste reconnaît la souveraineté française en Indochine, tout en s'inquiétant de l'engagement de troupes indiennes contre des nationalistes vietnamiens, au moment où il entend adopter une position conciliante aux Indes. Il invite donc Gracey et Cédile à se rendre à Singapour où il les rencontre le 28 septembre, en présence du secrétaire d'État anglais à la guerre, Lawson. On décide qu'en attendant l'arrivée prochaine à Saigon du général Leclerc et de son corps expéditionnaire, les Japonais garderont la responsabilité de l'ordre, et que les Britanniques aideront les Français en cas de besoin, mais en se limitant à un rôle purement défensif. Conjointement, des négociations devront être engagées avec les Vietnamiens.

Le général de Gaulle fronce les sourcils et le 16 septembre, dans ses instructions à Thierry d'Argenlieu, précise : « Ne prenez et ne laissez prendre à l'égard des gens du Viet-Minh aucun engagement quelconque. Vous pourrez accepter certains contacts, à condition qu'ils soient directs et ne comportent aucun intermédiaire, ni anglais, ni chinois, ni américain. Quand du côté allié on vous proposera des " bons offices ", refusez catégoriquement. Nous ne traitons pas avec nos sujets par le truchement de l'étranger. »

C'est pourtant à la faveur de la médiation de Gracey qu'une trêve immédiate est conclue le 1er octobre 1945 entre Cédile et le Comité du Nam Bô. Mais ces directives ne parviendront à leur destinataire que le 3 octobre. En l'occurrence d'ailleurs, les préventions du général de Gaulle à l'égard des Britanniques sont assez peu justifiées, le conseiller politique de Gracey, Norman Brain, qui a participé à la négociation de la trêve, ayant déclaré que son gouvernement ne reconnaîtrait aucune modification de souveraineté territoriale imposée par la force au cours de la guerre.

Les pourparlers qui s'engagent ensuite n'iront guère qu'au bout de l'impasse où les figent les positions respectives. Les représentants du Viet-Minh ne démordent pas de leur exigence fondamentale : la reconnaissance de l'indépendance de la République démocratique du Vietnam. Un émissaire de Ho Chi Minh, Ha Ba Cang, dit Hoang Quoc Viet, arrive de Hanoi avec des consignes de durcissement : il faut s'opposer à tout prix à la réinstallation des Français. Dans ce but, des renforts seront envoyés du nord.

De leur côté, Cédile et le colonel Répiton-Préneuf, chef d'état-major de Leclerc, imposent comme préalable à la poursuite du dialogue la restitution des otages français enlevés et de la dépouille du lieutenant-colonel Dewey. C'est demander l'impossible. Les premiers ont été déjà assassinés, et le Viet-Minh ignore si bien qui peut détenir le butin macabre, qu'il promet cinq mille piastres de récompense à celui qui les restituera, ainsi qu'en témoigne un tract découvert plus tard. En fait, chacun désormais se prépare à l'affrontement.

Les Français cherchent à gagner du temps en attendant l'arrivée imminente des premiers contingents de Leclerc. Elle intervient le 3 octobre : un millier d'hommes du 5e R.C.I. débarquent du *Triomphant*. Le 5, c'est l'illustre chef de la 2e D.B. lui-même qui fait une entrée émouvante et triomphale à Saigon. Sous une pluie diluvienne, les Français sont accourus pour l'accueillir et lui exprimer leur espérance retrouvée. Il y répond par un discours ferme qui confirme à tous que cette fois, ils n'ont plus rien à craindre : la France est revenue !

Le même jour, les négociateurs du Viet-Minh proposent des conditions inacceptables à une prolongation de la trêve, une façon de la condamner : rétablissement de l'autorité civile du Comité exécutif provisoire à Saigon, avec l'entière responsabilité du maintien de l'ordre et l'exclusivité de la police. Désarmement des forces françaises, interdiction d'en introduire de nouvelles, et concentration de la population de nationalité française dans des zones définies, sous la sauvegarde du gouvernement vietnamien. Aussi, dès le lendemain, les pourparlers sont-ils rompus dans une atmosphère tendue, tandis que les brigades du Viet-Minh se déploient autour de la ville que déserte en masse la population vietnamienne.

La trêve va cependant bénéficier d'un sursis de quarante-huit heures, à l'instigation de Mountbatten qui a dépêché sur place un représentant, ce qui donne aux troupes françaises le temps de se mettre en place. Contrairement aux appréhensions du général de Gaulle, la coopération franco-anglaise fonctionne donc bien. Le 9 octobre d'ailleurs, l'ambassadeur René Massigli a signé à Londres avec Bevin, chef du Foreign Office, un accord par lequel le Gouvernement de Sa Majesté reconnaît l'administration civile française comme la seule autorité en Indochine, au sud du 16e parallèle.

C'est alors que le 10 octobre, le Viet-Minh déclenche sa première attaque contre les forces britanniques qui gardent l'aéroport de Tan Son Nhut. Français et Anglais entreprennent ensemble de dégager Saigon de l'étau qui l'enserre, et en une douzaine de jours, les unités de Tran Van Giau sont contraintes de lâcher la ville. L'arrivée de Massu et de ses hommes permet, d'autre part, d'engager la reprise de la Cochinchine au rythme d'une campagne brillante et spectaculaire.

LA RECONQUÊTE DU SUD

Le général Leclerc n'est pas arrivé avec des idées de simple reconquête militaire. Il est imprégné, tout comme les officiers de son état-major, d'un esprit de renouveau, caractéristique de la France libre, qui tend à rejeter les pratiques étroites du colonialisme d'avant-guerre et le collaborationnisme vichyste qu'il attribue au régime Decoux. Mais cette générosité ne va pas sans la conviction que les peuples coloniaux n'ont pas encore atteint la maturité nécessaire à l'indépendance et que la France a le devoir de les y mener progressivement dans l'ordre et la paix.

Leclerc est dans la lignée des conquérants et des colonisateurs imbus de la mission tutélaire de la métropole, qui fait précéder toute négociation d'une démonstration de puissance. Dans un rapport adressé au général de Gaulle qui l'approuve, il écrit :

« Pourquoi ces troubles si profonds, graves, généralisés ?... C'est parce que la France a été et est encore considérée comme vaincue. Vaincue en 40, vaincue en 45. Comment faire disparaître cette conviction ? En montrant notre force. Ce serait donc une erreur absolue de négocier d'une manière sérieuse avec des représentants du Viet-Minh avant d'avoir montré cette force... »

Aussi met-il sans tarder la théorie en pratique. Son plan est simple : dégager Saigon, afin de faire revenir les habitants qui ont fui, et de rétablir son ravitaillement. Il s'agira ensuite de reprendre la riche région de l'Ouest rizicole, et de s'ouvrir la voie du Transbassac et du Cambodge. Après ce sera le tour du nord, avec Tayninh, la capitale des caodaïstes, et de la région côtière orientale. Le lieutenant-colonel Massu, avec la célèbre 2e D.B., sera la force de frappe de l'entreprise. C'est un fonceur qui déclare à ses officiers :

« Pour bien travailler ici, il faut couper, pour le moment, les ponts avec la métropole... penser au présent et à l'avenir, davantage qu'au passé... se détacher sans hésiter des milieux pessimistes et critiqueurs... éviter le Blanc saigonnais usé ou aigri... »

Le 25 octobre 1945, il s'élance donc à la tête de sa colonne sur la route de Mytho, tandis que le commando de parachutistes du capitaine de corvette Ponchardier emprunte la voie fluviale pour prendre cette première grande ville de l'Ouest en tenaille. Fossés, obstacles, pont saboté retardent la progression terrestre, mais Mytho tombe par surprise aux mains de Ponchardier, arrivé le premier. Une conférence des dirigeants sudistes du Viet-Minh s'y tenait justement en présence de Hoang Quoc Viet, le représentant de Ho Chi Minh et du Comité central, ainsi que de Le Duan et de membres du Parti récemment libérés de Poulo Condor. Tous parviennent de justesse à éviter la capture.

Massu, cependant, poursuit sa marche dans le plat pays du delta et l'enchevêtrement des rizières, des canaux et des arroyos où ses hommes butent, çà et là, sur les cadavres de suppliciés, témoignages d'une terreur qui est l'une des réponses du Viet-Minh à la reconquête, un avertissement à ceux qui oublieraient le devoir sacré de défendre la patrie de nouveau envahie. Pour l'instant, Massu entre à Gocong dont se sont emparés les fusiliers marins du cuirassé *Richelieu*, ancré au large du cap Saint-Jacques. Le 29 octobre, Ponchardier est à Vinhlong, et le 30, le commando de marine Merlet entre à Cantho. Le Cambodge est désormais accessible par la voie fluviale, le Cambodge où une compagnie du 5e R.C.I. a été expédiée par avion afin de rétablir la souveraineté française. L'opération s'est effectuée sans incidents. Son Ngoc Thanh, le Premier ministre protégé des Japonais, a été arrêté et envoyé en France.

Par ailleurs, le dégagement des abords de Saigon, auquel participent les troupes de Gracey, se poursuit avec le reliquat de la 2e D.B., le 9e Dragons et les premiers éléments de la 9e D.I.C. du général Valluy qui sont engagés aussitôt débarqués. Puis début novembre, Massu repart en direction du nord et de Tayninh. Après un accrochage assez sévère dans la forêt de Ben Kéo, la prise de la capitale caodaïste s'opère sans résistance. La colonne atteint ensuite Locninh et les plantations d'hévéas du Song Be, dont on craignait qu'elles fussent incendiées par le Viet-Minh. Elles sont intactes, et les soldats découvrent avec stupeur un planteur français, Lalanne, en pleine activité au milieu de ses coolies. Budop et la région des Trois Frontières marquent la seconde étape de l'équipée qui ouvre cette fois la route terrestre du Cambodge.

Le 1er décembre 1945, les commandos du 5e R.I.C. et quelques blindés se saisissent de Banmethuot, la capitale des hauts plateaux du sud. De là est lancée le 25 janvier 1946 l'opération Gaur, qui engage les blindés de Massu vers l'est. Sur les hauteurs, Dalat, la station d'altitude des coloniaux, est libérée. La petite communauté française y vivait sous la protection, efficace cette fois, des Japonais. Sur la côte enfin, Nhatrang est reprise. Cinq cents Français et un bataillon du 6e R.I.C. y étaient bloqués sous une pression sévère du Viet-Minh. Pendant ce temps, ce même régiment, commandé par le colonel Dessert, a repris le contrôle de la région méridionale du Transbassac jusqu'à la pointe extrême de Camau et la 9e D.I.C., qui a reçu le complément de son effectif, achève le nettoyage de la zone centrale autour de Saigon.

En février 1946, Leclerc peut considérer que son objectif est atteint. Il a su montrer sa force et l'utiliser au mieux par ses raids fulgurants. En quatre mois, il se targue d'avoir rétabli la souveraineté française sur la Cochinchine et la liberté de communications par la maîtrise des ports et des grands axes routiers et fluviaux. Il a perdu 630 tués et un millier de blessés. Il a surtout démantelé les brigades de Tran Van Giau et découragé de nombreuses recrues engagées par le Viet-Minh au temps de l'enthousiasme. Pour le seul mois de janvier, dix mille d'entre eux se sont rendus. Contraints de s'éparpiller dans les régions difficiles d'accès afin d'échapper aux poursuites, les hommes de Giau renoncent alors aux affrontements ouverts et se résignent aux coups de main isolés, aux sabotages, aux harcèlements furtifs, à la pratique de la terre brûlée ! Les bandes s'évanouissent dans les obscurités glauques de la forêt, ou s'immergent dans les marécages de la Plaine des Joncs. La fameuse bande dite de l'ermite de la Dame Noire est chassée de la région de Tayninh et décimée ; celle du métis Auber, un ancien caporal de la Coloniale, est contrainte de se replier sur les berges inondées du Vaïco oriental.

Comme toujours en situation d'échec, les dissensions et les rivalités prennent un caractère aigu et la violence fanatique de Tran Van Giau provoque la fracture du front de résistance. Caodaïstes et Hoa Hao se gardent de prêter main-forte au Viet-Minh en difficulté, encore qu'ils n'en soient guère capables. Les Binh Xuyen se retirent dans leurs refuges de la Plaine des Joncs. Giau et Duong Bach Maï s'en prennent alors à tous ces traîtres et se livrent à une série de liquidations, dont les rivaux nationalistes du Viet-Minh font les frais en priorité. Les Binh Xuyen, eux, mettent la tête de Giau à prix. Le chef du Viet-Minh est rappelé à Hanoi, son échec exigeant son remplacement et une nouvelle stratégie. Il y va de l'avenir du Viet-Minh et de son efficacité à s'assurer une emprise sur le peuple, et à organiser une force d'opposition armée à la reconquête française.

La population cochinchinoise, dans son ensemble, a été impressionnée par cette armée française nouvelle, dont l'équipement américain flambant neuf et l'allure aguerrie tranchent sur l'aspect misérable des malheureux vaincus du 9 mars, que l'on a vu sortir de leurs casernes-geôles dépenaillés, hâves, le moral rongé par les échecs et le corps par les privations, la dysenterie, le paludisme.

Pourtant, elle ne lui a pas manifesté immédiatement sa confiance, surtout dans les campagnes où un véritable chaos s'était instauré avec l'effondrement de l'administration Tran Trong Kim. Entre les zones caodaïstes, hoa hao, binh xuyen, les Comités du Viet-Minh s'étaient en effet érigés en tribunaux locaux pour juger les « viet gian », décapités en public, mort redoutée entre toutes, puisqu'en séparant la tête du corps, elle condamne l'âme à l'errance éternelle.

A l'arrivée des Français, la première réaction des gens a donc été de fuir, sous l'emprise d'une triple terreur : celle du retour de bâton des anciens maîtres, celle d'être soupçonnés de trahison, ou celle d'être pris entre deux feux. Le général Fonde, qui a participé à l'opération « Leclerc », fait dire à l'un de ses compagnons :

« Nous sommes venus en libérateurs... Merde. On trouve un désert... pas une âme, mais des routes sabotées, des têtes coupées, des ponts dans la flotte, des incendies, des moustiques, des gongs, de la boue, de la vase, encore de la vase... », paroles qui auraient pu tout à fait être prononcées par un fusilier marin de Rigault de Genouilly.

Leclerc, lui, est bien conscient de la dimension psychologique du combat contre un adversaire qui a pris l'avantage en la matière, et il répète à ses officiers : « Il faut que les gens reprennent confiance en la France... Il faut vaincre la peur du Viet-Minh, protéger la population, la convaincre... C'est elle l'enjeu... » Dans ses directives, Massu, de son côté, enjoint à ses hommes de se conduire comme en village français libéré, et d'agir politiquement pour inciter les habitants à regagner leurs maisons et à reprendre leur travail. Mais agir politiquement sur le terrain ne suffit pas. C'est aussi et surtout une affaire de gouvernement, par conséquent du haut-commissaire désigné pour cette tâche.

LA POLITIQUE DE CONFIANCE

Thierry d'Argenlieu est arrivé à Saigon le 30 octobre 1945. L'accueil de Leclerc a plutôt manqué de chaleur. Les rapports entre les deux hommes n'évoquent en rien ceux de Mordant et de Decoux, mais il est clair que le général supporte difficilement d'être placé sous l'autorité de l'amiral. Une semaine auparavant, il lui a envoyé Paul Mus à Chandernagor, afin de le convaincre de retarder sa venue jusqu'à la pacification complète de la Cochinchine et du Cambodge. D'Argenlieu n'a pas tenu compte de la démarche et s'est plaint à de Gaulle. Dans la moiteur des tropiques, la solidarité « free French » s'est évaporée pour laisser place à une antinomie fondamentale de tempéraments. Selon les expressions du général Valluy, le moine-amiral est pour Leclerc un « Torquemada égaré en Asie », et pour d'Argenlieu, le chef de la 2e D.B. n'est qu'un « hussard surhaussé ».

En fait, Leclerc, avec son aura de victoire, est un homme droit, sans détour, qui aborde l'Indochine des deltas marécageux et des jungles inextricables avec le tranchant d'un vainqueur sûr de lui. Il évoque un espadon fringant que le lacis des arroyos envasés où il s'est engagé ne décourage pas encore. Ses idées sont nettes et précises : la force d'abord, la générosité ensuite. Ses paroles ne le sont pas moins. C'est justement ce que reproche d'Argenlieu à son « premier grand subordonné », qu'il soupçonne de penser à des exploits guerriers et à la reconquête. « Ce rêve est à écarter, écrit-il à de Gaulle. Nous ne sommes pas venus ici pour glaner de nouveaux lauriers à la faveur de durs combats contre l'ennemi. »

Le haut-commissaire fait là un mauvais procès à Leclerc, dont les intentions sont inspirées d'un libéralisme modéré, qui condamne les pratiques coloniales et le régime Decoux en bloc. Cette sorte de progressisme est dans l'air du temps, mais il s'inscrit également dans la tradition d'une armée généreuse et juste, qu'ont illustrée les Galliéni et les Lyautey. Il implique une puissance assez sûre d'elle-même et de sa permanence pour lui permettre de se tenir à l'écart de la fosse aux serpents politique.

Le combat dans lequel sont impliqués ces libérateurs purs et lumineux n'a malheureusement rien d'un tournoi chevaleresque. Les notions de liberté et de nationalisme, de collaboration et de légitimité, de progrès et de loi, baignent dans un véritable bouillon de culture, et de cultures, qui leur donne des couleurs diverses. L'épée de l'espadon a toutes les chances d'y émousser sa pointe.

Dans le fond, Leclerc et d'Argenlieu partagent la même idée de la France tutélaire et protectrice, seule capable de guider des peuples, jugés encore incapables d'exercer leurs propres responsabilités, vers les lendemains prometteurs de progrès économique et d'indépendance.

« Faire du neuf », a dit de Gaulle. Le neuf, c'est l'application des principes de la déclaration du 24 mars. Mais pour l'établir, il convient de procéder à l'élimination du vieux en la personne de l'amiral Decoux, de ses collaborateurs et des fonctionnaires restés trop longtemps en colonie et suspects de vichysme.

Le remplacement des promoteurs d'un régime vaincu est logiquement justifiable. Il l'est moins du point de vue du réalisme, car le manque de personnel compétent empêche de combler les vides ainsi creusés dans l'administration du pays. Il est peu opportun par la manière dont il est effectué sous les yeux des Indochinois.

Dans une Asie dont le Japon a su exalter les sentiments raciaux et nationalistes, traiter ces anciens dirigeants comme des coupables et renvoyer les fonctionnaires comme des incapables, revient à entériner publiquement leur condamnation et par l'ennemi nippon, et par le Viet-Minh. Les « internés de Locninh », c'est-à-dire l'ancien gouverneur général et son équipe, restés quarante-cinq jours prisonniers des Japonais vaincus, sont pourtant embarqués par ceux-ci dans des camions bâchés, puis expédiés sans formalité en métropole, où Decoux sera déféré en Haute Cour de justice.

Ce renvoi honteux est une fracture irréaliste au moment où un besoin pressant d'information et de solidarité nationale se fait sentir, et s'il exprime une volonté de changement, seule la communauté française en perçoit le sens. Les Vietnamiens, quant à eux, ne voient que le remplacement d'un personnel accusé de défaite. C'est sur pièces qu'ils veulent juger l'action du nouveau gouverneur général, désormais appelé haut-commissaire, et dont ils remarquent qu'il ressemble à l'autre, ne serait-ce que par son uniforme d'amiral. La différence notable semble surtout résider dans la force de l'armée de Leclerc sur laquelle il peut s'appuyer.

Certes, le langage de Thierry d'Argenlieu se veut libéral. Il parle d'émancipation, d'idéal démocratique, de franchises économiques, de progrès social. Mais il rappelle aussi qu'il faut avant tout rétablir l'ordre dans « la maison commune », et il limite cette émancipation aux « membres intellectuellement et moralement évolués de l'Union française ». Comment les Indochinois reçoivent-ils ce discours ? Pour la plupart, ils ne l'entendent guère. Seul, le Cambodge y répond positivement.

Un modus vivendi est accepté par le roi Norodom Sihanouk en attendant l'élaboration d'un statut conforme aux principes de la déclaration du 24 mars 1945. Un gouvernement dirigé par le prince Monireth est mis en place le 29 janvier 1946, le haut-commissaire peut se rendre en visite officielle à Phom Penh.

Au Laos, la situation est trouble. Le manque de moyens militaires et les difficultés de communication ajoutent à l'incertitude. Les guérillas françaises, jusqu'alors réfugiées en forêt, ont resurgi quand les Japonais se sont retirés après l'armistice, et ont repris dans les premières semaines de septembre les principales localités. Le colonel Imfeld, nommé commissaire de la République, s'est installé à Luang Prabang où le prince Sisavang Vong l'a assuré de sa fidélité.

Mais les Vietnamiens de l'organisation annexe du Viet-Minh, le Viet Kieu, provoquent des désordres. Des groupes armés viet-lao s'opposent aux Français, en particulier au Moyen-Laos (Thakkek, Savannaket). Le vice-roi Petsarath, qu'ont encouragé les agents de l'O.S.S. américain, prétend alors maintenir l'indépendance déclarée au lendemain du 9 mars, tandis que les troupes chinoises pénètrent dans le pays pour désarmer les Japonais fantômes, la 93e division du général Lu Guo-chang au nord, des éléments de la 2e division d'honneur au Moyen-Laos. Les intentions des Chinois se manifestent très vite. Ce sont les groupes français, réputés leurs alliés, qu'ils entreprennent de désarmer ! Imfeld à Luang Prabang, le capitaine Fabre à Vientiane y maintiennent malgré tout une présence française précaire, face aux entreprises pressantes du Viet Kieu et à la mainmise chinoise.

C'est cependant dans les trois pays vietnamiens que la situation est la plus complexe. Pour les gens du Tonkin et de l'Annam — Bac Bô et Trung Bô —, les paroles de Thierry d'Argenlieu sont dérisoires, puisque la France y reste encore pratiquement absente, sinon par ses ressortissants réduits à l'impuissance. En Cochinchine, l'accueil est divers. Pour ceux qui ont goûté à l'ivresse du mot magique « Doc Lap », le discours du haut-commissaire sonne comme un glas. S'il y est question de libertés, c'est à la France, revenue en force, qu'il reviendra de les accorder. Quant aux autres, conscients de cette réalité, ils attendent avec fatalisme le passage des promesses aux actes.

FÉDÉRATION ET COCHINCHINE

Le 1er novembre 1945, le haut-commissaire promulgue une ordonnance fédérale fixant les modalités provisoires du pouvoir législatif et réglementaire qu'il exerce, assisté d'un conseil de dix membres spécialisés, ses ministres en quelque sorte, responsables devant lui. Le général Leclerc est vice-président de cet organisme. Des commissaires de la République doivent représenter le haut-commissaire dans les capitales des cinq États de la Fédération. Cédile est chargé de la Cochinchine que le général Gracey quitte fin janvier 1946, après lui avoir remis ses pouvoirs.

Il s'agit de mettre sur pied des institutions dans l'esprit de la déclaration du 24 mars 1945. Cédile s'occupe donc de préparer un Conseil consultatif mixte de quatre-vingts membres, sorte d'assemblée constituante provisoire qui pourrait faire connaître les aspirations de la population cochinchinoise quant à son avenir et aux mesures à prendre pour l'assurer en attendant la possibilité d'organiser des élections. Mais sa réalisation s'avère beaucoup moins simple.

En effet, malgré les succès de Leclerc, la pacification n'est pas assez complète en février 1946 pour faire disparaître l'ombre du Viet-Minh toujours présente. Terreur, coups de main, assassinats et embuscades suffisent à réactiver la puissance du venin qu'il a su instiller dans les esprits et dans les cœurs, celui de la culpabilité du « viet gian ». Les gens reviennent sans doute peu à peu chez eux, mais c'est par nécessité vitale, et la confiance qu'ils pourraient avoir dans une paix française limitée aux agglomérations et aux grands axes de communication reste encore fragile. Aux appels des « Français nouveaux » qui ne leur paraissent guère différents des anciens lorsqu'ils ont quelques mois de séjour, les Cochinchinois répondent donc par la réserve. Les seuls qui acceptent de s'en départir sortent du giron français ou des milieux de la bourgeoisie sudiste.

Ainsi ce commandant Lang, qui a fait partie de l'équipe de l'inspecteur des Colonies de Raymond à Calcutta. Ancien membre du Viet Nam Quoc Dan Dang, il est revenu au pays dans le sillage de son protecteur qui est maintenant conseiller politique du haut-commissaire. Il fonde le Parti Autonomiste indochinois, dont il expose le programme à Philippe Devillers : autonomie pour l'Indochine, tout entière, sur la base de la déclaration du 24 mars 1945, avec accession progressive à l'indépendance. Épuration des « mauvais Français et des colonialistes à la trique ». Mais ses antécédents lui valent la qualification de « viet gian ». Il a d'autre part vécu trop longtemps en France pour bénéficier auprès de ses concitoyens d'une notoriété et d'une audience importantes.

Le docteur Nguyen Van Thinh, en revanche, est une personnalité du Sud, connue et respectée. Il est « médecin indochinois », c'est-à-dire nanti d'un diplôme local, moins prestigieux cependant que celui d'une université métropolitaine. Citoyen français, un statut autant qu'un honneur dans la société coloniale, il fait partie de cette bourgeoisie cochinchinoise naturalisée dont les bons et loyaux services envers la colonie sont récompensés par quelques privilèges notoires, tels que celui de payer les mêmes impôts que les Français de souche, et de faire admettre ses enfants au lycée Chasseloup-Laubat ou dans les collèges religieux huppés, celui de voter ou d'être invité aux réceptions des autorités coloniales, ou encore d'être membre d'une haute assemblée locale.

Le docteur Thinh a siégé, pour sa part, au Grand Conseil. Lié à la franc-maçonnerie, il entretient des relations avec certains notables français, tels que le magistrat Weil, fondateur de la Loge « Confucius », où se côtoyaient, avant le régime Decoux, Européens et Indochinois. Homme simple, sérieux et honnête, il jouit auprès du petit peuple et des pauvres, qu'il soigne gratuitement, d'une grande considération. Leader de l'ancien Parti Démocrate en voie de reconstitution, il a été arrêté par le Viet-Minh lors des troubles de septembre. Une fois libéré, Cédile a dû le faire protéger à la caserne Martin des Pallières, afin de lui éviter d'être assassiné.

A l'instar d'autres bourgeois de Cochinchine, comme le magistrat Tran Van Ty, le colonel Nguyen Van Xuan, un ancien élève de Polytechnique, ou le Doc Phu Tam, il a vu dans le retour des Français une véritable délivrance. Car pour ces hommes, profondément sudistes, imbus de leur dignité et amoureux de la paix, le danger révolutionnaire se confond avec celui de la voyouterie, et la crainte d'une domination de ces Nordistes redoutables, de surcroît drapés de rouge. Ils s'estiment, d'autre part, capables d'assumer les responsabilités d'un pouvoir dont ils ont toujours été écartés dans leur propre pays. Cependant, ils ne sont pas disposés à accepter n'importe quelle condition, même s'ils paraissent prêts à concéder beaucoup. Ils croient en tout cas à une nécessaire et véritable autonomie, à défaut d'indépendance, et voient dans la Déclaration du 24 mars un point de départ prometteur, si toutefois l'esprit libéral en est respecté.

Premier geste d'encouragement des autorités françaises, le Doc Phu Tam est nommé administrateur de Tan An. Irréductible ennemi du Viet-Minh qui lui a tué un fils et qu'il combat, les armes à la main, il est le premier chef de province vietnamien depuis la conquête. Il se rend vite célèbre par son dynamisme et une fermeté qui lui vaudra le surnom de « Tigre de Cai Laï ». Le commissaire Cédile charge d'autre part le docteur Thinh de prendre des contacts en vue de mettre sur pied le Conseil consultatif. Mais sur ce dernier point, il y aura quelques déceptions. Le notable cochinchinois se heurte en effet à nombre de réticences et de refus. Sans doute la peur, le complexe de la trahison, la méfiance attentiste, la simple prudence peuvent-ils les expliquer.

« Nous souhaitons que, sans longs atermoiements, les Annamites se puissent administrer et gouverner eux-mêmes, déclare le haut-commissaire Thierry d'Argenlieu à l'occasion de la fête du Têt... Pour réaliser cet idéal avec équité, en assurer la stabilité, les pays annamites ont encore besoin pour un temps et à leur avantage d'un concours et d'une expérience. La France les leur offre en toute amitié... »

Le propos est sympathique, mais trop vague et insuffisant, même s'il y est ajouté ceci :

« Dans les labeurs (du Conseil consultatif), s'inscrivent au premier rang celui de coordonner les opinions diverses qui circulent quant au futur statut politique de la colonie, celui de mettre sur pied le système électoral adapté à la population... Nous voulons un ordre électoral réel, non une parodie coupable de suffrage universel... »

L'idée se justifie : aux Vietnamiens de discuter et de déterminer ces questions qui les concernent au premier chef. Mais l'opinion cochinchinoise, au demeurant dans sa majorité fortement troublée, pour ne pas dire profondément convaincue par la perspective à plus ou moins longue échéance du « Doc Lap », attend du concret. Or, la déclaration du 24 mars, bible des autorités françaises, porte trop d'imprécisions pour emporter son adhésion. Il n'est rien de pire que de verser du flou sur du flou. Beaucoup de Cochinchinois aimeraient alors davantage d'engagement de la part de ce haut-commissaire, dont le pouvoir aux relents anciens d'un gouverneur général semble constituer la seule certitude présente.

Or, Thierry d'Argenlieu semble retenu ou tiraillé par les courants contradictoires qui l'entourent. En raison de son inexpérience indochinoise, le groupe de ses conseillers et collaborateurs a pris d'emblée une importance considérable. On a pu parler d'un « gouvernement des administrateurs », comme autrefois il y a eu celui des amiraux. Mais si les uns, comme Cédile, passent pour être plus ou moins progressistes, d'autres, comme le conseiller politique de Raymond, sont des conservateurs éclairés, ou des conservateurs traditionalistes, comme le conseiller juridique Torel, un survivant du régime Decoux. Aucun n'oserait en tout cas franchir le garde-fou que constitue la Déclaration du 24 mars et tous ont une phobie commune : le mot Indépendance. Il y va de la fierté nationale et d'une conception commune de l'intérêt supérieur de la puissance française.

Il règne d'autre part dans le Saigon européen une grande excitation. Au moment où ils savent que les décisions mettant en jeu leur avenir et celui de la colonie vont être prises, les Français s'agitent. Ils le font par groupes séparés, chacun parlant pour soi, et sans véritable audience sinon celle de ses proches. Il y a les colons attachés à leurs privilèges mais aussi à leur mode de vie et leur avenir, les petits fonctionnaires et les petits employés accrochés à leurs modestes prérogatives, les métis soucieux de ne pas déroger et pratiquant la surenchère patriotique, les partisans du retour pur et simple au bon vieux passé, les intellectuels progressistes ou socialistes, les « Français nouveaux » idéalistes, les « Français nouveaux » prédateurs, ceux qu'on surnomme les « vautours de Calcutta » pour leur fringale de prébendes ou de profits, les vrais ou les faux résistants, dont on ne sait s'ils l'ont été au Nippon ou au régime Decoux, les militaires de l'armée Leclerc enfin, qui « ne viennent pas se battre pour rétablir les privilèges de colons collabos » et n'apprécient pas les critiques dont ils sont l'objet. Des journalistes n'ont-ils pas écrit qu'ils étaient indisciplinés, et même qu'ils soumettaient à la torture des « Annamites du Viet-Minh » ? C'est le cas du correspondant de Paris-Presse, et d'un journaliste australien. Pour protester, les soldats de la reconquête manifestent dans les rues.

Outre le petit groupe de Mario Boquet et des gaullistes, les plus actifs politiquement sont de vieilles figures de la Cochinchine, telles que l'avocat Béziat, le directeur du journal *La Dépêche*, Henry de Lachevrotière, qui est réunionnais, le planteur William Bazé, qui est métis, le président Weil, déjà cité. Ils cultivent l'idée d'une Cochinchine autonome, à la fois du Vietnam et de la France, une idée qui n'est pas neuve et s'inscrit dans une tendance déjà vivace à l'époque de Paul Doumer. Un certain nombre d'arguments sont avancés pour la soutenir, puisés dans l'histoire, l'économie, la sociologie.

Terre de colonisation vietnamienne conquise sur les Khmers, marche frontière méridionale du royaume des Viet avec d'importants îlots de peuplement chinois, tels que le « royaume de Hatien » au XVIIIe siècle ou Cholon, le « Grand Marché », le delta du Mékong a été le domaine des Seigneurs du Sud Nguyen, qu'une longue guerre de sécession a opposés aux Seigneurs du Nord Trinh. Dans cette région plus fertile et moins densément peuplée que le reste du royaume, les colonisateurs sont venus implanter leur premier établissement indochinois en y instituant un régime d'administration directe. Ce faisant, ils ont accentué un particularisme sudiste qui se manifeste dans le langage et les coutumes en y créant ou en y précisant les conditions d'une sociologie et d'une économie différentes.

Afin de promouvoir ce projet autonomiste, un certain Nguyen Tan Cuong, soutenu par les planteurs, fonde le Parti Cochinchinois, dont le programme comporte quelques réformes politiques tendant au renforcement du pouvoir des notables. « La Cochinchine aux Cochinchinois » est le slogan qu'il fait crier à ses partisans dans des manifestations de rue à Saigon. Malgré une certaine résonance que favorise l'antagonisme entre nordistes et sudistes, l'enthousiasme populaire fait quelque peu défaut.

En tout état de cause, sous la pression des groupes coloniaux, et devant la réserve des Vietnamiens pressentis, un Conseil consultatif, d'ambition plus limitée que celui envisagé primitivement par Cédile, est créé par une ordonnance du 4 février 1946. Il a pour objet de donner son avis sur les questions d'intérêt cochinchinois, mais sa composition, fixée par l'arrêté du 12 février, est significative : sur les douze membres désignés et non élus, quatre sont des Français qui représentent les intérêts des colons, et sur les huit autochtones, sept sont de nationalité française. En font partie Me Béziat, William Bazé, le docteur Thinh, Nguyen Tan Cuong. C'est un recul par rapport aux intentions de la Déclaration du 24 mars 1945. Il est clair qu'au Sud le problème politique se fige.

Incapables pour l'heure de lui trouver une solution, faute de dépasser le cadre d'un libéralisme trop étriqué, ou d'oser jouer franchement la carte autonomie cochinchinoise qu'ils voient davantage comme un moyen de refuser l'indépendance au Viet-Minh que comme une solution politique, les « Français nouveaux » se tournent donc vers le Nord, où ils sont convaincus de pouvoir trouver les conditions d'un règlement global :

« Tout va bien, dit Leclerc à ses officiers. Mais rien n'est fini. La France doit reprendre sa place dans le Nord aussi. A Haiphong... et surtout à Hanoi, où se trouve la clé des problèmes du Sud. »

Ce faisant, c'est reconnaître à la fois la dépendance de la Cochinchine envers le Nord, et par conséquent confirmer implicitement que le Viet-

Minh détient la souveraineté sur elle, au nom de la sacro-sainte unité de la nation vietnamienne. Cette contradiction enferme les Français dans le dilemme de la guerre ou de l'abandon, puisque, de toute manière, Ho Chi Minh et ses camarades ne renonceront jamais à la notion d'indépendance

Chapitre II

HANOI,
LES SAUTERELLES ET LES GUÊPES

CHINOIS ET FRANÇAIS

Pendant que Saigon attendait l'arrivée imminente des premiers contingents libérateurs, Sainteny et son équipe étaient expulsés de leur « cage dorée » du palais Puginier. Ils devaient céder la place, symbole du pouvoir, aux Chinois qui arrivaient, animés d'intentions peu amicales.

Certes, on peut accorder crédit à Tchiang Kaishek quand il affirme, ou fait affirmer par ses proches, que la Chine n'a aucune visée sur l'Indochine. Du moins faut-il l'entendre sur le plan territorial. Chargé par les Alliés de recevoir la reddition japonaise au nord du 16e parallèle, il saisit la chance offerte de tirer le meilleur profit de l'armée qu'il envoie au Tonkin. L'effectif de 180 000 hommes est significatif. Il est neuf fois plus important que celui des Anglais au sud.

Le généralissime a plusieurs objectifs, le premier étant d'ordre intérieur. Il a un compte à régler avec le gouverneur du Yunnan, Long Yun, personnage encombrant par son esprit d'indépendance et sa rapacité.

Originaire d'une peuplade montagnarde sinisée, les Lolo, cet ancien chef de bande a bâti sa puissance grâce à son affiliation à la société secrète des Aînés et des Anciens, le Gelaohui, maîtresse de nombreuses filières de jeux et de trafic d'opium en Chine centrale et méridionale. A la tête d'une véritable armée de plusieurs dizaines de milliers d'hommes, il s'est imposé dans la bataille des seigneurs de la guerre au cours des années vingt et a obtenu du vainqueur Tchiang Kaishek le poste lucratif de gouverneur, dans cette province du Yunnan dont l'économie repose sur l'exploitation de mines d'étain et la production de l'opium.

Son adhésion au Guomindang n'a jamais été inconditionnelle. Ainsi, son attitude à l'égard des communistes n'a pas toujours été nette. En 1935, il aurait été complice d'une manœuvre de Mao autour de Kunming. Des leaders nationalistes asiatiques liés au mouvement communiste ont bénéficié de son hospitalité. En 1938, il a plus ou moins penché du côté du dissident Wang Jing-wei, l'homme de la collaboration avec les Japonais, qu'il a aidé à s'enfuir au Tonkin. Ses rapports avec le gouvernement de Tchiang se sont tendus lorsque celui-ci a imposé des mesures telles que le contrôle de l'exportation de l'étain, ou la suppression des taxes à la consommation, sources de revenus considérables. Il n'a guère apprécié la présence à Kunming, sa capitale, d'un état-major central susceptible de surveiller ses activités. En 1939, pour l'apaiser, Tchiang lui a décerné le titre de chef du sous-quartier général pour les provinces du Sud-Ouest. Mais c'est surtout la guerre qui va conduire Long Yun à mettre une sourdine à ses velléités d'indépendance.

Sa province offre en effet, par sa situation, une importance stratégique qui oblige le gouvernement à y envoyer ses troupes et à autoriser l'aviation américaine, ainsi que des services alliés, à s'installer à Kunming. Il trouve néanmoins une compensation considérable avec le matériel Prêt-Bail que les Américains délivrent au Guomindang et qui transite par le Yunnan vers la Birmanie. Il en exige une part de plus en plus grande et à l'occasion s'en saisit, contraignant Tchiang à un marchandage, l'occupation du Tonkin contre l'abandon de ces prétentions. Long Yun et le général Lu Han, son parent et complice, sautent sur le pactole. Une fois les meilleures troupes yunnanaises loin de Kunming, Tchiang Kaishek va pouvoir à loisir isoler Long Yun et préparer un coup d'État pour s'en débarrasser.

La deuxième opération consiste à obtenir des Français, grâce à cette solide prise de gage que constitue l'occupation armée de l'Indochine septentrionale, divers avantages économiques et politiques concernant le port de Haiphong, le chemin de fer du Yunnan, le sort de la communauté chinoise d'Indochine, du territoire à bail de Guangzhouwan et des concessions de Tianjin, Shanghai, Hankou et Canton.

Pour réaliser cet objectif, sans doute eût-il mieux valu envoyer à Hanoi l'armée du gouverneur du Guangxi, Zhang Fagui, voisin toujours attentif de ce qui se passe dans la colonie où ses compatriotes cantonnais sont nombreux. Son conseiller Xiao Wen, en particulier, celui-là même qui a tenté de réunir les nationalistes vietnamiens exilés dans le Dong Minh Hoi, estime que confier Hanoi à Lu Han revient à livrer le Tonkin aux Français.

Sensible à l'argument, Tchiang décide de ne pas laisser au Yunnanais la bride sur le cou. Les 53ᵉ et 62ᵉ armées du Guangxi couvriront donc une zone s'étendant le long de la frontière, de Caobang à Langson et se prolongeant vers la côte jusqu'à Haiphong. Xiao Wen, qui commande la 62ᵉ armée, est adjoint à Lu Han avec les fonctions de chef du Bureau politique. Il pourra ainsi défendre les intérêts des Cantonnais, manœuvrer en vue d'imposer ses protégés vietnamiens, et contrôler du même coup les agissements du subordonné de Long Yun.

Lorsque les premiers éléments yunnanais pénètrent en territoire indochinois à la fin du mois d'août 1945, les Français et le Viet-Minh ont donc de sérieuses raisons de s'inquiéter.

A l'égard des Français, les Chinois ont laissé transparaître leurs projets à diverses occasions. A la mi-août, une mutinerie a éclaté dans un bataillon franco-indochinois stationné au Yunnan. Un groupe de militaires vietnamiens a ouvert le feu sur leurs officiers blancs. Il y a eu plusieurs tués. L'affaire put être circonscrite, mais la complicité de l'armée yunnanaise a été flagrante. D'autre part, le général He Ying-qin, chef d'état-major de Tchiang, adopte une attitude ambiguë. S'il retient les troupes françaises de Chine à Mengzi, où elles ont été regroupées, en attendant des ordres ultérieurs, il ne s'oppose pas au retour à Hanoi du général Alessandri, délégué militaire pour l'Indochine nord, et de son conseiller Léon Pignon. Il donne même l'ordre de leur fournir le transport nécessaire.

Mais, cette fois, l'obstruction vient de Lu Han, qui refuse de les emmener dans son avion, sous le prétexte que leur présence dans la capitale tonkinoise pourrait troubler l'ordre. En fait, on dit que le Yunnanais nourrit à l'égard des Français et plus particulièrement d'Alessandri une vieille rancune, née d'un différend survenu en 1940. L'intervention nippone et la fermeture de la frontière du Tonkin ont alors coupé la route aux trafics de Long Yun, qui a envoyé Lu Han proposer un arrangement aux militaires français. Alessandri, chargé de la négociation, a, semble-t-il, opposé un refus blessant.

Mais l'obstruction au retour de celui-ci à Hanoi n'est pas le seul fait du Chinois. Le général Gallagher, chef de la Mission d'Assistance américaine (M.A.A.G.) en Indochine nord, déclare à Alessandri qu'il ne peut assurer son transport, puisque le retour de la France en Indochine se discute au niveau gouvernemental dans les capitales occidentales. Il a en effet consulté le major Patti qui lui a répondu : « Si Alessandri vient maintenant, il pourrait être suivi par des troupes françaises venant de Chine ou de Saigon, ou il pourrait tenter de faire libérer les prisonniers de guerre de la Citadelle... Il essayerait sûrement d'accélérer la réoccupation française et le retrait chinois, ce qui provoquerait un conflit avec Lu Han... », sombres machinations contre lesquelles le scrupuleux major met en garde le général.

Les ordres de Chongqing sont cependant assez formels pour que le voyage des délégués français puisse être enfin organisé le 19 septembre 1945.

Sur place, le comportement des Chinois demeure inquiétant. L'un des premiers soucis de leur armée lorsqu'elle foule le sol de l'Indochine est de démanteler les ouvrages de défense français. A Hanoi, Lu Han fait expulser Sainteny et son équipe du palais du gouverneur général, un geste significatif qu'il confirme par son refus de leur reconnaître un quelconque titre officiel. Pour traiter des questions concernant les 25 000 Français de la capitale, il ne daigne accepter comme interlocuteur que le président du

Comité d'Entraide, organisme de caractère privé et humanitaire. Un autre incident est particulièrement humiliant pour les représentants de la France : lors de la cérémonie de reddition de l'armée japonaise tenue le 27 septembre 1945 au palais Puginier, toutes les autorités sont conviées, en particulier celles du gouvernement vietnamien. Le général Alessandri, relégué au 115e numéro dans l'ordre des préséances, et placé dans une section non officielle, refuse à juste titre d'y assister.

Le 5 octobre, quelque 2 à 300 soldats chinois envahissent la Citadelle où sont toujours retenus les 5 000 militaires français. Mitrailleuses en batterie, ils fouillent tous les bâtiments pour y chercher des armes. L'opération, inspirée par les Japonais, ne cesse que sur intervention du général Gallagher. Mais l'hostilité de Lu Han va trouver un champ d'expression favorable sur un terrain qui lui tient particulièrement à cœur, celui des avantages qu'il entend bien tirer de sa proie.

Arrivé le 14 septembre 1945 à Hanoi, il s'installe au gouvernement général et annonce la couleur. Un proverbe chinois ne dit-il pas qu'il faut remplir les jarres quand la pluie est en train de tomber ? Puisque sa mission officielle est de désarmer les 130 000 Japonais d'Indochine du nord avec sa horde de 180 000 hommes, Lu Han pose d'abord en principe que tout ce que les Nippons détiennent, armement, matériels, biens meubles ou immeubles, doit lui être remis. Certes, en affaires, seul le profit compte, et les principes ne doivent servir qu'à en permettre un meilleur développement. Il n'est donc pas interdit aux propriétaires légitimes de récupérer leurs biens, mais ils devront payer tribut.

Ce coup d'envoi lancé par le chef, les sauterelles se mettent aussitôt à l'œuvre, et à tous les niveaux. Aux plus humbles soldats les menus trafics, et tout ce qui leur tombe sous la main, même les tuiles ou les tuyaux de leurs cantonnements. Aux officiers un meilleur butin, voitures, chevaux de course, objets d'art, ou affaires de toutes sortes, telles que les ventes de biens réquisitionnés par les Japonais. Sur une plus grande échelle et au profit de tous, il y aura quelque 15 000 tonnes de riz envoyées en Chine, et les opérations financières du général Lu Han.

Avec une piastre indochinoise aussi forte par rapport à la monnaie chinoise dépréciée, le général yunnanais ne peut laisser échapper l'opportunité d'une enrichissante spéculation. Il impose l'obligation, sous peine de sanctions sévères, de changer le « Gold Unit » du Yunnan à un taux élevé, totalement arbitraire : alors qu'à Kunming, il faut 6 « Gold Unit » ou 20 dollars chinois pour 1 piastre d'Indochine, au Tonkin les 2/3 d'un « Gold Unit » suffiront désormais. Par exemple, une paire de chaussures sur mesure qui se paie 400 piastres à Kunming, peut s'acheter à Hanoi 60 seulement. A ce tarif, pourquoi se limiter à de si petites affaires ? Des masses de « Gold Unit » affluent aussitôt au Tonkin et sont engagées dans une spéculation effrénée. Des offres mirobolantes, reposant sur ces bases artificielles, sont faites aux propriétaires de toutes sortes d'entreprises qui ne peuvent y résister. Il faudra que Sainteny, enfin investi, depuis le début d'octobre, des fonctions de commissaire de la République, interdise la vente sans son autorisation de tous biens et fonds de commerce français pour empêcher le transfert aux mains chinoises de nombre d'établissements.

La toile d'araignée que composent les liens entre les intérêts de la communauté chinoise locale et la Chine se renforce par la constitution de sociétés auxquelles participent les officiers de l'armée d'occupation. Un Bureau spécial, patronné par le Guomindang, avec siège à Chongqing, apporte son aide à cette vaste opération.

Lu Han a d'ailleurs pris, aussitôt arrivé, une mesure favorable à ses compatriotes vivant en Indochine septentrionale : il a supprimé le système des Congrégations, moyen de contrôle de l'administration coloniale sur eux. A la place, il crée une Association des Chinois résidant au nord du 16e parallèle, placée sous l'autorité du consul général de Chine à Hanoi.

Cela ne suffit pas encore à Lu Han qui va faire de nouvelles ponctions financières, sous le prétexte de couvrir des frais d'occupation exorbitants. C'est en effet la France qui en a officiellement la charge, puisqu'il a été admis par les gouvernements de Paris et de Chongqing que les troupes chinoises n'assuraient leur tâche qu'à défaut des forces françaises attendues. Le montant de ces dépenses, fixé d'un commun accord à l'échelon gouvernemental, doit être versé à Chongqing. Mais Lu Han, à plusieurs reprises, et dès le 25 septembre, exige le versement immédiat et à lui-même par la Banque de l'Indochine de sommes importantes qui s'élèveront au moment de son départ, quelques mois plus tard, à plus de 400 millions de piastres.

L'indépendance d'action du Yunnanais et son hostilité envers les Français alertent le gouvernement de Chongqing, qui craint des complications diplomatiques. Tchiang Kaishek ne tient pas à pousser à l'excès la pression sur la France avant les négociations qui vont s'ouvrir, une France qui reconquiert une position importante auprès des Alliés. Il ne veut pas non plus se laisser entraîner dans un conflit entre le colonisateur et le colonisé, malgré ses déclarations favorables aux principes de la Charte de l'Atlantique, ni surtout indisposer les Puissances occidentales en donnant l'impression de prendre parti pour un gouvernement révolutionnaire d'obédience communiste.

Dans les principes en quatorze points qu'il a fixés à la politique d'occupation, il y a, outre les impératifs de la mission de désarmement, l'observation d'une stricte neutralité dans les rapports franco-vietnamiens, le maintien en ordre de marche de la machine administrative et économique, l'intégrité de la Banque de l'Indochine, la participation du représentant français à la cérémonie de reddition, bref tout ce dont Lu Han ne s'est guère soucié.

L'ennui, c'est qu'il est difficile de rappeler purement et simplement ce dernier à l'ordre. Tchiang ne peut l'inquiéter, au moment où il s'apprête à se débarrasser de Long Yun. Aussi, envoie-t-il He Ying-qin à Hanoi pour marchander sa neutralité.

Le chef d'état-major chinois arrive dans la capitale tonkinoise le 1er octobre 1945. Grand seigneur, Lu Han offre un dîner en son honneur, auquel sont conviés Alessandri et Ho Chi Minh, Sainteny étant parti à Chandernagor quérir un titre officiel. Le cliquetis des baguettes et le sourire composé des hôtes chinois n'autorisent pas le dialogue entre invités, mais pour le Yunnanais, c'est l'occasion de se poser en maître du jeu. Après un marchandage serré avec l'envoyé de Tchiang, il obtient d'ailleurs un arrangement favorable. Sa mission primordiale étant de procéder au désarmement nippon, la date du 31 octobre 1945 est fixée pour la mener à son terme. Il est autorisé à prendre des accords informels avec le gouvernement de Ho Chi Minh, mais en évitant toute relation ou tout acte qui impliquerait une reconnaissance officielle.

Il ne devra ni prendre en main les services civils vietnamiens, ni toucher à la Banque de l'Indochine, forteresse d'intérêts supérieurs qui le dépassent. Il devra garder un contrôle serré sur le chemin de fer du Yunnan et le port de Haiphong. Enfin, sans doute en échange de sa neutralité dans l'éviction de son patron Long Yun, on lui offre la place de celui-ci. Le 5 octobre, le seigneur de la guerre opiomane est en effet limogé pour être nommé directeur du Conseil militaire consultatif, une façon d'être attaché à la niche du grand patron.

Gouverneur du Yunnan, Lu Han ne se détournera pas pour autant de l'Indochine. Au contraire, la proie est trop belle et trop riche pour être abandonnée si vite, et il ne s'en laisse pas si facilement imposer par un Guomindang qu'il sait préoccupé par les communistes de Mao et soucieux de s'assurer la tranquillité du Sud. Il va donc continuer de manifester son indépendance et son hostilité aux Français, malgré les négociations en cours à Chongqing entre l'ambassadeur de France et le gouvernement de Tchiang Kaishek. Une affaire de caractère financier va envenimer sérieusement ses relations avec les autorités françaises, celle des billets de 500 piastres.

Après leur coup du 9 mars 1945, et surtout au mois d'août, les Japonais qui prenaient un soin jaloux à garder la Banque de l'Indochine ne se sont pas gênés pour actionner la planche à billets de 500 piastres. L'inflation de ces coupures a même été telle qu'il a paru nécessaire au haut-commissariat de Saigon d'en déclarer la nullité le 17 novembre. Les possesseurs sont tenus de les déposer aux guichets de la B.I. Un remboursement sous certaines conditions est envisagé pour une date ultérieure.

La mesure provoque aussitôt de violentes protestations du Commandement chinois, qui détient un grand nombre de ces coupures, à la suite des saisies opérées chez les Japonais et des avances qui lui ont été consenties. Ne voulant pas être en reste, le Gouvernement provisoire de la R.D.V.N. s'indigne également, et interdit aux Vietnamiens de restituer les billets, dont il décrète le maintien de la valeur dans toutes les transactions. Mais ce n'est là qu'un coup d'épée dans l'eau, car il n'a pas assez d'autorité pour forcer les commerçants à les accepter en paiement. Seuls, les Chinois, toujours à l'affût de la moindre occasion pour spéculer, les rachètent à un prix variant de 150 à 350 piastres, en escomptant une annulation de la mesure imposée aux Français par Lu Han. Il en résulte un afflux de liasses provenant de Saigon et du Sud, par les voies impénétrables mais rapides et efficientes des organisations chinoises.

La pression du Commandement yunnanais est en effet très forte. C'est d'abord Sainteny qui est fermement prié de donner des explications et de faire rapporter la décision. Les partis nationalistes vietnamiens revigorés sous la protection chinoise déclenchent une campagne antifrançaise, à laquelle évidemment adhère le Viet-Minh. Des incidents éclatent aux guichets des établissements bancaires qui refusent de changer les billets. A Nam Dinh, le directeur de l'agence B.I. est arrêté. A Hanoi, le 26 novembre, une foule grondante se masse devant le siège de la Banque de l'Indochine, où se tiennent en faction des soldats chinois et des agents de la police locale. Les manifestants, de plus en plus nombreux et menaçants, sont pour la plupart vietnamiens et leur aspect ne laisse pas supposer qu'ils possèdent beaucoup de ces coupures de 500 piastres, une somme assez considérable pour le petit peuple. La tension devient telle que la direction de la Banque fait clore les grilles. Soudain, les policiers de garde s'éclipsent, et un coup de feu d'origine indéterminée claque, provoquant aussitôt la riposte des soldats chinois qui tirent sur la foule affolée. On relèvera une quinzaine de morts et une trentaine de blessés.

Le prétexte, selon toute vraisemblance provoqué, est excellent pour mettre en œuvre une série de moyens de coercition tendant à amener les autorités françaises à composer. Le Commandement chinois ordonne la fermeture immédiate et pour trois jours de la Banque de l'Indochine. Tandis qu'un boycott alimentaire de la communauté française est lancé, un journal du Vietnam Quôc Dan Dang accuse celle-ci, pourtant à l'évidence désarmée, d'avoir tiré sur la foule. La presse du Viet-Minh s'empresse de faire chorus. Deux directeurs de la B.I., Laurent et Baylin, sont arrêtés et contraints de remettre les clés des coffres au conseiller financier de Lu Han.

Les autorités françaises ne cèdent pourtant pas et proposent des négociations sur le problème des billets de 500 piastres, ainsi que sur celui des avances répétées qu'exige Lu Han, contrairement aux décisions prises à Chongqing. Les Chinois acceptent. Au cours d'une conférence tenue dans la maison dite du Petit Lac, où séjourne la Mission américaine, et sous la présidence du général Gallagher, un compromis est trouvé au bout de dix heures de discussions : le Commandement chinois obtient le remboursement des coupures perçues à titre d'avances avant le 17 novembre, soit une vingtaine de millions environ. Il en exigera en fait plus du double, et refusera d'en préciser l'origine.

Cet accord ne fait pas cesser pour autant la campagne de violence qui connaît son paroxysme dans la deuxième semaine de janvier 1946 : des affiches appellent les Chinois à venger leurs compatriotes de Cholon que des soldats français auraient massacrés. Le 9 du même mois, le directeur de la B.I., Baylin, est assassiné par des inconnus. Le lendemain et le surlendemain, des bandes de Chinois surexcités donnent la chasse aux Français dans les rues de Hanoi. Sans doute faut-il voir dans ces exactions une volonté d'intimidation, au moment où, d'une part, des tractations secrètes ont lieu entre Français et Vietminh, et où, d'autre part, se pose le problème de la relève des troupes chinoises qui ont achevé leur mission de désarmement des Japonais.

Chargé dès la fin du mois d'octobre par Leclerc de préparer le retour des forces françaises au Tonkin, puis par Thierry d'Argenlieu de négocier avec le gouvernement chinois la relève, le général Salan arrive à Chongqing au début de janvier 1946 pour engager les pourparlers. L'atmosphère semble favorable. Contraint d'envoyer des renforts contre les communistes en Chine septentrionale, Tchiang Kaishek accepte que les éléments français encore stationnés sur son territoire et commandés par le lieutenant-colonel Quilichini remplacent sa 93e Division au Laos. Il refuse néanmoins le réarmement des 4 500 militaires de la Citadelle de Hanoi, au motif qu'il ne veut faire aucun geste pouvant être interprété comme une mesure d'hostilité envers les Vietnamiens. Par contre, localement, le Commandement chinois continue de manifester la sienne vis-à-vis des Français, et lorsque Quilichini et ses 3 500 hommes traversent le Tonkin pour se rendre au Laos, ils se heurtent à l'obstruction armée de la 93e Division, puis à des unités vietminh qui les bloquent en pays thaï.

Les négociations se poursuivent cependant à Chongqing, et elles finissent par aboutir le 28 février 1946 à la signature d'un traité dans lequel la Chine reconnaît la souveraineté de la France en Indochine, moyennant des avantages substantiels, les privilèges français en Chine résultant des traités inégaux du XIXe siècle, concessions et territoire à bail étant notamment supprimés. Le matériel et les installations du chemin de fer du Yunnan dans sa section chinoise sont transférés à la Chine par rachat anticipé, son prix devant en être imputé sur les réparations dues par le Japon concernant les dommages causés aux Chinois d'Indochine. La Chine disposera également dans le port de Haiphong d'une zone spéciale où pourra s'effectuer le transit des marchandises sous le seul contrôle de la douane chinoise. Sécurité et hygiène seulement y seront du ressort de la France. Franchise de passage à travers le Tonkin est accordée aux cargaisons en provenance ou à destination de la Chine. Sur le plan militaire, il est stipulé enfin que les soldats français prisonniers en Indochine nord pourront être réarmés et que les troupes d'occupation chinoises seront relevées par les forces françaises au plus tard le 31 mars 1946, les détails pratiques devant être réglés par les états-majors.

La situation est donc éclaircie au niveau gouvernemental. Elle reste confuse localement, bien que Lu Han soit rentré gouverner son Yunnan et que des troupes centrales aient relevé les siennes. Xiao Wen lui-même est rappelé le 23 février. Mais au Laos, le 93e Division ne se retirera qu'au mois de juin, après la fructueuse récolte de l'opium. Quant aux nouvelles sauterelles, elles ne s'en iront pas volontiers non plus. De discussions en tergiversations, d'atermoiements en incidents, l'accord sur la relève ne sera signé que le 15 mars 1946. Entre-temps, il y aura eu des affrontements sanglants. Le plus meurtrier se produira le 6 mars 1946 à Haiphong lors du débarquement français. Ce n'est en fait que le 18 septembre 1946 que le dernier régiment chinois quitte l'Indochine, laissant le Viet-Minh face à face avec les Français de Leclerc, un Viet-Minh que l'invasion des sauterelles a d'autant plus inquiété que, parmi elles, se mêlent quelques guêpes politiques.

« Il était vraiment difficile de croire que c'était là une armée qui venait de remporter la victoire, écrira avec mépris Vo Nguyen Giap des soldats chinois entrant à Hanoi. Des physionomies blêmes, des regards effarés, des uniformes crasseux et en lambeaux. Tout un bric-à-brac sur l'épaule... Nombreux étaient ceux qui ne pouvaient traîner leurs jambes boursouflées, grosses comme des pattes d'éléphant. Ils apparaissaient comme une rouille dans la ville qui venait d'être débarrassée de l'ordure colonialiste... »

Sur le moment pourtant, c'est avec une crainte que les hommes du Viet-Minh doivent traiter cette « rouille », maîtresse du jeu serré et confus qui se joue et dont dépendra le sort du pays tout entier. C'est également avec « l'ordure colonialiste », dont la ville n'est pas vraiment débarrassée, qu'ils doivent compter, car de tous les partenaires intervenus depuis le début de cette année mouvementée, seules désormais, la Chine voisine et traditionnellement influente, et la France qui veut imposer son retour, peuvent peser sur l'avenir immédiat du Vietnam et le sort de ce Viet-Minh qui est décidé à ne pas lâcher sans combat le pouvoir dont il a su habilement s'emparer.

En effet, les Japonais sont hors jeu, même si leurs agents et leurs déserteurs, plusieurs milliers selon des chiffres officieux, continuent de livrer un sournois combat d'arrière-garde, pendant que le désarmement de leurs troupes se poursuit. Les Américains, pour leur part, marquent un retrait. L'administration Truman, qui refuse de reconnaître ou d'aider le gouvernement révolutionnaire de Hanoi, se montre moins hostile à la France. L'importance de celle-ci sur l'échiquier européen vaut bien que lui soit accordée quelque mansuétude en Asie.

La position américaine manque cependant de clarté. En octobre 1945, le général Gallagher chante au micro de la radio du Viet-Minh à l'occasion de l'inauguration de l'Association pour l'amitié américano-vietnamienne. Il aurait même proposé l'assistance de son pays à la reconstruction du Vietnam. Mais, concrètement, il est bientôt interdit aux représentants des États-Unis de participer aux réunions publiques. Quant à Patti, en instance de départ, ses encouragements sonnent de plus en plus creux. Au cours du dîner d'adieu que lui offre Ho Chi Minh, celui-ci lui exprime son désappointement :

— Je ne comprends pas les États-Unis, ces champions de l'anticolonialisme qui laissent les Français rétablir la règle coloniale dans notre pays et n'empêchent pas les Anglais de leur prêter main-forte...

Le chef du gouvernement révolutionnaire a d'ailleurs écrit au président Truman et aux Nations Unies pour protester contre l'action du général Gracey et la collusion franco-britannique. Les nouvelles du septembre rouge de Saigon ont provoqué une formidable exaltation au nord, surtout dans les villes et à Hanoi où s'est déroulée le 14 septembre 1946 une manifestation de masse. Autour du Viet-Minh, c'est l'union sacrée. Le 23 septembre, ayant appris le coup de force de Cédile, les catholiques se sont rassemblés pour exprimer leur soutien à la lutte pour l'indépendance.

Mgr Tong, premier Vietnamien ayant été consacré évêque, a écrit au pape pour lui demander sa bénédiction en faveur du Vietnam indépendant.

Radio Bach-Maï et la presse du Viet-Minh, *Le Salut national* (Cuu Quoc), *L'Indépendance* (Doc Lap) à Hanoi, ainsi que *La Lutte finale* (Quyet Chien), à Huê, alimentent l'exaltation guerrière d'une foule qui passe ses journées à défiler dans les rues, pour laquelle des haut-parleurs déversent chants patriotiques, discours enflammés et slogans de haine contre le Français. Les rumeurs les plus folles encouragent et soutiennent l'enthousiasme : un volontaire de la mort aurait coulé le cuirassé *Richelieu* dans la rivière de Saigon, où il lui est pourtant impossible de pénétrer en raison de son tonnage... Le Viet-Minh aurait des avions, achetés 30 000 piastres — une affaire ! — aux surplus américains, des aérodromes secrets en Haute-Région, et même des usines locales qui fabriqueraient des bombes atomiques miniatures... Que les colonialistes ne s'avisent pas de venir faire au nord ce qu'ils font au sud, une guerre de reconquête ! Le gouvernement révolutionnaire prend l'affaire au sérieux : il donne l'ordre à ses troupes d'exécuter tout Vietnamien qui prêterait assistance aux Français tentant de s'infiltrer au Bac Bô et au Trung Bô.

Selon Patti, Ho Chi Minh envisagerait même de regrouper la communauté française tout entière, hommes et femmes, enfants et vieillards, dans des camps de concentration où ils seraient détenus comme otages dans l'éventualité d'un débarquement des forces de Leclerc, mesure que le major prétend avoir formellement déconseillée, étant susceptible de dresser aussitôt les Alliés contre le Viet-Minh.

Bien entendu, toute cette agitation et ces clameurs guerrières ne vont pas sans provoquer des actes de violence contre les quelque 30 000 Français qui se trouvent désarmés et exposés à tous les coups au nord du 16e parallèle. Menacés, insultés et agressés, ils vivent dans une angoisse permanente. Le 24 septembre, des collaborateurs de Sainteny sont arrêtés et molestés, et la rumeur d'un massacre général en représailles des affrontements de Saigon sème la panique dans la communauté européenne.

Le Viet-Minh veut cependant éviter l'irréparable. Devant la presse étrangère présente à Hanoi, il tient à montrer son sens des responsabilités. C'est pourquoi, le 26 septembre, des tracts et des affiches, signés du ministre de l'Intérieur Giap, démentent les bruits alarmistes. Il est néanmoins recommandé instamment aux Français d'éviter toute parole ou geste de provocation, ainsi que toute tentative pouvant nuire à l'indépendance de la nation, faute de quoi le Gouvernement provisoire ne pourra répondre de leur sécurité. Deux jours plus tard, en l'absence de Sainteny parti à Chandernagor rencontrer Thierry d'Argenlieu, une première entrevue a lieu entre Ho Chi Minh et les représentants français, Alessandri et Pignon.

A dire vrai, le dialogue n'est pas encore amorcé. De part et d'autre, la circonspection est de mise. Mais le contact est rassurant. « C'est une forte et honorable personnalité », écrivent à propos du Vietnamien les Français.

Après son succès, si rapide qu'il a fait illusion sur sa maîtrise effective du pays, le Viet-Minh se doit de renforcer son assise populaire toute fraîche et préparer l'organisation de son pouvoir. Il commence par diverses mesures d'ordre politique : abolition du système du mandarinat, remplacement des Conseils de notables par des Comités du peuple, préparation d'un projet de Constitution, annonce d'élections générales en vue de constituer une Assemblée nationale, institution du suffrage universel pour les hommes et les femmes de plus de 18 ans, journée de travail de huit heures, confiscation des biens des Français et des « fascistes collaborateurs ».

A l'encontre de ces derniers, et dans le souffle inéluctable de la revanche, sinon de la vengeance, les pires excès sont commis. Les liquidations vont bon train. Parmi les victimes, figurent des personnalités telles que Pham Quynh, Bui Quang Chieu, Ngo Dinh Khoi, frère de Ngo Dinh Diem. Le terrorisme peut susciter des ralliements, la peur qu'il provoque est néanmoins nuisible à l'unité encore fragile du pays. Le gouvernement tente donc de calmer l'ardeur des activistes. A l'heure où les catholiques rejoignent l'union sacrée, et où toutes les bonnes volontés sont requises pour affronter les multiples difficultés, il décide d'infliger la peine de mort aux auteurs d'attentats contre les églises et les pagodes.

Fer de lance d'une minorité, le Viet-Minh étend sur le pays une toile d'araignée de comités populaires et d'associations de Salut national (Cuu Quoc) destinée à contrôler les masses par un système de hiérarchies parallèles coiffées par les cadres communistes. Il s'appuie sur deux types de forces militaires, les milices populaires d'autodéfense (Tu Ve) et l'Armée de Libération nationale.

Les premières, dont les effectifs sont difficiles à évaluer, se composent de volontaires, généralement purs et durs, ouvriers, paysans ou étudiants révolutionnaires qui assurent la police politique et la répression contre les ennemis de la nation et de la révolution. Leur armement est hétéroclite et rudimentaire. L'Armée de Libération, elle, est une troupe régulière formée à partir de la fusion de la Brigade de Propagande armée et des guérilleros de l'Armée de Salut national de Chu Van Tan. Son armement s'est amélioré avec l'apport de l'O.S.S. américain, mais ses effectifs de quelques milliers d'hommes sont trop maigres pour couvrir tous les besoins militaires. Elle est réorganisée en Garde nationale (Ve Quoc Doan) sur laquelle l'emprise communiste se resserre. Pour l'étoffer, il est procédé au recrutement d'anciens tirailleurs de l'armée coloniale, d'anciens gardes indochinois, et d'auxiliaires japonais, tous politiquement rééduqués. Cela demande un effort financier difficile à assumer, alors que les difficultés se font pressantes.

La situation alimentaire reste en effet dramatique. Après les inondations successives, prolongées par la dernière saison des pluies, une brutale sécheresse a compromis la récolte de riz du mois de novembre. A la famine et à la misère qui jettent dans les rues de Hanoi une multitude de mendiants, s'ajoute une épidémie de fièvre récurrente qui fait de nombreuses victimes en plusieurs régions. L'enthousiasme patriotique et révolutionnaire, manifesté par des défilés quotidiens, ne saurait faire oublier ces réalités, ni la vacuité des caisses gouvernementales, incapables d'assurer la paie des fonctionnaires.

Car la Banque de l'Indochine a évidemment refusé tout crédit au gouvernement qu'elle a déclaré dès le 12 septembre en état de banqueroute. Quant aux ressources, elles sont pratiquement nulles, puisque les objectifs sociopolitiques de la Révolution et les impératifs de la popularité se conjuguent pour amener le gouvernement à s'en priver. Il a en effet supprimé successivement les taxes de marché, la capitation, les patentes, l'impôt foncier des petits propriétaires et aboli les monopoles coloniaux sur le sel, l'opium, l'alcool.

En compensation, et non sans quelque naïveté, il crée une Caisse de l'Indépendance, et fait appel à la solidarité nationale en faveur de la défense par l'organisation d'une « Semaine de l'Or », du 16 au 22 septembre 1945. Après un premier jour de collecte très décevant, Ho Chi Minh doit mettre tout le poids de son prestige dans la balance et celui de la propagande très persuasive des milices pour que les bourses consentent à se délier. Pour les classes possédantes, et pour les autres, moyennes ou modestes, la mystique « Doc Lap » a des limites tracées par le souci de leurs propres intérêts.

Aussi le bilan n'est-il pas à la hauteur des espérances d'un patriotisme exigeant : selon la presse d'alors, 129 kilos d'or et 1 million et demi de piastres, selon une estimation ultérieure de Giap, 370 kilos d'or et 20 millions de piastres. Une part de cet argent va être consacrée à l'achat d'armement, généralement en provenance de stocks français et japonais tombés entre les mains des Chinois. Pour les envahisseurs venus du Yunnan et du Guangxi, les affaires restent les affaires. C'est d'ailleurs ce fléau que le Viet-Minh doit affronter en même temps que les problèmes de survie économique, un fléau dont il saura émousser le tranchant et même se faire un bouclier contre l'autre danger, celui du retour des Français.

LE VIET-MINH ET LES SEIGNEURS DE GUERRE CHINOIS

Mieux que quiconque, Ho Chi Minh sait à quoi s'en tenir avec les seigneurs de guerre chinois. Leur rapacité n'est pas seule à redouter. Des menaces d'ordre politique se profilent dans leur ombre.

Il est évident que le Guomindang n'apprécie guère un gouvernement révolutionnaire composé essentiellement de communistes. Certes, Lu Han n'est pas un doctrinaire de l'anticommunisme, mais il n'en traîne pas moins derrière lui des protégés qu'il poussera au pouvoir. Quant à Xiao Wen, le Cantonnais du Guangxi, plus proche du Guomindang, il a sous son élytre le Dong Minh Hoi et dans la tête nombre de projets qu'il est décidé à mettre en œuvre afin d'installer solidement l'influence chinoise en Indochine.

Sans perdre de temps, les armées chinoises d'ailleurs installent leurs pions le long de leurs axes de progression, surtout dans les villes où elles imposent des Comités administratifs et militaires en chassant et en désarmant ceux du Viet-Minh. Ainsi le Dong Minh Hoi s'établit dans le Nord-Est, mettant en place à Moncay un gouvernement provisoire appuyé sur une force de 1 500 hommes.

La résistance du Viet-Minh est parfois vive, comme à Langson, où éclatent des incidents. Le V.N.Q.D.D. et le Daï Viet essaiment dans le Nord-Ouest, en Haute-Région et dans la moyenne vallée du fleuve Rouge, de Laokay à Phutho. Des personnalités exilées, qui ont quelques comptes à régler avec Ho Chi Minh et les siens, arrivent du Yunnan et du Guangxi, tels que Nguyen Hai Than (D.M.H.), Vu Hong Khanh (V.N.Q.D.D.), Nguyen Tuong Tam (D.V.), tous décidés à cueillir les fruits d'une longue attente et d'un non moins long exil.

« Une puce sur un chien ! » s'écrie Ho Chi Minh devant cette invasion de « renégats et de réactionnaires ». Il les connaît trop pour savoir qu'ils sont moins dangereux que leurs protecteurs. Il possède sur eux des avantages certains. Il est en place et dispose d'une meilleure organisation. Ses objectifs sont mieux définis et sa stratégie a fait ses preuves. Il bénéficie enfin d'un soutien populaire plus large. Ses hommes ne sont pas revêtus d'un uniforme chinois comme ceux de ces revenants. Ils ont l'auréole des vrais libérateurs nationaux. La cause de l'indépendance brandie par le Viet-Minh est un flambeau éblouissant dont l'éclat relègue dans l'ombre les revendications souvent inquiétantes de la Révolution socialiste. Le soutien des catholiques, dont l'une des personnalités, Nguyen Man Ha, est ministre de l'Économie du gouvernement révolutionnaire, n'est-il pas rassurant ?

Fort de cette union sacrée, Ho Chi Minh juge bon d'écarter les propositions d'alliance que lui font successivement le Dong Minh Hoi le 18 septembre, et le Daï Viet le lendemain 19 septembre 1945. Peu sensible au mariage d'un soutien financier sous lequel il flaire le piège chinois, il ne tient nullement à partager son pouvoir avec les valets, dont il cherche plutôt a amadouer les maîtres. Tandis que sa presse publie des communiqués de bienvenue aux « forces amies venues pour désarmer les Japonais et aider le Vietnam dans sa lutte pour l'indépendance », il rencontre Lu Han et Xiao Wen, chez lesquels il décèle des divergences de vues. Il semble obtenir du premier, dont la vision est plus courte, mais la domination plus brutale, une sorte de neutralité réaliste. Le Yunnanais ne cherchera pas à éliminer le Gouvernement provisoire qui, de son côté, ne fera aucune obstruction aux mesures qu'il prendra. Le Viet-Minh courbera donc le dos et devra accepter sans rechigner le diktat du 12 octobre sur l'obligation de changer la monnaie du Yunnan à un taux relevant de la piraterie. Force est à l'occupant.

Politiquement, Ho Chi Minh redoute davantage l'habileté de Xiao Wen, une vieille connaissance. N'est-ce pas l'adjoint de Zhang Fagui qui a sorti le révolutionnaire vietminh de prison pour le faire participer à la tentative d'union nationaliste vietnamienne de Liuzhou ? L'homme a des projets à long terme qu'il vient sans aucun doute mettre en œuvre et il n'a guère de penchant pour les communistes. Mais il est plus fin que Lu Han, d'un réalisme souple qui autorise la négociation. « L'Oncle Ho fit choisir pour lui une belle villa », où il vint le voir avec une délégation, raconte Giap. « Il lui rappela les histoires de Liuzhou et le pria d'oublier les malentendus passés pour travailler avec nous au règlement des questions intéressant les deux pays. »

Mais les bonnes manières n'excluent pas le combat, surtout par adversaires interposés. C'est du côté des protégés « Dong Minh Hoi » du général cantonnais que vient la rupture de l'équilibre instable à peine inauguré. Une lutte sournoise et non moins féroce est engagée à l'échelon local entre le Viet-Minh et ses rivaux, qui ne sauraient se laisser duper, absorber ou détruire sans riposte.

Nguyen Hai Than, le vieux leader « qui-parle-à-peine-sa-langue-maternelle-tant-il-est-sinisé », élève le premier la voix. Il dénonce les procédés arbitraires du Viet-Minh et l'invite à ouvrir le gouvernement aux autres partis afin de respecter les règles démocratiques. Une campagne virulente se déclenche, à laquelle se joignent, en une inévitable surenchère, le V.N.Q.D.D. et son journal, le *Vietnam.* Il est reproché au Viet-Minh ses procédés terroristes, ses confiscations de biens, son impuissance au Nam Bô et les manœuvres de ses représentants sudistes pour pactiser avec les Français, un thème repris plus tard lorsque Ho Chi Minh choisira le dialogue avec la France.

De la bataille de mots, on passe très vite à l'affrontement violent, aux prises d'otages, aux liquidations plus ou moins discrètes. Le problème se pose donc aux dirigeants communistes, maîtres d'œuvre du front vietminh, du choix entre le compromis avec la perspective de durer en louvoyant parmi les écueils, et la lutte intégrale avec tous les risques qu'elle comporte.

Le dilemme n'est pas nouveau dans l'histoire du Parti, mais d'une part, la diversité des hommes qui composent l'équipe gouvernante, et d'autre part la complexité de la situation le rendent plus aigu. Plusieurs tendances sont représentées au Comité central du P.C.I. Il y a celle des intellectuels, imprégnés de culture française, restés la plupart du temps au pays, tels que Vo Nguyen Giap ou Hoang Minh Giam, qui sont avec Pham Van Dong des fidèles de Ho Chi Minh. Il y a les pionniers du Parti, formés en Russie et en Chine, tels que Tran Huy Lieu, Ho Tung Mau, Ha Ba Cang dit Hoang Quoc Viet, ou des cadres tels que Dang Xuan Khu. La plupart de ces hommes ont connu les prisons françaises et en gardent des séquelles psychologiques ou physiques, comme Ha Ba Cang qui est resté estropié. Dans la pratique, ils se répartissent en deux courants principaux, de façon plus ou moins nette, l'un tendant au pragmatisme et à l'adaptation aux circonstances, incarné par Ho Chi Minh et ses proches, l'autre prônant l'intransigeance partisane ou idéologique, avec à sa tête ce Dang Xuan Khu, qui vient d'adopter le nom de Truong Chinh « Longue Marche », significatif de ses options radicales à la Mao Zedong. A cette dernière tendance semblent se rattacher des hommes durs, tels que Hoang Quoc Viet, Ho Tung Mau, et Tran Huy Lieu, le propagandiste pétri de violence agressive.

Mais tous les clivages que le succès de la révolution d'août a déjà estompés et que les difficultés font resurgir ne sauraient compromettre l'autorité incontestée du chef. Désormais le président Ho n'est plus seulement l'aîné respecté, le vétéran léniniste, le représentant du Komintern, il est devenu l'Oncle, celui qui personnifie la résistance du peuple vietnamien, le héros modeste en lequel tant de Vietnamiens se reconnaissent. Ainsi peut-il imposer sa ligne et faire comprendre qu'à l'ombre pesante de l'occupation chinoise, et devant la menace française, il est préférable de composer.

D'abord, sous l'égide de Xiao Wen, le Viet-Minh accepte donc de conclure un accord avec le Dong Minh Hoi, les deux partis ayant décidé d'unir leurs efforts pour lutter contre le colonialisme français. Il n'est cependant pas question de former un nouveau gouvernement avec les autres groupes nationalistes, ainsi que l'exige le V.N.Q.D.D. Manifestant son désaccord, Nguyen Hai Than dénonce l'arrangement dès le 2 novembre.

Ho Chi Minh veut alors faire un nouveau geste pour rassurer Xiao Wen et le Guomindang. Au Congrès tenu les 8, 9 et 10 novembre à Hanoi, le Parti Communiste indochinois décide de se dissoudre, une opération difficilement acceptée par les radicaux, et qui ne convainc guère, malgré les appels à l'union contre l'agresseur impérialiste français et les professions de foi démocratique de l'Oncle-président. Le projet de Constitution qui est rendu public afin que chaque citoyen puisse faire connaître son avis avant les élections, ne fait pas davantage renaître la confiance. Les autres partis répliquent aussitôt en formant un Bloc nationaliste, dont les milices de choc se heurtent à celles du Viet-Minh, en particulier à Vinhyen, à Hagiang. La vallée du fleuve Rouge est d'ailleurs totalement contrôlée par le V.N.Q.D.D. dont le chef militaire Vu Hong Khanh fait une entrée ostentatoire à Hanoi, au milieu de ses gardes du corps et accompagné de son état-major. La propagande nationaliste marque également des points. Une foule importante se réunit chaque soir avenue du Grand-Bouddha, devant le siège du Dong Minh Hoi, pour écouter les discours enflammées des orateurs.

Le 12 novembre 1945, un affrontement sanglant en plein centre de Hanoi, place du Théâtre, montre bien que le Viet-Minh n'est plus le maître de la rue. Sa police, se fondant sur un décret du 13 septembre qui lui donne le droit d'arrêter quiconque menace la sécurité de la République, emprisonne de nombreux sympathisants nationalistes. Le 18 novembre, elle se permet de perquisitionner les locaux du journal *Vietnam,* ce qui provoque l'intervention des troupes chinoises et la contraint à se retirer.

Mais, ce même jour, Ho Chi Minh parvient à faire accepter un nouvel arrangement qui prévoit un gouvernement d'union nationale, la fusion des milices, la mise en sourdine des propagandes et le renoncement réciproque aux explications armées. Mais ce n'est en fait qu'une manœuvre. Dès le 3 décembre, il le dénonce en effet lui-même, non sans avoir provoqué la scission du Dong Minh Hoi, et crée avec les dissidents un Dong Minh Hoi dit rénové. Il compte maintenant sur les élections de décembre pour obtenir une victoire déterminante.

Pour le Viet-Minh, en effet, l'important est d'amener le peuple à voter.

Il sait que celui-ci, dans son ensemble, saisit mal la portée de cet acte inédit dans l'histoire vietnamienne, censé exprimer sa volonté souveraine, alors qu'une atmosphère de violence et d'anarchie règne dans tout le pays. Or, en le persuadant de participer au scrutin, le Viet-Minh ne pourra qu'en retirer entier bénéfice, puisqu'il est le pouvoir en place et que le peuple, imprégné de confucianisme, traditionnellement soumis aux principes d'autorité et de hiérarchie, n'osera voter que pour les candidats que ce pouvoir lui présentera.

Les autres partis le sentent bien. Aussi se montrent-ils résolument opposés à la tenue de ces élections, prévues pour le 23 décembre 1945. Moins bien implantés que le Viet-Minh, disposant de moyens d'intimidation partagés et d'un appui chinois quelque peu compromettant, ils lancent leurs milices dans une campagne brutale, allant jusqu'à prendre en otages des personnalités aussi importantes que Giap et le ministre de la Propagande Tran Huy Lieu, qu'ils relâchent d'ailleurs assez rapidement. Le 13 décembre, V.N.Q.D.D. et Dong Minh Hoi manifestent de concert contre le gouvernement et ses élections. Le Viet-Minh réplique aussitôt par des arrestations massives, mais Xiao Wen s'interpose, et craignant une intervention militaire du Commandement chinois, Ho Chi Minh accepte le report du scrutin au 6 janvier 1946.

La bataille se poursuit toutefois dans une atmosphère d'anarchie, enlèvements et meurtres, pillages et extorsions de fonds devenant monnaie courante. Avec le marché noir qui prolifère sous le patronage yunnanais et cantonnais, et la famine qui jette dans les rues des cohortes de mendiants, Hanoi offre alors le spectacle d'une cité livrée à tous les désordres. Le 20 décembre 1945, le maire vietminh Tran Duy Hung échappe de justesse à un attentat. Le lendemain, militants vietminh et nationalistes se battent sur les bords du Petit Lac, jusqu'à l'intervention des Chinois.

Les négociations se poursuivent néanmoins et le 25 décembre, un troisième accord est annoncé par toute la presse. Les partis d'opposition ont cette fois le sentiment d'avoir forcé le passage menant au pouvoir : s'ils renoncent à empêcher les élections, ils obtiennent, à compter du 1er janvier 1946, deux portefeuilles ministériels, l'Économie pour le V.N.Q.D.D. et la Santé publique pour le Dong Minh Hoi, la création d'un poste de vice-président pour Nguyen Hai Than, et sans participer au scrutin, la garantie de 70 sièges de députés dans la future Assemblée, dont 50 au seul V.N.Q.D.D. Enfin, dans le nouveau ministère qui sera formé après l'élection de celle-ci, 4 portefeuilles leur seront réservés, contre 4 au Viet-Minh. Ceux éminemment importants de la Défense nationale et de l'Intérieur devront être attribués à des personnalités neutres. Nguyen Hai Than, en outre, conservera la vice-présidence, et les communistes Giap et Tran Huy Lieu seront écartés.

Le Viet-Minh a donc cédé à la pression de ses adversaires et de leurs protecteurs chinois. Du moins en apparence, car l'habileté tactique de Ho Chi Minh saura neutraliser cet échec. A l'un de ses compagnons qui se plaint de l'intrusion de réactionnaires honnis dans le gouvernement, il répond :

— Le fumier est certes répugnant, mais il est excellent pour les plants de riz. Alors pourquoi donc ne pas l'utiliser ?

LE PREMIER SUCCÈS DE LA SURVIE

Les élections se déroulent, comme prévu, le 6 janvier 1946, bien que dans certaines localités de l'intérieur, le report de la date initiale ayant été connu trop tard, le vote ait eu lieu dès le 23 décembre 1945. Toujours est-il que dès le lendemain, la presse et la radio du Viet-Minh crient victoire, faisant état de pourcentages éblouissants. Pour sa part, l'Oncle Ho, dont le prestige est considérable, a recueilli à Hanoi même 98,4 pour cent des suffrages, Giap dans le Nghe An 97 pour cent. La propagande de Tran Huy Lieu a bien fait les choses. Partout où cela a été possible, elle a organisé des retraites aux flambeaux, des processions de photos de l'Oncle-président, des représentations théâtrales. D'inévitables légendes courent dans toutes les paillotes : Giap a été et sera l'un des participants aux Conférences des Grands, à Yalta ou ailleurs, l'Oncle Ho est à la fois un nouveau Confucius, un Immortel doté du don d'ubiquité, un Génie protecteur, un chef de famille aussi humble que malin dans la conduite des affaires.

Les partis d'opposition ne s'en laissent pas compter pour autant. Ils protestent avec véhémence contre les résultats et hurlent à l'escamotage et à la falsification. Il est vrai que des anomalies troublent la merveilleuse unanimité proclamée. Ainsi, la liste des élus n'est-elle publiée qu'au mois d'avril 1946, soit quatre mois plus tard... Elle laisse apparaître quelques étrangetés : certains élus n'auraient pas même été candidats, ou ne se seraient pas rendus dans leurs circonscriptions depuis des lustres. Dans les secteurs tenus par les autres partis et où le scrutin n'a pu avoir lieu, ce sont néanmoins des Vietminh, contre toute vraisemblance, qui ont été élus. Enfin, 18 députés seulement représentent les 5 500 000 habitants du Nam Bô, alors qu'il y en a 356 pour les 17 millions du Trung Bô (Centre) et du Bac Bô (Nord). Il est vrai que la guerre rend impossible au Sud la tenue d'élections normales.

Quoi qu'il en soit, le Viet-Minh a réussi son opération. Son habileté a été grande de présenter en certaines régions des personnalités neutres, insoupçonnables, rassurantes et dignes, et parfois prestigieuses comme le citoyen Vinh Thuy, ex-empereur Bao Dai. Il a également bénéficié de l'abstention de ses rivaux, mais en définitive, il a su user de tous les moyens pour amener le corps électoral à se présenter aux urnes, un corps électoral qui n'a guère le choix de ses représentants, puisque seuls, ou pratiquement seuls figuraient sur les listes les candidats du Viet-Minh avec un slogan convaincant : « La Patrie avant tout ! »

Ce succès ne dispense pas cependant Ho Chi Minh d'appliquer l'accord du 22-25 décembre 1945 qui le contraint d'accepter la présence de ministres V.N.Q.D.D. et Dong Minh Hoi dans son gouvernement. Il n'est pas en mesure de le dénoncer en raison de la caution chinoise, mais il va s'efforcer d'en réduire la portée, en gardant la maîtrise de ce qui lui paraît essentiel.

Contrairement aux nationalistes, les révolutionnaires du Viet-Minh n'ont en effet pas seulement un programme sociopolitique structuré, ils sont peu sensibles à l'apparence et à l'apparat. Seuls, les moyens réels de contrôle du pouvoir les intéressent. Dans les ministères qui doivent leur échapper, ils se sont empressés par conséquent de placer les leurs à des postes qui, pour être discrets, n'en sont pas moins décisifs. Ainsi transforment-ils celui de la Défense en appareil administratif et le vident-ils de son autorité par la création du Comité national de la Résistance. Mieux, la présidence de ce nouvel organisme, véritable direction des affaires militaires, est confiée à Vo Nguyen Giap, le chef militaire que les nationalistes ont voulu écarter du gouvernement, et si le vice-président est bien Vu Hong Khanh, le leader du V.N.Q.D.D., c'est uniquement pour lui faire partager la responsabilité de décisions que son parti récuserait, en particulier dans la perspective des négociations qui vont s'engager avec les Français et où des accords seront signés.

Le V.N.Q.D.D. et le Dong Minh Hoi sont pourtant convaincus de détenir des positions d'autant plus importantes au gouvernement qu'ils les ont eux-mêmes exigées. Mais là encore, le Viet-Minh a su leur imposer des limites. Il a fait de la vice-présidence créée pour Nguyen Hai Than une fonction honorifique et dérisoire. Prestigieux et prometteur, le portefeuille des Affaires étrangères en est pour l'heure réduit aux relations avec les autorités chinoises puisque la République Démocratique n'est encore reconnue par aucun État étranger. Plus rentable certes est celui de l'Économie, pour les trafics qu'il permet, mais n'est-ce pas pour l'intègre Viet-Minh un atout que de voir ses rivaux s'y compromettre ?

En réponse aux résultats des élections et à toutes ces manœuvres pour les affaiblir, les nationalistes aggravent les désordres. Leurs journaux lancent en janvier 1946 un véritable appel aux armes contre le Viet-Minh qu'ils accusent de dictature. Les affrontements qui n'ont, en fait, jamais cessé, même après les accords et la formation du nouveau gouvernement, se poursuivent et se multiplient. De véritables combats opposent les uns aux autres à Viet-tri, Phutho, Vinhyen, bastions du V.N.Q.D.D. qui résiste bien. Le Dong Minh Hoi, par contre, doit lâcher Seno, et ne peut y revenir que sous protection chinoise. A Haiphong, l'armée d'occupation désarme la police et les milices « Tu Vê ». Quant à la capitale, Hanoi, elle devient un champ clos où hommes de main et voyous font régner une insécurité permanente. La communauté française en récolte d'ailleurs sa part : dans le seul mois de janvier 1946, on y enregistre officiellement 145 crimes et délits, dont 6 assassinats, 12 tentatives d'empoisonnement et des dizaines d'agressions perpétrées contre elle par des Vietnamiens et des Chinois.

Cependant, le V.N.Q.D.D. semble vouloir pousser son action plus loin et préparer un véritable coup de force. A la suite d'un discours prononcé le 17 janvier 1946 par Ho Chi Minh pour annoncer et expliquer le licenciement nécessaire, faute d'argent, des trois-quarts du personnel de la Fonction publique, il organise une manifestation de concert avec l'Association générale des fonctionnaires. Puis, le 10 février, il célèbre avec ses partisans et des milices armées l'anniversaire de la révolte de Yen Bay, glorieux mais coûteux fait d'armes du Parti. Il projette même une grève générale lorsque soudain le mouvement marque le pas.

Les patrons chinois changent en effet d'attitude. Ils commencent à marchander leur soutien. Le traité de Chongqing, conclu avec les Français, modifie les perspectives politiques. Même si, localement, le Commandement de l'armée d'occupation s'accroche au butin, il ne souhaite manifestement pas une épreuve de force. Aussi est-ce à la faveur du retour négocié des Français au Tonkin que Ho Chi Minh sera contraint d'élargir son gouvernement, une opération ambiguë qui lui permettra de faire endosser la responsabilité des accords contestés du 6 mars à ses rivaux. Une obscure complicité le lie alors aux Chinois dans le marchandage de dernière heure qui permet aux troupes du général Leclerc de débarquer sans déclencher un conflit armé. Il en est de même au Laos où des intérêts convergents amènent les guérillas du Viet-Minh et la 93e Division chinoise à bloquer en pays thaï le groupement Quilichini venu pour la relève.

Mais le temps des sauterelles est en voie d'achèvement. Lu Han est de plus en plus chez lui, au Yunnan, pour assumer sa tâche de gouverneur. Des troupes centrales ont déjà relevé les siennes en Indochine nord. Pour Xiao Wen, rappelé par son gouvernement, l'échec personnel est cuisant. Ses protégés se sont montrés incapables de justifier les espoirs qu'il avait mis en eux. Ils vont continuer leur opposition au Viet-Minh qu'ils accuseront de trahison et de collusion avec les Français, mais le combat apparaît sans espoir contre un rival plus structuré, plus volontaire et plus habile. Au moment où les Chinois commencent à plier bagage, Ho Chi Minh et les siens sortent donc vainqueurs de la double épreuve des sauterelles et des guêpes. Une autre cependant les attend, plus redoutable encore.

Le retour des Français, accompli au sud, est inévitable au nord. Seul un affrontement armé pourrait l'empêcher. Or, Ho Chi Minh, qui gouverne tant bien que mal un pays exsangue, sur lequel sa maîtrise n'est pas totale, n'a pas les moyens de s'engager dans une guerre à l'issue incertaine. Il n'a même pas pu obtenir pour son régime la moindre reconnaissance officielle. Il lui faut donc accepter le dialogue. Le bon sens le lui conseille, la stratégie le lui impose.

Chapitre III

UN DIALOGUE À POINGS FERMÉS

LES CONDITIONS DU DIALOGUE

Lorsque Sainteny revient à Hanoi le 8 octobre 1945, après être allé à Chandernagor où Thierry d'Argenlieu lui a conféré les fonctions officielles de commissaire de la République pour le Tonkin et le Nord-Annam, à la place du malheureux Messmer, égaré dans le brousse tonkinoise, il est l'objet de la part des Chinois de quelques brimades propres à le faire réfléchir sur la réalité de ses pouvoirs. En compagnie de son équipe, il est désarmé, gardé à vue sept heures durant à l'aéroport de Gialam, ses bagages sont fouillés. « Voilà comment je fus accueilli par nos alliés au Tonkin dont, à considérer les lettres patentes que j'avais en poche, j'étais le maître au nom de la France ! » écrira-t-il.

En fait, sur ce territoire de quelque 200 000 kilomètres carrés, les trente mille Français, dont les deux tiers sont regroupés à Hanoi depuis le 9 mars 1945, et le reste éparpillé dans les principales villes au nord du 16e parallèle, Huê, Vinh, Thanhhoa, sont pratiquement des otages, à peine plus libres que les 4 500 prisonniers de la Citadelle. Isolés dans une atmosphère hostile, insultés, agressés, ils ont le sentiment d'être abandonnés. Après des mois d'humiliations répétées, ils se demandent avec angoisse si le gouvernement de Paris sera un jour capable de leur éviter un sort tragique et de rétablir son autorité sur la colonie.

« Le Gouvernement et la rue Oudinot, écrira Sainteny, paraissaient avoir donné la priorité à Saigon et à la Cochinchine où la France projetait de revenir en premier lieu... De là, l'influence française s'étendrait petit à petit sur toute l'Union indochinoise. Tactique discutable. N'aurait-il pas été préférable d'attaquer d'abord le foyer même de l'infection ? »

Du sud, à la faveur de la brillante reconquête de Leclerc parviennent cependant des nouvelles pleines d'espoir qui donnent naissance à un flot de rumeurs réconfortantes : Leclerc, dit-on, va bientôt débarquer. Ses éléments avancés sont prêts à être parachutés. Les gouvernements français et chinois sont en train de s'entendre pour se débarrasser des Rouges du Viet-Minh. Truman va taper sur les doigts de ces traîtres de l'O.S.S., et Patti, de retour aux États-Unis, sera même déféré en justice. Les prisonniers de la Citadelle enfin seront incessamment réarmés pour rétablir l'ordre...

La réalité, hélas, est tout autre. Le commissaire de la République Sainteny et ses services sont installés, plutôt entassés, dans une villa de fonction du directeur français de l'enseignement. Des sentinelles vietminh montent la garde à sa porte, pour le surveiller davantage que pour le protéger, et par les fenêtres que le climat contraint de laisser ouvertes, pénètrent à longueur de journée des clameurs agressives des groupes de choc du gouvernement révolutionnaire qui occupent les bâtiments environnants. La marge de manœuvre du représentant officiel de la République française est réduite à sa plus simple expression. Bref, là où les Chinois ont laissé quelque champ libre, ce sont les Comités du Viet-Minh et leurs brigades qui imposent leur loi, c'est-à-dire celle du plus fort.

Au Laos, la situation est similaire, la masse d'otages français en moins. Le commissaire de la République Imfeld à Luang Prabang et son adjoint, le capitaine Fabre à Ventiane, sont les témoins impuissants de la prise en main du pays par les nationalistes, sous la couverture des forces chinoises. Petsarath, le vice-roi nationaliste, ayant été destitué par le roi fidèle Sisavang Vong, organise un Comité du peuple et un Gouvernement provisoire présidé par l'un de ses hommes liges, Khammao. Un autre groupe, celui de Souphannouvong, parrainé par le Viet-Minh, vient s'y joindre pour constituer le mouvement Lao-Issara. Souphannouvong prend le commandement d'une armée lao de Libération dont les cadres sont fournis par le Viet-Minh. La pression se fait si pesante sur Imfeld et Fabre, bloqués dans leurs résidences, que les représentants français sont contraints de partir en Thaïlande.

Le premier objectif de la France pour défendre ses ressortissants et faire prévaloir ses droits au nord du 16e parallèle est donc d'y assurer le retour de ses forces au plus vite. Le général Leclerc s'en préoccupe dès octobre 1945, en envoyant Salan préparer la relève des Chinois. La mission internationale de ces derniers est limitée au désarmement des forces japonaises, et leur présence temporaire. Tchiang Kaishek le confirme lui-même à Thierry d'Argenlieu au cours d'entretiens qui se déroulent les 10 et 11 octobre à Chongqing. Son beau-frère T.V. Soong, président du Comité exécutif chinois, le répète, et Lu Han en donne, pour sa part, l'assurance à Salan. En définitive, cette occupation étant un obstacle majeur au retour de la France dans le Nord indochinois, le temps travaille pour celle-ci dans une atmosphère internationale qui lui est devenue sans conteste plus favorable.

De cela, Ho Chi Minh est parfaitement conscient. Ses appels à la mobilisation du peuple contre les colonialistes ne relevaient en rien de la rhétorique. De même que l'ordre d'exécuter tout Vietnamien qui leur prêterait assistance, ils répondaient à la crainte réelle d'un débarquement ou d'infiltrations des forces de Leclerc. Dans cet esprit, il a décidé de contrer la reprise du Laos par les guérillas françaises et disposé des troupes sur la frontière pour leur faire barrage.

Or, non seulement il ne pouvait plus compter sur les États-Unis pour empêcher l'inéluctable, ni sur la Russie lointaine dont le seul représentant à Hanoi était davantage un observateur prudent qu'un soutien ou un conseiller, mais il devait se débattre dans une situation financière et économique désastreuse. D'autre part, l'agitation développée par les partis rivaux à l'ombre des Chinois était préoccupante. Ceux qu'il avait comparés à des puces sur un chien ont fait plus que l'agacer. Ils ont cherché à l'évincer, au besoin par la force. Seule, l'activité intense au sein du peuple des Comités du Viet-Minh, et les élections préparées pour faire triompher celui-ci ont pu consolider une assise de plus en plus mouvante.

C'est dans ces conditions que Ho Chi Minh a jugé indispensable le dialogue avec les Français. Après la première entrevue avec Alessandri et Pignon, d'autres rencontres ont lieu avec Sainteny, à peine investi de ses fonctions de commissaire de la République au nord. Le vieux révolutionnaire sait y déployer toute son habileté et son charme. Sans doute connaît-il mieux ses interlocuteurs français qu'ils ne peuvent, eux, connaître les ressources d'une personnalité vietnamienne dissimulée, il est vrai, sous le masque forgé par des décennies de domination étrangère. Il perçoit très bien le mélange de charité chrétienne et d'orgueil impérial, de paternalisme et d'idéal démocratique, d'émotivité sincère et de rationalisme, qui caractérise généralement les « Français nouveaux ».

Jouant de ces contradictions, il s'est imposé dès les premiers contacts comme le seul interlocuteur valable, cordial dans les rapports, souple dans le dialogue. S'il profite à cet égard de l'inconsistance de certains de ses rivaux, tels que Nguyen Haï Than, ou de la dérobade de nombreuses autres personnalités, telles que le citoyen Vinh Thuy, il sait user de toutes les pressions possibles sans jamais paraître en porter la responsabilité, et il accepte les compromis comme autant d'échelons vers un objectif final dont il ne démord pas. « Cet homme ascétique, dont le visage révèle à la fois intelligence, énergie, ruse et finesse, dira Sainteny subjugué, est de tous les révolutionnaires de Hanoi le plus accommodant et le plus réaliste, celui qui repousse les solutions de force et cherche l'entente avec la France... » Ainsi, tout progrès dans le sens d'un accord lui sera attribué, tandis que le moindre recours au chantage ou aux armes sera imputé aux fanatiques du Viet-Minh ou du « Gouvernement révolutionnaire annamite ».

A cette contradiction-là, qui a pour beaucoup les couleurs de la duplicité, les négociateurs français trouvent une explication qui exprime une incertitude et un malentendu. Lorsque Thierry d'Argenlieu demande à Pignon si Ho Chi Minh lui semble sincère quand il affirme vouloir s'entendre avec la France, le conseiller politique de Sainteny répond : « C'est probable, à mes yeux, mais en Asiatique qu'il est. » Sainteny lui-même se réfère également au prétendu mystère des hommes d'Asie pour justifier ce qui leur échappe dans leur comportement : « Nous ne comprendrons jamais très bien l'âme asiatique », écrira-t-il non sans quelque ingénuité.

En l'occurrence, le problème n'est ni dans la sincérité de l'adversaire, ni dans les profondeurs obscures de l'âme asiatique, mais dans la stratégie à long terme d'un révolutionnaire rompu à tous les combats et à tous les détours pour parvenir à ses fins.

Mieux que nul autre, Ho Chi Minh applique le précepte de l'antique stratège chinois Sunzi : « Je fais en sorte que l'ennemi prenne mes points forts pour des points faibles, mes points faibles pour des points forts, tandis que je transforme mes points faibles en points forts et que je découvre ses failles... » Exploitant au maximum sa faiblesse face aux deux puissances étrangères qu'il doit affronter, il va donc jouer l'une contre l'autre. Il misera sur l'attitude antifrançaise des Chinois et la faiblesse provisoire de la France au nord du 16e parallèle pour tenter d'arracher à celle-ci, par la négociation, ce qu'il n'a pu obtenir encore d'aucun autre État, la reconnaissance de son régime et de l'indépendance du Vietnam.

A défaut d'atteindre ce qui n'est qu'une première étape, mais capitale de sa longue marche revendicative vers la liberté totale, il va user d'atermoiements pour essayer de faire reculer la menace d'une reconquête, sinon de réduire la portée d'un débarquement en force de Leclerc. Giap l'expliquera clairement plus tard : « Pour avoir su ne pas envenimer nos relations avec Tchiang Kaishek, nous avions, sur un certain plan, transformé ses troupes en une barrière qui entravait pour un temps le retour de l'armée française... »

PREMIÈRES MANOEUVRES

Dès le mois de septembre 1945, alors qu'Alessandri et Pignon venaient enfin de pouvoir débarquer à Hanoi, après avoir surmonté l'obstruction de Lu Han, les représentants français établissaient des contacts avec les diverses tendances et personnalités vietnamiennes. Ho Chi Minh marquait aussitôt la différence. Il était chef de gouvernement, lui. C'était avec le général de Gaulle lui-même qu'il voulait discuter.

Dans l'impossibilité de donner satisfaction à cette exigence plutôt prématurée, les Français lui proposaient de rencontrer le haut-commissaire Thierry d'Argenlieu à Chandernagor. Ho Chi Minh envisageait d'envoyer Vinh Thuy, puis acceptait d'y aller en personne, à condition que l'entrevue se déroulât en Chine et en présence d'un Américain. Mais dans le mémoire de préparation que lui envoyait Alessandri, le « Gouvernement provisoire de la république du Vietnam » n'était pas mentionné. C'eût été une reconnaissance. Il n'était question que d'« Annamites représentés par le Parti national révolutionnaire ».

Devant les Américains, Patti et Gallagher, qui étaient au courant de la démarche, et devant Lu Han qui aurait même offert un avion pour lui permettre de se rendre en Chine, Ho Chi Minh ne pouvait accepter ce qu'il considérait comme une rebuffade infligée à son régime. Son refus ne l'empêchât pourtant pas de garder le contact avec les Français. Mais afin d'échapper aux accusations de traîtrise de la part des autres groupes nationalistes et de se donner les coudées franches, le secret devait être de rigueur dès la première rencontre du 28 septembre 1945 avec Alessandri et Pignon.

Alors que la pression des occupants chinois et de leurs protégés vietnamiens s'alourdit, et que l'excitation à la haine de la presse de Hanoi et de Radio Bach-Maï ne connaît guère de répit, Ho Chi Minh propose, au mois de décembre, l'ouverture de pourparlers en vue d'un accord.

Hoang Minh Giam, son négociateur, argue de l'imminence d'un coup de force chinois contre le gouvernement viet-minh pour obtenir que la négociation s'engage à partir d'un principe, la reconnaissance de l'indépendance du Vietnam. Les Français ne peuvent y consentir. Ils s'en tiennent toujours à la Déclaration sacro-sainte du 24 mars 1945 et se déclarent prêts à donner satisfaction aux légitimes revendications de la conscience nationale annamite, selon les termes d'un premier projet, en concédant un « Self-government » compatible avec le maintien du peuple annamite dans la Fédération indochinoise et dans l'Union française. Le mot « Indépendance », si lourd de signification, générateur de tant d'effets politiques, est déjà la pierre d'achoppement de tout accord éventuel.

Ho Chi Minh se garde cependant de s'enfermer trop vite dans l'impasse. Il poursuit le dialogue, imposant le Viet-Minh comme la seule organisation « annamite » digne de considération, en raison d'une adhésion populaire que les défilés continuels dans les rues de Hanoi, le dynamisme de ses Comités, et une intense propagande ne manquent pas de faire valoir et d'amplifier, en attendant que les élections habilement manipulées du 6 janvier 1946 lui confèrent un masque démocratique. Ho Chi Minh sait également pouvoir compter sur des amis dans les rangs de l'adversaire.

En France, où le Viet-Minh de la révolution d'août a d'abord été apprécié comme « une création de la gendarmerie nippone, un ramassis de bagnards de Poulo Condor, une réunion d'ambitieux, d'aigris, d'intellectuels ayant mal digéré la culture française », et a été pratiquement ignoré des communistes, l'opinion se diversifie.

Si *Le Figaro* juge que l'indépendance n'est qu'une mode pour les Annamites, peu enclins à verser leur sang pour elle, Marius Moutet estime dans *Le Populaire* socialiste que la France devrait s'entendre avec certains dirigeants vietminh qui ne sont pas antifrançais. Quant à Andrée Viollis, auteur du célèbre *S.O.S. Indochine* sur les troubles de 1930, elle élève la voix en faveur des révolutionnaires de Hanoi qui, selon elle, représentent ce qu'il y a de plus profond dans la conscience politique du pays. Les communistes français enfin, qui participent, avec Maurice Thorez et Charles Tillon, au gouvernement de Charles de Gaulle, réclament l'arrêt immédiat des opérations militaires et l'ouverture de négociations avec les patriotes annamites antifascistes du Viet-Minh.

En Indochine même, le Groupe culturel marxiste de Saigon, qui a des membres communistes, et la S.F.I.O., agissent dans le même sens. Louis

Caput, secrétaire général de celle-ci pour l'Indochine nord, est à Hanoi en contact avec Ho Chi Minh. Dans un mémoire adressé au haut-commissaire d'Argenlieu, il insiste sur la représentativité du Viet-Minh et estime que les Français devraient, en toute loyauté, aider le « gouvernement révolutionnaire annamite » et augmenter son crédit, afin de lui permettre de réagir plus vigoureusement contre les partis nationalistes et les Chinois, qui sont les adversaires communs de la France. Il est convaincu que les dirigeants révolutionnaires ont le désir de traiter avec la France nouvelle, car ils n'auraient pas, selon lui, de culture propre leur permettant de se maintenir et de se développer seuls. Il précise qu'en tout cas, aucun accord ne sera possible sans l'acceptation par les Français du principe fondamental de l'Indépendance.

Sur le caractère représentatif de Ho Chi Minh et des siens, les autorités françaises semblent partager la conviction de Caput, et Pignon, qui négocie avec eux, écrit dans un rapport : « Il est hors de doute que le Viet-Minh renferme les personnalités les plus accusées et les plus désintéressées, que l'on peut à ce titre considérer comme les plus dangereuses, mais aussi celles qui offrent le plus de consistance et, partant, de chances pour nous qu'elles respectent les engagements pris... Le seul vrai caractère est celui d'Ho Chi Minh. Une solution proposée par celui-ci et allant dans le sens de l'opinion générale sera certainement admise par la masse. Aucun autre chef de parti n'en est capable... »

D'autres arguments plaident du côté français en faveur de la recherche de cette solution pacifique, de concert avec ce partenaire reconnu comme le seul valable.

Il est évident qu'un conflit armé et généralisé, dont la responsabilité pourrait être imputée à la France, ne trouverait guère d'écho favorable dans l'opinion internationale. L'air du temps n'est pas à un retour au passé obtenu, de surcroît, par la force. Autour de l'Indochine d'ailleurs, souffle un vent de liberté sur les pays soumis à la règle coloniale : l'Indonésie a proclamé l'indépendance, les États-Unis l'ont accordée aux Philippines, la Grande-Bretagne se prépare à la décolonisation de l'Inde.

L'opinion française, quant à elle, n'admettrait pas non plus que le pays, à peine sorti de l'occupation et de la guerre, travaillant lui-même à panser ses propres blessures, soit de nouveau impliqué dans un conflit qui ne lui semble pas vital. Généralement indifférents aux entreprises lointaines, les Français sans doute manifesteraient-ils leurs réticences, sinon l'hostilité qu'ils éprouvent à leur égard, dès qu'elles apparaissent, à l'instar de la conquête du Tonkin de Jules Ferry, ou de l'expédition du Mexique, avant tout comme une ponction « de l'or et du sang de la France ».

Localement cependant, la poursuite des négociations est une condition essentielle à la sauvegarde de la communauté française en otage au nord du 16ᵉ parallèle. Elle est également nécessaire sur le plan tactique : un soulèvement général du delta tonkinois à l'appel du Viet-Minh, une fois les troupes de Tchiang Kaishek parties, est redouté par les autorités françaises. En l'état actuel de leurs moyens, les forces de Leclerc seraient insuffisantes pour mener à bien une campagne de cette envergure, alors qu'elles doivent déjà assurer la reconquête du Sud. Il serait en outre à craindre que les Chinois en profitent alors pour soutenir d'une façon ou d'une autre les Vietnamiens et trouver prétexte à intervention, sans compter les déserteurs japonais dont on compte quelques milliers infiltrés dans les rangs des unités vietminh ou dans le pays.

C'est dans ces conditions que Thierry d'Argenlieu envisage une rencontre avec Ho Chi Minh. « Pour éclairer ma lanterne », dit-il. Il propose qu'elle ait lieu sur le cuirassé *Richelieu*, aux environs du 23 décembre 1945, et à l'insu des Chinois.

Ho Chi Minh en accepte le principe avec d'autant plus de satisfaction qu'en cette fin d'année 1945, la menace d'un coup de force chinois au profit des nationalistes pèse plus que jamais sur son gouvernement. En outre, il n'est pas, cette fois, le demandeur. Saisissant l'avantage offert, il exige une invitation officielle, premier geste d'une reconnaissance qu'il recherche avec tant d'acharnement et si peu de succès. Il va même plus loin, trop loin même, en spéculant sur le désir d'entente des Français, quand il voudrait l'assurance que l'entrevue débouchera sur un accord, sinon sur des progrès réels, autrement dit des promesses formelles. Ces prétentions font reculer les négociateurs adverses qui craignent de provoquer ainsi une réaction brutale des Chinois avec lesquels les pourparlers vont s'engager. C'est pourquoi Sainteny câble à d'Argenlieu, pour lui exprimer ses réticences à faire un geste vis-à-vis d'Ho Chi Minh, dont on peut craindre qu'il soit désavoué par les Chinois, alors que vont s'engager des négociations à Chongqing.

Effectivement, on en revient à l'hypothèque chinoise, dont on espère que la levée permettra le déblocage d'une solution vietnamienne, apparue soudain épineuse. Du côté français, le poids en semble tel alors, que certains pensent à chercher une autre voie que celle d'une entente avec le Viet-Minh.

Jugeant Ho Chi Minh quelque peu démonétisé par ses innombrables difficultés et surtout par la menace des Chinois, Thierry d'Argenlieu songe ainsi à lui trouver « un substitut capable de rallier, outre l'armée classique des mécontents, ambitieux et pusillanimes qui fait masse, une minorité dynamique de personnalités marquantes et convaincues... », en somme l'interlocuteur rêvé par tout négociateur embarrassé et dans l'impasse.

A Paris, la même idée a germé, semble-t-il, dans l'esprit du général de Gaulle, peu enthousiaste à traiter avec un gouvernement révolutionnaire d'obédience communiste. Un homme a d'ailleurs été choisi pour remplir le rôle. Il s'agit du prince Vinh San, qui n'est autre que l'ancien empereur Duy Tan, déposé et déporté en 1917 à la Réunion, à la suite d'une tentative de soulèvement contre le Protectorat.

Vinh San ne paraît pas avoir gardé rancune contre le pays dont la poigne ferme l'a évincé du trône. Il s'est comporté d'une manière qui n'est pas pour déplaire à l'ancien chef de la France libre : rallié à la Résistance, il s'est engagé dans la 1re Armée, malgré les réticences et les obstacles des autorités françaises. Décoré pour faits de guerre, il est retourné à la Réunion, où le gouverneur de Langlade est allé l'inviter, au nom du général de Gaulle, à se rendre à Paris.

Chargé d'une mission exploratoire par le président du Gouvernement provisoire, il lance, le 14 décembre 1945, de la capitale française, un appel à ses compatriotes, les invitant à collaborer, comme lui, avec la France, et à s'unir pour participer à l'édification d'une nouvelle Patrie. La terminologie qu'il emploie est révélatrice de ses intentions et de celles de ses parrains. Il prononce ainsi le mot « Indépendance », en affirmant sa certitude que le gouvernement français en a d'ores et déjà reconnu le droit au « peuple annamite », et que la proclamation en sera faite, aussitôt que « le pays d'Annam » sera assez discipliné et tranquille pour signer des accords sur la base du respect des engagements et de la solidarité mondiale.

Il résume également les revendications à formuler dans les pourparlers qui s'ouvriront : une aide économique tendant à la création d'une industrie et à l'élévation du niveau de vie, une protection militaire provisoire, le soutien diplomatique en politique étrangère. Enfin et surtout, la réunion de la Cochinchine, de l'Annam et du Tonkin sous un seul gouvernement, libre de s'administrer et d'organiser son économie. Si ces termes représentent un ballon d'essai sur ce que le gouvernement français considérait comme des concessions acceptables, la réunification des trois pays vietnamiens, qui sera l'autre pierre d'achoppement d'un accord avec le gouvernement de Hanoi, est à coup sûr la plus considérable.

Présenté comme le symbole de l'indépendance, en référence à sa révolte passée, et comme un arbitre au-dessus des partis, en raison de sa dignité royale, l'ancien souverain paraît susceptible, aux yeux de ses parrains, de créer un fait nouveau dans l'imbroglio indochinois. Afin de frapper l'opinion, un voyage du général de Gaulle en Indochine, avec le prince à son côté, est envisagé pour le mois de janvier 1946. Alternative traditionaliste aux révolutionnaires de Hanoi, il reste néanmoins à savoir dans quelle mesure ce prince quelque peu oublié, sauf par les milieux monarchistes qui contestent la légitimité de Bao Dai et de la branche cadette des Nguyen, sera capable de s'imposer dans un pays qu'il a quitté vingt-neuf ans plus tôt.

L'homme passe pour un esprit curieux, de tendance idéaliste, avec un penchant pour les problèmes sociaux et humanitaires. Mais il n'a guère d'expérience politique. En tout état de cause, le projet fait long feu, car le 26 décembre 1945, l'avion dans lequel le prince a pris place s'écrase en Afrique. Il n'y a aucun survivant. Selon les termes de Thierry d'Argenlieu, « le fait nouveau s'évanouit en fumée tel un rêve ».

Il faut donc en revenir à la réalité, et la réalité, en janvier 1946, c'est une partie très serrée qui se joue à trois, entre Vietnamiens, Français et Chinois, et dans laquelle le facteur temps exerce un rôle déterminant.

Pour les Français d'abord, l'expédition au Tonkin d'une force armée s'avère primordiale et urgente. La situation de plus en plus critique de la communauté de 30 000 personnes qui y vivent en otages l'exige. En second lieu, si la reconquête du Sud est positive au premier degré, la pacification totale se fait attendre hors des villes et des grands axes de communications, la situation politique restant, elle, quelque peu bloquée.

Leclerc lui-même estime que seul le règlement du problème tonkinois permettra de la détendre et d'éteindre tout à fait les feux de la guérilla qui s'allument. Il voudrait d'autre part que l'opération s'effectue bien avant la saison des pluies qui commence en juillet, afin de mettre en place son dispositif. Plus précisément, le débarquement des troupes, ne pouvant avoir lieu qu'à Haiphong, devrait se situer dans la première quinzaine de mars 1946, en raison des marées qui, seules, permettent l'accès du chenal envasé aux navires de gros tonnage. Les préparatifs sont alors engagés pour la relève en Cochinchine de la 9ᵉ D.I.C. du général Valluy, destinée au Tonkin, par la 3ᵉ D.I.C. du général Nyo. Les forces prévues sont regroupées à proximité des bases côtières de l'Annam méridional, à Nhatrang et à Camranh.

Ce retour au Nord n'est envisagé, rappelons-le, qu'après la levée de l'hypothèque chinoise et autant que possible avec l'accord du gouvernement révolutionnaire de Hanoi. Il dépend donc du résultat des négociations qui s'engagent avec les Chinois et qui se poursuivent avec le Viet-Minh.

Or, l'attitude des Chinois ne laisse pas d'inquiéter les autorités françaises par son caractère déroutant et contradictoire. Les violences des 9, 10, 11 janvier 1946 perpétrées contre les Français de Hanoi n'inaugurent-elles pas les pourparlers de Chongqing sur la relève ? La 93ᵉ Division du général Lu Guochang n'interdit-elle pas l'accès du Laos au gouvernement Quilichini qui tente d'y pénétrer pour la relever en vertu d'un accord obtenu par le général Salan ? Les Français s'interrogent également sur la sincérité de ces étranges alliés, alors que le problème est d'un ordre beaucoup plus pragmatique.

Tchiang Kaishek a besoin de troupes pour combattre les communistes de Mao. Il est donc décidé à retirer celles d'Indochine. Mais de l'intention à la réalisation, il y a encore quelques obstacles. D'une part, l'occupation reste pour les Chinois un atout au moment où des négociations sérieuses s'engagent dans la capitale avec un nouvel ambassadeur de France, Meyrier, en vue cette fois d'un règlement général du contentieux franco-chinois. D'autre part, les seigneurs de guerre, installés sur leur butin, ne tiennent évidemment pas à abandonner si vite un tel pactole.

Une autre considération intervient de surcroît pour comprendre leur jeu : le gouvernement de Chongqing, n'ignorant rien des tractations secrètes entre Français et Vietnamiens, n'est guère désireux de laisser Hanoi, après le départ de ses troupes, aux mains d'un gouvernement communiste. Afin de saper la position de celui-ci, il va tenter d'influer sur les négociateurs français, Pignon et Clarac, conseillers diplomatiques du haut-commissaire, en vue de promouvoir un gouvernement vietnamien « sinon anticommuniste, du moins sans communistes ».

Dans son rapport, Pignon précise ce point : « Ce gouvernement devra aux yeux des Chinois présenter des garanties suffisantes de libéralisme. Ils [les chinois] lui imposeraient alors de traiter avec nous et faciliteraient la relève singulière de leurs troupes par les nôtres. » Le conseiller français est d'autant plus convaincu de la valeur de cette solution, qu'il croit le Viet-Minh considérablement affaibli par les coups portés par les partis nationalistes, et cela malgré le résultat des élections du 6 janvier 1946.

Thierry d'Argenlieu cependant ne suit pas Pignon dans ces conclusions. Il estime pour sa part que « les combinaisons chinoises touchant le devenir du gouvernement révolutionnaire annamite et du Tonkin, c'est l'accidentel... ». Refusant d'y entrer, il juge préférable d'attendre des négociations de Chongqing un accord net et précis sur la relève. Mais à cette date, l'assaille une autre préoccupation. Le 22 janvier 1946, en effet, lui parvient l'annonce officielle de la démission du général de Gaulle.

Le socialiste Félix Gouin a pris la tête d'un gouvernement tripartite, composé de 6 ministres M.R.P., 8 communistes, 9 socialistes S.F.I.O., dont Marius Moutet à la France d'outre-mer. Ancien ministre des Colonies du Front populaire, ce spécialiste est un partisan d'une politique coloniale libérale et de négociations avec le Viet-Minh. Prudent, il s'est cependant abstenu de participer à des meetings en faveur de ce dernier, meetings organisés par le Parti Communiste. Il prend comme directeur de cabinet Labrouquère, un ancien professeur de Hanoi, et garde à la Direction des Affaires politiques le gouverneur Laurentie. Il préside à la place de Gouin le Comité d'Indochine dont le secrétaire général est toujours le gouverneur de Langlade. Malgré des éléments qui semblent annoncer une continuité de l'action gouvernementale, et la confiance que lui exprime Marius Moutet, Thierry d'Argenlieu juge nécessaire de se rendre à Paris solliciter confirmation de sa mission.

Avant de partir, à la mi-février 1946, il définit les grandes lignes de sa politique. D'abord, Ho Chi Minh reste dans son esprit, quelle que soit l'érosion de la position du Viet-Minh, le meilleur interlocuteur. Un accord devrait établir qu'en échange de son assistance technique, la France peut obtenir la garantie de ses droits et intérêts légitimes, ainsi que sa participation dans les domaines de la diplomatie, de l'économie, des finances, du travail, de la sécurité.

En ce qui concerne les deux questions sur lesquelles achoppent toutes les discussions : réunification du Vietnam, et reconnaissance formelle de l'indépendance, le haut-commissaire estime que la Cochinchine a le droit de se prononcer librement sur son sort, et que les mots « Doc Lap » et « Self-government » n'ayant pas d'équivalents en français, le terme « être libre et maître chez soi » suffit amplement à les traduire.

Pendant son absence, le général Leclerc sera en charge des affaires. On sait déjà que ce dernier ne s'entend guère avec le « moine amiral ». Moins patient devant les tergiversations chinoises, et décidé à ne pas en rester prisonnier, il est décidé à entreprendre le débarquement prévu à Haiphong, sous le nom de code de « Bentre », aux dates imposées par les marées favorables de mars. Il se prépare à une action militaire, afin de soutenir et d'accélérer l'action diplomatique, éventuellement par une prise de gage. Tandis que le gros de la troupe débarquera à Haiphong, il est prévu que les commandos parachutistes de Ponchardier sauteront sur Hanoi, afin de neutraliser, en cas de résistance, le gouvernement révolutionnaire. Les prisonniers de la Citadelle seront alors aussitôt réarmés pour la sécurité de la communauté française. D'autre part, le groupement Quilichini occupera la Haute-Région pendant le déploiement des forces dans le delta. Les préparatifs sont accélérés en conséquence.

Ces mesures n'empêchent pas Leclerc de presser la négociation, car lui aussi croit à la nécessité de la solution politique. Le chef de son 2e Bureau, le colonel Répiton-Préneuf, et son conseiller politique Paul Mus l'ont convaincu de la profondeur du sentiment nationaliste chez les Vietnamiens. Le dialogue se poursuit donc avec Ho Chi Minh. Mais il bute toujours sur le mot « Indépendance ». On a beau l'assortir de fioritures où chacun décèle pièges et ambiguïtés, le remplacer par un succédané étranger, tel que « Self-government », ou rassurant, tel qu'« autonomie », l'obstacle persiste.

« Que de fois, dira Sainteny, nous eûmes l'impression qu'il serait impossible d'aboutir, la sensation décourageante que nous ne parviendrions jamais à parler le même langage ! » Effectivement, le malentendu que recouvre l'impossibilité de trouver les mots sur lesquels accorder deux conceptions totalement différentes de la notion d'indépendance est fondamental. L'une, la française, est relative, conditionnelle et légaliste. L'autre, la vietnamienne, ou plutôt celle du Viet-Minh, est tactiquement souple, mais foncièrement absolue et mystique.

D'autre part, le style de négociation diffère chez les antagonistes. Ho Chi Minh, maître dans l'art de souffler sur le feu pour l'éteindre ou l'attiser, sait jouer du temps comme arme diplomatique. Leclerc, en revanche, impatient d'en finir, et malhabile dans le marchandage, en vient à penser qu'il conviendrait d'accepter en fin de compte ce mot d'indépendance considéré comme tabou. Il le télégraphie à Paris le 14 février 1946, arguant qu'il ne s'agit plus de capitulation, ni d'aveu d'impuissance puisque la souveraineté française a été rétablie en Cochinchine, au Cambodge, dans une partie du Laos et de l'Annam.

Il estime cependant que cette indépendance serait à accorder à terme au sein de l'Union française et concernerait tous les pays d'Indochine. Thierry d'Argenlieu, destinataire du télégramme avec le général Juin, est encore sous le coup de ce qu'il considère comme une étrange volte-face de son « principal surbordonné », lorsque Ho Chi Minh soudain semble se départir de son intransigeance.

Le chef du gouvernement révolutionnaire subodore certainement que les pourparlers de Chongqing risquent d'aboutir à une entente franco-chinoise et à la constitution d'un front anticommuniste dirigé contre le Viet-Minh. Il a déjà dû accepter un compromis avec les Chinois en cédant, dans les conditions que l'on sait, quelques postes ministériels aux partis nationalistes. Le moment lui paraît donc venu de lâcher du lest vis-à-vis des Français qui se préparent à débarquer en force, mais qui ont aussi un nouveau gouvernement dans lequel Ho Chi Minh pense, à juste titre, pouvoir compter quelques amis. C'est pourquoi, à plusieurs reprises, il laisse percer, à la radio ou dans la presse, ou dans des propos tenus en public, la possibilité d'un rapprochement. Pour lui, il s'agit maintenant de trouver un répit nécessaire dans le parcours difficile vers la liberté totale.

Le 16 février 1946, donc, au cours d'une entrevue avec Sainteny, il propose de discuter à partir de nouvelles bases : intégration du Vietnam dans la Fédération indochinoise et dans l'Union française, adoption du mot « Self-government » plutôt qu'« Indépendance ». Enfin, il ne s'oppose plus au principe que la Cochinchine puisse décider elle-même de son sort.

Les concessions paraissent telles aux Français que Leclerc, télégraphiant au gouvernement de Paris aux fins de décision, insiste sur l'urgence à saisir une telle occasion susceptible de ne jamais se représenter. D'ailleurs, arguant d'une opposition intérieure et d'une possible réaction chinoise, Ho Chi Minh a demandé une réponse immédiate et laissé entendre qu'il comptait éventuellement se retirer des affaires, peut-être provisoirement. Il a ainsi laissé deviner les obstacles réels qu'il reste à surmonter.

Le 20 février, après réunion du Comité d'Indochine en présence de Thierry d'Argenlieu toujours à Paris, l'accord du gouvernement est envoyé à Leclerc. Les négociations avec Ho Chi Minh commencent aussitôt.

Après un début conciliant, mais non dénué de circonspection, le chef du Viet-Minh change soudain d'attitude. Retrouvant son intransigeance, il exige le 27 février que la Cochinchine devienne, sans référendum ni discussion, partie intégrante du Vietnam, et il marchande son accord sur la relève des Chinois par les forces françaises en demandant de fixer lui-même effectifs et cantonnements.

En fait, les difficultés qu'il a laissé prévoir ont effectivement surgi depuis que les rumeurs du dialogue se sont répandues à Hanoi. Les partis nationalistes ont déclenché une violente campagne contre les traîtres et les capitulards du Viet-Minh qui veulent s'entendre avec les colonialistes. Au sein même du Comité central, le Tong Bô, des oppositions et des réticences se sont manifestées parmi ceux dont la haine des Français trouve inacceptable un compromis, même tactiquement justifiable, ou ceux qui tiennent toujours à la révolution radicale. Dans ces conditions, l'autorité et la force de conviction de l'Oncle vénéré suffiront-elles à les calmer ?

Dans l'autre camp, le caractère trop exclusivement communiste du Viet-Minh est mis en cause à la fois par les Chinois et par les Français. Démocratie oblige, Sainteny a demandé l'ouverture de la représentation vietnamienne à d'autres partis. Une fois encore, Ho Chi Minh doit donc négocier un passage périlleux entre plusieurs écueils. Une fois encore, il y parvient.

Il tente, par l'intermédiaire du catholique Nguyen Man Ha, de faire venir à Hanoi Mgr Drapier, délégué apostolique qui réside à Huê, un geste à l'intention aussi bien du M.R.P. que du carme Thierry d'Argenlieu. L'évêque refuse prudemment « pour des raisons de sécurité ».

Ho Chi Minh parle alors de s'effacer, une ruse éprouvée permettant de faire endosser à d'autres la responsabilité de manœuvres contestées. Son paravent serait alors Vinh Thuy. Mais finalement, une autre solution est adoptée, l'élargissement du gouvernement aux partis soutenus par les Chinois. Ceux-ci l'exigent, les Français le souhaitent. Il présente le double avantage de lier ces rivaux exécrés à un éventuel accord, et de permettre un marchandage plus serré avec les Français.

L'entente avec le V.N.Q.D.D. et le Dong Minh Hoi ne se fait pas sans mal, dans une atmosphère de tension aggravée par une propagande déchaînée et les incessantes manifestations de rues. Pour couper court à leurs manœuvres, le gouvernement révolutionnaire décide de convoquer l'Assemblée nationale, issue en principe des élections du 6 janvier 1946. V.N.Q.D.D. et Dong Minh Hoi y reçoivent 70 sièges hors suffrage. C'est le prix de la coopération.

Mais, récupérant aussitôt ce qu'il a pu céder, le Viet-Minh fait créer une Commission permanente de l'Assemblée. Chargée de la critique constructive de l'action gouvernementale, elle est composée exclusivement de vietminh tels que Pham Van Dong et Hoang Minh Giam. C'est en fait un véritable organisme de soutien au gouvernement.

Fort de cet arrangement plutôt équivoque, qui lui assure néanmoins la bienveillance chinoise, Ho Chi Minh resserre le jeu. Il se montre intransigeant sur la question cochinchinoise, revient sur sa parole, tergiverse, tandis que la presse vietnamienne se déchaîne à nouveau contre les Français, et que des préparatifs guerriers sont entrepris ostensiblement à Hanoi, en vue d'éventuels combats de rues. Des familles commencent même à évacuer la ville. Excédé, Sainteny, pourtant si bien disposé à l'égard de son interlocuteur, parle de mauvaise foi.

Dans le même temps, les pourparlers de Chongqing se poursuivent. Le 28 février 1946, ils ont abouti à un double accord, l'un réglant le problème des droits et intérêts français en Chine, ainsi que ceux de la Chine en Indochine, selon les termes énoncés plus haut, l'autre établissant le principe de l'évacuation des forces chinoises de l'Indochine nord dans le courant du mois de mars. Mais les modalités d'application de la relève doivent être réglées au niveau des états-majors, ce qui est fait verbalement le 1er mars. Seules manquent les signatures, prévues pour être apposées dans la soirée. Avant même qu'elles le soient, le colonel Crépin, qui a négocié ce dernier agrément, télégraphie à Leclerc qui piaffe d'impatience que « La flotte peut partir ».

La machine militaire française se met immédiatement en branle. Mais tandis que les convois sont en route pour Haiphong, où le débarquement est prévu pour le 6 mars 1946, les négociations avec Ho Chi Minh piétinent toujours, et les autorités chinoises se renvoient la balle pour ne pas concrétiser l'accord sur la relève.

Si le gouvernement de Hanoi marchande au maximum la paix, celui de Chongqing n'est qu'une pelote de féodalités aux intérêts et aux tendances divergents. Le ministère des Affaires étrangères peut avoir adopté une attitude positive, les militaires de l'état-major avec le général He Yingqin en tête, renâclent. Ils prétendent maintenant devoir solliciter l'autorisation de MacArthur pour signer ! En fait, il y a dans le Guomindang un clan qui rechigne à l'abandon du gage tonkinois, et sur place, des généraux peu enclins à lâcher un fructueux butin. En l'occurrence, ils sont tous des alliés objectifs de Ho Chi Minh.

La collusion semble évidente aux Français. Ils ne se trompent pas. A bout d'arguments, le général Zhao Beichang, commandant par intérim de l'armée d'occupation, répond finalement aux demandes pressantes du général Salan qu'une entente préalable avec le gouvernement vietnamien est nécessaire pour que la relève intervienne.

Ce même jour cependant, le 5 mars, les convois du Corps expéditionnaire pénètrent dans le golfe du Tonkin. La tension est à son comble. Si les discussions ne peuvent aboutir, l'affrontement, lui, paraît inévitable. En effet, le général He Yingqin a ordonné à l'armée d'occupation de ne pas appliquer les instructions envoyées la veille par le vice-ministre des Opérations qui a signé l'accord de Chongqing. Elle devra s'opposer au débarquement. De leur côté, les Français sont décidés à appliquer le plan prévu : les transports de troupes accosteront le lendemain 6 mars à Haiphong.

A la vérité, aucune des trois parties en cause ne désire la guerre.

Les Français, les premiers, en insistant fiévreusement pour conclure les négociations, montrent assez combien ils tiennent à éviter un choc. Ce faisant, ils ne manquent pas de donner une impression d'impatience et de faiblesse à des interlocuteurs accoutumés aux marchandages. Ainsi, Leclerc lui-même dépêche le général Lecomte auprès de Sainteny pour le presser de signer avec Ho Chi Minh : « Le seul espoir que nous ayons de modifier l'attitude chinoise, dit l'émissaire, est de leur annoncer la signature d'un accord entre nous et le gouvernement annamite. Étant donné la gravité de la situation et l'ampleur du conflit possible, je vous demande instamment, au nom du général Leclerc, qui m'a donné pouvoir de vous le dire, de faire tout ce qui est en votre pouvoir pour arriver au plus tôt à un accord, fût-ce au prix d'initiatives qui pourraient être désavouées. »

Les Chinois non plus ne sont nullement portés à déclencher un conflit armé. Pour le gouvernement de Tchiang Kaishek, c'est impensable. Quant aux seigneurs de la guerre, ils ne sont pas au Tonkin pour la faire. Accrochés au pactole, ils s'interrogent au contraire sur le risque encouru à refuser la relève. Cherchant à gagner du temps, le général Zhao Beichang a fini d'épuiser ses arguments. Il demande alors carrément à Salan de surseoir à l'opération. Mais devant la détermination française, il finit par céder. Il intervient auprès de Ho Chi Minh pour le presser de conclure avec les Français, et il promet à Salan d'ordonner aux troupes chinoises de laisser débarquer le Corps expéditionnaire de Leclerc. A ce moment-là, les navires français sont déjà engagés dans le Cua Cam et s'approchent des quais.

Quant à Ho Chi Minh, s'il attend la dernière minute pour accepter les propositions de Sainteny, il sait parfaitement qu'il n'est pas en mesure de s'engager dans la voie extrême. Même les Chinois, malgré leur attitude, ont reconnu officiellement la souveraineté française en Indochine. Il ne peut plus compter sur leur assistance de manière sûre. L'intervention du général Zhao Beichang le lui prouve bien. D'autre part, les durs du Comité central du Viet-Minh se sont ralliés à ses vues, ou se sont résignés à la majorité qui lui est favorable. Le 6 mars donc, aux premières heures de la matinée, il envoie Hoang Minh Giam porter son agrément à Sainteny.

Au même moment éclate à Haiphong un premier incident franco-chinois. Les troupes chinoises, qui diront plus tard n'avoir reçu aucune notification officielle autorisant le débarquement, tirent sur les navires français. Le Corps expéditionnaire subit sans riposter, débarquement pacifique et amitié franco-chinoise obligent. « C'est comme à Fontenoy », s'écrie un soldat en rongeant son frein. Lorsqu'il leur est enfin permis de répliquer, une demi-heure plus tard, les Français comptent trente-quatre morts et une centaine de blessés. Les Chinois en auront un nombre indéterminé avant que l'échange ne cesse en fin de matinée. Mais cela n'empêche pas Ho Chi Minh et le V.N.Q.D.D. Vu Hong Khanh, convié à en partager la responsabilité, de signer avec Sainteny une Convention préliminaire, assortie d'un accord militaire annexe.

LES ACCORDS DU 6 MARS 1946

Le 6 mars 1946, le Vietnam est reconnu par la France comme État libre faisant partie de la Fédération indochinoise et de l'Union française. Son gouvernement accueillera amicalement les forces françaises en relève des troupes chinoises. Le sort de la Cochinchine dépendra de la volonté de sa population consultée par référendum. Les hostilités entre les deux parties devront immédiatement cesser et les forces respectives seront maintenues sur leurs positions. Des négociations seront ouvertes sur les relations diplomatiques du Vietnam avec les États étrangers, sur le statut de l'Indochine, sur les intérêts économiques et culturels français au Vietnam.

Suivant l'accord annexe, les forces de relève comprendront 10 000 Vietnamiens, 15 000 Français d'origine métropolitaine, tous placés sous commandement français assisté de délégués vietnamiens. Leurs progression, implantation et utilisation seront définies par une conférence d'état-major bipartite. Des commissions mixtes assureront la liaison et l'amicale collaboration des forces françaises et vietnamiennes.

Les Français seront répartis en trois groupes, ceux qui doivent garder les prisonniers japonais jusqu'à leur rapatriement, ceux chargés du maintien de l'ordre et de la sécurité, qui devront être progressivement relevés par l'armée vietnamienne pendant une durée de cinq ans et au rythme d'un cinquième annuel de l'effectif, enfin ceux qui assureront la défense des bases du pays et seront tenus de stationner dans des zones de cantonnement strictement délimitées.

Dans le camp français, c'est le soulagement. On a le sentiment d'avoir évité le pire. Le débarquement du Corps expéditionnaire, considéré comme la condition essentielle de toute solution politique, peut avoir lieu dès le 7 mars 1946, après règlement de l'incident chinois. Les signatures tant attendues seront apposées le 15 mars. Il y aura bien sûr d'autres accrocs, d'autres frictions, l'évacuation des troupes d'occupation traînera, mais le problème principal se trouve maintenant du côté du Viet-Minh.

La Convention préliminaire paraît satisfaisante à tous, en ce qu'elle permet d'éviter les hostilités et d'ouvrir des négociations que l'on espère franches sur l'avenir du pays. Premier résultat positif : le sauvetage des 30 000 Français du Tonkin et du Nord-Annam.

Les deux questions sur lesquelles le gouvernement français voulait rester ferme, la réunion des trois pays vietnamiens (les 3 « ky ») et la reconnaissance formelle de l'Indépendance, sont d'autre part reportées. C'est sans doute reculer pour mieux sauter, mais pour le moment, les négociateurs français, Sainteny, Pignon et Salan estiment que c'est un succès. Si l'on envisage ce qui s'est passé depuis le 9 mars 1945, et le rude chemin parcouru depuis cet anéantissement de la puissance française dans le Sud-Est asiatique, on peut leur donner raison et dire qu'une chance est offerte à la France d'un nouveau départ, à condition qu'elle le veuille, et qu'elle y consacre les moyens.

Le gouvernement de Paris ratifie d'ailleurs immédiatement les accords et l'opinion manifeste une satisfaction générale. Les gaullistes Barjot, de Langlade et Messmer télégraphient au haut-commissaire leur approbation : « Commencée le 18 juin 1940, la libération de toutes les parties de l'Union française est un fait accompli le 17 mars 1946 ! » Dans *L'Humanité,* Marius Magnien salue la politique réaliste du gouvernement français, seul moyen de conserver à la France l'amitié des Indochinois. Favorable également, l'opinion internationale qui s'étonne que la France, dont on attendait plutôt une réaction impérialiste, ait réussi à traiter avec les nationalistes, avant même que l'Angleterre et la Hollande aient pu même entreprendre leur décolonisation.

Pourtant, il y a des voix discordantes qui s'élèvent, en particulier celle du général de Gaulle qui déclare au commandant Buis : « Il est inadmissible d'avoir attendu si tard pour aller au Tonkin ! »

En Indochine même, des coloniaux pensent que la force du Viet-Minh a été surestimée et que Vietnamiens et Chinois, habiles au marchandage sur le fil du rasoir, auraient certainement cédé devant un Corps expéditionnaire déterminé à user de sa puissance. Dans la partie de poker des 5 et 6 mars 1946, les négociateurs français auraient été bluffés pour une victoire à la Pyrrhus.

D'ailleurs, il y a trop d'imprécisions dans le texte mis au point pour ne pas laisser craindre des difficultés ultérieures d'interprétation, par exemple sur les limites territoriales du Vietnam. Mais c'est l'accord annexe qui suscite le plus l'inquiétude du haut-commissaire d'Argenlieu et du ministre Moutet.

Il a, en effet, été établi à leur insu par les négociateurs de Hanoi, dans une atmosphère de surexcitation et de hâte. Ainsi contient-il des conditions de dernière heure obtenues par un Ho Chi Minh habile à exploiter le désir d'aboutir qu'il a senti chez l'adversaire : il est déjà prévu, avant même l'engagement de pourparlers sur le fond, que la plupart des forces françaises devront évacuer le pays dans un délai de cinq ans. L'armée vietnamienne, encore en gestation et dont la force réelle est inconnue, est donc mise sur pied d'égalité avec le Corps expéditionnaire. D'Argenlieu s'alarme auprès de Sainteny de ces servitudes graves cautionnées par la signature des représentants de la France. Il était impossible d'en discuter sans remettre en cause la conclusion de l'ensemble, lui répond le commissaire du Nord. De la part d'un négociateur, l'aveu est révélateur.

En privé, le haut-commissaire a, semble-t-il, tenu des propos très vifs à ce sujet et s'est notamment offusqué devant le colonel Mirambeau, membre de l'état-major de Leclerc, de l'inertie des troupes françaises sous le feu des Chinois à Haiphong. « Vous direz au général Leclerc, aurait-il ajouté, selon le témoignage de cet officier, avec le ton que j'y mets, qu'il est en train de faire un Munich indochinois ! »

Leclerc, pour sa part, reconnaît quelque défaut à cet accord annexe, mais estime possible, à l'usage, d'en atténuer les inconvénients. Il se montre même plutôt optimiste lorsqu'il écrit : « Si nous savons garder le riz et le caoutchouc de Cochinchine, le port de Saigon et ceux du Tonkin, les révolutionnaires de l'Annam seront forcément obligés de se calmer progressivement. »

A travers l'attitude divergente des deux personnalités que l'on sait antagonistes, se dessinent déjà les deux courants qui vont diviser les autorités françaises, et plus largement les Français, sur le problème vietnamien. Mais ce serait simplifier que d'y voir le seul partage entre une tendance libérale et progressiste, et une autre autoritaire et colonialiste. Il convient de faire la part dans la politique française de notions qui lui sont propres, comme le clivage Droite-Gauche, ou qui sont circonstancielles et difficilement exportables, telles que l'opposition entre Résistance et Collaboration. Ajoutons à cela l'inexpérience générale en matière de guerre révolutionnaire, la méconnaissance de la psychologie asiatique entretenue par d'indéracinables préjugés, ou masquée par la prétendue expérience d'experts et de théoriciens reconnus, enfin l'incapacité des dirigeants à définir des objectifs en accord avec leurs moyens et leur volonté, face à ces « révolutionnaires de l'Annam », qui, eux, savent ce qu'ils veulent.

Si Ho Chi Minh a brusquement cédé sur les deux questions clés pour lesquelles il avait maintenu une résistance opiniâtre, c'est bien par la force des choses. « Moi, j'ai de la peine », confie-t-il à Sainteny en l'embrassant, une pratique qui touche beaucoup les Français, émus par l'élan affectueux de cet adversaire coriace. « Car, au fond, c'est vous qui avez gagné. Vous savez très bien que je voulais plus que cela... Enfin, je comprends aussi qu'on ne peut tout avoir en un jour... L'amitié est ma seule consolation. » Il a pourtant obtenu la reconnaissance si longtemps recherchée de son gouvernement, et pris un gage par les dispositions de l'accord annexe. Ce n'est, en fait, qu'un semblant de défaite dans une stratégie à long terme. Ho Chi Minh sait bien que les textes et les mots, aussi rigides qu'ils puissent être, ne sont pas impossibles à interpréter, à manipuler, voire à contourner.

Si d'Argenlieu évoque Munich, Giap parle de Brest-Litovsk, une comparaison significative qui place les accords du 6 mars 1946 à leur juste place sur le chemin menant à la liberté. La Russie n'a-t-elle pas, en signant ce traité, arrêté l'invasion allemande et profité de la trêve pour se renforcer ? Le chef militaire du Viet-Minh est plus explicite encore quand il écrit : « En faisant la paix avec les Français, nous pouvions gagner un répit nous permettant de nous préparer à un nouveau combat, de concert avec la lutte du peuple français, pour aboutir à la conquête de l'indépendance totale. »

Sans doute, ces arguments sont-ils difficiles à faire admettre d'emblée par les nationalistes extrémistes qui crient à la trahison, par les camarades dont la haine et la rancœur étouffent les préoccupations stratégiques, par tous ceux aussi qui ont eu les oreilles rebattues par la propagande intensive de Tran Huy Lieu exaltant la puissance du Viet-Minh et sa détermination inébranlable à empêcher le colonialiste de reprendre pied sur le sol de la patrie. Pour donc expliquer son retour, on appelle le peuple à un grand rassemblement sur la place Ba-Dinh.

— Il y a des moments où il faut être ferme, et d'autres où il faut être flexible, clame Giap dans un long discours.

Caution nationale opportune, le V.N.Q.D.D. Vu Kong Khanh est poussé en avant. Enfin et surtout, l'Oncle lui-même monte à la tribune pour prononcer des paroles vibrantes et jurer sur un ton pathétique qu'il n'a vendu ni son peuple, ni sa patrie. Qui donc oserait l'en soupçonner ?

La phase suivante du combat peut maintenant commencer. Il empruntera la voie de la violence, lorsque le dialogue tournera au jeu de mots stérile masquant des arrière-pensées aussi contradictoires qu'irréductibles.

Chapitre IV

LES SENTIERS DE LA GUERRE

L'ACCORD ARMÉ

— Le premier résistant du Vietnam est heureux de rencontrer le premier résistant de France, déclare Giap en saluant Leclerc à Haiphong.

— L'esprit qui présidera à nos premiers contacts importera plus que les clauses des traités et je fais appel au peuple vietnamien, répond le libérateur de Paris, qui n'a pas apprécié que Giap ait mis leurs combats respectifs en parallèle.

La comparaison révèle bien le premier malentendu sur le sens même de la liberté. Toujours est-il que neuf jours plus tard, lorsque après maintes nouvelles palabres avec Chinois et Vietnamiens, Leclerc fait son entrée à Hanoi, il retrouve les sensations éprouvées à Paris et à Strasbourg. Pour la première fois depuis le 9 mars 1945, la capitale tonkinoise est pavoisée aux couleurs françaises. Sous un soleil éclatant, la foule européenne, débarrassée de son cauchemar, s'est massée sur le trajet du convoi de quelque 200 véhicules qui arrivent au pont Paul-Doumer en fin de matinée. Elle lance des vivats, pleure et rit tout à la fois, jette des fleurs, chante *La Marseillaise.* Quand Leclerc apparaît au balcon du Commissariat de la République, avec Sainteny et Salan à ses côtés, c'est le délire.

— Hanoi, dernière étape de la libération ! déclare-t-il.

Pour les Français, les Eurasiens, et tous ceux qui sont liés à la France, il est vrai que c'est une délivrance. Pour les anciens de l'armée d'Indochine, survivants des camps de la mort japonais et prisonniers de la Citadelle, c'est la fin de l'humiliation. Ils vont pouvoir montrer leurs nouvelles armes, machines de guerre mais aussi symboles de la fierté militaire retrouvée, au cours d'une revue qui va les faire défiler avec des éléments du Corps expéditionnaire mais aussi, signe qui se veut d'amitié, avec un bataillon vietnamien, drapeau rouge à étoile jaune en tête.

En fait, dans la foule des spectateurs, chacun applaudit les siens et garde un silence chargé d'arrière-pensées au passage des autres. A la vue des lourds blindés de Massu qui font trembler la chaussée et des « Spitfire » à cocarde tricolore volant à basse altitude, les Français de Hanoi éprouvent le sentiment réconfortant d'un juste, quoique tardif, retour des choses.

Les Vietnamiens, eux, en dépit des instructions gouvernementales leur prescrivant de rester chez eux, sont également accourus en masse. Beaucoup ont grimpé aux arbres pour ne rien perdre du spectacle. Dans leurs regards, se lisent les sentiments qui transparaissent dans celui de Giap lui-même, qui assiste au défilé à côté de Leclerc. Vêtu d'un complet civil sombre et fripé, son visage rond affiche un sourire de convention. Un chapeau de feutre enfoncé sur la tête, le chef militaire du Viet-Minh salue, le poing fermé. Il jauge la capacité de feu de ce matériel moderne, qu'il a pu déjà apercevoir à Haiphong lorsqu'il y est allé rencontrer Leclerc, et se sent partagé entre l'inquiétude et la méfiance. Comme la plupart de ses compatriotes, il est convaincu que ces Français ne sont pas revenus, ainsi armés, pour accorder ce qu'ils ont si fermement refusé jusqu'ici, cette indépendance devenue chez beaucoup une mystique.

Le 7 mars 1946, le Comité central du Viet-Minh a d'ailleurs décidé de ne pas prendre de front cet adversaire, dont les propos pacifiques sont contredits par les moyens puissants qu'il engage. Une tactique a été définie : il faut le diviser, en distinguant les bons Français des mauvais, les libéraux des réactionnaires, les « Français 45 » des colonialistes.

— Nous avons confiance dans le général Leclerc. Il a combattu et chassé l'occupant, déclare Pham Van Dong, ministre et proche de Ho Chi Minh, au commandant Fonde, chargé de liaison par Leclerc. Nous voulons l'amitié des Français de France, de ceux qui affirment le droit des peuples à disposer d'eux-mêmes... Mais ici, il y a des colonialistes. Ne vous laissez pas influencer par eux...

Cependant, l'esprit souhaité par Leclerc dans les premiers contacts s'avère aussi illusoire que la renonciation des « révolutionnaires annamites » à leurs objectifs. Les sourires, que démentent d'ailleurs les regards, cachent une volonté de discuter sur le moindre détail, de grignoter chaque avantage jusqu'à exaspérer l'interlocuteur et lui faire perdre patience, une qualité qu'il ne possède pas à l'excès et que le climat de toute façon lui enlève facilement.

Ainsi, dès que Salan présente un plan de répartition des forces françaises au nord du 16e parallèle, Giap bondit : violation de la souveraineté vietnamienne ! Selon l'accord annexe du 6 mars 1946, c'est une Conférence d'états-majors qui doit en décider. Elle se réunit donc. Mais n'importe qui ne peut y participer. Giap récuse un ancien d'Indochine... Puis ce sont d'autres protestations, contre les jeeps de patrouille qui éclaboussent de leurs phares le palais du gouvernement, contre les camions militaires bourrés de soldats qui narguent les piétons vietnamiens, contre l'occupation d'un bâtiment sans en avoir averti l'autorité vietnamienne, bref contre ces multiples violations que le peuple ne saurait admettre, comme le prouve telle grève « spontanée » qui s'accompagne d'une inévitable manifestation de rue.

Pendant ce temps, dans l'attente d'une décision, les contingents du Corps expéditionnaire continuent de débarquer à Haiphong et s'entassent dans la boue ou la poussière, écumant de chaleur et d'impatience sous les tentes, au milieu d'une population hostile et face aux obstructions des Comités du Viet-Minh qui barrent les routes avec la complicité chinoise. Car les discussions traînent en longueur entre l'état-major français et le commandement chinois, qui ne manque pas d'agiter la menace d'une réaction violente de la population vietnamienne à la progression du Corps expéditionnaire vers Hanoi.

Ho Chi Minh ne vient-il pas de déclarer : « La Chine et nous, c'est comme la dent et la lèvre ! », conscient que la grande voisine du Nord, aussi encombrante et pesante soit-elle, est pour l'heure une alliée objective. Il a d'ailleurs envoyé à Chongqing une mission d'amitié, dont fait partie le conseiller Vinh Thuy, afin d'assurer Tchiang Kaishek de la fidélité du Vietnam. Ce qui, sans doute, incite le général Leclerc à écrire dans un rapport daté du 27 mars 1946 : « Dès que les Chinois auront effectivement évacué le pays, le problème sera infiniment plus facile et la parole sera à nos négociateurs. »

Or, cet optimisme n'est guère justifié. Il est au contraire sans cesse contredit par le comportement de Giap qui s'indigne lorsque le général Lu Han, concrétisant enfin l'accord franco-chinois, cède ses responsabilités du maintien de l'ordre au général Valluy.

— La République du Vietnam ne saurait tolérer de telles décisions prises en dehors d'elle, s'indigne-t-il. Elle est souveraine et le maintien de l'ordre relève de sa police.

C'est pourquoi cette tactique appuyée sur la volonté de compenser un sentiment d'infériorité matérielle et sur une foi inébranlable, s'avère d'autant plus payante que la puissance affichée de l'adversaire semble au contraire minée par cette crainte exprimée en ces termes par Leclerc : « Si les accords du 6 mars n'avaient pas été signés... nous débarquions mais nous avions toutes les chances d'entrer en conflit avec la Chine... Et nous avions en face de nous un pays révolté, encore plus dur que la Cochinchine... »

Un résultat concret en découle dans la Convention militaire du 3 avril, issue des travaux de la Conférence d'états-majors. Giap a su exploiter les avantages offerts par les clauses de l'accord annexe, arrachées par Ho Chi Minh : les mouvements des forces françaises, en principe libres, devront en fait être soumis à l'approbation préalable des autorités vietnamiennes, en raison de certaines conditions locales et jusqu'au rétablissement de la sécurité, autant dire sans limitation prévisible de temps, compte tenu des incidents susceptibles d'éclater à tout moment. Le nombre d'hommes armés est d'autre part limité à 60 par convoi, et à 4 par véhicule, et l'effectif des troupes vietnamiennes soumises au commandement français ramené de 10 000 à 5 000. En outre, une commission de liaison mixte est créée. L'implantation des garnisons est également fixée de façon précise. Enfin, aucune occupation de terrain ou d'immeuble, aucune embauche de coolie ne pourra être effectuée par les forces françaises sans autorisation vietnamienne.

En somme, c'est une véritable camisole de force que Giap vient ainsi de passer à l'armée française. Le chef militaire du Viet-Minh et ses hommes vont d'ailleurs en contrôler l'ajustement avec une vigilance et un acharnement où la conscience jalouse de la souveraineté vietnamienne se mêle au sentiment profond de revanche sur l'ancien maître. Le moindre accroc sera prétexte à protestations, grèves ou boycotts ; le moindre mouvement imprévu sera considéré comme une provocation.

Une grève générale sera ainsi déclenchée contre l'occupation, justifiable pour les Français, contestable pour les Vietnamiens, du bâtiment de la Direction des Finances, fédéral pour les premiers, national pour les seconds. Il y aura aussi les boycotts alimentaires de Nam Dinh et de Haiphong, des menaces et des brutalités à l'encontre des coolies travaillant à la Citadelle de Hanoi, des érections de barrages un peu partout sur les routes, l'abolition des diplômes et des décorations français, et puis encore des agressions, des arrestations, des meurtres, des enlèvements commis sur des Français, métis surtout, ainsi que nombre d'incidents sous la responsabilité partagée des Chinois et des nationalistes V.N.Q.D.D. A chaque fois, des commissions mixtes auront beau s'activer, il sera répondu, à chaque protestation française : « Commencez par arrêter les hostilités au Nam Bô. »

Certes, loin de la chaudière tonkinoise, la tension est moindre. Un bataillon français a pu débarquer à Tourane sans heurt et une unité venue du Laos entrer à Huê. Mais le gouvernement de Hanoi s'empresse d'envoyer des missions de rectification, et de rappeler les Français au respect de la souveraineté de l'État vietnamien. Ainsi, dans la région côtière, à Hongay, ou le long de la frontière chinoise où vivent des minorités Nung et Thaï, de race chinoise, qui accueillent bien les éléments français de retour, le gouvernement de Hanoi s'empressera de protester en clamant : « Au Vietnam, il n'existe pas de minorités, il n'y a que des Vietnamiens ! », et en empêchant le groupement Quilichini de sortir de la Haute-Région où il se trouve bloqué par la 93e division chinoise du Laos.

Néanmoins, c'est la question de Cochinchine qui reste, plus que jamais, la pierre d'achoppement des relations franco-vietnamiennes.

LA COCHINCHINE ET LA FÉDÉRATION EN QUESTION

Vu de Saigon, le retour français au Tonkin est rien moins que triomphal, et c'est avec étonnement et dépit qu'a été reçue la nouvelle des accords du 6 mars 1946. Cédile et les administrateurs partagent l'opinion du haut-commissaire sur ce Munich indochinois. Les anciens de la colonie ont estimé que les « Français nouveaux » s'étaient fait rouler par ces anciens bagnards de vietminh assoiffés de vengeance. La bourgeoisie vietnamienne, pour sa part, est inquiète. Elle craint les répercussions politiques et psychologiques de la reconnaissance du gouvernement de Hanoi sur un Sud dont la situation reste encore indécise.

Sur le plan militaire, la première phase de la pacification est achevée. Le front de la résistance a été rompu, mais le Viet-Minh n'a pas dit son dernier mot. La sécurité a certes progressé et la population, lasse de la confusion et de la guerre, revient peu à peu dans les villes, ou dans les villages qu'elle a dû fuir sous la contrainte du Viet-Minh. Sans doute y retrouve-t-elle les structures et les personnages influents du passé, ces notables et leurs Conseils que Cédile a rétablis. Mais mieux vaut le retour à ce pis-aller, au demeurant sans terreur, qu'un avenir incertain avec un régime dominé par les gens de Hanoi, dont les méthodes, maintenant familières, ont transformé la ferveur de la liberté en mobilisation sans fin, en une dictature sanglante. Accrochée à sa survie, la masse des paysans, hormis une minorité activiste, se réfugie dans un attentisme prudent.

La situation est en effet celle d'un équilibre fragile entre une armée étrangère, contrainte de maintenir l'ordre avec les risques politiques que cette tâche comporte, et une guérilla qui, pour être affaiblie, n'en demeure pas moins vivace et prête, avec un nouveau chef et une nouvelle stratégie, à développer son action. Ce n'est donc pas le moment pour les Français de laisser croire qu'ils sont venus reconquérir leur colonie en force afin de la livrer à une faction qui a toujours manifesté contre eux une haine aussi farouche que la volonté de les bouter hors de la terre des ancêtres. La reconnaissance de cette faction, comme gouvernement par les accords signés avec elle, a déjà été, dans le Sud, un événement considérable du point de vue psychologique.

C'est pourquoi le commissaire Cédile s'est empressé de rassurer le Conseil consultatif cochinchinois en déclarant que ces accords n'avaient qu'une portée locale, et ne pouvaient, par conséquent, concerner que le Tonkin et l'Annam du Nord. La Cochinchine, quant à elle, bénéficiera au même titre que les autres pays de la Fédération d'une Constitution d'État libre, d'une Assemblée élue dont la mise en place est prévue le 15 juillet 1946, ainsi que de finances et d'une armée qui lui seront propres. Le ministre Marius Moutet l'a confirmé le 14 mars. Il a envoyé un message au haut-commissaire, en ce sens, pour désapprouver les clauses de l'accord annexe et, par la même occasion, suggérer de déclencher en Cochinchine « toute une propagande pour empêcher sa réunion avec le Tonkin », sous le slogan « la Cochinchine aux Cochinchinois », ajoutant : « Nous pourrions remporter à cet égard un grand succès politique. »

De son côté, le haut-commissaire a vivement réagi. D'une part, il a voulu ressaisir une initiative passée aux mains de ses mandataires, Leclerc et Sainteny, dont l'action n'aurait abouti, à force de concessions, qu'à une impasse : « Cette heureuse arrivée de nos troupes, leur a-t-il écrit, n'est pas une fin en soi si elle s'accompagne politiquement d'un renoncement progressif aux instruments indispensables à l'exercice de notre autorité... »

Pour lui également, les accords du 6 mars 1946 ne sauraient être que locaux, de même nature que ceux passés avec le Cambodge. Il a estimé qu'il ne fallait pas leur donner une importance susceptible de nuire au principe du cadre fédéral et à celui de l'égalité des pays qui font partie de la Fédération indochinoise. C'est pourquoi il n'était pas prudent de hâter l'ouverture de négociations sur le fond, ainsi que le demandait Ho Chi Minh et que poussaient à le faire Leclerc et Sainteny. Il avait perçu dans cette précipitation une manœuvre des Vietnamiens en vue de traiter directement avec le gouvernement de Paris, par-dessus les instances fédérales, une façon de contourner les engagements pris et de préjuger du problème posé par la réunification des trois pays vietnamiens. Le désir manifesté par Ho Chi Minh que Paris soit le lieu de la Conférence en était la preuve.

Or, le chef du gouvernement de Hanoi avait, semble-t-il, obtenu sur ce point une promesse de Sainteny : « Dans l'allégresse d'en avoir fini, devait répondre le commissaire aux remontrances de son supérieur, avec ces débats épuisants, je n'y ai pas pensé... Monsieur Ho Chi Minh, gracieusement tourné vers moi, m'a déclaré : “ Mon cher Commissaire, je choisis Paris ! ” A quoi je répondis sans réfléchir davantage : “ Monsieur le Président, je n'y vois pas d'inconvénient. ” »

Ce ton courtois n'était certainement pas en harmonie avec les idées qui hantaient l'esprit du chef du Viet-Minh. Aller négocier à Paris était pour celui-ci d'une importance capitale. D'une part, comme le pense d'Argenlieu, il sautait l'échelon fédéral, ce qui revenait à le nier. Il échappait aussi à l'opposition des autorités et des clans français locaux, et comptait trouver en métropole des appuis politiques importants auprès du Parti communiste et dans une moindre mesure auprès de certains socialistes. D'autre part, son prestige aux yeux des Vietnamiens, amis et adversaires, s'en trouverait considérablement conforté. Dans la capitale métropolitaine qui garde son éclat dominateur, il gagnerait définitivement une envergure de chef d'État.

Son insistance n'est donc pas étonnante, lorsqu'invité par d'Argenlieu à une entrevue préalable, il pose comme condition l'assurance qu'il se rendra ensuite à Paris. Elle est même si pressante que Leclerc écrit au haut-commissaire : « Étant donné l'ambiance chez Ho Chi Minh, si on ne lui donnait pas l'assurance de Paris, on risquait la rupture définitive ! »

C'est cependant sans cette garantie du gouvernement français que le président Ho accepte de se rendre le 24 mars 1946 sur le croiseur *Émile-Bertin*, mouillé en baie d'Along, pour y rencontrer le haut-commissaire. Dans ce décor grandiose, les honneurs dus à un chef d'État lui sont rendus et une parade de l'escadre française lui est offerte, histoire de le flatter et de l'impressionner tout à la fois. Le vieux révolutionnaire est cependant circonspect, flairant quelque piège lorsque son interlocuteur évoque l'importance de la Fédération indochinoise, cadre prévu par les accords du 6 mars 1946, et surtout lorsqu'il lui propose l'ouverture d'une Conférence préliminaire sur le territoire indochinois, afin d'éclaircir les problèmes et dissiper tout malentendu.

Avec une obstination que l'atmosphère du navire de guerre français n'entame en aucune façon, il revient toutefois sur son voyage à Paris, qu'il estime urgent et nécessaire, pour rallier les esprits de ses compatriotes, divisés comme chacun sait, et travaillés par les agents du Guomindang. Aussi acquiesce-t-il à l'envoi en France d'une mission d'amitié de parlementaires vietnamiens, un bon moyen de propagande, et finit-il par accepter le principe d'une Conférence préliminaire, tout en sachant parfaitement que c'est une tentative du haut-commissaire pour le ramener dans le bercail fédéral.

Il est en cela fidèle à sa ligne négociatrice du moment, qui n'exclut, de toute façon, ni la poursuite du combat sous d'autres formes, ni les manœuvres tendant à vider de leur contenu les concessions qu'il a faites par nécessité stratégique. L'important est alors pour lui d'accéder à l'échelon supérieur du dialogue, celui où il aura pour interlocuteur le gouvernement français, et pour audience le peuple français, ainsi que l'opinion internationale, éléments qui pèsent si lourd dans une démocratie. L'important est aussi de réorganiser la lutte au Nam Bô, maillon faible où se concentre la plus dangereuse opposition à l'un des objectifs majeurs qu'il s'est assignés : la réintégration du Sud au grand Vietnam historique, le Sud, terre vietnamienne, et aussi grenier à riz vital pour le Nord surpeuplé et le Centre trop pauvre.

Bien entendu, il sait que les Français ne sont pas décidés à lâcher leur colonie de Cochinchine. Le 18 mars déjà, il a proposé à Leclerc d'y envoyer des commissions d'armistice, affirmant par ce biais la souveraineté de son gouvernement sur le Sud. Mais le général a refusé, arguant que les hostilités ne pouvaient y être arrêtées qu'à la suite d'accords locaux et qu'aucune intervention de Hanoi n'y était possible avant le référendum prévu.

Le 26 mars 1946, concrétisant les intentions exprimées par Cédile et Moutet, le Conseil consultatif de Cochinchine accomplit donc un pas important en désignant le docteur Nguyen Van Thinh, leader du Parti démocrate, comme chef du Gouvernement provisoire de la République de Cochinchine. La réplique est d'autant plus inquiétante que Ho Chi Minh n'ignore pas l'existence de certains sentiments autonomistes. Sans avoir la force d'une mystique, ils ont assez de réalité, fondée sur des intérêts matériels et un particularisme évident, pour faire pencher les bourgeois et les grands propriétaires terriens, les attentistes et les indécis, vers les promesses alléchantes d'un progrès matériel à l'occidentale proposé par la France.

Afin de parer à ce danger, une nouvelle stratégie s'impose au Nam Bô. Pour succéder au fanatique Tran Van Giau, un nouveau chef a été envoyé du Nord pour la mettre en œuvre, un homme au passé mystérieux, Nguyen Phuong Thao, plus connu sous le nom de Nguyen Binh. Originaire de la province de Hung Yen, dans le delta tonkinois, il aurait navigué sur un bateau des Messageries maritimes et milité au V.N.Q.D.D. au cours de la période mouvementée des révoltes de 1929-1930 en Cochinchine. Puis il serait allé compléter son instruction politique en Chine et à Moscou.

On sait surtout de lui qu'il a été au bagne de Poulo Condor durant quelque cinq années, et qu'il est revenu en Cochinchine longtemps après pour y diriger le secteur nord-est de Saigon. Trapu, d'une laideur proverbiale, c'est un organisateur, un chef impitoyable, particulièrement rompu à la guerre clandestine. On l'a dit non communiste, ce qui est peu probable et vraisemblablement un leurre pour lui permettre d'élargir son audience nationaliste. Il est en tout cas le type même de dirigeant dont le Viet-Minh a besoin au Nam Bô pour pratiquer le combat imposé par les circonstances, c'est-à-dire le terrorisme en vue du pourrissement psychologique et politique du pays.

Appuyés sur un réseau étendu d'informateurs, ses groupes de « volontaires de la mort » portent leurs premiers coups dès le milieu du mois de mars 1946. Le massacre d'une quinzaine de catholiques dans un village proche de Saigon inaugure la campagne. Enlèvements, attentats, meurtres vont se perpétrer sur une grande échelle à l'initiative des « trinh sat », ou comités de police qui jettent dans le même sac de l'opprobre et de la mort riches et notables, fonctionnaires prévaricateurs et bourgeois francophiles, sans oublier leurs familles.

Nguyen Binh s'impose donc comme le véritable chef du Comité du Nam Bô, dont le docteur Pham Ngoc Thach est le président en titre, de même que le Viet-Minh détient pratiquement l'exclusivité de la résistance. Il crée un Front national unifié, censé regrouper les autres éléments de la lutte contre les Français, en particulier les sectes, que la violence sectaire de Tran Van Giau avait éloignées du Viet-Minh, non sans affrontements sanglants. Ce ne sera qu'une façade, car ces alliés occasionnels, réunis par une vindicte commune davantage que par des objectifs fondamentaux, ne reviendront pas dans la giron que leur ouvre Nguyen Binh.

L'habileté de celui-ci se heurte d'ailleurs à quelques adversaires expérimentés, tels que le commissaire Bazin, ancien de la colonie qui reconstitue la Sûreté et ses réseaux, le capitaine du 2e bureau Savani, et le Doc Phu Tam, le « Tigre de Caï Lay ». Ce sont ces hommes qui mènent avec les Caodaïstes de Trang Quang Vinh les tractations qui vont conduire au ralliement de la secte de Tayninh. Le pape Pham Cong Tac, exilé aux Comores, rentre dans son fief en août 1946 et proclame sa confiance dans le gouvernement fédéral, en même temps qu'il affirme la présence de la France nécessaire en Indochine. Les éléments caodaïstes intégrés dans l'armée vietminh quittent celle-ci pour former de nouvelles troupes.

Les Hoa Hao et les Binh Xuyen sont plus turbulents. Malgré les massacres perpétrés par Giau sur les premiers, leur chef Hyunh Phu So, le « Bonze fou », se laisse persuader par Nguyen Binh d'entrer dans le Comité du Nam Bô. Mais les excès des bandes hoa hao, d'un effectif de 1 200 à 1 500 hommes, obligent le chef du Viet-Minh à intervenir pour mettre fin aux incidents qui les opposent de nouveau à ses hommes. Les rapports iront en se détériorant jusqu'à la rupture.

Quant aux Binh Xuyen, réfugiés dans la forêt inondée du Rung Sat, ils perdent en février 1946 leur chef Ba Duong. Bay Vien, ancien pirate, ancien bagnard, ancien adjoint de Duong Bach Maï durant le septembre rouge de Saigon, lui succède. S'il est animé d'une farouche haine à l'égard des Français, il ne manifeste pas moins une volonté d'indépendance à l'égard des communistes nordistes. Ainsi refuse-t-il d'attaquer les Caodaïstes lorsque Nguyen Binh le lui demande et n'accepte-t-il pas de commissaire politique auprès de lui, avant de se constituer un fief dans la plaine des Joncs.

Il n'en reste pas moins qu'une peur diffuse s'infiltre dans le pays, et s'accompagne de doutes sur les capacités protectrices de la France lorsque des actions spectaculaires viennent la ponctuer. Le 29 mars et le 3 mai, en effet, les conseillers Tran Tan Phat et Nguyen Van Thach, partisans de l'autonomie, sont assassinés. Le 8 avril 1946, à Saigon, un commando de Nguyen Binh fait sauter la Pyrotechnie, narguant l'armée française pratiquement dans ses quartiers. Il y a plusieurs dizaines de victimes vietnamiennes, mais l'acte d'audace impressionne la population.

La réponse de l'armée française est classique. C'est la répression, arme à double tranchant comme toujours lorsqu'elle est opérée par une force étrangère en pays conquis. A la peur, elle n'offre d'autre remède qu'une autre peur, d'autant plus que les méthodes employées ne permettent pas de frapper avec justesse. La fameuse Sûreté coloniale, efficace malgré ce qu'on en a dit, mais non sans défauts, en est encore à se reconstituer après son démantèlement par les Japonais. Les Renseignements militaires, d'autre part, ou la nouvelle police n'ont pas encore atteint son degré d'efficience. Parfaitement conscient de tout cela, Nguyen Binh a beau jeu de piéger les militaires français, peu préparés à cette tâche ingrate, pour laquelle ils ne s'étaient nullement engagés.

Les recrues qui débarquent alors en Indochine, surtout avec la 3e D.I.C. du général Nyo qui a relevé la 9e D.I.C. du général Valluy et le groupement blindé de Massu, envoyés au Nord, sont jeunes, pour la plupart. Beaucoup ont été engagées et formées hâtivement pour remplacer les défaillants qui comptaient se battre contre le Japon, mais pas en Indochine. Or, elles ont à livrer une guerre particulière, où l'esprit, la psychologie, la ruse, voire la cruauté, sont des facteurs plus importants que les armes proprement dites.

Pas encore acclimatés, ces soldats sont jetés dans un univers exotique où les épreuves physiques se doublent de problèmes psychiques et moraux. Comme les premiers conquérants, il leur faut patauger dans la boue des rizières, s'enfoncer dans la vase des innombrables cours d'eau, résister à l'accablement de la chaleur humide et aux agressions des insectes, traverser des nuits peuplées de menaces invisibles et latentes. Mais le pire est sans doute la poursuite d'un ennemi insaisissable qui sait se fondre dans la nature et se confondre avec une population, complice volontaire ou par la contrainte d'un ennemi expert dans l'art de créer cette angoisse lancinante, génératrice de colères aveugles et fatales.

Dans ces conditions, les erreurs sont inévitables. Politiquement nuisibles, elles sont exploitées par un Viet-Minh prompt à leur donner une publicité que les rumeurs amplifient et que la presse nationale et internationale reprend aussitôt à l'encre. Aux excès et aux méprises réelles qui font des victimes innocentes et ajoutent à la haine, la propagande de Nguyen Binh sait habilement ajouter des dénonciations de sévices et de tortures, où il est difficile de distinguer le vrai du faux.

Mais le résultat est tout aussi efficace. Largement divulgués, les uns et les autres condamnent l'activité militaire française, assimilée à celle des armées et des polices d'occupation nazies ou nippones, de mémoire sinistre et récente. De plus, aux yeux d'une partie de l'opinion française pour laquelle le terrorisme a le pur visage de la Résistance nationale, les entreprises meurtrières des Comités policiers et des volontaires de la mort de Nguyen Binh ont l'excuse, sinon l'aura du combat juste d'un peuple pour sa liberté.

Ainsi, en décembre 1945, le correspondant de *Paris-Presse* à Saigon a-t-il fait état d'atrocités commises « par des militaires français sur la personne d'Annamites du Viet-Minh ». En France, pour certains, c'est l'indignation. L'armée française n'est pas allée en Indochine pour se comporter à la manière de la Gestapo. Et le journal *Franc-Tireur* de titrer sur le même sujet : « La tache de sang ». Excédés par les accusations dont ils sont l'objet, les soldats du Corps expéditionnaire saccagent les locaux de « Justice », organe des socialistes de Saigon, une réaction qui tourne immédiatement à leur désavantage. D'ores et déjà, sur ce terrain dont l'importance va s'accroître, le Viet-Minh s'assure une avance qui ne se démentira plus.

Pour les Français, la bataille s'avère donc difficile et complexe. Face au terrorisme et aux nouvelles formes de combat politique, ils disposent de moyens de lutte qu'il leur reste cependant à développer et à maîtriser.

Les uns sont militaires. Ils sont pour l'heure insuffisants. La 3e D.I.C. n'a pas les effectifs nécessaires pour couvrir l'étendue du territoire à contrôler, correspondant aux deux tiers de celui de la France. A l'intérieur des campagnes, elle ne peut que passer, laissant ensuite le terrain au Viet-Minh, maître absolu de la nuit. Elle n'a pas assez de véhicules pour assurer à ses colonnes d'intervention la mobilité et la rapidité requises. Le général Nyo crée cependant des unités montées sur des embarcations blindées, les « Dinassaut », afin de protéger les convois de riz dans le dédale aquatique du delta. Le chemin de fer Saigon-Nhatrang est remis en service.

D'autre part, dès les débuts de la guérilla, le commandement français a songé à l'emploi de partisans. Le meilleur exemple est celui du futur colonel Leroy. Fils d'un paysan beauceron et d'une Vietnamienne de Gocong (Cochinchine), ce lieutenant met sur pied une unité de volontaires vietnamiens et métis du pays sachant user des mêmes armes et des mêmes pratiques que les combattants adverses. Mais le système n'est pas encore assez développé en ce printemps 1946. Il se pare d'ailleurs aux yeux de certaines autorités françaises d'une réputation d'illégalité et de barbarie choquante dans une démocratie. L'adversaire ne se fait évidemment pas faute de profiter de cette rigueur morale. Ainsi, un juge français poursuit-il des hommes de Leroy pour un improbable vol de vêtements à la suite d'une dénonciation. Leclerc devra intervenir en personne pour que le lieutenant aux pieds nus ne soit pas arrêté.

Sur le plan politique, une offensive est lancée, avec pour thème « la Cochinchine aux Cochinchinois ». Des manifestations se produisent dans plusieurs villes. Présentées comme spontanées, elles ne le sont guère davantage que celles organisées quelques mois plus tôt par le Viet-Minh, lorsqu'à l'enthousiasme du Doc Lap a succédé une lassitude difficilement cachée et réprimée par la peur.

C'est, en fait, la même sorte de pressions qui fait défiler ces cohortes de pauvres gens dans la rue, mais en l'occurrence, l'intimidation fait souvent place à l'argent. Quoi qu'on en ait dit, et quel que soit le sentiment national de la population du Sud, il y a en Cochinchine de nombreux Vietnamiens, ni riches, ni vendus, qui, à l'expérience vécue des derniers mois, redoutent vraiment la réunification. Ils ne tiennent pas à ce que la riche Cochinchine, à laquelle est promise l'autonomie, devienne l'esclave pourvoyeuse d'un Tonkin et d'un Annam pauvres et arrogants. Ils craignent aussi un pouvoir communiste pour lequel l'indépendance est moins une promesse de progrès matériel qu'un culte rigoureux et ascétique.

Le Viet-Minh sent si bien le danger qu'il est décidé à s'opposer à toutes les manœuvres favorables à ce mouvement, à commencer par l'effort du haut-commissaire d'Argenlieu pour imposer au nouvel État vietnamien le cadre d'une Fédération où serait concrétisé le séparatisme. Ho Chi Minh a sans doute accepté la tenue d'une Conférence préliminaire à Dalat afin d'obtenir Paris, mais selon une tactique éprouvée, il va la vider de son efficacité.

La Conférence s'ouvre le 17 avril 1946, en présence de Thierry d'Argenlieu, en l'absence de Ho Chi Minh. D'entrée de jeu, dès la première séance de la commission politique, la délégation vietnamienne demande l'inscription à l'ordre du jour des mesures à prendre pour faire cesser immédiatement les hostilités au Nam Bô. Les Français refusent, arguant qu'ils ne sont pas mandatés pour traiter de cette question. La Conférence n'est pas une commission d'armistice, et au demeurant, il n'y a en Cochinchine que des opérations de police. La réaction de Giap est violente : « Dire qu'il n'y a plus d'hostilités en Cochinchine est un défi à la réalité... Il faut que cette tragique ignominie cesse... » Au même moment, Nguyen Binh lance à ses unités l'ordre de « soutenir la Conférence de Dalat par une offensive générale sur tous les fronts, et par le sabotage des organismes de requins français au Nam Bô ». Mais le jeu reste toujours le même : un combat acharné sur le terrain, et la volonté d'obtenir le maximum autour de la table de négociations.

Tandis que les travaux de Dalat sont bloqués, la mission d'amitié des parlementaires vietnamiens, dirigée par Pham Van Dong, est reçue à Paris par l'Assemblée constituante. En réplique, le Conseil consultatif cochinchinois envoie une mission d'information que dirige le colonel Xuan.

Le 23 avril, le docteur Pham Ngoc Thach se livre à une manifestation individuelle et spectaculaire à Dalat au nom du Comité du Nam Bô.

Au Tonkin, les Chinois aggravent la tension en provoquant plusieurs incidents à partir de prétextes anodins. Le plus grave, celui de Pâques, à Hanoi, fait une douzaine de victimes françaises. Mais ils ne sont pas les seuls. Leurs protégés nationalistes et le Viet-Minh poursuivent leurs harcèlements.

Le 28 avril, à Haiphong, un poste vietnamien tire sur des civils français. L'affaire dégénère en bataille rangée à laquelle participent chars et marsouins français. Là encore, il y a des morts et des blessés de part et d'autre.

Personne, cependant, n'envisage la rupture. Les Vietnamiens acceptent la proposition française d'une commission mixte chargée, en marge de la Conférence, d'étudier les incidents susceptibles de nuire aux négociations. L'atmosphère se détend aussitôt à Dalat, sans que les discussions perdent de leur âpreté sur chaque point négocié.

Les délégués français Bousquet et Messmer ont beau pratiquer avec Giap le « tutoiement révolutionnaire », le désaccord apparaît complet sur les questions fondamentales, c'est-à-dire la réunification des 3 « ky », et les liens de l'État vietnamien avec la France. Pour les uns, le Nam Ky est partie intégrante du Vietnam. Ils l'ont maintes fois affirmé et répété. Pour les autres, ce n'est toujours que la Cochinchine, colonie française dont le statut juridique ne peut être modifié qu'après un vote du Parlement français et pour lequel les accords du 6 mars 1946 ont prévu un référendum qui décidera de son sort. Sur le second problème, les uns interprètent la notion de « Self-government » comme une indépendance totale avec une souveraineté pleine et entière, les autres comme une autonomie interne dans le cadre de la Fédération indochinoise et de l'Union française, un lien dont le gouvernement de Hanoi a d'ailleurs reconnu le principe dans les accords du 6 mars.

Finalement, la Conférence clôt ses travaux le 11 mai 1946. Le lendemain, devant la presse, Nguyen Tuong Tam reconnaît :

— Nous ne sommes d'accord que sur un seul point, à savoir que nous ne sommes d'accord sur rien.

Conférence préparatoire, Dalat apparaît comme un échec, qui ne peut néanmoins surprendre personne. Il semble, malgré tout, marquer différemment les protagonistes. Chez les Vietnamiens, pour lesquels la manœuvre du haut-commissaire est évidente, il y a ceux qui ne croient pas à la flexibilité française. La présence d'un Corps expéditionnaire qui bouge et retient difficilement sa puissance est pour eux la preuve que la menace d'un recours à la force en cas d'échec des pourparlers n'est pas à écarter. La démonstration de deux chasseurs bombardiers au-dessus de Hanoi, à la suite d'un incident chinois, affole la capitale. Le gouvernement se tient d'ailleurs prêt à la quitter, alors que la tension atteint son maximum en ce mois de mai où Ho Chi Minh se prépare aux négociations de Paris.

Le président du gouvernement de Hanoi, quant à lui, d'ailleurs, ne tenait pas au round préliminaire de Dalat. A son sens, l'important est de se rendre dans la capitale française où il est convaincu de pouvoir obtenir ce qu'il n'a pu arracher en Indochine. Là-bas, loin de l'influence des administrateurs, ses bêtes noires, et des anciens de la colonie qu'il hait, il pourra jouer avec l'opinion française, user du poids de la presse, et surtout d'alliés et d'amis politiques. C'est pourquoi, il manifeste une grande hâte à partir, avant que la tension ne dégénère de façon irrémédiable, et afin de prendre de court les manœuvres du haut-commissaire.

Ce dernier, en revanche, ne veut rien précipiter. Conscient des avantages que Ho Chi Minh, habile négociateur, dont « la grande force est la sincérité successive », pourra trouver à Paris, il sait aussi que les circonstances ne sont pas favorables au déroulement de pourparlers de cette importance : le projet de Constitution ayant été rejeté, de nouvelles élections générales sont prévues le 2 juin 1946. Les responsables français sont mobilisés par la campagne électorale, et il faudra du temps pour qu'un nouveau gouvernement soit en mesure de prendre des décisions concrètes.

Rencontrant Ho Chi Minh le 18 mai à Hanoi où il rend sa première visite, il l'incite donc en vain à retarder son départ. Venant du Laos et des hauts plateaux du Sud où il a assisté à la cérémonie du Grand Serment des tribus montagnardes du Sud, il fait part à son interlocuteur de deux éventualités qui font tiquer celui-ci : la constitution d'un territoire autonome dans cette région, et celle d'un gouvernement de la Cochinchine. Le 31 mai, néanmoins, Ho Chi Minh et sa délégation s'envolent pour Paris.

N'ayant pu empêcher l'inéluctable, Thierry d'Argenlieu entreprend, dès son retour à Saigon, d'engager la Cochinchine sur la voie de l'autonomie.

Dès le 3 avril 1946, encouragé par le ministre de la France d'outre-mer Marius Moutet, il a jugé possible de mettre sur pied un gouvernement cochinchinois. Pignon a été chargé d'étudier la question. Mais les directives ministérielles qui ont suivi ont révélé par leurs contradictions un certain flottement et des divergences chez les responsables gouvernementaux. A la mi-avril, le gouverneur de Langlade a quitté le secrétariat général du Comité de l'Indochine et a été remplacé par le professeur Labrouquère, un proche de Moutet partisan de l'entente avec Hanoi : « La constitution d'un gouvernement cochinchinois nécessairement neutre ne manquera pas actuellement, écrit-il le 21 avril, de paraître comme une manœuvre... L'envoi d'une délégation cochinchinoise attirera également les protestations du Vietnam et sans doute des réactions qui peuvent nous mettre dans une situation difficile... »

Le haut-commissaire, cependant, tient fermement à son projet. Il estime qu'avec une Cochinchine bien maîtrisée, la France possède l'une de ses meilleures cartes pour négocier à Paris. Un gouvernement, dont la durée serait provisoire, serait chargé d'organiser le référendum prévu par les accords. Car « si, à la suite d'un référendum non préparé par une politique claire et nette, l'autorité française était éliminée en Cochinchine, c'en serait fait de la Fédération indochinoise et de l'Indochine tout court ». En écrivant cela dans un mémorandum, Thierry d'Argenlieu demande l'aval de Paris pour engager l'opération. Il ne recevra pas de réponse.

Pourtant, la mission d'information du colonel Xuan semble obtenir dans les milieux politiques de la capitale un accueil favorable aux thèses cochinchinoises, du P.R.L. et du M.R.P. surtout, du ministre des Affaires étrangères Georges Bidault, mais aussi du président Gouin, de Marius Moutet, bien qu'il ne cache pas son penchant pour le gouvernement de Hanoi, et même de Maurice Thorez qui aurait affirmé que son Parti n'entendait pas être considéré comme le liquidateur des positions françaises en Indochine. Les réticences seraient venues de certaines personnalités socialistes.

En fait, les élections prochaines occupent davantage les esprits que l'Indochine, tandis que sur le terrain, le Viet-Minh accentue sa pression au nord comme au sud. Ainsi, en Cochinchine, les assassinats terroristes se poursuivent et des plantations d'hévéas sont sabotées. Le haut-commissaire juge alors urgent de prendre une initiative. Le processus qui a été mis au point est déclenché.

Le 25 mai 1946, Me Béziat, président du Conseil consultatif, demande officiellement la création d'un Gouvernement provisoire de la République cochinchinoise. Le lendemain, une grande manifestation, à laquelle participent des délégués provinciaux, soutient par une motion la demande. Le haut-commissaire, qui n'a toujours pas reçu l'accord de Paris, donne le sien, sous réserve de ratification de l'organe constitutionnel compétent de l'Union française et du référendum prévu.

Le 1er juin 1946, le gouvernement est officiellement créé. Il s'engage à assurer les libertés démocratiques et à procéder, dès que les conditions matérielles le permettront, à des élections au suffrage universel, en vue de constituer parlement, assemblées provinciales et conseils communaux. Le docteur Nguyen Van Thinh est désigné pour le présider, à la tête d'un ministère dont la composition a été préalablement établie. Le 3 juin, il signe avec le commissaire Cédile une convention fixant les rapports du gouvernement avec celui-ci, et les limites de son autorité. Le représentant de la France, conseiller officiel, détient en fait la réalité du pouvoir, avec la haute main sur l'administration et la responsabilité de la sécurité.

Poursuivant son action, le haut-commissaire a pris une autre initiative. Il a créé le 27 mai le Commissariat des Populations montagnardes du Sud-indochinois, une décision jugée souhaitable dès le début du mois de mars par le ministre Moutet « au point de vue sauvegarde et évolution des Moï ». Afin de protéger effectivement ces derniers de l'emprise vietnamienne, le général Leclerc enverra des éléments occuper les hauts plateaux méridionaux à la fin du mois de juin 1946.

Le 5 juin, le Comité de l'Indochine et le ministre approuvent l'action du haut-commissaire en Cochinchine. Marius Moutet précise cependant, à propos du nouveau gouvernement, « qu'en aucun cas, il ne doit apparaître comme une création des autorités françaises et comme un paravent de celles-ci... il (leur) incombe de pratiquer une stricte neutralité dans le débat qui sépare le gouvernement de Hanoi et la Cochinchine, pour que nous ne puissions être accusés de violer la lettre et l'esprit des accords du 6 mars... ».

Cette directive donne la mesure de l'ambiguïté d'esprit avec laquelle les dirigeants français vont aborder les négociations prochaines.

LA CONFÉRENCE DE FONTAINEBLEAU

C'est à l'escale du Caire que Ho Chi Minh apprend du général Salan, qui l'accompagne, la création du gouvernement de la Cochinchine. Ce n'est pas tout à fait une surprise. L'amiral d'Argenlieu l'en avait lui-même prévenu à Hanoi.

— C'est une manœuvre déloyale !... s'écrie-t-il néanmoins. Ne faites pas de la Cochinchine une nouvelle Alsace-Lorraine, car nous irons à une guerre de Cent Ans ! Ramenez-moi à Hanoi, je vous prie !

Mais il ne retournera pas chez lui. Il a trop attendu ce voyage à Paris, et il en attend trop pour claquer, avant même de l'avoir franchie, une porte qu'il a mis si longtemps à se faire ouvrir. Il devra même tirer davantage des ressources de sa patience, en apprenant que le gouvernement est tombé, et qu'avant la constitution d'un nouveau ministère, il devra séjourner à Biarritz. Puis il doit à nouveau grimacer lorsque le lieu de la Conférence est déplacé à Fontainebleau, à cause de la Conférence de la Paix qui doit s'ouvrir à Paris prochainement.

D'abord réticent et nerveux, selon les termes de son mentor et « ami » Sainteny, il se détend peu à peu et affiche bientôt le visage tout empreint de charme et de douceur du vénérable Oncle Ho, dont le seul souci est d'établir la paix entre son pays et la France. On lui offre excursions dans la région, pêche au thon, parties de pelote, visite de Lourdes, qui lui permettent de montrer une simplicité et une modestie naturelles, cultivant son image de marque aux yeux du public français, avec son uniforme austère, sa maigreur ascétique, sa barbiche de lettré et son regard fiévreux. Il reçoit des visites de Vietnamiens de France, et celle de Charles Tillon, venu l'accueillir au nom du Parti communiste français.

Un nouveau gouvernement étant formé le 24 juin 1946, il s'envole enfin pour la capitale. Une foule importante, Marius Moutet et plusieurs personnalités en tête, est au Bourget pour le recevoir. Presque défaillant à la vue de cet accueil, il murmure en s'agrippant au bras de Sainteny :

— Surtout, ne me quittez pas. Il y a tant de monde...

L'homme est un comédien subtil, mais en l'occurrence, l'enjeu est trop grand pour que l'émotion soit totalement feinte. Ho Chi Minh est conscient qu'il va devoir affronter forte partie pour parvenir au terme de son entreprise : obtenir l'indépendance totale du Vietnam. Ce n'est pas la première épreuve, ni peut-être la plus dure de son parcours, si l'on jette un regard en arrière sur ce qui a été accompli et dans quelles conditions. Les derniers mètres d'une course sont cependant toujours les plus difficiles et selon la manière dont elle s'achèvera, le prix en sera peut-être la guerre, une guerre qui ne pourrait être que longue et sans merci.

Ho Chi Minh sent bien le poids de la responsabilité qui pèse sur ses épaules. Certes, il a su déjà surmonter maints obstacles, mais cette fois, il n'est pas chez lui, au milieu de son peuple qu'il connaît bien. Malgré les amis communistes et les sympathisants socialistes, comment n'éprouverait-il pas une irrésistible appréhension de devoir faire face à ce qui a été si longtemps la métropole, ce complexe de puissance, de richesse, d'organisation écrasante, dont les dirigeants possèdent une expérience politique à laquelle s'ajoute un sentiment de supériorité que ni les sourires, ni la politesse ne peuvent complètement masquer !

En cet instant sans doute, l'ancien aide-cuisinier du *Latouche-Tréville*, l'agent insaisissable du Komintern, le révolutionnaire implacable, le nationaliste intransigeant devenu président de la République démocratique du Vietnam, n'est qu'un exilé qui se sent bien seul en terre étrangère. Un instant seulement, car le souvenir du « paria » qu'il a été, loin de le déprimer, lui réinsuffle aussitôt l'énergie qui lui a permis d'obtenir ses succès.

Il en aura besoin, car le bastion impérial s'avère d'une redoutable solidité, malgré le courant de sympathie que sa venue en France suscite.

Si les élections du 2 juin 1946 ont marqué un glissement à droite, avec le progrès du M.R.P. et le recul de la S.F.I.O., le nouveau gouvernement tripartite dirigé par Georges Bidault ne semble pas devoir apporter de changement majeur dans la politique indochinoise choisie par le cabinet Félix Gouin. Marius Moutet reste à la France d'outre-mer. La structure de l'Union française étant alors à l'ordre du jour, Alexandre Varenne, l'ancien gouverneur, est nommé ministre d'État, chargé des questions s'y rapportant.

Mais ce qui importe à Ho Chi Minh, c'est le maintien de ministres communistes, en particulier celui du secrétaire général du Parti, Maurice Thorez, à la vice-présidence. Il compte beaucoup sur leur soutien fraternel.

Sur ce point, il ne peut être déçu. La délégation de parlementaires vietnamiens dirigée par Pham Van Dong a déjà préparé le terrain. Aucune rigueur ne lui est tenue pour la dissolution du Parti communiste indochinois, justifiée par les impératifs de la stratégie politique. Au contraire, les camarades se souviennent que le chef du Viet-Minh a été un des participants du Congrès de Tours et l'un des fondateurs du Parti.

La presse communiste ne manque pas de soutenir le point de vue vietnamien dans les négociations, fustigeant les suppôts du colonialisme et de la Banque de l'Indochine. En contradiction avec les paroles qu'auraient prononcées Thorez selon le colonel Xuan, elle soutient une campagne pour un Vietnam réunifié, avec le Nam Bô, terre vietnamienne au même titre que la Bretagne ou la Provence sont terre française. Le Parti fait appel à ses avocats spécialistes de droit international pour aider les délégués vietnamiens dans leur terminologie et leur argumentation juridique. Selon Charles Tillon, une documentation sur les techniques de guérilla aurait été réunie par les anciens des F.T.P. et transmise à l'intention de Giap. Dans *Les soldats blancs d'Ho Chi Minh*, Jacques Doyon affirme même qu'il y aurait eu des réunions sur le sujet et même un trafic d'armes... En tout cas, c'est en employant le terme de « nos ministres » que Ho Chi Minh demande à Thorez d'inviter instamment les membres communistes du gouvernement à participer à un Conseil où serait discuté le problème vietnamien.

On a parlé des efforts de Ho Chi Minh pour ne pas donner l'impression d'avoir ces seuls amis-là. Ils seraient plutôt timides. Ainsi, un maximum de discrétion entoure les nombreuses rencontres des Vietnamiens avec leurs camarades français de la C.G.T. ou du Parti. Henri Lozeray, seul communiste à figurer dans la délégation française à Fontainebleau, se montre si réservé qu'on finit par l'oublier. Certains pensent que c'est pour éviter aux Vietnamiens une compromission trop flagrante. Avant de quitter Hanoi, Ho Chi Minh a voulu également donner à son gouvernement une apparence plus largement ouverte par la création d'un Front National populaire (Hoi Lien-Hiep Quoc-Dan Vietnam) censé rassembler tous les Vietnamiens sans distinction de race, de religion, de classe ou de parti.

Une fois de plus, ce n'est qu'un travail de maquillage pour une opération de raffermissement du contrôle vietminh au moment où, d'une part, les Chinois sont à la veille de plier vraiment bagage, laissant leurs protégés à leur sort, et où, d'autre part, le chef du gouvernement va s'absenter avec une partie de son gouvernement pour une durée indéterminée. En effet, tous les dirigeants du nouveau Front sont vietminh, excepté les quelques inévitables personnages chargés de fournir l'alibi démocratique recherché. Ainsi l'intérim de la présidence a été laissé à Huynh Thuc Khang, un « neutre » acquis au Viet-Minh, mais Giap est resté au pays pour le maintenir de sa poigne de fer et éviter les éventuelles incartades de l'opposition nationaliste.

A la vérité, les dirigeants français sont d'autant moins dupes que l'atmosphère politique de l'époque est déjà imprégnée de l'esprit d'une guerre froide naissante. Georges Bidault ne recommande-t-il pas à Max André, chef de la délégation française, comme à Dalat, d'obtenir toutes garanties pour que le Vietnam ne devienne pas sur l'échiquier international un nouveau pion dans le jeu soviétique. A l'instar du général de Gaulle, Bidault s'efforce de laisser les communistes à l'écart des décisions importantes.

Ainsi, n'invite-t-il aucun d'eux à une réunion informelle tenue le 28 juin 1946 pour mettre au point les directives de la délégation. Marcel Paul, le ministre communiste de la Production industrielle, affirme pour sa part n'avoir jamais entendu parler du Vietnam dans les réunions de Cabinet de l'été 1946. Quant à Charles Tillon, représentant communiste au Comité de l'Indochine, il n'aurait pas été convoqué aux séances décisives. Sa discrétion est en tout cas remarquable. Tout cela n'est pas non plus une raison suffisante pour que les communistes claquent la porte. Ils gardent donc leur part de responsabilité gouvernementale.

Les Vietnamiens vont recevoir un autre soutien, de la part des milieux intellectuels de tendance gauchisante et progressiste, qui se grouperont dans l'Association France-Vietnam. Autour de Justin Godart, l'homme du Front populaire en Indochine, et d'Andrée Viollis, toujours à la pointe du combat pour la libération du Vietnam, on y trouvera, entre autres, Emmanuel Mounier, Frédéric Joliot-Curie, Paul Langevin, Francis Perrin, Pablo Picasso, François Mauriac. Ce mouvement très parisien ne touche pas l'ensemble de l'opinion française, beaucoup trop préoccupée des problèmes matériels de l'après-guerre, sinon, en politique, de ces questions moins lointaines qui l'intéressent davantage, la Constitution de la République et le problème allemand. Il faudra la guerre ouverte et son engrenage pour qu'elle se sente impliquée.

Pour l'heure, les paroles amicales prononcées lors des cérémonies officielles s'évaporent très vite sous les hauts plafonds des salles du château de Fontainebleau, où les travaux commencent le 6 juillet 1946. Il est convenu que Ho Chi Minh n'y participe pas, afin de réserver des possibilités de relance en cas de difficultés. Dès le premier jour, Pham Van Dong, qui dirige la délégation vietnamienne, lance une violente diatribe contre les décisions du haut-commissaire en Indochine. La protestation était inévitable, mais le ton surprend les Français. Si la courtoisie reprend ensuite ses droits, les divergences fondamentales, déjà manifestées à Dalat, ne font que se préciser davantage, sur pratiquement toutes les questions abordées, à commencer par la réunification du Vietnam, l'intégration du Nam Ky-Cochinchine, et les liens entre l'État vietnamien et la Fédération indochinoise dans l'Union française.

Pour les Vietnamiens du nord, la Cochinchine, selon les termes employés par Ho Chi Minh dans une conférence de presse, est « terre vietnamienne, chair de leur chair, sang de leur sang ». Un référendum n'y changerait rien. Pourquoi ne pas en faire l'économie ? De son côté, la Fédération indochinoise ne doit pas être une résurrection de l'ancienne, un gouvernement général déguisé, mais un simple organe de coordination économique. L'Union française, fondée sur le droit des peuples à disposer d'eux-mêmes, ne peut être, quant à elle, qu'une association d'intérêts, pourvue d'une Assemblée simplement consultative et d'une représentation de chaque État proportionnelle à sa population.

De ces principes découlent refus, exigences et restrictions : refus d'une délégation fédérale prééminente à celle des États, de l'attribution des recettes douanières à la Fédération, d'un commandement militaire unique en temps de paix et d'une communauté des moyens militaires, d'un emploi exclusif de techniciens français, auxquels ne serait accordée qu'une priorité à conditions et qualités égales. Exigence, d'autre part, de l'évacuation des bases navales et terrestres concédées provisoirement à la France dans un délai de cinq ans, exigence d'une diplomatie indépendante, avec représentation propre à l'O.N.U. et, surtout, règlement préalable de la question cochinchinoise. Si les Vietnamiens garantissent la sauvegarde des biens et des intérêts français, ils ne promettent pas d'en maintenir le régime existant. S'ils consentent aux Français la liberté d'établissement, ils ne leur accordent pas le traitement national, mais un statut préférentiel, à la condition de se conformer à la loi du pays. Ils acceptent néanmoins, sur le plan monétaire, un Institut d'émission et un Office des changes fédéraux. Tout cela, enfin, doit être déterminé par un traité établi sur les bases de la liberté d'association, de l'égalité de statut et de la solidarité pour la sauvegarde des intérêts communs.

De leur côté, les négociateurs français s'en tiennent à une conception essentiellement différente de la Fédération indochinoise et de l'Union française. Au moment où le statut de celle-ci est discuté dans le cadre du projet constitutionnel, ils défendent le principe d'une association d'États animés par le même idéal démocratique et social, et unis par des organes communs. Une diplomatie, une armée et une économie étroitement liées doivent faire de cette Union, non une simple association d'intérêts économiques, mais un ensemble cohérent, de structure fédérative, avec un gouvernement central prééminent. Une loi interne, et non un traité, suffit donc à déterminer l'application de ces principes.

Une telle opposition de pensées ne saurait à l'évidence mener qu'à une impasse, d'autant plus qu'en Indochine même, l'atmosphère n'est pas à la conciliation. D'un côté, Giap se montre non seulement méfiant, mais hostile ; de l'autre, Thierry d'Argenlieu poursuit résolument sa politique fédérale.

LES MENÉES DU GOUVERNEMENT DE HANOI

Au mois de juin 1946, les incidents sur le terrain restent vifs, hormis une courte trêve au moment du départ de la délégation vietnamienne à Paris. Afin d'empêcher qu'ils ne dégénèrent, Giap a autorisé la participation de ses soldats à des patrouilles mixtes motorisées. Certes, aux réceptions, commémorations ou autres célébrations officielles, le sourire est de mise, et les toasts au champagne ponctuent les conversations diplomatiques. Mais dans la rue, sur les routes, et aux heures obscures, enlèvements, assassinats, provocations et incidents divers se poursuivent. Français, surtout métis, et « viêt gian » en sont les victimes courantes. Miliciens « Tu Ve » et nationalistes du V.N.Q.D.D. ou du Dong Minh Hoi en sont les responsables, qui se renvoient mutuellement l'accusation.

Le 16 juin, par exemple, une échauffourée fait deux tués français, et nécessite l'intervention de blindés du Corps expéditionnaire. La police vietnamienne en profite pour désarmer des postes de « Tu Ve » et éviter l'aggravation de l'affaire. Deux jours plus tard, des coups de feu sont tirés sur le major britannique Simpson-Jones, personnalité en vue à Hanoi. La presse vietminh s'en prend aussitôt aux « réactionnaires qui cherchent par tous les moyens à saboter la collaboration franco-vietnamienne ».

C'est cependant contre la France que s'amorce le 25 juin une escalade vers une hostilité déclarée. A la suite du départ des Chinois, les forces françaises réoccupent le palais Puginier. Le symbole est trop flagrant pour que le gouvernement de Hanoi ne réagisse pas. Une grève générale et un boycott alimentaire soutiennent dans la capitale et d'autres villes la protestation de Giap contre cet « empiètement », et dans le même élan contre la réoccupation militaire des hauts plateaux du Sud et la poursuite des hostilités au Nam Bô.

Au mois de juillet 1946, alors que se déroulent les négociations de Fontainebleau, la tension s'avive. A Hanoi, Bac Ninh, Langson, Dong Dang, Hongay, attentats, incidents et heurts armés se succèdent. On tire maintenant sur les troupes et les convois français. Il y a des tués et des blessés. Il ne s'agit plus de l'agressivité haineuse de « Tu Ve » ou d'extrémistes nationalistes surexcités, mais d'une volonté délibérée de faire obstruction aux initiatives françaises.

Car Giap est sans doute convaincu, ainsi que la plupart, sinon tous ses camarades du Viet-Minh, que les Français sont revenus avec une volonté de reconquête. Il pense que, rien n'ayant été réglé à Dalat, et rien ne l'étant encore à Fontainebleau, il faut juguler les forces françaises au maximum. Les accords du 6 mars sont un moyen, mais ils ne sont pas suffisants. La vigilance de Giap est pointilleuse. Son interprétation de ces textes est toujours tournée dans un sens qui lui est favorable, pouvant aller jusqu'à leur ignorance quand ils ne sont pas en sa faveur.

Malgré les tentatives du général Valluy, aucune troupe vietnamienne n'est mise à sa disposition pour la relève des Chinois, ainsi que le prévoient les accords, et aucun officier vietnamien ne se joint aux Français de l'état-major mixte constitué à cet effet. A plus forte raison, Giap fulmine-t-il lorsque les forces françaises essaiment dans des régions excentriques, soit pour mettre fin à des désordres, comme dans le bassin minier de Campha où s'agitent des éléments du Dong Minh Hoi, soit pour répondre à l'appel de minorités montagnardes et frontalières telles que les Thaï ou les Nung, excédées par les exactions dont elles sont victimes de la part des pirates et de comités vietminh, soit en vertu des accords du 6 mars qui les autorisent à s'implanter en six points de la frontière sino-tonkinoise.

— Vous prenez des gages ! hurle Giap. Vous contestez l'unité du Vietnam, au Nam Bô, en pays thaï, nung, sur les plateaux moï... Vous protégez ces soi-disant minorités en violant la souveraineté du Vietnam !

Accords ou non, le chef militaire du gouvernement de Hanoi se prépare en vérité à la guerre, qu'il juge inéluctable, et qui est d'ailleurs déjà commencée. Il organise et fortifie son armée régulière, dont l'effectif de 30 000 hommes, au début de l'été 1946, est porté quelques mois plus tard à environ 60 000.

Formée autour des premiers groupes d'autodéfense, elle a recruté des anciens soldats de l'armée coloniale, tirailleurs et gardes indochinois, auxquels viennent s'adjoindre de plus jeunes recrues. Encadrement et formation sont assurés par les guérilleros instruits en Chine, les sous-officiers de l'armée d'Indochine et les déserteurs japonais.

En outre, Giap a créé des centres d'instruction et des écoles de cadres fortement politisés. Les capacités réelles de cette armée ne sont pas encore probantes, sinon sur le plan de l'enthousiasme révolutionnaire, pour ne pas dire de l'exaltation patriotique, entretenue par des commissaires politiques jusqu'au fanatisme.

La recherche d'armement, pour équiper les nouvelles unités, celle des moyens financiers pour le payer, et la stratégie adoptée en cas de conflit déclaré entraînent le gouvernement de Hanoi dans un engrenage d'incidents et de heurts qui conduiront à la crise ouverte.

Afin de compléter l'équipement originel, en provenance des stocks français et japonais, et des fournitures de l'O.S.S. américain, Giap doit s'adresser à la contrebande, soit maritime, soit frontalière. D'autre part, malgré quelques pièces d'artillerie de calibre 75 et 65, et un certain nombre de mortiers et d'armes automatiques, il est évident que la puissance de feu de son armée ne supporte pas la comparaison avec celle des Français, qui disposent de blindés et d'avions.

La stratégie ne saurait donc être que celle de la guérilla, avec aménagement de zones de résistance, les « chien khu », situées en Haute-Région. Des préparatifs y sont entrepris, avec fortifications, ateliers de fabrication et stockage de munitions et d'armes, camps d'entraînement, écoles de cadres. La présence de garnisons françaises à proximité, le long de la frontière, et sur la frange côtière, n'est donc nullement désirable.

Giap s'efforce par conséquent d'y encourager, par tous les moyens, l'installation des Français. Il tergiverse aussi longtemps qu'il le peut, et quand il est incapable de l'empêcher, il fait attaquer les convois. C'est ainsi que le 6 août 1946, à Bac Ninh, va se dérouler une véritable bataille rangée. Les Français feront intervenir leur aviation, mais ils compteront 18 tués et 43 blessés, une affaire qui provoquera une forte émotion à Paris, au moment où Fontainebleau est au point mort.

Autre problème à la source de conflits, celui du financement des achats d'armes. En raison de l'état du pays, les impôts directs institués ne rapportent guère. Les collectes ont fait leur temps. Le gouvernement ne peut plus compter que sur les douanes pour tirer quelques ressources. Il affirme avec force que leurs recettes lui reviennent de droit. A Fontainebleau, sa délégation défend avec acharnement le principe qu'elles ne peuvent être allouées à la Fédération. Cela accroît l'importance et la sensiblité de la région côtière du golfe du Tonkin, où sévit une contrebande active, aggravée d'une piraterie endémique, et surtout Haiphong, où transite la quasi-totalité des marchandises importées et exportées.

Or, le traité franco-chinois de Chongqing, que les Vietnamiens n'ont pas été invités à signer, a établi la franchise de ce port et accordé aux Chinois certains privilèges. Hormis ces stipulations, la thèse française soutient que les douanes relèvent de la compétence fédérale et qu'en attendant le résultat de la Conférence de Fontainebleau, leurs recettes doivent être provisoirement bloquées.

C'est pourquoi, en établissant de nouvelles taxes d'importation et un contrôle sévère et payant du trafic par ses douaniers, le gouvernement de Hanoi mécontente les commerçants chinois, premiers concernés, qui se retournent vers les Français, garants du traité et toujours souverains selon celui-ci.

Le 29 août1946, un premier incident éclate à Haiphong. La douane vietnamienne saisit des marchandises et de l'argent chez des négociants chinois qu'elle met en état d'arrestation. Ces derniers portent plainte auprès du commandement français local qui émet des protestations officielles, puis, ne recevant aucune réponse, décide d'occuper les bâtiments de la police et de la douane vietnamiennes. Il n'y a ni opposition, ni dommages matériels, mais l'affaire est grave, car elle touche à une question primordiale pour le régime de Hanoi qui le fait savoir et en souligne l'importance en faisant évacuer la population non combattante de Haiphong et en y envoyant des renforts. C'est en ce point névralgique que la tension finira par déboucher, plusieurs semaines plus tard, sur une crise violente et décisive.

La recherche de moyens financiers conduit par ailleurs les dirigeants vietminh à prendre d'autres mesures qui préjugent des décisions de Fontainebleau et vont également à l'encontre du principe fédéral. Ainsi créent-ils la piastre Ho Chi Minh, gagée sur les richesses naturelles du Vietnam, et sur les valeurs morales du peuple. Ils en imposent le cours forcé en même temps qu'ils interdisent en certaines régions où la population n'est pas en contact avec les Français, la « piastre des colonialistes ».

Afin de se procurer celle-ci, seule monnaie qui leur permette de payer leurs créanciers et leurs achats d'armes à l'étranger, ils décident qu'elle sera échangée dans les caisses publiques contre le billet Ho Chi Minh à valeur égale. L'afflux consécutif des piastres de la Banque de l'Indochine sur les marchés de Chine et de Hongkong va rapidement entraîner la chute de leur cours, préjudice ressenti par l'ensemble des pays indochinois. C'est la réponse du berger à la bergère, dit le gouvernement de Hanoi qui reproche à la Banque de l'Indochine de lui refuser des avances, et aux autorités françaises de chercher à étouffer l'économie du pays.

A considérer ses actes et ses décisions, c'est plutôt lui qui semblerait pratiquer, dans la perspective d'un conflit ouvert, une politique économiquement suicidaire. Pour faire rentrer des devises, n'exporte-t-il pas vers la Chine un riz dont la population du Nord, encore sous l'emprise de la faim, a un besoin vital ? Quant au projet français d'étude en commun d'une relance de l'économie, il ne reçoit aucune réponse. Il est vrai que tout est mis en œuvre pour donner aux « colonialistes » le sentiment qu'ils sont indésirables.

La haine et la mobilisation xénophobe constituent des exutoires classiques à la misère. Au mois de juillet 1946, se succèdent manifestations pour le rattachement du Nam Bô, journées de protestation contre les agissements français, appels d'intellectuels, manœuvres militaires autour de la capitale. La propagande de Tran Huy Lieu bat son plein, et le journal *Cuu Quôc*, le même qui parlait de collaboration franco-vietnamienne, accuse maintenant l'armée française, « ces bouffons porteurs d'armes américaines », de commettre rapts, viols et atrocités.

Comme si, déjà, tout accord était irréalisable, et le départ des Français acquis, un « Front de défense économique » se constitue également sous la présidence du sudiste Pham Ngoc Thach. Le but, plus théorique que pratique, est de racheter les entreprises françaises. En fait, le gouvernement de Hanoi a bien d'autres moyens de mettre la main sur celles-ci. Outre les réquisitions opérées depuis 1945 (centrales électriques, usines des eaux, chemins de fer, imprimeries, garages, transports automobiles), et la prise en main par des comités de gérance des exploitations agricoles abandonnées, les grèves et les boycotts sont maintenant des armes propres à faciliter les transferts. L'exécution en est confiée à la nouvelle Confédération Générale du Travail nouvellement mise sur pied par le regroupement des associations de Salut national. En fait, cette offensive constitue un véritable sabotage de l'économie, car il n'est généralement pas conseillé de noyer son cheval pour mieux s'en rendre maître.

Il va de soi que cette dégradation économique suscite des mécontentements, qui n'osent s'exprimer ouvertement. Les partis nationalistes d'opposition s'empressent évidemment de les exploiter dans le sens d'une surenchère patriotique qu'ils n'ont pas attendu Fontainebleau pour déclencher. Dans une parodie acerbe de l'hymne national créé par le Viet-Minh, ils usent de paroles qui, pour être excessives, n'en répondent pas moins à ce que ressentent sans l'exprimer de nombreux Vietnamiens :

« La troupe du Viet-Minh s'avance, décidée à vendre le pays,
à plonger la race dans un abîme de souffrances.
Avec les Français, elle veut construire une ère nouvelle :
Tous debout ! Forgeons pour ce peuple d'autres chaînes.
Que la population ait faim, qu'importe !
Efforçons-nous d'organiser des quêtes pour embellir notre existence.
Jurons de dépecer les corps, de boire le sang de nos compatriotes.
Vite au champ de bataille pour opérer la retraite
Vers nos zones fortifiées de Bac Son, Do Luong, Thai Nguyen... »

Mais la retraite, ce sont eux, V.N.Q.D.D. et Dong Minh Hoi, qui vont être contraints de l'opérer, après le départ de leurs protecteurs chinois, et non sans livrer bataille.

Dès avant son départ, Ho Chi Minh a pris la précaution de resserrer la direction du pays autour du Viet-Minh et de Giap qui en tient fermement les commandes. Nguyen Tuong Tam, le ministre des Affaires étrangères V.N.Q.D.D., ne préside plus la délégation, comme à Dalat. Il va disparaître, accusé d'avoir emporté la caisse de cette dernière. Évaporé lui aussi Vu Hong Khanh, le cosignataire des accords du 6 mars.

Certes, l'alliance subsiste en façade avec le « Front National Populaire » créé en mai 1946, mais la présence de quelques nationalistes qui font plutôt figure d'otages ne saurait donner le change. Une double offensive, militaire et politique, est d'ailleurs lancée en juin et en juillet 1946 contre le Dong Minh Hoi, et surtout le V.N.Q.D.D. qui compte de nombreux partisans parmi les jeunes et les intellectuels ultranationalistes, dans la bourgeoisie anticommuniste, et les familles monarchistes et mandarinales traditionnellement francophobes.

Parallèlement, les troupes de Giap s'empressent de reprendre les villes que les Chinois abandonnent au fur et à mesure de leur retrait. Elles chassent le Dong Minh Hoi des régions frontalières, de Langson à Phu Lan Tuong, et le V.N.Q.D.D. de Vinh Yen, Vietri, Phu Tho, aux portes du delta, puis de Laokay où l'on signale Vu Hong Khanh à la tête d'une bande de 600 hommes. Les combats sont souvent acharnés et des groupes nationalistes, auxquels se mêlent les inévitables hors-la-loi de la Haute-Région, vont continuer de battre la campagne plusieurs mois durant, avant d'être progressivement éliminés.

Politiquement, la lutte n'est ni moins vive, ni moins meurtrière. Les propagandes s'affrontent avec virulence et l'on ne parvient plus à distinguer dans les incidents antifrançais les provocations vietminh tendant à accuser les nationalistes de compromettre le gouvernement vietminh. Ainsi, ce dernier prend-il, par exemple, prétexte d'une agression de ses « Tu Ve » pour réglementer la détention et le port d'armes, dont le contrôle revient à son propre chef de la police.

Aux arrestations des uns répondent les meurtres des autres. Les leaders V.N.Q.D.D. sont contraints de s'exiler à nouveau, laissant leurs partisans affronter les coups de plus en plus efficaces du Viet-Minh. Leur journal *Vietnam* ne pourra poursuivre la lutte que jusqu'en juillet, date à laquelle il sera suspendu.

C'est alors, le 11 juillet précisément, que le gouvernement donne le coup de grâce en jetant un vaste coup de filet qui dure deux jours, au cours desquels il fait perquisitionner et occuper les permanences V.N.Q.D.D. Le 13 juillet, des charniers sont découverts dans deux sièges de ce parti, une aubaine pour le Viet-Minh qui accorde à la macabre trouvaille le maximum de publicité : des cendres de son rival discrédité, va sortir, pour les besoins de la cause, un V.N.Q.D.D. rénové et docile.

Les Chinois rentrés chez eux, les nationalistes éliminés, restent donc les Français, avec lesquels se poursuit cet étrange dialogue aux senteurs de poudre. Tandis que le dialogue de sourds continue à Fontainebleau, et que l'on fait cliqueter les armes au Tonkin et en Cochinchine, le haut commissaire Thierry d'Argenlieu prend une nouvelle initiative, sans l'accord de Paris.

LA FÉDÉRATION COÛTE QUE COÛTE

Il estime, en effet, injuste et absurde que les problèmes de la Fédération indochinoise soient traités à Fontainebleau avec le seul gouvernement de Hanoi. Il réunit donc à Dalat une Conférence consultative afin de donner la parole aux autres pays de la péninsule. Ainsi invite-t-il le Cambodge, le Laos, et surtout le gouvernement cochinchinois, avec des représentants de l'Annam méridional et des montagnards du Sud en qualité d'observateurs.

En l'apprenant, le 26 juillet, Pham Van Dong proteste avec véhémence et exige une discussion immédiate sur la Cochinchine. Le 1er août 1946, il demande une suspension des pourparlers tant qu'une réponse nette ne dissipera pas cette équivoque : ou bien la Conférence de Dalat est habilitée à traiter de la Cochinchine et de ce fait, les accords du 6 mars sont caducs, ou bien ces derniers sont valables et c'est à Fontainebleau seulement que le problème du Nam Bô doit être discuté.

Ce n'est pas encore la rupture officielle, mais beaucoup jugent que la politique du fait accompli pratiquée par le haut-commissaire est propre à la provoquer. Tout au plus ne fait-elle qu'accélérer un processus implacable qui conduit à une guerre, au demeurant déjà commencée. Thierry d'Argenlieu concrétise en quelque sorte sur le terrain une tendance, dominante dans les milieux dirigeants français d'alors, en faveur du maintien de la souveraineté française dans l'ancien Empire retrouvé.

Le statut de l'Union française dans les deux projets de Constitution d'avril et de juillet 1946 traduit cependant les divergences entre les tenants de liens fédéraux étroits, reconstituant en quelque sorte l'ancien régime avec une couleur plus libérale, et ceux qui désirent promouvoir le principe de la libre disposition des territoires d'outre-mer. Les discussions ont été vives au sein des Commissions qui en ont été chargées, entre membres M.R.P. et U.D.S.R. d'une part, communistes et élus d'outre-mer d'autre part. Les socialistes penchent d'abord en faveur de ces derniers, puis se rallient ensuite aux thèses des premiers.

Le résultat manque de netteté. Si le principe de l'association reposant sur une volonté commune et l'égalité des devoirs et des droits est le fondement même de l'Union, le système de la Fédération est adopté, sans que les organes pour la mettre en œuvre en soient définis. Il est surtout stipulé que les liens entre la France et les États associés résulteraient de traités séparés, adaptés à chaque cas. C'est un peu l'auberge espagnole des conceptions françaises en matière coloniale. La solution, en l'occurrence, n'est guère recommandable, surtout au moment où se déroule avec les Vietnamiens un dialogue aussi ardu qu'essentiel. Les réactions prennent donc vite un tour passionnel, peu propice à la sérénité des décisions.

Le premier, Charles de Gaulle s'élève avec force contre le principe de libre disposition ne pouvant mener les territoires d'outre-mer, en l'état de leur développement et compte tenu de la concurrence des grandes Puissances, qu'à l'agitation, à la dislocation et finalement à la domination étrangère. Il est suivi dans son argumentation par Édouard Herriot qui, pour sa part, estime que l'on ouvre ainsi une porte sur la sécession. La Constitution devrait imposer la solidarité des territoires d'outre-mer avec la France, et l'Union n'autoriser qu'une diplomatie et une armée.

Autre personnalité défendant également fermement l'esprit « impérial », l'ancien gouverneur Varenne, dont le passage en Indochine a été marqué par un souffle de libéralisme. Ministre d'État chargé des questions de l'Union française, il préside maintenant l'Association nationale pour l'Indochine française et affirme hautement sa résolution de conjurer les menaces qui pèsent sur l'œuvre magnifique créée outre-mer par la Troisième République. Des « états généraux de la colonisation », réunissant à Paris aux mois de juillet et août 1946 des Français venus de toutes les colonies, appellent dans ce sens à la défense de la souveraineté française.

Certes, un renouveau est jugé nécessaire, compte tenu de l'évolution des temps. Ainsi, deux ans plus tôt, à la Conférence de Brazzaville, s'est déjà affirmé un esprit de réformes et d'humanisme, confirmé par le général de Gaulle dans sa Déclaration du 24 mars 1945, mais ce renouveau ne saurait se concevoir hors du bloc français. Prolongement de la pensée de Jules Ferry qui estimait, soixante ans plus tôt, que la France ne pourrait justifier son rang de grande Puissance que par la constitution d'un empire, la mystique impériale est, on le voit, encore très forte chez la plupart des hommes politiques français, au lendemain d'une victoire de la France libre obtenue précisément grâce à la France d'outre-mer. D'où le ralliement à cette thèse d'hommes de gauche, en particulier socialistes, en faveur notamment du maintien d'un lien indissoluble entre la métropole et ses possessions coloniales.

Aussi critiquée que puisse être l'initiative du haut-commissaire par ceux qui croient encore à la possibilité d'une entente avec le gouvernement de Hanoi, elle ne tombe donc pas dans un milieu politique métropolitain totalement hostile. Le comportement du Viet-Minh au Tonkin, avec ses obstructions et ses incidents, et à Fontainebleau avec ses obstinations et ses rigidités, n'est d'ailleurs pas sans lui donner quelque fondement. Rappelé à Paris à la mi-juillet 1946, à sa propre demande, le général Leclerc semble découragé. Ses directives à ses officiers marquent, en effet, à la fois son embarras et son pessimisme :

— ... J'ai recommandé au gouvernement la reconnaissance de l'État du Vietnam. Il n'y avait pas d'autre solution. Il ne pouvait être question de reconquérir le Nord par les armes, nous n'en avions pas, et nous n'en aurons jamais les moyens. Rappelez-vous le Sud... Ici, l'insuccès est certain, voyez Dalat. Il faut garder le Vietnam dans l'Union française, voilà le but, même s'il faut parler d'indépendance. A Fontainebleau, doit être trouvée une solution garantissant à la France au moins le maintien de ses intérêts économiques et culturels... étant entendu que Ho Chi Minh persistera à vouloir se débarrasser de nous... Vous continuerez à défendre les intérêts français... Pour cela, tendez la corde, tirez dessus... mais surtout qu'elle ne casse jamais !... Il nous faut la paix !...

Comme une réponse à ces instructions données d'un ton grave, empreintes d'une sorte de désespoir, éclate l'affaire de Bac Ninh, le convoi français de 60 camions attaqué sur la route de Langson, la riposte cinglante, l'intervention de l'aviation, les 18 tués et 43 blessés français qui font craindre le pire en Indochine, et émeuvent la métropole. Les sentiers menant à la guerre s'ouvrent-ils donc maintenant sur un boulevard ?

Chapitre V

L'IRRÉPARABLE

L'ÉTAPE DU « MODUS VIVENDI »

— Ne me laissez pas repartir ainsi. Armez mon bras contre ceux qui cherchent à me dépasser. Vous n'aurez pas à le regretter.

Lorsque Ho Chi Minh fait cette confidence à Moutet et à Sainteny, la délégation dirigée par Pham Van Dong a déjà quitté la France. On a cru à la rupture, mais le président est resté, apparaissant plus que jamais comme l'homme de la paix, qu'il faut soutenir contre les bellicistes de tous bords. Il a même demandé à Sainteny de faire parvenir à Hanoi un message incitant son gouvernement à ne pas donner un caractère anti-français aux cérémonies commémoratives du 2 septembre 1945, message qui ne l'a pas empêché d'ajouter à l'adresse de ses deux interlocuteurs l'avertissement suivant :

— S'il faut nous battre, nous nous battrons. Vous nous tuerez dix hommes, mais nous vous en tuerons un, et c'est vous qui finirez par vous lasser...

Il sait que l'argument ne manque pas de poids, particulièrement pour des hommes tels que Moutet et Sainteny dont il connaît la position conciliante et la volonté d'éviter ce que ce dernier appelle « l'irréparable ». Il sait également que les Français répugnent à la guerre. Les journaux qu'il lit chaque jour le lui montrent bien. C'est ce que d'Argenlieu appelle « le goût de Munich, la drogue vietnamienne ».

Le travail de l'Oncle Ho sur ce point a été efficace. De réception en garden-party, il a véhiculé sa bonhomie, son air de lettré à la fois humble et malicieux, sa facilité d'effusion. En tant qu'hôte, il a offert une fleur à chaque femme présente ; invité lui-même, il s'est prêté aux accolades des dignitaires français, au point d'indisposer le socialiste trotskiste Daniel Guérin qui n'a pu s'empêcher de voir se profiler derrière lui l'ombre de Ta Tu Thâu, le trotskiste cochinchinois assassiné par le Viet-Minh. Mais pour la majorité de tous ceux qu'il a rencontrés, il est sans aucun doute devenu l'homme de la conciliation et de l'entente.

Après la suspension des travaux de Fontainebleau, on a pu cependant croire à la rupture, ou à un chantage à la rupture de la délégation. Mais les conversations ont ensuite repris et les Vietnamiens ont accepté de s'en tenir à la rédaction d'un « modus vivendi », limité aux questions économiques et financières sur lesquelles un accord était possible.

C'est alors que tout obstacle semblant avoir disparu, Pham Van Dong a brusquement exigé le 10 septembre 1946 un engagement préalable sur la date et les modalités du référendum en Cochinchine. Or, c'était précisément là l'un des points d'achoppement essentiels, sinon le plus important, sur lequel le gouvernement français ne pouvait céder. La délégation vietnamienne a donc dû plier bagage et s'en est retournée chez elle. Les Français se sont évidemment étonnés de cette volte-face, qui marque l'échec de Fontainebleau, sans pour autant impliquer encore une rupture définitive.

Il ne semble pas que le gouvernement de Hanoi, de son côté, y tienne délibérément. La délégation a en effet publié en s'en allant un communiqué où elle manifeste son espoir de reprise des pourparlers et Ho Chi Minh lui-même, qui n'est pas parti, a déclaré à un journaliste américain que les divergences entre Français et Vietnamiens relevaient de querelles de famille.

Le président prolonge même son séjour au-delà de toute attente, indisposant Thierry d'Argenlieu qui dénonce à Georges Bidault ces manœuvres dilatoires : « ...Depuis sa venue en France, habilement, subtilement, sournoisement, le président Ho a usé du mot indépendance et aujourd'hui, dans les journaux parisiens, l'on parle couramment de l'indépendance accordée ou même reconnue par nous le 6 mars. Il en ira pareillement demain de la participation à la Fédération... Que monsieur Ho, hôte du gouvernement depuis bientôt dix semaines, rentre sans plus de délai ! »

Mais monsieur Ho ne tient pas à quitter si vite un terrain où il est convaincu de pouvoir encore gagner quelque avantage. Son jeu reste toujours le même, chercher le maillon faible de l'adversaire et s'appuyer sur la meilleure borne d'amarrage pour tirer au maximum la corde à lui. Tactiquement, il veut gagner du temps, le temps qui peut lui permettre de travailler dans ces deux directions. La borne d'amarrage, ce sont ses amitiés d'extrême gauche, le Parti communiste, la C.G.T., une fraction des socialistes, tous ceux que les élections prochaines pourraient porter au pouvoir. Le maillon faible, c'est cette partie indécise et floue des dirigeants et du monde politique français, tiraillée entre l'indéracinable sentiment d'orgueil impérial et la crainte de ses conséquences, ce que Pham Van Dong a exprimé, non sans brutalité, dans une interview au journal

Paris-Matin : « Je n'ai pas d'opinion sur Marius Moutet. A côté de Marius Moutet existe un Comité interministériel de l'Indochine. Les responsabilités ne sont pas définies. Chez vous, dès qu'il s'agit de prendre une décision qui engage l'avenir, il n'y a plus personne. »

Marius Moutet, justement, trace ainsi le 19 août 1946 la ligne directrice de la politique française à l'intention du haut-commissaire. Puisqu'un accord a été signé avec Ho Chi Minh, il convient d'en exiger le respect scrupuleux, tout comme de le respecter. « Avec la modification dans le rapport des forces, nous pourrions rétablir purement et simplement la souveraineté française dans sa totalité sur l'Indochine, mais nous avons choisi une autre voie, et j'estime qu'il est de notre intérêt national et international d'y persister... » Négociation donc, mais au sujet de la Cochinchine, pierre de touche essentielle, l'objectif demeure un gouvernement progressiste, ayant le soutien populaire et la mission de préparer ultérieurement un référendum favorable à l'autonomie. Quant à la Conférence de Dalat, qui a fait hurler les Vietnamiens, le ministre affirme qu'il n'est en désaccord avec le haut-commissaire que sur la forme, non sur le fond.

Mais les nouvelles qui parviennent d'Indochine sont bientôt alarmantes. Au Tonkin, Giap poursuit sa politique d'hostilité et d'obstruction, sans toutefois créer l'irréparable. En Cochinchine, les activités de guérilla se sont intensifiées, en particulier au nord de Saigon, où la forêt autorise le montage d'embuscades meurtrières pour les convois français, et à l'ouest, dans la Plaine des Joncs, traditionnelle zone de refuge pour rebelles et voie fluviale de contrebande pour les jonques. La Thaïlande devient une sorte de sanctuaire pour maquisards vietnamiens et dissidents khmers, ainsi que pour les inévitables déserteurs japonais.

Le Corps expéditionnaire, avec ses 85 000 hommes, dont 50 000 sont en Cochinchine, et les quelques milliers de partisans qui lui apportent leur soutien, parvient de plus en plus difficilement à assumer sa tâche de pacification, malgré les quelque 800 à 900 postes qu'il a établis. Le général Leclerc, au retour de sa mission indochinoise, juge donc indispensable un renforcement des effectifs au cas où la situation s'aggraverait. Le ministre s'en inquiète, car il prévoit quelques difficultés du côté du Conseil supérieur de la Défense et de la commission de l'Armée.

En fait, le véritable problème est de savoir si le gouvernement français est prêt à choisir une voie nette et claire : soit aller jusqu'au bout de ses arrière-pensées impériales et faire face aux risques d'une rupture, soit accepter une véritable libération des colonies en accordant au gouvernement de Hanoi ce qu'il demande. Il semble malheureusement trop plongé dans le bain savoureux de sa politique intérieure pour prendre en ce domaine une initiative déterminante. En fait, le statut de l'Union française, qui a provoqué une fièvre passionnelle si brusque, semble n'avoir été en somme pour les partis politiques qu'un prétexte susceptible d'alimenter leurs dissensions nationales.

En revanche, les dirigeants du Viet-Minh ont, eux, depuis longtemps envisagé l'éventualité d'un conflit armé et généralisé sur tout le territoire.

Ils s'y préparent, en manœuvrant pour rejeter sur les Français la responsabilité de la tension. La guerre n'est-elle pas le moyen ultime d'arracher ce qui n'a pu être obtenu par la négociation ? Elle est même davantage. Elle participe de la mystique patriotique et révolutionnaire, bien qu'un vieux lutteur comme Ho Chi Minh sache parfaitement qu'elle n'est pas une arme absolue. Son efficacité dépend non seulement du rapport des forces politiques et militaires, mais aussi des circonstances, du choix du moment favorable pour la déclencher, ce « thoï co » qu'il est si habile à percevoir. Si elle s'engageait maintenant, l'épreuve serait longue, dure, coûteuse pour son peuple, et peut-être fatale à son régime, qu'il ne juge pas encore prêt à la soutenir.

Il est néanmoins convaincu que ce sont les Français qui la redoutent le plus. Non par manque de puissance ou de moyens évidemment, mais faute de volonté. Spéculant donc sur cette conviction, il agite la menace de guerre afin d'en tirer de nouvelles concessions qui seraient autant de pas en direction de la réalisation de ses objectifs majeurs. Ainsi peut-il invoquer la crainte d'être débordé par ses opposants et ses extrémistes, les premiers étant en réalité presque tous déjà réduits à l'impuissance, exilés, ou liquidés tandis que, ses propres fidèles, Giap et Tran Huy Lieu en tête, mènent en fait une politique agressive, destinée à entretenir la haine et la volonté de combattre du pays.

Dans cette même perspective, il a volontairement assoupli la position intransigeante de ses délégués lorsque les pourparlers ont été dans l'impasse, le jeu consistant toujours à tirer au maximum sur la corde afin de faire céder l'adversaire, tout en évitant de la rompre. Certes, cela est dangereux. Aux incidents sur le terrain, les Français ripostent avec détermination et violence, comme à Bacninh et à Haiphong, et le risque de dérapage s'avère de plus en plus menaçant. C'est pourquoi Ho Chi Minh juge une nouvelle fois préférable de relâcher la pression.

Il lui faut avant tout gagner du temps. D'une part, il doit consolider le régime politiquement et militairement, car le peuple vietnamien en lequel s'incarne le Viet-Minh ne peut compter que sur lui-même. D'autre part, il espère l'accession au pouvoir en France, lors des prochaines élections, d'une majorité socialo-communiste susceptible d'inverser la tendance en sa faveur. En s'affirmant l'homme de la paix qu'il faut soutenir contre les bellicistes de tous bords, il compte obtenir quelques concessions, en attendant mieux. Il engage donc une négociation personnelle avec le ministre de la France d'outre-mer, dont il sait la position conciliante.

C'est ainsi que dans la nuit du 14 septembre 1946, à la veille de son départ, qu'il a retardé au maximum, il signe au domicile de Marius Moutet un nouveau compromis baptisé « modus vivendi ».

Ce texte hâtif, où le flou l'emporte sur le précis et le provisoire sur le définitif, laisse les problèmes fondamentaux en suspens. Il s'agit d'un accord curieux quant aux circonstances de son élaboration, et limité dans son objectif, qui est de rétablir le calme et la confiance, en attendant une reprise des négociations sur le fond, envisagée au plus tard en janvier 1947. Chacun a néanmoins concédé à l'autre quelques avantages en signe de bonne volonté. Marius Moutet en a obtenu sur le plan économique, et Ho Chi Minh au niveau politique.

Les Français pourront donc bénéficier au Vietnam de la liberté d'établissement, d'un statut égal à celui des Vietnamiens, et de garanties pour leurs entreprises et leurs biens, avec réciprocité pour les Vietnamiens en France. Ce qui leur a été réquisitionné par les autorités de Hanoi devra leur être restitué. Le principe de l'unité monétaire et douanière est d'autre part reconnu, concession déjà faite à Dalat et à Fontainebleau, ainsi que celui du référendum en Cochinchine, sans que toutefois aucune date ne soit fixée, ni aucune modalité précisée. Priorité est seulement acquise aux experts et techniciens français. Des commissions mixtes traiteront des questions litigieuses, ce qui revient d'une certaine façon à noyer le débat, si l'on en juge par l'expérience au nord du 16ᵉ parallèle, où la collaboration prévue par les accords du 6 mars n'est qu'un vœu pieux formulé au cours des toasts officiels.

Il est vrai que des mesures d'apaisement sont envisagées. Elles font l'objet de l'article 9 : « ...Les actes d'hostilité et de violence devront cesser de part et d'autre, de même que les propagandes inamicales. Des accords d'état-major en régleront les conditions de contrôle. Les libertés démocratiques seront garanties aux citoyens des deux pays et aucune poursuite ne pourra être engagée contre quiconque manifestera son attachement à l'un ou à l'autre d'entre eux. » Enfin, Hanoi désignera une personnalité agréée par Paris afin d'assurer la coopération nécessaire à l'application du " modus vivendi " dont l'entrée en vigueur est fixée au 30 octobre 1946, le temps pour Ho Chi Minh de retourner au Vietnam...

L'important pour le Viet-Minh est cette garantie des libertés démocratiques et cet arrêt des activités armées applicables en Cochinchine. Les autorités françaises d'Indochine ne s'y trompent pas. Pour Thierry d'Argenlieu, l'article 9 remet ni plus ni moins tout l'avenir de l'Indochine en cause. Selon Pignon, cela revient à ne plus considérer les gens qui se battent au Sud contre les Français comme des rebelles, donc à inverser la position jusque-là soutenue par la France, et du coup à saboter l'activité du gouvernement cochinchinois et à compromettre les résultats de l'éventuel référendum.

Sur le plan militaire, Valluy qui a succédé à Leclerc à la tête des forces expéditionnaires, est également très préoccupé : « En échange d'une trêve militaire aux conditions encore à déterminer, donc à marchander (gain vague et aléatoire), nous accordons à nos opposants la liberté d'agitation et d'action au grand jour la plus complète (bénéfice précis, certain et immédiat). Cela permettra à la résistance de souffler, de se réorganiser et de se renforcer tranquillement en armes et en personnel. » En conséquence de quoi le général demande le renfort immédiat d'une division.

Ho Chi Minh, cependant, qui est ainsi parvenu à introduire un coin dans le système français, joue la comédie de l'échec. « J'ai signé ma condamnation à mort » l'entend-on, paraît-il, murmurer en sortant de l'appartement de Moutet. Il est vrai qu'au regard de ce qu'il espérait du grand voyage à Paris, le résultat est maigre et qu'aux yeux de tous ceux qui en attendaient l'indépendance et la paix, surtout dans le volcan tonkinois surchauffé par la propagande et les préparatifs guerriers, c'est l'impression d'un échec qui prévaut. Mais « mieux vaut revenir les mains vides » pensent certains, qui ont fait un triomphe à Pham Van Dong et à sa délégation rentrés, eux, avec l'auréole de ceux qui ont refusé de s'incliner. Bref, dans l'ensemble, les avantages obtenus au Nam Bô, arrêt des hostilités et droits démocratiques, ne paraissent pas compenser ce qui frappe davantage l'imagination du peuple et excite la hargne des extrémistes, à savoir la restitution aux colonialistes de leurs biens.

Mais une fois de plus, Ho Chi Minh va savoir exploiter ce qui pourrait être une menace pour son prestige et le retourner contre les Français. Sa politique est une illustration parfaite de ce qu'écrivait le poète chinois Du Mu (IXe siècle), commentateur de Sunzi : « Celui qui veut marquer un point suit un itinéraire long et tortueux et il le transforme en voie courte. Il tourne l'infortune à son avantage. Il trompe et abuse l'ennemi, afin de l'inciter à la temporisation et à la négligence, puis il avance promptement. »

Il programme donc son retour sur un navire de guerre français, de préférence à l'avion. Son insistance à obtenir ce moyen de transport étonne Sainteny, qui l'attribue à la crainte d'un attentat. En fait, il semblerait plutôt qu'il cherche à en tirer des effets susceptibles de servir ses desseins politiques. Logique dans sa volonté de temporisation et d'apaisement provisoire, il pense renforcer chez les Français un sentiment de confiance en son désir sincère de paix.

Rencontrant à Cam Ranh le haut-commissaire Thierry d'Argenlieu, il convient avec lui de constituer aussitôt les commissions mixtes prévues par l'accord. Il va même jusqu'à lui donner l'accolade, « cette manie désagréable au possible d'embrasser par un geste brusque et rapide... », écrira l'amiral. Il désavoue aussi les actes de terrorisme commis en Cochinchine, et autorise son interlocuteur à en faire publiquement état. En échange, Thierry d'Argenlieu promet, lui, de faire libérer un certain nombre de prévenus politiques, et pour finir, reconnaît que l'entrevue lui paraît féconde. Dans son rapport à Marius Moutet, l'amiral ajoute cependant : « Nous saurons assez vite d'après son attitude s'il veut effectivement appliquer les accords de septembre... »

En mettant le pied sur le sol vietnamien, Ho Chi Minh joue le jeu. Il fait acclamer la collaboration franco-vietnamienne, non sans rappeler que la réunification du pays reste l'objectif majeur de la nation.

Il faut dire que l'accueil a été bien préparé et soutient une réelle popularité personnelle. De Haiphong, où il débarque le 20 octobre 1946, à la capitale, il accomplit un trajet triomphal. Toutes les organisations ont été mobilisées par les Comités du Viet-Minh et la population a été rameutée pour l'acclamer. Le pouvoir de fascination de l'Oncle Ho opère d'ailleurs sur la foule, avec d'autant plus de force que son absence prolongée et son retour sur un navire de guerre français donnent l'impression à ses compatriotes qu'il n'a pas été tout à fait libre de ses mouvements en signant le « modus vivendi ». La nouvelle de l'entrée du bateau dans les eaux vietnamiennes et de la prochaine arrivée de l'Oncle est un soulagement pour tout le monde, écrit Giap de son côté, qui ajoute : « Le pays fut submergé par la joie... Il était là, de retour, sain et sauf... », comme s'il s'agissait de la libération d'un otage.

Le retour du président marque effectivement une accalmie au Tonkin. Mais ce n'est qu'une pause. Pendant son voyage d'un mois, les réactions au « modus vivendi » ont été mitigées, plutôt vives. Loin de se conformer à l'esprit du texte, dont les dispositions ne sont applicables qu'au 30 octobre 1946, Giap et le gouvernement de Hanoi ont redoublé de défiance et d'agressivité. Ils ont fait élever des barrages et des ouvrages de défense autour des édifices de la police et de l'armée, repoussé toute offre de collaboration française, même pour réparer un pont détruit ou rétablir une voie ferrée. Le contrôle et la surveillance policière se sont renforcés sur les Vietnamiens employés par les Français, et la dissuasion accentuée sur ceux qui les fréquentent. Les agressions de militaires français isolés se sont multipliées. En plusieurs villes, en particulier à Langson et à Tourane, les établissements qui devraient être restitués à leurs propriétaires français ont été pillés ou démantelés. Enfin, des hommes en armes ont été placés devant des banques, des imprimeries, des bâtiments français.

Au Nam Bô, les instructions de Hanoi relatives au « modus vivendi » ont déclenché une intense activité militaire. Le nouveau « Comité de Résistance provisoire du Nam Bô », issu d'une refonte du Comité sudiste opérée le 13 septembre, s'est proclamé unique administration légale du Sud. Dans le même temps, plusieurs offensives ont été déclenchées au Trung Bô, dans la région côtière du cap Varella, et sur les hauts plateaux, dans celle de Kontum.

Les directives interceptées par les services de renseignements français font état d'une volonté de harcèlement en vue de contraindre les Français à appliquer les dispositions de l'accord concernant la cessation des hostilités et les libertés démocratiques au Nam Bô. Ainsi, le commandement vietminh de la frontière khméro-thaï a-t-il reçu l'ordre de détruire complètement les œuvres économiques françaises au Cambodge et d'attaquer les points faibles, tels que les plantations et les usines. Il a été en outre prescrit de refuser catégoriquement tout compromis régional.

Le 8 octobre 1946, les Comités du Nam Bô ont reçu instruction de mettre sur pied tous les rouages administratifs dans les villages, et d'obliger les notables « fantoches » à se séparer des Français en démissionnant. Il a été précisé que les agents de la Sûreté devaient se camoufler sous l'uniforme administratif. Le gouvernement de Hanoi n'a pas voulu perdre de temps pour gagner le maximum de positions avant l'entrée en vigueur du « modus vivendi » afin d'être ensuite prêt à en exploiter les clauses favorables. Il sait que cet accord est, malgré tout, un nouveau progrès dans le grignotement du système français.

Ceux qui croient ou feignent de croire à une trahison du président ne peuvent être que des aveugles ou des survivants des partis nationalistes qui se sont mis à relever inconsidérément la tête. Ils ont en effet répandu des tracts insinuant qu'à force de rester dans les pays étrangers, on finissait par en devenir l'esclave.

Pourtant, ce sont des Vietnamiens de France qui ont osé manifester leur désaccord à l'Oncle. A Paris, après les accords de mars, des étudiants lui ont envoyé une lettre lui exprimant leur honte d'avoir eu foi en lui Il a dû expliquer sa politique à ces égarés. Avant de quitter la France, en gare de Montélimar, puis au camp de Mazargues, où il a rendu visite à 3 000 de ses compatriotes qui y étaient regroupés, il a entendu fuser des invectives et des accusations de trahison, au milieu des clameurs réclamant l'indépendance. Répliquant avec sang-froid et fermeté, il a prêché alors la modération et dit en substance : « Apprenez un métier en France. Le pays aura besoin de techniciens expérimentés. Ne vous préoccupez pas de politique, elle est mon affaire ! »

A Hanoi, on a parlé d'un complot, d'un possible attentat. La police vietnamienne a mis en place pour son arrivée un formidable service d'ordre. Les jours précédents, elle a contrôlé avec minutie tous les immeubles longeant les voies que le président devait emprunter. Elle a interdit qu'on ouvre portes et fenêtres au passage du cortège, et averti les Français qu'ils seraient responsables de leurs employés et domestiques vietnamiens.

Le contraste est frappant entre ces précautions spectaculaires et l'accueil enthousiaste réservé par la population à l'Oncle Ho. Toujours est-il que cette menace, réelle ou non, permet au gouvernement vietminh de liquider définitivement les derniers opposants nationalistes. Au cours d'une rafle exécutée le 29 octobre, 300 personnes sont arrêtées. Plusieurs personnalités sont assassinées, telles que le journaliste et délégué à l'Assemblée nationale Vu Dinh Chi, éditorialiste connu du *Vietnam*, organe du V.N.Q.D.D. A la session parlementaire qui s'est ouverte la veille, on ne voit plus siéger qu'une poignée de représentants de ce parti.

Le président Ho, auquel l'Assemblée a décerné le titre de « Premier Citoyen du Vietnam », présente la démission de son gouvernement pour en constituer aussitôt un autre. Il se réserve cette fois le portefeuille des Affaires étrangères, en s'adjoignant Hoang Minh Giam comme secrétaire d'État. Giap est ministre de la Défense, ce qui rend officiel un rôle qu'il n'a jamais cessé de tenir à la présidence du Comité de Résistance. Vinh Thuy reste cependant Conseiller suprême, bien qu'il réside maintenant à Hongkong. Exception qui confirme la règle, mais si isolée qu'elle ne peut même pas être considérée comme un alibi démocratique, le V.N.Q.D.D. Chu Ba Phuong n'a pas été éliminé. La prise en main de l'appareil du pouvoir par le Viet-Minh est donc totale. Le gouvernement change d'ailleurs d'appellation. Il n'est plus « d'union nationale » mais de « bloc national ». « Il devra être actif, courageux, déterminé à poursuivre nos objectifs, édifier le pays et reconquérir l'indépendance et l'unité nationales ! » déclare son président.

Le 28 octobre 1946, à la séance inaugurale de l'Assemblée constituante, l'émotion a été grande d'entendre les députés des « régions en lutte contre l'envahisseur » exalter l'héroïsme des combattants vietnamiens et fustiger les méfaits des colonialistes. Sous les yeux des observateurs étrangers, le président Ho est venu en sanglotant bruyamment, un mouchoir à la main, embrasser le représentant du port sudiste de Rachgia, Nguyen Van

Tao, dont le discours a été particulièrement violent. Quelques jours plus tard, le 8 novembre, la Constitution de la République démocratique du Vietnam est adoptée par l'Assemblée : « Elle proclame au monde, déclare le président, que le Vietnam est devenu indépendant, que le peuple vietnamien jouit de toutes les libertés... » Mais elle s'abstient aussi de mentionner la Fédération indochinoise et l'Union française, bien que la Convention préliminaire du 6 mars 1946 y ait intégré expressément la République vietnamienne en lui accordant reconnaissance officielle.

Cependant, dès le 14 novembre, l'Assemblée décide d'ajourner la mise en vigueur de cette Constitution, qu'Ho Chi Minh a pourtant qualifiée de première Constitution démocratique de l'histoire du Vietnam. Puis, sans prononcer sa dissolution, et en clôturant sa session, elle crée une commission de 15 membres chargée de la représenter auprès du gouvernement qu'elle autorise à prendre des décisions par décret. Fi désormais des faux-semblants, c'est une véritable dictature qui est instaurée.

Sur le plan extérieur, il n'y a plus de tiers, Américains, Britanniques, ou Chinois et leurs satellites, pour s'interposer entre la France et le Viet-Minh. L'instant de vérité approche, celui où le dialogue, à force d'éviter l'obstacle, finit par se briser pour céder le pas à l'affrontement armé. Il y a longtemps que psychologiquement, le gouvernement de Hanoi y prépare le peuple. Même les enfants sont invités à jouer à la guerre. Ainsi, lors des fêtes traditionnelles de la mi-automne qui leur sont consacrées, les autorités organisent un jeu sur le Petit Lac de Hanoi. A l'intérieur de cordes dessinant sur l'eau la carte du pays, des gosses déguisés en soldats de l'armée régulière et montés sur des barques chassent hors des frontières de vilains envahisseurs sous les acclamations d'une foule enthousiaste.

A l'évidence, pour le gouvernement de Hanoi, le « modus vivendi » ressemble maintenant davantage à un pas vers la guerre que vers la paix.

LA MARCHE VERS LA GUERRE

Le 30 octobre 1946, le « modus vivendi » entre donc en vigueur, et les hostilités cessent officiellement sur tout le territoire indochinois entre forces françaises et troupes du gouvernement de Hanoi.

Le général Nyo est désigné à la présidence de la Commission militaire française chargée de fixer les principes et les modalités d'application de l'accord ; 150 prisonniers politiques détenus au Sud, parmi lesquels une dizaine de personnalités, sont libérés. Mais une fois de plus, ce dernier compromis ne peut arrêter l'engrenage des malentendus et des volontés antagonistes, ni permettre d'attendre un problématique règlement de fond.

Déjà, le 28 octobre, selon un message intercepté par les services français, Giap a envoyé aux troupes du Nam Bô cette directive significative : « ...Pour bien montrer notre sincérité dans l'exécution de la convention provisoire, nous avons donné l'ordre de cesser les hostilités. Cependant, nous continuerons à nous préparer sur le plan militaire. Il pourrait arriver que les Français continuent à nous attaquer ou bien cessent la lutte... et reprennent à nouveau leurs attaques. Nous devons mettre à profit ce temps de répit pour nous préparer complètement... »

Dans une autre directive du commandement local de Thuyhoa (Trung Bô méridional), également captée par les Français, il est prescrit aux régiments 81 et 82 de « garder un secret absolu sur nos positions malgré l'accord provisoire signé avec eux. Pour toutes attaques éventuelles de votre part, faire la propagande (comme quoi) elles ont été décidées dans un but de légitime défense contre la terreur ».

Ces instructions sont révélatrices de l'état d'esprit des dirigeants du Viet-Minh. Leur méfiance, dont ils ne se sont jamais départis à l'égard des Français, est assez ambiguë. Elle s'explique par un long passé de résistance et d'oppression, mais elle est d'autant plus insurmontable qu'elle procède d'un complexe psychologique propre à ceux qui ont subi une quelconque domination, et qui tend à les décharger de toute culpabilité et de toute suspicion sur celui qui les domine ou les a dominés.

En outre, elle trouve une justification dans la politique française, dont les tendances divergentes se traduisent par de regrettables équivoques. Néanmoins, c'est certainement moins par machiavélisme que par manque de réalisme et de détermination que pèchent les autorités françaises. L'obstination fédéraliste du haut-commissaire d'Argenlieu est une façon de défendre des positions qu'il juge grignotées par des accords qu'il désapprouve. Elle n'est cependant pas une surprise pour Ho Chi Minh qui sait l'appréhender à sa juste valeur, et la retourner à son profit, en faisant endosser à l'adversaire la responsabilité des litiges et des fractures. Les accusations réciproques de duperie et de mauvaise foi peuvent être lancées de part et d'autre, elles ne comptent que par le résultat obtenu sur le plan de la propagande. A ce jeu, il semble que le Viet-Minh, homogène, plus affûté en matière de combat psychologique et agissant chez lui, soit le plus efficace.

Le malentendu est en tout cas irrémédiable entre les deux adversaires qui s'affrontent sur les deux terrains les plus sensibles, ceux où achoppe depuis des mois toute possibilité d'entente : la Cochinchine et la question douanière. L'un et l'autre relèvent du problème fondamental que les compromis successifs ont indéfiniment repoussé, celui de l'unité du Viet-nam au sein d'une Fédération indochinoise encore à définir. Sur le premier, l'irrésolution et les contradictions françaises vont finir par donner au gouvernement de Hanoi une sorte de victoire au négatif. Sur le second, le jeu se tendra, avec les risques encourus, jusqu'à l'irréparable.

C'est pour contrebalancer l'existence reconnue du gouvernement de Hanoi que le haut-commissaire a décidé la création de celui de Cochinchine. Dès les premiers pas de celui-ci, son promoteur lui-même les juge médiocres : « Bonne volonté, mais manque de savoir-faire, note-t-il. Le gouvernement ne forme pas une unité morale, une personne morale. Tendance dictatoriale. Décisions à la légère sans consulter. Préoccupation de la face. Pas d'entente avec le commissaire de la République. Résultat : où va la Cochinchine ? » Le jugement est plutôt sévère, compte tenu des conditions de création et de fonctionnement de ce gouvernement. Il est en tout cas révélateur de ce que le haut-commissaire en attend.

Le ministère du docteur Thinh n'est en réalité rien d'autre qu'une assemblée réduite de dignes marionnettes, manipulées par des conseillers français qui traitent effectivement des dossiers. L'administration sur laquelle il s'appuie est dirigée, elle aussi, par des Français qui occupent la plupart des postes, par manque d'effectifs vietnamiens qualifiés.

A propos de « face », dont les Européens semblent croire que les Asiatiques sont obsédés et qu'ils interprètent comme un simple souci d'amour-propre formaliste, on peut dire que les autorités françaises ne se sont guère préoccupées d'en donner au docteur Thinh. Chef de gouvernement en titre, le président ne dispose pas de résidence digne de son poste. En effet, c'est dans sa modeste demeure, où est installé son cabinet professionnel, qu'il exerce ses fonctions. On le voit même ouvrir lui-même la porte à ses visiteurs. A l'heure où l'autre président, celui de Hanoi, est reçu en chef d'État à Paris, on ne peut dire évidemment que la comparaison soit favorable à la Cochinchine que l'on voudrait pourtant ériger en pouvoir concurrent.

Il est vrai que, si le docteur Thinh est populaire par ses qualités humaines, il n'a pas l'aura nécessaire pour soulever les foules. Il n'est d'ailleurs pas homme à en aimer outre-mesure le contact. Dans ses rapports avec les autorités françaises, il ne s'impose pas non plus. Sans doute est-il trop effacé, trop petit de taille, trop confucéen dans ce que cela implique de réserve, trop « annamite » en somme, pour réduire la condescendance des administrateurs des services civils et la supériorité paternaliste de certains anciens de la colonie décidés à conserver leur prééminence.

Ces derniers ont en effet fondé l'Union pour la défense de l'Œuvre française en Indochine. Le président en est le remuant Henry de Lachevrotière, journaliste et politicien saigonnais qui s'était déjà opposé à Malraux dans les années vingt. Pour ce groupement, qui ne représente pas l'ensemble de la colonie, l'autonomie, ce vieux cheval de bataille, est avant tout un moyen de défendre ses intérêts matériels, objectif légitime. Mais il ne la conçoit qu'avec le maintien de privilèges devenus surannés. Il ne semble pas avoir pris conscience de la révolution engagée dans l'esprit des « Annamites » depuis le 9 mars 1945 et accomplie dans l'ivresse irrésistible du 2 septembre suivant. Cet irréalisme, qui se drape dans les couleurs d'une grandeur impériale passée, n'est pas sans compromettre la santé fragile du gouvernement Thinh, et la politique, qui se veut libérale, du gouvernement français.

Certes, afin de colorer le système d'une nuance démocratique, en attendant des élections et un référendum rendus problématiques par l'insécurité, le Conseil consultatif est élargi par un arrêté du 26 juillet 1946. Son effectif passe de 14 à 42, avec 21 représentants des 21 provinces de Cochinchine, élus par les conseils provinciaux et villageois. Les Chinois disent que cela revient à se gratter la chaussure quand c'est le pied qui démange. La mesure est en effet insuffisante, et révèle l'impuissance d'un gouvernement qui ne parvient qu'à soulever de toutes parts critiques et oppositions.

D'un côté, il est accusé de mollesse à l'égard des suppôts du Viet-Minh par les autonomistes du Front Populaire cochinchinois, avatar du Parti cochinchinois de Nguyen Tan Cuong, qui a mis sur pied une milice anti-terroriste, en attendant la formation d'une police gouvernementale. De l'autre, il est jugé trop servile et socialement timoré par le Mouvement Populaire cochinchinois de Le Van Truong, de tendance socialisante, qui plaide pour une réforme agraire, des mesures en faveur des couches pauvres de la population, et, ce qui est plus inquiétant, pour une Cochinchine autonome dans le cadre d'une Fédération vietnamienne.

Enfin, d'autres groupes de mécontents, de rejetés, d'intellectuels indécis, de gens compromis avec les Japonais, d'éléments troubles plus ou moins liés aux sectes ou au Viet-Minh, se livrent dans la presse et par la propagande verbale à un travail de sape peu propice au ralliement de la masse des indécis.

A cette situation peu encourageante, est venu s'ajouter l'impact de la Conférence de Fontainebleau, dont on attendait des décisions importantes, et où d'ores et déjà Ho Chi Minh et son gouvernement peuvent se targuer d'avoir remporté une appréciable victoire de prestige. La deuxième Conférence de Dalat, organisée par le haut-commissaire pour atténuer les déceptions que les autres pays indochinois avaient pu ressentir au privilège ainsi accordé au Viet-Minh, a été une bien mince consolation. N'ayant qu'une valeur consultative et quasiment symbolique, elle s'est achevée le 13 août 1946 par un accord des participants, Cochinchine, Cambodge, Laos, représentants des montagnards du Sud et de l'Annam méridional, sur le principe de quelques moyens et organes fédéraux : une monnaie, la piastre, une langue officielle, le français, une capitale, Dalat, une Assemblée avec participation égale de 10 représentants pour chaque État et les intérêts français, une armée nationale propre à chaque État dont elle assurera la sécurité intérieure, tout en concourant avec celle de l'Union française à la défense commune de la Fédération.

La Conférence a émis également une motion de protestation contre la saisie par le gouvernement de Hanoi des biens culturels appartenant à l'ensemble de la Fédération, tels que l'Université, les archives, les bibliothèques, etc., ainsi que l'Institut Pasteur et l'École française d'Extrême-Orient.

Objectivement, le haut-commissaire peut s'estimer surtout satisfait de l'orientation prise par le Cambodge et le Laos. Dans le premier de ces pays, le roi Sihanouk a quelque peu libéralisé le régime de la monarchie absolue en créant une Assemblée nationale provisoire élue au suffrage universel et direct, afin d'examiner le projet de Constitution établi par une commission franco-khmère. Profitant de cette liberté nouvelle, le Parti démocrate, vainqueur des élections et majoritaire (50 sièges sur 67), a provoqué ensuite un vote négatif et fait déclarer l'Assemblée constituante. Un gouvernement nationaliste s'est alors formé, mais il a accepté les conditions de l'autonomie proposée par la France au sein de la Fédération.

Au Laos, s'est constitué le 28 août 1946, au lendemain de la Conférence de Dalat, un royaume unifié des Lao d'Indochine, sous l'autorité du roi de Luang Prabang, Sisavang Vong. Les clivages traditionnels nord-sud et montagne-vallée n'en sont pas pour autant effacés, ni les rivalités endémiques claniques et princières. Derrière trois princes liés à la famille royale, Petsarath, émigré au Siam, Souphannouvong, allié au Viet-Minh, et Souvanna Phouma, se dessinent déjà les trois tendances dont les querelles et les alliances vont tresser de leurs entrelacs l'histoire laotienne des années à venir. Pour l'heure, le Roi semble rallier la majeure partie des forces antagonistes autour de sa politique d'entente avec la France.

Pour ces deux pays, comme pour les peuples montagnards de la Cordillère annamitique et des hauts plateaux, la Fédération est à l'évidence une protection assurée par la France contre la pression historique des Viet, et contre celle des Siamois à l'ouest. Ce n'est donc pas sans raison que le délégué khmer à Dalat s'est inquiété de l'absence du Vietnam à la Conférence : « Est-ce que cet organisme que nous voulons construire est viable sans la participation du Vietnam ? a-t-il demandé. Est-ce que nous pouvons nous suffire à nous-mêmes ? Supposez qu'ils n'adhèrent pas... » A l'évidence, non seulement l'ombre de Fontainebleau pèse sur l'assemblée de ceux qui n'y ont pas été invités, mais le Viet-Minh entretient sur les frontières du Cambodge une agitation politique et militaire intense. Il apporte son soutien aux dissidents khmers Issarak réfugiés dans les régions de Siemréap et de Kompong Cham, de même que les Siamois accueillent à Bangkok un Gouvernement provisoire du Cambodge libre.

Avec le Siam, se pose un autre problème, celui des territoires pris au Cambodge et au Laos en 1941, avec l'appui japonais. Sur ce point, le gouvernement français parvient à éviter le recours au Tribunal international de La Haye et à obtenir, après des négociations menées à Washington, le traité du 17 novembre 1946 qui décide la rétrocession de ces territoires.

C'est donc la Cochinchine qui continue à susciter le plus de soucis. Elle est la clé de la politique indochinoise de Thierry d'Argenlieu, que Marius Moutet soutient, non sans quelque appréhension. Dans une lettre datée du 19 août 1946, alors que se déroulaient les négociations de Fontainebleau, le ministre a prescrit au haut-commissaire de ne pas fixer de date au référendum qu'il estime impossible à organiser en raison du terrorisme persistant et de l'absence d'autorités régulières.

L'important pour lui est de chercher « une formule qui, sans abandon de souveraineté, donnera à cette population le sentiment qu'elle peut se prononcer en toute liberté, sans quoi (il ne doute pas) qu'elle ne se prononcerait pour son rattachement pur et simple au Vietnam ». Pour combattre ce qu'il appelle la mystique vietnamienne, il préconise « des appâts substantiels qui constituent un attrait pour la masse populaire ». Affirmant avec conviction que la France n'est pas revenue en Indochine pour restaurer le système colonial, il souligne la nécessité pour le gouvernement cochinchinois de s'affirmer dans tous les domaines, et surtout dans un sens social très net. Il recommande de remettre sans attendre entre les mains d'autochtones certains postes importants, éclatants même. « L'administration doit disparaître dans les faits. »

Ce ne peut être qu'un vœu pieux. Si les fonctionnaires vietnamiens manquent pour occuper tous les postes à pourvoir, les autorités françaises n'ont pas non plus grande confiance dans les capacités des élites cochinchinoises, quand elles ne doutent pas carrément de leur loyauté. Ainsi le colonel Xuan, homme réputé sûr s'il en est, n'aurait-il pas déclaré à des journalistes, pendant la Conférence de Dalat, que la séparation des 3 « ky » ne correspondait à aucune réalité nationale et que rien ne s'opposerait à leur réunion si le gouvernement de Hanoi était moins orienté à gauche ?

Pire, il ose proposer au cours des travaux la nationalisation de la Banque de l'Indochine, ce sanctuaire inviolable du pouvoir capitaliste et impérial. Évidemment, c'est un tollé dans le clan colonial de l'Assemblée de Cochinchine et le docteur Thinh lui-même est accusé d'introduire le loup dans la bergerie en nommant des fonctionnaires suspects de sympathies vietminh.

En fait, pour la bourgeoisie et les possédants cochinchinois, l'autonomie signifie également la sauvegarde de leurs intérêts matériels, mais ceux-ci ne coïncident pas forcément avec ceux des Français de la colonie. Non sans raison, ils envisagent un accroissement de leur pouvoir politique autant que celui de leur puissance économique et financière, que limitent les positions acquises des Européens, surtout celles des grandes sociétés et des tout-puissants établissements de crédit, dont le siège social est situé en France.

D'autre part, leur sentiment autonomiste, pour être lié à ces préoccupations matérielles, n'en reste pas moins contenu par cet autre sentiment, plus profond celui-là et viscéral, celui d'appartenir malgré tout à l'antique patrie commune des Viet.

Là-dessus, le « modus vivendi », avec ses libertés démocratiques accordées aux opposants, la libération des condamnés politiques, et un arrêt des hostilités, dont chacun sait qu'il ne saurait profiter qu'au Viet-Minh, vient donner un coup fatal au gouvernement cochinchinois. On ne croit désormais plus guère à l'autonomie, qui apparaît de plus en plus comme un leurre au profit des clans coloniaux.

Les journaux vietnamiens en « quoc ngu », favorables à la réunification, augmentent leur tirage. La propagande vietminh bat son plein, ainsi que le terrorisme, avec les enlèvements et les assassinats de notables. Certes, les activités de guérilla ont cessé dès le 30 octobre 1946, démontrant l'autorité de Nguyen Binh, mais telles les eaux envahissantes du delta en temps de mousson, le Viet-Minh s'infiltre partout où l'armée française, insuffisante à la tâche, ne fait que passer sans pouvoir exercer un contrôle permanent.

Dans une proclamation, le Comité exécutif provisoire du Nam Bô s'affirme seul dépositaire au Sud des pouvoirs de la République démocratique du Vietnam et se déclare chargé d'appliquer les ordres du gouvernement central. C'est sur la qualité de cet organisme que bute immédiatement l'application du « modus vivendi ».

Le haut- commissaire écrit au président Ho pour protester contre les actes de terrorisme qui se poursuivent et l'activité de ce Comité, qu'il juge contraire à tous les accords, le statut de la Cochinchine demeurant inchangé jusqu'à l'intervention du référendum et l'autorité de la France y étant toujours souveraine. Ce à quoi Ho Chi Minh répond que le Comité existe et répond à un état de fait consacré par les accords successifs, état de fait qui doit demeurer inchangé jusqu'à ce référendum. C'est l'impasse totale, tandis que les discussions concernant les commissions mixtes traînent en longueur.

L'échec de l'expérience cochinchinoise serait grave. Au lendemain du « modus vivendi », Marius Moutet le répète à Thierry d'Argenlieu : « Nous devons réussir vite en Cochinchine, car de nos succès ou de notre échec dépend presque exclusivement l'avenir de la présence française en Indochine. » On ne saurait être plus précis. Cependant, cette réussite passe pour le ministre par un fléchissement de sa position initiale bien proche de la contradiction.

Dans la même instruction, datée du 21 septembre 1946, il admet en effet l'entrée éventuelle au gouvernement cochinchinois de partisans de la réunification : « Le gouvernement français ne redoute pas le développement en Cochinchine d'une démocratie sincère, même si un tel régime de liberté doit aboutir tôt ou tard à l'union des 3 " ky " sous une forme ou sous une autre. » C'est donc déjà, dans l'esprit de Moutet, et après les concessions de l'article 9 du « modus vivendi », la condamnation de la tentative autonomiste. Comme pour en apporter une tragique confirmation, survient le 10 novembre 1946 la mort du docteur Thinh, trouvé pendu dans sa maison.

Le suicide est probable, un suicide en forme de désespoir mais aussi de protestation muette. La pression a été trop forte sur le modeste président sudiste, et les déceptions trop répétées, à commencer par le manque de soutien véritable de la part de ceux dont il avait choisi la politique, et par le défaut de soutien populaire que sa sincérité et sa bonne foi auraient dû lui gagner. Accablé par les critiques lancées de tous côtés, du clan colonial à la presse métropolitaine incompréhensive, et de ses propres compatriotes du Sud aux Français du groupe marxiste de Saigon, il a été pressé par le Conseil de Cochinchine de reformer son cabinet avec des hommes et dans un sens plus énergiques. Mais il était bien conscient que cela n'aurait rien changé au fond du problème, qui tenait à la situation paradoxale de la Cochinchine, toujours colonie française dont le sort dépendait du Parlement de Paris, et en même temps République autonome en vertu d'une décision de l'autorité locale, soumise elle aussi au gouvernement métropolitain.

Enfin, le remplacement du commissaire de la République Cédile a annoncé également un changement de politique. Il a été remplacé par le conseiller Torel. Administrateur des Services civils dans la colonie depuis 1922, il a participé à l'administration Decoux, avant d'entrer au cabinet du haut commissaire d'Argenlieu au titre de conseiller juridique. Il est connu pour ses projets de restauration monarchique, qui laissent peu de place à un séparatisme sudiste. Le docteur Thinh ne pouvait donc plus éprouver qu'un sentiment d'échec inéluctable, venant s'ajouter à l'amertume de constater qu'en définitive, les Français semblaient accorder davantage de considération à leurs ennemis qu'à leurs amis.

Pour l'heure, ils sont en tout cas trop préoccupés par leurs dissensions internes, ces Français, pour se soucier de la Cochinchine. En effet, le jour même où le président sudiste meurt à Saigon, des élections générales, les quatrièmes de l'année 1946, se déroulent en France. Consécutives à l'adoption de la Constitution, avec son statut de l'Union française si critiqué par le général de Gaulle et les tenants de l'Empire, elles marquent un progrès du Parti communiste qui redevient la plus importante formation politique du pays, et un recul de la S.F.I.O. Une longue crise s'ouvre pour la constitution d'un nouveau cabinet.

En attendant, celui de Georges Bidault reste en charge des affaires courantes. Le moins que l'on puisse dire est que les circonstances ne sont pas favorables à des prises de décision importantes, au moment où précisément la tension qui règne en Indochine les exigerait. Confiant l'intérim de ses fonctions au général Valluy, le haut-commissaire d'Argenlieu part le 12 novembre 1946 à Paris, afin de rendre compte de la situation.

Celle-ci n'est guère brillante, et pendant son absence, elle va se détériorer gravement au Tonkin.

Officiellement, le gouvernement de Hanoi manifeste sa volonté de respecter les clauses du « modus vivendi », en particulier celles qui concernent la restitution des biens français. On a vu qu'avant la mise en vigueur de l'accord, pillages et réquisitions dans plusieurs localités s'efforçaient d'en réduire la portée.

Dès le 31 octobre, c'est avec solennité que l'Institut Pasteur a été remis aux autorités françaises et aux représentants de la Société Louis Pasteur. Mais le bâtiment avait été préalablement vidé de tout son matériel, et le personnel vietnamien avait disparu dans sa totalité, du laborantin au balayeur. Une seule exception néanmoins, le secrétaire comptable Nguyen Ngoc Lam, qui désirait travailler malgré les pressions et les menaces qu'il disait avoir subies de divers cadres vietminh. On retrouvera l'audacieux quelques jours plus tard, étranglé, et avec une balle dans la tête.

A propos de l'Institut lui-même, la presse vietnamienne s'empresse de préciser que, si la Société Pasteur a la propriété de l'immeuble, c'est le gouvernement vietnamien qui détient celle du terrain, et qu'un accord entre les deux parties est nécessaire pour permettre une reprise de ses activités.

Cet exemple est significatif de la manière dont le gouvernement de Hanoi compte mettre en pratique le « modus vivendi ». Diverses mesures d'ordre économique et social sont prises au cours de la session de l'Assemblée, avec ce double caractère de défense des intérêts nationaux et d'entrave aux entreprises françaises, tel ce Statut du travailleur, mis au point par le sudiste Nguyen Van Tao. L'interdiction d'emploi de la main-d'œuvre étrangère sans autorisation gouvernementale préalable revient à empêcher les Chinois, principalement visés, de remplacer les Vietnamiens grévistes ou défaillants. L'obligation, socialement justifiable, imposée aux entreprises de plus de 100 employés d'avoir infirmerie, école gratuite et crèches, et de disposer d'infirmiers et de médecins, est irréalisable dans l'immédiat.

Il en est de même des dispositions prises dans la perspective d'un conflit ouvert et tendant à instituer un régime d'autarcie, avec la mainmise de l'État sur le commerce extérieur, la production et la consommation, par le groupement en coopératives villageoises, et surtout l'interdiction de tout achat de marchandise d'origine étrangère n'ayant pas acquitté les droits de douane imposés par les autorités vietnamiennes. Le Groupement pour le Relèvement économique du Vietnam est chargé de veiller à l'application de ces règles.

Le 19 novembre 1946, le général Valluy en tire les conclusions : « Les intentions du Vietnam peuvent se résumer ainsi : obtenir un règlement provisoire de la situation consolidant l'état de trêve militaire, s'installer dans cette situation favorable en faisant traîner au maximum les travaux de la commission tendant au règlement définitif, utiliser ce délai pour améliorer leur situation militaire en tournant les clauses de l'accord provisoire et surtout pour améliorer leur position politique par la réorganisation et l'extension de leur appareil politico-administratif clandestin et par une propagande occulte et si possible ouverte. L'application loyale du " modus videndi " de notre seul côté est en train de tourner à notre détriment avec une accélération croissante. »

Et sur un ton plus familier, mais qui en dit long sur son désenchantement, le haut-commissaire par intérim écrit au général Salan : « Tu diras à MM. Juin et de Lattre que je les adore, et que je les remercie infiniment des bonnes paroles qu'ils me prodiguent par personnes interposées à longueur de courrier. Ils m'aiment, c'est entendu, mais ça les dispense du reste. Ils n'aimaient pas Leclerc, mais du moins ils lui envoyaient des officiers de liaison qui rapportaient l'ambiance. C'est très important l'ambiance. Jusqu'à présent, ces messieurs ne m'ont envoyé qu'une commission de contrôle... Ce qu'il me faut, ce sont des baïonnettes sereines, mais nombreuses. Autrement, ce sera la panique et l'abandon. Le Viet-Minh est à l'affût. Devant une situation qui se dégrade de jour en jour, les Services civils poursuivent leurs chimères. Ils semblent vouloir préférer la perte de l'Indochine à toute initiative autre que la leur... Je prévois une grosse bagarre d'ici peu avec l'amiral qui n'a rien compris à la pacification et qui croit qu'il y a deux actions distinctes, l'action militaire et l'action politique, alors qu'elles sont intimement liées... »

Face au gouvernement de Hanoi solidaire, et totalement sous la poigne de Ho Chi Minh et de son équipe fortement soudée, les autorités françaises, sans leur chef, en consultation à Paris auprès d'un gouvernement démissionnaire, apparaissent singulièrement abandonnées, de surcroît divisées sur le choix à faire entre la fermeté et la composition.

Au Tonkin, le personnel dirigeant est instable. Depuis le départ de Sainteny en France à la veille de la Conférence de Fontainebleau, se sont succédé à son poste le général Valluy, puis après le départ de celui-ci à Saigon pour remplacer Leclerc, le général Crépin, enfin, depuis le 15 août 1946 le général Morlière, c'est-à-dire quatre responsables en moins de trois mois. Or, la situation est devenue telle que des décisions importantes vont devoir être prises incessamment.

C'est en effet l'impasse, non seulement au Sud, où le désaccord est irréductible, mais aussi sur les problèmes aussi vitaux pour le gouvernement de Hanoi que ceux de la monnaie et des douanes. L'harmonisation monétaire prévue à l'article 5 du « modus vivendi » est irréalisable pour les Français qui ne peuvent accepter le remboursement au pair de la piastre Ho Chi Minh, émise en grande quantité et sans leur contrôle, par la piastre de la Banque de l'Indochine, dont la valeur reconnue sur les marchés étrangers est sans aucune commune mesure avec celle, imposée, de l'autre.

L'entente s'avère également impossible en matière douanière. Le « modus vivendi » a bien posé le principe de l'union des États indochinois dans ce domaine et prévu un Comité de coordination pour en étudier la mise en pratique. Pour le gouvernement de Hanoi, il ne peut être question de celle-ci tant que des négociations sur le fond ne règlent pas le problème politique. Pour les autorités françaises, par la reconnaissance du principe de l'union douanière, il va de soi que les douanes relèvent de la Fédération. D'ailleurs, le haut-commissariat avait déjà pris, le 10 septembre 1946, avant le « modus vivendi », une décision en ce sens, par l'établissement d'un contrôle de toutes les importations et les exportations. Le général Morlière l'a confirmée et rendue effective dès le lendemain de l'accord.

Certes, la mesure, applicable à partir du 15 octobre, est provisoire et ne donne lieu à aucun prélèvement de taxe. Elle a pour but de refréner la contrebande de marchandises et d'armes qui sévit à Haiphong et sur la côte, mais aussi de faire obstacle aux exportations de produits de première nécessité (riz et charbon) faites par le gouvernement de Hanoi afin de se procurer de l'armement et des munitions. Autre objectif, la protection de la piastre, monnaie fédérale, dont la valeur s'effondre sur le marché de Hongkong, à cause précisément de ces achats.

Dès lors, la tension va aller crescendo. Le gouvernement vietminh proteste avec vigueur contre le contrôle institué. Concernés au premier chef et gênés dans leur négoce, les commerçants chinois demandent à l'Assemblée vietnamienne d'intervenir auprès des Français pour annuler la mesure. Ils créent une association pour la défense de leurs intérêts. L'Assemblée adopte une motion de protestation, alors que la commission mixte pour l'application du « modus vivendi » s'est réunie la veille pour la première fois. A Hanoi et sur les routes surgissent des barricades. Des miliciens imposent un contrôle de la circulation.

Les 10 et 11 novembre 1946, à Namdinh, éclatent une échauffourée à cause d'un vol de tissus, puis une grève des 3 000 ouvriers de la « Cotonnière », à cause d'un arrêté français qui augmente le prix de vente des textiles.

A Bacninh, une papeterie française est saisie par le comité local. A Hanoi, les autorités vietnamiennes refusent d'assister au défilé du 11 novembre 1946 et interdisent à la population de sortir.

Le même jour, Ho Chi Minh proteste solennellement auprès de Georges Bidault contre les violations répétées de la souveraineté vietnamienne, et contre, évidemment, le contrôle douanier.

Le 13 novembre, la presse locale accueille avec joie la nouvelle du départ du haut-commissaire qu'elle croit définitif.

Le lendemain, c'est plus grave : le poste français qui protège la ville de Tien Yen est attaqué. Hoang Huu Nam, délégué vietnamien à la commission de liaison, exige le retrait des forces françaises de cette localité. Pour son homologue français, le commandant Fonde, l'orage approche : « D'un côté, sous l'influence des succès de l'expérience Nguyen Binh au sud, et confiant au nord dans son emprise politique, son organisation policière et sa jeune armée, le Viet-Minh, dans sa recherche impatiente de l'indépendance et de l'unité du Vietnam sous sa férule, penche maintenant vers l'épreuve de force. »

Dans cette atmosphère, les troupes françaises sont à bout de nerfs, en particulier à Haiphong, où les heurts sont nombreux. La moindre étincelle pourrait mettre le feu aux poudres. D'ailleurs, selon des instructions secrètes du commandement vietminh captées par les services français, les milices et les cellules de guérilla sont placées en état d'alerte dès le 8 novembre. Une note datée du 17 novembre prescrit de revoir et d'étudier les plans de défense et d'attaque, de faire provision de vivres, et d'éviter toute provocation, car « les terroristes ont l'intention de s'emparer de notre pouvoir économique et ont déjà violé notre souveraineté... ».

Le 20 novembre enfin, ce que Giap appelle le coup de force français et Valluy une agression vietnamienne préméditée, accélère brutalement le mouvement vers un conflit généralisé.

L'AFFAIRE DE HAIPHONG
(novembre 1946)

L'étincelle va être provoquée par un incident mineur, l'arraisonnement par un L.C.A. de la Sécurité navale française d'une chaloupe chinoise de contrebande, chargée de carburant. Des soldats de l'armée régulière vietnamienne ouvrent le feu, de la rive, sur le L.C.A. qui riposte. La fusillade déclenche aussitôt des réactions dans la ville. Des miliciens s'en prennent aux Français dans les rues. Des barricades s'érigent autour des quartiers sino-vietnamiens. Les blindés français sortent et doivent riposter au feu qui les accueille. Des postes vietnamiens bombardent au mortier les cantonnements français. Après une accalmie due à l'intervention de la mission mixte de liaison, la fusillade devient générale en début d'après-midi. Le commandant Camoin, chef de la délégation française au sein de cette mission, est tué, alors qu'il tente de joindre ses collègues vietnamiens devenus introuvables. Ses quatre adjoints sont également blessés.

La réaction du colonel Debès, commandant d'armes de la place, se fait vive. Il donne l'ordre d'assaut contre les postes vietnamiens, et en particulier contre le théâtre, point névralgique entre le quartier français et les autres. La difficulté est dans l'imbrication des deux armées à l'intérieur de la ville. Pour réduire au silence les mortiers qui tirent d'un village périphérique, Debès veut faire donner l'artillerie. Mais le général Morlière, commissaire de la République par intérim, homme dont l'esprit de conciliation passe en de telles circonstances pour de la faiblesse, le lui interdit de Hanoi.

En fin de journée, les Français comptent 24 tués et 68 blessés. Les Vietnamiens, qui n'ont pas l'habitude de dénombrer leurs morts, ont de leur côté des pertes qui ne peuvent être chiffrées. Quelque chose d'irrémédiable semble déjà s'être passé. Ainsi que l'écrira le commandant Fonde, « ce sang versé, celui de Camoin et de ses adjoints, celui de leurs assassins, celui des autres, emportent au loin tous les espoirs d'apaisement ».

Pourtant, dans l'ignorance des chocs sanglants de l'après-midi, le conseiller politique de Morlière, Lami, signe à Hanoi avec le sous-secrétaire d'État à l'Intérieur, Hoang Huu Nam, un accord de cessez-le-feu ordonnant à chacun le retour dans ses propres cantonnements. Le soir même, le président Ho Chi Minh dîne avec le délégué français de Lacharrière, chargé de la mise en place des commissions mixtes prévues par le « modus vivendi ». Les deux hommes conviennent de réunir immédiatement à Hanoi une commission mixte qui serait chargée de régler les questions brûlantes de la douane et du commerce extérieur.

Mais à Haiphong, le cessez-le-feu s'avère irréaliste et inapplicable. Le retour au « statu quo ante », avec les éléments antagonistes imbriqués les uns dans les autres, est générateur de nouveaux affrontements dans l'état d'esprit des troupes en présence. Le commandement français estime, d'autre part, qu'il ne peut abandonner des positions acquises durement par les armes.

Du côté vietnamien, on estime impossible de communiquer l'ordre d'arrêter les tirs, en raison des défaillances dans les liaisons et de la difficulté de circuler dans des rues livrées à d'incessantes fusillades. Celles-ci reprennent d'ailleurs de plus belle dès le lendemain matin, après une nuit relativement calme. De sorte que la commission mixte, dépêchée de Hanoi, essuie des coups de feu en arrivant à Haiphong. Des pourparlers s'engagent, mais ils se heurtent à un double refus, celui du colonel Debès d'évacuer le théâtre, et celui de Hoang Huu Nam, représentant du gouvernement vietnamien, de neutraliser la zone de combat et d'écarter les postes vietnamiens du quartier européen. On parvient cependant à s'entendre sur un arrêt des tirs, des mouvements de troupes, et plus généralement de toute mesure d'hostilité, en attendant qu'intervienne un règlement à l'échelon supérieur. On s'accorde également sur un échange de prisonniers.

Debès ne croit pas à la bonne foi des Vietnamiens. Ses services l'informent de mouvements inquiétants autour de la ville et de l'aérodrome de Cat Bi, ainsi que dans le quartier chinois et l'île de Haly. Les Chinois sont d'ailleurs venus se plaindre auprès de Hoang Huu Nam des agissements des milices vietnamiennes à leur égard, des arrestations, enlèvements, vols, couvre-feu intégral, tireurs déguisés en Chinois, etc. De nouvelles barricades se dressent un peu partout.

Debès a l'impression d'un encerclement. Or, il ne dispose que de 2 500 hommes, ce qui est insuffisant, malgré les blindés et l'artillerie, pour tenir une ville de l'importance de Haiphong, peuplée de 150 000 habitants. Quand il se plaint à Hoang Huu Nam des mouvements de troupes signalés, celui-ci réaffirme la volonté de paix de son gouvernement et assure qu'il a donné des ordres pour les faire cesser.

C'est alors que, telle une infirmation de ces paroles, parvient la nouvelle qu'à Langson, décidément lieu maudit, deux embuscades ont été tendues aux forces françaises qui ont perdu huit tués et plusieurs blessés. Le colonel Sizaire qui les commande a aussitôt ordonné la prise de la ville. Le Viet-Minh y a laissé une cinquantaine de morts.

En l'apprenant, à Saigon, Valluy durcit sa position. Au projet de réunir la commission douanière mixte, il impose comme conditions l'évacuation de Haiphong par les forces vietnamiennes et la liberté de stationnement des forces françaises dans cette ville. Morlière n'ose même pas communiquer cet ultimatum au gouvernement de Hanoi, et de Lacharrière retourne à Saigon.

Au colonel Debès, Valluy envoie directement cet ordre : « Par tous les moyens à votre disposition, vous devez vous rendre maître complètement de Haiphong et amener gouvernement et armée vietnamienne à résipiscence... Vous mettrez le président Ho en face de ses accablantes responsabilités et des lourdes conséquences que peut avoir son attitude à l'égard du gouvernement français. »

Valluy est en effet convaincu de la préméditation vietnamienne : la réaction disproportionnée des troupes de Giap à ce qui n'était qu'un incident mineur, et le coup de Langson le lui prouvent. Comme ses colonels, il est ulcéré de la façon dont Camoin a été tué. Les officiers français subissent depuis trop longtemps le harcèlement et les provocations des soldats et des miliciens vietnamiens, pour ne pas brûler de l'envie de leur donner une leçon. Dans ses *Mémoires*, le général Salan explique cet état d'esprit : « L'ère des colonels est une conséquence de la passion qui animait les commandants de régiments responsables de combats pour la Libération de la France à la 1re Armée. De Lattre et Leclerc étaient des passionnés ; nous-mêmes, à leur image, l'étions également. »

Le colonel Debès, qui n'apprécie guère Morlière, officier d'état-major et homme de bureau plutôt que chef de guerre et meneur d'hommes, entend avec satisfaction le langage ferme de Valluy. Il informe le collaborateur du commissaire, Lami, de son intention d'exiger l'évacuation par les Vietnamiens, forces régulières et paramilitaires, des quartiers français et chinois de la ville et du village de Lac Vien. Lami lui répond, par lettre, qu'un tel ultimatum est inutile et dangereux, car « il faut tout faire pour éviter de déclencher un conflit qui se généraliserait immédiatement et mettrait en péril non seulement les postes français isolés comme Haiduong ou Vinh, mais encore les civils de Hanoi. Le conflit généralisé n'est souhaité ni par le haut-commissaire, ni par le gouvernement français... ». Il estime qu'il faut de toute façon attendre une confirmation de Hanoi pour prendre une telle initiative.

Mais le lendemain matin 23 novembre 1946, Debès passe outre à l'objection, et lance l'ultimatum à 7 heures, sur les directives de Saigon. Il a constaté des renforcements dans le quartier chinois et autour de Haiphong en violation de l'accord passé avec Hoang Huu Nam. Il laisse deux heures aux Vietnamiens pour opérer l'évacuation exigée, ainsi que le désarmement des habitants des quartiers concernés.

Le Comité administratif de Haiphong répond qu'il doit en référer à son gouvernement. Debès attend donc 10 heures pour déclencher les opérations. Les forces françaises dégagent le périmètre de sécurité. Dans la partie nord du quartier chinois, elles se heurtent à une vive résistance. C'est alors que, selon le rapport du colonel Debès, « des rassemblements ennemis dans les villages autour de Haiphong, au nord du Cua Cam et à Kien An, sont pris à partie par la chasse envoyée de Hanoi, par l'artillerie de l'AD 9 et par celles des bateaux en rivière, *Savorgnan de Brazza* et *Chevreuil* ».

Une véritable bataille s'engage. Les Français sont contraints d'évacuer le terrain d'aviation de Cat Bi. Le 24 novembre, ils livrent dans le quartier chinois un combat de rues très âpre. Au cours de la nuit du 24 au 25 novembre, les Vietnamiens lancent deux attaques, contre un dépôt de la Shell et dans le quartier de la gare, « en hurlant à la manière japonaise », note Debès. Le 25, faisant à nouveau intervenir l'artillerie terrestre et navale, les Français s'emparent de la caserne de la Garde indigène. Le 26, ils poursuivent le nettoyage des quartiers investis. Le 27 novembre, des parachutistes envoyés de Saigon en renfort dégagent le terrain d'aviation, tandis que les bombardements reprennent, avant d'être arrêtés sur l'ordre du général Morlière. Le bataillon de marche de la 3ᵉ D.I.C. débarque du *Suffren*, qui a été canonné par des batteries côtières. Les combats cessent dans la ville de Haiphong. Les Français dénombrent 26 tués et 86 blessés.

Du côté vietnamien, les dégâts sont considérables, surtout dans les faubourgs où les paillotes sont l'habitat courant. La ville elle-même offre un spectacle de désolation et d'abandon. Dès le début des combats, une partie de la population s'est enfuie. Mais les victimes sont nombreuses. Leur évaluation est l'objet de controverses, reflet d'opinions contradictoires quant aux responsabilités de la tragédie et plus généralement du déclenchement de la guerre d'Indochine proprement dite dont c'est la première véritable bataille.

En justifiant ses décisions, le général Valluy dira que « les pertes vietnamiennes s'accroissent chaque année, depuis vingt ans, par une sorte d'amplification polémique inspirée par des... Français. En 1966, elles atteignaient 6 000. Or, je me souviens d'un document vietminh de décembre 1946 qui, sans insister, citait le chiffre de 3 000. Nous avons estimé à l'époque que c'était le chiffre réel, multiplié par 10 ».

Pour le général Fonde, alors commandant de la mission de liaison, il est impossible qu'il y ait eu plus de 50 à 100 ou 200 combattants tués en comptant large, et comme il n'y avait plus de civils, évacués dès les premiers coups de feu... Le chiffre de 6 000 est celui donné par l'amiral Battet, alors commandant en second, mais c'est un témoignage indirect, puisque l'officier était en mer. Il est néanmoins évident que les tirs d'artillerie et les combats qui se sont prolongés plusieurs jours dans des zones d'habitat dense que leur population n'avait sans doute pas totalement évacuées ont causé de lourds dommages. En outre, l'aspect punitif de l'opération ne pouvait en amoindrir les effets.

Le capitaine Ferrandi, qui y a participé, le confirme en ces termes : « Notre mission avait ici une allure punitive. Elle consistait à incendier toute la partie commerçante où régnait encore une forte activité vietminh... » Quoi qu'il en soit, la conséquence immédiate de la « leçon » infligée au Viet-Minh à la suite des coups de feu tirés sur le L.C.A. arraisonneur, a été l'accélération brutale du processus menant tout droit à l'affrontement généralisé.

Dès lors, dans tout le Nord, ce sera la panique, surtout là où stationnent des troupes françaises. On se préparera avec fièvre au pire, « le pire étant devenu inévitable à Haiphong », selon le mot de Paul Mus. Les 25 et 26 novembre 1946, on va également se battre à Langson. Les Vietnamiens y ont refusé de rendre des otages chinois capturés le 21 novembre et les combats se sont engagés de nouveau pour la maîtrise de la Citadelle et des forts Négrier et Brière-de-l'Isle.

A Hanoi, des rumeurs alarmantes circulent de part et d'autre sur un coup de force des uns ou des autres. La population vietnamienne évacue la capitale, et le gouvernement lui-même juge préférable de passer ses nuits à Hadong pour ne pas se laisser surprendre. Les Vietnamiens employés par les Français s'éclipsent. Tout autour des garnisons françaises, barricades et ouvrages de défense se dressent. Sur les routes, aux abords des ponts et des carrefours, des équipes vietminh posent des mines, creusent des tranchées, préparent destructions et sabotages. Des renforts de miliciens et de réguliers affluent dans les centres et les points névralgiques.

Pour le gouvernement de Hanoi, la bataille de Haiphong n'est officiellement qu'une nouvelle extension de la guerre d'agression des Français, commencée en septembre 1945 au Nam Bô. Qu'il l'ait délibérément provoquée, ou qu'il ait été surpris par la violence de la réaction française vis-à-vis d'une escarmouche localisée, c'est surtout pour lui un viol, cette fois irrémédiable, de la souveraineté sacrée.

Pour le haut-commissariat et les militaires français, elle est le fait de la jeune armée vietnamienne de Giap et s'inscrit dans la logique de la détermination du Viet-Minh de bouter à plus ou moins bref délai les Français hors du pays, les actions terroristes et de guérilla menées en Cochinchine en étant les éléments précurseurs.

Quoi qu'il en soit, Giap accusera le colonel Debès d'avoir sauté sur l'occasion offerte de frapper et les « réactionnaires » de Saigon d'avoir cherché un nouveau fait accompli à propos de la question douanière. À preuve, selon lui, la découverte, au cours des combats de Haiphong, d'une circulaire datée du 10 avril 1946, émanant du Commandement français, concernant les mesures à prendre en vue de « transformer une offensive purement militaire en un scénario de coup d'État ». Dès lors, les dirigeants vietminh ont su à quoi s'en tenir sur les « noirs desseins des réactionnaires français et leurs agissements perfides... ».

Encore que le document, ajouté à l'attitude contradictoire des autorités françaises, négociant d'un côté et frappant de l'autre, ait pu renforcer la méfiance profondément enracinée des hommes de Hanoi, il n'était sans doute guère de nature à vraiment surprendre des révolutionnaires chevronnés, rompus aux manœuvres les plus tortueuses, tels que Ho Chi Minh et Giap. Il prend plutôt des allures de justification, et ne peut, de toute manière, expliquer un comportement des miliciens et des militaires de Giap tendant, bien avant Haiphong, à faire rompre la corde que Leclerc craignait tant de voir briser, et que Ho Chi Minh donnait si souvent l'impression de vouloir ménager dans des marchandages de dernière heure.

Un homme comme le général Morlière, auquel ses efforts de conciliation ont valu tant de critiques, avouera son désappointement devant cette attitude. Dans son rapport du 11 décembre 1946 sur les événements de Haiphong, il écrit notamment : « On ne peut soutenir impartialement que le gouvernement de Hanoi ait fait de réels efforts pour créer ce climat favorable à une coopération amicale dont on a tant parlé... J'ai essayé loyalement et jusqu'au bout de voir ce que pouvait donner, en dehors même d'accords qui n'étaient pas conclus, une coopération franche, limitée aux domaines qui paraissaient les plus faciles : militaire et scientifique. Je n'ai eu que des déceptions... L'armée vietnamienne s'est accrue en quantité, s'est améliorée en qualité, mais aucun contact n'a pu être établi avec elle, même pas avec la fraction dite " troupes de relève " que les accords du 6 mars plaçaient cependant sous mon commandement ! Cette armée a été jalousement tenue hors de tout contact, loin de tout regard... J'en ai fait plusieurs fois la remarque à Giap ; ses réponses étaient embarrassées. Comment ne l'auraient-elles pas été puisque cette armée était destinée à combattre nos troupes au Nam Bô d'abord, partout ailleurs, au Vietnam ensuite... Rien n'a pu être obtenu pour que soit effacée et même atténuée chez nos hommes la déprimante et exaspérante impression d'une vie de captifs dans une prison, qui résultait des innombrables et mesquines restrictions apportées à leur circulation. »

Ce sentiment explique, sinon justifie les initiatives de Valluy et de Debès, prises dans un contexte où elles purent paraître fondées en raison du caractère indécis de la direction politique et du défaut d'une autorité gouvernementale évanescente. Il n'a pu, malgré tout, et quelles que puissent être les tendances impériales d'une armée encore imprégnée de l'esprit d'une victorieuse libération, se développer qu'en raison de l'acharnement des dirigeants du Viet-Minh à vouloir faire payer de retour à la puissance française un passé d'intolérable servitude. Haiphong a bien été le point de non-retour de l'irrésistible engrenage de la méfiance et de la peur, mais aussi des passions entrecroisées, dans lequel Français et Vietnamiens n'ont cessé depuis plus longtemps qu'il n'y paraît de se pousser les uns les autres.

Le problème reste de savoir quelle est la part réelle de Ho Chi Minh dans la progression du Viet-Minh vers l'affrontement armé, et dans quelle mesure il interviendra dans la décision définitive. Cet homme patriote et révolutionnaire, chez lequel cohabitent la raison du politique et la passion du révolté, est-il vraiment incapable d'empêcher la rupture de la corde sur laquelle il n'a cessé lui-même de tirer jusqu'à la limite du possible, ou bien est-il décidé à engager son pays, en vue d'objectifs intangibles, dans une épreuve qu'il sait longue et terrible ? Toujours est-il que ses dernières interventions auront un accent aussi dérisoire que les ultimes tentatives qui seront faites pour éviter ce qui ne peut déjà plus l'être.

Quatrième Partie

L'ENVOL DES FAUCONS
(1946-1949)

Chapitre premier

CETTE GUERRE DONT PERSONNE NE VEUT...

Officiellement, personne, ou presque personne ne désire la généralisation du conflit. Personne, ou presque personne ne semble non plus vraiment vouloir l'empêcher.

Le 23 novembre 1946, le Comité de l'Indochine se réunit en présence du haut-commissaire Thierry d'Argenlieu. La séance prévue le 21 novembre aurait été reportée en raison de l'annonce de l'incident de Haiphong, encore à son début. Pourtant, on y parle surtout de la Cochinchine, et c'est à son propos que l'amiral demande la suspension du « modus vivendi » et la fin de « l'équivoque qui favorise en réalité les tenants résolus de notre éviction ». Il y parle de la situation au Cambodge et au Laos, insiste sur celle de la Cochinchine, où l'on voit un gouvernement le jour et un gouvernement la nuit, celui de la nuit tendant à devenir le gouvernement de toujours.

C'est à propos d'elle que Georges Bidault, en présence des ministres concernés, parmi lesquels celui de l'Armement, le communiste Charles Tillon, tient un langage ferme : la Cochinchine est toujours colonie française, son sort dépend de l'Assemblée nationale, et le haut-commissaire a le devoir d'y faire respecter l'ordre et la loi, au besoin en tirant le canon.

Le Comité refuse cependant de suspendre le « modus vivendi », en raison des polémiques et des difficultés politiques qui en découleraient. En revanche, il ne semble pas même avoir évoqué les événements de Haiphong. Le 27 novembre, à la dernière réunion du gouvernement

Bidault démissionnaire, puis le 29, à la nouvelle séance du Comité de l'Indochine, est finalement réaffirmée la volonté de la France de défendre la présence française en Indochine par tous les moyens.

En pratique, il n'y a plus de gouvernement véritable à partir du 28 novembre 1946. Dans l'atmosphère de crise où la France est plongée, la question indochinoise est plus que jamais perçue à travers les options politiques métropolitaines, qui recouvrent en l'occurrence le clivage traditionnel gauche-droite, avec un secteur mou et indécis mordant sur l'une et l'autre.

L'affaire de Haiphong, dont on ne saisit pas encore très bien les développements dramatiques, n'est pour les uns qu'un incident de parcours à peine gênant, pour les autres une nouvelle manifestation du danger communiste.

En Indochine, le sentiment général des autorités françaises trouve son expression dans ces lignes que Sainteny, de retour pour une mission de paix, écrira à son beau-père Albert Sarraut : « Nous sommes ici pour exécuter des ordres. Mais ces ordres, il faut que nous les recevions. La France doit savoir si elle veut conserver son Empire et comment elle entend s'y prendre pour y parvenir. Qu'elle veuille bien abandonner quelques instants ses préoccupations de politicailleries de clocher et qu'elle donne des ordres à ceux qui tentent de le lui conserver... »

L'initiative revient donc au haut-commissaire d'Argenlieu, auquel est renouvelée la confiance du gouvernement démissionnaire. Dès le 24 novembre 1946, il a donc envoyé un télégramme d'encouragement à son intérimaire Valluy, lui confirmant la ligne de fermeté adoptée et la pleine liberté de manœuvre qui lui est accordée sur le plan militaire. Toutefois, conscient de la gravité d'une rupture, il charge Sainteny, resté à Paris depuis le départ de Ho Chi Minh et sur le point d'abandonner ses fonctions de commissaire de la République, de retourner en Indochine, afin de chercher avec le gouvernement de Hanoi un terrain d'entente.

Le dialogue n'a pourtant pas été rompu, mais il s'est aigri. Le 27 novembre, alors que les combats ont cessé à Haiphong, Valluy, fort du soutien de Paris, a imposé des conditions draconiennes à un cessez-le-feu : évacuation et interdiction du retour des forces vietnamiennes régulières et paramilitaires à Haiphong et dans les secteurs occupés par les Français, contrôle du transit de toute formation et embarcation dans cette zone, dite de sécurité, liberté de circuler entre ses diverses garnisons pour les forces françaises. Dans l'esprit du général, rien de cela ne préjugeait du statut futur des douanes et du port de Haiphong. Mais dans celui du gouvernement de Hanoi, c'était un abandon de souveraineté qu'il lui était impossible d'accepter.

— C'est du vitriol. La face n'est pas ménagée, a constaté Morlière qui a communiqué l'ultimatum verbalement à Giap lui-même.

Les traits tirés, le regard dur, le chef militaire du Viet-Minh répondra le lendemain en proposant la réunion d'une commission mixte pour étudier le problème. On lui opposera un refus. Il semble que d'ores et déjà, pour les dirigeants de Hanoi, les dés soient jetés, et qu'après Haiphong, l'objectif des « colonialistes » soit la capitale, si l'on en croit les messages interceptés par les services de renseignements français.

Ainsi, le 30 novembre 1946, Giap télégraphie à Nguyen Binh : « Dès que la nouvelle de l'attaque de Hanoi par les Français se confirmera, tous les fronts du Nam Bô attaqueront en même temps. » Les instructions envoyées aux unités et aux comités du Sud évoquent la gravité de la situation et considérant les hostilités comme inévitables, prescrivent d'activer les préparatifs en vue d'attaquer et de détruire rapidement les points de première importance.

Dans le Nord, règne une fiévreuse activité qui confirme cette sorte de psychose guerrière. Des blindés français de reconnaissance constatent dès le 28 novembre que tous les ponts menant vers Hanoi au sud sont coupés. Les troupes régulières vietnamiennes quittent leurs quartiers urbains pour des cantonnements en banlieue. Les unités paramilitaires qui les remplacent se livrent à des travaux de défense, barrages de terre coupant les rues, passages à l'intérieur des immeubles d'un même bloc, aménagement de meurtrières dans les murs, etc.

Une bonne part de la population vietnamienne de la capitale est évacuée dès les premiers jours de décembre 1946. La même opération est engagée à Namdinh, Haiduong, Phu Lang Thuong, avant de commencer à Huê et à Tourane. La loi martiale et le couvre-feu sont établis dans la zone entourant Hanoi.

A la mission de liaison, les officiers vietnamiens répondent à leurs homologues français qui s'étonnent de ces préparatifs : « Des parachutistes ont débarqué à Gialam il y a quelques jours. La population européenne se réfugie à la Citadelle... Nous ne voulons pas être surpris, comme à Haiphong, à Langson... » C'est d'ailleurs le même jour que les renforts de la 3e D.I.C. amenés par le *Suffren* arrivent à Haiphong.

Cette certitude, maintes fois affirmée des dirigeants vietminh, s'appuie peut-être sur des informations précises. Si l'on en croit le vice-consul des États-Unis O'Sullivan, Sainteny qui arrive à Hanoi en mission de paix le 2 décembre lui confie le projet d'une action de police française afin de débarrasser le gouvernement de Hanoi de ses éléments extrémistes et francophobes. Le général Valluy, de son côté, a sans doute songé à une initiative de ce genre. En effet, dans une note d'orientation du 8 décembre 1946, jugeant préférable d'éviter la généralisation du conflit tant que les renforts attendus ne seront pas arrivés, c'est-à-dire jusqu'au 15 janvier 1947, il estime que « l'heure est passée où le désarroi provoqué dans le gouvernement du Vietnam par nos ripostes énergiques à ses agressions de Haiphong et Langson nous permettait d'espérer que nous imposerions par les armes l'amorce d'une solution rapide et favorable aux problèmes indochinois ».

Les dirigeants de Hanoi se préparent donc à un affrontement généralisé. Ils n'en font pas moins quelques interventions donnant à penser qu'ils ne veulent pas la rupture, pour la raison sans doute qu'ils en craignent les conséquences. Leurs initiatives manquent cependant de conviction, comme s'ils ne pouvaient plus croire à l'apaisement, ou comme si un irrésistible enchaînement passionnel leur ôtait toute pensée de marchandages ou de calculs politiques.

Ho Chi Minh lance bien un appel au calme, mais dans le même temps, le Viet-Minh incite la population à préparer sa défense, fustige les politiciens de faire des concessions, encourage la jeunesse à s'enrôler dans les formations paramilitaires. Le 30 novembre, la Commission permanente de l'Assemblée vietnamienne demande l'arbitrage de l'Assemblée française et du gouvernement de Paris, dont elle doit bien savoir qu'il expédie les affaires courantes.

Les réactions à l'arrivée de Sainteny, envoyé pour tendre la main, ne sont guère chaleureuses. Nguyen Binh le dur ne manque pas de donner son sentiment à Giap par télégramme : « Les Français profitent de la période des négociations pour nous attaquer à l'improviste. On ne peut avoir confiance en eux. N'engagez des pourparlers avec aucun Français, même avec Sainteny. » Celui-ci débarque donc à Gialam le 2 décembre 1946, désagréablement surpris de ne pas voir Ho Chi Minh l'accueillir. La presse locale est partagée. Si certains journaux veulent bien voir dans sa mission l'intention de la France de poursuivre une politique d'accords, d'autres mettent la population en garde contre le machiavélisme des colonialistes.

Sainteny lui-même note que son retour n'apporte aucune détente et que la situation reste complexe, confuse, inquiétante. Le sous-secrétaire d'État américain à la Section Asie, Moffat, en voyage d'information, rapporte de ses entretiens avec les dirigeants vietnamiens une impression d'irréparable.

Enfin, comment le président Ho reçoit-il son ami Sainteny ? Le lendemain seulement de l'arrivée de celui-ci, dans sa chambre, car il est alité et souffrant. Les deux hommes échangent des lieux communs, avant que l'Oncle n'évoque les événements de Haiphong, laissant entendre qu'ils ne seraient pas étrangers à son mal. Le négociateur des accords du 6 mars 1946, toujours convaincu que le vieux révolutionnaire est le seul rameau d'olivier dans une forêt de cactus, lui déclare :

— J'avais raison lorsque je m'inquiétais à Paris de vous voir prolonger votre séjour loin de votre pays.

— C'est vrai, lui répond le président, mais vous aussi avez trop tardé à revenir.

Ces paroles, les dernières que Sainteny entendra de Ho Chi Minh avant des années, sonnent davantage comme une formule de politesse tout asiatique que comme un regret. Le dialogue en restera d'ailleurs là.

Ce sera avec Hoang Minh Giam que le commissaire de la République échangera ensuite quelques vaines propositions. En effet, à leur tour, les Vietnamiens posent une condition qu'ils savent inacceptable par l'adversaire : le retour à la situation antérieure au 20 novembre 1946 à Haiphong et à Langson. Ce serait pour l'armée française l'obligation d'abandonner ce qu'elle a conquis au combat, pire qu'une défaite, un affront. A la mission de liaison, la même sorte de dialogue a cours, chacun demandant à l'autre de faire le premier geste, sachant qu'il ne le fera pas.

Les Vietnamiens refusent de rendre neuf soldats d'escorte d'un train de marchandises arrêtés avant Langson, au moment où se déroulaient les combats du 21 novembre. Mais surtout, le 5 décembre, un bataillon de la Légion débarque à Tourane, escale aérienne obligatoire entre Saigon et Hanoi, afin de protéger le terrain d'aviation menacé par des concentrations de troupes vietnamiennes dans les environs. C'est une violation des accords d'avril qui interdisent l'emploi de troupes étrangères au nord du 16e parallèle.

Mais cet aspect juridique est en fait dépassé par l'impact de l'opération au Trung Bô, où un vent d'affolement se met à souffler, en particulier à Huê et à Vinh. Dans cette dernière localité, le petit groupe de liaison français est isolé au milieu d'une population hostile. Un message de la division 27 dans le Trung Bô méridional est explicite : « La situation est très critique... Tourane et Huê ont été évacuées et préparent à l'extrême leur résistance... Attendez les ordres, soyez à la radio pour écouter la proclamation du président Ho. »

Le 6 décembre pourtant, le président n'annonce pas encore la guerre. C'est un simple appel qu'il lance sur les ondes, renouvelant celui de l'Assemblée vietnamienne au gouvernement et à l'Assemblée française. Le lendemain, il précise sa position dans une interview au journal *Paris-Saigon*, en même temps que Sainteny tente de définir la sienne. Mais alors que le commissaire de la République déclare que l'entente est possible et que la France n'a pas l'intention de rester maîtresse absolue de Haiphong et de Langson, l'Oncle Ho confère cette fois à son appel le caractère d'un avertissement : « Le peuple vietnamien ne veut pas la guerre, mais si on la lui impose, il la fera. Elle sera atroce, promet-il, mais plutôt que de renoncer à sa liberté, il est prêt à tout supporter. » Le président ajoute néanmoins qu'il envisage cette indépendance au sein de l'Union française, et qu'il souhaite parvenir à une solution, car ni la France, ni le Vietnam ne peuvent se payer le luxe d'une guerre sanglante...

Le peuple de France et ses dirigeants, auxquels il s'adresse, entendent-ils vraiment cette voix, aussi lasse que déterminée ? Rien n'est moins sûr. Pour le premier, n'est-elle pas trop lointaine, d'autant plus que l'incident de Haiphong, développé en bataille sanglante, ne lui a pas été annoncé dans toute son ampleur ? Quant aux seconds, ils ne sont pas en mesure de répondre. En dépit de réactions diverses de la presse, la question indochinoise n'est qu'une composante secondaire de la crise. La C.G.T. demande bien l'envoi immédiat d'une commission d'enquête parlementaire ; mais Maurice Thorez, candidat du Parti communiste pour former le nouveau gouvernement, vient d'échouer devant l'Assemblée. Celui du M.R.P., Georges Bidault, partisan de la fermeté, ne réussira pas mieux. C'est l'impasse.

Le 10 décembre 1946, cependant, Léon Blum publie dans *Le Populaire* un article où il prône un accord sincère avec le Vietnam, sur la base de l'indépendance, seul moyen selon lui de préserver les intérêts matériels, le prestige, et l'influence politique et spirituelle de la France en Indochine. Le leader socialiste insiste sur la nécessité de définir une politique claire et de l'appliquer avec loyauté, sans équivoque. Ce pourrait être une réponse à l'appel de Ho Chi Minh, et elle a une importance d'autant plus grande que deux jours plus tard, Léon Blum sera chargé de constituer un gouvernement socialiste homogène, donc sans M.R.P. ni communistes.

Effectivement, Ho Chi Minh lui envoie le 15 décembre un message proposant la mise en œuvre immédiate des organismes prévus par le « modus vivendi ». Mais il reprend les conditions déjà exigées : retour à la situation antérieure au 20 novembre à Haiphong et à Langson, cessation de toute opération militaire en Cochinchine et au Sud-Annam. En échange, il offre des mesures pour assurer la reprise de la vie économique normale, et de la circulation sur les deux seuls axes Hanoi-Haiphong et Hanoi-Langson.

Il est évident que l'ensemble ne peut satisfaire les autorités françaises qui ne peuvent accepter le retrait des positions acquises à Haiphong et à Langson, ni l'arrêt de l'activité militaire en Cochinchine, en échange de la contrepartie offerte. A l'affront, à la perte de face, s'ajouterait la reconnaissance implicite d'un abandon pur et simple. Compte tenu de l'acuité du président Ho dans la perception des limites que l'adversaire peut assigner à ses concessions, ce message ressemble à une fin de non-recevoir anticipée. Les termes, pesés de façon à pouvoir rejeter la responsabilité de la rupture sur la partie adverse, ne sauraient en masquer la véritable nature. Quoi qu'il en soit les services français de Saigon, chargés de retransmettre les télégrammes, n'auraient envoyé celui-ci que le 26 décembre 1946. En outre, le retour de l'amiral d'Argenlieu, annoncé dès le 13 décembre par la presse de Hanoi, apparaît comme le signe évident qu'il ne faut escompter aucun changement d'orientation de la politique française.

Les dirigeants vietminh n'ont pas attendu, en tout cas, pour imprimer à leurs préparatifs psychologiques et militaires un rythme accéléré et quasiment irréversible.

Dès le 7 décembre 1946, Giap a donné instruction à ses troupes de se tenir prêtes à l'attaque à partir du 12 décembre. Plusieurs villes où stationnent des garnisons françaises, Phu Lang Thuong, Namdinh, Bacninh, Haiduong, sont isolées. La route Hanoi-Haiphong est coupée en une vingtaine d'endroits. A Hanoi même, désertée par une grande partie de sa population indigène, le réseau des barricades, barrages antichars, tranchées, frises, explosifs autour et dans les arbres, etc., est étendu à de nouveaux quartiers. Des Vietnamiens suspects d'être indicateurs des Français, des métis, des naturalisés sont arrêtés, disparaissent, ou sont assassinés.

Un message adressé au Comité du Nam Bô explique qu'une guerre générale et de longue durée, complexe et difficile, peut seule résoudre la question de la souveraineté du Vietnam. Le Comité vietminh de Hanoi déclare le 8 décembre, par voie de presse, que « l'heure grave est arrivée » et invite ses compatriotes au calme, à l'union, et à se tenir prêts à se lever dès que le gouvernement en donnera l'ordre. Même son de cloche au Comité central des Fonctionnaires pour le Salut de la Patrie, où un orateur qui a rencontré le président Ho précise même qu'on ne peut prévoir le jour du déclenchement des hostilités, « aujourd'hui, demain, ou dans quinze jours probablement... ». Il ne fait évidemment aucun doute que ce sont les colonialistes qui en prendront l'initiative, selon un plan bien établi.

La fièvre ne cesse donc de monter jour après jour, et tandis que les incidents et les attentats contre Français, métis et naturalisés se multiplient, les autorités vietnamiennes décident de retirer leurs soldats des patrouilles mixtes. La raison invoquée est une perquisition de maisons vietnamiennes ordonnée par le chef de l'une d'elles à la suite de la disparition d'un Français. Certes, elles sont rétablies deux jours plus tard, mais la circulation des blindés devient problématique dans les rues obstruées par des troncs d'arbres abattus en leur travers.

Il y a du côté vietnamien une sorte de hâte à multiplier les conditions favorables à l'éclatement du feu qui couve, comme s'il avait le dos au mur. Il est vrai que le gouvernement de Hanoi est financièrement en état de faillite. Il lui resterait, selon un chiffre donné ultérieurement par sa *Voix du Vietnam*, un million de piastres, dont un pourcentage important de coupures inutilisables. Autre considération, le creux dans les effectifs du Corps expéditionnaire, après le départ des rapatriables et avant l'arrivée de la relève et des renforts.

Mais il y a surtout chez les dirigeants vietminh un désir latent de fuite en avant irrésistible. Au commandant Fonde qui leur demande de la patience et d'attendre au moins une réponse du gouvernement français en formation, sinon la reprise des négociations en janvier 1947, les officiers vietnamiens invoquent le plan d'agression français, antienne obsessionnelle où l'autosuggestion a autant de part que les indices réels ou les informations reçues.

Mais là encore, il semble que le malentendu soit irréductible, la patience n'étant pas de même nature chez les antagonistes. Elle n'est pas chez les Vietnamiens une qualité ou une vertu qui permet d'endurer des peines en attendant mieux. Elle est plutôt un état mental qui s'insère dans le temps et la spirale dynamique des forces qui l'animent selon le rythme binaire du « yin » et du « yang ». Que ce déroulement infini, selon la conception chinoise des dix mille mutations créatrices de l'univers, soit interrompu d'une façon ou d'une autre, et l'état mental que les Occidentaux prennent pour de la patience, disparaît aussitôt. Cela revient à dire que les expressions « prendre ou perdre patience » sont des non-sens pour les Vietnamiens qui ne peuvent qu'être en harmonie avec l'évolution temporelle ou en rupture avec elle. Ainsi s'expliqueraient ces brusques explosions de violence, ces fièvres subites et irrépressibles semblables à quelque typhon ou tsunami succédant à de longues périodes de calme apparent que les Occidentaux assimilent au fatalisme.

Comme dans les arts martiaux, l'harmonie de la pensée et de l'acte dans la spirale du temps étant rompue, en l'occurrence par l'adversaire, il n'est plus concevable de poursuivre le même mouvement sous peine de perdre le combat. Le temps est alors révolu du marchandage soutenu par l'usage simultané de la négociation et du harcèlement. Le moindre atermoiement ou accommodement serait un pas de recul fatal. « C'est fini, dit Giap à Fonde. Nous ne céderons plus. Les destructions, les morts, qu'importe ! Le politique prime l'économique... cela durera deux ans, cinq ans s'il le faut. Nous sommes prêts... »

Qu'importent alors, dans ces conditions, l'investiture de Léon Blum à Paris, ou l'annonce du voyage de Marius Moutet, le ministre signataire du « modus vivendi », que l'on dit toutefois accompagné du même haut-commissaire d'Argenlieu ? Ces nouvelles ne sont plus de nature à inverser le mouvement.

Le 17 décembre, l'excitation est montée de plusieurs degrés avec l'assassinat de deux militaires français par des miliciens Tu Ve. La riposte est cinglante. Le poste responsable est incendié et avec lui les maisons voisines. Il y a de nombreuses victimes vietnamiennes, occasion pour le maire de Hanoi d'inviter les consuls étrangers à constater les dégâts causés par des provocations françaises.

D'autres accrochages se succèdent dans la même journée et le lendemain. Ils sont surtout le fait des Tu Ve. Mais pour retrouver le corps d'un camarade assassiné, des parachutistes français fouillent un quartier vietnamien. L'un des leurs est tué, un autre blessé par une grenade. Leur riposte est brutale, plusieurs Vietnamiens sont abattus.

Dans les rues, où l'on ne voit plus de policiers, l'atmosphère se charge d'une certaine angoisse. Sur les instances de Sainteny, inquiet, Morlière, dont les fonctions sont redevenues purement militaires, fait occuper le bâtiment de la Direction des Finances d'où ont été tirés des coups de feu. C'est un pas de plus dans l'escalade. Le regroupement des familles françaises isolées est décidé. Les relations de Sainteny avec les autorités vietnamiennes prennent un tour aigre. Le commissaire en vient à écrire au président Ho pour l'aviser qu'il devra prendre des mesures de maintien de l'ordre, puisque le gouvernement vietnamien est incapable de l'assurer.

Les Français, surtout les militaires, reprochent à Morlière de n'être pas assez énergique. Excédés, beaucoup veulent mater le Viet-Minh. Certains croient à un bluff, destiné à impressionner le nouveau gouvernement Blum, dont ils craignent qu'il ait de fortes tendances à l'abandon.

Un bluff ? Une accalmie dans la matinée du 19 décembre 1946 pourrait le leur faire penser. Alors que le général Morlière propose des mesures pour détendre l'atmosphère (suppression des barrages, libération des Français et ressortissants français détenus, désarmement des Tu Ve, etc.), la police reparaît pour diriger la circulation, les rues s'animent à nouveau, des ouvriers reviennent même travailler à la Citadelle.

En fin de matinée, Sainteny reçoit une réponse du président Ho qui lui demande de recevoir Hoang Minh Giam, afin de chercher le moyen de réduire la tension. Rendez-vous est pris pour le lendemain matin. En attendant, dans un geste d'apaisement, Sainteny et Morlière décident de lever la consigne des troupes françaises, retenues dans leurs cantonnements depuis plusieurs jours.

Dans l'après-midi, Hoang Huu Nam, à son tour, répond aux propositions de Morlière de façon plutôt évasive : elles seront examinées le lendemain en Conseil des ministres. Le consul des États-Unis, qui a rencontré Hoang Minh Giam, croit vraiment à la détente et vient le dire aux Français.

En fait, il ne s'agit en aucune manière d'un bluff, mais d'une manœuvre. Signe que Hanoi n'attend rien de Blum et de Moutet, la presse du jour commente le voyage de celui-ci en même temps que le retour du haut-commissaire sur un ton acide, en y voyant une nouvelle machination pour violer la souveraineté du Vietnam. Giap s'y est bien préparé. Selon les services de renseignements français, il aurait concentré autour de la capitale l'effectif de trois divisions, soit quelque 30 000 hommes, auxquels s'ajoutent les milices, mal équipées, mais nombreuses. Les Français sont 13 000, répartis au nord du 16e parallèle, dont 4 500 à Hanoi.

En milieu d'après-midi, des rumeurs inquiétantes circulent. « C'est ce soir qu'on lui coupe la tête, à ton Français ! » dit un Tu Ve à sa sœur, épouse d'un sous-officier. Un métis, agent introduit dans la milice, vient avertir l'état-major que des ordres d'attaque ont été donnés aux Tu Ve et aux réguliers pour le soir même. Ce n'est pas la première fois que de telles informations sont données, qui participent de la guerre des nerfs, à laquelle le Viet-Minh excelle. Le général Morlière juge prudent de reconsigner ses troupes.

A 20 heures, alors que la ville baigne dans l'humidité froide et sinistre de l'hiver tonkinois, et que s'étend sur elle cette sorte de calme imprégné de sourde angoisse qui précède les drames, les lumières s'éteignent brusquement pour la livrer aux ténèbres. La centrale électrique vient de sauter. Des coups de feu retentissent. Le coup de force du Viet-Minh vient d'être engagé. « 9 mars 1945-19 décembre 1946, écrira Sainteny, désabusé, les Vietnamiens, éternels bons élèves, exécutent la leçon apprise 21 mois plus tôt de leurs professeurs nippons, dont certains, d'ailleurs, ne sont pas bien loin... »

Les Vietnamiens ont une tradition militaire assez longue pour savoir, sans leçon japonaise, et comme Sunzi, qu'il faut frapper l'ennemi aussi vivement qu'un faucon frappe sa proie. Convaincus de l'agression imminente des Français, les chefs du Viet-Minh et leur stratège Giap l'ont donc devancée. Mais pensaient-ils vraiment briser les reins de l'ennemi, comme le faucon brise ceux de sa proie ? Ils savaient que le risque couru pour atteindre l'objectif sacré était un conflit long et dur. L'héroïsme patriotique le justifiait sans doute. Mais ne leur a-t-il pas fait oublier le précepte de Sunzi selon lequel il ne s'est jamais vu qu'une guerre prolongée profitât à aucun pays ?

L'ATTAQUE GÉNÉRALE DU VIET-MINH

L'attaque, générale dans tous les quartiers de la capitale, n'est donc pas une surprise pour l'armée, qui peut faire jouer avec succès son plan de défense. Mais la plupart des civils français n'ont pu être prévenus à temps, et de nombreuses maisons européennes sont prises d'assaut, incendiées, ou assiégées. Leurs occupants sont massacrés, éventrés, décapités ou mutilés. Certains sont emmenés en otages ou arrêtés. On comptera, le lendemain, environ 300 disparus, parmi lesquels des femmes et des enfants, pour la plupart métis. Dans certaines habitations, barricadées, les gens se défendent comme ils peuvent en attendant que les troupes françaises viennent les dégager et les emmènent à la Citadelle, véritable forteresse-refuge où s'entasse la population européenne.

L'automitrailleuse qui y conduit Sainteny, trop exposé dans sa résidence située au bord du Petit Lac, saute sur une mine. Le commissaire de la République est blessé. Pendant toute la nuit, les combats font rage, tournant peu à peu à l'avantage des Français, grâce à l'intervention décisive des blindés, malgré les obstacles érigés pour entraver leur circulation. Tous les hommes valides sont mobilisés afin de soutenir l'action du Corps expéditionnaire qui se poursuit dans la journée du 20 décembre contre les réguliers, et surtout les miliciens qui fournissent le gros de la troupe vietminh. Celle-ci est bien armée, malgré une puissance de feu bien inférieure à celle des Français. Elle a pour elle par le nombre, une bonne exploitation de l'espace urbain, avec un réseau de communications à travers les immeubles qui permet toutes les infiltrations. Elle est surtout animée d'une détermination farouche. Aux injonctions qui lui sont faites de se rendre, lorsqu'elle est en difficulté, elle répond en chantant l'hymne national de la jeune République et combat jusqu'à la mort.

En certains lieux, la bataille est acharnée, comme autour de la présidence, pourtant désertée par son occupant. Mais à la fin de l'après-midi du 20 décembre, les Français sont maîtres du centre de la capitale et des quartiers européens. Bien que les troupes de Giap tiennent solidement le quartier sino-vietnamien et encerclent la ville, le coup du faucon a échoué. Son exécution a d'ailleurs souffert de quelques défauts. Deux points indispensables au dispositif français et à ses communications extérieures ont été négligés : le pont Doumer, point de passage essentiel des routes vers Haiphong et Langson, est à peine endommagé par des explosifs singulièrement insuffisants, et le terrain d'aviation de Gialam n'a même pas été attaqué.

Les combats, néanmoins, se poursuivent, et ne sont pas limités à la capitale. A 21 h 30, soit une heure et demie après le déclenchement de l'attaque de Hanoi, Giap a lancé un ordre d'offensive générale. Avec divers décalages, permettant aux Français d'alerter leurs garnisons, elle s'est effectuée dans le courant de la nuit à Phu Lang Thuong, Namdinh, Bacninh, Hongay, Campha, Vatchay, Huê, Tourane, Vinh. Partout, elle s'est heurtée à une résistance efficace, sauf dans cette dernière ville, où le détachement d'une quinzaine d'hommes affecté à la garde du terrain d'aviation avec la caution du président Ho lui-même a dû se rendre.

Les « graves lacunes, inconcevables dans un plan d'agression généralisée », selon l'appréciation du commandant Fonde, ont donné naissance à diverses interprétations quant aux intentions des dirigeants vietminh et des circonstances dans lesquelles a été exécuté le coup de force. On a parlé d'hésitations, de divergences entre modérés et extrémistes, de contrordres donnés aux réguliers qui devaient attaquer Gialam et la Citadelle, mais non parvenus aux Tu Ve, déjà lancés dans l'action, de précipitation ou de décision brusquée d'avancer la date de l'attaque prévue à une date ultérieure, de prise de gage limitée en vue des négociations, etc.

Toutes les hypothèses sont concevables pour justifier l'idée que l'on peut se faire de l'inexpliqué. On observera cependant que l'instrument militaire que Giap forge depuis des mois n'est pas encore rodé, ni parfaitement mis au point pour des affrontements d'envergure. Rumeurs et conjectures ont également fleuri autour du retrait de Ho Chi Minh, invisible et impossible à atteindre depuis quelques jours. Le rameau d'olivier aurait-il été étouffé par les cactus ? Ou est-il simplement et vraiment malade ? Quoi qu'il en soit, il lance dans la nuit du 20 au 21 décembre 1946 par « la Voix du Vietnam », émise d'une station secrète, la proclamation attendue par les Comités du Viet-Minh et les troupes réparties sur l'ensemble du territoire :

« Par amour de la paix, nous avons fait des concessions... Mais les colonialistes en profitent pour empiéter sur nos droits. Leur intention évidente est de reconquérir à tout prix notre pays ! Non ! Plutôt tout sacrifier que perdre notre pays, que retomber dans l'esclavage ! Compatriotes ! Debout ! Que tous les Vietnamiens, hommes et femmes, jeunes et vieux, sans distinction de religion, de parti, de nationalité, se dressent pour combattre les colonialistes français, pour sauver la patrie ! Entrez dans la lutte avec tous les moyens dont vous disposez. Que celui qui a un fusil se serve de son fusil, que celui qui a une épée se serve de son épée. Et si l'on n'a pas d'épée, qu'on prenne des pioches et des bâtons !... Nous devons sacrifier jusqu'à la dernière goutte de notre sang pour défendre le pays... Nous vaincrons ! Vive le Vietnam indépendant et unifié ! Vive la résistance victorieuse ! »

C'est le signal de la guerre sur tous les fronts. Au Nam Bô, Nguyen Binh donne dès le 21 décembre l'ordre d'attaquer. Pour l'histoire, et pour le mythe, en l'occurrence confondus, Giap écrira : « Cet hiver-là, avec une canne de bambou et une paire de sandales taillées dans un pneu d'auto, Oncle Ho gagna le maquis à l'âge de 56 ans. » Il ajoutera qu'en 3 000 jours et nuits de combat, le peuple vietnamien progressera vers la victoire historique de Dien Bien Phu. Mais en ce mois de décembre 1946, il n'en espérait peut-être pas tant, si toutefois il en rêvait.

« Une agression criminelle... des Français assassinés... on ne peut traiter avec des meurtriers... Ho Chi Minh n'a pas d'autorité ou il est complice... » Telle est la réaction générale de la presse et des milieux politiques français au coup du 19 décembre 1946. Les communistes et les sympathisants du Viet-Minh semblent eux-mêmes embarrassés. S'ils tiennent à réaffirmer leur confiance dans la responsabilité de Ho Chi Minh et de ses camarades, ils cherchent à expliquer ce geste, soupçonnent une initiative d'extrémistes ou une provocation des inévitables agents prochinois. Bien que l'on signale dès janvier 1947 les premiers actes d'opposition à l'embarquement de matériels à Marseille pour l'Indochine, Maurice Thorez se borne à déclarer, ce mois-là, devant le Comité central que les Vietnamiens ont dû choisir entre « se battre et peut-être mourir pour renaître ensuite, ou ne pas se battre et sombrer dans la servitude ».

Le gouvernement français n'en reste pas moins déterminé à poursuivre, une fois la crise surmontée et la paix rétablie, la construction d'un Vietnam libre dans une Union indochinoise librement associée à l'Union française. Son chef, Léon Blum, l'affirme devant l'Assemblée nationale. N'a-t-il pas décidé, avant même les événements, d'envoyer Marius Moutet, toujours ministre de la France d'outre-mer, essayer de renouer le dialogue avec Ho Chi Minh ?

Précédé par le haut-commissaire d'Argenlieu, de retour à son poste, Moutet est arrivé à Saigon le 25 décembre 1946, peu avant le général Leclerc, envoyé en inspection militaire. Il est animé d'un esprit de conciliation et déclare rechercher les moyens d'appliquer les accords déjà signés. A Phnom Penh, où il se rend en visite, il se dit prêt à entendre les propositions du Viet-Minh.

Précisément, lorsqu'il arrive à Hanoi, le 2 janvier 1947, le jour même où Leclerc s'envole pour Langson afin de poursuivre son inspection, Ho Chi Minh a déjà fait deux offres, transmises par la radio gouvernementale. L'une saluait l'arrivée de Moutet et demandait un cessez-le-feu, mais assorti d'une condition à coup sûr inacceptable après ce qui s'était passé : le retrait des forces françaises sur leurs positions au 17 décembre 1946 ; l'autre, émise le 1er janvier 1947, en même temps que des vœux traditionnels, proposait au ministre une entrevue à Hanoi. « Que le grand peuple de France sache, déclarait l'Oncle, que nous n'avons ni haine ni rancune contre lui. Nous sommes obligés de lutter contre le colonialisme réactionnaire qui cherche à mutiler et à asservir notre pays. »

« Le prolongement de ce que le regretté président Thinh appelait une farce ! » écrit d'Argenlieu à Moutet, en le pressant d'éviter toute prise de contact avec le gouvernement de Hanoi, car les effets en seraient désastreux, à commencer par la Cochinchine où l'action offensive du Viet-Minh serait en recrudescence. Mais la recommandation sera superflue.

En effet, le ministre que Léon Blum a envoyé la veille de l'attaque pour rétablir une atmosphère de confiance passera à Hanoi deux jours qui le convaincront de la préméditation vietnamienne et de l'absolue nécessité d'une action militaire préalable à toute reprise de pourparlers. Il jugera l'appel de Ho Chi Minh un acte de propagande impossible à prendre au sérieux et soutiendra la demande de renforts urgents formulée par le haut-commissaire.

Il faut dire qu'après avoir rencontré Sainteny pas encore remis de ses blessures, il échappera à une fusillade qui atteindra la terrasse de l'hôtel de Commandement où il vient de dîner. Puis les obus d'un 75 vietminh tomberont dans le parc du palais Puginier où il réside. Enfin, une tournée aux avant-postes lui fera mesurer la réalité des engagements et la détermination des combattants du Viet-Minh. Avant de quitter Hanoi, Moutet déclarera donc que ses impressions sont navrantes et qu'on ne commet pas impunément les folies que ces vietminh ont commises. La duplicité de leurs dirigeants lui paraît telle qu'il se refuse à croire que Ho Chi Minh ait eu une part déterminante dans les événements. Il précise qu'il n'a eu aucun contact avec celui-ci, qui ne lui a d'ailleurs fait aucun signe durant son séjour à Hanoi. Pour le ministre, la France ne peut faire autre chose pour le moment que protéger ses nationaux et ses amis et rétablir l'ordre. La parole est définitivement aux armes.

Pendant que Moutet constate l'impasse politique, le général Leclerc étudie la situation militaire. Débarqué à Saigon le 28 décembre, il y reste peu. La guérilla est toujours active en Cochinchine, mais c'est au nord que le problème est le plus préoccupant. Il a fallu prélever 5 000 hommes des effectifs du Sud pour y envoyer des renforts, en attendant ceux de la métropole.

— Douze mille kilomètres de distance ! gronde Leclerc dans l'avion qui le conduit de Hanoi à Tourane. C'est trop loin, et c'est là l'obstacle capital. L'Afrique du Nord, c'est différent... et puis, ce n'est pas une question de kilomètres...

A court terme, cependant, le Corps expéditionnaire parvient à se dégager, non sans efforts acharnés et exploits renouvelés. Son infériorité numérique est encore largement compensée par sa supériorité matérielle et technique.

A Hanoi, le dégagement de la ville s'effectue peu à peu, avec l'appui de chasseurs bombardiers. Les éléments vietminh sont refoulés vers la périphérie, au prix de destructions et d'incendies qui transforment certains quartiers, déjà défigurés par les tranchées et les barrages, en véritables champs de ruines. Le quartier sino-vietnamien, véritable dédale de ruelles surpeuplées, que sa population n'a pas totalement évacué, reste néanmoins sous l'emprise des Tu Ve, indélogeables dans leurs repaires de souris et leur réseau de tunnels et de couloirs sinon par des combats meurtriers et hasardeux ou par des bombardements sanglants.

La présence de la forte colonie chinoise y impose d'autre part un surcroît de prudence diplomatique. Après avoir tenté, le 27 décembre 1946, un assaut qui s'est soldé par un échec, 15 tués et 30 blessés, le général Morlière décide le blocus. Des négociations s'engagent pour la libération des otages du 19 décembre et l'évacuation des Chinois et des Vietnamiens non combattants, par l'intermédiaire des consuls chinois, britannique et américain.

C'est l'occasion pour les dirigeants vietminh, maintenant repliés à Hadong, d'exposer à ces représentants étrangers, venus les rencontrer le 5 janvier 1947, leurs intentions pacifiques en même temps que leurs griefs contre la France. Trinquant au champagne, ils leur remettent un long mémorandum du président Ho, daté du 31 décembre 1946 et renouvelant les propositions précédentes, faites par la voie radiophonique : retrait des forces françaises sur leurs positions du 17 décembre et rencontre avec Marius Moutet.

Quelques jours plus tard, le 11 janvier 1947, deux lettres de Ho Chi Minh adressées, l'une à Marius Moutet, l'autre au président de l'Assemblée nationale, sont remises respectivement au commandant Fonde et au commissaire Sainteny. Manifestations tardives, mais datées du 3 décembre 1946, si l'on en croit le témoignage du commandant Fonde, ces messages ne peuvent modifier la conviction du ministre, parti de Hanoi précisément ce jour-là, ni influer sur le cours des événements, alors essentiellement militaires.

Les négociations menées par les consuls aboutissent en tout cas à l'évacuation, le 15 janvier, de 6 000 Vietnamiens et de 500 Chinois, femmes, enfants et vieillards, et le 24 janvier, de 3 000 Chinois et de 200 Vietnamiens âgés et malades. Le 4 février, ce sont 23 otages, Chinois, Indiens et Russes, qui reviennent de Hoabinh, le camp japonais de sinistre mémoire remis en activité.

Mais c'est seulement à la mi-février que le colonel Debès, successeur de Morlière, relevé de son commandement par Leclerc, lance une opération décisive sur le dernier bastion vietminh du quartier sino-vietnamien. Les miliciens se retirent dans la nuit du 17 février, en emmenant avec eux ce qui restait de population. A la fin du mois, Hanoi, déserte, sans vie, blessée et lugubre, est totalement, ainsi que sa périphérie, entre les mains des Français.

Ailleurs, le dégagement des garnisons françaises s'est opéré de façon diverse. Celle de Langson s'est libérée dès le 24 décembre 1946, et a rétabli la liaison avec le port de Tienyen et la baie d'Along. Une colonne envoyée de Hanoi a dégagé Bacninh le 23 décembre, puis Phu Lang Thuong le 27. Des éléments du colonel Debès venus de Haiphong débloquent les deux compagnies assiégées dans Haiduong, sur la route de Hanoi, non sans livrer de durs combats qui durent quatre jours.

Le 7 janvier 1947, la jonction avec la capitale s'effectue, permettant le rétablissement de la route Hanoi-Haiphong, artère de ravitaillement vitale. A Namdinh, centre important avec son industrie textile, la situation est plus précaire. Pour permettre aux 450 hommes du commandant Daboval de tenir, des renforts ont été envoyés par voie aérienne et fluviale. Mais des difficultés dues au temps et au terrain fangeux se sont ajoutées à la forte opposition des troupes vietnamiennes pour entraver la double opération. Il a fallu de violents combats et l'intervention de l'aviation pour permettre aux parachutistes et aux éléments débarqués de joindre la garnison le 6 janvier 1947.

Le desserrement de l'étau vietminh et le dégagement du delta se poursuivent jusqu'à la fin février. « On sait où se trouvent Ho et sa smala, note d'Argenlieu. Le commissaire Sainteny suggère de renouveler la prise de la smala avec des parachutistes. Cela fait écho à mes préoccupations... » Le vœu ne sera pas exaucé. Lorsqu'un détachement français pénètre à Hadong et fouille les grottes de Longchau le 3 mars 1947, il n'y a plus personne. L'Oncle et ses camarades se sont repliés en Haute-Région, dans les repaires qu'ils y ont préparés depuis longtemps, ces « Chien Khu » qui sont à la fois bases de regroupement des troupes, entrepôts d'armes et de vivres, ateliers d'armement, et écoles de cadres. Leurs forces les y ont suivis, après avoir pratiqué « la terre brûlée ». C'est dans des villes du delta en ruines et en cendres que le Corps expéditionnaire pénètre sur leurs pas.

En Annam, des deux bases françaises, Tourane et Huê, la première n'a jamais été vraiment en danger, bien qu'assiégée. La garnison de Huê, par contre, a dû subir de nombreux assauts et rester bloquée un mois et demi avant d'être libérée par des forces qui ont mis plus de deux semaines à la rejoindre. Enfin, en Cochinchine, malgré une reprise de la guérilla, la situation n'a guère évolué.

En définitive, trois mois après son déclenchement, l'offensive du gouvernement de Hanoi peut être considérée comme un échec. Toutefois, malgré les pertes subies, d'ailleurs difficiles à évaluer, ses troupes conservent un potentiel d'autant plus considérable qu'il est reconverti à la guérilla.

De son côté, le Corps expéditionnaire, quelles que soient sa valeur combative et la supériorité de sa puissance de feu, n'est pas assez nombreux pour assumer la tâche de tenir l'ensemble du territoire indochinois, face à cette stratégie complexe et éprouvante qui s'appuie sur la résistance populaire. Les pertes subies à Hanoi au début de mars se chiffrent d'autre part à 1 300 tués et disparus, et 2 500 blessés, des pertes dont le poids psychologique est bien plus lourd pour la France que ne peut être pour le gouvernement de Hanoi celui des pertes vietnamiennes.

Conscient de cette situation, le général Leclerc juge nécessaire non seulement un accroissement important des effectifs, mais leur maintien au niveau d'un chiffre de 115 000 hommes, tant que le problème politique de fond ne sera pas réglé. Ces hommes devraient être de souche européenne, afin d'éviter les répercussions possibles sur les colonies d'Afrique de l'emploi de soldats africains dans une telle guerre. Cet effort enfin ne saurait être consenti qu'afin de permettre des négociations en partant d'une position de force. Il semble évident au général que la France ne veut, ni ne peut fournir l'effort nécessaire à une reconquête par les armes : « Le temps des Francis Garnier et des Pavillons noirs est révolu... »

Sans doute, mais celui d'une véritable politique indochinoise est-il venu en France ?

RÉACTIONS ET DÉCISIONS FRANÇAISES

En Cochinchine, l'attaque du 19 décembre 1946 a eu pour effet de durcir la position des clans coloniaux et des autorités françaises, haut-commissariat en tête. On y a vu une confirmation éclatante de l'impossibilité de traiter avec le Viet-Minh et l'on s'est félicité de sa condamnation par Marius Moutet, signataire du douteux « modus vivendi ». Sentant les dirigeants socialistes au pouvoir scandalisés, sinon ébranlés dans leurs opinions déjà indécises en raison du « coup de poignard dans le dos » de Ho Chi Minh et de ses camarades, le haut-commissaire réaffirme avec vigueur la nécessité d'une politique ferme. Il en pose les principes et en trace les grandes lignes dans un message (29 décembre 1946) et dans un mémorandum (14 janvier 1947) adressés au président Blum.

Selon lui, l'objectif premier doit être l'anéantissement de la force armée du Viet-Minh, accompagné de l'affirmation hautement proclamée par la France qu'elle ne traitera plus avec lui : « La gravité des actes commis rend impossible que l'on retienne la fiction d'un gouvernement avec lequel nous chercherions à reprendre contact... » Toutefois, il prend acte de l'importance de l'idée nationale dans toutes les couches de la population vietnamienne, à laquelle il convient de démontrer que sa cause n'est pas celle du Viet-Minh, auteur de tous les maux dont elle est accablée.

Selon l'expression du conseiller politique Pignon, les Français ne peuvent espérer désolidariser la masse du Viet-Minh qu'en montrant, par leurs actes autant que par leurs paroles, que l'idée nationale n'est pas en péril. Celle-ci devrait toutefois être contenue dans les limites assignées par deux principes intangibles qui réservent les droits de la France, la Fédération indochinoise, nécessité géographique, et l'appartenance à l'Union française. Dans ce cadre, devrait se développer une politique de respect de l'autonomie nationale — le mot « indépendance » n'étant pas prononcé — et de libertés intérieures. En ce qui concerne l'union des trois Ky, l'amiral fait dépendre le règlement de la question du libre choix de la population. Enfin, la France devrait entreprendre cette politique avec, en face d'elle, d'autres hommes que ceux de Hanoi, et s'inspirant eux-mêmes d'autres méthodes.

D'Argenlieu affirme qu'il y a, au Vietnam, des personnalités capables de gouverner, autres que celles du Viet-Minh. Mais il leur manque la consécration d'une légitimité. Comme il est impossible, en raison de la situation militaire, d'organiser une consultation populaire, il propose d'instaurer une monarchie constitutionnelle, un système capable selon lui d'introduire le parlementarisme et la démocratie véritable « dans les pays annamites ».

A l'appui de cette thèse, il invoque l'argument de l'attachement du peuple vietnamien aux valeurs traditionnelles, attachement si fort que le Viet-Minh n'a pas manqué d'en tenir compte en offrant à Bao Dai les fonctions de Conseiller suprême. C'est d'ailleurs à ce même Bao Dai Vinh Thuy, alors à Hongkong, qu'il envoie un émissaire pour lui proposer la constitution éventuelle d'un gouvernement.

Sur le principe, l'ancien empereur serait plutôt consentant, et certains de ses conseillers y seraient favorables, mais il semble que les garanties offertes par le haut-commissaire ne soient pas encore suffisantes pour emporter la décision.

Comment le seraient-elles, puisque les jours du haut-commissaire d'Argenlieu dans ses fonctions sont désormais comptés ?

En effet, bien que l'initiative du déclenchement des hostilités soit généralement imputée au Viet-Minh, la responsabilité du processus qui a mené à la rupture est aussi, peu ou prou, rejetée sur d'Argenlieu, en particulier par les socialistes et les communistes. Il lui est notamment reproché sa politique de faits accomplis, et le torpillage de Fontainebleau. En outre, ses relations étroites et maintenues avec le général de Gaulle le rendent suspect aux yeux d'une bonne partie de la gauche, ses déclarations à l'Associated Press sur le Viet-Minh, pion du communisme international, n'ayant guère favorisé sa cote auprès des ministres communistes du gouvernement.

Ses contacts personnels avec les dirigeants socialistes ne semblent pas non plus avoir joué en sa faveur. Avec Léon Blum, par exemple, l'incompatibilité se révèle tout entière dans le récit relatant leur dernière entrevue avant son départ : « 19 décembre... Vu Blum. Même accueil courtois... Quand j'évoque la grande œuvre accomplie par la France en Indochine, mon interlocuteur proteste : " Oh ! il y aurait beaucoup à dire sur notre gestion coloniale là-bas. "... Je n'ai pas le loisir d'insister. C'est un prophète. Il vaticine... »

A la suite de l'attaque du 19 décembre 1946, les dirigeants socialistes ont entrepris de concentrer entre les mains du gouvernement les responsabilités de la politique indochinoise. Le Comité interministériel en a fait les frais. Un décret paraît le 9 janvier 1947 portant sur sa dissolution. Le haut-commissaire perd son principal point d'appui à Paris. Son Agence de l'Indochine, organe de sa propagande, est menacée. Enfin, son remplacement est envisagé par Léon Blum qui offre, après avoir consulté les généraux de Gaulle et Juin, le poste à Leclerc qui refuse.

Or, à la mi-janvier 1947, Léon Blum lui-même se retire. Un nouveau gouvernement est investi le 22 janvier. Il est présidé par un autre socialiste, Paul Ramadier, et comprend à nouveau des ministres communistes, au nombre de cinq.

D'emblée, Ramadier déclare que la France ne craindra pas de voir se réaliser, si la population le veut, la réunification des 3 Ky, ni ne refusera d'admettre l'indépendance du Vietnam dans le cadre de la Fédération indochinoise et de l'Union française. C'est un coup de tonnerre à Saigon et à Hanoi, où l'on parle d'abandon, de la fin de l'Empire, du retour de Ho Chi Minh et de ses tueurs, que le Corps expéditionnaire a réussi pourtant à refouler dans la clandestinité. C'est en tout cas le désaveu officiel de la ligne politique suivie jusqu'ici et appliquée, non sans esprit d'initiative, par le haut-commissaire d'Argenlieu.

Aussi, le 23 février 1947, Moutet, resté à la France d'outre-mer, signifie brièvement à celui-ci son désaccord sur le programme proposé le 14 janvier. Il apparaît nécessaire au gouvernement, avant même de définir avec précision la nouvelle politique, d'éliminer celui qui symbolise l'ancienne, dont socialistes et communistes ont partagé pourtant la responsabilité.

C'est encore à Leclerc que Ramadier offre le poste. Outre ses qualités militaires, le général a une silhouette qui plaît sous des angles divers. Partisan de la négociation, mais appuyée sur la force, il ne veut pas fermer à tout prix la porte au Viet-Minh qu'il tient néanmoins pour le responsable du coup de Hanoi. Il se déclare même prêt à concéder les deux mots clés Indépendance et Unité, pierres de touche des relations avec le gouvernement de Ho Chi Minh. C'est ce qu'il faut pour plaire aux socialistes. Il est d'autre part agréé par les communistes, et représente une bonne caution vis-à-vis du M.R.P., qui l'encourage, par le truchement de Georges Bidault, à accepter l'offre de Ramadier. Il est cependant assez conscient des pièges de la politique française pour demander des garanties et consolider ses arrières. Il exige les pleins pouvoirs civils et militaires, la faculté de négocier avec toutes les tendances vietnamiennes sans exclusive, et un Corps expéditionnaire de 115 000 hommes, comprenant 100 000 Européens au moins pendant deux ans.

Le gouvernement socialiste, avec ses ministres communistes, n'est pas en mesure politiquement de lui fournir ces moyens proconsulaires, ni de lui promettre une telle force armée. Ne pouvant les obtenir, Leclerc finit donc par se désister, non sans réflexion, et après une entrevue avec le général de Gaulle qui l'a poussé à cette décision. Ramadier se tourne alors vers le général Juin qui se récuse, lui aussi. Mais le sort de l'amiral est néanmoins déjà pratiquement réglé.

Le 5 février en effet, Ramadier l'a rappelé en consultation à Paris, non sans lui avoir exprimé sa réticence à l'égard de la solution monarchique : le souvenir de la Cour de Huê serait trop lié à celui d'une administration coloniale directe honnie et rejetée par le peuple. Au surplus, une telle restauration serait susceptible à la fois de durcir le Viet-Minh en renforçant ses extrémistes, et d'empêcher le ralliement des progressistes que la dictature de ce parti effraie.

Désavoué, mais soutenu par le général de Gaulle qui juge important de mettre le gouvernement au pied du mur, d'Argenlieu ne démissionne pas. Cependant, les communistes le considèrent comme un belliciste, symbole du colonialisme, de surcroît gaulliste et clérical. Ils ne sauraient d'autre part cautionner son projet de restauration d'un roi. Quant aux socialistes, s'ils n'ont guère de penchant ni pour lui, ni pour son candidat Bao Dai, ils le considèrent comme un obstacle à la négociation qu'ils veulent engager avec les représentants authentiques du peuple vietnamien, formule qui n'exclut pas le Viet-Minh.

Le président Ramadier signifie donc à l'amiral qu'en raison de ses prises de position, son retour en Indochine s'avère impossible. « Le moine guerrier ne règne plus sur l'Indochine, se réjouit le syndicaliste Tollet dans *La vie ouvrière*, c'est un grand pas vers la paix ! » Tandis que Maurice Thorez aurait confié au ministre Louis Jaquinot : « Il n'y a rien à reprocher à l'amiral. C'était un chef loyal et ferme. C'est à Moutet que l'on devrait faire des reproches. » Quoi qu'il en soit, on décerne au haut-commissaire sortant la médaille militaire.

Le Conseil des ministres du 5 mars 1947 lui donne comme successeur Émile Bollaert. C'est un civil. Ancien fonctionnaire, résistant, ancien déporté, il est Conseiller de la République et président du groupe parlementaire radical-socialiste. Il ne connaît ni l'Asie, ni l'Indochine. Prévue pour une période de six mois, sa mission, comme sa nomination, est le reflet du compromis auquel ont dû se rallier les uns et les autres, un compromis révélateur de la difficulté gouvernementale à définir une orientation précise dans une situation politique prise dans l'étau d'un tripartisme stérilisant.

Il est un point néanmoins sur lequel tous paraissent devoir s'accorder, c'est le refus d'une guerre prolongée, et le retour pur et simple au passé, ce qui pose deux problèmes, celui de la négociation militaire, et celui de la négociation politique. Sur eux se greffent la question de l'interlocuteur valable, et celle du processus à mettre en œuvre pour les résoudre. Les divergences deviennent alors très vives.

D'un côté, les communistes veulent la paix immédiate, la reconnaissance de l'indépendance et de l'unité vietnamiennes, celle du Viet-Minh aussi comme seul représentant qualifié du peuple vietnamien.

De leur côté, le P.R.L., le M.R.P. et la plupart des radicaux, refusant tout contact avec Ho Chi Minh et les siens, estiment justifiée la poursuite des opérations, et n'admettent de négociation qu'avec des interlocuteurs dignes de foi et représentatifs du peuple vietnamien. Entre ces deux groupes totalement antagonistes, seuls les socialistes seraient susceptibles de faire pencher la balance d'un côté ou de l'autre, mais ils apparaissent eux-mêmes très divisés.

Les uns, tels que Léon Boutbien, qui a accompagné Moutet en Indochine, et Yves Dechézelles, secrétaire général adjoint de la S.F.I.O., partagent l'opinion des communistes. Des hommes de grande influence comme Léon Blum, sans doute pour des raisons qui relèvent davantage du sentiment que de la connaissance des réalités, tiennent Ho Chi Minh pour le seul interlocuteur valable. Il le dit et l'écrit.

En revanche, Marius Moutet et Paul Ramadier sont plus réticents sur ce point, sans être pour autant très nets dans leurs prises de position. Ainsi, le premier, revenu d'Indochine persuadé que le Viet-Minh ne désirait pas la paix, n'en a pas moins déclaré qu'une négociation pourrait s'engager avec des représentants authentiques du peuple vietnamien, décidés à appliquer en toute loyauté des accords librement consentis.

La formule est assez vague pour laisser fleurir diverses interprétations, alimenter les controverses, et ménager l'avenir. Moutet est à coup sûr conscient des divisions de son parti, qui s'enveniment encore la deuxième quinzaine de mars, lorsque vient à l'Assemblée le débat sur l'Indochine et sur les crédits militaires s'y rapportant.

Le président Ramadier n'est guère plus explicite que son ministre lorsqu'il se refuse à donner aux députés le nom de quelques-uns de ces « représentants authentiques, parce qu'un voile a été tiré sur les événements du Vietnam ». Il est tout aussi sibyllin quand il ajoute : « Il y a des criminels, c'est certain. Quels sont-ils ? Là commence l'interrogation... » Il affirme en tout cas que, seul, le peuple vietnamien doit choisir ses chefs, sans contrainte ni terreur. Compte tenu des réalités de l'heure en Indochine, c'est proposer de courir après le vent.

Le Conseil national de la S.F.I.O., lui, court après l'unanimité. Pour masquer ses incertitudes et ses contradictions, il émet une motion enveloppée d'un écran de mots qui se réfère davantage à des préoccupations de politique intérieure qu'aux problèmes du Vietnam : il y est question de limiter les moyens militaires à la sécurité de la France, de suspendre les hostilités simultanément et réciproquement pour manifester la volonté commune de renouer des relations pacifiques, de nommer en Indochine des fonctionnaires qui auraient fait la preuve de leur attachement à la République et à la démocratie... Aucune mention n'est faite du nom de Ho Chi Minh.

À l'Assemblée nationale, le débat est d'autant plus vif qu'en ce même mois de mars 1947, une rébellion éclate à Madagascar, nécessitant l'envoi de troupes pour l'écraser. Les positions extrêmes se figent. Un député P.R.L. traite Ho Chi Minh de criminel de guerre, et Paul Raynaud dénonce la présence scandaleuse dans le public de Duong Bach Maï. L'adjoint de Tran Van Giau pendant le septembre rouge de Saigon représente alors le gouvernement de Hanoi à Paris. Il est aussitôt arrêté avant d'être envoyé dans une prison saigonnaise. Tandis que le M.R.P. et ses alliés demandent au gouvernement l'engagement solennel de ne pas traiter avec le Viet-Minh, le Parti communiste déclenche une campagne sur le thème de « la Paix au Vietnam » et de la négociation immédiate. « On ose demander 100 millions par jour pour une guerre sans issue ! » s'indigne *France Nouvelle* qui rappelle à ses lecteurs les villes et les villages de France à reconstruire, le besoin que le pays a de toute sa jeunesse, le déficit budgétaire, les charges qui accablent déjà les Français. Le toujours lyrique Jacques Duclos clame à la tribune de l'Assemblée : « Sous le signe de la force, vous serez battus ; sous le drapeau de la liberté, la France sera victorieuse ! »

Sentant que la partie se joue à nouveau sur le terrain de la politique intérieure française, Ho Chi Minh hasarde une relance pacifique, ainsi qu'il le fait chaque fois que les circonstances lui en donnent l'occasion. Le 26 janvier 1947, après l'investiture du gouvernement Ramadier, il n'a pas manqué de rappeler par radio que le peuple du Vietnam désirait la paix, une collaboration amicale avec la France, son indépendance et son unité territoriale au sein de l'Union française. Cette fois, il demande une déclaration officielle et franche du gouvernement français reconnaissant cette indépendance et cette unité avec la garantie de leur réalisation.

Il accorde son violon à ceux du Parti communiste en insistant sur l'argument de la paix, le plus efficace sur l'opinion publique française : « Il suffit que la France prononce un seul mot pour que cessent immédiatement les hostilités, pour que soient sauvés tant de vies et de biens... Si les Français entendent continuer la guerre, ils perdront tout sans rien gagner... »

Simultanément, son représentant à Paris Tran Ngoc Danh propose de reprendre immédiatement et directement la négociation. Jouant sans doute sur la suggestion contenue dans les termes utilisés par Moutet et Ramadier de traiter avec des représentants authentiques mais loyaux, Ho Chi Minh vient d'élever au rang de ministre des Affaires étrangères son collaborateur le plus apte à négocier, Hoang Minh Giam. L'homme est un fidèle, réputé modéré, déjà en contact avec les Français lors des divers pourparlers, et en relation particulière avec les socialistes.

Mais ce n'est pas seulement l'occasion offerte par le débat français qui pousse Ho Chi Minh à cette nouvelle ouverture. En mars 1947, il se retrouve en Haute-Région, dans son bastion des années obscures. L'échec du coup de force de décembre 1946 s'impose à lui. Certes, il est autrement plus fort qu'en août 1945, lorsqu'il a risqué l'aventure, précédé par les maigres escouades de Giap. Sa fuite et celle de son gouvernement, bien organisées et exécutées, sont plutôt un repli ordonné. Il dispose de

58 000 soldats réguliers, dont 18 000 au Sud, bien armés, et de milices aguerries par les récents combats.

Mais si le flambeau patriotique qu'il brandit toujours avec fermeté rayonne encore, il n'éblouit plus autant ce peuple qui a dû subir tant de maux pour prix d'une justice et d'une liberté promises et non encore obtenues. Les sauvages destructions de la tactique de la terre brûlée, les exécutions et les sévices pratiqués sur les présumés traîtres, sur des religieux et des religieuses catholiques comme sur des Français, métis ou non, ont semé de nouveaux germes de rancœur et d'opposition, encore retenus par la peur. Personne ne doute plus en tout cas que le pire est à venir. A coup sûr, le combat du Viet-Minh sera impitoyable, long et solitaire.

Il ne peut rien attendre désormais des Chinois, engagés dans leur conflit interne, ni des Américains, lancés dans leur épreuve de force contre les Russes depuis un an. Le temps est révolu des Patti et des amis de l'O.S.S. Après les crises d'Iran, de Turquie et de Grèce, le président Truman vient d'élaborer sa doctrine du « containment ». Le 11 mars 1947, il a déclaré que les États-Unis devaient soutenir les peuples libres qui résistent à des tentatives d'asservissement par des minorités armées, ou des pressions venues de l'extérieur, traçant ainsi la ligne de démarcation entre les deux blocs antagonistes.

Les effets de ce raidissement se font sentir chez les nationalistes vietnamiens qui tentent un regroupement en forme de front anticommuniste. Le Front de l'Unité Nationale que viennent de créer à Nankin les éternels exilés du Dong Minh Hoi et du V.N.Q.D.D., Nguyen Haï Than, Nguyen Tuong Tam, Vu Hong Khanh, organise du 15 au 22 mars à Canton un congrès auquel participent des représentants de mouvements et de partis sudistes, tels que Hoa Hao, Caodaïstes et sociaux-démocrates. Dénonçant le caractère communiste et exclusif du Viet-Minh, les délégués se prononcent pour une collaboration avec la France, si elle reconnaît l'indépendance du Vietnam, et ils proclament Bao Dai leur chef.

Pendant que le monopole de la représentativité que prétend détenir le Viet-Minh lui est contesté par ses rivaux chez lui, ses amis et ses ennemis ne peuvent se départager en France. Ramadier ayant posé la question de confiance, l'Assemblée émet un vote favorable à sa politique indochinoise et aux crédits militaires demandés. Les députés communistes s'abstiennent. Les ministres communistes n'en restent pas moins au gouvernement. Il n'est pas question pour les stratèges du Parti de se laisser prendre au piège des réactionnaires qui auraient bien voulu profiter de l'occasion pour les écarter du pouvoir !

En somme, une fois de plus, la question indochinoise paraît être, en face d'une opinion publique toujours aussi peu concernée, le motif de règlements de comptes hexagonaux. Blocages et antiblocages tripartites mettent d'ailleurs leur empreinte sur les instructions de Bollaert, que contresigne évidemment Maurice Thorez, toujours vice-président du Conseil.

Le nouveau haut-commissaire a pour mission de promouvoir la formation, déjà en partie réalisée au Cambodge et en Cochinchine, d'États associés à intégrer dans l'Union française créée par la Constitution d'octobre 1946. Il lui est précisé que la France possède en Indochine des intérêts sur la défense desquels il ne lui est pas possible de transiger et que les États indochinois doivent accepter la Charte de l'Union et les obligations qui en dérivent.

En Cochinchine, le principe du référendum et les bases de la Convention du 6 mars 1946 sont réaffirmés. Sur le plan militaire, la mission de l'armée doit être le rétablissement et le maintien de la sécurité afin de permettre aux populations de s'exprimer librement, et de protéger les garnisons et les lignes de communications essentielles. Elle doit également tendre à la protection des minorités ethniques contre les tentatives d'absorption ou d'invasion des « Annamites ». Dans cette perspective, priorité est donnée à l'occupation de Caobang et de Laokay, afin de couper la route au ravitaillement en provenance de Chine.

Enfin, en ce qui concerne les négociations, le haut-commissaire est chargé d'en rechercher les possibilités, et les interlocuteurs valables. Effet de la neutralisation réciproque des partis, ni Bao Dai, ni Ho Chi Minh et le Viet-Minh ne sont formellement désignés, ce qui laisse libre champ à toutes les arrière-pensées possibles.

Nanti de ces directives, composées de refus davantage que d'adhésions, Bollaert débarque le 1er avril 1947 à Saigon. Certainement pas faucon, on ne saurait pourtant dire qu'il est vraiment colombe. Le terrain est cependant marécageux, de surcroît miné. Selon le mot de Bao Dai, « pour quelqu'un qui ne connaît pas les questions asiatiques, il n'a que l'embarras du choix ».

Chapitre II

LE DRAGON OU LE TIGRE

LE DILEMME DE LA POLITIQUE FRANÇAISE

Avril 1947. C'est avec une curiosité mêlée de scepticisme que Saigon accueille le nouveau haut-commissaire, premier civil depuis 1939 à venir diriger ce qui n'est plus tout à fait une colonie, mais n'est pas encore un groupe d'États associés.

La capitale sudiste également n'est plus tout à fait la cité coloniale aux airs de province importée qu'elle était restée même au temps des Nippons. Toujours enfouie sous sa végétation luxuriante, dont la moiteur semble absorber les ondes venues de l'extérieur, sa mémoire a su dissoudre les souvenirs tragiques. Plus grouillante que jamais d'une vie retrouvée, elle semble plus offerte qu'aucune autre à cette armée de nouveaux envahisseurs qui lui apportent mieux qu'une sécurité fragile, une prospérité inespérée. Car la population européenne a changé d'habits. Une relève s'y est opérée. Les familles coloniales en grand nombre se sont embarquées ou vont s'embarquer sur le *Pasteur,* paquebot converti en transport de troupes, qui vient déverser les renforts militaires. Les tenues civiles font place dans les rues aux uniformes, blancs ou kaki, mais dans un Saigon européen moins épars, plus ramassé en ses quartiers centraux où la sécurité est plus grande.

Aux yeux du menu peuple vietnamien, le nouveau soldat français est riche. Sa solde n'est-elle pas calculée au taux ancien de la piastre à 10 francs ? L'officiel étant à 17 francs, c'est une plus-value qui le favorise et l'incite à la dépense. De nouveaux restaurants se sont ouverts, des bars, des dancings, des maisons de jeux, des bordels également pour attirer cette manne. Cholon devient un petit Shanghai affriolant d'exotisme, de plaisirs, de faux mystères. Saigon n'est plus la province, avec sa rue Catinat en forme de Canebière nostalgique, et l'arrière d'un front étrange qui ne ressemble pas à celui d'une guerre normale, mais recèle un combat d'ombres non moins meurtrier, à la fois moins héroïque et plus angoissant d'incertitude mentale. Un jeune soldat, qui tombera plus tard, a écrit dans une même lettre : « La vie ici est idéale » et plus loin : « On ne peut sortir de Saigon qu'en convoi... Dans Saigon, il y a peu d'incidents. Cependant des grenades sont jetées dans les cinémas et des gens sont attaqués le soir à la mitraillette dans les rues désertes... » Une routine particulière de la vie d'autant plus intensément vécue qu'elle est sans cesse frôlée par la mort.

Les Vietnamiens de Saigon vivent, eux aussi, entre deux eaux. C'en est fini du poids contraignant de l'ancienne colonie avec ses impératifs, ses tabous, ses servitudes, plus ou moins atténués par les habitudes et la nonchalance tropicale, et brutalement balayés par le 9 mars japonais et le 2 septembre vietminh. La capitale vit un interlude aux fruits immédiatement saisissables, ouvert à l'espérance d'une liberté nouvelle et de vrai pouvoir. C'est donc avec un scepticisme narquois inoculé par l'expérience, mais qui n'étouffe nullement les ambitions et les convoitises toujours prêtes à éclore, que les ci-devant Annamites observent les premiers faits et gestes du nouveau chef envoyé par le ci-devant colonisateur.

Avec ses épaisses lunettes et sa rondeur bonhomme, on se demande comment il va pouvoir s'imposer auprès du responsable militaire, ce chêne puissant et volontaire qu'est le général Valluy. Après les duos Decoux-Mordant et d'Argenlieu-Leclerc, dont les antagonismes étaient flagrants, les relations entre le civil et le soldat sont épiées avec d'autant plus de curiosité que le plumage dont se pare le haut-commissaire semble plutôt tirer sur le blanc de la colombe. Qu'il ne soit ni général, ni amiral, confirme à l'évidence cette impression.

Comme pour le souligner, le gouvernement Ramadier fait savoir, dès le 3 avril 1947, qu'il est prêt à examiner toute demande éventuelle d'armistice. Puis il y a également un changement significatif de personnel : ainsi sont écartés les deux conseillers de l'amiral d'Argenlieu les plus en vue et les plus engagés dans le sens de la fermeté. Léon Pignon est nommé commissaire de la République au Cambodge, une voie de garage devenue presque classique et que le conseiller de Raymond a déjà éprouvée. Albert Torel, pour sa part, rentre en métropole pour un congé. Bollaert fait alors appel à deux hommes réputés pour leur esprit de conciliation, Pierre Messmer, et surtout Paul Mus, celui qui écrira plus tard : « Si nous n'aboutissons aujourd'hui, entre Français et Vietnamiens, qu'à nous tuer sans nous comprendre, ne serait-ce point parce que, dès le début et sans nous en rendre compte, nous avons laissé hors de cause l'essentiel ? L'essentiel en Indochine, ce sont les Indochinois. » Interviennent enfin d'autres mesures d'apaisement telles que la levée de l'état de siège à Hanoi et à Haiphong, et la suppression de la censure en Cochinchine.

Ce n'est pas négligeable, et le haut-commissaire ne peut faire davantage avant d'accomplir la partie délicate de sa mission, rechercher les « représentants authentiques du peuple vietnamien ». Tandis qu'il plonge dans le vivier, Ho Chi Minh, toujours prompt à saisir l'opportunité de placer l'adversaire sur la défensive, prend l'initiative.

Le 19 avril 1947, par le truchement de son ministre des Affaires étrangères Hoang Minh Giam, il propose une cessation immédiate des hostilités et l'ouverture de négociations en vue d'un règlement pacifique du conflit. Il ne manque pas de prendre au mot le gouvernement français en se référant à la déclaration Ramadier du 21 janvier précédent, à la motion socialiste du 21 mars, et à la nomination de Bollaert, en laquelle il peut voir le signe d'un changement d'orientation.

La manœuvre relève de sa tactique habituelle qui consiste à lever le plus vite et le plus haut possible le rameau d'olivier, et à mettre dans l'embarras l'adversaire en jouant de ses divisions. Ainsi se pose-t-il en interlocuteur privilégié, sinon unique, et favorise-t-il « les éléments démocratiques » amis qui pourraient faire pencher la balance française en sa faveur. Si l'on en croit un document trouvé sur l'un de ses soldats tué, au Nord, il ne semble pas s'attendre à un résultat positif. Parmi plusieurs éventualités envisagées, la plus probable, selon lui, sera la suivante : les Français négocieront, pour octroyer une autonomie, avec un gouvernement de « fantoches », ce qui conduira à l'échec des pourparlers. En percevant sous la blancheur de la colombe les nuances plus sombres du faucon, il ne se trompe guère.

La réponse française lui parvient bientôt par l'intermédiaire d'un messager officieux, qui le joint dans son repaire de Thainguyen. Elle révèle un durcissement qui va aller en s'accentuant dans les semaines à venir. Les conditions de l'établissement d'une trêve sont énoncées : cessation de tout acte d'hostilité, de terrorisme et de propagande, libération de tous les prisonniers et otages, restitution des déserteurs français et japonais, livraison de la moitié de l'armement, liberté totale de circulation pour les troupes françaises et maintien de l'ordre relevant exclusivement des autorités françaises. A Paul Mus venu les lui confirmer au milieu du mois de mai, Ho Chi Minh, qui les considère comme une demande de capitulation, ne peut que répondre par la négative.

Proposées par Valluy, acceptées par Bollaert et entérinées par le gouvernement, ces conditions reflètent la conviction que le général a su faire partager en haut lieu, à savoir l'affaiblissement irrémédiable du Viet-Minh, qu'il convient maintenant d'écraser définitivement. Valluy a d'ailleurs pour cela, un plan tout prêt qui commence par la liquidation de la guérilla cochinchinoise, avant de s'attaquer aux bastions de la Haute-Région tonkinoise. Le ministre de la Guerre M.R.P. Paul Coste-Floret, venu à la fin du mois d'avril en visite officielle, partage cette opinion. La conclusion est donc qu'il faut s'abstenir de toute négociation avec Ho Chi Minh, afin de ne pas lui rendre, une force qu'il semble avoir quelque peu perdue. C'est ce que pense aussi le conseiller politique du haut-commissaire, Didier Michel, qui croit fermement à la possibilité de trouver ailleurs des interlocuteurs valables.

Ce durcissement est d'autre part favorisé par l'évolution de la politique intérieure française et le caractère aigu que revêt soudain le problème colonial avec le soulèvement de la côte orientale de Madagascar mettant directement en cause l'élaboration même de l'Union française.

D'abord, la situation économique a provoqué une crise grave au sein des partis au pouvoir. Les prix ont en effet quasiment quintuplé en quatre ans, et des grèves ont éclaté au mois d'avril 1947, en particulier aux usines Renault. Cependant au Parti communiste se pose plus que jamais la question de la participation au gouvernement. Ses ministres quittent le Conseil du 16 avril pour protester contre la répression à Madagascar et son Bureau politique condamne la politique suivie dans les territoires d'outre-mer. Le débat devient donc particulièrement houleux lorsque le gouvernement Ramadier pose la question de confiance sur sa politique économique. Cette fois les députés communistes ne s'abstiennent plus comme ils l'ont fait à propos de l'Indochine.

Le 4 mai 1947, ils votent contre, ainsi que leurs ministres qui ne démissionnent pas pour autant, obligeant Ramadier à mettre fin le lendemain à leurs fonctions. Avec la mort du tripartisme, c'est un glissement vers le centre qui s'opère dans la politique française, où l'anticommunisme s'accentue, faisant ainsi écho à l'affrontement mondial entre l'Amérique et la Russie.

Ensuite, les troubles de Madagascar, auxquels s'ajoutent les revendications politiques des nationalistes algériens concernant le statut de l'Algérie, et la déclaration de solidarité avec la Ligue arabe du Sultan du Maroc, replacent l'Union française au centre des débats. Menacée avant même d'être édifiée, elle provoque cette fois une levée de boucliers en sa faveur.

Le général de Gaulle, qui remonte sur la scène politique avec le R.P.F., déclare le 15 mai à Bordeaux : « Perdre l'Union française serait un abaissement qui pourrait nous coûter jusqu'à notre indépendance. La garder et la faire vivre, c'est rester grands et par conséquent libres. »

Au nom d'opinions identiques, le même jour, le haut-commissaire Bollaert affirme à Hanoi que « la France restera en Indochine, et l'Indochine dans l'Union française ». Il précise que dans ce cadre cette dernière entend accorder aux États toute l'indépendance compatible avec son existence : « L'ère de l'imperium est révolue. Il faut que l'ère de l'amitié commence... »

Dans ce même discours est confirmée la volonté française de négocier avec ceux que le haut-commissaire appelle « les représentants de tous les partis ». A priori, le Viet-Minh n'est pas exclu : « Je dis : de tous les partis », précise-t-il, mais il ajoute : « Car nous ne reconnaissons à aucun groupe le monopole de la représentation du peuple vietnamien. » Le Viet-Minh, qui prétend détenir, à travers le masque transparent du « Front National Populaire » créé la veille du départ de Ho pour la France, le monopole de la représentation du peuple vietnamien, est à coup sûr visé. Il l'est encore dans la proclamtion de l'autre Front, celui de l'Unité nationale, qui l'invite le 20 mai à négocier avec la France, tout en le dénonçant comme communiste et totalitaire. Il est également pris violemment à partie par d'autres groupes, comme celui de ces anciens députés de l'Assemblée nationale qui appellent la France à ne plus négocier avec lui.

En réponse au discours de Bollaert, une grande agitation s'empare en effet des milieux politiques vietnamiens. Personnalités, partis, sectes, groupements, voient en effet une chance de participer à l'édification d'un Vietnam indépendant et unifié, dont les communistes du Viet-Minh avaient réussi à s'assurer l'exclusivité. Mais le tableau reste confus, surtout pour Bollaert, qui est chargé d'en extraire les fameux interlocuteurs valables.

Au Nord et au Centre, les prises de position à l'égard du Viet-Minh sont tranchées. Le poids de celui-ci, ses méthodes coercitives, son impuissance économique, et depuis peu son échec militaire, ont fourni à ses opposants un regain de vigueur et d'espoir. Outre les partis nationalistes traditionnels, qu'il a décimés et dont les leaders sont en Chine, un Comité provisoire de gestion administrative et sociale s'est créé à Hanoi sous la présidence du docteur Truong Dinh Tri, ancien ministre du gouvernement Ho Chi Minh. A Huê, un Rassemblement National de l'Annam s'est formé, que préside le mandarin Tran Thanh Dat, et qui soutient un Comité de gestion dirigé par un ancien mandarin, Tran Van Ly. Ces groupes monarchistes reprennent évidemment à leur compte les revendications du Viet-Minh concernant l'indépendance et l'unité du Vietnam, mais sous l'égide de Vinh Thuy.

Au Sud, c'est toujours l'éparpillement et la complexité qui sont de règle. Après la mort du malheureux docteur Thinh, le colonel Xuan avait assuré l'intérim du gouvernement cochinchinois et semblait désigné pour lui succéder. Mais ses prises de position à la conférence de Dalat et sans doute ses manières remuantes qui l'ont rendu plus français que les Français, ne l'ont guère fait apprécier des clans coloniaux et des administrateurs. Il a donc été écarté au profit d'un conseiller de Cantho, d'obédience caodaïste, le docteur Le Van Hoach.

La position du gouvernement sudiste est cependant en porte à faux depuis les déclarations des autorités françaises sur l'indépendance et l'unité. En outre, et comme pour les confirmer, le palais Lagrandière, résidence des gouverneurs de la Cochinchine avant d'abriter le commissariat de la République, est solennellement remis à la nation vietnamienne, et non à la République cochinchinoise.

L'orientation générale incline donc du côté de la réunification, que celle-ci se réalise avec ou sans le Viet-Minh. C'est d'ailleurs pour réagir contre lui que des autonomistes tels que le magistrat Tran Van Ty, vice-président du gouvernement sudiste, se rendent à Paris à la fin du mois de mai 1947 pour plaider la cause de l'autonomisme, et que le « Front Cochinchinois » s'agite à Saigon dans le même but. L'incertitude cependant qui pèse toujours sur les véritables intentions des Français, et qui se nourrit de l'expérience passée autant que des contradictions présentes entre les velléités pacifiques et les opérations militaires en cours, retient une grande partie de la classe des petits fonctionnaires, instituteurs et intellectuels, de choisir une carte française indécise et suspecte à leurs yeux ; 300 d'entre eux signent ainsi un manifeste demandant au haut-commissaire l'ouverture de négociations avec le Viet-Minh, toujours porteur de la mystique « Doc Lap ».

Existe néanmoins une coalition anticommuniste, formée avec les sectes caodaïstes et Hoa Hao, les Jeunesses Nationales et le Parti Social-Démocrate de Nguyen Van Sam, qui représente d'ailleurs au sud le Front de l'Unité nationale. L'ensemble est hétéroclite, mais outre l'opposition commune au communisme, le lien qui réunit ces groupes à ceux du nord et du centre est l'accord qui se confirme sur le retour de Vinh Thuy. Les divergences ne se font jour que sur le rôle qui lui sera dévolu, sur son titre et ses pouvoirs, les uns tenant au rétablissement de l'empire traditionnel, les autres à un régime plus démocratique, le courant se renforçant encore lorsque la rumeur court, reprise par la presse française, que Bollaert a envoyé Paul Mus rencontrer l'ancien souverain à Hongkong. En fait, c'est l'administrateur Cousseau qui sonde Vinh Thuy. Mais celui-ci, bien que pressé par certains de ses conseillers de répondre aux appels, juge préférable de ne pas se brûler prématurément, selon l'expression qu'il emploie dans ses Souvenirs.

Mais qu'en est-il donc de la masse de la population ? Elle est d'autant plus attentiste qu'en ces temps d'incertitude prolongée, elle est avant tout préoccupée par sa survie et sa subsistance. Dans les campagnes, où elle subit deux pouvoirs violemment affrontés, elle ne peut montrer qu'un double visage. Pour les paysans en effet, habitués à subir, les pieds dans la vase des rizières, le poids d'autorités supérieures sur lesquelles ils n'ont jamais eu de prise, l'indécision politique est moins gravement sentie que l'indécision militaire. Leur seul choix possible est par conséquent celui du vainqueur sur le terrain même où ils vivent. Or, pour l'heure, ils ne savent pas encore qui va l'emporter, du maître du jour, l'étranger puissant et bruyant comme un éléphant, ou du maître de la nuit, le compatriote venu souvent du Nord, aussi fulgurant et implacable qu'un tigre.

Pendant ce temps, alors que le haut-commissaire Bollaert prépare les éléments d'une décision qu'il doit soumettre à son gouvernement, le général Valluy poursuit activement des opérations militaires qui tendent, en premier lieu, à extirper la guérilla de Nguyen Binh de Cochinchine, avant d'acculer ailleurs les forces du Viet-Minh dans des réduits où le coup de grâce pourra leur être infligé. Sa conviction repose sur le principe que la solution du problème indochinois, toute politique qu'elle doive être, passe d'abord par la liquidation de ce parti, obstacle à toute véritable négociation, et ensuite par celle de la guérilla sudiste. Le général affirme même que si l'on réussit à détacher la Cochinchine de la guerre, la question indochinoise sera réglée aux trois quarts.

Il n'en estime pas moins nécessaire qu'à l'ombre du faucon, soit donné un élan à la colombe, avec l'établissement d'un programme politique et social conséquent, de nature à convaincre la population, enjeu de tous. C'est en quelque sorte reprendre les idées de Leclerc qui écrivait dans son rapport de janvier 1947 : « En 1947, la France ne jugulera plus par les armes un groupement de 24 millions d'habitants qui prend corps, et dans lequel existe une idée xénophobe et peut-être nationale. Néanmoins, plus l'effort militaire accompagnant notre politique sera puissant, plus cette solution sera possible et rapide. »

Le plan du général Valluy sera donc de porter le premier effort sur la Cochinchine jusqu'en septembre 1947, avant de s'attaquer au Tonkin en automne. L'optimisme est donc de rigueur, car l'on considère que le Viet-Minh affaibli est plutôt prêt à négocier qu'à poursuivre un combat de plus en plus difficile que l'on saura rendre désespéré.

LE PROBLÈME MILITAIRE

Au début de 1947, alors que le Corps expéditionnaire prenait l'avantage au Tonkin et en Annam, la situation en Cochinchine était loin de s'améliorer. En effet, si au mois d'avril 1946, le Commandement français avait estimé à 80 pour cent le nombre de villages ralliés aux autorités franco-cochinchinoises, de mois en mois, cette proportion était retombée à 10 pour cent. La raison en était évidemment la tactique élusive de la guérilla, soutenue par l'activité dévastatrice des escouades de tueurs de Nguyen Binh qui répandaient la peur dans les campagnes. Pour y répondre, l'armée française, en l'état de ses conceptions tactiques, ne peut qu'occuper du terrain au maximum, une tâche épuisante et une charge particulièrement lourde, chaque bataillon devant contrôler en moyenne 6 000 km^2, s'étendre sur 100 km, et veiller sur 600 000 habitants environ. Il y a bien aussi une dizaine de milliers de partisans, mais leur fidélité est souvent soumise aux fluctuations politiques et militaires. Ainsi les désertions ont-elles été nombreuses en 1946, avant de décroître à la suite des événements de décembre 1946. La première condition pour entreprendre l'action envisagée est donc un accroissement des effectifs.

Le chiffre proposé par Leclerc dans son rapport de janvier 1947, 115 000 hommes (90 000 Européens et 25 000 Indochinois), est repris par Valluy ; mais selon une pratique déjà vivement critiquée par les chefs militaires de la conquête du Tonkin, les renforts ne seront accordés et envoyés que progressivement : en « petits paquets échelonnés par crainte des horions parlementaires », comme l'écrivait Lyautey en 1894, les nécessités du rétablissement de l'ordre à Madagascar en cette année 1947 y étant évidemment pour quelque chose.

Au printemps, le général Nyo, commandant des forces françaises au Sud, dispose donc de 25 000 Européens, 10 000 Indochinois, 3 000 Nord-Africains, 2 000 partisans, et d'un millier d'hommes de la Garde républicaine de Cochinchine, reconstitution de l'ancienne Garde civile encadrée par des gendarmes français. Afin de soutenir la campagne engagée contre les forces de Nguyen Binh, Valluy va affecter une grande partie des renforts reçus à celles du général Nyo, si bien que celui-ci disposera de près de la moitié du Corps expéditionnaire. Il ne suffira pas cependant à pacifier la Cochinchine avant l'automne 1947, ainsi que l'espérait le Commandement français. Les raisons en sont diverses.

On peut en trouver une première dans le déséquilibre entre le pouvoir civil et le pouvoir militaire, le premier limitant le champ d'action de l'autre, alors que tout combat antiguérilla exige une extrême liberté de manœuvre. Les principes républicains imposent en effet la soumission du militaire au civil et l'esprit dans lequel ont été rédigées les instructions à Bollaert y est en tout point conforme. Le haut-commissaire a donc organisé au mois de février 1947 un Comité exécutif de pacification de la Cochinchine, dont la présidence a été dévolue au docteur Hoach. Il comprend des ministres du gouvernement cochinchinois, des membres du Cabinet du haut-commissaire et le général Nyo.

L'aspect politique de ce système se traduit par les priorités assignées à ce dernier dans la conduite de ses opérations. Des trois grandes zones créées en ce même mois de février, celle du Centre qui inclut la région saigonnaise et la Plaine des Joncs, refuge traditionnel des rébellions et de la piraterie, est la plus importante stratégiquement, et par conséquent exigerait que l'on y concentre le premier effort militaire.

Mais la zone Ouest, qui comprend les riches provinces rizicoles, domaine de la bourgeoisie cochinchinoise, soutien de la politique française et ossature de la République sudiste, est si vitale économiquement et politiquement que le général Nyo est contraint de lui accorder la primauté de son attention, sans toutefois pouvoir lui consacrer toute l'efficacité nécessaire, sous peine de négliger le Centre et de compromettre la sécurité de la région Saigon-Cholon, sensibilisée par le terrorisme.

La raison principale de l'échec de la pacification reste pourtant l'inadaptation du système français à la stratégie de la guérilla révolutionnaire, et la sous-estimation de celle-ci. Leclerc avait pourtant bien mis en évidence un double danger : la longue durée probable de la lutte posant la question de l'usure des moyens, et l'immobilisation des troupes dans les villes et dans les bases. Il jugeait donc indispensable de déployer une grande activité opérationnelle pour éviter d'être prisonnier de l'occupation du terrain.

Or le dilemme qui se pose au Commandement depuis le retour est de tenir uniquement les centres tout en organisant des colonnes mobiles d'intervention, ou de constituer une toile d'araignée politico-militaire en multipliant les postes, à la fois bases de sécurité et centres de rayonnement politique. Compte tenu des intentions gouvernementales, et de la volonté de gagner la population, c'est évidemment la seconde solution qui est adoptée, puisque le Corps expéditionnaire ne sera jamais assez important pour assumer toutes les tâches indispensables.

Or, le nombre d'objectifs à protéger est considérable, dans cette Cochinchine fourmillante comme un vivier, riche de son riz convoité par le Viet-Minh et de ses plantations d'hévéas, gage économique essentiel qu'il faut tenir. Avec le contrôle des axes de communication routière et fluviale, ils absorbent des effectifs toujours insuffisants, disséminés dans une multitude de postes qui atteindront le chiffre de cinq cents, et de tours de garde, où ils sont immobilisés.

Le système va donc se compléter par le recrutement de supplétifs, l'organisation de villages pacifiés ou ralliés en autodéfense, et l'alliance des féodalités remuantes que sont les sectes. Le ralliement des Caodaïstes, accompli l'année précédente lors du retour du pape Pham Cong Tac de son exil, se précise notamment par la signature d'une convention militaire en janvier 1947. Leurs troupes sont regroupées sous les ordres de Tran Quang Vinh pour constituer des brigades volantes antiterroristes fortes de 2 000 hommes, et atteindre l'effectif de 4 500. Une mission de liaison française s'installe à Tayninh, dont la région et ses environs échappent au Viet-Minh.

Les Hoa Hao sont plus turbulents. Malgré les massacres dont ils avaient été victimes lorsque Tran Van Giau exerçait sa dictature sur le Comité du Nam Bô, ils ont accepté les avances de Nguyen Binh. Leur chef Huynh Phu So est entré dans l'organisme directeur du Viet-Minh avec le titre de Commissaire. Mais le « Bonze fou » imagine aussi de fonder un « Parti démocrate socialiste » (Dan Xa dang) qui se veut à la fois anticolonialiste et anticommuniste. Ses bandes pratiquent d'autre part une guerre de pirates peu compatible avec le programme politique du Viet-Minh qui se veut séduisant aux yeux des populations. Nguyen Binh réagit donc avec brutalité et exécute Huynh Phu So après l'avoir attiré dans un guet-apens ; 2 000 Hoa Hao commandés par Tran Van Soaï se rallient alors aux Français. Ils en obtiennent armes et subsides et s'installent dans la région occidentale du Caïvo.

Les Binh Xuyen, quant à eux, gardent leur indépendance dans leurs repaires du Rung Sat, forêt inondée située entre Saigon et le cap Saint-Jacques. Ce n'est pas un mal, car la coopération de cette bande aux pratiques de voyous et guidée par des intérêts fluctuants serait politiquement très onéreuse.

Plus intéressants, à coup sûr, sont les groupes d'autodéfense, en particulier d'obédience catholique, que les autorités françaises parviennent à mettre sur pied. L'exemple le plus marquant est celui de Leroy, implanté dans la région de Bentre. Dans son île d'Anhoa, où il est né, l'officier a constitué une milice avec tous les hommes valides de plus de dix-sept ans. Baptisés « Bao An », protecteurs de la Paix, ils sont groupés par cellules de trois qui veillent sur leurs hameaux. Encore que la personnalité de Leroy soit pour beaucoup dans le succès de la formule, celle-ci reste encore à développer. Pour l'heure, elle n'est pas suffisante pour contrecarrer l'action du Viet-Minh, omniprésent et habile à user de tous les moyens possibles pour faire peser une menace constante et empoisonner les consciences.

La guerre des postes, la guérilla et l'action psychologique reposent sur des principes déjà appliqués par Mao Zedong dans sa lutte contre le Guomindang et les Japonais après la Longue Marche : Aménagement de sanctuaires, en l'espèce la Plaine des Joncs et les forêts. Articulation souple entre les forces régulières (18 000 hommes) et les unités d'irréguliers (milices d'autodéfense Tu Ve, guérilleros Du Kich). Mobilité. Enfin motivation politique. A cela s'ajoutent la pratique efficace du terrorisme, appuyée sur une police politique, la Sûreté, et exécutée par les comités d'assassinat, et un réseau de renseignements à la fois diffus et incisif. C'est ce que Sunzi appelait le trésor du Souverain, un « divin écheveau » composé de cinq sortes d'agents, les indigènes, les intérieurs, les doubles, les liquidables et les volants, maillons d'un même filet qui lui permet de pêcher le maximum d'informations.

Des instructions du ministre de la Propagande Tran Huy Lieu aux forces du Nam Bô précisent ce que doit être la guérilla : « Toute la population y participe. Le soldat, c'est l'habitant, et l'habitant, c'est le soldat. » L'objectif est de rendre l'ennemi aveugle, en s'immergeant sans uniforme dans la population, de le rendre sourd, en sabotant ses moyens de communications, et boiteux, en détruisant les voies de circulation et de transport. Il faut l'acculer à la faim et à la soif, en s'attaquant à ses approvisionnements, le priver de sommeil en multipliant les attaques de nuit, le harceler sans répit, en jouant de la surprise.

Ainsi, contre les forces françaises, dotées de moyens modernes et puissants, mais figées dans leurs tâches de sécurité, le Viet-Minh porte des coups rapides qui effritent leur capacité combative. Si les Dinassaut démontrent leur efficacité dans le contrôle des voies fluviales, les hommes de Nguyen Binh osent de plus en plus s'attaquer aux convois escortés de blindés, qu'ils apprennent à neutraliser. Au mois d'avril 1947, ils surprennent dans la région de Caïlaï un cortège officiel en tournée. Deux ministres du gouvernement de Cochinchine, 43 Français, dont un lieutenant-colonel et sa fille, 10 Vietnamiens, sont tués. La troupe des assaillants, forte de 800 à 900 hommes, a bénéficié de toutes les facilités d'approche et de camouflage, avant d'échapper à la poursuite, déclenchée de toute façon trop tard.

Ces courses continuelles, à la fois pour surveiller et escorter, pour rechercher en vain un ennemi élusif, usent le matériel, d'ailleurs insuffisant. Le besoin de véhicules blindés légers et de pièces de rechange se fait lourdement sentir. Un jeune soldat, affecté à la région de l'Ouest cochinchinois, Guy de Chaumont-Guitry, écrit à ce propos : « Nous faisons actuellement près de 100 kilomètres par jour sans jamais voir un Viet. Et pourtant, ils existent... Les agressions contre les convois se multiplient... Nos véhicules n'ont pas une pièce de rechange et il n'en faut pas attendre avant deux mois... Bien des camions en excellent état sont sur cales, faute de pneus... La vie est toujours aussi monotone ici. Nos seules distractions sont les pannes qui se multiplient — sans que l'échelon puisse les réparer — ou les calculs d'effectifs qui fondent... (avril et juin 1947). »

D'autre part, les postes sont trop espacés pour assurer la surveillance requise, et trop isolés dans un environnement sur lequel ils ont peu de prise. Sans liaison radio, l'un d'eux a dû affronter les assauts d'une forte unité vietminh, à un contre dix et quatre jours durant, sans que le Commandement en soit informé. Le soldat français se trouve tel un corps étranger, dans un bocal qu'on aurait posé au milieu d'un immense bassin de boue et d'eau où grouillent ceux qui y nagent « comme des poissons dans l'eau ». Il est observé, épié, cerné. Il y a dans certains petits postes 3 ou 4 Européens pour 30 ou 40 soldats indochinois, cambodgiens ou vietnamiens.

Si les supplétifs ne sont pas tous des espions infiltrés, certains d'entre eux peuvent « trahir ». Il en est de même des domestiques, ou des femmes, que le Viet-Minh a su placer, ou qu'il fait chanter en menaçant leurs familles. Les « Brigades d'amour » font parfois des ravages chez des hommes jeunes aux sens exacerbés par le climat. Sunzi recommandait déjà de donner à l'ennemi des jeunes femmes — et même des garçons — pour lui tourner la tête...

Il y a aussi cette angoisse latente entretenue par une nature oppressante, surtout la nuit, et par la menace continuelle que fait peser l'ennemi tout proche. Les nerfs s'épuisent dans l'attente des embuscades, et la réfection permanente des routes qu'il ne cesse de couper, de creuser, de détruire. Les nouvelles enfin sont démoralisantes, que ce soit la révélation d'une contrebande d'armes destinées au Viet-Minh découverte sur les navires mêmes qui amènent les renforts de France, ou la lecture du *Journal du Vietnam*, publié à Saigon, qui exalte ouvertement l'armée vietminh, ou encore les témoignages de l'indifférence de la France et de l'indécision politique.

Valluy, tirant les conséquences de l'échec cochinchinois, se rend compte que les méthodes de la conquête ne sont désormais plus de mise. Il ne croit plus à l'utilité d'occuper systématiquement le terrain dans son ensemble, mais par contre à celle de frapper à la tête, donc de mettre en œuvre la deuxième phase de son plan dès la fin de la saison des pluies, au mois d'octobre, c'est-à-dire de débusquer par des opérations d'envergure le Viet-Minh de son bastion de Haute-Région.

Afin de constituer les réserves mobiles indispensables, et compte tenu de la limitation de ses effectifs, il envisage d'abandonner en Cochinchine des zones jugées sans importance politique ou stratégique. Au Nord et au Centre, cependant, le Corps expéditionnaire se prépare à l'offensive, en consolidant ses succès du début de l'année. Mais en progressant, il ne rencontre devant lui que des ruines. Après avoir pratiqué la « terre brûlée », l'armée de Giap se dérobe. Elle attend dans ses sanctuaires le moment de reprendre le combat.

Le 9 juin 1947, le Conseil de défense de l'Indochine, présidé par le haut-commissaire approuve les projets de Valluy. Pourtant, quelques jours plus tard, le haut-commissaire s'envole pour la France. Il y trouve un gouvernement plus écartelé que jamais sur les choix à faire : trêve militaire ou poursuite de la guerre ? Négociations politiques avec ou sans le Viet-Minh ?

BAO DAI OU HO CHI MINH

Au moment où Bollaert arrive à Paris, deux tendances sont en train de s'affirmer. L'une est en faveur de la trêve, l'autre en faveur de l'appel à Vinh Thuy.

Sans parler des communistes qui exigent la paix immédiate, les socialistes voudraient arrêter les combats. Même le M.R.P. accepterait cette trêve, mais à des conditions irréalistes, telles que la restitution par le Viet-

Minh des otages qu'il détient, et « le châtiment exemplaire des responsables des massacres et des tortures du 19 décembre ».

D'autre part, Vinh Thuy-Bao Dai apparaît de plus en plus comme la seule personnalité capable de faire oublier le fractionnement politique vietnamien, et de lier le présent révolutionnaire au passé traditionnel. N'est-il pas toujours Conseiller suprême du gouvernement Ho Chi Minh ? Certes, les uns voient en lui le souverain d'un Vietnam retrouvant une modération toute confucéenne, voire une certaine docilité, et les autres le complément de Ho Chi Minh, tel le Yin avec le Yang, le Soleil avec la Lune, reconstituant ainsi le cercle parfait et imaginaire d'un Vietnam idéal. Mais dans le fond, n'est-il pas surtout dans toutes les pensées le moyen le plus convenable de sortir d'une terrible impasse ? La « solution Bao Dai », à laquelle déjà l'amiral d'Argenlieu avait pensé, est moins celle de l'homme providentiel enfin trouvé que celle d'un pis-aller occasionnel. La timidité de la réponse que Vinh Thuy donne aux avances qu'on lui fait en est une sorte de confirmation : le 5 juillet, en effet, par le truchement du journal *L'Union française*, il propose sa simple médiation entre la France et les partis vietnamiens, précisant qu'il n'est ni pour le Viet-Minh, ni contre lui, et que la paix reviendra vite si les Français se rendent enfin compte que l'esprit du peuple vietnamien n'est pas le même qu'il y a dix ans.

Sentant le vent qui pousse à la négociation et fait monter l'étoile encore pâle de l'ex-Empereur, Ho Chi Minh s'empresse de louvoyer au plus près, afin de garder l'initiative. Il procède à l'une de ces opérations habituelles de maquillage gouvernemental destinées à donner au tigre le faciès rassurant du mouton. Les ministres marxistes, accusés d'extrémisme par les Français et d'avoir déclenché les événements de décembre 1946, s'éclipsent derrière une brochette de personnalités moins marquées. Un bouddhiste, des catholiques, des nationalistes démocrates et même deux anciens mandarins entrent au gouvernement qui reste, pour l'essentiel, entre les mains fermes de Ho Chi Minh et de ses camarades du Comité central. Giap, considéré comme le communiste intransigeant et agressif, cède la Défense nationale au « sans parti » et néanmoins très fidèle Ta Quang Buu, mais c'est pour prendre le commandement en chef de l'Armée. Naturellement, le Conseiller suprême Vinh Thuy conserve son titre. Il est à noter toutefois qu'il y a dans cette nouvelle équipe des absents notoires du monde nationaliste, en particulier les leaders du V.N.Q.D.D., mais cela n'empêche pas l'Oncle Ho de poursuivre son offensive de charme.

Lorsque Bollaert, à son retour de Paris, invite à cesser les combats d'abord — « cette guérilla insensée ! » — et à discuter ensuite avec tous les partis en vue d'établir une paix durable, Ho Chi Minh s'empresse de saisir la balle au bond : « Si le haut-commissaire veut sincèrement prendre contact avec tous les partis politiques dignes de ce nom, il n'a nullement besoin d'aller chercher ailleurs... » Il ne saurait être plus explicite, surtout quand il ajoute que le Conseiller Vinh Thuy jouit de la pleine confiance du peuple et du gouvernement vietnamien, pour lequel il travaille et dont il n'a jamais cessé de faire partie.

La manœuvre est opportune. Elle a le mérite de rappeler certaine réalité à ceux qui tendraient à l'oublier : si l'on veut une trêve, elle ne peut se conclure qu'avec l'adversaire combattant, en l'occurrence le gouvernement de Ho Chi Minh, et au-delà, si l'on désire une solution durable, il sera difficile, en l'état des choses, de l'exclure d'une négociation. Cette initiative a également pour effet de révéler des divergences qui opposent entre eux non seulement les partis politiques français, mais aussi les groupes et les personnalités à l'intérieur de ces partis.

Les uns tiennent à traiter avec Ho Chi Minh. Léon Blum en est le chantre. Dans un article sensationnel qui paraît dans *Le Populaire*, il écrit : « Oui, il faut en finir... Oui, l'on doit traiter de peuple à peuple et non de vainqueur à vaincu... Ho Chi Minh fournit en ce moment même une preuve évidente, palpable, de sa sagesse, de son patriotisme, de son abnégation. Il y a une lueur sur l'Indochine. Il faut que cette lueur devienne l'aube puis le jour... »

Les autres, tels que Marius Moutet, restent convaincus du danger de réintroduire le loup dans la bergerie à la faveur d'une trêve et d'une association Bao Dai-Ho Chi Minh, dans laquelle celui-ci risquerait fort de prendre l'avantage.

Ce qui complique l'affaire, c'est que l'ex-Empereur, consulté par l'intermédiaire de son ancien aide de camp, le commandant Raynaud, pose comme condition à son retour l'engagement formel de la France en faveur de l'indépendance et de l'unité.

Or, le mouvement en sa faveur s'amplifie, avec le soutien des autorités françaises. Quelle que soit la part de la propagande dans l'affaire, la population y répond, surtout au Centre et au Nord. Diverses manifestations ont lieu en Annam, la plus importante à Huê le 12 août 1947, avec une foule de 40 000 personnes demandant le retour de l'ancien souverain. Plusieurs messages et motions, émanant de bonzes, du Comité administratif du Centre Vietnam, de partis nationalistes, sont envoyés à Hongkong, pressant Bao Dai de s'engager.

Le 1er septembre 1947, Hanoi retrouve presque l'animation des journées révolutionnaires. Dans la ville, où flottent à nouveau des banderoles réclamant Indépendance et Unité, se déroule un important défilé auquel participent deux anciens ministres V.N.Q.D.D. du gouvernement Ho Chi Minh.

Même en Cochinchine, depuis longtemps détachée de l'orbite de Huê par la colonisation française, et de ce fait moins attachée à la monarchie, la vague provoque des remous, encore qu'elle tienne davantage de l'écume que de la lame de fond. Les Caodaïstes et les Hoa Hao y vont de leurs messages. Nguyen Van Sam, représentant au Sud du Front de l'Union Nationale, propose la constitution d'un gouvernement central provisoire sous la présidence de Bao Dai, qui serait chargé de négocier avec la France sur la base de l'Indépendance et de l'Unité. On couperait ainsi l'herbe sous le pied du Viet-Minh, réduit à s'enfoncer dans la rébellion, et qui perdrait à coup sûr une grande partie de son audience. Le docteur Hoach, président du gouvernement de Cochinchine, est en contact avec l'ancien souverain, et les autonomistes sudistes du Front cochinchinois acceptent même le principe de la réunification afin de faciliter le retour à la paix.

Devant tant d'insistance, Bao Dai ne peut rester figé dans sa réserve. Il invite les représentants des partis et des groupes vietnamiens à venir l'informer. Le 9 septembre 1947, vingt-quatre délégués, auxquels se joignent les leaders nationalistes émigrés, vont le solliciter de prendre le pouvoir.

Le haut-commissaire Bollaert, revenu de Paris avec des instructions tendant à la paix, ne peut alors que constater, à travers le mouvement baodaïste, la réalité du désir d'indépendance et d'unité des Vietnamiens dans leur ensemble. Il décide donc de frapper un grand coup, ou plutôt, de délivrer un grand message. La date du 15 août 1947 lui paraît convenable, car ce jour-là, l'Inde et le Pakistan accéderont à l'indépendance. La France ne saurait être en reste de générosité, et c'est en son nom qu'il annoncera un cessez-le-feu unilatéral de la part des forces françaises à compter du même jour à midi, afin de permettre l'ouverture de négociations en vue d'un arrêt définitif des combats. Il proclamera également la reconnaissance par la France du principe de l'indépendance, évidemment dans le cadre de l'Union française.

Ce discours sensationnel, le haut-commissaire ne le prononcera pas. En effet, le général Valluy, qui prépare activement la deuxième phase de son plan, devant aboutir à la destruction du Viet-Minh dans son bastion montagneux, considère cette trêve unilatérale comme une catastrophe. Elle sauverait Ho Chi Minh d'un irrémédiable K.O. et découragerait tous les Vietnamiens prêts à se rallier à la France. Ce serait si grave, pense Valluy, qu'il est prêt à s'y opposer de toutes ses forces. Le différend entre le général et le haut-commissaire est aussitôt porté devant le gouvernement qui convoque les deux hommes. Le débat ne fait qu'attiser les divergences existantes, mais en définitive, c'est la thèse de Valluy qui prévaut, en même temps qu'un consensus se fait sur la solution Bao Dai, non sans quelque réticence de la part des socialistes, pour lesquels Ho Chi Minh reste, malgré tout, un interlocuteur sinon valable, du moins non négligeable.

Mais dans l'atmosphère internationale de plus en plus dominée par l'affrontement entre l'Occident et le monde communiste, l'ancien Empereur effraie tout de même moins que l'ancien agent du Kominform. Bien tenu, Bao Dai, avec son côté citoyen Vinh Thuy, pourrait rassembler tous les éléments de bonne foi sous l'étendard de la démocratie et de la liberté.

Liberté, mais non indépendance. Il ne peut en effet être question de « coiffer Li du chapeau de Zhang » et accorder à l'un ce qui a été refusé à l'autre. Le maître mot, sur lequel ont buté tant de dialogues, effraie encore par l'impact qu'il pourrait avoir sur les populations des autres colonies. Georges Bidault ne manque pas de le rappeler.

Aussi, dans le discours que Bollaert prononce à Hadong le 10 septembre, dès son retour en Indochine, il n'est pas prononcé, du moins en français. Sans doute le haut-commissaire croit-il ingénieux d'employer sa traduction en vietnamien, qui est le magique « Doc Lap », accolé à la formule « dans l'Union française » (Doc Lap trong Lien Hiep Phap). Mais la magie ne peut opérer si elle est le fait d'un étranger et d'un profane. Elle a même un relent de sacrilège. Plus prosaïquement, les Vietnamiens préfèrent, afin d'éviter tout malentendu, qu'un Français parle français.

De toute façon, le stratagème terminologique n'offre aucun intérêt, dès lors que le haut-commissaire, précisant sa pensée, ajoute deux restrictions de taille : la défense et la diplomatie restent réservées à la France. En ce qui concerne l'unité, elle serait consentie, sous réserve de l'acceptation des Cochinchinois. En outre, un appel est lancé à toutes les familles spirituelles et politiques du Vietnam en vue de discuter sur ces bases, présentées comme un tout indivisible à prendre ou à laisser, ce qui confère aux propositions un caractère d'ultimatum. Enfin, une paix véritable ne pourrait être l'œuvre d'un seul parti, en l'espèce celui désigné comme l'auteur de l'agression du 19 décembre 1946, qui, de ce fait, s'est discrédité auprès du peuple français.

Le recul est net, par rapport à ce qui était attendu et espéré. Sans compter le Viet-Minh, écarté par défaut de confiance, et qui fait savoir que l'indépendance sans armée ni diplomatie n'est rien, les partis et groupes vietnamiens les plus divers manifestent leur déception, à commencer par les députés réunis la veille autour de Bao Dai, auquel ils confient le soin de négocier avec la France « sur une base d'égalité et de justice ». Certains membres du Front de l'Union nationale, dénonçant « l'ultimatum », protestent même auprès du Conseil de Sécurité et en appellent aux grandes Puissances.

A force d'hésitations, de promesses vagues et de pas en arrière, de pas de côté et d'acrobaties verbales, le gouvernement français et son représentant se retrouvent à nouveau devant un mur, il est vrai moins compact que celui érigé par le Viet-Minh, car Bao Dai, qui le défend au nom des mêmes principes d'Indépendance et d'Unité, n'est pas Ho Chi Minh. A défaut d'autres personnalités d'une envergure suffisante, ou parce qu'ils l'en croient capable, beaucoup de Vietnamiens attendent de lui qu'il obtienne des Français par la négociation ce que l'autre n'a pu arracher au prix de beaucoup de souffrance. Il a, en tout cas, la balle en main et il lui appartient de la remettre en jeu.

LES ESPOIRS DE L'AUTOMNE 1947

L'homme que l'on veut dresser plus qu'il ne se dresse en face de Ho Chi Minh ne ressemble pas du tout à son rival. Grand, sportif, il a cette autorité naturelle que lui confère sa naissance, et la réserve que lui donne le sentiment profond de sa dignité souveraine. Sans posséder le pouvoir charismatique de l'Oncle, il ne manque pas d'un certain charme, fait de simplicité et d'amour de la vie. Si son intelligence appréhende avec perspicacité les rapports de force et les courants qui agitent le monde et son pays, le manque de pugnacité et de goût pour l'action politique le retient de s'engager avec détermination et de prendre d'inévitables risques. Sans doute aussi se sent-il prisonnier du carcan d'une tradition dont un Fils du Ciel, même déchu de son mandat, se juge dépositaire. Une abdication forcée ne peut, dans son esprit, l'en délivrer et modifier un comportement formaliste, partie inhérente à sa dignité. Pour lui, la vraie déchéance serait de s'abaisser à discuter de termes et de conditions qu'on lui imposerait. Marchander est le fait des humbles, des marchands, des enfants de la terre. Sa nonchalance apparente, son goût de la chasse solitaire sont vraisemblablement un refuge contre la tension des responsabilités et une fuite devant elles, comme peut l'être aussi son amour des femmes. Avec son éducation traditionnelle et l'instruction moderne qu'il a reçue, il est en somme davantage en porte à faux avec son époque que préparé à en affronter les violentes ruptures. Confronté à la nécessité de garder son rang et sa face, au souci de son indépendance et à la notion d'un certain devoir, le problème de sa propre subsistance se pose à lui de façon contradictoire. Bref, la voie royale est plutôt pour lui un sentier semé de pièges et arrosé de venin, ce qui peut expliquer son cheminement quelque peu indécis et tortueux.

— A-t-il prononcé le mot « indépendance » ? demande-t-il à Cousseau, accouru pour le prier de répondre au discours de Bollaert.

— Il l'a prononcé en vietnamien.

— Curieux, et même choquant.

— Sire, il faut comprendre... prononcer « indépendance », c'est mettre le feu à l'Afrique.

— Dérisoire et inacceptable !

— Sire, prenez garde qu'Ho Chi Minh ne vous coiffe au poteau.

— Non, je ne veux pas répondre. Je vais à la pêche...

Ce dialogue, que lui-même rapporte, donne le ton de ce que seront les relations de Bao Dai avec les Français, et avec Bollaert en particulier, un pas de deux où les esquives et les volte-face alterneront avec les engagements plus ou moins sincères.

Ainsi, malgré son refus à Cousseau, l'ancien Empereur se décide à un premier geste. Tout l'y incite, les sollicitations diverses de ses compatriotes, l'insistance des autorités françaises, la situation internationale qu'il perçoit bien de Hongkong, avec le durcissement anticommuniste des États-Unis, enfin la pression de ses conseillers.

Le 18 septembre 1947, il s'adresse « à son peuple » pour la première fois depuis son abdication : « ... Malgré la dictature qui tend à étouffer votre voix, j'entends aujourd'hui vos appels et vos cris de détresse... Petit à petit se sont évanouis vos espoirs de bonheur qu'une habile propagande et une nouvelle idéologie ont fait naître un moment dans vos cœurs. Dans votre détresse, vous venez vers moi... » Il accepte donc d'être le négociateur entre le Vietnam et la France, exprime sa volonté d'obtenir l'indépendance et l'unité du pays. C'est un rejet des propositions de Bollaert, mais ce n'est pas un refus du dialogue. Au Vietnam, la solution Bao Dai en acquiert plus de poids. Mais toujours circonspect, l'ancien Empereur n'envisage pas de retour au pays, tant qu'il n'aura pas obtenu de la France des assurances formelles sur ce qu'il exige.

Les événements ne semblent pas lui donner tort. En effet, un outsider vient de surgir en Cochinchine, dont les eaux troublées ont la particularité de donner naissance à tous les serpents de mer possibles. Cette fois, il s'agit du colonel Xuan, retour d'un séjour à Paris où les réticences de certains milieux socialistes et radicaux de foi républicaine et laïque à choisir entre la restauration d'un monarque « Fils du Ciel » et une dictature rouge lui ont donné l'ambition de s'imposer comme représentant d'une troisième tendance, arbitre suprême du débat. Pour l'officier polytechnicien, l'idéal serait la réunion des trois Ky en une Confédération, chacun d'eux ayant à sa tête son chef « autochtone », Ho Chi Minh au Nord, Bao Dai au Centre, et lui-même au Sud.

Sans perdre de temps, Xuan manœuvre pour entrer au gouvernement Hoach, qui bat de l'aile et obtient du Conseil de Cochinchine de succéder au médecin caodaïste le 1er octobre 1947. Mais il se heurte aussitôt à l'hostilité conjointe du Viet-Minh et de Bao Dai, tous deux craignant une nouvelle manœuvre en vue de saboter la réunification. Le premier répond à ses avances trop indiscrètes par une fin de non-recevoir publiée dans la presse saigonnaise ; le second demande au haut-commissaire la suppression du gouvernement cochinchinois et son remplacement par un simple Comité de gestion administrative, tel que ceux du Nord et du Centre. Xuan est alors contraint de refréner son ardeur. Il modifie même l'appellation de son gouvernement qui, à la place de la République autonome de Cochinchine, devient gouvernement provisoire du Sud-Vietnam.

Après cet échec du colonel, les visiteurs vietnamiens affluent à Hongkong, du docteur Hoach à Ngo Dinh Diem, renforçant la position de Bao Dai, de telle sorte que le Viet-Minh croit bon de réagir en faisant assassiner deux des fidèles de l'ex-empereur, Nguyen Van Sam, le délégué du Front de l'Union en Cochinchine, et le docteur Truong Dinh Tri, président du Comité administratif du Nord.

Deux autres facteurs favorables interviennent également pour lui cet automne-là, le changement ministériel de novembre à Paris, et l'offensive déclenchée contre le sanctuaire vietminh. Le M.R.P. Robert Schuman succède à Matignon au socialiste Ramadier et Paul Coste-Floret, autre M.R.P., connu pour son hostilité irréductible au communiste Ho Chi Minh, prend le portefeuille de la France d'outre-mer à la place de Marius Moutet. L'orientation à droite s'affirme donc dans un contexte international d'affrontement américano-soviétique, tandis qu'en Indochine la seconde phase du projet Valluy nourrit l'espoir de régler enfin son compte au Viet-Minh.

C'est le général Salan, nommé chef des « Troupes françaises en Indochine du Nord », qui est chargé de mettre en œuvre cette campagne que l'on voudrait décisive. Arrivé en mai 1947, Salan dispose de cinq mois pour la préparer, la saison des pluies s'achevant en octobre. Il connaît bien le pays pour y avoir servi dès avant la Seconde Guerre mondiale. Ses manières, plutôt réservées, et son goût pour certains charmes de l'Asie lui valent le surnom de « mandarin ». Ayant participé aux négociations avec Ho Chi Minh, qu'il a accompagné en France à l'époque de Fontainebleau, il a su se faire apprécier de l'Oncle qui lui écrit une lettre pour saluer son retour, et regretter qu'ils aient à s'affronter. Mais « les hommages respectueux à Mme Salan et les bons baisers au grand garçon et au bébé » du général n'empêchent nullement le Viet-Minh de refuser au messager, délégué de la Croix-Rouge, la visite des camps de prisonniers et la liste de ces derniers, ni Salan de prendre conscience des problèmes à résoudre.

Le premier de ceux-ci concerne les moyens disponibles. Ils sont insuffisants pour réaliser de façon complète la vaste opération envisagée tendant à investir toute la Haute-Région et à établir un barrage entre elle et la Chine. Valluy et Bollaert tentent de les obtenir, mais le gouvernement estime avoir fait un effort maximum avec l'envoi progressif de 25 000 hommes portant le total du Corps expéditionnaire aux 115 000 hommes demandés, mais avec l'obligation toutefois de le ramener à 90 000 au mois de janvier 1948. D'autre part, la situation en Cochinchine ne peut permettre le dégagement des effectifs nécessaires. Néanmoins, avec 17 bataillons d'infanterie, 3 bataillons de paras, 13 escadrons de blindés, un régiment et un groupe d'artillerie, une garde tonkinoise en formation, soit un ensemble de 32 000 hommes comprenant une masse de manœuvre d'un tiers, et en sus un soutien aérien et fluvial, Salan pense être en mesure de réaliser l'objectif assigné : « Détruire la pyramide hostile — selon l'expression de Valluy —, en frappant à la tête les organes politico-militaires qui animent et organisent l'action vietminh dans toute l'Indochine », ainsi qu'occuper le plus rapidement possible Caobang et Laokay, afin de couper les voies de transit du ravitaillement venant de Chine.

Il n'ignore pas les qualités des combattants vietminh, habiles au combat de rupture, au dégagement et à l'éparpillement, capables de se fondre dans la brousse, aussi insaisissables que des fantômes. Selon les renseignements de son Deuxième Bureau, ils formeraient autour de Bac Kan, capitale-refuge où se trouverait le gouvernement de Ho Chi Minh, une quinzaine de bataillons constituant l'ensemble « Doc Lap », noyau de l'armée de Giap. Quoique relativement bien armés, leur puissance de feu ne saurait se comparer à celle des Français.

C'est donc avec assurance que Salan établit le plan de l'offensive : d'entrée et par surprise porter un coup direct au cœur du réduit, Bac Kan, avec l'intervention de parachutistes. Lancer une colonne sur Cao Bang par Langson et la R.C.4, et une colonne sur Chiemhoa par Viet Tri, Tuyen Quang et la Rivière Claire, afin de prendre en tenaille le gouvernement vietminh et le gros de ses troupes. Le dispositif est prêt fin septembre 1947 et l'opération « Léa », déclenchée le 7 octobre.

Dès le 8, Backan et les localités environnantes sont prises. Le 12 octobre, le gros de la colonne Beaufre occupe Caobang. La colonne Communal s'empare le 12 de Phudoan, le 13 de Tuyenquang, le 17 de Chiemhoa. Tous les anciens postes du pays Thô sont ensuite réoccupés et la Légion déploie un cordon le long de la frontière chinoise. En dix jours, les forces de Salan parcourent le réduit vietminh dont ils détruisent les dépôts et les installations. Au début de novembre 1947, « Léa » est achevée, ses objectifs « géographiques » atteints. Salan a cru un moment à un triomphe total, lorsqu'un radio, sans doute frappé du fameux « coup de bambou » qui atteint les esprits fragiles, lui a annoncé dans un message la capture de Ho Chi Minh.

En fait, la surprise n'a pas joué à plein. A Backan, où le parachutage s'est effectué de façon progressive durant toute une journée, en plusieurs rotations à cause de l'insuffisance d'avions, l'Oncle et son gouvernement ont eu le temps de s'éclipser dans les profondeurs de la jungle. Le gros de leurs troupes également, qui a esquivé le choc, pour ne pas se heurter au puissant coup de boutoir des Français.

L'armée de Giap n'a pas tardé d'ailleurs à manifester sa vitalité. Dès la fin du mois d'octobre, elle a attaqué sur la Rivière Claire des éléments de la colonne Communal transportés par bateaux. Malgré l'intervention de l'aviation, l'accrochage a duré une dizaine de jours et contraint le Commandement français à monter une importante opération de secours, donnant un aperçu des difficultés offertes par cette Haute-Région de sinistre mémoire. Mille hommes, plusieurs flottilles fluviales et un important soutien aérien ont été mobilisés dans l'embuscade qui n'a pas été la seule. D'autres ont eu lieu sur la R.C. 4, entre Caobang et Langson. La plus grave, le 30 octobre, a causé des pertes dans le convoi attaqué.

Afin de « parachever pour le 20 décembre la destruction de ces forces adverses », Salan lance l'opération « Ceinture » contre un quadrilatère Tuyenquang (N.-O.), Thainguyen (N.-E.), Phu Lang Thuong (S.-E.) et Viet-tri (S.-O.), où la tête vietminh est présumée réfugiée. Il dégarnit même les postes du delta pour lui donner le maximum de puissance. Le 14 décembre 1947, il estime que le succès est acquis, le bilan général de l'ensemble des opérations lui paraissant tout à fait positif : pour des pertes françaises de 40 tués, 40 disparus et 580 blessés, le Viet-Minh a laissé sur le terrain 7 200 morts dénombrés, et entre les mains des T.F.I.N. 1 000 prisonniers. Un ministre du gouvernement de Ho Chi Minh a été tué ; 150 otages ont été libérés ; 10 fabriques et des tonnes de munitions ont été détruites ; un matériel divers, dont un puissant poste émetteur, des archives, des fonds, ont été saisis, ainsi qu'un millier de fusils, 50 armes automatiques, 8 canons.

Pour Salan, le Viet-Minh, dont le corps de bataille aurait été disloqué, en particulier le groupement « Doc Lap », et le réseau de transmissions totalement désorganisé, n'est plus capable désormais que d'actions limitées telles que les embuscades, une misère militairement parlant. Les forces françaises, elles, avec 2 pour cent seulement des effectifs perdus, alors que l'ennemi semble avoir été décimé, maîtrisent la Haute et la Moyenne Région, et couvrent la frontière de Chine, du Fleuve Rouge au golfe du Tonkin. Les mines de zinc de Tuyenquang et les mines d'étain de Tinhtuc peuvent reprendre leur exploitation. Les instructions du gouvernement ont donc été suivies avec succès.

Pourtant, Ho Chi Minh court toujours, et avec lui, son gouvernement ainsi qu'une force armée difficile à évaluer avec précision, mais certainement plus considérable que le Commandement français semble le croire. En effet, si les actions ont été très violentes, elles n'ont pas été nombreuses. Face à la puissante démonstration de force et de technique moderne des Français, avec l'intervention multiforme de l'aviation, l'emploi de moyens amphibies, et l'utilisation massive d'éléments parachutistes, toutes nouveautés tactiques en Indochine, l'esquive a été préférée à l'affrontement par le Commandement vietminh : « Si l'ennemi est fort et moi faible, je me retire momentanément et me garde de tout engagement... » Le tigre est blessé, il n'est pas mort, et sur ce terrain qui lui est propice, l'implantation française ne peut être ni profonde, ni complète. Il faudrait pour cela une armée que la France ne peut fournir. Leclerc l'avait prévu, Leclerc dont l'avion s'est écrasé le 28 novembre 1947 dans les sables d'Afrique. Un symbole en quelque sorte...

Le général Salan et ses troupes éprouvent néanmoins en cette fin d'année un sentiment de victoire : « Noël 1947, écrira le chef des T.F.I.N., Noël de paix pour Hanoi, qui n'avait pas été à pareille fête depuis de nombreuses années. » Certes, mais la paix ne s'obtient en général qu'en écrasant l'adversaire ou en négociant avec lui. Or, c'est avec le dragon, présumé amical et sans griffes, que l'on compte l'établir, le dragon dont l'heure est venue d'accomplir son retour à l'instar du Seigneur Lac Long, créateur légendaire de la race des Viet. Les temps ne sont malheureusement plus aux fabuleux miracles de la légende.

Chapitre III

LA SOLUTION BAO DAI

LE PROTOCOLE DE LA BAIE D'ALONG (décembre 1947)

A la fin du mois de novembre 1947, Cousseau est retourné voir Bao Dai pour l'inviter à rencontrer Bollaert. Il a fait valoir que le discours de Hadong ne fixait pas de programme définitif, et que le ministre Coste-Floret avait donné l'assurance qu'il n'y aurait plus de problème si l'indépendance et l'unité étaient réalisées par un gouvernement vraiment national, soucieux de respecter ses engagements. Bao Dai finit donc par surmonter sa méfiance. Il est poussé sans doute par d'autres considérations, l'évolution de la situation militaire qui met Ho Chi Minh provisoirement hors jeu, les manœuvres de rivaux possibles au Vietnam même, les vents favorables de la politique internationale susceptibles de lui procurer le soutien éventuel des États-Unis, enfin la nécessité matérielle de rentrer dans la partie. Aussi accepte-t-il la proposition de l'émissaire.

L'entrevue a lieu les 6 et 7 décembre 1947 dans le décor, devenu classique, de la baie d'Along. Bollaert reçoit l'ancien souverain entouré du général Valluy, de l'amiral Battet, de Pierre Messmer et d'une pléiade de hauts fonctionnaires, mais c'est en tête-à-tête que les deux hommes s'entretiennent des conditions d'un accord. Pour matérialiser la rencontre, le haut-commissaire propose la signature de deux documents. « Derrière ses épaisses lunettes, son regard se fait brillant », écrira Bao Dai qui regimbe, puisqu'il n'est venu que pour un premier contact d'information et qu'en tout état de cause, il n'a aucun mandat et ne représente que lui-même. Or, si le premier des textes est une déclaration commune qui lui donne qualité de seul interlocuteur valable, le second est un protocole qui comporte des restrictions à la souveraineté du Vietnam que l'ex-Empereur juge inacceptables. Il s'agit en particulier du régime des minorités ethniques, dont la France revendique la protection et de celui des étrangers. La position du gouvernement français est d'autre part précisée en ce qui concerne l'appartenance du Vietnam à une éventuelle Fédération indochinoise et à l'Union française avec la réserve en matière de diplomatie et de défense, toutes questions essentielles qui n'ont pas encore été discutées.

Selon Bao Dai, Bollaert, devant son refus, devint pâle, puis rouge et prêt à éclater. Mais le lendemain, il revient à la charge, ne tenant pas à repartir les mains vides : « Que vais-je pouvoir dire aux membres du gouvernement ? » aurait-il imploré. Bao Dai accepte alors de signer une déclaration commune, mais non le protocole. « Ce n'est qu'un document de travail qui doit rester secret, aurait affirmé le haut-commissaire. Votre signature signifie simplement que vous en avez pris connaissance et qu'une copie vous en a été remise... » Bao Dai, « éprouvant un sentiment de pitié pour cet homme qu'il sent brisé et terrorisé à l'idée de son échec », finit par accepter d'apposer ses simples intiales V.T. (Vinh Thuy) sur les deux feuillets du protocole. Ainsi expliqué par lui-même, le geste de l'ancien souverain paraît certes quelque peu léger. Mais peut-être son caractère ambigu résulte-t-il aussi d'une lutte plus intime entre un scrupule légitime et justifié d'une part et des arguments plus convaincants mais impossibles à déterminer qu'aurait su faire valoir Bollaert au nom de son gouvernement.

Toujours est-il qu'à son retour à Hongkong, Bao Dai se dit-il et se sentit-il peut-être vraiment floué. « Les Français n'ont pas joué franc-jeu, écrira-t-il. Donner et retenir semble être devenu chez eux plus qu'une habitude, une véritable méthode. » Il se montre alors d'autant plus embarrassé que les manifestations en sa faveur se multiplient dans le pays, surtout au Centre et au Nord. Un Rassemblement National Vietnamien (Quoc Gia Lien Hiep), issu de celui créé au Sud par le Docteur Hoach, groupe tous ses partisans, y compris les sectes caodaïste et hoa hao qui vont s'allier et lui témoigner leur fidélité, « au nom de trois millions de Cochinchinois ».

L'ex-empereur décide en conséquence de consulter trois personnalités représentatives : Xuan, Tran Van Ly et Ngo Dinh Diem. Celui-ci s'élève avec virulence contre les termes du protocole. Le président du Comité administratif Ly approuve. Xuan aussi, mais plus modérément. Tous conviennent en tout cas de rejeter les propositions de Bollaert qui ne répondent pas aux revendications nationalistes. Elle ne sont pas davantage de nature à favoriser le rétablissement de la paix, et paraissent plutôt un viatique au tigre blessé. C'est pourquoi Diem lance l'idée d'un statut de Dominion à la britannique et une échappatoire est envisagée au cas où le gouvernement français « abuserait de la signature » impériale. N'ayant aucun mandat, et n'étant plus souverain, Vinh Thuy n'était pas habilité à négocier. Il considère d'ailleurs les propositions de la baie d'Along comme aussi peu acceptables que celles de Hadong, mais néanmoins ne ferme pas du tout la porte. Bien au contraire, il s'embarque dès le 24 décembre 1947 à destination de Genève, plate-forme neutre où il pourra reprendre contact avec le gouvernement français tout en ménageant sa liberté d'action. Il ne part pas seul. Trois conseillers l'accompagnent : Dinh Xuan Quang, Phan Huy Dan et Nghiem Van Tri, trois hommes décidés à le protéger d'un nouveau traquenard... ou d'une nouvelle bévue.

L'ancien souverain est décidé à effacer le souvenir de son maudit paraphe et à faire modifier les termes du protocole, en somme à obtenir ce pour quoi Ho Chi Minh tenait tant à faire le voyage en France : l'indépendance et l'unité de son pays. Peut-être se fait-il seulement moins d'illusion sur ses chances de succès. Le choix de Genève prouve au moins une certaine méfiance. Aux différentes escales du voyage, il reçoit le salut officiel des ambassadeurs de France, tout comme son rival, ce qui bien sûr ne signifie rien. A son arrivée, sa première déception est d'apprendre qu'il va retrouver comme interlocuteur ce Bollaert avec lequel il ne voulait plus avoir affaire. Mais le haut-commissaire a obtenu confirmation de son mandat de négociateur exclusif, et c'est lui qui viendra à Genève dans la deuxième semaine de janvier 1948 lui confirmer, au cours de cinq rencontres successives, la validité du protocole et même l'impossibilité d'en changer une ligne. Les deux hommes évoquent cependant la réunion d'un congrès de représentants qualifiés, mais Bao Dai demeure ferme sur la néccessité préalable de modifier les termes du protocole. Il lui paraît justement impossible de retourner au Vietnam afin d'y former un gouvernement qui ne soit pas « fantoche », et de recevoir mandat de ce congrès, alors qu'il est nanti d'un tel bagage, inacceptable pour tout nationaliste digne de ce nom. Le dialogue en reste donc là et un nouveau rendez-vous est pris pour le 15 février suivant en baie d'Along.

Bao Dai ne se tient pas pour quitte. Un fois Bollaert parti en Indochine, il se rend à Paris, après un séjour à Cannes en famille. Il y multiplie les contacts avec les personnalités politiques françaises, et découvre très vite qu'il n'a pas que des partisans, même chez les adversaires irréductibles de Ho Chi Minh. Ses exigences suscitent à coup sûr la méfiance, sinon l'opposition de ceux qui veulent protéger du moindre accroc l'Empire reconverti en Union française. Le R.P.F., fort de son succès aux élections municipales de l'automne 1947, où il a remporté près de 40 pour cent des suffrages, a condamné par la voix de Gaston Palewski toute aliénation du territoire national et fait savoir qu'il ne reconnaîtrait aucun accord conclu par un gouvernement de minorité. L'avertissement est d'importance au moment où le général de Gaulle est sur la voie d'un retour au pouvoir à la faveur d'une prochaine crise ministérielle. Le M.R.P. a également ses intransigeants. Coste-Floret n'a-t-il pas déclaré qu'en l'état actuel des choses, seuls étaient valables les accords passés avec la Cour d'Annam ? Au cours d'un repas offert par le président Robert Schuman et auquel assistent les ministres M.R.P. Bidault et Coste-Floret, l'ancien monarque sème la consternation en réaffirmant sa position sur l'indépendance et l'unité. Il en retire le sentiment que ses convives ont toujours pour évangile la Déclaration gaulliste du 25 mars 1945.

D'un autre côté, nombreux sont les radicaux qui préféreraient, par conviction républicaine, une solution de troisième force du type Xuan, pour le moment mise en sourdine au Vietnam même. Les socialistes, quant à eux, éprouvent, malgré tout, plus de penchant pour un Ho Chi Minh résistant et marxiste, au demeurant nanti d'une aura populaire, que pour un prince à la réputation de sybarite et auquel une campagne de presse reproche publiquement d'avoir violé le traité de protectorat et trahi la France en pactisant avec les fascistes nippons. Bao Dai se croit tenu de répondre à ces accusations et déclare au cours d'une conférence : « ... Pourquoi suis-je à Paris ? Parce que je veux rétablir la paix dans mon pays, faire cesser l'effusion de sang, tant de mon peuple que des soldats français. Or, le rétablissement de la paix exige la reconnaissance de l'indépendance et de l'unité du Vietnam par la France. Voilà ce que je suis venu demander... »

En fait, si la solution Bao Dai est devenue peu à peu en Indochine une alternative au Viet-Minh, avec même l'appui des administrateurs des Services civils, elle n'est manifestement pas mûre en France. De plus, il semble que le lobby des grandes sociétés coloniales qui avait autrefois la réputation de faire et de défaire les gouverneurs généraux et qui a conservé sa puissance, n'ait pas encore opté pour elle. Sans doute, n'est-il pas prêt à accepter, à l'instar de tant d'hommes politiques français, parmi lesquels figure le chef de l'État Vincent Auriol, la cession de la moindre parcelle de pouvoir à un Vietnamien, quel qu'il soit.

Il y a d'autre part un facteur non négligeable, qu'on pourrait dénommer le syndrome américain. En décembre 1947, le magazine *Life* a publié un article de l'ancien ambassadeur des États-Unis en France William C. Bullitt, vantant les mérites d'une politique consistant à drainer la majorité du mouvement nationaliste vietnamien hors de l'orbite communiste et vers l'ancien souverain. La personnalité de Bullitt et son prestige donnent alors à penser dans les milieux politiques français que les États-Unis pourraient avoir quelque responsabilité dans le lancement de la solution Bao Dai. Les visites qu'il a rendues à celui-ci à Hongkong, après un séjour en Indonchine, puis à Genève, semblent renforcer cette idée et du même coup la suspicion des socialistes, et celle des gaullistes qui n'ont pas oublié la politique indochinoise de Roosevelt, sans parler de l'opposition des communistes.

Un autre fait est à noter, qui entrerait dans le cadre de la perspective Bullitt, la proposition que l'impératrice Nam Phuong, arrivée en France à la fin de 1947, aurait faite à un cousin de Bao Dai, l'éminent savant Buu Hoi, membre de la délégation vietnamienne à Fontainebleau, de rallier le camp de l'ex-Empereur. Mais Buu Hoi aurait posé comme condition que celui-ci réalise l'unité d'action avec le Viet-Minh, seul moyen selon lui d'en empêcher la mainmise totale par les communistes. Une ouverture de Ho Chi Minh en ce sens confirmera la manœuvre dans laquelle Bao Dai ne peut ni ne veut se laisser entraîner.

Quoi qu'il en soit, à la mi-mars 1948, après avoir laissé passer le rendez-vous fixé au 15 février avec Bollaert, et constaté le peu d'intérêt de l'opinion publique française pour le problème indochinois, Bao Dai se décide à regagner Hongkong. Il a vainement attendu le changement de gouvernement annoncé, et le remplacement, selon la rumeur qui a couru, du haut-commissaire par le général Mast. Mais d'une part, l'heure du retour de De Gaulle n'a pas encore sonné, et de l'autre, Bollaert, furieux de l'activité de Bao Dai à Paris, a obtenu une nouvelle confirmation de son mandat. C'est d'ailleurs au Vietnam même que la bataille politique est engagée autour de la mise sur pied d'une combinaison viable où pourraient s'amalgamer les réticences françaises, les exigences vietnamiennes, les ambitions et les intérêts personnels des uns et des autres.

Les premières manœuvres qui s'effectuent autour du congrès évoqué par Bollaert dans la baie d'Along révèlent très vite les arrière-pensées françaises, aussi bien que les divisions vietnamiennes derrière le paravent de l'unité réalisée autour de Bao Dai.

Le haut-commissaire a d'abord pensé, dans un élan libéral, à une assemblée de représentants nationalistes habilitée à déterminer librement le statut des 3 ky. Cette possibilité concédée aux Vietnamiens de choisir une indépendance totale hors de l'Union française a aussitôt effrayé les dirigeants français. Une telle assemblée ne saurait être envisagée que comme moyen de donner à Bao Dai une représentativité plausible, pour être dissoute aussitôt sa fonction remplie.

Au Vietnam même, l'idée de congrès a soulevé une grande agitation dans le petit monde politique. Les uns y ont vu un instrument de manœuvre des services français, d'autres un organe de soutien populaire à l'ex-Empereur, d'autres encore un conseil de tutelle, et beaucoup l'occasion de satisfaire des ambitions refrénées avec possibilité de se forger une popularité par une surenchère nationaliste sans risques. Le Rassemblement National, qui groupe maintenant la quasi-totalité des partis nationalistes non vietminh, s'est déjà posé en véritable congrès à sa première convention nationale tenue à Saigon le 2 février 1948. Les monarchistes ne voudraient y voir qu'un simple organe de soutien à Bao Dai, et ceux du Centre affirment même qu'après tout, l'abdication du souverain, imposée par le Viet-Minh, est sans valeur et que l'héritier des Nguyen est resté et demeure l'Empereur. De son côté, Xuan joue son propre jeu en réunissant un mini-congrès qui évoque la formation d'un Comité des Élites et d'un gouvernement central provisoire, cheval de Troie de sa troisième force. Pour compléter le tableau des discordances, les Cochinchinois manifestent quelque répugnance à jouer les minorités sacrifiées dans un Congrès dominé par les délégations du Centre et du Nord.

De retour à Hongkong, Bao Dai se retranche dans une vigilante circonspection. Ngo Dinh Diem lui conseille de ne pas reprendre le dialogue si le protocole n'est pas modifié et de jouer avec le temps, car les Français sont pressés d'aboutir. Il est vrai que Bollaert ne cache pas sa volonté d'obtenir des résultats. Si la situation militaire n'évolue guère et reste sur les succès obtenus dans les derniers mois de 1947, la réduction des effectifs au chiffre de 90 000 hommes prévu et imposé par le gouvernement est en cours, condamnant le Commandement à l'incapacité soit d'entreprendre une action décisive pour débusquer l'armée de Giap en Haute-Région, soit d'effectuer une occupation efficace du terrain. Profondément déçu par la politique sinueuse du haut-commissaire et le manque de volonté gouvernementale, le général Valluy cède son commandement. Le général Salan lui succède. Mais Bollaert n'est pas prêt à baisser aussi vite les bras que le croient les baodaïstes.

Dans les premiers jours de mars 1948, les tribus thaï des régions de Laïchau, Sonla, Laokay et Nghialo se groupent en une Fédération qui proclame son autonomie. Cette initiative, patronnée par les services français, a son intérêt militaire, car elle décharge les forces françaises de la contrainte d'une implantation absorbante dans cette partie de la Haute-Région que le Viet-Minh a dû abandonner. Elle s'inscrit également dans une tradition coloniale de protection des minorités ethniques, considérée par Ho Chi Minh autant que par Bao Dai comme une violation de la souveraineté vietnamienne.

Or, c'est précisément l'un des points contestés du protocole. Elle apparaît donc aux yeux des Vietnamiens comme un fait accompli, sans doute moins retentissant mais aussi inquiétant dans la manière, que ceux de l'amiral Thierry d'Argenlieu en Cochinchine et sur les Hauts Plateaux moï. Les protestations des Comités administratifs du Nord, du Centre et du gouvernement sudiste seront vaines et sans lendemain, peut-être aussi sans réelle conviction, en tout cas insuffisantes pour modifier la position française.

Bollaert confirme cette fermeté à Diem, envoyé par Bao Dai le sonder sur un éventuel assouplissement. L'agitation est alors extrême à Hongkong, dans l'entourage de l'ex-Empereur, autour duquel affluent les représentants de toutes les tendances qui s'évertuent à trouver une riposte. Tandis que Diem, opposé à toute reprise de pourparlers, propose la création de simples Comités d'études, la majorité penche pour celle d'un gouvernement central provisoire, qui aurait la tâche de réaliser l'unité vietnamienne sur les plans militaire et administratif, et d'établir avec la France un « modus vivendi » limité, mais immédiatement applicable, en vue de faire renaître la confiance. C'est ce que Bao Dai annonce le 24 mars 1948 dans une proclamation publique.

Peu convaincu, le haut-commissaire joue alors une autre carte. Il charge Louis Caput de prendre contact avec le Viet-Minh. Le représentant en Indochine de la S.F.I.O. qui a été l'intermédiaire sympathisant de Ho Chi Minh lors des négociations de 1946, ne se rend pourtant pas dans le sanctuaire de celui-ci, mais à Hongkong, un itinéraire qui provoque la suspicion de ses amis. Il ne semble d'ailleurs pas y rencontrer de personnalité éminente de la Résistance. Mais s'il revient bredouille, et avec le sentiment d'avoir été le jouet d'une manœuvre de Bollaert, la nouvelle vite répandue de sa mission jette le trouble chez les baodaïstes, persuadés que le haut-commissaire cherche, sinon à traiter avec Ho Chi Minh, du moins à faire pression sur Bao Dai pour l'amener à résipiscence.

Le « citoyen Vinh Thuy » est moins rigide que Diem, et sans doute moins bon joueur de poker que Ho Chi Minh. Il engage à nouveau le dialogue. Dans une lettre adressée à Bollaert, il suggère l'étude de nouvelles propositions susceptibles de rallier le peuple vietnamien. Mais n'étant pas habilité à signer Déclaration ou Protocole, ce serait un gouvernement provisoire qui se chargerait de la négociation et de l'accord final. Quant à lui, se posant en médiateur, il n'interviendrait qu'au stade ultime où tout serait réglé. Bollaert accepte l'idée de gouvernement, mais refuse toujours de modifier le Protocole. Il exige que Bao Dai prenne ses responsabilités en reconnaissant formellement l'un, et en contresignant le seconde.

La solution n'enchante précisément personne, mais elle seule permet de sortir de l'impasse. Bollaert y voit un pis-aller qui sauvegarde malgré tout l'essentiel. Bao Dai la prend comme une mise à l'épreuve de la bonne foi française et des capacités de Xuan à s'imposer, tout en évitant de courir trop de risques. En fait, chacun compte bien, une fois le premier fil tiré, pouvoir dévider l'écheveau à son propre profit.

Le moins qu'on puisse dire est que l'enthousiasme fait singulièrement défaut. Diem, pressenti pour diriger le gouvernement, se récuse, fidèle à lui-même. Par contre, Xuan, seul candidat, trouve l'occasion de satisfaire son ambition, en oubliant d'un seul coup son hostilité toute fraîche au Protocole. Il éprouve néanmoins quelque peine à faire tomber la méfiance du docteur Hoach et des sectes cochinchinoises, ainsi que les préventions des monarchistes du Centre et du Nord qui n'ont pas oublié, eux, ses idées républicaines, son origine sudiste et ses tentatives de troisième force. Malgré une tournée en compagnie de Phan Huy Dan et Dinh Xuan Quang, des proches de l'ex-Empereur, il lui faut le soutien écrit de ce dernier pour obtenir l'adhésion d'un congrès plutôt maigre réuni à Saigon, et composé de 38 représentants des diverses tendances.

Citoyen français, général depuis peu de l'armée française, le nouveau président se proclame « républicain de naissance, monarchiste parlementaire pour raison d'État, devenu baodaïste par sympathie personnelle ». Il compose son ministère de façon à offrir l'image d'un Vietnam unifié, symbolisé par le drapeau choisi : trois bandes horizontales rouges, les trois ky, sur champ jaune, la couleur impériale.

Le 27 mai 1948, il le présente à Bao Dai lors d'une sorte de cérémonie officieuse d'investiture. Paris se borne à prendre acte de l'événement. Pourtant, aussi faible soit-il, ce gouvernement Xuan a justement le mérite d'imposer ce qui a été jusqu'alors obstinément refusé au Viet-Minh, l'intégration de la Cochinchine dans un organe gouvernemental commun au Tonkin et à l'Annam, en somme l'unité, même si elle reste encore à réaliser concrètement. Une brèche est désormais ouverte dans le mur de principes érigé pour défendre la structure de l'Empire.

Bao Dai ne veut pourtant pas s'engager davantage. Il croit bon de déclarer qu'il ne reviendra au Vietnam qu'après avoir reçu de la France la garantie que les aspirations légitimes des Vietnamiens soient reconnues : Unité véritable et Indépendance. Pour lui, le Vietnam devra être considéré comme un État librement associé à une Union française dont les peuples seraient placés sur un plan d'égalité quant aux droits et aux devoirs. Craignant une dérobade, Bollaert insiste pour que l'ancien souverain donne sa caution au gouvernement Xuan de façon plus nette, en contresignant une Déclaration commune et un Protocole, ressemblant point par point aux précédents. Bao Dai accepte.

La cérémonie a lieu le 5 juin 1948, sur le *Duguay-Trouin*, mouillé en baie d'Along, lieu étrange et privilégié qu'apprécient les pirates pour ses refuges secrets, et par les négociateurs français pour sa beauté majestueuse et son silence quelque peu pétrifié, plus inquiétant que serein. Bao Dai est accompagné de Xuan et de sept ministres du nouveau gouvernement qui apposent leurs signatures sur un texte où, pour la première fois, les mots tabou d'Indépendance et d'Unité sont officiellement écrits et approuvés par un représentant officiel de la France.

Combien a-t-il fallu d'efforts, de pourparlers, d'intrigues, de manœuvres, de combats, de ruines et de morts pour en arriver là, encore que des restrictions suivent qui en limitent la portée pratique. Le Vietnam des signataires proclame donc son adhésion à l'Union française et reconnaît que son indépendance a des limites imposées par cette appartenance. Surtout, à cette Déclaration rendue publique, vient s'ajouter le fameux Protocole toujours aussi lourd de ses conditions limitatives.

Avant de s'embarquer pour la France, Bao Dai ne manque cependant pas d'avertir Bollaert : « monsieur le haut-commissaire, j'espère que la France comprendra et qu'elle aura la bonne idée d'abandonner ce Protocole dont nous ne voulons pas. Vous savez bien que la paix est à ce prix... » Cela peut paraître étrange dans la bouche d'un homme qui vient justement de contresigner un texte qu'il désapprouve : on ne crie pas au secours après avoir tiré la queue du serpent. Mais pour l'ex-Empereur, comme pour Ho Chi Minh, un accord n'est qu'un compromis imposé par les circonstances, une pause qui n'empêche pas le combat de se poursuivre. Il n'engage, en tout état de cause, que le présent. Quant à l'avenir, seule la spirale infinie des dix mille mutations de l'univers peut en décider. Le Fils du Ciel le sait mieux que personne. Bao Dai écrira plus tard : « A mes réactions, à mes attitudes, mes partenaires cherchaient une raison humaine, à leur hauteur, à leur niveau... Ils apportaient des réponses à leur hauteur, à leur niveau. »

Reste à savoir maintenant si une solution Bao Dai sans Bao Dai est viable, car ce n'est pas autre chose que va tenter d'imposer le gouvernement.

UN GOUVERNEMENT FANTÔME

« Les colonialistes français ont mis en place un gouvernement central fantoche prêt à toute sorte de trahison au service de ses maîtres étrangers ! » réplique aussitôt Ho Chi Minh qui menace : « Le Gouvernement du Vietnam se réserve le droit de traduire en justice ces « quislings »... Au nom du gouvernement et du peuple de la République Démocratique du Vietnam, je déclare nul et non avenu tout document signé par ces marionnettes avec un quelconque pays étranger. » Et d'un même mouvement, le général Xuan est condamné à mort, tandis que Bao Dai, davantage ménagé, est considéré comme une dupe.

Cette violente réaction souligne bien l'embarras où la reconnaissance de l'indépendance et de l'éventuelle unité du Vietnam à ces « fantoches » met Ho Chi Minh, qui, lui, n'a jamais pu l'obtenir. Il est vrai qu'il n'aurait plus d'autre motif de combattre, que celui d'imposer son idéologie marxiste, si la France se montrait vraiment décidée à faire des principes énoncés une réalité. Il perdrait également une grande partie de sa clientèle plus strictement nationaliste, et verrait son audience populaire s'effriter de façon irrémédiable. Tout dépend donc de la suite, c'est-à-dire des conventions particulières prévues pour régler les problèmes effectifs, et des aptitudes du gouvernement Xuan à défendre les aspirations vietnamiennes.

Or, le ministre de la France d'outre-mer Paul Coste-Floret s'empresse, devant l'Assemblée nationale, de rassurer ceux qui parlent d'abandon, en minimisant la portée de l'accord. Ce n'est qu'une étape, aussi importante qu'elle puisse être, vers la pacification du pays. Il n'est pas question de porter atteinte à l'unité de la diplomatie et de la défense de l'Union française. Quant au statut des trois pays vietnamiens, rien n'a changé. Les traités passés avec la Cour d'Annam sont toujours valables. La Cochinchine reste donc une colonie tant que le Parlement français souverain n'en décide pas autrement. On ne saurait donner mieux raison à Ho Chi Minh, aussi bien qu'à Ngo Dinh Diem et à Bao Dai.

En fait, les milieux politiques français, dirigeants et opposants, continuent de camper sur leurs positions, sans se rendre compte que le terrain devient de plus en plus marécageux. Embourbé dans ses convictions, chacun trouve refuge derrière les mots afin de ne pas affronter les réalités et les problèmes à résoudre au plus tôt.

Bollaert le sent bien, qui se démène pour obtenir la ratification de l'accord. Préoccupés par la situation financière, les élections cantonales, les crises internationales qui font craindre un conflit majeur, les partis réagissent mollement. Si le P.R.L. pense à une vraie reconquête, les autres voudraient en finir totalement avec une guerre, même larvée mais dont l'accalmie recèle un danger latent. Et puis Coste-Floret lui-même n'a-t-il pas annoncé le chiffre de 8 000 morts français depuis le début des engagements ? Quoi qu'il en soit, aucun consensus ne se dessine sur la moindre solution précise.

Si le gouvernement Xuan quant à lui ne suscite guère d'engouement, de quelque côté que ce soit, Bao Dai est le candidat du M.R.P. à condition qu'il soit retenu dans les limites fixées par le Protocole. Le R.P.F. également lui serait favorable, mais il préférerait attendre d'être au pouvoir pour décider de la meilleure formule. Les socialistes, eux, penchent de plus en plus pour la réouverture de négociations avec Ho Chi Minh et approuvent une initiative de leur section indochinoise du Sud-Vietnam qui se propose comme intermédiaire. Les communistes n'ont pas modifié leur point de vue, si ce n'est que leur indifférence au problème vietnamien est alors telle que le mot d'ordre « Paix au Vietnam » ne figure même pas à leur manifestation du 14 juillet 1948. Il est vrai que la guerre a tellement diminué d'intensité que la masse des militants, plutôt soucieux de leur niveau de vie et du « péril fasciste » que constitue pour eux la montée du gaullisme, imaginerait volontiers, lorsqu'il lui advient d'y penser, que la résistance anticolonialiste du Viet-Minh est anéantie. Enfin, en ce qui concerne les radicaux, ils soutiennent en Bollaert évidemment l'un des leurs et se satisfont d'un accord au moins avantageux en ce qu'il autorise toutes les interprétations et peut engendrer tous les compromis.

C'est d'ailleurs un radical, André Marie, successeur en juillet 1948 de Robert Schuman à Matignon, qui parvient à faire approuver la politique du haut-commissaire par 347 voix contre 183 (les communistes), le P.R.L. s'abstenant. La déclaration, et non la ratification de l'accord, est le fruit d'obscures tractations entre les partis incapables de s'entendre sinon sur cette sorte de manifestations de principes, de vœux solennels et d'intentions démocratiques qui ne peuvent masquer la paralysie profonde du pouvoir. Dans ce texte où ni Bao Dai, ni Ho Chi Minh ne sont mentionnés, il est fait une fois de plus appel à toutes les familles spirituelles et politiques du Vietnam pour qu'elles coopèrent au travail d'indépendance et de paix. La formule n'est pas de nature à convaincre des Vietnamiens rendus soupçonneux par les tergiversations françaises et l'embrouillamini politique parisien.

Sur le terrain, en effet, c'est l'expectative plus que réservée. L'ensemble de la population vietnamienne observe ce qui lui paraît une dérobade, sinon une duperie, avec ce mélange de résignation et de défiance, qu'il a toujours été dangereux de prendre pour de la passivité, sous peine de graves mécomptes. Les groupes et les partis politiques sont vigilants, partagés entre le scepticisme, l'hostilité plus ou moins avouée, ou bien l'opportunisme prudent devant les premiers pas claudicants du gouvernement Xuan, particulièrement dans cette Cochinchine où sa crédibilité et celle des intentions françaises subissent des tests décisifs.

Or, l'accord de la baie d'Along provoque dans les clans coloniaux, toujours arc-boutés sur leurs positions immuables, un véritable tollé. Une campagne de presse aussi violente que désuète vilipende Xuan et Bollaert. Plus grave est l'opposition active contre tout changement du statut cochinchinois. Si les Comités administratifs du Nord et du Centre cèdent la place à des gouverneurs responsables devant le gouvernement central, le gouvernement autonome de Cochinchine continue de fonctionner avec à sa tête un nouveau président nommé par le Conseil de Cochinchine en remplacement de Xuan, Tran Van Huu, ancien employé du Crédit Foncier d'Indochine, un homme attaché à la France.

Ce Conseil, au lieu de se dissoudre, fait échec à une ordonnance de Xuan tendant à unifier administrativement les 3 Ky sous l'autorité du gouvernement central. Ses membres français, auxquels se joignent quelques autonomistes cochinchinois, considèrent celui-ci comme illégal tant que le Parlement français n'aura pas modifié le statut de la Cochinchine qui se trouve donc être à la fois une colonie, une république autonome, et, dernier avatar, un ky associé aux deux autres.

Devant l'intransigeante obstruction, 25 Conseillers vietnamiens refusent de siéger aussi longtemps que des Français figureront dans des organes politiques propres au Vietnam. La confirmation de l'accord, donnée le 19 août 1948 par l'Assemblée nationale dans les termes que l'on sait, sera trop tardive pour faire disparaître une défiance générale d'autant plus vive que des rumeurs fâcheuses ont couru sur une convention qu'auraient passée secrètement Bao Dai et Bollaert. Un journal vietnamien va même jusqu'à parler des « saboteurs de la construction de la paix ». Comment d'ailleurs pourrait-on croire en ce gouvernement Xuan, qui n'a aucun moyen de s'imposer ?

Désarmé en Cochinchine, il hérite au Nord et dans le Centre de quelques organismes dépendant des Comités administratifs. Celui du Nord percevait dès le milieu de 1947 quelques taxes à son profit (résidence, patentes, moyens de transport) ; il gérait des services, en particulier la justice. Celui du Centre administrait des zones pacifiées, et disposait d'une police, ainsi que d'unités armées, les « Bao Ve quan », ou Gardes de protection. Mais cela est dérisoire, insuffisant pour permettre à un gouvernement de subsister et de se défendre. Privé de soutien populaire, sans armée, sans police, sans finances, celui du général Xuan ne s'appuie sur aucune assise territoriale, les troupes françaises et le Viet-Minh se partageant pratiquement tout le pays.

L'administration française est toujours en place, et ne semble pas devoir céder le pas, ne serait-ce qu'en raison de l'état de guerre persistant et de problèmes d'efficacité technique. Elle aura beau organiser en septembre 1948 à Saigon, Huê et Hanoi des manifestations en l'honneur de l'accord du 5 juin, les réalités n'en demeurent pas moins évidentes. Pris entre les Français, Bao Dai et Ho Chi Minh, Xuan est asphyxié. Il parvient à acheter le ralliement des bandes binh-xuyen, mais ceux qui devraient le soutenir s'entre-déchirent. Les sections du Nord, du Centre et du Sud du Rassemblement National ne parviennent pas à organiser un congrès commun. L'alliance Hoa Hao-Cao Daï sombre dans les marécages du Sud. Deux ministres importants par leur attachement à Bao Dai démissionnent du gouvernement. D'autres sont notoirement corrompus. Bref, la solution Bao Dai sans lui n'est qu'un dragon gangrené et sans tête.

Sentant qu'à ce rythme, sa politique court à sa totale faillite, Bollaert tente de convaincre l'ex-Empereur d'entrer enfin dans le jeu : n'est-il pas, après tout, la seule autorité pouvant prétendre à quelque légitimité ? Les deux hommes se rencontrent le 25 août 1948 à Saint-Germain-en-Laye, puis le 17 octobre à Paris. « Je n'ai été qu'un témoin à la signature de l'accord, déclare Bao Dai. J'attends de nouvelles propositions de vous. Je ne rentrerai pas dans mon pays les mains vides. »

Ces mots rappellent ceux de Ho Chi Minh, prononcés avant le « modus vivendi ». Les arguments de l'ex-Empereur n'ont pas le même impact que ceux de son rival. Pourtant, ils ne sont pas négligeables. Mais il ne sera pas donné à Bollaert de les prendre en considération pour un nouvel accord. Déçu du résultat négatif de ses démarches, le haut-commissaire ne demandera pas le renouvellement de son mandat.

Entre-temps, depuis le 11 septembre 1948, un autre radical, Henri Queuille, a remplacé André Marie à Matignon. Paul Coste-Floret est demeuré à la France d'outre-mer. Le nouveau gouvernement a désigné comme successeur de Bollaert un homme réputé pour ses positions de fermeté, l'ancien conseiller politique de l'amiral d'Argenlieu, Léon Pignon. Ce retour est significatif d'un raidissement vers la droite. Néanmoins, le temps a joué pour Bao Dai, qui prend de plus en plus figure d'homme indispensable. Le temps, et avec lui, des facteurs de politique internationale imposent leur poids dans le débat franco-vietnamien et annoncent une phase nouvelle du conflit.

LA PRESSION DES RÉALITÉS

De l'automne 1948 au printemps 1949, un certain nombre de difficultés assaillent le gouvernement français, poussant au règlement du problème vietnamien.

En France d'abord, le ministère Queuille est aux prises en octobre 1948 avec une grève générale des mineurs qui s'étend à la métallurgie, aux chemins de fer, aux ports. Il rappelle une classe et des réserves de gendarmerie pour assurer le maintien de l'ordre. Il doit également procéder à un aménagement monétaire de la zone franc en raison de sa faiblesse financière. Outre-mer, les comptoirs français de Pondichéry, Karikal et Yanaon sont troublés par une agitation nationaliste en faveur de leur rattachement à l'Union indienne. Le gouvernement doit y envoyer des navires de guerre.

En Indochine, si les forces françaises parviennent à maintenir l'acquit des succès obtenus à l'automne 1947, des signes très nets apparaissent qui montrent la vigueur potentielle du Viet-Minh d'une part, et un pourrissement politique d'autre part.

En Cochinchine, se poursuit la déprimante guerre des postes, avec la guérilla de Nguyen Binh qui surgit de ses repaires de la Plaine des Joncs pour tendre des embuscades meurtrières, telles que celle du 1er mars 1949 qui fait, sur la route de Dalat, 49 morts ou disparus, civils et militaires, et une vingtaine de blessés. Le ralliement des Binh Xuyen, traqués par le Viet-Minh, marque un succès tout relatif, puisque leur chef, le maître « racketteur » Bay Vien, s'installe à Cholon. Des bandes hoa hao, par contre, se révoltent dans les régions de Chaudoc, Longxuyen, Cantho, avant de reprendre de turbulentes relations avec les Français.

Dans l'ensemble, la pacification marque des progrès, si l'on compte, avec l'état-major, que 3 millions sur 5 millions et demi de Cochinchinois vivent sous protection française, et que 9 000 hommes sont enrôlés pour la défense de leurs villages. Mais elle reste fragile et superficielle. La maîtrise des axes de communication exige un contrôle permanent et astreignant et la transparence du système le rend vulnérable aux coups d'un adversaire qui s'infiltre partout. La guerre de partisans que mène Nguyen Binh est un combat sans front et sans arrière.

Ainsi que l'écrit Mao, le maître en la matière, « les opérations militaires sans arrière représentent une caractéristique propre à la guerre révolutionnaire de l'ère nouvelle, dans un pays où il existe un vaste territoire, un peuple progressiste, un parti politique d'avant-garde et une armée d'avant-garde ». Pour le ravitaillement de celle-ci en armes et en munitions, serpente déjà ce qu'on appellera « la piste Ho Chi Minh », cette voie obscure et cachée qui traverse les cols et les forêts de la chaîne Annamitique, et passe sous le couvert des plantations d'hévéas de Cochinchine et du Cambodge.

Tirant les leçons de l'offensive française de l'automne 1947, le Viet-Minh réorganise ses forces. Il regroupe les zones de guerre — quatorze sur tout le territoire — en de nouvelles régions dites « lien khu », plus autonomes et décentralisées. Au Tonkin, il y en a trois : le nord-est, le delta et le nord-ouest. Dans ce système, il développe une infrastructure politico-militaire mobilisant toute la population. Chaque village a des unités chargées de couvrir le terrain et d'assumer des tâches de service, de ravitaillement ou de transport. Des milices de paysans-guérilleros forment le tissu insurrectionnel populaire, sur lequel se greffent des troupes régionales qui assurent le combat armé de partisans en liaison avec l'armée régulière, dont les effectifs sont évalués aux alentours de 35 000 hommes. Cette réorganisation est effectuée en fonction de la stratégie de la guerre longue et de la tactique de guérilla inspirées de l'expérience maoïste.

Selon le chef révolutionnaire chinois, une guerre prolongée se déroule en trois étapes : « La première est celle de l'offensive stratégique de l'ennemi et de notre défense stratégique. La deuxième, celle de la consolidation des positions de l'ennemi et de notre préparation à la contre-offensive. La troisième, celle de notre contre-offensive et de la retraite stratégique de l'ennemi. »

Au cours de cette année 1948, le Viet-Minh passe de la première à la deuxième de ces phases. Au Tonkin et en Annam, il progresse en grignotant les positions des Français qui éprouvent quelque peine à les consolider. Après avoir surtout pratiqué harcèlements et embuscades, en particulier sur les routes coloniales 3 et 4 en Moyenne et Haute Région tonkinoise, contraignant le commandement français à de continuelles opérations de dégagement, il montre davantage d'ambition en attaquant le 25 juillet 1948 le poste de Phu Tong Hoa, situé entre Caobang et Backan ; 3 000 hommes y sont en effet lancés, après une préparation d'artillerie au canon de 75. Ils sont pourvus de mortiers et d'armes automatiques. Les assauts se renouvellent trois jours durant, auxquels résiste la centaine de légionnaires du poste, avant l'arrivée d'une colonne de secours. L'affaire révèle la vigueur du Viet-Minh, et par l'importance de l'opération une évolution qui en laisse présager d'autres, de plus vaste amplitude.

Plus inquiétant encore est l'accroissement du nombre de comités politiques clandestins, qualifiés « de résistance et d'administration », sur l'ensemble du territoire. Il démontre l'emprise vietminh qui s'affirme et se développe à la faveur des incertitudes françaises et de l'impuissance du gouvernement Xuan. Avant de quitter son commandement, en juin 1948, le général Salan constate un malaise politique généralisé qui empêche, à son sens, tout allégement d'un dispositif militaire frappé de ses deux maux chroniques : l'insuffisance des effectifs et l'usure du matériel.

Des 108 000 hommes, chiffre global admis au début de 1948, près de 21 000 manquent, en raison des pertes et du remplacement partiel obligeant le commandement à retenir les rapatriables au-delà de leurs deux ans de séjour réglementaire, une mesure peu favorable au moral. En outre, sur l'ensemble de 62 bataillons d'infanterie, 5 groupes d'artillerie, 26 escadrons blindés et 25 groupements locaux, 32 bataillons sont à dominante autochtone, 6 sont sénégalais, 13 nord-africains, et 6 laotiens et thaï. La proportion de Français est trop faible pour assurer l'encadrement des forces locales.

Quant au matériel, il est souvent à la limite de l'utilisation possible. Des automitrailleuses et scout-cars laissés par les Anglais datent de la campagne de Birmanie, des véhicules français de celle de France. L'aviation, soutien capital de l'armée de terre, est pauvre. Un tiers de ses appareils est opérationnel (25 avions de transport sur 45, 18 Spitfire sur 30, 30 Morane sur 50).

Estimant indispensable et urgent l'envoi de renforts pour lancer des opérations décisives au Tonkin, le général Salan, soutenu par le haut-commissaire Bollaert, demande donc 115 000 hommes, le même chiffre que Leclerc et Valluy, avec un minimum de 48 000 Français. Mais il se permet par la même occasion d'exprimer son sentiment sur le manque de direction et de coordination des autorités responsables à Paris. Sous prétexte de sa trop faible ancienneté, il est remplacé au commandement de l'armée d'Indochine par le général Blaizot. Quant aux renforts, le gouvernement Schuman, pas plus que ses successeurs, celui d'André Marie et celui, pourtant plus orienté vers la droite, de Henri Queuille, n'est disposé, ni surtout capable de les accorder. C'est même à la suite du vote d'un amendement socialiste tendant à la réduction des crédits militaires que Schuman démissionne en juillet 1948.

Tandis que la crise se prolonge durant les mois qui suivent, le général Blaizot envisage de reprendre l'initiative dès la fin de la saison des pluies. Il réclame d'abord davantage de renforts que Salan et parvient à en obtenir juste assez pour combler les vides et revenir au niveau des 108 000 hommes. Son plan consiste, en tenant compte des moyens limités, à briser la réimplantation du Viet-Minh entre le delta et le Thanh Hoa et à encercler la Haute-Région avant de s'attaquer au réduit de Ho Chi Minh selon le principe qu'en écrasant la tête, on fait tomber le reste. Par contre, le général Alessandri estime qu'il est préférable de s'assurer une mainmise solide sur le delta afin de couper le gros des forces et le gouvernement du Viet-Minh de ses ressources en hommes et en vivres. Mais Paris arbitre ce débat en ordonnant la limitation des objectifs.

Les opérations déclenchées en novembre et décembre 1948 sont donc modestes. « Ondine » permet de renforcer les positions françaises du delta, dans la vallée du fleuve Rouge en amont de Hanoi, vers Sontay et Viet-tri, et à l'ouest vers Hoabinh. « Pégase » est un raid dans les hauteurs calcaires qui forment le rebord de la chaîne Annamitique au sud du delta, où le Viet-Minh a installé des bases. Ni l'une ni l'autre ne seront décisives, alors qu'une nouvelle préoccupation surgit, portée par les vents du Nord : la menace communiste chinoise.

L'effondrement du régime de Tchiang Kaishek est en effet apparu en cette année 1948 comme inéluctable. La faillite économique s'accompagne d'une série de défaites militaires qui ressemblent à une débâcle.

En décembre 1947, Mao Zedong a décidé de passer à l'offensive sur tous les fronts. Dès le printemps 1948, toutes les villes du bassin du Fleuve Jaune sont enlevés. A l'automne, la conquête de la Chine septentrionale est engagée. Déjà, au mois de février 1948, l'ambassadeur de France à Nankin, Meyrier, avait donné l'alerte en signalant le danger que la poussée irrésistible des forces rouges vers le Yangzijiang faisait courir au Sud. Son attaché militaire, le colonel Guillermaz, était venu à Saigon préciser qu'à son sens, elles devraient atteindre le grand fleuve au printemps 1949 et la frontière indochinoise à la fin de la même année. En attendant, l'insurrection communiste se développe dans les provinces limitrophes du Guangxi et du Guangdong.

Salan et Bollaert se sont alors parfaitement rendu compte que la jonction des deux forces révolutionnaires chinoise et vietnamienne renforcerait le Viet-Minh qui pourrait s'appuyer sur une frontière amie, rompre ainsi son isolement et résoudre un problème devenu crucial pour lui, celui de son ravitaillement en armes et en munitions. Ils inspectent la région frontalière où Giap a fait un effort pour maintenir les voies de communications entre le réduit et la Chine ouvertes. Les services de renseignements français savent qu'une mission vietnamienne a été envoyée aux groupes insurgés afin d'établir selon toute vraisemblance une coopération : « Ceux qui sont atteints du même mal se rapprochent », dit un tract chinois découvert en Haute-Région. Bollaert décide de donner au colonel Vicaire commandement militaire et délégation civile sur la zone allant de Moncay et la mer à Caobang. Salan prend contact avec un haut mandarin de Longzhou pour établir un plan de défense commun.

Conformément aux prévisions, le Nord et le Nord-Est de la Chine, avec la Mandchourie, sont aux mains de l'Armée de Libération dès le mois de janvier 1949. Le 31 janvier, le commandant nationaliste de Pékin, Fu Zuoyi se rend et se rallie aux vainqueurs. Après l'échec d'une tentative de négociations, Tchiang Kaishek se prépare à partir pour Taiwan. En avril, les forces de Mao franchissent le Yangzijiang et marchent vers le Sud. La nécessité de répondre à ce danger se fait pressante, s'ajoutant aux autres raisons de sortir de l'impasse.

Le gouvernement Queuille réagit dans deux directions. A l'insistance de Coste-Floret et de Pignon, il finit par accorder 5 000 hommes, plutôt de remplacement que de renfort, au lieu des 25 000 demandés par le général Blaizot, ce chiffre comprenant 3 000 Nord-Africains, alors qu'un minimum de 7 000 Français était considéré comme essentiel. S'il est vrai que les raisons budgétaires et politiques que l'on sait peuvent expliquer cette demi-mesure, le problème demeure entier sur le plan militaire.

En second lieu, le gouvernement décide de presser Bao Dai de s'engager, Bao Dai qui réside à Cannes, dans son château de Thorenc, où il reçoit Pignon. Mais bien que ses rapports avec le nouveau haut-commissaire soient d'emblée meilleurs qu'avec l'ancien, il ne démord pas de sa position, renforcée d'ailleurs par le contexte chinois : Vous n'avez rien compris en France, dit-il en substance. Pour faire disparaître l'hypothèque du Viet-Minh, il n'y a qu'un moyen : me donner ce qu'on n'a pas voulu lui accorder. Vous enlèverez aux communistes vietnamiens le masque du nationalisme sous lequel ils sont parvenus à tromper le peuple et à justifier leur action sur le plan international. Faites cesser le néo-protectorat, donnez-nous une véritable indépendance, rendez-nous la Cochinchine...

La Cochinchine, précisément, est la pierre de touche la plus délicate de l'affaire. Les gaullistes la considèrent comme une partie inaliénable du territoire national, et son statut ne peut être modifié que par un vote du Parlement français. Le moment est par suite moins que jamais opportun de rouvrir un débat risquant de briser la fragile majorité sur laquelle repose le gouvernement Queuille. Les dirigeants français, le président Vincent Auriol le premier, tentent de fléchir l'ex-Empereur qui demeure ferme, non sans affirmer toutefois que son seul souci est de s'associer à la France.

— Pour cela, lance Ramadier, alors ministre de la Guerre, il ne vous reste plus qu'à rejoindre votre poste au Vietnam pour accomplir vos fonctions !

— Vous voyez bien que rien n'a changé, remarque Bao Dai, puisque M. le président Ramadier m'invite à rejoindre mon poste comme il le ferait vis-à-vis d'un fonctionnaire peu empressé.

Des négociations s'engagent néanmoins au mois de janvier 1949 à Cannes, où Pignon vient de nouveau rencontrer Bao Dai à trois reprises. Celui-ci n'est pas sans ignorer que la situation se dégrade au Vietnam et que ses partisans attendent son retour avec une impatience de plus en plus inquiète, ainsi que le lui confirme le général Xuan venu de Saigon tout exprès. Il sait également que son obstination est souvent mal comprise des Français, en raison de l'ambiguïté qui résulte de sa façon princière et désinvolte de vivre, « aux frais de la République ». De sa réputation grandissante d'« empereur des casinos et des boîtes de nuit », il n'a cure, car il est parfaitement conscient de l'enjeu et de l'impossibilité absolue pour un Fils du Ciel imbu de sa légitimité tel que lui de retourner dans son pays sous la livrée d'un fantoche. Ses entretiens avec Pignon n'aboutissent donc pas, ni les pourparlers qui se poursuivent entre son chef de cabinet, le prince Buu Loc, et les collaborateurs du haut-commissaire.

A l'occasion du « Têt », le 29 janvier 1949, il se borne à souhaiter dans un message radiodiffusé à son peuple que le printemps de l'année du Buffle soit aussi celui du pays. Plus affirmatif dans le sien, Pignon déclare être en mesure de dire : « Un nouveau pas s'accomplit et vos espoirs d'une indépendance effective ne seront pas déçus. »

La nouvelle de la chute de Pékin tombe alors à point pour rappeler aux interlocuteurs que le temps ne travaille finalement ni pour la France, ni pour Bao Dai et un Vietnam qui serait, sous son égide, hors de l'emprise communiste. Pratiquement liés, ils rapprochent leurs points de vue et une commission mixte se constitue le 12 février pour tenter de jeter les bases d'un accord.

La Cochinchine étant au centre des discussions, le président du gouvernement sudiste Tran Van Huu vient y participer. Des concessions réciproques permettent d'aboutir : le gouvernement français accepte de déposer un projet de loi portant création d'une Assemblée territoriale de Cochinchine, première étape du rattachement de la colonie au Vietnam, car seule elle serait habilitée à demander le changement de statut au Parlement. Dans le même temps, la délégation vietnamienne finit par concéder des limitations à l'indépendance demandées par le gouvernement français pour préserver l'Union française.

Bao Dai se contente en fait d'une autonomie interne, avec armée nationale, finances et juridiction propres, missions diplomatiques particulières, mais seulement au Vatican, en Inde, et en Thaïlande. Sa politique extérieure ne devra être conduite qu'avec l'accord du Haut Conseil de l'Union française. Le lien fédéral subsiste sur le plan monétaire et économique, avec le Cambodge et le Laos. Les ressortissants français et chinois seront justiciables de tribunaux mixtes. Enfin, les forces vietnamiennes, encore embryonnaires, resteront sous commandement français et les troupes françaises assumeront les responsabilités de la sécurité et de la défense en gardant toutes leurs bases. L'accord se concrétise le 8 mars 1949 par un échange de trois documents entre Vincent Auriol et Bao Dai.

Pour les dirigeants français, l'espoir renaît d'une solution attendue depuis des mois et devenue de plus en plus problématique. A court terme, ils peuvent être satisfaits. Le Vietnam devient officiellement membre de l'Union française, avec des représentants à l'Assemblée et au Haut Conseil, organes nouveaux du système. La diplomatie et l'armée restent entre les mains de la France. Les impératifs de la guerre l'imposent d'ailleurs. Mais à long terme, rien n'est vraiment réglé. Il reste à convaincre les nationalistes vietnamiens que le bagage concédé à Bao Dai est suffisant pour les détacher de la séduction du Viet-Minh, ou leur donner le courage d'affronter son terrorisme.

La gauche française en est consciente, et semble se réveiller de sa torpeur, les socialistes en tournant des yeux de plus en plus avenants vers Ho Chi Minh, les communistes en relançant la campagne pour la paix au Vietnam. Maurice Thorez a donné le coup d'envoi dès le mois de janvier 1949 en proclamant, dans une sorte d'autocritique de l'attitude lénifiante du Parti en 1948, que « la paix, la lutte pour la paix, c'est aujourd'hui la question décisive ». En janvier et en février 1949, ont circulé des pétitions et défilé des manifestants demandant de traiter avec Ho Chi Minh. « 14 128 jeunes Français sont déjà morts. Faites la paix au Vietnam ! Les mamans l'exigent ! » dit une affiche. En mai, le slogan : « Plus un homme, plus un sou pour la guerre du Vietnam ! » est lancé par *L'Humanité*.

Plus tard, Bao Dai écrira : « A partir du moment où j'ai récupéré la

Cochinchine, je considère mon rôle de négociateur comme terminé. La nouvelle tâche qui m'incombe est de refaire l'État vietnamien. L'accord du 8 mars a le grand avantage d'établir le contact avec la France, mais les détails ne m'intéressent pas. Si j'ai admis l'Union française, elle n'a pas pour moi une grande importance. C'est une notion lointaine... et française. Cet accord n'est à mes yeux qu'une étape vers l'indépendance totale... »

Une telle affirmation a l'accent d'une justification a posteriori. Il perçoit sans doute très bien les réticences des nationalistes devant cette Union française que leur méfiance leur fait voir comme un déguisement de l'Empire : son président n'est-il pas le président de la République française ? Les restrictions imposées à la souveraineté de l'État vietnamien ne sont-elles pas les mêmes que dans le Protocole refusé avec tant d'obstination ? Cependant, le dilemme a été pour l'ex-Empereur particulièrement aigu, au regard des circonstances. Il n'a pas les moyens, comme Ho Chi Minh, d'un marchandage plus serré. Sa seule force est l'espoir qu'il représente d'apporter une paix que son rival n'a pu, ni même voulu donner au prix de trop lourdes concessions. A défaut de la corde, il a saisi un fil, avec peut-être la conviction, partagée par de nombreux Vietnamiens, et nourrie de l'expérience récente, qu'il est toujours possible de tirer avantage de l'écheveau politique français, trop relâché pour être vraiment infrangible et trop contradictoire pour ne pas offrir de bonnes prises.

L'accord signé, le retour de Bao Dai au pays dépend encore de la réalisation effective d'une condition sine qua non : le rattachement légal de la Cochinchine au Vietnam. Afin d'accélérer le processus, le gouvernement fait voter en procédure d'urgence le projet de loi créant l'Assemblée territoriale cochinchinoise. Les élections peuvent avoir lieu dès le 10 avril 1949, non sans protestation vaine du clan colonial.

Henri de Lachevrotière introduit auprès du Conseil d'État un recours en annulation de la décision parlementaire. Pour lui, le bon vieux Conseil colonial reste toujours compétent pour traiter du statut de la colonie. Toutefois, peu de ses compatriotes le suivront, et sur les 596 Français électeurs, 409 participent au scrutin.

Quant aux Vietnamiens, ils forment un collège électoral de 5 084 « notables », dont certains sont d'une représentativité toute relative, puisqu'il a fallu remplacer les Conseillers défaillants, décédés ou assassinés par le Viet-Minh. Dans la région Saigon-Cholon, les abstentions atteignent près de 90 pour cent des 4 899 électeurs, alors qu'en province, elles sont de 20 pour cent, un chiffre qui résulte d'un nombre bien inférieur d'électeurs (185), et du fait que les candidats y sont mieux connus.

La nouvelle Assemblée tient sa première réunion le 19 avril 1949. Elle comprend 50 Vietnamiens et 16 Français, ces derniers élus sur une liste « fusionniste », c'est-à-dire qu'ils se disent prêts à accepter la réunification des 3 Ky sous certaines conditions. Ce n'est pas sans quelques nouvelles péripéties qu'elle finit par adopter le 23 avril, par 55 voix contre 6 et 2 abstentions, la motion attendue demandant le rattachement au Vietnam. Bao Dai et les « unionistes » tiennent en effet à ce que priorité dans la procédure soit accordée au rattachement sur la constitution du pays en État associé, alors que les Français « fusionnistes » voudraient inverser cet ordre. Intrigues, incidents et tractations se succèdent. De Lachevrotière lance aux Vietnamiens :

— Est-ce Ho Chi Minh que vous voulez ? Dans ce cas, ayez le courage de le dire, comme je le fais, moi.

Il accuse Xuan de manœuvrer pour prendre la place de Bao Dai. Un compromis est finalement trouvé. Bao Dai obtient satisfaction, en échange d'une clause de garantie : en cas de modification dans les rapports entre le Vietnam et l'Union française, le rattachement sera nul et non avenu. Le retour du souverain est dès lors possible. Il s'embarque aussitôt dans le DC-4 que le président Auriol met à sa disposition, sans même attendre que le Parlement français entérine la décision de l'Assemblée territoriale, une formalité qui s'effectue le 20 mai 1949 en présence d'une cinquantaine de députés.

L'unité enfin réalisée du Vietnam n'inquiète pas seulement le clan colonial et les autonomistes cochinchinois. Le Cambodge voit renaître le spectre de la traditionnelle poussée du peuple viet vers le Sud, arrêtée par l'arrivée des Français. Il s'enquiert du sort des 450 000 Khmers qui résident en Cochinchine, de la liberté de navigation sur le Mékong, et de la franchise du port de Saigon, ouvertures sur la mer essentielles à sa respiration, et aussi de ces problèmes de frontière mis en veilleuse par la domination française.

Le gouvernement de Paris lui assure que les droits des minorités sont garantis par les accords passés avec le Vietnam, et que les questions de navigation seront traitées par les conventions à venir dans un sens favorable. Quant aux litiges frontaliers, il est conseillé à Norodom Sihanouk de les laisser en sommeil pour le moment. La France ne peut cependant refuser au roi l'indépendance accordée au Vietnam, d'autant plus que le 19 juillet 1949, une convention est signée avec le Laos, faisant de celui-ci un État associé, avec représentation diplomatique au Siam et aux États-Unis, et constitution d'une armée nationale. Le 8 novembre 1949, un traité accorde donc au Cambodge le même statut que ses voisins indochinois.

Contrairement au Vietnam, la proclamation de l'indépendance dans les deux royaumes donne un coup sérieux aux mouvements de résistance lao et khmers. Le gouvernement lao-issara se dissout et hormis le prince Souphanouvong qui se met à l'ombre du Viet-Minh, la plupart de ses membres se rallient au roi Sisavang Vong. De leur côté, les Khmers Issarak se désunissent après la reddition de Dap Chhuon, l'un de leurs principaux chefs. Environ un millier d'entre eux poursuivront le combat en liaison avec le Viet-Minh.

Le problème majeur qui se pose alors sur le plan politique à la France est de savoir si ce que l'on appelle la solution Bao Dai aura une dynamique suffisante pour faire du Viet-Minh un parti de rebelles réductible à terme, et ainsi conduire à la paix.

Le retour de Bao Dai au Vietnam n'est en rien comparable à celui de Ho Chi Minh après le « modus vivendi », sur un bâtiment de guerre français. Il n'y aura pas d'accueil, ni de parcours triomphal. Bao Dai évite Saigon et arrive à Dalat, où il choisit de résider. Dans cette station climatique du pays « moï », aux airs de refuge, il pense d'une part échapper à la pesante promiscuité du haut-commissariat installé dans la capitale cochinchinoise, et d'autre part bénéficier d'un recul utile, en évitant de se laisser prendre dans la toile d'araignée que son peuple, surtout au sud, sait si bien tendre à ceux qui faillent à maîtriser ses contradictions. En survolant la Cochinchine, il fait une remarque significative au docteur Nguyen Manh Don qui l'accompagne :

— Depuis près d'un siècle, l'Empereur n'avait pas le droit d'y mettre le pied. Aujourd'hui, tout cela est à moi... mais attention aux pièges.

Ce mélange d'orgueil et de lucidité l'incite sans doute à la prudence, mais il doit sûrement avoir déjà conscience que de ces pièges il n'a pas esquivé le plus dangereux. Le premier qui lui apparaîtra dès son arrivée sera celui du clan colonial, derrière le paravent d'une délégation vietnamienne de l'Assemblée territoriale venue lui demander l'octroi d'un statut spécial pour la Cochinchine. Beaucoup plus grave est d'avoir accepté déjà un pouvoir, à ses yeux légitime, mais grevé d'une trop lourde hypothèque française, et sans les moyens de l'exercer pleinement, ni peut-être une réelle volonté personnelle de l'imposer. Sans doute est-ce pour cela qu'il insiste sur son rôle de transition et de médiation.

Il prend soin de ne pas ressaisir son titre impérial, et s'il conserve l'appellation de « Majesté » pour des raisons de dignité et de prestige, il se désigne comme le Chef de l'État, et déclare ne pas préjuger du régime que le peuple se donnera une fois la paix rétablie. Ces nuances ne touchent guère le peuple qui attend davantage de la véritable nature des rapports nouveaux entre « Sa Majesté le Chef de l'État » et les Français.

Plus intéressante est la décision de créer les trois provinces du Nord, du Centre et du Sud, dont Bao Dai se réserve de nommer les gouverneurs qui resteront sous son autorité directe et non sous celle du gouvernement central, ainsi que l'aurait souhaité Xuan. L'initiative va dans le sens du renforcement de l'unité nationale et en même temps d'une indépendance plus large des gouvernements provinciaux à l'égard du haut-commissariat. Cependant, à l'instigation de Pignon, il crée un Domaine de la Couronne auquel seront rattachés les pays de montagne et leurs minorités ethniques, une façon de concilier leur autonomie, à laquelle tiennent les autorités françaises, et l'unité du Vietnam.

Il entreprend ensuite de mettre sur pied un nouveau gouvernement, celui, central, du général Xuan, et celui, cochinchinois, de Tran Van Huu ayant normalement démissionné. Mais les personnalités nationalistes qui lui auraient procuré une plus large représentativité et permis de repousser l'accusation d'être un fantoche se récusent, Ngo Dinh Diem le premier qui déclare : « Les aspirations nationales des Vietnamiens ne seront satisfaites que lorsque notre nation obtiendra le même statut politique que l'Inde et le Pakistan. » Bao Dai est donc contraint de mettre le pied dans l'arène et d'assumer la présidence de son gouvernement, dont les membres ne sont pas les plus aptes à lui apporter éclat ou popularité.

En effet, les plus marquants sont Nguyen Phan Long, le directeur de *L'Écho de Saigon*, un intellectuel bourgeois du sud estimable, mais dont la carrière de nationaliste modéré est liée à la colonisation, et le général Xuan, dont l'ondoyante ambition suscite plus d'inimitiés que de sympathies. Le premier est ministre des Affaires étrangères, le second vice-président et ministre de la Défense nationale. Leurs origines cochinchinoises indiquent bien, d'autre part, l'importance du Sud dans l'assise territoriale du régime naissant.

Bao Dai semble également souhaiter être le médiateur entre la France et le Viet-Minh. Il y réussirait qu'il pourrait s'honorer de donner ainsi au pays ce que beaucoup attendent de lui, cette insaisissable paix. Dans un geste remarqué lors de sa visite à Hanoi à la mi-juillet 1949, il dépose une branche de palme sur la tombe des soldats vietminh tués en décembre 1946. On entend des gens de son entourage et certains ministres parler de « nos héros » en évoquant la Résistance. Des rumeurs courent sur des contacts que ses émissaires auraient pris avec le Viet-Minh.

Encore que celui-ci ne soit guère disposé à répondre à ces vœux, le gouvernement français ne saurait admettre cette sorte d'appel derrière son dos à un Ho Chi Minh auquel il a choisi de fermer la porte du dialogue. Dès le mois de mai, Pignon l'a bien fait comprendre en disant que la France ne pourrait céder sa souveraineté à un gouvernement peu digne de sa confiance.

En août 1949, le président Auriol, dans une lettre au chef de l'État vietnamien, évoque ces hommes ou ces mouvements politiques coupables de ne pas tenir compte des concessions accordées et, « pour des motifs ou des changements d'orientation dissimulés sous de vains prétextes, de livrer le Vietnam à l'isolement, pour le conduire ensuite vers des destins qui, alors, apparaîtraient clairement, et ouvriraient trop tard les yeux des Vietnamiens sincères un instant abusés ». Sous ces laborieuses circonlocutions, l'avertissement n'en est pas moins net : « Nous voulons croire qu'il n'en sera pas ainsi », précise le chef de l'État français.

Bao Dai le comprend si bien qu'il va y répondre par un communiqué où il réaffirme la volonté de son gouvernement de combattre le communisme et de n'avoir aucune complaisance pour le Viet-Minh. En fait de médiateur, il doit plutôt s'ériger en rival de Ho Chi Minh. Ses efforts pour en tenir le rôle ne sont pas désespérés, mais sa marge de manœuvre reste étroite. Il doit en effet convaincre son peuple et les nationalistes non communistes par des réalisations effectives, et rendre « son » indépendance crédible. Les obstacles sont multiples, questions de moyens, de limitations imposées par les Français, de circonstances internationales.

Au cours d'une tournée, Bao Dai promet des réformes sociales et un plan de reconstruction économique du pays, ravitaillement en riz du Nord, construction de logements à bon marché, développement d'une agriculture modernisée au Sud, industrialisation du Nord, caisses d'assurances sociales, diffusion de l'instruction, aide aux nécessiteux, etc.

Il presse le haut-commissariat d'effectuer la passation des services, d'organiser l'armée nationale, de lui fournir les moyens d'une politique susceptible de provoquer les ralliements. Des assurances lui sont données, mais les pourparlers concernant les conventions d'application des accords du 8 mars traînent en longueur et n'aboutiront qu'à la fin de l'année, sous la pression des nécessités, en particulier dans la perspective d'une aide américaine.

Il reste que le Vietnam de Bao Dai dépend de la France pour ses finances, comme l'Indochine tout entière, dont le déficit commercial croissant — 2 698 000 piastres, avec un énorme déséquilibre entre importations et exportations — est supporté par l'État français.

Sur le plan diplomatique, encore que la représentation proprement vietnamienne soit limitée, il faut attendre la ratification des accords pour obtenir la reconnaissance des États étrangers. La police et la Sûreté restent entre les mains du haut-commissariat qui ne les lâchera qu'après de longues et difficiles discussions au printemps 1950. Le statut de l'armée vietnamienne sera précisé par la Convention du 30 décembre 1949, avec une augmentation des effectifs portés de 23 000 réguliers et 18 000 supplétifs à 30 000 réguliers et 35 000 supplétifs en 1950 pour atteindre 50 000 réguliers ensuite. Mais cette troupe est dans la dépendance française pour sa formation, son matériel et son commandement. Bao Dai lui-même prévoit un délai de huit ans pour qu'elle puisse assurer la relève des forces françaises.

En fait, on parlera plutôt de « jaunissement » de celles-ci que d'une véritable armée nationale, et Bao Dai pourra dire lui-même que l'expérience Bao Dai n'est à la vérité qu'une expérience française.

L'ambiguïté de sa position et cette indépendance étriquée ne favorisent pas les ralliements « francs et massifs » souhaités. Pour beaucoup de Vietnamiens, le dilemme est épineux entre une Résistance qui garde, malgré et par ses choix totalitaires et violents, l'aura d'une intransigeance héroïque d'une part, et un régime qui propose liberté, prospérité et paix dans des conditions dont il est alors permis de se demander s'il est capable de les obtenir, d'autre part. L'exemple des évêchés catholiques de Phat Diem et de Bui Chu est une illustration de la complexité du problème.

Ces deux diocèses, situés au sud du delta du Fleuve Rouge, sont de véritables fiefs entre les mains de leurs évêques, Mgr Pham Ngoc Chi, de Bui Chu, et surtout Mgr Le Huu Thu, de Phatdiem, un ancien moine trappiste réputé pour son austérité et son caractère autoritaire.

Cet homme au visage long et sinistre, à « la tête de singe triste et méditatif », selon le mot de Graham Greene, est un nationaliste convaincu qui voue aux Français une haine inexpiable. Il s'était rallié à la révolution patriotique de 1945, comme de nombreux catholiques du Nord. Consacré en présence de ministres de la République Démocratique, en particulier du Conseiller Vinh Thuy, représentant personnel de Ho Chi Minh, il est lui-même devenu Conseiller religieux de celui-ci. Mais il s'était naturellement détaché du Viet-Minh qui pouvait d'autant moins laisser leur liberté de manœuvre aux deux évêchés que ces derniers sont situés sur une importante voie de ravitaillement. Affrontements entre catholiques et milices vietminh, assassinats et incidents devenant de plus en plus fréquents sur ces territoires battant pavillon du Vatican, Mgr Le Huu Thu et son confrère Pham Ngoc Chi font appel à Bao Dai. Le ralliement de 800 000 catholiques est une aubaine pour le nouveau régime et pour le Commandement français qui cherche à pacifier le delta.

Après des négociations menées par un jeune officier vietnamien d'avenir, le capitaine Nguyen Van Vy, deux compagnies de parachutistes vietnamiens sous les ordres de celui-ci sont envoyées dans les évêchés qu'ils sont censés conquérir après un simulacre de combat pour tromper le Viet-Minh. Mais les catholiques n'apprécient guère que des unités françaises arrivent derrière les paras vietnamiens qu'ils accusent de trahison. La fourniture d'armement aux milices des deux évêques calme les esprits, mais les relations entre les autorités françaises et les seigneurs de Phat Diem et de Bui Chu ne cesseront d'être mouvementées, avec des passages d'un camp dans l'autre, au gré des intérêts circonstanciels et de l'évolution des rapports de force.

Le drame pour le régime Bao Dai est qu'il ne peut en tout état de cause apporter la paix, et que contraint de s'engager dans la guerre à la remorque des Français, il ne peut en retirer aucun profit politique. Au contraire, il est condamné à récolter le déshonneur d'un conflit qui tourne de plus en plus à la guerre civile, une mutation malheureusement accélérée et par la victoire communiste en Chine, et par l'affrontement de plus en plus affirmé dans le monde de deux blocs majeurs.

VERS L'ÉLARGISSEMENT DU CONFLIT

L'année 1949 marque en effet un tournant capital, en raison de l'intervention de ces facteurs internationaux, à commencer par la résurgence du problème chinois aux frontières, qui va modifier les conditions de la guerre et les conceptions stratégiques des adversaires en présence.

Au début de l'année, le haut-commissaire Pignon, soucieux du succès de l'entreprise politique engagée avec Bao Dai, voudrait donner au jeune régime une assise territoriale plus solide en Cochinchine et en Annam. Il est donc partisan de faire porter l'essentiel de l'effort militaire au Sud et au Centre. Il s'oppose ainsi au général Blaizot, qui a été son supérieur à l'époque de Kandy et du Corps expéditionnaire en gestation. Le commandant en chef reste persuadé qu'il faut frapper le Viet-Minh à la tête, c'est-à-dire dans son réduit de Haute-Région. De son côté, le général Alessandri, chef des troupes du Nord, tient toujours pour la maîtrise du delta tonkinois, afin d'isoler et d'affamer le Viet-Minh, coupé de ses bases de ravitaillement en riz et en hommes. Dans ce débat, c'est le haut-commissaire qui a le dernier mot au Conseil de Défense de l'Indochine qu'il préside.

La décision est donc prise d'agir en Cochinchine, et d'y frapper le Viet-Minh dans ses ressources et ses réduits. Le 14 janvier 1949, le blocus du

Transbassac est décidé. Le général Boyer de Latour entreprend également d'encercler la Plaine des Joncs. Il dispose pour cette vaste opération de renforts récemment arrivés de France et que l'on destinait à l'offensive interrompue du Tonkin, ainsi que de nouveaux moyens matériels, notamment des « crabes », véhicules amphibies rapides, dotés d'une grande puissance de feu.

La circulation de bateaux sur la côte et dans les rivières du Transbassac interdite, les exportations de riz vers le Sud-Annam, la Thaïlande et la Malaisie arrêtées, et la surveillance des rivages et des voies d'eau assurée efficacement par la Marine, le Viet-Minh se trouve bientôt privé de subsistance et des revenus tirés du transport des principales denrées, riz et sel, sur lequel il impose des taxes. Le négociant chinois interrompt ses transactions et le paysan réduit ses surfaces cultivées, contraignant le Comité du Nam Bô à lancer un emprunt forcé.

L'encerclement de la plaine des Joncs se révèle plus difficile. Le général Boyer de Latour veut établir un cordon de postes implantés en dix-huit points névralgiques et reliés par quelque 480 tours tenues par des partisans. Il tente en même temps une pénétration dans le labyrinthe asiatique du réduit, menaçant ainsi les bases de Nguyen Binh qui doit en déplacer une partie vers l'extrême sud et la pointe de Camau. Mais l'opération « Jonquille », en juin 1949, se heurte à une vive résistance des troupes vietminh de couverture qui ne se laissent pas fixer et abandonnent au Corps expéditionnaire un terrain marécageux et de surcroît miné.

En définitive, si l'efficacité du blocus s'avère évidente, le succès de la ligne Maginot à la mode de Cochinchine et du nettoyage des réduits est relatif. Il met Nguyen Binh en sérieuse difficulté, sans toutefois parvenir à l'étouffer. Le Corps expéditionnaire vient en tout cas de démontrer sa capacité à reprendre l'initiative et à porter des coups sérieux, même s'ils ne sont pas décisifs. Il reste, malgré tout, une force qui frappe et qui marche sur une terre étrangère, affrontée à une force qui harcèle et qui nage dans des eaux familières.

Au Tonkin, c'est Giap qui a repris l'initiative en lançant dès le mois de février 1949 des opérations offensives, attaques de postes, embuscades, harcèlements, dans la Haute-Région occidentale, près de Laokay, et au nord-est, entre Langson et Mongcay. Malgré la chute de deux postes, le dispositif français tient bon. Le commandement s'inquiète plutôt d'un fait pourtant attendu : l'apparition d'éléments communistes chinois coopérant avec le Viet-Minh et certaines minorités frontalières.

La première incursion chinoise a lieu près de Laokay, mettant des partisans en difficulté. Le 27 mars 1949, se produit un fait plus sérieux, sinon plus spectaculaire. Un groupe s'empare de Mongcay avec la complicité de tirailleurs de la minorité nung. L'occupation ne dure que vingt-quatre heures, mais la nouvelle, diffusée à Paris, réveille l'ombre ancienne et lugubre des Pavillons Noirs des temps de la conquête.

Le général Blaizot réagit alors en suspendant l'application du plan dirigé contre le réduit vietminh pour lancer l'opération « Pomone » dans la vallée de la Rivière Claire. Mais Giap, à nouveau, se dérobe. L'affaire de Moncay a néanmoins pour effet d'émouvoir le gouvernement Queuille qui lâche enfin les renforts de treize bataillons et de deux groupes de chasse aérienne, portant ainsi l'effectif du Corps expéditionnaire à 130 000 hommes.

Les divergences stratégiques du haut commandement n'en disparaissent pas pour autant. Paris décide alors d'envoyer le chef d'état-major général de l'armée de terre en mission d'enquête. Arrivé en mai 1949, le général Revers reste cinq semaines en Indochine. Son rapport est important, car il incite à un choix à la fois militaire et politique. Écartant l'hypothèse de l'abandon et de l'évacuation, il donne la priorité à la défense du Tonkin, en fonction de la menace chinoise. Selon lui, la stratégie devrait être orientée dans deux directions : en premier lieu, assurer la couverture de la frontière, essentiellement de Thatkhe à Moncay, mais en renonçant aux postes trop isolés et coûteux à maintenir, tels que Dongkhe et Caobang ; en second lieu, poursuivre la pacification du delta tonkinois, en y impliquant de plus en plus les forces vietnamiennes, afin de soulager l'armée française qui se consacrerait à la défense proprement dite du territoire.

A cet effet devraient être mis sur pied des groupes mobiles, deux au Nord, un au Sud, placés en réserve générale pour des missions d'intervention et de mouvement. La réalisation de ces objectifs impose des renforts en hommes, et un renouvellement indispensable des matériels à bout de souffle. Évoquant les mécomptes d'une direction exposée aux mésententes à cause de la multiplicité de têtes, le général Revers suggère la nomination d'un chef militaire prestigieux, nanti de tous pouvoirs civils et militaires.

Les effets de ce rapport sur la conduite des opérations seront relatifs. Si le général Blaizot semble se rallier aux recommandations, le général Alessandri, commandant des forces terrestres, est opposé à l'évacuation de Caobang, qu'il considère comme un point fort en cas d'invasion chinoise. Blaizot en est partisan, car il craint moins un déferlement que des incursions limitées, mais il sera remplacé par le général Carpentier et Caobang ne sera pas évacué avant de longs mois. Seuls le seront les postes de Backan et de Nguyenbinh. Le maintien des garnisons de la Route Coloniale 4 deviendra un véritable piège.

Par contre, dans le delta, l'occupation se poursuit sans difficultés majeures. De juillet à septembre 1949, les opérations « Bastille » et « Canigou » se déroulent sur la rive gauche du Fleuve Rouge. En octobre, c'est « Anthracite » dans les évêchés de Phat Diem et de Bui Chu ; en décembre 1949 et en janvier 1950, « Diabolo » dans la région orientale s'étendant de Hanoi à la mer.

La menace chinoise semble cependant masquer la stratégie du Viet-Minh, qui évolue vers une guerre de mouvement.

« La guerre contre les Français va entrer dans une phase décisive », proclame en juillet 1949 un responsable du Nam Bô ; « les succès de l'armée chinoise et l'évolution des événements mondiaux annoncent la fin des jours sombres ». C'est davantage qu'un vœu. Le 17 août, la Délégation à Paris de la République démocratique du Vietnam ferme ses portes et plie bagage. C'est l'annonce d'un durcissement. En novembre, Giap lance la campagne « Le Loï », du nom du souverain du XVe siècle, prestigieux vainqueur des Chinois, un parrainage significatif, Le Loï étant considéré comme un précurseur en matière de stratégie par la pratique de la guérilla et de la guerre longue, qu'imposait la faiblesse de ses moyens. C'est son ministre Nguyen Trai qui écrivait dans la *Grande Proclamation de la Pacification des Chinois :*

« Avec la faiblesse combattant la force, j'attaquais à l'improviste,
avec peu luttant contre beaucoup, je tendais des embuscades,
afin que la justice triomphe de la violence
et que l'humanité remplace la barbarie...

Surtout, Le Loï a su passer de la guérilla à la guerre de mouvement, exemple historique qui indique bien les intentions de Giap, dont la stratégie s'inspire de celle de Mao. Pour répondre à l'offensive française et au renforcement des positions du Corps expéditionnaire dans le delta, il entreprend un contre-encerclement, prélude à des opérations de grande envergure et au passage à la seconde phase de la guerre prolongée, selon le théoricien chinois de la Résistance.

Ainsi, évitant les affrontements massifs, il tente de s'assurer la maîtrise de la Haute-Région s'étendant de Laokay, à l'ouest, à la zone maritime du sud-est tonkinois, en passant par Yenbay et Hoabinh. L'entreprise ne réussit qu'en partie. Il est devancé dans les évêchés, mais dans l'ensemble, il parvient, grâce à la constitution de troupes régionales, à faire assurer par ses forces régulières la jonction du réduit septentrional à la zone de l'Annam, et à contrôler ainsi une large bande montagneuse en isolant le pays thaï.

A considérer la situation générale au point de vue militaire, il semble que la partie soit loin d'être jouée.

Sur le plan politique, le général Revers montre peu d'enthousiasme pour le régime Bao Dai, coupable selon lui de corruption et de mollesse envers le Viet-Minh. S'il pense que la France doit proclamer hautement sa volonté de rester en Indochine et améliorer la situation militaire, c'est pour en revenir à la conception de Leclerc : négocier à partir d'une position de force. Ce point de vue politique va transformer le rapport en une bombe à scandales, fleurant l'intrigue obscure, la manipulation secrète et l'argent, pour devenir ce qu'on appellera l'affaire des généraux.

Au mois de septembre 1949, un incident banal oppose sur un autobus parisien un rapatrié d'Indochine et un Vietnamien. On découvre dans la serviette de celui-ci une copie partielle du rapport, pourtant secret, dont la radio vietminh avait par ailleurs quelques semaines plus tôt divulgué des extraits. Trop de coïncidences font penser à une provocation : la trouvaille, accompagnée de notes sur le général Mast, candidat à la succession de Pignon, le lieu de l'incident qui relève de la D.S.T. et non de la préfecture de police, le caractère politique des textes.

Une enquête est menée dans des conditions politiques qui n'en assurent pas la sérénité nécessaire. Elle dévide un fil d'Ariane empoisonné qui ferait suivre la trajectoire des fuites des généraux Revers et Mast à des intermédiaires plus ou moins troubles, en passant par des amis du général Xuan, pour aboutir au Viet-Minh. Les coups volant très bas, diverses accusations de corruption sont émises contre quelques personnalités, révélant davantage les cibles politiques, enjeux réels de cette sorte d'affaire, que la vérité, objectif supposé et toujours hautement proclamé.

Par son opposition à la politique du M.R.P. et à l'expérience Bao Dai en cours, le Parti socialiste semblerait visé. Mais dans la crainte d'éclabousser le gouvernement français tout entier, le scandale est étouffé, sans que sa divulgation, quelques semaines plus tard, par le magazine américain *Time* puisse être empêchée, ni qu'une autre histoire de fuites vienne s'y greffer pour faire tomber le gouvernement Queuille. Georges Bidault formera le nouveau Cabinet, avec un autre M.R.P., Jean Letourneau, au ministère de la France d'outre-mer.

Si cette affaire est nocive en ce qu'elle conforte le mépris dans lequel les dirigeants vietminh tiennent le monde politicien « capitaliste et bourgeois », elle est symptomatique de l'empoisonnement progressif de la politique française par une guerre d'Indochine qui s'éternise. Revers de la liberté démocratique qu'ignorent les régimes totalitaires purs et durs, du moins dans leurs commencements, c'est le premier coup sérieux porté au gouvernement de la France sur le terrain de l'opinion. La blessure s'élargira avec cette arme si facile à brandir en la matière : l'accusation de corruption. Le mot de l'un des personnages impliqués dans le scandale des fuites est significatif : « Il y a pas mal d'argent à gagner en Indochine sur la piastre. »

La piastre est en effet une monnaie de spéculation particulièrement fructueuse, en raison de sa valeur officielle surfaite, fixée depuis décembre 1945 à 17 francs, alors que sa valeur réelle se situe entre 7 et 8 francs sur les marchés d'Extrême-Orient et entre 5 et 10 francs en pouvoir d'achat réel en Indochine même. Or, tous les transferts effectués sur la France, légaux en raison de l'appartenance de la piastre à la zone franc, se traduisent par un bénéfice automatique. Ainsi que le dit le haut-commissaire Pignon : « Étant donné la réglementation actuelle, il n'y a pas de délit en matière de transferts de piastres. » Virements bancaires privés ou commerciaux, mandats-poste mensuels, ou transferts exceptionnels, sont les moyens ordinaires auxquels tout le monde a recours, du riche commerçant au petit employé français ou vietnamien, du fonctionnaire de tout grade au bourgeois aisé, du général au coolie qui sert de prête-nom, des grands établissements bancaires et commerciaux au Viet-Minh lui-même. Il y a bien un Office indochinois des Changes, institué depuis 1947 pour contrôler le flux et même pratiquer une politique limitative depuis octobre 1949, mais dérogations et autorisations spéciales sont relativement faciles à obtenir, et les restrictions contournables par divers subterfuges. En outre, sur le transfert simple peuvent se greffer des prolongements vers le dollar américain, le dollar de Hongkong, ou bien l'or, ainsi que les branches complexes à implications politiques. En fait, une immense complicité protège la perpétuation de la manne qui n'est pas encore, en cette année 1949, affublée d'opprobre et de honte.

Le rapport Revers est également révélateur de l'impuissance inavouée où sont les dirigeants français à trouver une solution qui permette le rétablissement de la paix, en sauvegardant les intérêts et l'emprise de la France sur le pays. Révélateur est le regard que le général porte sur l'internationalisation possible du conflit en laquelle il croit percevoir cette solution : pourquoi la collusion sino-vietminh, contre laquelle lutteraient les forces françaises, ne convaincrait-elle pas les États-Unis que la guerre menée par la France en Indochine participe du « containment » du communisme et qu'il conviendrait de lui apporter aide et soutien ? Certes, le plan Marshall fonctionne déjà, mais il est destiné à un usage métropolitain. Même s'il constitue une assistance indirecte dans le conflit indochinois, la France a besoin des États-Unis pour la fourniture des matériels militaires indispensables.

De son côté, Bao Dai et avec lui son ministre des Affaires étrangères Nguyen Phan Long comptent sur les États-Unis, mais pour presser la France de s'engager avec plus de libéralisme dans l'expérience en cours. Les États-Unis ont encouragé cet espoir. On se souvient de W.C. Bulitt, visiteur assidu de Bao Dai et de l'Indochine, où il a effectué une véritable enquête aussi bien du point de vue politique que stratégique et économique. L'ambassadeur Jefferson Caffery, de son côté, a fait savoir, la veille des accords du 8 mars 1949, que son gouvernement était favorable à une politique libérale au Vietnam. En juin, le Département d'État a exprimé sa satisfaction de voir formé un État vietnamien unifié, non sans formuler l'espoir que ces accords soient la base d'une réalisation progressive des aspirations légitimes du peuple vietnamien.

La victoire de Mao va contraindre les uns et les autres à préciser leurs positions. Au cours de l'été 1949, le secrétaire d'État Dean Acheson déclare : « Si le régime communiste chinois prend à son compte les objectifs de l'impérialisme soviétique et agresse ses voisins, nous et les autres membres des Nations Unies y verrions une violation des principes de la Charte des Nations Unies et une menace contre la paix et la sécurité internationales. »

L'avertissement destiné aux Chinois est aussi clair pour Bao Dai qui doit se dresser en adversaire de Ho Chi Minh s'il veut bénéficier du soutien américain. C'est ce que vient lui dire en janvier 1950 Philip C. Jessup, ambassadeur itinérant de Truman, en lui promettant une aide importante.

Quant à la France, elle se doit d'accélérer l'application et la ratification des accords du 8 mars. Les conventions techniques sont finalement signées le 30 décembre 1949 à Saigon. Le mois suivant, des débats animés s'engagent à l'Assemblée nationale qui émet, dans la nuit du 26 janvier 1950, un vote favorable à la ratification, par 396 voix contre 193. Les socialistes, sensibles à l'argument international, ont rejoint la majorité, tandis que les communistes ont hurlé : « Paix au Vietnam ! » La voie est ouverte à la reconnaissance du Vietnam de Bao Dai par les puissances occidentales, et à l'appui économique et militaire des États-Unis dans la guerre indochinoise.

Le député de droite Édouard Frédéric-Dupont a bien résumé l'esprit du débat en déclarant : « Depuis l'arrivée des communistes chinois à la frontière du Tonkin, l'Indochine est devenue la frontière de la civilisation occidentale et la guerre d'Indochine est intégrée à la guerre froide. » Le Parti communiste français l'a compris depuis des mois qui a déjà déclenché sa campagne de paix, non seulement par des pétitions, des manifestations et des appels, mais par des actions concrètes : les dockers de Marseille, de Dunkerque et d'Algérie ont, dès l'été 1949, manifesté le refus de travailler sur les bateaux en partance pour l'Indochine.

De l'autre côté également, le Viet-Minh s'est incorporé dans le bloc communiste. En 1948 déjà, il a envoyé des délégués à Calcutta où se tenaient les congrès du Parti communiste indien, de la Ligue de la Jeunesse démocratique, et de la Ligue des Étudiants du Sud-Est asiatique, participant ainsi à la vague qui agite la Birmanie, la Malaisie et l'Indonésie. Mais il est évident que les événements de Chine ont fourni au mouvement une accélération décisive.

Certes, dans une interview à un journaliste américain, Ho Chi Minh affirmait en août 1949 que son gouvernement comptait sur ses propres moyens pour gagner l'indépendance. Il s'agissait sans doute de mots destinés à l'opinion internationale, car le Viet-Minh se préparait déjà à adapter sa stratégie en fonction du raidissement des relations internationales et de l'arrivée des forces amies à la frontière.

Au sein du système, l'emprise des communistes se resserre. Leurs comités et leurs commissaires politiques imposent avec plus de rigueur les directives idéologiques. Au Comité central, il semble que les radicaux, tels que Truong Chinh, qui a donné en 1947 une version vietnamienne des théories de Mao sur la résistance de longue durée dans son ouvrage *La Résistance vaincra*, pèsent plus lourdement sur l'appareil tenu en main par Ho Chi Minh. Pham Ngoc Thach et Pham Van Dong sont envoyés respectivement au Sud et au Centre afin de contrôler la mise en œuvre de la tendance nouvelle.

En novembre 1949, la Fédération vietnamienne du Travail envoie des délégués à la Conférence des Syndicats d'Asie et d'Australasie qui se tient à Pékin. A cette occasion, Liu Shaoqi prononce un discours exaltant les mouvements de libération dans les colonies, pour lesquels la victoire du peuple chinois doit constituer un exemple en ce qu'elle a été construite et obtenue grâce à la classe laborieuse et au Parti communiste. Ces mots-guide ont une résonance particulière au moment où l'Armée populaire de Libération, lancée à la poursuite des troupes en déroute de Tchiang Kaishek, parvient aux abords de la frontière indochinoise.

La tension est alors extrême dans la région frontalière, où le commandement français craint un déferlement. Le 29 novembre 1949, Zhou Enlaï, ministre des Affaires étrangères chinois, avertit tout gouvernement qui offrirait refuge aux armées réactionnaires du Guomindang des conséquences graves qui en découleraient. Tandis que Lu Han se soumet au nouveau pouvoir, le général Huang Jie et une trentaine de milliers d'hommes demandent justement le passage vers Haiphong afin de pouvoir s'embarquer pour Taiwan. Pignon refuse, et après des négociations difficiles, les soldats chinois sont désarmés et envoyés dans un camp, à Campha, dans la baie d'Along, avant d'être expédiés à Formose. Cette fois, c'est l'armée victorieuse de Mao qui s'installe dans le voisinage. Aussitôt, la radio du Viet-Minh exalte les vainqueurs. Le gouvernement de Ho Chi Minh reconnaît le nouveau régime de Pékin le 14 janvier 1950, ce à quoi répond le gouvernement de la République Populaire en reconnaissant quelques jours plus tard celui de la République Démocratique du Vietnam.

Le 30 janvier 1950, la Russie juge opportun de suivre l'exemple. La raison donnée est que ce gouvernement représente, aux yeux de Moscou, la majorité écrasante du pays. La décision entrerait donc dans la ligne politique soviétique de soutenir les régimes anti-impérialistes, bien que dans ce cas, elle aurait pu intervenir plus tôt. Elle semblerait plutôt dictée par le souci de ne pas laisser aux Chinois la totale initiative en Asie et par conséquent d'y installer une influence exclusive.

De toute façon, Dean Acheson ne manque pas d'en tirer la conclusion : cette reconnaissance « enlève toute illusion sur la nature nationaliste des buts de Ho Chi Minh et révèle celui-ci dans ses véritables couleurs d'ennemi mortel de l'indépendance vietnamienne ». Le Vietnam tout entier vient ainsi d'entrer dans le jeu des deux blocs antagonistes.

Pour n'avoir pas su, ou pas pu saisir les chances d'une solution pacifique de leur divorce, Français et Vietnamiens ont donc basculé dans un nouvel engrenage, d'autant plus dangereux qu'ils en détiennent moins que jamais la maîtrise.

Les dirigeants français croient maintenant parvenir à réaliser cette décolonisation engagée à contrecœur, par le biais de leur engagement dans la guerre froide. S'ils ont été entraînés, à leur corps défendant, à user de ce recours, c'est en raison de la contradiction profonde entre leur conscience « impériale » et le sentiment d'avoir à libéraliser le système. Ils pensent, suivant l'enseignement des manuels scolaires de l'époque, que « ce sont les territoires d'outre-mer qui confèrent à la France son rang de grande puissance ». Mais l'Union française, imaginée pour résoudre le problème, apparaît trop comme un maquillage de l'empire. D'autre part, face à un adversaire déterminé à gagner sa liberté, les milieux politiques français n'ont su dresser qu'un mur friable, rongé par des rivalités inhibitoires, sans le ciment d'une idéologie, ou même d'une volonté simple de fixer des objectifs précis.

Quant à l'opinion publique française, elle ne peut soutenir une tendance ou l'autre, encore moins arbitrer le débat. L'Indochine lointaine reste marginale dans les préoccupations de la métropole. Pourtant, on pourrait dire que « l'or et le sang de la France » sont en jeu : à ce stade du conflit, il y a déjà plus de 10 000 tués, dont la moitié de Français, et plus de 20 000 blessés. Sur le plan financier, les dépenses militaires sont passées en francs courants d'époque de 3 milliards 200 millions en 1945 à 130 milliards 400 millions en 1949. Dans le même temps, les dépenses civiles d'équipement et de reconstruction sont passées, toujours en francs courants, de 11 milliards 200 millions à 114 milliards. Il faut noter l'intervention depuis 1948 de l'aide américaine d'une contrevaleur en francs d'époque de 263 milliards en 1949.

Cela n'empêche pourtant pas l'opinion française en général d'être peu concernée, ses soucis demeurant étroitement hexagonaux, un état d'esprit à vrai dire traditionnel. Les informations d'Indochine sont d'ailleurs fragmentaires et intermittentes, au gré des événements frappants susceptibles de provoquer épisodiquement l'intérêt. Et puis, cette armée qui se bat là-bas n'est-elle pas composée de volontaires et de militaires de carrière, à l'exclusion du contingent ? Aux yeux de beaucoup, il ne semblerait donc pas que leur sang soit vraiment celui de la France.

C'est l'insertion du conflit dans celui des deux blocs idéologiques qui conduira peu à peu à réagir. Ainsi, pour réveiller la conscience plutôt assoupie des cadres et de la base du Parti communiste, Maurice Thorez invoquera « les périls qui menacent la paix ». La campagne déclenchée dès le printemps 1949 pour la paix au Vietnam sera justifiée par la nécessité de tenir compte du « développement des forces qui, à travers le monde, et naturellement aussi dans notre pays, s'opposent au déclenchement d'une nouvelle guerre impérialiste ». Ce faisant, le Parti communiste français prendra une longueur d'avance dans la bataille des propagandes qui va instiller dans la conscience des Français un sentiment de culpabilité et de honte à l'égard d'un conflit chargé de toutes les opprobres.

Pour les Vietnamiens qui en subissent directement les chocs et les ravages, l'internationalisation signifie un engagement tragique dans une inexpiable guerre civile. Elle leur donne aussi, à des degrés divers, l'illusion — que l'on pourrait déceler en certaines périodes de leur histoire — de trouver dans le recours à des tiers étrangers la panacée aux problèmes intérieurs, rendus insolubles en raison de leurs propres contradictions et de l'enchaînement de circonstances que l'on peut considérer comme fatal.

Il est vrai que les choix qui leur sont offerts sont difficiles. Le peuple, dans son immense majorité attaché à sa glèbe, n'a même plus à choisir, après l'enthousiasme magique de la *Doc Lap*, entre la liberté et la servitude, ou entre la dignité et la soumission, mais entre la vie dans le compromis et le combat dans l'incertitude. L'idéologie n'intervenant que pour une minorité qui y trouve son salut, le choix est avant tout déterminé, pour la plupart, par le lieu où la naissance, le besoin ou le sort les ont placés. Alors, sous le poids d'un destin imposé par des forces supérieures, comment ne pas chercher dans l'illusion, le rêve, ou l'acharnement à arracher du présent le moindre profit, les conditions essentielles de la survie ? Que l'on soit d'un côté ou de l'autre par la force des choses, c'est la vie qui prime, et celle de sa famille. Pour beaucoup, ne vaut-il pas mieux être une tuile intacte qu'un jade brisé, contrairement à ce précepte conçu sans doute par un lettré au-dessus des humbles contingences ?

Ceux qui sont censés jouir d'une plus grande faculté de réflexion, les intellectuels, les bourgeois, les gens instruits, ceux qu'on appelle les élites, n'ont pas non plus de franches options. L'ambiguïté d'une Résistance qui impose de plus en plus sa couleur socialiste, et celle d'un gouvernement baodaïste qui n'arrive pas à dégager son indépendance des encombrantes hypothèques qui la limitent, ne les facilitent pas.

Quant aux dirigeants eux-mêmes, quels choix ont-ils vraiment ? Bao Dai, désarmé comme il est, peut être fondé à estimer que le développement international de la guerre va lui apporter non seulement le parrainage des États-Unis pour conforter sa faible position devant la France, mais aussi leur puissance pour remplir les habits trop amples qu'il a accepté de porter.

Le cas de Ho Chi Minh est sans doute plus clair. Cependant, s'il a dit un jour, comme on l'a prétendu, « plutôt flairer un peu la crotte des Français que manger toute sa vie celle des Chinois », il semble désormais qu'il pense autrement. Si le voisinage d'un régime fort peut constituer dans l'avenir un danger plus grand que celui d'un Guomindang encombrant mais décrépit, il n'en reste pas moins que le chef du Viet-Minh et ses compagnons considèrent pour le présent la victoire de Mao comme un bienfait. Non seulement c'en est fini de leur terrible isolement, mais la possibilité d'une aide fraternelle devenue indispensable à la poursuite du combat est accueillie avec un immense soulagement. Avant de tourner, bien plus tard, à l'illusion, le soutien chinois est une certitude, renforcée par l'édification en cours du bloc socialiste.

Mais dans l'enthousiasme révolutionnaire que soulève le triomphe du grand frère, les dirigeants du Viet-Minh oublient peut-être alors l'adage selon lequel « celui qui monte sur le dos d'un tigre ne peut en descendre aisément... ».

Bibliographie

OUVRAGES GÉNÉRAUX

CHESNEAUX J., *Contribution à l'histoire de la nation vietnamienne* (Éditions Sociales, Paris 1955).

COEDES G., *Les États hindouisés d'Indochine et d'Indonésie* (De Brocard, Paris 1964).

CONDOMINAS G., *L'Espace social — A propos de l'Asie du Sud-Est* (Flammarion, Paris 1980).

DESCOURS-GATIN C. et VILLIERS H., *Guide de recherches sur le Vietnam* (l'Harmattan, Paris 1983).

DEVILLERS Ph., FISTIE P., LE THANH KHOI, *L'Asie du Sud-Est*, 2 vol. (Sirey, Paris 1971).

GITEAU M., *Histoire du Cambodge* (Didier, Paris 1957).

GOUROU P., *Utilisation du sol en Indochine française* (Hartmann, Paris 1940).

— *La Terre et l'homme en Extrême-Orient* (A. Colin, Paris 1940).

HANOTAUX G. et MARTINEAU A., *Histoire des colonies françaises et de l'expansion française dans le monde*, 6 vol. (Plon, Paris 1929-1934).

LE THANH KHOI, *Histoire du Vietnam des origines à 1858* (Sudest-asie 1981).

— *L'Économie de l'Asie du Sud-Est* (P.U.F., Paris 1971).

LÉVY P., *Histoire du Laos* (P.U.F., Paris 1974).

RICHER Ph., *L'Asie du Sud-Est* (Imprimerie Nationale, Paris 1981).
ROBEQUAIN Ch., *L'Indochine française* (A. Colin, Paris 1948).
SUNZI, *L'Art de la guerre* (Flammarion, Paris 1972).

PREMIÈRE PARTIE
LES FONDEMENTS HISTORIQUES

Période pré-coloniale

BEZACIER L., *L'Art vietnamien* (Paris 1955).
BUI QUANG TUNG, *Tables synoptiques de chronologie vietnamienne* (Bull. de l'École française d'Extrême-Orient, fasc. 1, 1963).
— *La Succession de Thieu Tri* (Bull. de la Soc. des Études indochinoises, tome XLII, Saigon 1967).
BUTTINGER J., *The smaller Dragon. A political history of Vietnam* (F.A. Praeger, New York 1958).
CHAIGNEAU Michel Duc, *Souvenirs de Huê (Cochinchine)* (Paris 1867).
COSSERAT L., *Biographies des Français au service de Gia Long* (Bull. des Amis du Vieux Huê, juill.-sept. 1917).
DANG TRAN CON, DOAN THI DIEM, *Femme de guerrier (Chinh Phu)*, (Bull. de la Soc. des Études indochinoises, tome XXX, Saigon 1955).
DINH TRONG HIEU et autres, *Cahiers d'études vietnamiennes : apport des textes et du terrain* (N° 7-8, 1985-1986).
DURAND M., *Technique et panthéon des médiums vietnamiens* (Publ. de l'École française d'Extrême-Orient, 1959).
GITEAU M., *Les Khmers, Angkor* (Biblioth. des Arts, Paris 1972).
LANGLET P., *La Tradition vietnamienne, un État national au sein de la civilisation chinoise* (Bull. de la Société des Études indochinoises, tome XLV, Saigon 1970).
LAUNAY A., *Histoire générale de la Société des Missions étrangères*, 3 vol. (Téqui, Paris 1894).
LOUVET L.E., *Mgr d'Adran* (Delhomme et Buquet, Paris 1900).
MASPERO G., *Le Royaume de Champa* (Paris 1928).
MAYBON C., *Histoire moderne du pays d'Annam* (1592-1820), (Paris 1920).
NGHIEM THAM, *Esquisse d'une étude sur les interdits chez les Vietnamiens* (ministère de la Culture et de l'Éducation, Saigon 1965).

NGUYEN DU, *Kim Van Kieu,* trad. par Xuan Phuc et Xuan Viet (Gallimard, Paris).

NGUYEN HUU TRONG, *Les origines du clergé vietnamien* (Tinh Viet, Saigon 1959).

NGUYEN THE ANH, *Quelques aspects économiques et sociaux du problème riz au Vietnam dans la première moitié du* XIXe *siècle* (Bull. de la Soc. des Études indochinoises, tome XLII, 1967).

PHAN KE BINH, *Viet-Nam Phong-tuc (Mœurs et coutumes du Vietnam),* (École française d'Extrême-Orient, Paris 1975).

TAYLOR K.W., *The birth of Vietnam* (University of California Press, Berkeley 1983).

Période coloniale

AJALBERT J., *L'Indochine par les Français* (Gallimard, Paris 1931).

— *Nuages sur l'Indochine* (L. Michaud, Paris 1912).

AUBARET, *Histoire et description de la Basse-Cochinchine* (Imprimerie impériale, Paris 1863).

BAUDRIT A., *Guide historique des rues de Saigon* (Sili, Saigon 1943).

BERNARD P., *Le Problème économique indochinois* (Nouvelles éditions latines, Paris 1934).

BON MAT, *La Nuit rouge de Yen Bay* (Imp. Le Van Tan, Hanoi).

BOUDAREL G. et CHESNEAUX J., *Le Kim van Kieu et l'esprit public vietnamien aux* XIXe *et* XXe *siècles* (dans Durand M., « Mélanges sur Nguyen Du », École française d'Extrême-Orient, Paris 1966).

BOUDAREL G., CHESNEAUX J., HEMERY D., *Tradition et Révolution au Vietnam* (Anthropos, Paris 1971).

BOUDET P., *Chasseloup-Laubat et la politique coloniale du Second Empire* (Bull. de la Soc. des Études indochinoises, Saigon 1947).

BROCHEUX P., *Le Prolétariat des plantations d'hévéas au Vietnam méridional : aspects sociaux et politiques (1927-1937)* (dans « le Mouvement social 90 », janv.-mars 1975).

— *Crise économique et sociale en Indochine française* (dans « Rev. d'Histoire d'outre-mer », 1976).

— *L'Implantation du mouvement communiste en Indochine française : le cas du Nghe-Tinh (1903-1931)* (dans « Revue d'Histoire moderne et contemporaine », janv.-mars 1977).

BRUNSCHWIG H., *Mythes et Réalités de l'impérialisme colonial français* (A. Colin, Paris 1960).

BUIS G. et DANEY Ch., *Quand les Français découvraient l'Indochine* (album ill., Herscher, Paris 1981).

CANDE J. B. (Dr), *De la mortalité des Européens en Cochinchine depuis la conquête jusqu'à nos jours, avec description de Saigon* (Challamel, Paris 1881).

CASTEX R., *Les Rivages indochinois* (Berger-Levrault, Paris 1904).

CHESNEAUX J., *Les Sociétés secrètes en Chine aux* XIXe *et* XXe *siècles* (Julliard, Paris 1965).

COULET G., *Sociétés secrètes en terre d'Annam* (Saigon 1926).

CULTRU, *Histoire de la Cochinchine française des origines à 1883* (Paris 1910).

DELAVIGNETTE R. et JULIEN Ch. A., *Les Constructeurs de la France d'outre-mer* (Corréa, Paris 1946).

DESMARIAUX J.-C., *Les secrets des îles Poulo Condor* (Peyronnet et Cie, Paris 1950).

DORGELÈS R., *Sur la route mandarine* (Albin Michel, Paris 1929).

DOUMER P., *L'Indo-Chine française (souvenirs)* (Vuibert et Nony, Paris 1905).

DUVAL Ch., *Souvenirs militaires* (Paris 1900).

FERRY J., *Le Tonkin et la mère patrie* (V. Howard, Paris 1890).

— *Discours et opinions,* 7 vol. (A. Colin, Paris 1893-1898).

FRANCHINI Ph., *La Genèse de l'affaire de Cochinchine* (Rev. « Histoire coloniale française », 1951 — IV).

GARNIER F., *De la colonisation de la Cochinchine* (Challamel, Paris 1865).

— *Voyage d'exploration en Indochine effectué pendant les années 1866, 1867 et 1868* (Hachette, Paris 1873).

GARROS G., *Forceries humaines — L'Indochine litigieuse* (1926).

GIRARDET R., *L'idée coloniale en France de 1871 à 1962* (La Table Ronde, Paris 1972).

GOUDAL J., *Labour Conditions in Indochina* (International Labour Office, Genève 1938).

GOUVERNEMENT GÉNÉRAL DE L'INDOCHINE, *Cochinchine 1931.*

— *Contribution à l'histoire des mouvements politiques de l'Indochine française* (Hanoi, 1931) 5 vol.

GRAMMONT L. (de), *Onze Mois de séjour en Basse-Cochinchine* (Napoléon — Vendée 1863).

HEDUY Ph., *Histoire de l'Indochine, 1885-1954* (S.P.L., Paris 1983).

HEMERY D., *Révolutionnaires vietnamiens et pouvoir colonial en Indochine : communistes, trotskistes et nationalistes à Saigon de 1932 à 1937* (Maspero, Paris 1975).

HUYNH KIM KHANH, *Vietnamese communism (1925-1945)* (Cornell Univers. Press 1982).

LANGLOIS W., *André Malraux, l'aventure indochinoise* (Mercure de France, Paris 1967).

LE BOULANGER P., *Histoire du Laos français* (Plon-Nourrit, Paris 1931).

LYAUTEY L.H., *Lettres du Tonkin et de Madagascar (1894-1899)* (A. Colin, Paris 1921).

MALLERET L., *L'Exotisme indochinois dans la littérature française depuis 1860* (Larose, Paris 1934).

MARR D.G., *Vietnam Anticolonialism — 1885-1925* (Berkeley 1971).
Vietnamese Tradition on trial — 1920-1945 (Berkeley 1984).

MONET P., *Entre deux feux* (Rieder, Paris 1928).
— *Les Jauniers* (Gallimard, Paris 1930).

MURRAY M., *The development of capitalism in colonial Indochina (1870-1940)* (Berkeley 1980).

NGUYEN AI QUOC, *Le Procès de la colonisation française* (Librairie du Travail, Paris 1926).

PALLU de La BARRIÈRE, *Histoire de l'expédition de Cochinchine en 1861* (Paris 1864).

PAVIE A., *A la conquête des cœurs* (Bossard, Paris 1921).

PONCHALON H. (de), *Indo-Chine, souvenirs de campagne* (A. Mame et fils, Paris).

PORTER D.G., *Imperialism and social structure in* XXe *century Vietnam* (Cornell Univers. Press 1976).

POUVOURVILLE A. (de), *Francis Garnier* (Éditions Encyclopédiques Empire français, Paris 1946).

RECLUS M., *Jules Ferry* (Flammarion, Paris 1947).

ROUBAUD L., *Vietnam, la tragédie indochinoise* (Valois, Paris 1931).

SARRAUT A., *Grandeur et servitude coloniales* (Sagittaire, Paris 1931).

TABOULET G., *La Geste française en Indochine*, 2 vol. (Adrien Maisonneuve, Paris 1955).

TRAN HUY LIEU, *Les Soviets du Nghe-Tinh de 1930-1931 au Vietnam* (Hanoi, 1960).

VIAL P., *Les Premières Années de la Cochinchine française* (Challamel, Paris 1874).

VIOLLIS A., *Indochine S.O.S.* (Gallimard, Paris 1935).

VO DUC ANH E., *La Place du catholicisme dans les relations entre la France et le Viet-Nam de 1851 à 1870* (Brill, Leiden 1969).

WERTH L., *Cochinchine* (Rieder et Cie, Paris 1926).

Deuxième et Troisième Parties
LES FRACTURES
LA GUERRE EN POINTILLÉS
(1939-1946)

Argenlieu Th. (amiral d'), *Chronique d'Indochine (1945-1947)* (Albin Michel, Paris 1985).

Boisanger Cl. (de), *On pouvait éviter la guerre d'Indochine* (A. Maisonneuve, Paris 1977).

Brocheux, Duiker, Hesse d'Alzon, Isoart, Shiraishi, *L'Indochine française 1940-1945* (P.U.F., Paris 1982).

Buttinger J., *Vietnam. A dragon embattled,* 2 vol. (Praeger, New York 1967).

Catroux G. (général), *Deux Actes du drame indochinois : Hanoi juin 1940, Dien Bien Phu mars-mai 1954* (Plon, Paris 1959).

Celerier P., *Menaces sur le Vietnam* (Idéo, Saigon 1950).

Charbonneau R. et Maigre J., *Les Parias de la victoire — Indochine 1945* (France-Empire, Paris 1980).

Chennault C.L. (général), *Way of a fighter* (Putnam, N.Y. 1949).

Chezal G. (de), *Parachuté en Indochine* (Les 2 Sirènes, Paris 1947).

Darcourt P., *Bay-Vien* (Hachette, Paris 1977).

Decoux J. (amiral), *A la barre de l'Indochine* (Plon, Paris 1949).

Devèze M., *La France d'outre-mer, de l'Empire colonial à l'Union française* (Hachette, Paris 1948).

Devillers Ph., *Histoire du Vietnam de 1940 à 1952* (Le Seuil, Paris 1952).

Ducoroy M., *Ma Trahison en Indochine* (Éd. Internationales, Paris 1949).

Elsbree W.H., *Japan's role in South-east asian nationalist movements, 1940-1945* (Harvard Univers. Press, Cambridge 1953).

Fall B., *Le Viet-Minh, 1945-1960* (A. Colin, Paris 1960).

Ferrandi J., *Les Officiers français face au Viet-Minh* (Fayard, Paris 1966).

Fonde J. J., *Traitez à tout prix. Leclerc et le Vietnam* (Laffont, Paris 1971).

Gaudel A., *L'Indochine française en face du Japon* (Susse, Paris 1947).

Gaulle Ch. (général de), *Mémoires de Guerre* (Plon, Paris 1959).

Gaulle (Institut de), *De Gaulle et l'Indochine 1940-46* (Plon, Paris 1982).

GAUTIER G. (gouverneur général), *La Fin de l'Indochine française* (S.P.L., Paris 1978).

GUILLAIN R., *La Guerre au Japon* (Stock, Paris 1979).

HAMMER Ellen J., *The struggle for Indochina* (Stanford Univers. Press, 1954).

HARRIS SMITH R., *OSS. The secret history of America's first CIA* (Un. of California Press, Berkeley 1972).

HERTRICH J. M., *Doc Lap ! L'indépendance ou la mort !* (Vigneau, Paris 1946).

HULL C., *Memoirs* (Macmillan, New York 1947).

ISOART P., *Le Phénomène national vietnamien* (L.G.D.J., Paris 1961).

— *L'Indochine française, 1940-1945 — Textes* (P.U.F. 1982).

KING C. CHEN, *China and the Democratic Rep. of Vietnam — 1938-1954* (Princeton Univers. Press, 1969).

LACOUTURE J., *Ho Chi Minh* (Le Seuil, Paris 1967).

LEAHY W.D. (amiral), *I was there* (Mac Graw Hill, New York 1950).

LEBRA J.C., *Japanese trained armies in S.E. Asia* (Heinemann, Hongkong 1977).

LEGRAND J., *L'Indochine à l'heure japonaise* (Cannes 1963).

LE THANH KHOI, *Quelques caractéristiques des mouvements nationaux en Asie du Sud-Est* (dans « De l'impérialisme à la décolonisation ») (Éd. de Minuit, Paris 1965).

MORDANT (général), *Au service de la France en Indochine* (Saigon 1950).

MUS P., *Le Viet-Nam chez lui* (Centre d'études de politique étrangère, Paris 1946).

NGUYEN HUU KHANG, *La Commune annamite : étude historique, juridique et économique* (Sirey, Paris 1946).

PATTI Arch. L.A., *Why Vietnam — Prelude to America's Albatros* (Un. of California Press, Berkeley 1980).

PEDRAZZANI M., *La France en Indochine — De Catroux à Sainteny* (Paris 1972).

ROOSEVELT E., *Mon père m'a dit* (Flammarion, Paris 1947).

SABATTIER G. (général), *Le destin de l'Indochine* (Plon, Paris 1952).

SAINTENY J., *Histoire d'une paix manquée* (Fayard, Paris 1967).

— *Face à Ho Chi Minh* (Seghers, Paris 1970).

SOCKEEL P., *Le général de Gaulle et l'Indochine — juin 1940-janvier 1946* (Mém. droit public intern., Université de Nice).

VO NGUYEN GIAP (général), *Des Journées inoubliables* (Hanoi 1975).

WEDEMEYER A.C. (général), *Wedemeyer reports* (H. Holt, New York 1958).

WHITE Dorothy S., *Ch. de Gaulle et F.D. Roosevelt : les chemins de la discorde* (*Espoir*, rev. de l'Inst. Ch. de Gaulle, n° 6, 1974, Plon).

QUATRIÈME ET CINQUIÈME PARTIES
L'ENVOL DES FAUCONS
LA GUERRE AUX TROIS VISAGES
(1946-1954)

AURIOL V., *Journal d'un Septennat*, 7 vol. (A. Colin, Paris 1970-1980).

BAO DAI, *Le Dragon d'Annam* (Plon, Paris 1980).

BERGOT E., *Commandos de choc, Indochine* (Grasset, Paris 1964).

— *Deuxième classe à Dien Bien Phu* (La Table Ronde, Paris 1964).

— *Gendarmes au combat. Indochine 1945-1955* (Presses de la Cité, Paris 1985).

— *Le Commando Vandenberghe* (Pygmalion/Gérard Watelet, Paris 1985).

— *Les 170 jours de Dien Bien Phu* (Presses de la Cité, Paris 1979).

— *Les Sentiers de la guerre*, 3 vol. (Presses de la Cité, Paris 1981-1984).

BIDAULT G., *D'une résistance à l'autre* (Presses du siècle, Paris 1965).

BODARD L., *La Guerre d'Indochine. L'enlisement, L'humiliation, L'aventure*, 3 vol. (Gallimard, Paris 1963-1967).

BOUDAREL G., *Giap* (Atlas, Paris 1977).

CHAFFARD G., *Les Carnets secrets de la décolonisation* (Calmann-Lévy, Paris 1965).

CHAUMONT-GUITRY G. (de), *Lettres d'Indochine* (Alsatia, Paris 1951).

CHAUVEL J., *Commentaire 1952-1962* (Fayard, Paris 973).

DANNAUD J.P., *Guerre morte* (Saigon 1954).

DESPUECH J., *Le Trafic des piastres* (Deux-Rives, Paris 1953).

DEVILLERS Ph. et LACOUTURE J., *La Fin d'une guerre. Indochine 1954* (Le Seuil, Paris 1960).

DOYON J., *Les Soldats blancs de Ho Chi Minh* (Fayard, Paris 1973).

DOCUMENTATION FRANÇAISE, *Accords sur la cessation des hostilités en Indochine française* (Genève 20 juillet 1954). (Présidence du Conseil, 1954.)

ELGEY G., *La République des illusions — 1945-1951* (Fayard, Paris 1965).

— *La République des contradictions — 1951-1954* (Fayard, Paris 1968).

ÉLY P. (général), *Mémoires. L'Indochine dans la tourmente* (Plon, Paris 1964).

ÉTUDES VIETNAMIENNES, 1965, n° 3, « Contributions à l'Histoire de Dien Bien Phu » (Hanoi 1965).

FALL B., *Indochine, chronique d'une guerre révolutionnaire* (Laffont, Paris 1962).

— *Dien Bien Phu, un coin d'enfer* (Laffont, Paris 1968).

FITZGERALD S., *China and overseas Chinese — A study of Peking changing policy* (Cambridge, U.S.A. 1972).

FONTAINE A., *Histoire de la guerre froide, 1917-1950 et 1950-1971*, 2 vol. (Fayard, Paris 1983).

GOBRON G., *Histoire et philosophie du caodaïsme* (Paris 1949).

GRAS Y., *Histoire de la guerre d'Indochine* (Plon, Paris 1979).

GRAUWIN P., *J'étais médecin à Dien Bien Phu* (France-Empire, Paris 1956).

HO CHI MINH, *Écrits* (Hanoi 1976).

JACQUIN H. (général), *Guerre secrète en Indochine* (O. Orban, Paris 1979).

JOYAUX F., *La Chine et le règlement du premier conflit d'Indochine* (Publ. de la Sorbonne, Paris 1979).

LACOUTURE J., *Pierre Mendès France* (Le Seuil, Paris 1981).

LANCASTER D., *The emancipation of French Indochina* (Oxford Univers Press, New York et Londres 1961).

LANGLAIS P. (colonel), *Dien Bien Phu* (France-Empire, Paris 1963).

LANIEL J., *Le Drame indochinois, de Dien Bien Phu au pari de Genève* (Plon, Paris 1957).

LARTÉGUY J., *Soldats perdus et fous de Dieu* (Presses de la Cité, Paris 1986).

LATTRE DE TASSIGNY J. (maréchal, de), *Ne pas subir*. Écrits 1914-1952 (Plon, Paris 1953).

LE PAGE (colonel), *Cao Bang* (Nouvelles éditions latines, Paris 1981).

LEROY J. (colonel), *Fils de la rizière* (Laffont, Paris 1977).

MADJARIAN G., *La Question coloniale et la politique du P.C.F.* (Maspero, Paris 1977).
MOREAU R., *Huit ans otage chez les Viets* (Pygmalion/Gérard Watelet, Paris 1982).
MUS P., *Sociologie d'une guerre* (Le Seuil, Paris 1950).
— *The role of the village in Vietnam politics* (Rev. *Pacific Affairs*, sept. 1949).
NAVARRE H. (général), *L'Agonie de l'Indochine* (Plon, Paris 1956).
NGO VAN CHIEU, *Journal d'un combattant vietminh* (Le Seuil, Paris 1955).
PAGNIEZ Y., *Français d'Indochine* (Flammarion, Paris 1953).
PAILLAT Cl., *Dossier secret de l'Indochine* (Presses de la Cité, Paris 1964).
PFANNER R., *Underdevelopment and economic nationalism in S.E. Asia* (Cornell Univ. Ithaca 1969).
POUGET J., *Nous étions à Dien Bien Phu* (Presses de la Cité, Paris 1964).
— *Le Manifeste du Camp numéro un* (Fayard, Paris 1969).
RAPHAËL-LEYGUES J., *Ponts de lianes. Missions en Indochine, 1945-1954* (Hachette, Paris 1976).
ROCOLLE P., *Pourquoi Dien Bien Phu ?* (Flammarion, Paris 1968).
RUSCIO A., *Les Communistes français et la Guerre d'Indochine, 1944-1954* (l'Harmattan, Paris 1985).
SALAN R. (général), *Mémoires, Fin d'un Empire (1946-1954)* (Presses de la Cité, Paris 1971).
SASORITH KATAY, *Le Laos, son évolution politique, sa place dans l'Union française* (Berger-Levrault, Paris 1953).
SAVANI A. M., *Visages et images du Sud-Vietnam* (Saigon 1955).
« TEMPS MODERNES (Les) », *Vietnam* (numéro spécial, août-sept. 1953).
TRAN DO, *Récits sur Dien Bien Phu* (Hanoi, 1962).
TSAI MAW KUEY, *Les Chinois au Sud-Vietnam* (Bibliothèque Nationale, Paris 1968).
VO NGUYEN GIAP (général), *Guerre du peuple, armée du peuple* (Maspero, Paris 1968).
— *Dien Bien Phu* (Hanoi 1962).
WERNER J.S., *The Cao Daï. The politics of a vietnamese syncretic religious movement* (Cornell Univers. Press 1967).

SIXIÈME, SEPTIÈME ET HUITIÈME PARTIES

LA GUERRE AMÉRICAINE ET LA RÉUNIFICATION (1954-1975)

ARNAUD J.L., *Saigon, d'un Vietnam à l'autre* (Gallimard, Paris 1977).

BARRON J. et ANTHONY P., *Peace with Honor* (Hoddes & Staughton, Londres 1977).

BERMAN L., *Planning a tragedy : the americanization of the war in Vietnam* (Norton, New York 1982).

BOUDAREL G., BUI XUAN QUANG et autres, *La Bureaucratie au Vietnam* (l'Harmattan, Paris 1983).

BOUN SOKHA, *Cambodge, la massue de l'Angkar* (Les Droits de l'Homme, Paris 1979).

BUI XUAN QUANG, *Les Difficultés structurelles du Vietnam* (dans « Études polémologiques », premier trimestre 1985).

CAO VAN VIEN (général), *The final collapse* (Center of military history, US Army, Washington DC 1983).

CAO VAN VIEN et DONG VAN KHUYEN, *Reflexions on the Vietnam war* (Center of mil. history, US Army, Washington DC 1980).

CHAFFARD G., *Indochine, dix ans d'indépendance* (Calmann-Lévy, Paris 1964).

CHALIAND G., *Stratégies de la guérilla* (Mazarine, Paris 1979).

COLBY W., *Trente ans de CIA* (Presses de la Renaissance, Paris 1974).

COMMUNAUTÉ VIETNAMIENNE, *Saigon, un régime en question : les prisonniers politiques* (Sudestasie, Paris 1974).

COOPER C.L., *The lost Crusade. America in Vietnam* (Mc Gibbon & Kel., Londres 1970).

DAUPHIN-MEUNIER A., *Le Cambodge de Sihanouk* (Éditions Latines, Paris 1963).

DEBRÉ F., *Les gens de la forêt* (Flammarion, Paris).

DOAN VAN TOAI, *Le goulag vietnamien* (Laffont, Paris 1979).

DORÉ F., *Le Laos, institutions et évolution politiques 1947-1965* (« Rev. de droit public et de sc. pol. », mars-avril 1966).

DOSSIER DU PENTAGONE (Albin Michel, Paris 1971).

DREYFUS P., *Et Saigon tomba* (Arthaud, Paris 1975).

DUIKER W.J., *The communist road to power* (Westpress, Colorado 1981).

EMERSON G., *Winners and losers* (Random House, New York 1976).

ÉTUDES VIETNAMIENNES (Hanoi), notamment :
— *Problèmes fondamentaux* (N° 12, 1966).
— *Indochine : le tournant 1972-1973* (N° 39, 1974).
« EXTRÊME ASIE » (revue) (Saigon 1961).
FALL B., *Les deux Viet-Nam* (Payot, Paris 1967).
— *Anatomy of a crisis : the laotian crisis of 1960-1961* (Double Day, New York 1969).
— *L'affaire du Laos (1954-1962)* (La Documentation française, *Ét. et doc.*, 23 juillet 1963).
FISTIE P., *Les relations entre les membres de l'OTASE face aux États du Sud-Est asiatique* (dans « La Communauté internationale face aux jeunes États », A. Colin, Paris 1964).
FITZGERALD F., *Fire in the Lake* (Little Broon Books, Toronto 1973).
FONTAINE A., *Un seul lit pour deux rêves* (Le Seuil, Paris 1975).
GIUGLIARIS M., *Vietnam : le jour de l'escalade* (Gallimard, Paris 1966).
GOODMAN A., *The lost peace : America's search for a negociated settlement of the Vietnam war* (Hoover Inst. Stanford 1978).
HALBERSTAM D., *The making of a quagmire* (Bodley Head, Londres 1965).
— *The Best and the Brightest* (Random House, New York 1972).
HALEY E., *Congress and the fall of Cambodia and Vietnam* (Farleigh Dickinson and Univ. Press, Londres).
HAMMER R., *Un matin dans la guerre* (Fayard, Paris 1970).
HERR M., *Putain de mort* (Albin Michel, Paris 1980).
HICKEY G., *Village in Vietnam* (Yale, New Haven 1964).
HOSMER S.T., KELLEN K. et JENKINS B., *The Fall of South Vietnam ; Statements by vietnamese military and civilian leaders* (Crane, Russak 1980).
« INDOCHINE SUD-EST ASIATIQUE » (revue), (Saigon 1953, 1954).
JOHNSON L.B., *Ma Vie de président* (Buchet-Chastel, Paris 1972).
KARNOW S., *Vietnam* (Presses de la Cité, Paris 1983).
KEARNS D., *Lyndon B. Johnson and the american Dream* (Harper & Row, New York 1976).
KIERNAN B. & CHANTHOU BOUA, *Peasants and politics in Kampuchea, 1943-1981* (Sharpe, New York 1982).
KIERNAN B. & CHANDLER D.P., *Revolution and its aftermath in Kampuchea : eight essays* (Yale, New Haven 1983)
KISSINGER H., *A la Maison Blanche*, 2 vol. (Fayard, Parıs 1979).

— *Les Années orageuses*, 2 vol. (Fayard, Paris 1982).
KOMER R., *Bureaucracy at war* (Westpress Colorado 1985).
LANGER P.F. & ZASLOFF J.J., *North Vietnam and the Pathet Lao* (Harvard, Cambridge 1970).
LANSDALE Ed.G., *In the midst of wars* (Harper & Row, New York 1972).
LARTÉGUY J., *L'Adieu à Saigon* (Presses de la Cité, Paris 1975).
LE CHAU, *Le Vietnam socialiste, une économie de transition* (Maspero, Paris 1966).
LE QUANG G., *La Guerre américaine du Vietnam* (Éditions universitaires, Paris 1973).
LEWY G., *America in Vietnam* (Oxford Univ., New York 1978).
LITTAUER R. & UPHOFF N., *The air war in Indochina* (Beacon, Boston 1972).
MAC CARTHY M., *Rapport sur le procès du capitaine Medina* (Laffont, Paris 1972).
MANCHESTER W., *La splendeur et le rêve, histoire de l'Amérique contemporaine,* 2 vol., 1932-1950 et 1951-1972 (Laffont, Paris 1974).
MAO ZEDONG, *Problèmes stratégiques* (dans « Œuvres choisies », tome II, Pékin 1962).
MEYER Ch., *Derrière le sourire khmer* (Plon, Paris 1971).
NGUYEN CAO KY, *20 Years and 20 Days* (Stern & Day, New York 1976).
NGUYEN KHAC VIEN. *Tradition et révolution au Vietnam* (Berkeley 1976).
NGUYEN THI DINH, *No other road to take* (Cornell Univ. Ithaca 1976) (trad. du vietnamien).
NIXON R., *Memoirs* (Grosset, New York 1978).
— *No more Vietnams* (Arbor House, New York).
— *La Vraie Guerre* (Albin Michel, Paris 1980).
OBERDORFER D.,
Têt ! (Doubleday, New York 1971).
Offensive générale des Viêt Công au Têt Hân Thân, 1968 (l') (dans la « série d'histoire de combat », état-major général des FARVN 1969. Traduit du vietnamien).
PEERS W.R., *The My Lai inquiry* (Norton, New York 1979).
PIKE D., *Viet Cong* (Mass. Inst. Tech., Cambridge 1967).
PIN YATHAY, *L'utopie meurtrière* (Laffont, Paris 1980).
POMONTI J.C., *La rage d'être vietnamien* (Le Seuil, Paris 1974).

POMONTI J.C. et THION S., *Des Courtisans aux partisans. Essai sur la crise cambodgienne* (Gallimard, Paris 1971).

PONCHAUD F., *Cambodge Année Zéro* (Julliard, Paris 1977).

PORTER G., *Vietnam : history in documents* (New Am. Libr., New York 1981).

POWERS Th., *Vietnam : The war at home* (Grossman, New York 1973).

RACE J., *War comes to Long An — Revolutionary conflict in a vietnamese province* (Cal. Univ., Berkeley 1972).

SANSOM R.L., *The economics of insurgency in the Mekong delta of Vietnam* (Mass. Inst. Techn., Cambridge 1970).

SANTOLI Al., *Everything we had, an oral history of the Vietnam war by 33 american soldiers who fought it* (Random House, New York 1981).

SHAPLEN R., *The lost revolution* (Harper & Row, New York 1966).

— *The road from War* (Harper & Row, New York 1970).

SCHLESINGER A. Jr., *A thousand days* (Mifflin Houghton, Boston 1965).

SCHOLL-LATOUR P., *La Mort dans les rizières* (Presses de la Cité, Paris).

SCHURMANN F., SCOTT P.D. et ZELNIZ R., *The politics of escalation in Vietnam* (Beacon Press, Boston 1966).

SCIGLIANO R., *South Vietnam : Nation under stress* (Boston 1964).

SHAWCROSS W., *Une tragédie sans importance* (Balland, Paris 1979).

SHELBY S., *The rise and the fall of an American Army* (Presidio press, Novato 1985).

SIHANOUK NORODOM, *La CIA contre le Cambodge* (Maspero, Paris 1973).

— *L'Indochine vue de Pékin — Entretiens avec J. Lacouture* (Le Seuil, Paris 1972).

SMITH R.B., *An international History of the Vietnam war,* 4 vol. (2 parus, St Martin's, New York 1983).

SNEPP F., *Sauve qui peut* (Balland, Paris 1977).

STEVENSON Ch. A., *The end of Nowhere* (Beacon, Boston 1972).

SUMMERS H.G., *On strategy : A critical analysis of the Vietnam war* (Presidio press, Novato, Cal. 1982).

SUTSAKHAN SAK, *The Khmer Republic at war and the final collapse* (US Army Center of military history, Wash. DC 1980).

TERZANI T., *Giai Phong* (St Martin's, New York 1976).

THAI LANG, *Journal d'un sous-lieutenant* (dans « Le Crépuscule de la violence », Éditions Trinh Bay, Saigon 1960).

THAYER T., *The U.S. in Vietnam war without fronts* (Boulder, Colorado 1985).

THEE MAREK, *Notes of a witness* (Random House, New York 1973).

THE PHONG, *Immondices de banlieue* (dans « Le Crépuscule de la violence », Éditions Trinh Bay, Saigon 1960).

THOMPSON R. (sir), *Defeating communist insurgency* (Praeger, New York 1966).

TODD O., *Les Canards de Camao (Laffont, Paris 1975).*

— *Cruel Avril. La chute de Saigon* (Laffont, Paris 1987).

TOURNAIRE H., *Livre jaune du Vietnam* (Perrin, Paris 1966).

TRAN MINH TIET, *Les Relations américano-vietnamiennes, de Kennedy à Nixon,* 3 vol. (Nouvelles éditions latines, Paris 1971).

TRAN VAN DON (général), *Les Guerres du Vietnam* (Vertiges, 1985).

TRAN VAN TRA (général), *La Conclusion d'une guerre de trente ans* (extraits publiés dans « La Bureaucratie au Vietnam ». Traduits par Bui Xuan Quang).

TRUMAN H.S., *Memoirs* (Doubleday, New York 1956).

TRUONG NHU TANG, *Mémoires d'un Vietcong* (Flammarion, Paris 1985).

TURLEY W.S., *Vietnamese communism in comparative perspective* (Westview, Colorado 1980).

— *The second Indochina war (1954-1975)* (Westview, Colorado 1986).

VAN TIEN DUNG (général), *Et nous prîmes Saigon* (Le Sycomore, Paris 1979).

WESTMORELAND W.C. (général), *A soldier reports* (Doubleday, New York 1976).

TABLE

Avant-propos 9
Avertissement 11
Abréviations 13
Chronologie 17
Carte 44

PREMIÈRE PARTIE
LES FONDEMENTS HISTORIQUES

I. Mythes et Histoire 47
II. La croix, la soie et le drapeau 64
III. Les conquêtes (1858-1885) 78
IV. La colonisation républicaine 108
V. Empire et Libertés (1919-1939) 124

DEUXIÈME PARTIE
LES FRACTURES
(1939-1945)

I. L'Indochine et le Japon 149
II. Un tronçon d'épée (1944-1945) 169
III. L'irrésistible ascension de Monsieur Ho 189
IV. Le retour 213

TROISIÈME PARTIE
LA GUERRE EN POINTILLÉS
(Septembre 1945-Décembre 1946)

I. La reconquête cochinchinoise ou la guerre du Nam Bô 233
II. Hanoi, les sauterelles et les guêpes 256
III. Un dialogue à poings fermés 275
IV. Les sentiers de la guerre 293
V. L'irréparable 319

QUATRIÈME PARTIE
L'ENVOL DES FAUCONS
(1946-1949)

I. Cette guerre dont personne ne veut... 347
II. Le dragon ou le tigre 369
III. La solution Bao Dai 389
Bibliographie 423

Du même auteur

Continental Saigon *(Olivier Orban, 1977)*

La Route des Mille Li - *roman (Olivier Orban, 1979)*

Shangai - *roman (Olivier Orban, 1980)*

La Fille poussière - *roman (Les Presses de la Cité, 1982)*

Les Diables de papier - *roman*
en collaboration avec Jean Pasqualini
(Les Presses de la Cité, 1984)

Un royaume de lianes - *roman (Les Presses de la Cité, 1986)*

Crédits photographiques
Collection privée ; agence Gamma (photos Ludwig Dieter, Francolon) ; agence Keystone.

Collaboration Bernard Hamel.

DÖNITZ
ET LA GUERRE DES U-BOOTE
1891-1980
par Peter Padfield
L'unique ouvrage de référence sur le successeur
de Hitler et la guerre sous-marine.

●

ADOLF HITLER
1889-1945
(2 volumes)
par John Toland
La plus monumentale et objective biographie
du dictateur nazi

●

LE RÉSEAU SORGE
par Gordon W. Prange
Fruit de vingt années de recherches, l'extraordinaire histoire de Richard Sorge,
l'espion du siècle, et de son réseau démasqué durant la Seconde Guerre mondiale.

Hors collection

ABD EL-KADER
1808-1883
par Louis Lataillade
Adversaire et ami de la France, il annonce
un siècle à l'avance l'inéluctable tragédie algérienne.

●

LE SURVIVANT DU DOGGERBANK
par Hans Herlin
Par l'auteur des « Damnés de l'Atlantique », l'authentique odyssée de l'unique
survivant d'un croiseur auxiliaire ayant à bord 365 hommes, torpillé
le 3 mars 1943 au large des Açores, par un sous-marin allemand, le U-43.

●

LA FOUDRE ET LE CANCER
par le Général Jean Delaunay
ancien chef d'état-major de l'armée de terre démissionnaire en mars 1983
La guerre psychologique et la subversion menacent davantage le monde libre
que la guerre nucléaire. Moscou s'est élevé à plusieurs reprises contre
la publication de ce livre. C'est dire l'importance du péril évoqué
par le général Delaunay.

●

L'AGENT AMÉRICAIN KLAUS BARBIE
par Ehrard Dabringhaus
Les révélations de l'officier du contre-espionnage américain chargé de contrôler
les activités du criminel nazi au lendemain de la Seconde Guerre mondiale.

●

LES DERNIERS JOURS DE DARLAN
par l'Amiral Jacques Moreau
S'étayant sur des textes officiels souvent occultés, la relation d'un témoin de premier plan
du débarquement anglo-américain en A.F.N. le 8 novembre 1942
jusqu'à l'assassinat de l'amiral Darlan le 24 décembre 1942.

●

HUIT ANS OTAGE CHEZ LES VIETS
par René Moreau
(Prix Vauban 1982)
Ministre plénipotentiaire, fils de l'amiral Jacques Moreau, l'auteur a vécu l'enfer
de 1946 à 1954. Un livre de courage, de dignité et d'héroïsme.

●

COMMANDO VANDENBERGHE
le pirate du delta
par Erwan Bergot
Cité en exemple par le général de Lattre, le destin exceptionnel du commando
« Tigre Noir » et de son chef valeureux, héros légendaire de la Guerre d'Indochine.

Achevé d'imprimer en janvier 1988
sur presse CAMERON
dans les ateliers de la S.E.P.C.
à Saint-Amand-Montrond (Cher)

N° d'Édition : 306. N° d'Impression : 025.
Dépôt légal : janvier 1988.
Imprimé en France